Le grand Atlas du Canada et du monde

avec la collaboration de

Rodolphe De Koninck
(Université Laval, **Québec**)

Guy Dorval
(Université Laval, **Québec**)

Jacques Charlier
(Université catholique de **Louvain**)

Danielle Charlier-Vanderschraege
(Haute Ecole Galilée, **Bruxelles**)

Dépôt légal : 2e trimestre 2002   ISBN 2-7613-1394-1

Préface

Entièrement nouveau, **Le grand Atlas du Canada et du monde** constitue une mise à jour de la 9ᵉ édition du Grand Atlas. Cette mise à jour a ceci de particulier qu'elle incorpore un dossier inédit de quelque **quarante planches entièrement consacrées au Québec et au Canada**, lesquelles ont ainsi remplacé le dossier jusqu'alors consacré à la Belgique dans le Grand Atlas. Ces planches, essentiellement thématiques, concernent la géologie, le climat, la végétation, la répartition de la population, l'économie, les réseaux de transport, le tourisme, etc.

Pour le reste du contenu, il a été entièrement actualisé et tient compte des bouleversements géopolitiques mondiaux tout comme des grands thèmes géographiques touchant l'ensemble de la planète. Les planches concernant ces thèmes sont rassemblées dans la section Monde.

Enfin, à l'index a été ajoutée la liste des pays et capitales.

Un outil pédagogique

L'enseignement de la géographie évolue parce qu'il est vivant à l'instar de notre monde et de la perception que nous en avons. Or, les moyens modernes de communication ont, au cours de ces dernières années, autant influencé notre vision du monde qu'ils ont diffusé des quantités de plus en plus considérables d'informations. Dès lors, quoi de plus naturel que la démarche du professeur de géographie tienne compte de ces évolutions ?

L'atlas est devenu un outil de travail privilégié dans la démarche géographique. La lecture de la carte ne peut plus consister en une simple localisation de réalités ponctuelles. Elle se doit plutôt d'être une mise en ordre, une structuration personnelle à partir d'un flot ininterrompu d'informations.

Les diverses cartes thématiques constituent autant de points de départ de recherches ou d'exercices spécifiques portant sur la question géographique fondamentale *Pourquoi là ?* Elles permettent de jouer sur différents registres : l'**analyse détaillée** avec des cartes à grande échelle représentant, par exemple, des paysages-types marqués par l'activité humaine ou avec des documents permettant la présentation pluridimensionnelle d'un espace donné ; la **comparaison raisonnée**, sur base de cartes mono-thématiques ou encore la **synthèse** avec la présentation simultanée de cartes sur la population, les paysages agraires, l'industrie, l'urbanisation.

Qu'il s'agisse du Canada, des différents pays et continents ou du monde dans on ensemble, de nombreuses données quantitatives complètent les cartes. Que le professeur garde cependant à l'esprit qu'il ne suffit pas d'avancer des dimensions ou des tonnages pour rendre plus concrète l'approche d'un phénomène par ses élèves ; il peut, dans chaque cas, donner un sens à ces chiffres en faisant des graphiques le complément concret et dynamique des cartes. L'atlas varie à dessein les diverses formes de représentation des données, de manière à familiariser l'utilisateur à la lecture et à l'interprétation de graphiques variés.

Composition de l'atlas

Le grand Atlas du Canada et du monde propose d'abord une légende générale suivie de la page de titre et de la présente préface. Viennent ensuite la table des matières permettant de repérer rapidement la (ou les) carte(s) recherchée(s) et l'ensemble cartographique proprement dit, composé comme suit :

- les principaux fondements 4-7
- le Monde 8-37
- l'Amérique 38-77
  dont le Canada et le Québec 42-57
- l'Europe 78-121
- l'Asie et l'Océanie 122-147
- l'Afrique 148-161
- les régions polaires 162

Recherche d'un renseignement

Pour trouver rapidement les données souhaitées, l'atlas fournit trois moyens :
- l'index des cartes en troisième page de couverture,
- la table des matières en pages 2-3,
- l'index des noms géographiques aux pages 164-180.

- **L'index des cartes** constitue le moyen le plus simple pour rechercher un lieu. Sa double page reprend toutes les parties du monde et indique par des cadres rectangulaires sur quelle carte de l'atlas figure le lieu en question. Pour plus de clarté, le Canada est représenté à part et à une échelle supérieure sur la page de gauche du signet.
- Toutes les cartes générales et les cartes thématiques relatives à certaines régions ou grandes agglomérations sont mentionnées dans la **table des matières** dans l'ordre de leur présentation dans l'atlas. Dans les parties consacrées au Canada et aux différents pays ou continents, la répartition des cartes analytiques a un caractère systématique, des faits physiques majeurs aux principaux traits humains et économiques.
- **L'index des noms géographiques** est destiné à faciliter la recherche des éléments de la nomenclature géographique (pays, régions, localités, cours d'eau, montagnes, etc.). Les noms y sont classés par ordre alphabétique et sont suivis du numéro de la carte ou du carton où ils figurent. Les cartes générales et un certain nombre de cartons présentent des subdivisions déterminées par les méridiens et les parallèles ; ces subdivisions sont identifiées par des lettres et des chiffres indiqués en rouge en bordure du cadre, lesquels sont repris dans l'index après le numéro de la carte correspondante.

Remerciements

Les responsables de la production de cet atlas tiennent à remercier tout spécialement les nombreux enseignants œuvrant dans les collèges et universités du Québec qui ont bien voulu leur faire part de leurs conseils. Des remerciements sont aussi adressés au personnel du Département de géographie et de la cartothèque de la Bibliothèque générale de l'université Laval, tout comme aux représentants des ministères canadiens et québécois qui ont aimablement donné suite à leurs demandes de documents.

Les auteurs
Février 2002

2 **TABLE DES MATIÈRES**

Le grand Atlas du Canada et du monde

En général

En début d'atlas:

Légende générale

Préface

2-3 Table des matières

4-5 Terre et univers

6-7 Projections cartographiques

En fin d'atlas:

163 Liste des pays et des capitales

164-180 Index

181 Termes géographiques

182-183 Coordonnées géographiques

184 Abréviations / Prononciation

Index des cartes

Le monde

8-9 Image satellitaire

10-11 Le monde *

12-13 Le monde - Politique *

14-15 Le monde - Population

16-17 La terre - Géologie

18-19 La terre - Climat

20 La terre - Types de climats / Courants marins

21 La terre - Végétation naturelle

22 La terre - Les zones de culture sur le globe

23 La terre - Agriculture

24-25 La terre - Population

26 La terre - Population / Urbanisation

27 La terre - Urbanisation

28 La terre - Énergie

29 La terre - Énergie / Mines

30 La terre - Industrie

31 La terre - Politique

32-35 La terre - Développement

36-37 La terre - Environnement

162 Zones polaires / Fuseaux horaires

Canada

42-43 Canada *
A. L'Amérique du Nord en 1811
B. L'Amérique du Nord en 1867
C. Le Canada en 1949
D. Le Canada en 2001

44 Canada - Milieu physique
A. Géologie
B. Ensembles physiographiques
C. Régions climatiques
D. Végétation naturelle

45 Canada - Climat
A. Températures moyennes de janvier
B. Températures moyennes de juillet
C. Précipitations nivales moyennes annuelles
D. Précipitations moyennes annuelles

46 Canada - Population
A. Population: densité et langues maternelles
B. Établissements autochtones

47 Canada - Industrie / Énergie
A. Industries
B. Énergie

48 Canada - Économie
A. Mines
B. Utilisation du sol

49 Canada - Économie
A. Voies maritime: grands lacs - Saint-Laurent
B. Grands lacs: différences de niveau
C. Part de la production mondiale
D. Parcs de consservation et sites du patrimoine mondial

Québec

50 Québec - Image satellitaire

51 Québec *
A. Iles-de-la-Madeleine
B. Aménagement de la Baie James
C. Aménagement de la Côte Nord

52 Québec - Climat
A. Température moyenne quotidienne de janvier
B. Température moyenne quotidienne de juillet
C. Précipitations totales moyennes annuelles
D. Précipitations nivales moyennes annuelles
E. Diagrammes climatiques

53 Québec - Milieu physique / Économie
A. Types de sol
B. Végétation
C. Utilisation du sol
D. Sidérurgie, aluminerie, métallurgie et papier
E. Mines
F. Autres industries

54 Québec - Tourisme
A. Parcs et réserves
B. Lieux touristiques
C. Montréal
D. Québec
E. Vieux-Montréal
F. Vieux-Québec

55 Québec - Population
A. Densité de la population
B. Répartition des peuples inuit et amérindien
C. Population par région administrative
D. Superficie des régions
E. La réorganisation municipale: Québec-Lévis
F. La réorganisation municipale: Montréal-Longueuil
G. La réorganisation municipale: Ville de Saguenay
H. La réorganisation municipale: Gatineau
I. Nouvelles villes

56 Montréal et Québec - Photographies aériennes

57 Montréal et Québec - Cartes topographiques

* Cartes générales

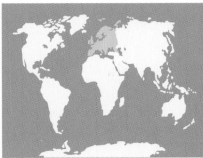

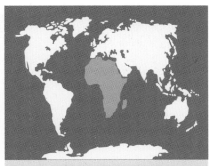

Amérique

Amérique du Nord et centrale

38-39 Amérique du Nord et centrale - Image satellitaire

40-41 Amérique du Nord *

58-59 États-Unis et Mexique *

60-62 États-Unis

63 Californie - Irrigation

64 Mégalopoles

65 Nouvelle-Angleterre et Floride

66 Mexique

67 Mexique / Amérique centrale

68 Région des Antilles *

69 Région des Antilles

Amérique du Sud

70-71 Amérique du Sud - Image satellitaire

72 Amérique du Sud *

73 Amérique du Sud - Politique *

74-75 Amérique latine

76 Brésil

77 Andes / Cône Sud

Europe

78-79 Image satellitaire

80-81 Europe *

82-83 Europe - Politique *

84 Europe - Climat

85 Europe - Agriculture

86 Europe - Population

87 Europe - Tourisme

88 Europe - Économie

89 Europe - Environnement

90 Europe - Mines / Énergie

91 Mer du Nord - Énergie

92-93 Europe du Nord *

94 Benelux *

95 Benelux

96-97 Royaume-Uni et Irlande *

98 Londres

99 Paris

100-101 France *

102 Allemagne *

103 Allemagne

104-105 Suisse / Alpes *

106-107 Bassin méditerranéen *

108-109 Espagne et Portugal *

110-111 Italie *

112-113 Europe du Sud-Est / Grèce *

114-115 Europe orientale *

116-117 Russie et pays voisins *

118-121 Russie et pays voisins

Autres continents

Asie

122-123 Asie - Image satellitaire

124-125 Asie *

126-127 Asie - Politique *

128 Turquie *

129 Israël *

130 Moyen-Orient *

131 Moyen-Orient - Utilisation du sol / Énergie

132 Monde Indien *

133 Monde Indien

134-135 Asie du Sud-Est *

136 Indonésie

137 Chine

138-139 Asie de l'Est *

140 Corée du Sud / Taiwan *

141 Hongkong / Chine / Singapour

142 Japon *

143 Japon

Océanie

144-145 Océans Indien et Pacifique *

146-147 Australie et Nouvelle-Zélande *

Autres continents

Afrique

148-149 Afrique - Image satellitaire

150-151 Afrique *

152-153 Afrique - Politique *

154-155 Afrique

156-157 Maroc *

158-159 Afrique du Nord et de l'Ouest

160 Nigéria

161 Afrique du Sud

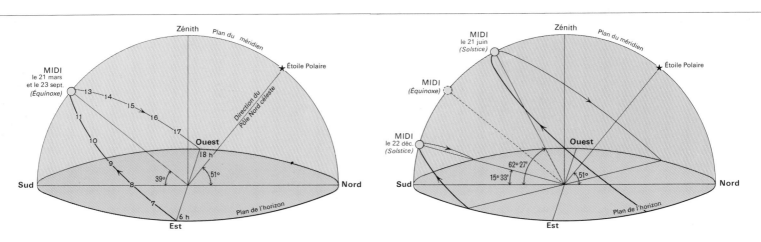

1 MOUVEMENT APPARENT DU SOLEIL À L'ÉQUINOXE ET AUX SOLSTICES SOUS NOS LATITUDES (51°)

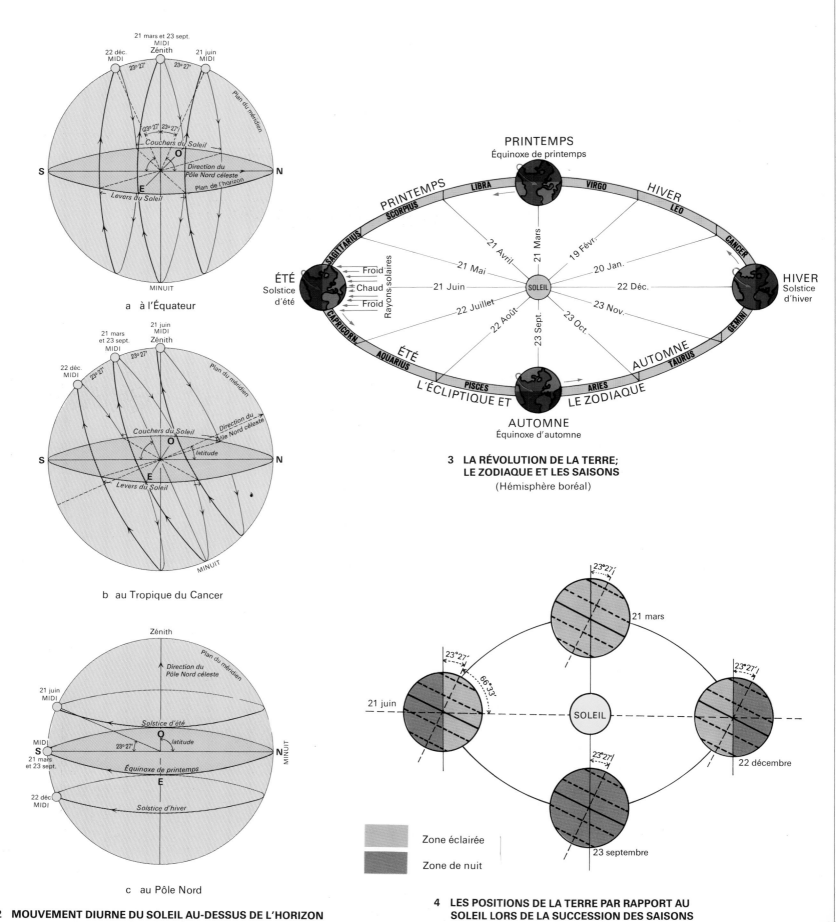

a à l'Équateur

b au Tropique du Cancer

c au Pôle Nord

2 MOUVEMENT DIURNE DU SOLEIL AU-DESSUS DE L'HORIZON

**3 LA RÉVOLUTION DE LA TERRE;
LE ZODIAQUE ET LES SAISONS**
(Hémisphère boréal)

Zone éclairée

Zone de nuit

**4 LES POSITIONS DE LA TERRE PAR RAPPORT AU
SOLEIL LORS DE LA SUCCESSION DES SAISONS**

5. LE SYSTÈME SOLAIRE

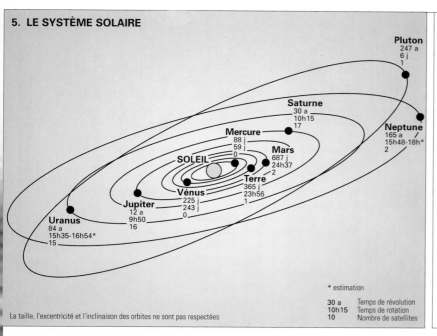

Pluton
247 a
6 j
1

Saturne
30 a
10h15
17

Mercure
88 j
59 j
0

Neptune
165 a
15h48-18h*
2

Mars
687 j
24h37
2

SOLEIL

Terre
365 j
23h56
1

Vénus
225 j
243 j
0

Jupiter
12 a
9h50
16

Uranus
84 a
15h35-16h54*
15

* estimation

30 a	Temps de révolution
10h15	Temps de rotation
10	Nombre de satellites

La taille, l'excentricité et l'inclinaison des orbites ne sont pas respectées

6. LES PHASES DE LA LUNE

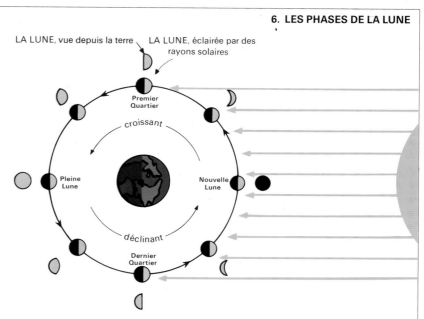

LA LUNE, vue depuis la terre — LA LUNE, éclairée par des rayons solaires

Premier Quartier

croissant

Pleine Lune

Nouvelle Lune

déclinant

Dernier Quartier

A. PRINCIPE DES ÉCLIPSES

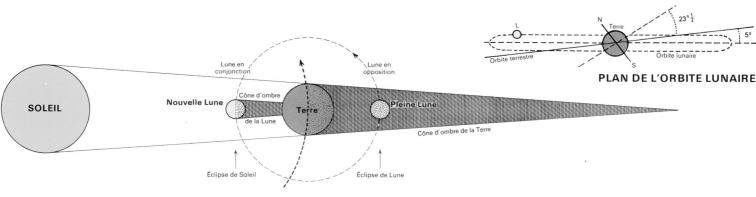

SOLEIL

Nouvelle Lune

Cône d'ombre de la Lune

Terre

Lune en conjonction

Lune en opposition

Pleine Lune

Cône d'ombre de la Terre

Éclipse de Soleil

Éclipse de Lune

L

N
Terre
23° ½

Orbite terrestre

S

Orbite lunaire

5°

PLAN DE L'ORBITE LUNAIRE

B. NŒUDS DE L'ORBITE LUNAIRE ET POSSIBILITÉS D'ÉCLIPSE

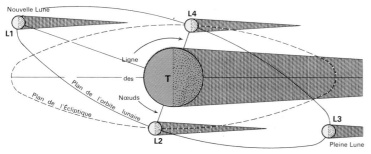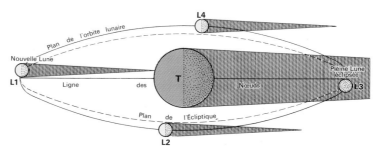

Nouvelle Lune

L4

L1

Ligne

des

Nœuds

Plan de l'orbite lunaire

Plan de l'Écliptique

T

L2

L3

Pleine Lune

La ligne des nœuds n'est pas dirigée vers le Soleil: il ne peut y avoir éclipse.

Plan de l'orbite lunaire

L4

Nouvelle Lune

L1

Ligne des Nœuds

Plan de l'Écliptique

T

L2

Pleine Lune éclipsée

L3

La ligne des nœuds est dirigée vers le Soleil: il peut y avoir éclipse.

C. ÉCLIPSES DE LUNE
(Mesures en rayons terrestres)

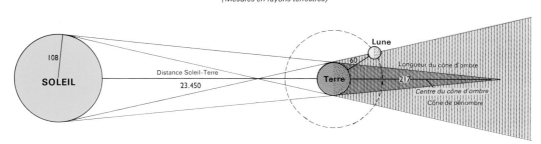

108

SOLEIL

Distance Soleil-Terre
23.450

60

Terre

Lune

Longueur du cône d'ombre

217

Centre du cône d'ombre

Cône de pénombre

D. ÉCLIPSES DE SOLEIL

1 Annulaire

2 Partielle

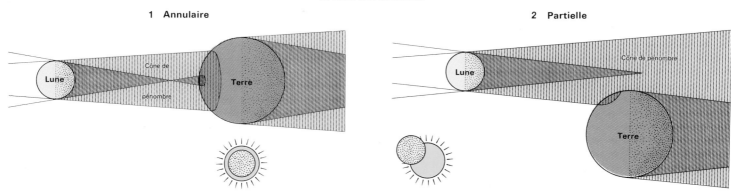

Cône de pénombre

Lune

Terre

Cône de pénombre

Lune

Terre

7. LES ÉCLIPSES

PROJECTIONS CARTOGRAPHIQUES I

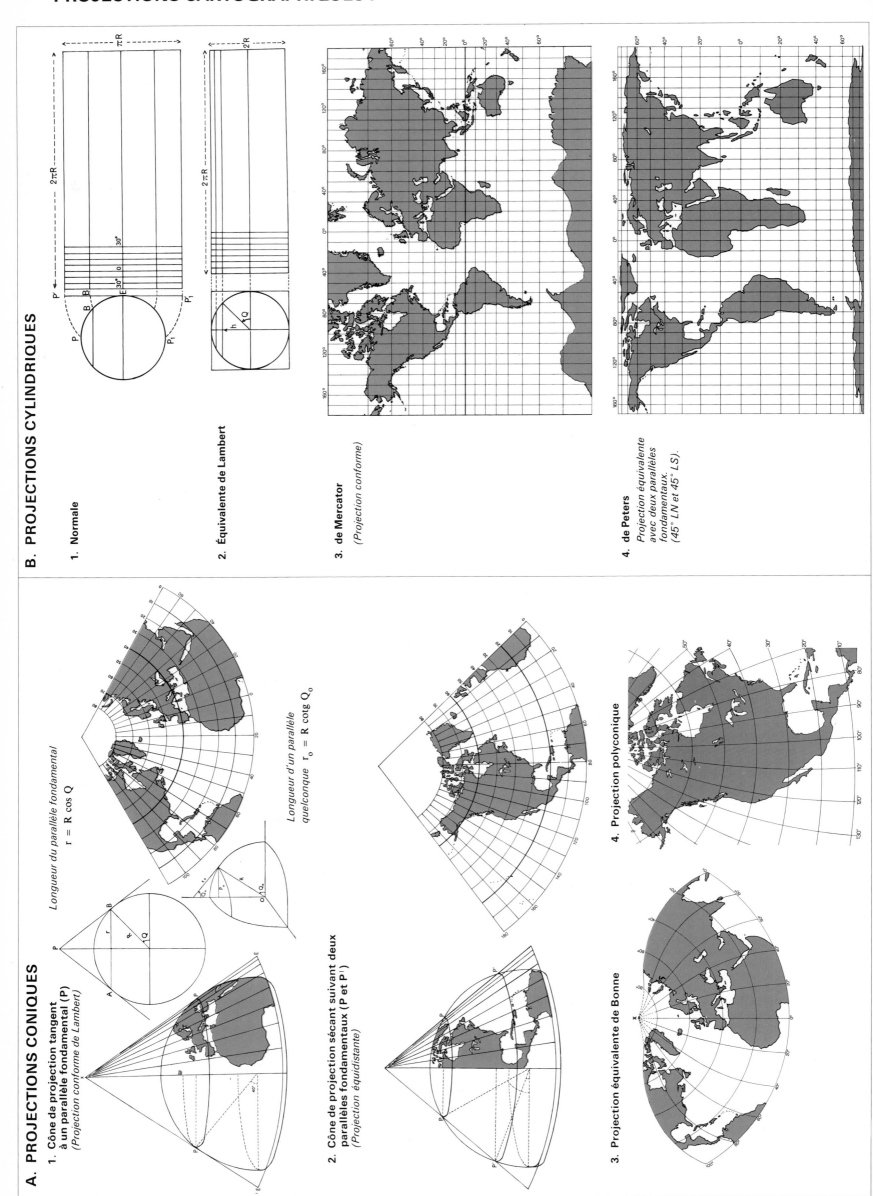

A. PROJECTIONS CONIQUES

1. Cône de projection tangent à un parallèle fondamental (P)
(Projection conforme de Lambert)

Longueur du parallèle fondamental
$r = R \cos Q$

Longueur d'un parallèle quelconque $r_0 = R \cot g Q_0$

2. Cône de projection sécant suivant deux parallèles fondamentaux (P et P')
(Projection équidistante)

3. Projection équivalente de Bonne

4. Projection polyconique

B. PROJECTIONS CYLINDRIQUES

1. Normale

2. Équivalente de Lambert

3. de Mercator
(Projection conforme)

4. de Peters
*Projection équivalente avec deux parallèles fondamentaux.
(45° LN et 45° LS).*

PROJECTIONS CARTOGRAPHIQUES II

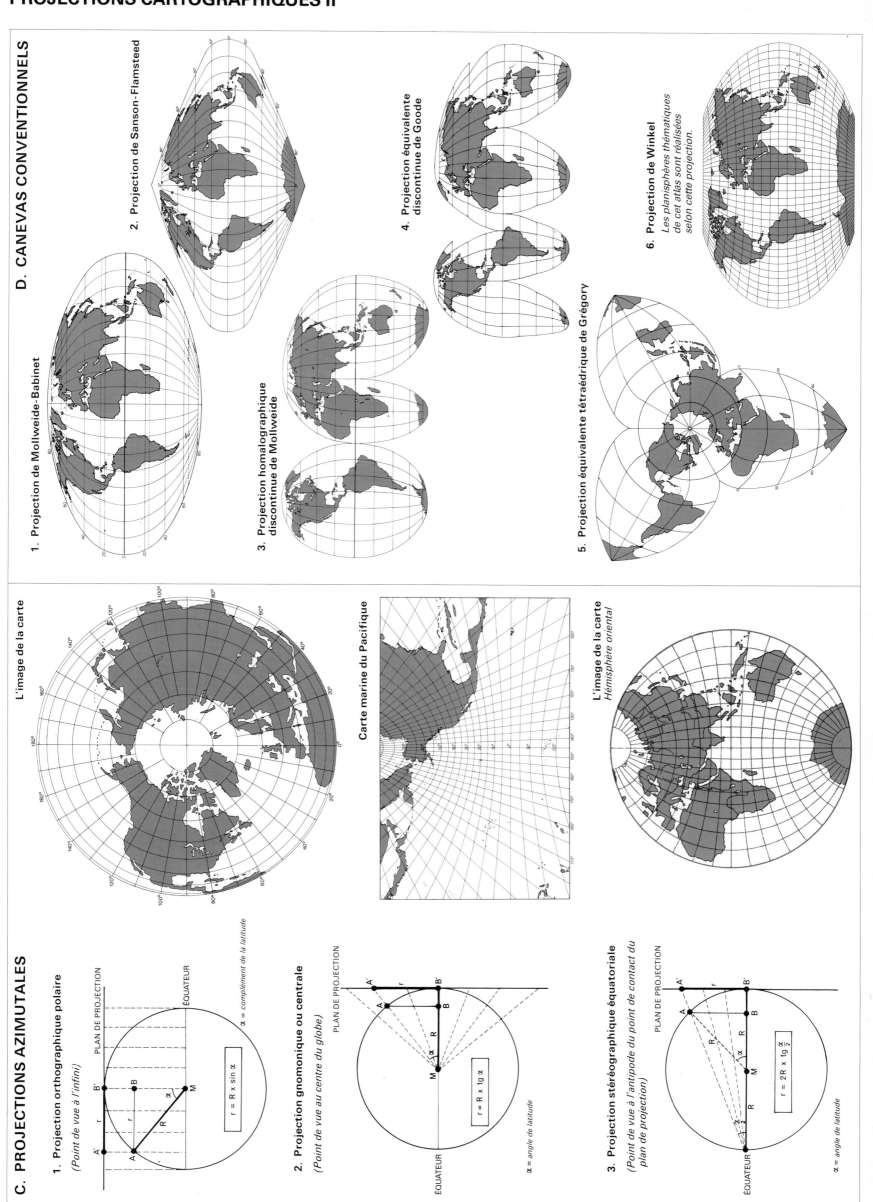

D. CANEVAS CONVENTIONNELS

1. Projection de Mollweide-Babinet

2. Projection de Sanson-Flamsteed

3. Projection homalographique discontinue de Mollweide

4. Projection équivalente discontinue de Goode

5. Projection équivalente tétraédrique de Grégory

6. Projection de Winkel
   Les planisphères thématiques de cet atlas sont réalisées selon cette projection.

L'image de la carte

Carte marine du Pacifique

L'image de la carte
Hémisphère oriental

C. PROJECTIONS AZIMUTALES

1. **Projection orthographique polaire**
   (Point de vue à l'infini)

   PLAN DE PROJECTION
   ÉQUATEUR

   α = complément de la latitude

   $$r = R \times \sin \alpha$$

2. **Projection gnomonique ou centrale**
   (Point de vue au centre du globe)

   PLAN DE PROJECTION
   ÉQUATEUR

   $$r = R \times tg \, \alpha$$

   α = angle de latitude

3. **Projection stéréographique équatoriale**
   (Point de vue à l'antipode du point de contact du plan de projection)

   PLAN DE PROJECTION
   ÉQUATEUR

   $$r = 2R \times tg \frac{\alpha}{2}$$

   α = angle de latitude

LE MONDE

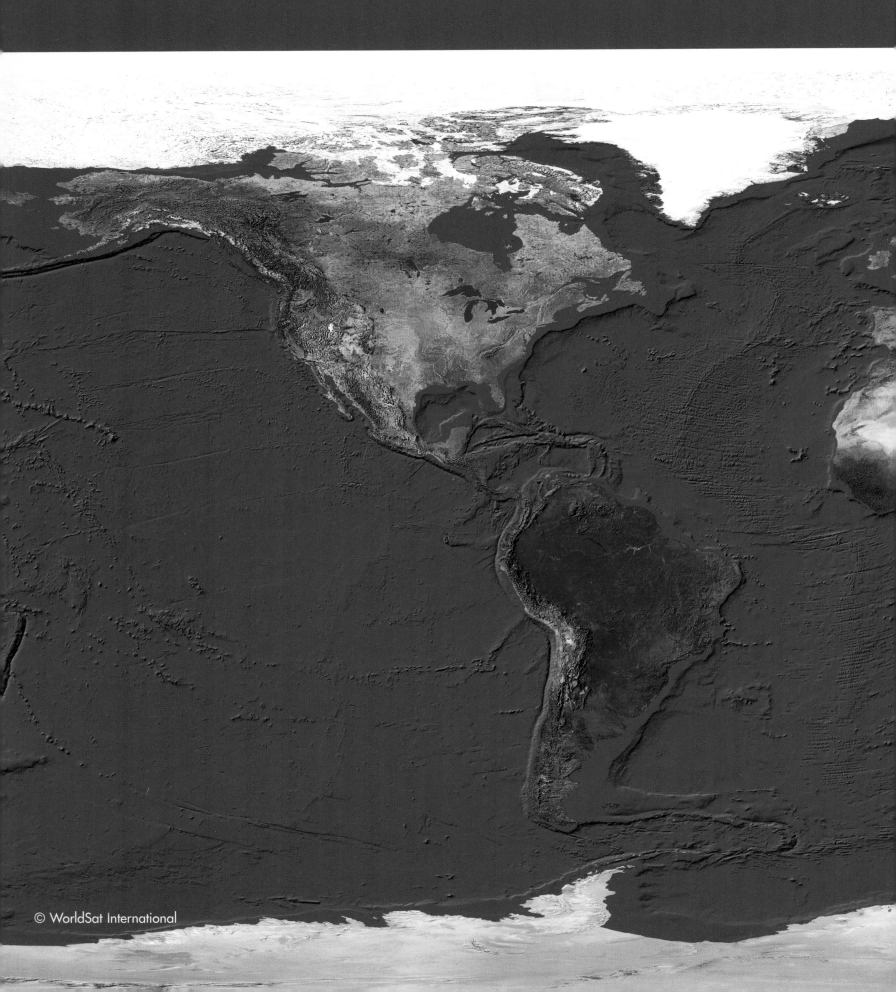

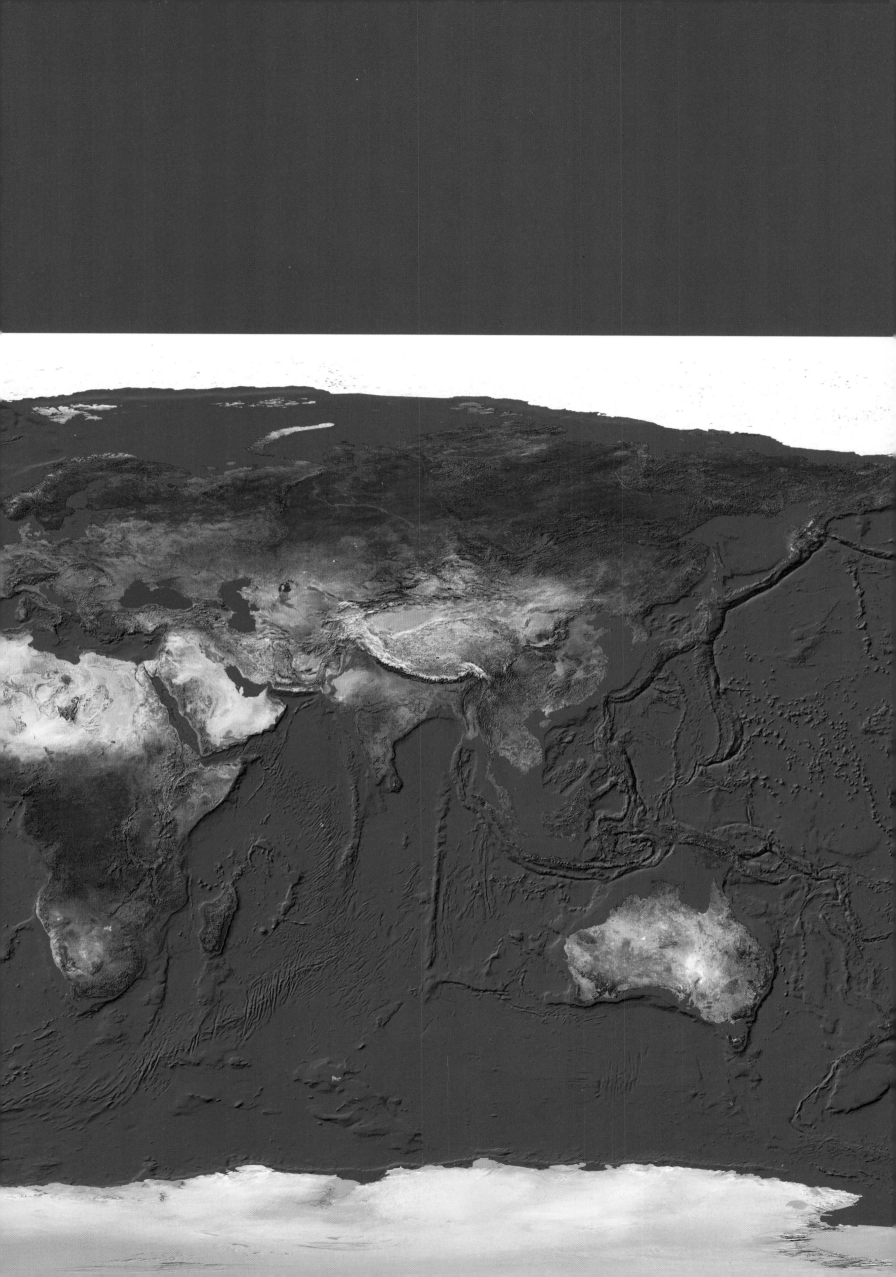

LE MONDE PHYSIQUE

-8000 -6000 -4000 -2000 -200   0   200 500 1000 2000 3000 4000 5000 m
au-dessous du niveau de la mer

Océa...

Cercle polaire arctique
Mer des Tchouktches
Mer de Lincoln
Bassin canadien
Dt de McClure
Golfe d'Amundsen
I. de la Reine-Elizabeth
Passage Kennedy
Qaanaaq
Spitzberg
Mer de Beaufort
Banks
Dt de Melville
Devon
Elismere
Mer du Groenland
Golfe d'Anadyr
Dt de Béring
Inuvik
Melville
Dt de Lancaster
Somerset
Golfe de Boothia
I. de Baffin
Baie de Baffin
Groenland
I. St-Laurent
Alaska
Victoria
Grand lac de l'Ours
Mackenzie
Bassin de Foxe
Jan Mayen
-3930 Bassin
Mt McKinley 6194 Chaîne d'Alaska
Anchorage
Mt Logan 6050
Grand lac des Esclaves
Baie d'Hudson
Dt d'Hudson
Mer du Labrador
Nuuk
Dt du Danemark
1491 Hekla Islande
norvégien
Baie de Bristol
Kodiak
Golfe d'Alaska
Archipel Alexandre
Riv. de la Paix
Lac Athabasca
Churchill Churchill
Dt de Davis
I. Féroé
I. Shetland
Massif scandinave
Fosse des Aléoutiennes
I. de la Reine-Charlotte
Athabasca
Edmonton
Saskatchewan
Nelson
Lac du Caribou
Dorsale de Reykjanes
Grande Bretagne
Irlande
Mer du Nord
Stockh
Lac Vätter
Bassin du Pacifique
Vancouver
Fraser
Missouri
Winnipeg
Lac Winnipeg
Bassin du Labrador
Bassin de l'Europe occidentale
Amsterdam
Berlin Oder
Vistule
Mer Baltique
nord-oriental
Seattle
Amérique du Nord
Minneapolis
Michigan
Lac Supérieur
Lac Huron
Montréal
Saint-Laurent
Terre-Neuve
-4459
Londres
Manche
Paris
Rhin
Elbe
Europe
Var
Escarpement de Mendocino
Columbia
Snake River
Grand Lac salé
Platte River
Lac Michigan
Chicago
Lac Érié
Lac Ontario
New York
-5858
Mt Blanc 4808
Loire
Vienne Car
San Francisco
Grand Bassin
Mt Elbert 4401
Denver
Arkansas
St. Louis
Ohio
Washington
Appalaches
Bassin de l'Europe occidentale
Golfe de Gascogne
Apennins
Los Angeles
Mt Whitney 4420
Colorado
Red River
Mississippi
Tennessee +2038 Mt Mitchell
Açores
Lisbonne
Plateau de Castille
Baléares
Sicile
Escarpement de Murray
Sacramento
Rocheuses
Dallas
Ebre
Tage
Alger
Tunis
Mer Méditerra
Golfe de Californie
La Nouvelle-Orléans
Bermudes
Bassin d'Amérique du Nord
Madère
Casablanca
Atlas
Tropique du Cancer 23°27'
Monterrey
Golfe du Mexique
Floride
Océan
Toubkal 4165
I. Canaries
Ht Plateau du Mexique
Dt de Floride
-6995
I. Revillagigedo
Rio Grande
Golfe de Campeche
Dt du Yucatán
La Havane
Cuba
Bahamas
Massif du Hoggar
Tibesti
Mexico +5650 Orizaba
Yucatán
Grandes Antilles
Fosse de Porto Rico -9219
Bassin du
Sahara
Fosse de Cayman -7680
Haïti
I. du Cap Vert
Dakar
Sénégal
Sahel
-6662
Mer des Antilles
Petites Antilles
-7292
Cap Vert
Niger
Lac Tchad
Ndjamena
Chari
Clipperton
Panamá
Trinidad
Curaçao
Caracas
Bassin des Guyanes
Guinée
Afrique
Zone fracturée de Clipperton
Isthme de Panamá
Paramaribo
Seuil du Para
Abidjan
Lagos
Benue
Volta
Océan
Seuil des Galapagos
Bogotá
Magdalena
Orénoque
Massif des Guyanes
Mt Cameroun 4100
Golfe de Guinée
Bassin de
Oubangui
Congo
Ué...
Pacifique
I. Galapagos
Quito
Chimborazo 6310
Cordillère
Rio Negro
Branco
Japurá
Manaus
Amazone
Belém
Guinée
São Tomé
Bassin du Congo
Équateur 0°
Madeira
Bassin de l'Amazone
Congo
Kinshasa
Kasai
Ucayali
Tapajós
Plateau
du
Locantins
São Francisco
Recife
Ascension
Dorsale
Lubum...
Zambèze
-6262
Amérique du Sud
Brésil
-6040
Bassin du Brésil
Bassin d'Angola
-6013
Lima
Brasília
Atlantique
Sainte-Hélène
Bassin
Pacifique
-5470
Lac Titicaca
La Paz
Illimani 6882
Rio Grande
Paraguay
Paraná
Parnaíba
Rio de Janeiro
-6005
Walvis Bay
Désert de Namib
Kalahar...
Bassin du Pérou
Fosse de Nazca
Cordillère des Andes
Pilcomayo
Asunción
São Paulo
Mar
Crête de Walvis
Johannesb...
Crête de Nazca
-8064
Iguaçu
Uruguay
Seuil du Rio Grande
Orange
Tropique du Capricorne 23°27'
Sala-y-Gómez
I. de Pâques
Atacama
Paraná
Tristan da Cunha
Bassin du Cap
Le Cap
Aconcagua 6959
Valparaíso
Andes
Colorado
Rio Negro
Bassin argentin
Bassin des Aigu...
I. Juan Fernández
Buenos Aires
Rio de la Plata
Dorsale de Juan Fernández
Bassin du Chili
Patagonie
Crête Indien-Atlant...
Puerto Montt
Descado
-6212
Bouvet
Bassin du Pacifique austral
I. Falkland
Dt de Magellan
Géorgie du Sud
Fosse des I. Sandwich
Seuil du Pacifique méridional
Dorsale du Pacifique méridional
Punta Arenas
Terre de Feu
Dt de Drake
Bassin des Antilles du Sud
I. Sandwich du Sud
Bassin Indien-Atlant...
Shetland du Sud
I. Orcades du Sud
-5290
Bassin Pacifique-
Antarctique
Cercle polaire antarctique 66°33'
I. Adélaïde
Mer de Weddell

Tremblement de terre important (catastrophe)
Volcan en activité

Échelle 1:60 000 000

0   500   1000   1500   2000   2500   3000 km

0° 24 40° 25 50° 26 60° 27 70° 28 80° 29 90° L.E.de Gr. 31 110° 32 120° 33 130° 34 140° 35 150° 36 160° 37 170° 38 180° 39 170° 40 160° 41 150° 42 140° 43 130° 44 120° 45 110°

Océan Glacial Arctique

Terre François-Joseph

Nouvelle-Zemble

Mer de Barents

Mourmansk Péninsule Kola

Mer de Kara

Vorkhouta Narodnaia 1894

Terre du Nord

I. de Nouvelle-Sibérie

Mer de Sibérie orientale

Wrangel Mer des Tchouktches

D. de Béring

Alaska

Inuvik

Cercle polaire arctique

Mackenzie

Banks

Bassin canadien

Golfe d'Amundsen Victoria

70° B

66° 33' 66°

Mer des Laptev

Péninsule de Taïmyr Nordvik

Plateau de

Anadyr Golfe d'Anadyr

St-Laurent

Yukon Mr McKinley 6194 Chaîne d'Alaska Anchorage Mt Logan 6050 60° L.N.

C

Estuaire de l'Ob

Plaine

Toungouska inférieure Sibérie centrale

Verkhoïansk

Pobeda 3147

Baie de Chelakhov

Mer d'Okhotsk

Mer de Béring

I. du Béring Commandeur Aléoutienne Baie de Bristol Kodiak Golfe d'Alaska

D

50°

insule Kola Lac Onega Pétersbourg Volga

Vorkhouta

Ob

de Sibérie

occidental

Iekaterinbourg Novossibirsk

Toungouska pierreuse

Angara

Iakoutsk Lena

Oïmiakon

Plateau de l'Aldan

Amour

Kamtchatka I. Aléoutiennes 7822 Fosse des Aléoutiennes Bassin du Pacifique

E

Moscou Kama Volgograd Don Mer d'Azov Caucase

Monts Oural

Tobol Irtech Irkoutsk Lac Baïkal Selenga

Oulan-Bator

Aldan

Songhua Jiang

Sakhaline Amour

10542

Fosse des Kouriles

Crête de l'Empereur

40° F

Oural Karaganda Lac Balkach Lac Zaïsan Altaï

Asie

G o b i

Beijing

Vladivostok Mer du Japon Hokkaido Sapporo Kouriles Bassin du

Pacifique nord-occidental

Océan

30°

5642 Elbrouz Mer Caspienne Mer d'Aral Syr-Daria Amou-Daria Tochkent Isyk-Köl Tian Shan Lop Nur Tarim Kuku Nur Huang He Mer Jaune Corée Tokyo Honshu Fosse du Japon 10595

G

23° 27'

5137 Ararat Taurus Tigre Lac d'Urmia 5604 Damavand Téhéran Hindu Kuch Mt K2 8611 Mts Kunlun Plateau du Tibet Lhassa Plateau de Chine du Nord Wuhan Shanghai Kyushu Mer de Chine orientale I. Bonin 6987 Tropique du Cancer

Euphrate Mésopotamie Bagdad Plateau d'Iran Monts Zagros Sutlej Salouen Brahmapoutre 8850 Mt Everest Chongqing Jiang Chang Jiang Plateau de Chine du Sud Xi Jiang I. Ryu Kyu I. Midway 20°

Koweït Golfe Persique Karachi Delhi Gange Irrawaddy Hongkong Formose H

Le Mecque Roub-al-Khali Narmada Kolkata Hanoï Mer des Bassin des Marianne Fosse des Mariannes 10°

Mer Rouge Arabie Mumbai Godavari Plateau du Deccan Golfe du Bengale Ménam Hainan Luçon Manille Fosse des Philippines Philippines Micronésie

Golfe d'Aden Socotra Chennai I. Andaman Bangkok Indochine Mékong Arch. des Philippines 11034 I. Marshall

Massif éthiopien Addis Abeba Bassin somali Bassin d'Arabie 5875 Laquédives Colombo Sri Lanka I. Nicobar Isthme de Kra Golfe de Thaïlande Ho Chi Minh-ville méridionale 10497 Mindanao Fosse des Palau I

Lac Turkana Crête de Carlsberg Maldives Golfe d'Andaman Sumatra Mer de Sulawesi Moluques I. Gilbert Équateur 0°

Kilimandjaro 5892 Seychelles Amirantes Crête des Mascareignes I. Chagos Bornéo Sulawesi Jayapura Arch. Bismarck Nouvelle- **Pacifique**

Océan Dar-es-Salam Comores Singapour Kapuas Makassar Mer de Banda Mambéramo Guinée Nouvelle-Bretagne I. Salomon Fosse de Bougainville Tuvalu

Malawi Madagascar Mascareignes Maurice Réunion Palembang Jakarta Mer de Java Petites îles de la Sonde Timor Digul Fly J

Indien Antananarivo Fosse de Java 7450 Mer d'Arafura Mer de Timor Darwin Golfe de Carpentarie Bassin de Mer de Corail Nouvelles-Hébrides Fosse des Nouvelles-Hébrides Santa Cruz 10°

Beira Canal de Mozambique 6090 Bassin de l'Australie nord-occidentale Plateau de Kimberly Corail Nouvelle-Calédonie Bassin des

Bassin de Madagascar Dorsale du Bengale **Océanie** Mt Bruce 1227 Monts Mac Donnell Alice Springs Tropique du Capricorne 20°

du Natal Crête K.XVIII Bassin de l'Australie occidentale Perth Grand Désert de Victoria Lac Eyre 10800 Mer des Fidji 23° 27'

Bassin de l'Océan Indien sud-occidental 6857 Grande Baie australienne Darling Murray 2231 Sydney Cordillère australienne Brisbane I. Fidji Fidji K

Seuil de Crozet Kerguelen 5640 Melbourne Mt Kosciusko Auckland 30°

Crête de l'Océan Indien méridional Bassin de l'Australie méridionale Tasmanie Mer de Tasman Nouvelle-Zélande Wellington I. Kermadec Fosse des Kermadec 10047 M

6972 6089 Crête des Kerguelen Crête de Tasmanie 3766 Mt Cook I. Chatham 40°

Bassin Indien-Antarctique I. Auckland I. Bounty I. Antipodes N

ctique Cercle polaire antarctique 66° 33' 50° L.S. O

Océan Indien central Bassin central Indien Bassin de l'Océan Indien sud-oriental

Mer de Bassin de Chine Chine méridionale

arctique

24 40° 25 50° 26 60° 27 70° 28 80° 29 90° 30 100° 31 110° 32 120° 33 130° 34 140° 35 150° 36 160° 37 170° 38 180° 39 170° 40 160° 41 150° 42 140° 43 130° 44 120° 45 150°

d'après Berann

© WN Atlas Productions

LE MONDE POLITIQUE

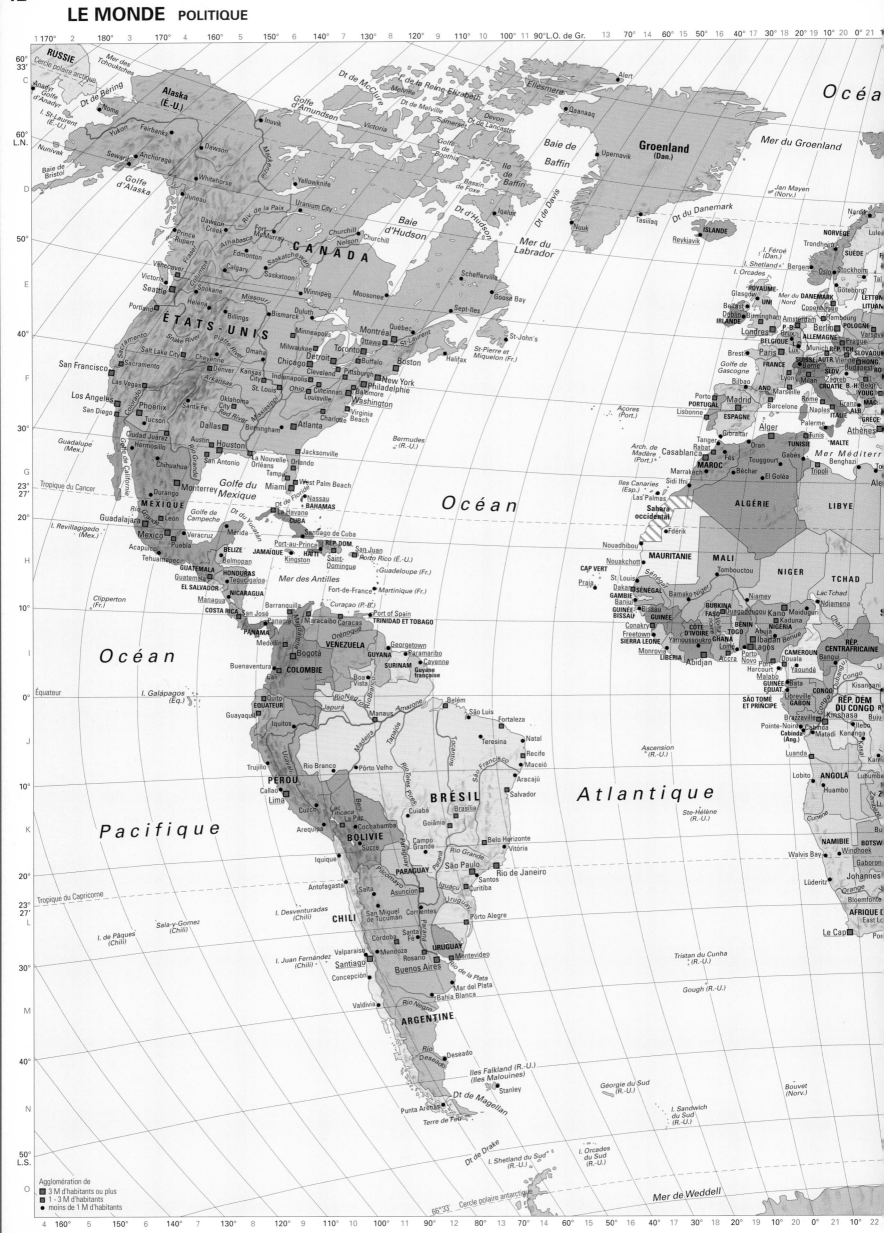

Agglomération de
- ■ 3 M d'habitants ou plus
- ◼ 1 - 3 M d'habitants
- ● moins de 1 M d'habitants

Échelle 1:60 000 000

0   500   1000   1500   2000   2500   3000 km

70°

Océan Glacial Arctique

Golfe d'Amundsen

66° 33'

Terre du Nord

I. de Nouvelle-Sibérie

Mer de Sibérie orientale

Mer des Tchouktches

Inuvik

Cercle polaire arctique

Mackenzie

Terre François-Joseph

Mer des Laptev

Wrangel

Pevek

Dr. de Béring

Alaska (É.-U.)

Yukon

Dawson

C

Nouvelle-Zemble

Estuaire de l'Ob

Dikson

Mer de Kara

Norilsk

Verkhoïansk

Kolyma

Anadyr

Anadyr

Nome

Fairbanks

Anchorage

Whitehorse

CANADA

60° L.N.

Mer de Barents

Kolgouiev

Vorkouta

Iénisséï

Golfe d'Anadyr

I. St-Laurent (É.-U.)

Seward

Golfe d'Alaska

mansk

Arkhangelsk

Petchora

Ob

Toungouska inférieure

Lena

Magadan

Okhotsk

I. du Commandeur

Nunivak

Baie de Bristol

Kodiak

Dutch Harbor

D

Lac Onega

Dvina septent.

Nijni Novgorod

Perm

RUSSIE

Toungouska pierreuse

Iakoutsk

Mer d'Okhotsk

I. Pribilof (É.-U.)

50°

olga

Moscou

Kazan

Iekaterinbourg

Omsk

Angara

Lena

Vitim

Komsomolsk

Petropavlovsk-Kamtchatski

Iles Aléoutiennes (É.-U.)

E

ronej

Saratow

Samara

Kama

Tcheliabinsk

Novossibirsk

Irkoutsk

Lac Baïkal

Tchita

Amour

Khabarovsk

Ioujno-Sakhalinsk

Kouriles

Kharkiv

Volgograd

Oural

Orsk

Magnitogorsk

Astana

Semeï

Novokouznetsk

Selenga

Amour

Vladivostok

Sapporo

40°

bassovsk

Rostov

Astrakhan

Atyraou

KAZAKHSTAN

Karaghandy

Lac Zaïssan

Oulan-Bator

MONGOLIE

Songhua Jiang

Qiqihar

Harbin

JAPON

Tbilissi

Mer d'Aral

Syr-Daria

Lac Balkach

Ürümqi

Changchun

Shenyang

Fushun

CORÉE DU N.

Pyongyang

Mer du Japon

Honshu

GÉORGIE

Bakou

Baïkal

Almaty

OUZBÉKISTAN

Bichkek

Ysyk-Köl

KIRGHIZISTAN

Baotou

Beijing

Dalian

Séoul

CORÉE DU S.

Kyoto

Tokyo

Océan

30°

ARMÉNIE

AZER-BAÏDJAN

TURKMÉNISTAN

Tachkent

Boukhoro

TADJIKISTAN

Tarim

Lop Nur

Yinchuan

Tianjin

Taiyuan

Pusan

Kobe

Osaka

Nagoya

Yokohama

SYRIE

Tabriz

Erevan

Achgabat

Amou-Daria

Douchanbé

Kuku Nur

Lanzhou

Huang He

Jinan

Qingdao

Kita-Kyushu

I. Nampo (Jap.)

G

eyrouth

Tigre

Lac d'Urmia

Téhéran

Kaboul

AFGHANISTAN

Islamabad

Lhassa

Xi'an

Zhengzhou

Nanjing

Shanghai

I. Ryu Kyu (Jap.)

I. Bonin (Jap.)

Minami-Tori (Jap.)

Tropique du Cancer

23° 27'

Damas

IRAK

Bagdad

IRAN

Ispahan

Lac Hilmend

Kandahar

Lahore

Saloueni

Chang Jiang

Wuhan

Hangzhou

Mer de Chine orientale

I. Daito

I. Volcano (Jap.)

JORDANIE

Basra

Kerman

NÉPAL

BHOUTAN

Chengdu

Chongqing

Changsha

Nanchang

Fuzhou

Naha

Aqaba

KOWEÏT

Koweit

Chiraz

Zahedan

Delhi

Katmandou

Thimphu

Shillong

CHINE

Kunming

Xi Jiang

Guangzhou

Taipei

TAIWAN

20°

BAHR.

QATAR

Riyad

Abou Dhabi

PAKISTAN

New Delhi

Kanpur

Gange

Dhaka

Chittagong

BANGLA-DESH

Mandalay

Luang Prabang

Hanoi

Hongkong

G.d'Oman

Médine

E.A.U.

Mascate

Hyderabad

Ahmadabad

Varanasi

Kolkata

Irrawaddy

MYANMAR (BIRMANIE)

Vientiane

LAOS

Mer de Chine

H

Golfe Persique

Doha

Abu Dhabi

Karachi

Kandla

Indore

Nagpur

INDE

Godavari

Golfe du Bengale

Yangon

Hué

Da Nang

Luçon

Marianness (É.-U.)

Wake (É.-U.)

10°

Mer Rouge

La Mecque

Djedda

ARABIE SAOUDITE

OMAN

Surat

Mumbai

Puna

Hyderabad

Ménam

Mékong

Bangkok

THAÏLANDE

VIÊT-NAM

CAMBODGE

Phnom Penh

Mer

de Chine

méridionale

Manille

PHILIPPINES

Guam (É.-U.)

Bikini

MICRONÉSIE

ILES

MARSHALL

Port-Soudan

YÉMEN

Sanaa

Bangalore

Chennai

I. Laquédives (Inde)

I. Andaman (Inde)

Ho Chi Minh-ville

Mindanao

Davao

Jaluit

ÉRYTHRÉE

Asmara

Aden

Golfe d'Aden

Socotra (Yémen)

Madurai

Golfe de Thaïlande

Carolines

I

Addis Abeba

ÉTHIOPIE

DJIBOUTI

Djibouti

Colombo

SRI LANKA

I. Nicobar (Inde)

Mer d'Andaman

Bandar Seri Begawan

BRUNEI

Mer de Célèbes

PALAU

Pacifique

Équateur

0°

SOMALIE

Mogadiscio

MALDIVES

Malé

Medan

Kuala Lumpur

MALAYSIA

Singapour

Manado

NAURU

KIRIBATI

Nairobi

Mombasa

Pemba Zanzibar

SEYCHELLES

Victoria

Amirantes (Seych.)

Océan

Sumatra

Padang

Pontianak

Kapuas

Bornéo

Sulawesi

Jayapura

Arch. Bismarck

Rabaul

J

Dar-es-Salam

Aldabra (Seych.)

I. Farquhar (Seych.)

I. Agalega (Maurice)

Arch. Chagos (R.-U.)

Diego Garcia

Palembang

Bandar Lampung

Banjarmasin

Makassar

Mer de Banda

INDONÉSIE

Manokwari

PAPOUASIE NOUVELLE-GUINÉE

ILES SALOMON

TUVALU

COMORES

Moroni

Mayotte (Fr.)

Mer de Java

Jakarta

Bandung

Java

Surabaya

Dili

TIMOR OR.

Fly

Merauke

Port Moresby

Honiara

I. Santa Cruz

10°

MADAGASCAR

Toamasina

Antananarivo

MAURICE

Port Louis

Réunion (Fr.)

I. Cargados Carajos (Maurice)

I. Christmas (Austr.)

I. Cocos (Austr.)

Indien

Darwin

Golfe de Carpentarie

Mer de Corail

VANUATU

Nouvelle-Calédonie (Fr.)

Wallis et Futuna (Fr.)

FIDJI

Suva

K

Canal de Mozambique

Nouvelle-Amsterdam (Fr.)

St-Paul (Fr.)

Cairns

Mount Isa

Alice Springs

AUSTRALIE

Nouméa

Port Vila

Tropique du Capricorne

TONGA

23° 27'

20°

Geraldton

Lac Eyre

Brisbane

Mer des Fidji

L

Perth

Darling

Murray

Sydney

Canberra

30°

Augusta

Grande Baie australienne

Adélaïde

I. Kermadec (N.-Z.)

Melbourne

Mer de Tasman

Ile du Nord

Auckland

M

I. Crozet (Fr.)

Kerguelen (Fr.)

Tasmanie

Hobart

NOUVELLE-ZÉLANDE

Ile du Sud

Wellington

Christchurch

I. Chatham (N.-Z.)

Pr.-Edouard (Fr. du Sud)

Dunedin

Stewart

I. Bounty (N.-Z.)

40°

I. MacDonald (Austr.)

I. Heard (Austr.)

I. Macquarie (Austr.)

Campbell (N.-Z.)

I. Auckland (N.-Z.)

I. Antipodes (N.-Z.)

N

50° L.S.

Antarctique

Cercle polaire antarctique   66°33'

O

24   40°   50°   60°   70°   80°   90°   100°   110°   120°   130°   140°   150°   160°   170°   180°   170°   160°   150°

25   26   27   28   29   30   31   32   33   34   35   36   37   38   39   40   41

© WN Atlas Productions

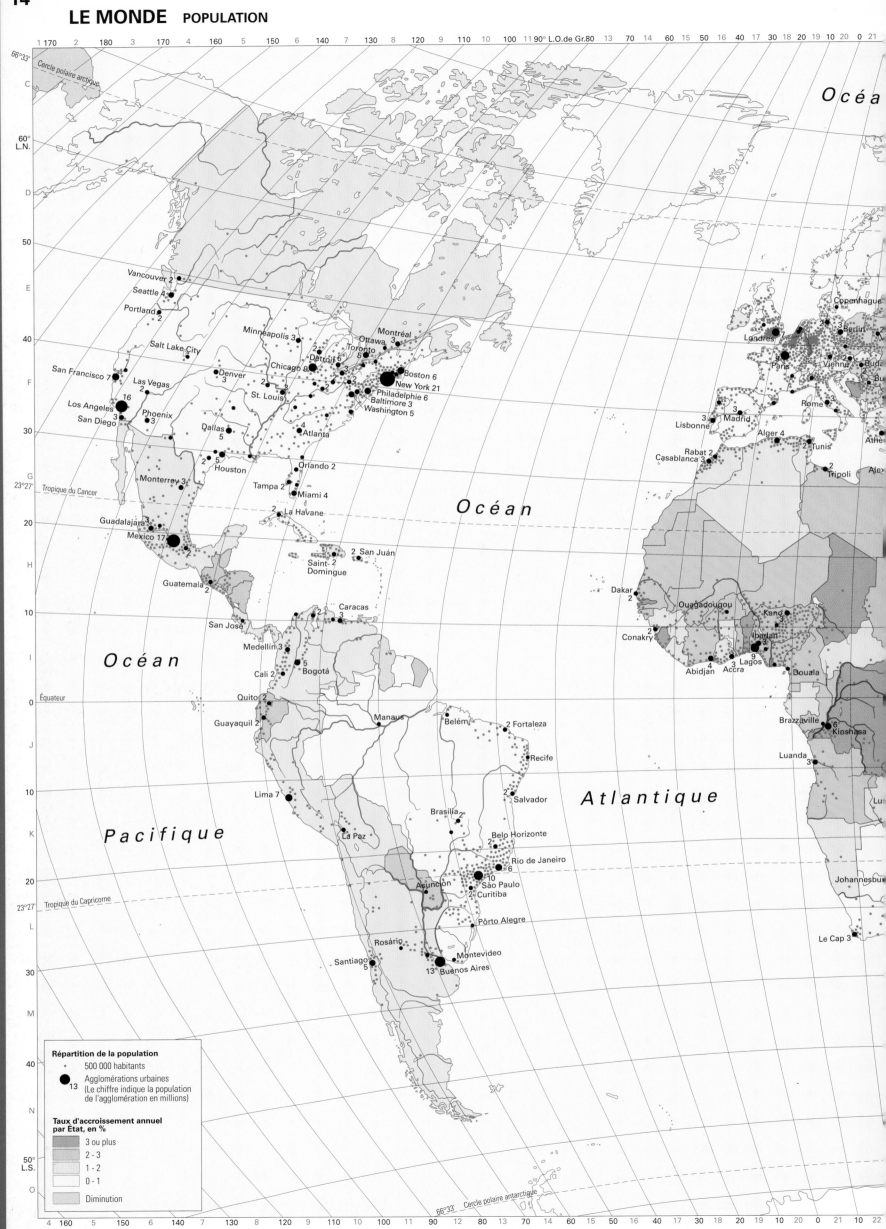

Cercle polaire arctique

Océa

Océan

Océan

Pacifique

Atlantique

66°33'

60°
L.N.

50

40

30

23°27' Tropique du Cancer

20

Équateur

10

23°27' Tropique du Capricorne

66°33' Cercle polaire antarctique

Vancouver 2
Seattle 4
Portland 2
Salt Lake City
Minneapolis 3
Montréal 3
San Francisco 7
Las Vegas 2
Denver 3
Chicago 8
Detroit 5
Toronto 5
Ottawa
Boston 6
New York 21
Los Angeles 16
Phoenix 3
St. Louis 2
Philadelphie 6
Baltimore 3
Washington 5
San Diego 3
Dallas 5
Atlanta 4
Houston 5
Orlando 2
Monterrey 3
Tampa 2
Miami 4
Guadalajara 3
La Havane 2
Mexico 17
San Juan 2
Saint-Domingue 2
Guatemala 2
Caracas 3
San José
Medellín 3
Cali 2
Bogotá 5
Quito 2
Guayaquil 2
Manaus
Belém
Fortaleza 2
Recife
Lima 7
Salvador 2
Brasília 2
La Paz
Belo Horizonte 2
Rio de Janeiro 6
Asunción
São Paulo 10
Curitiba 2
Pôrto Alegre
Rosário
Santiago 5
Montevideo
Buenos Aires 13

Copenhague
Londres 7
Berlin 3
Paris 9
Vienne
Rome 3
Lisbonne 3
Madrid
Alger 4
Tunis 2
Rabat 2
Casablanca 3
Tripoli 2
Dakar 2
Ouagadougou
Kano 3
Conakry
Ibadan 9
Abidjan 4
Accra 3
Lagos 9
Douala
Brazzaville 6
Kinshasa
Luanda 3
Johannesbu
Le Cap 3

Légende

Répartition de la population

• 500 000 habitants

● **Agglomérations urbaines**
13 (Le chiffre indique la population de l'agglomération en millions)

Taux d'accroissement annuel par État, en %

3 ou plus
2 - 3
1 - 2
0 - 1
Diminution

Échelle 1 : 60 000 000

600   0   600   1200 km

B
70

acial Arctique

66°33'
Cercle polaire arctique

C

60°
L.N.

D

50

-Pétersbourg

9
u

Iekaterinbourg
Omsk
Novosibirsk

2   **E**

Samara

40

v
2

Harbin
2   Sapporo

Changchun
3   2

F

Tbilissi

Shenyang

Bakou
2

Tochkent
2

Almaty

Ürümqi

Beijing 9   3   3 Pyongyang
Tianjin   Dalian   Séoul 10
Lanzhou   Xi'an   3   Qingdao   Pusan   Tokyo
2   2   4   Yokohama 3
Osaka 3   Nagoya 2

Tokyo
12

30

nkara

Damas   2
Bagdad   2
Amman   2

Téhéran

Kaboul

Lahore 5

Delhi 8

7

2

Chengdu   Wuhan   12   *Océan*
Chongqing   7   Nanjing   Shanghai
Changsha   Ningbo 3
Kunming   Guangzhou   Hangzhou 3

Tropique du Cancer   23°27'   **G**

4 Riyad
3 Djedda
Mekka

2

Karachi 9
Ahmadabad   3
Puna 3   Mumbai 13

Dhaka
3

Hydérabad   2
Bangalore   4
Chennai   5

11
Kolkata

2

3 Taipei

Hongkong

20

Hanoi

H

Addis-
Abeba

Yangon   4

Manille 9

Bangkok   7

10

Nairobi
3

Mogadiscio

Hô Chi Minh-ville

6

Pacifique

Dar-es-Salam 2

Océan

Medan   2

Kuala Lumpur 2
Singapour
4

Équateur   0   **I**

Indien

Jakarta 9   Surabaya
Bandung 2   3

J

10

Antananarivo

K

puto

20

n

Tropique du Capricorne   23°27'   **L**

2 Brisbane

Perth

30

Adelaïde   4 Sydney

3 Melbourne   Auckland

M

40

N

50°
L.S.

O

Cercle polaire antarctique   66°33'

© WN Atlas Productions

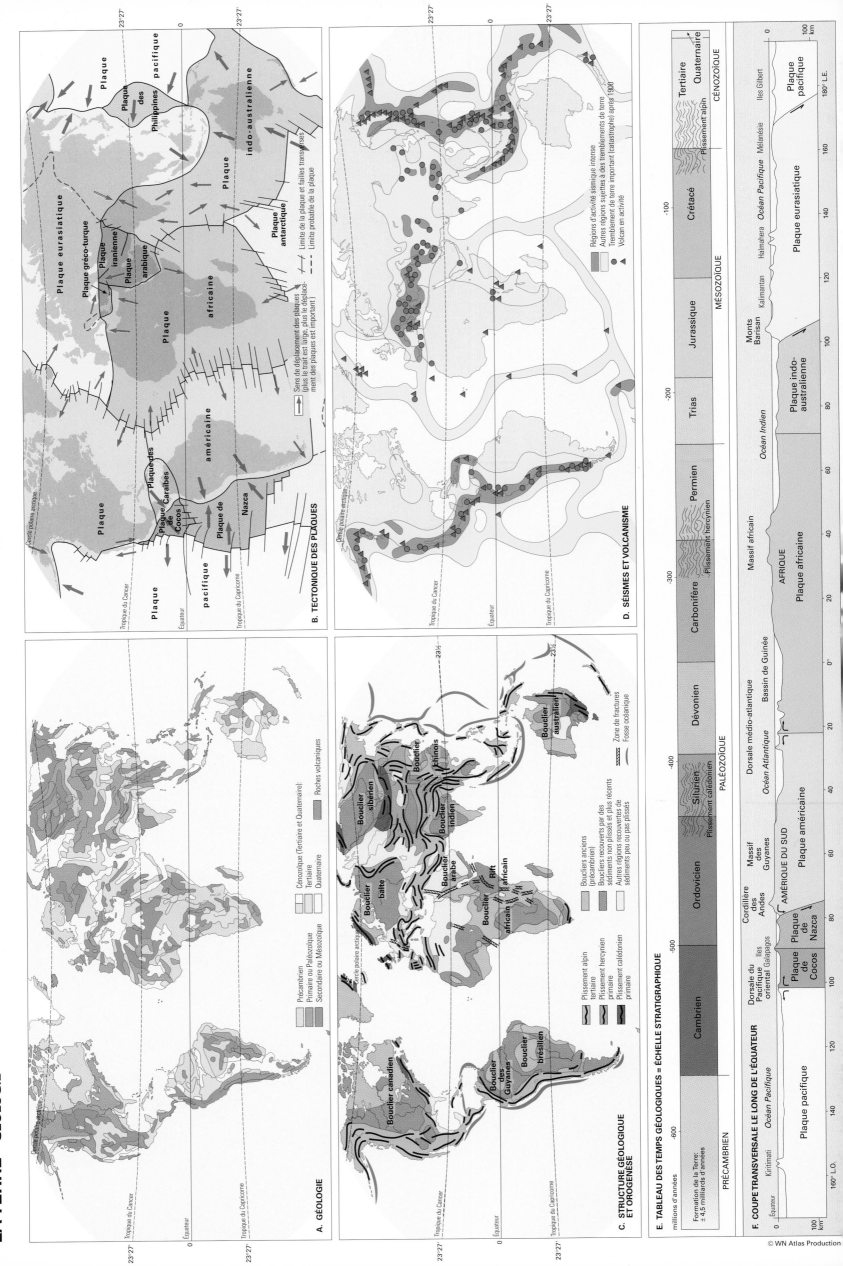

LA TERRE GÉOLOGIE

Échelle 1 : 200000000

A. GÉOLOGIE

Précambrien
Primaire ou Paléozoïque
Secondaire ou Mésozoïque

Cénozoïque (Tertiaire et Quaternaire):
Tertiaire
Quaternaire
Roches volcaniques

B. TECTONIQUE DES PLAQUES

Plaque pacifique
Plaque des Philippines
Plaque eurasiatique
Plaque gréco-turque
Plaque iranienne
Plaque arabique
Plaque africaine
Plaque indo-australienne
Plaque antarctique
Plaque des Caraïbes
Plaque de Cocos
Plaque américaine
Plaque de Nazca
Plaque pacifique

Sens de déplacement des plaques (plus le trait est large, plus le déplacement des plaques est important)
Limite de la plaque et failles transverses
Limite probable de la plaque

C. STRUCTURE GÉOLOGIQUE ET OROGENÈSE

Plissement alpin tertiaire
Plissement hercynien primaire
Plissement calédonien primaire

Boucliers anciens (précambrien)
Boucliers recouverts par des sédiments non plissés et plus récents
Autres régions recouvertes de sédiments peu ou pas plissés

Bouclier canadien
Bouclier de Guyanes
Bouclier brésilien
Bouclier balte
Bouclier siberien
Bouclier chinois
Bouclier indien
Bouclier arabe
Rift africain
Bouclier africain
Bouclier australien

Zone de fractures
Fosse océanique

D. SÉISMES ET VOLCANISME

Régions d'activité sismique intense
Autres régions sujettes à des tremblements de terre
Tremblement de terre important (catastrophie) après 1900
Volcan en activité

E. TABLEAU DES TEMPS GÉOLOGIQUES = ÉCHELLE STRATIGRAPHIQUE

millions d'années

	PRÉCAMBRIEN	PALÉOZOÏQUE							MÉSOZOÏQUE			CÉNOZOÏQUE	
	Cambrien	Ordovicien	Silurien	Dévonien	Carbonifère	Permien	Trias	Jurassique	Crétacé	Tertiaire	Quaternaire		

Formation de la Terre: ± 4,5 milliards d'années

-600 -500 -400 -300 -200 -100

Plissement caledonien
Plissement hercynien
Plissement alpin

F. COUPE TRANSVERSALE LE LONG DE L'ÉQUATEUR

Dorsale du Pacifique oriental
Îles Galapagos
Plaque de Cocos
Cordillère des Andes
AMÉRIQUE DU SUD
Plaque américaine
Massif des Guyanes
Océan Atlantique
Dorsale médio-atlantique
Bassin de Guinée
AFRIQUE
Massif africain
Plaque africaine
Océan Indien
Monts Barisan
Kalimantan
Halmahera
Océan Pacifique
Mélanésie
Îles Gilbert
Plaque indo-australienne
Plaque eurasiatique
Plaque pacifique

Plaque de Nazca
Plaque pacifique

Kiritimati
Océan Pacifique
Plaque pacifique

© WN Atlas Production

A. "DÉRIVE" DES CONTINENTS

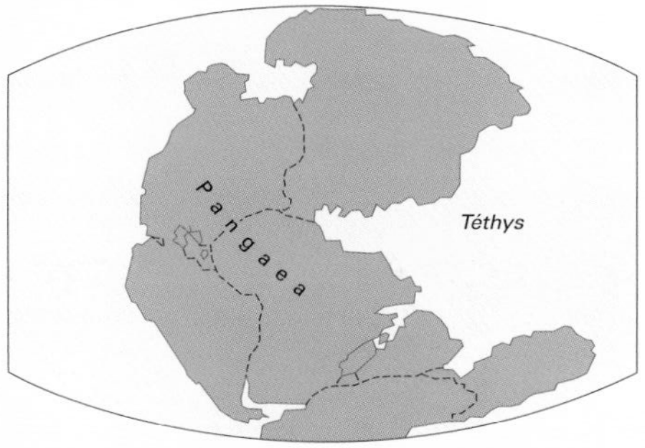

A1. Il y a 225 millions d'années (fin du Permien)

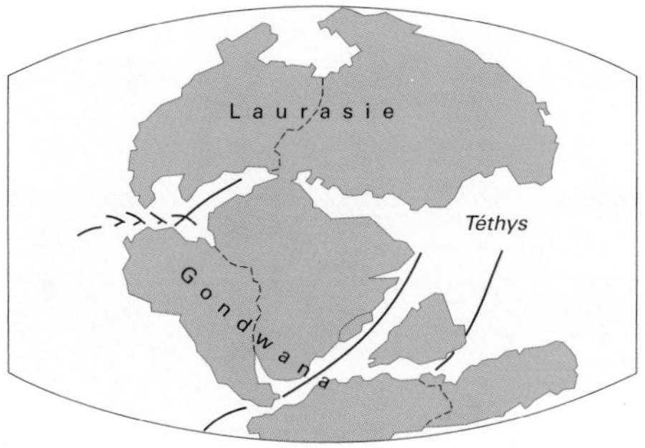

Téthys

Pangaea

A2. Il y a 180 millions d'années (début du Jurassique)

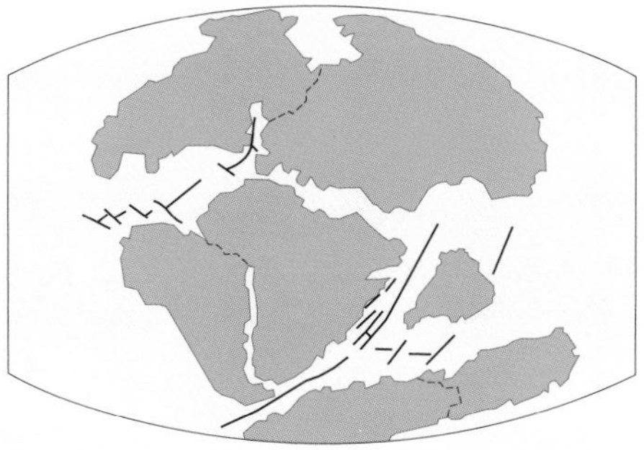

Laurasie

Téthys

Gondwana

A3. Il y a 135 millions d'années (début du Crétacé)

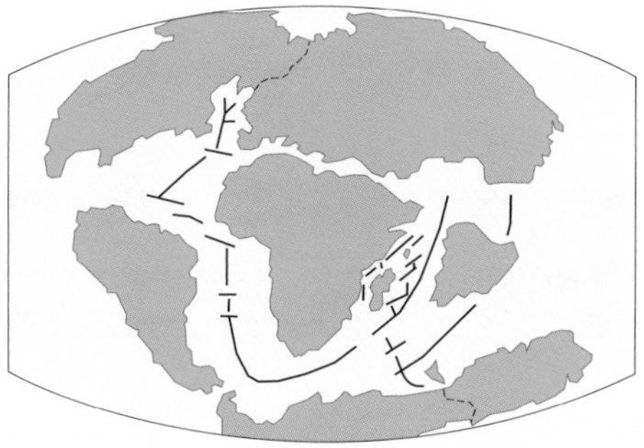

A4. Il y a 65 millions d'années (début du Tertiaire)

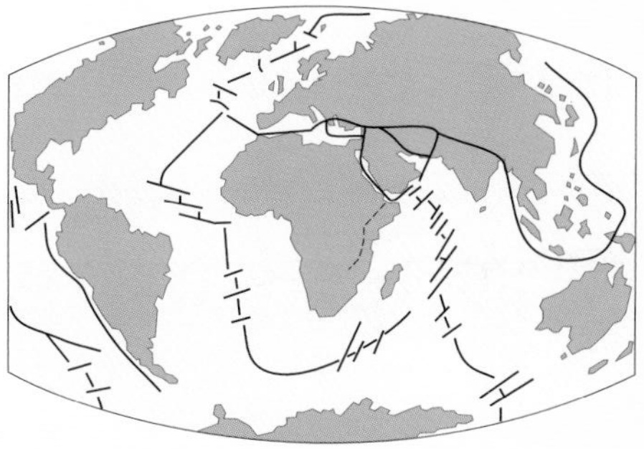

A5. La disposition actuelle

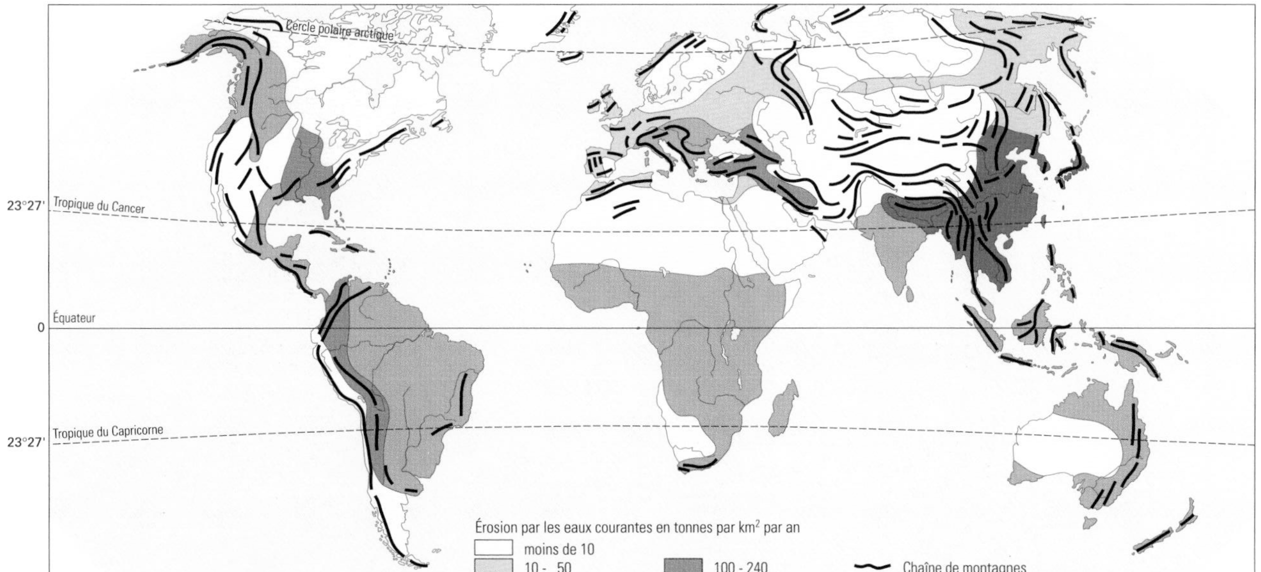

B. ÉROSION DES CONTINENTS

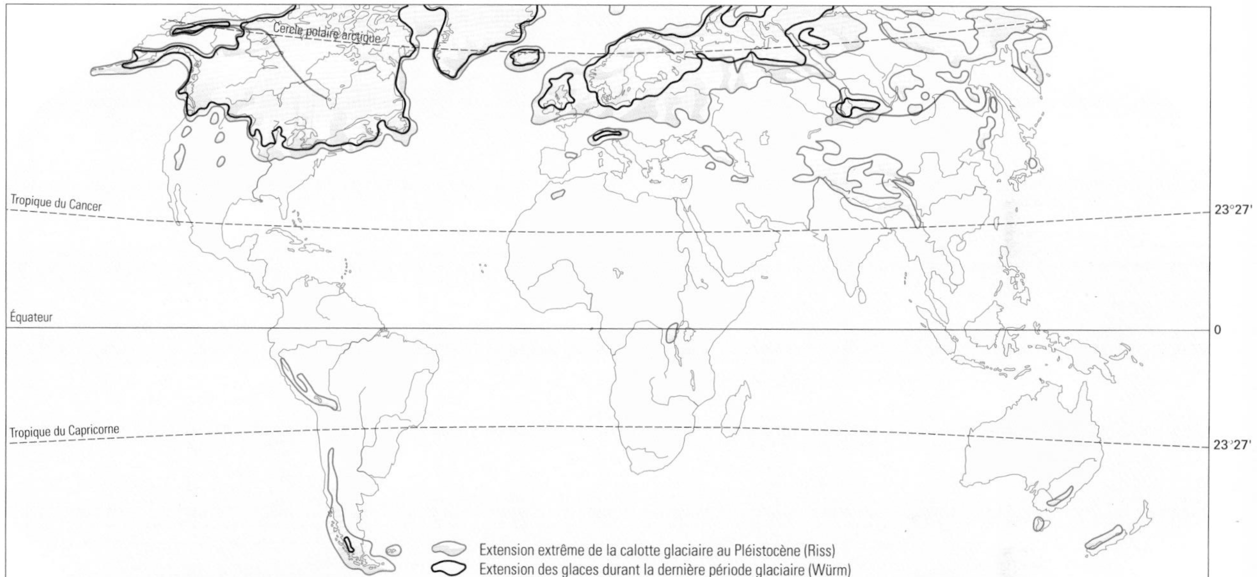

Tropique du Cancer
Équateur
Tropique du Capricorne
Cercle polaire arctique

Érosion par les eaux courantes en tonnes par km² par an

- moins de 10
- 10 - 50
- 50 - 100
- 100 - 240
- 240 ou plus

—— Chaîne de montagnes

Zone sèche (aride) à érosion éolienne prédominante

C. LES GLACIATIONS DU QUATERNAIRE

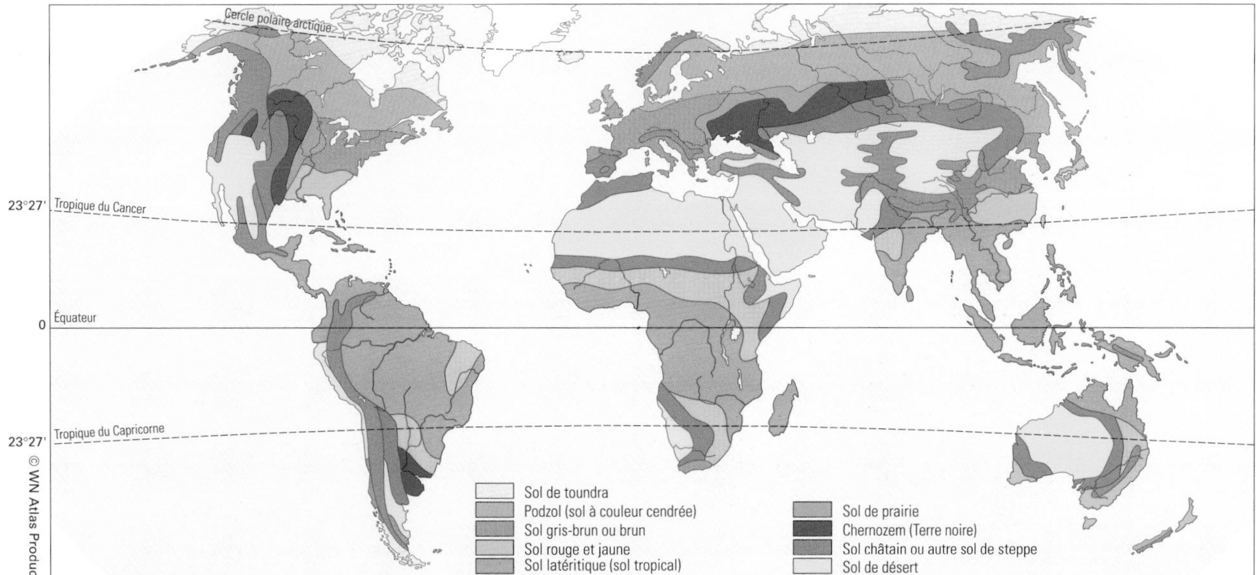

Groenland
Labrador
Montagnes Rocheuses
Grandes Plaines
Appalaches
Bassin de l'Amazone
Andes
Plateau du Brésil

Cercle polaire arctique
Tropique du Cancer
Équateur
Tropique du Capricorne

—— Extension extrême de la calotte glaciaire au Pléistocène (Riss)

—— Extension des glaces durant la dernière période glaciaire (Würm)

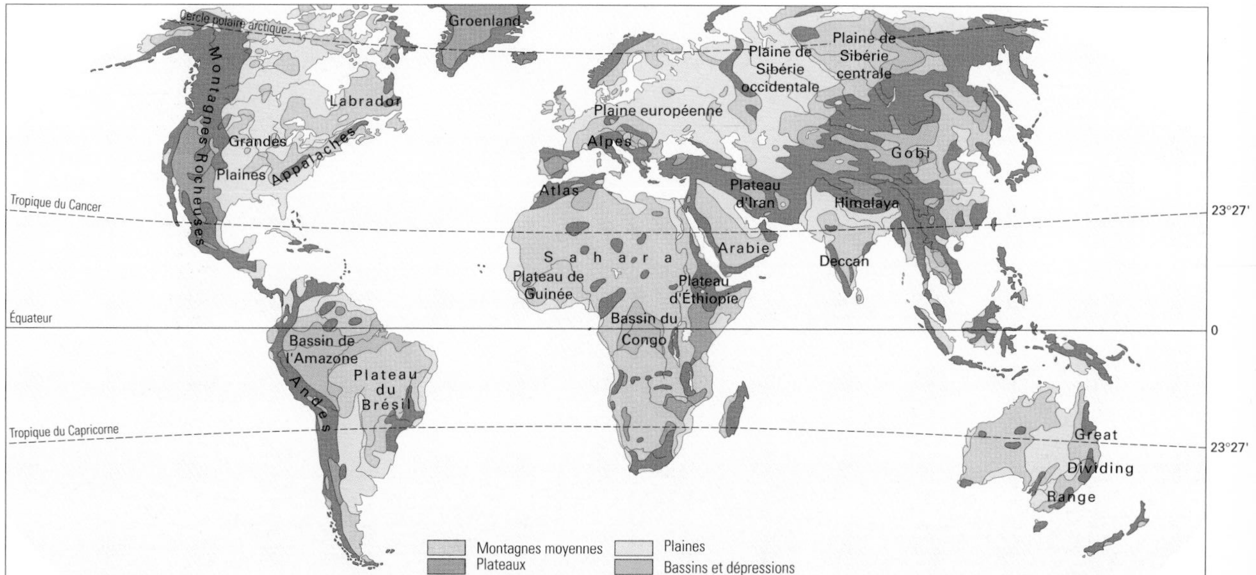

~~~ Limite méridionale actuelle du pergélisol (sous-sol gelé en permanence ou en partie)

D. GROUPES DE SOLS

Cercle polaire arctique
Tropique du Cancer
Équateur
Tropique du Capricorne

- Sol de toundra
- Podzol (sol à couleur cendrée)
- Sol gris-brun ou brun
- Sol rouge et jaune
- Sol latéritique (sol tropical)
- Autre sol tropical
- Sol de prairie
- Chernozem (Terre noire)
- Sol châtain ou autre sol de steppe
- Sol de désert
- Sol de montagne

E. ZONES DE RELIEF

Plaine de Sibérie occidentale
Plaine de Sibérie centrale
Plaine européenne
Alpes
Atlas
Sahara
Plateau de Guinée
Bassin du Congo
Plateau d'Éthiopie
Arabie
Plateau d'Iran
Himalaye
Gobi
Deccan
Great Dividing Range

- Montagnes moyennes
- Plateaux
- Hautes montagnes
- Plaines
- Bassins et dépressions

© WN Atlas Productions

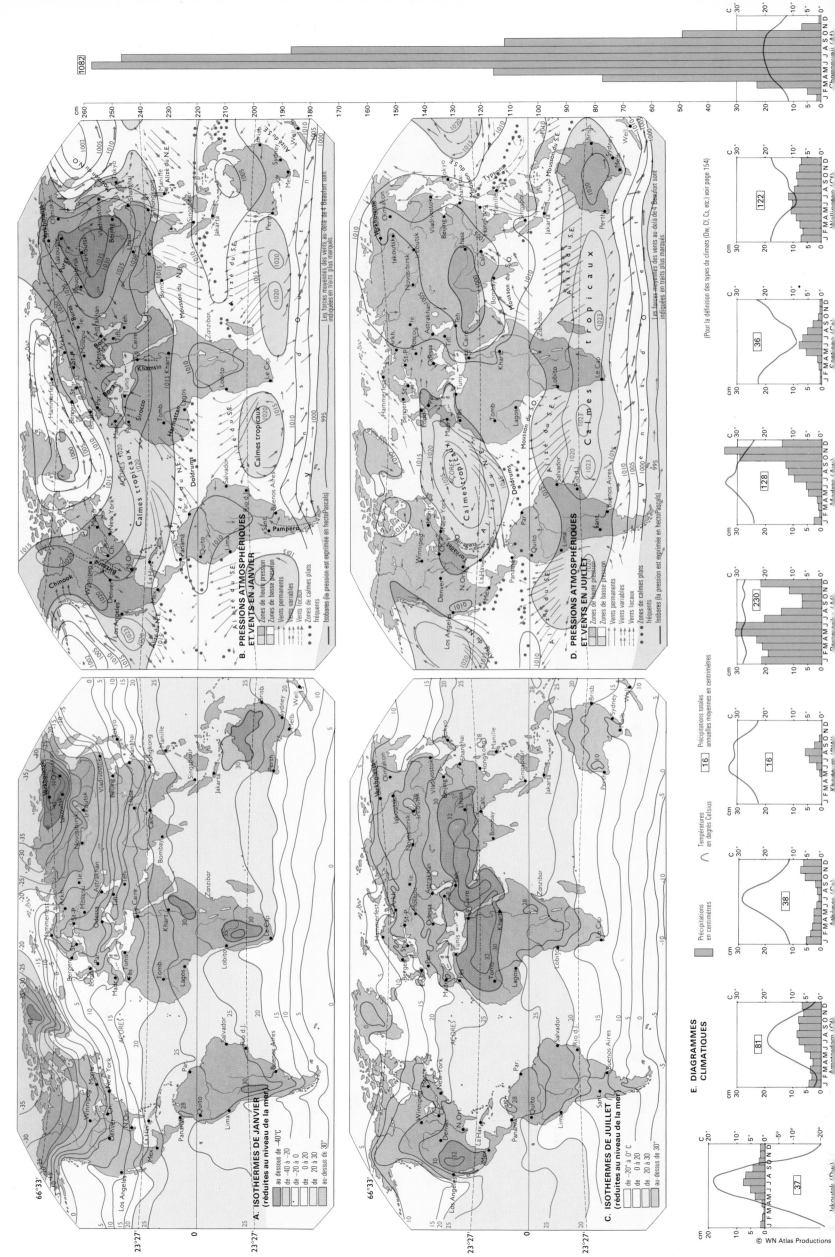

A. ISOTHERMES DE JANVIER (réduites au niveau de la mer)

au-dessous de –40°
de –40 à –20
de –20 à 0
de 0 à 20
de 20 à 30
au-dessus de 30°

B. PRESSIONS ATMOSPHÉRIQUES ET VENTS EN JANVIER

Zones de haute pression
Zones de basse pression
Vents permanents
Vents variables
Vents locaux
Zones de calmes plats fréquents

Isobares (la pression est exprimée en hectoPascals)

Les forces moyennes des vents au-delà de 4 Beaufort sont indiquées en traits plus marqués.

C. ISOTHERMES DE JUILLET (réduites au niveau de la mer)

de –20° à 0° C
de 0 à 20
de 20 à 30
au-dessus de 30°

D. PRESSIONS ATMOSPHÉRIQUES ET VENTS EN JUILLET

Zones de haute pression
Zones de basse pression
Vents permanents
Vents variables
Vents locaux
Zones de calmes plats fréquents

Isobares (la pression est exprimée en hectoPascals)

Les forces moyennes des vents au-delà de 4 Beaufort sont indiquées en traits plus marqués.

E. DIAGRAMMES CLIMATIQUES

Précipitations en centimètres

Températures en degrés Celsius

16 — Précipitations totales annuelles moyennes en centimètres

(Pour la définition des types de climats (Dw, Cf, Cs, etc.) voir page 154)

© WN Atlas Productions

D. CARTES DU TEMPS

PRESSION ATMOSPHÉRIQUE	Isobares HectoPascals	1010
	Zone de haute pression	**H**
	Zone de basse pression	**B**

DIRECTION DU VENT VITESSE DU VENT	Vent faible	10 km/heure
	20 km/heure
	30 km/heure
	40 km/heure
	50 km/heure

TEMPÉRATURE	Vent du nord
	Vent d'est
	Vent du sud
	Vent d'ouest
	Degrés Celsius	5

NÉBULOSITÉ	Ciel complètement dégagé
	Nébulosité 25%
	Nébulosité 50%
	Nébulosité 75%
	Ciel couvert

| PRÉCIPITATIONS | Pluie |
| | Neige |

FRONTS	Front chaud
	Front froid
	Occlusion

TEMPS DOUX EN ÉTÉ

TEMPS CHAUD EN ÉTÉ

TEMPS DOUX EN HIVER

TEMPS FROID EN HIVER

B. AMPLITUDES ANNUELLES DES TEMPÉRATURES

- moins de 15°C
- 15° - 20°
- 20° - 40°
- plus de 40°C

A. MASSES D'AIR ET ISOTHERMES ANNUELLES (réduites au niveau de la mer)

- Zone froide ou polaire
- Zone tempérée
- Zone chaude ou tropicale

10° Isotherme du mois le plus chaud
18° Isotherme du mois le plus froid

Zone polaire
Zone tempérée
Zone intertropicale
Zone tempérée
Zone polaire

C. PRÉCIPITATIONS ANNUELLES
1 : 130 000 000

- moins de 20 cm
- 20 - 50 cm
- 50 - 100 cm
- 100 - 200 cm
- 200 - 300 cm
- plus de 300 cm

Projection de Winkel

LA TERRE   TYPES DE CLIMATS / COURANTS MARINS

Échelle 1 : 90 000 000

Projection de Winkel

A. Climats pluvieux tropicaux
- Climat tropical de forêt humide (Af)
- Climat de savane (Aw et As)

B. Climats secs
- Climat steppique (BS)
- Climat désertique (BW)

C. Climats maritimes de la zone tempérée
- À été sec (climat méditerranéen; Cs)
- À hiver sec (climat chinois; Cw)
- Précipitations toute l'année (Cf)

D. Climats continentaux
- Précipitations toute l'année (Df)
- À hiver sec (Dw)

E. Climats polaires
- Climat de toundra (ET)
- Climat neigeux et de haute montagne (EF et EH)

(Zones climatiques d'après Köppen-Geiger)

- Limite du pergélisol
- Pergélisol = sous-sol gelé en permanence

Courants marins
- Courant marin relativement chaud
- Courant marin relativement froid

Dans la région des moussons:
- Circulation d'eau marine relativement chaude en été boréal
- Circulation d'eau marine relativement froide en hiver boréal

- Eaux côtières froides
- Limite de la banquise (hiver)
- Récifs coralliens
- Algues marines flottantes

A. Circulation océanique
- Courant chaud de surface
- Courant froid de profondeur
- La pompe des eaux profondes entraîne le courant chaud du Gulfstream vers l'Europe
- Échange de chaleur lors de la formation du courant de profondeur
- Échange de chaleur

Courants marins / labels: Courant du Kouro-Chivo, Oya Chivo, Courant des Kouriles, Courant Nord-Pacifique, Courant de Californie, Dérive du Kouro-Chivo, Courant nord-équatorial, Contre-courant équatorial, Courant sud-équatorial, Courant d'Australie occid., Courant des Mascareignes, Courant des Aiguilles, Courant de Benguela, Courant du Brésil, Courant des Antilles, Courant du Labrador, Courant de Groenland occid., Courant du Groenland Est, Gulf Stream, New York, Mer des Sargasses, Dérive Nord-Atlantique, Courant des Canaries, Courant de Guinée, Courant sud-équatorial, Courant des Falkland, Courant du Cap Horn, Courant du Pérou (Humboldt), Dérive des vents d'Ouest, Détroit de Davis, Courant de l'Alaska, Cercle polaire arctique, Tropique du Cancer, Équateur, Tropique du Capricorne

Lieux / reliefs (sélection): Oïmiakon, Verkhoïansk, Vladivostok, Tokyo, Séoul, Beijing, Shanghai, Guangzhou, Chongqing, Huanghe, Gobi, Amour, Lena, MTS SAIAN, Irkoutsk, ALTAÏ, Bassin du Tarim, MTS KUN LUN, Lhasa, HIMALAYA, Cherrapunji, Kolkata, Ganga, Chennai, PLATEAU DU DECCAN, GHATES OCCID., Delhi, Mumbai, Karachi, Indus, IRAN, PLATEAU D'IRAN, Téhéran, Ankara, CAUCASE, Volga, Moscou, Omsk, Ob, Ienisseï, Iekaterinbourg, Tachkent, Touran, Arkhangelsk, Mourmansk, Berlin, Varsovie, CARPATHES, BALKANS, Danube, ALPES, Paris, Londres, Madrid, Casablanca, ATLAS, Tunis, MASSIF SCANDINAVE, Le Caire, Nil, Khartoum, La Mecque, ÉTHIOPIE, PLATEAU, Addis Abeba, Nairobi, Congo, Bassin du Congo, Kinshasa, Lubumbashi, Benguela, Zambèze, Harare, PLATEAU D'AFRIQUE DU SUD, Johannesburg, Orange, Le Cap, Cap des Aiguilles, Sahara, Sahel, Niger, Kano, Lagos, Dakar, Saharienne, Singapour, Bangkok, Yangon, Mekong, Manille, Jakarta, Darwin, Alice Springs, Perth, Murray, Sydney, Melbourne, Brisbane, Auckland, Wellington, Récifs de la Grande Barrière, OCÉAN INDIEN, Yukon, Mackenzie, Vancouver, San Francisco, SA. NEVADA, MONTAGNES ROCHEUSES, Edmonton, Winnipeg, Uranium City, Nelson, Chicago, Missouri, Mississippi, Rio Grande, Mexico, La Nouvelle-Orléans, La Havane, APPALACHES, New York, Upernavik, Ct de Groenland occid., Cap São Roque, Rio de Janeiro, Buenos Aires, Paraná, PLATEAU DU BRÉSIL, Brasília, São Francisco, Manaus, Amazone, Bassin de l'Amazone, Madeira, Paramaribo, PLATEAU DES GUYANES, Orénoque, Caracas, Quito, Lima, CORDILLÈRE DES ANDES, Santiago, Atacama, Gran Chaco

© WN Atlas Productions

20

LA TERRE VÉGÉTATION NATURELLE

Échelle 1 : 90 000 000

D'après National Geographic

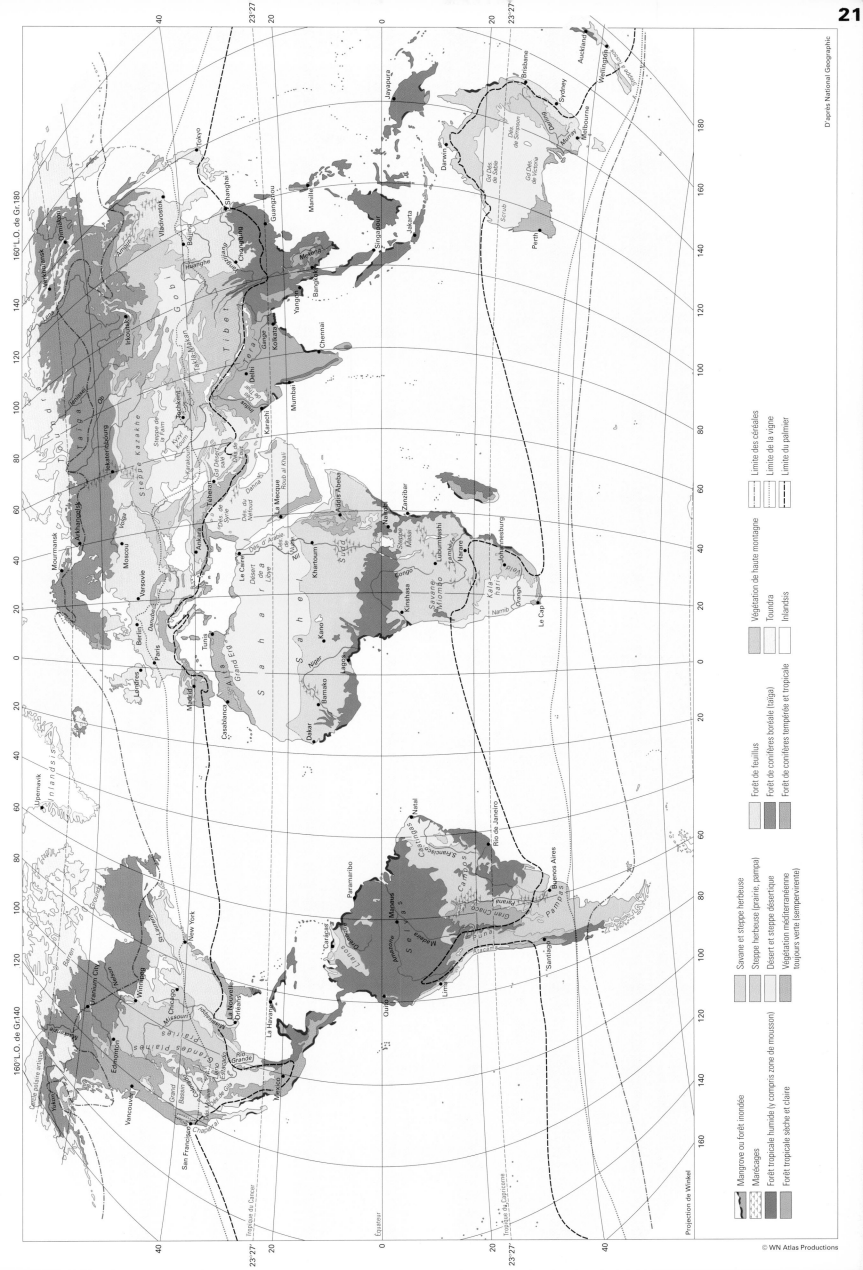

Projection de Winkel

© WN Atlas Productions

Légende :

- Mangrove ou forêt inondée
- Marécages
- Forêt tropicale humide (y compris zone de mousson)
- Forêt tropicale sèche et claire

- Savane et steppe herbeuse
- Steppe herbeuse (prairie, pampa)
- Désert et steppe désertique
- Végétation méditerranéenne toujours verte (sempervirente)

- Forêt de feuillus
- Forêt de conifères boréale (taïga)
- Forêt de conifères tempérée et tropicale

- Végétation de haute montagne
- Toundra
- Inlandsis

- Limite des céréales
- Limite de la vigne
- Limite du palmier

LA TERRE LES ZONES DE CULTURE SUR LE GLOBE

Échelle 1 : 90 000 000

Projection de Winkel

Légende (carte)

Élevage nomade
Élevage extensif et commercialisé (ranching)
Agriculture primitive de subsistance (en partie itinérante, en partie sédentaire)
Agriculture intensive de subsistance (riz dominant)
Agriculture intensive de subsistance (riz non dominant)
Agriculture de plantation

Agriculture méditerranéenne
Céréaliculture commerciale
Exploitation mixte (élevage et culture)
Production laitière commercialisée
Cultures maraîchères et fruitières commercialisées
Agriculture intensive dans les oasis
Agriculture peu importante ou nulle

A. PRODUCTION MONDIALE DE CAFÉ (1999)
6 476 250 tonnes

Production par pays en %

1. Brésil	25,2
2. Colombie	10,0
3. Viêt-Nam	7,5
4. Indonésie	7,0
5. Mexique	5,6
6. Côte d'Ivoire	4,7
7. Inde	3,6
8. Éthiopie	3,6
9. Guatemala	3,1
10. Ouganda	3,1
11. Reste du monde	26,1

B. PRODUCTION MONDIALE DE THÉ (1999)
2 872 261 tonnes

Production par pays en %

1. Inde	26,1
2. Chine	25,2
3. Sri Lanka	9,8
4. Kenya	7,7
5. Indonésie	5,3
6. Turquie	4,2
7. Japon	3,2
8. Viêt-Nam	2,2
9. Myanmar	2,1
10. Iran	2,1
11. Reste du monde	12,1

C. PRODUCTION MONDIALE DE SUCRE DE CANNE (1999)
1 274 687 000 tonnes

Production par pays en %

1. Brésil	26,1
2. Inde	22,1
3. Chine	7,0
4. Pakistan	4,2
5. Thaïlande	4,1
6. Mexique	3,6
7. Australie	2,9
8. Colombie	2,9
9. Cuba	2,7
10. États-Unis	2,5
11. Reste du monde	21,9

D. PRODUCTION MONDIALE DE SUCRE DE BETTERAVE (1999)
263 021 000 tonnes

Production par pays en %

1. France	12,5
2. États-Unis	11,5
3. Allemagne	10,5
4. Turquie	7,6
5. Russie	5,8
6. Chine	5,5
7. Italie	5,4
8. Ukraine	5,3
9. Pologne	4,8
10. Royaume-Uni	3,9
11. Reste du monde	27,2

E. UTILISATION DU SOL

Terres arables
Pâturages
Forêts
Improductif

Pourcentage de la surface totale des terres émergées

Amérique du Nord	12%	16%	39%	33%
Amérique centrale et du Sud	6%	28%	47%	19%
Europe	28%	16%	32%	24%
Ex-U.R.S.S.	10%	15%	39%	37%
Asie	17%	29%	19%	35%
Afrique	6%	29%	24%	41%
Océanie	6%	50%	23%	20%
Antarctique			100%	

© WN Atlas Productions

LA TERRE AGRICULTURE

Echelle 1 : 90000000

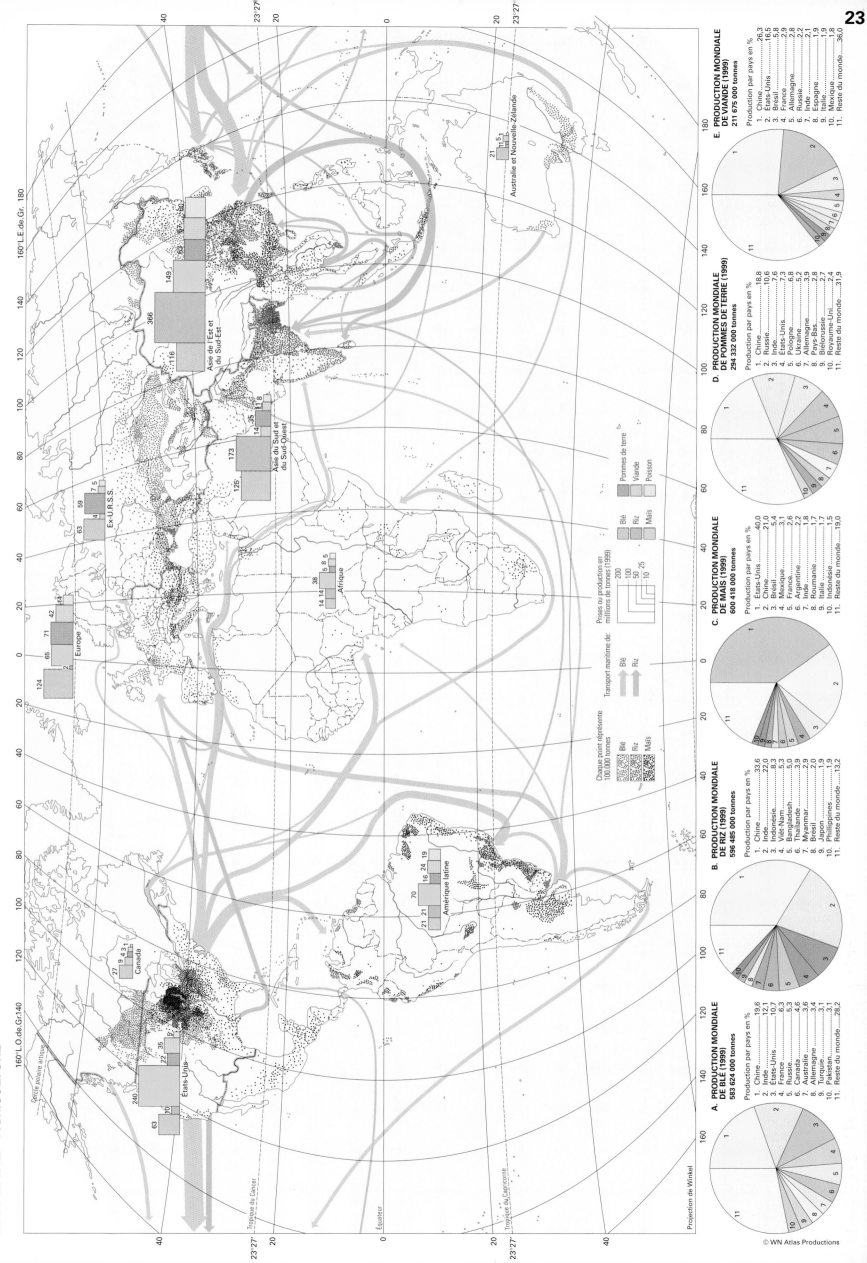

Projection de Winkel

A. PRODUCTION MONDIALE DE BLÉ (1999)
583 624 000 tonnes

Production par pays en %
1. Chine 19,6
2. Inde 12,1
3. États-Unis 10,7
4. France 6,3
5. Russie 5,3
6. Canada 4,6
7. Australie 3,6
8. Allemagne 3,4
9. Turquie 3,1
10. Pakistan 3,1
11. Reste du monde 28,2

B. PRODUCTION MONDIALE DE RIZ (1999)
596 485 000 tonnes

Production par pays en %
1. Chine 33,6
2. Inde 22,0
3. Indonésie 8,3
4. Viêt-Nam 5,3
5. Bangladesh 5,0
6. Thaïlande 3,9
7. Myanmar 2,9
8. Brésil 2,0
9. Japon 1,9
10. Philippines 1,9
11. Reste du monde 13,2

C. PRODUCTION MONDIALE DE MAÏS (1999)
600 418 000 tonnes

Production par pays en %
1. États-Unis 40,0
2. Chine 21,0
3. Brésil 5,4
4. Mexique 3,1
5. France 2,6
6. Argentine 2,2
7. Inde 1,8
8. Roumanie 1,7
9. Italie 1,7
10. Indonésie 1,5
11. Reste du monde 19,0

D. PRODUCTION MONDIALE DE POMMES DE TERRE (1999)
294 332 000 tonnes

Production par pays en %
1. Chine 18,8
2. Russie 10,6
3. Inde 7,6
4. États-Unis 7,3
5. Pologne 6,8
6. Ukraine 5,2
7. Allemagne 3,9
8. Pays-Bas 2,8
9. Biélorussie 2,7
10. Royaume-Uni 2,4
11. Reste du monde 31,9

E. PRODUCTION MONDIALE DE VIANDE (1999)
211 675 000 tonnes

Production par pays en %
1. Chine 26,3
2. États-Unis 16,5
3. Brésil 5,8
4. France 2,9
5. Allemagne 2,8
6. Russie 2,2
7. Inde 2,1
8. Espagne 1,9
9. Italie 1,9
10. Mexique 1,8
11. Reste du monde 36,0

Chaque point représente
100.000 tonnes
- Blé
- Riz
- Maïs

Transport maritime de:
- Blé
- Riz

Prises ou production en
millions de tonnes (1999)
200
100
50
25
10

- Pommes de terre
- Viande
- Poisson

- Blé
- Riz
- Maïs

Cercle polaire arctique
Tropique du Cancer
23°27'
Équateur
Tropique du Capricorne
23°27'

États-Unis
240 22 35
63 6
10

Canada
27 9 43 1

Amérique latine
70 16 24 19
21 21

Europe
124 65 71 42 2 14

Ex-U.R.S.S.
63 4 59 7 5

Afrique
38 14 14 5 8 5

Asie du Sud et du Sud-Ouest
126 173 14 35 11 8

Asie de l'Est et du Sud-Est
116 366 149 63 50 87

Australie et Nouvelle-Zélande
21 11 5 1

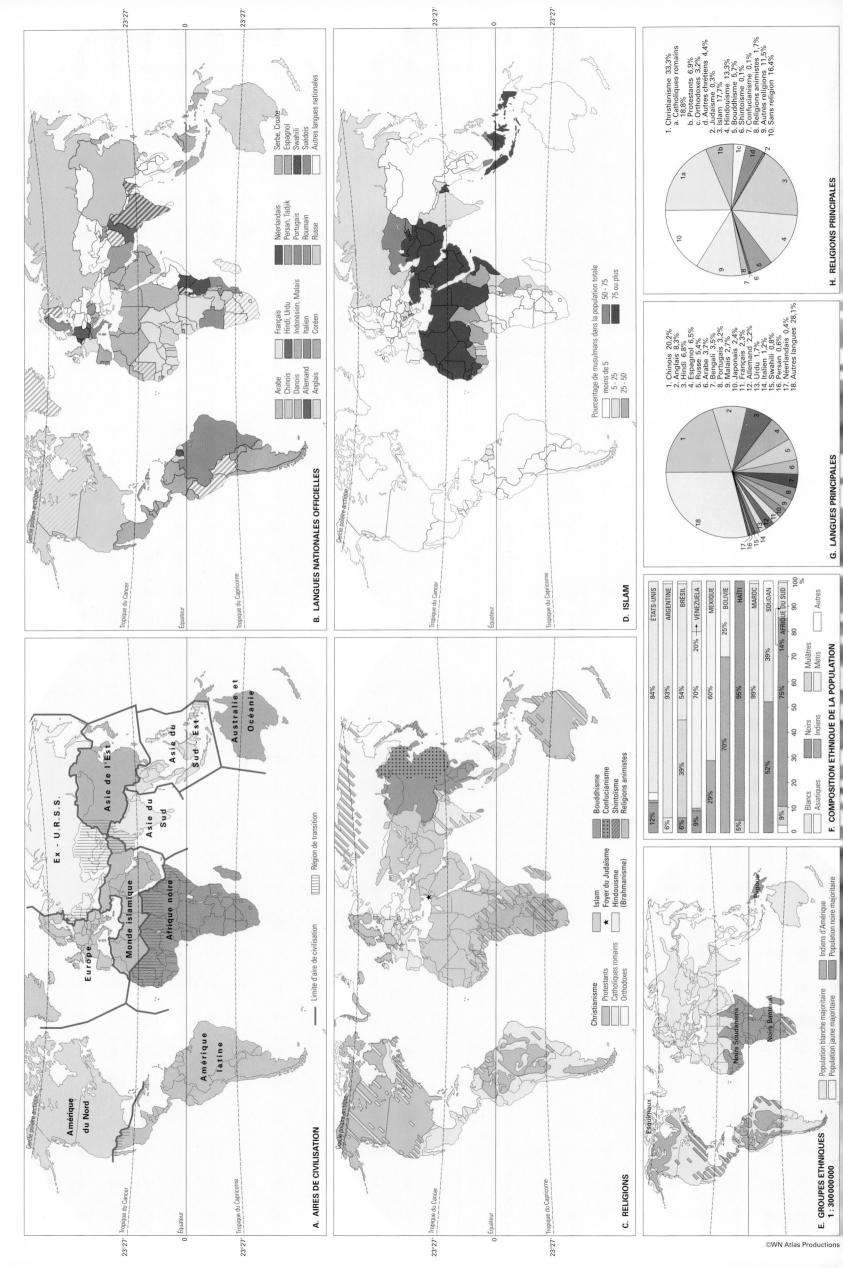

LA TERRE POPULATION

Échelle 1 : 200000000

24

A. AIRES DE CIVILISATION

Amérique du Nord

Europe

Ex - U.R.S.S.

Asie de l'Est

Asie du Sud

Asie du Sud-Est

Monde islamique

Afrique noire

Amérique latine

Australie et Océanie

—— Limite d'aire de civilisation

▨ Région de transition

B. LANGUES NATIONALES OFFICIELLES

Arabe	Français	Serbe, Croate
Chinois	Hindi, Urdu	Espagnol
Danois	Indonésien, Malais	Swahili
Allemand	Italien	Suédois
Anglais	Coréen	
Néerlandais		Autres langues nationales
Persan, Tadjik		
Portugais		
Roumain		
Russe		

C. RELIGIONS

Christianisme
Protestants
Catholiques romains
Orthodoxes

Islam
★ Foyer du Judaïsme
Hindouisme (Brahmanisme)

Bouddhisme
Confucianisme
Shintoïsme
Religions animistes

D. ISLAM

Pourcentage de musulmans dans la population totale
moins de 5
5 - 25
25 - 50
50 - 75
75 ou plus

E. GROUPES ETHNIQUES
1 : 300000000

Esquimaux
Papou
Noirs Soudanais
Noirs Bantous

Population blanche majoritaire
Population jaune majoritaire
Indiens d'Amérique
Population noire majoritaire

F. COMPOSITION ETHNIQUE DE LA POPULATION

	0 10 20 30 40 50 60 70 80 90 100 %
ÉTATS-UNIS	84% 12%
ARGENTINE	93% 6%
BRÉSIL	54% 39% 6%
VENEZUELA	70% 20% 9%
MEXIQUE	60% 29%
BOLIVIE	25% 70% 5%
HAÏTI	95%
MAROC	99%
SOUDAN	39% 52%
AFRIQUE DU SUD	75% 14% 9%

Blancs
Noirs
Indiens
Mulâtres
Métis
Asiatiques
Autres

G. LANGUES PRINCIPALES

1. Chinois 20,2%
2. Anglais 8,3%
3. Hindi 6,5%
4. Espagnol 6,5%
5. Russe 5,4%
6. Arabe 3,5%
7. Bengali 3,5%
8. Portugais 3,2%
9. Malais 2,7%
10. Japonais 2,4%
11. Français 2,3%
12. Allemand 2,2%
13. Urdu 1,7%
14. Italien 1,2%
15. Swahili 0,8%
16. Persan 0,6%
17. Néerlandais 0,4%
18. Autres langues 28,1%

H. RELIGIONS PRINCIPALES

1. Christianisme 33,3%
   a. Catholiques romains 18,8%
   b. Protestants 6,9%
   c. Orthodoxes 3,2%
   d. Autres chrétiens 4,4%
2. Judaïsme 0,3%
3. Islam 17,7%
4. Hindouisme 13,3%
5. Bouddhisme 5,7%
6. Shintoïsme 0,1%
7. Confucianisme 0,1%
8. Religions animistes 1,7%
9. Autres religion 11,5%
10. Sans religion 16,4%

©WN Atlas Productions

Cercle polaire arctique
Tropique du Cancer
23°27'
0
Équateur
Tropique du Capricorne
23°27'

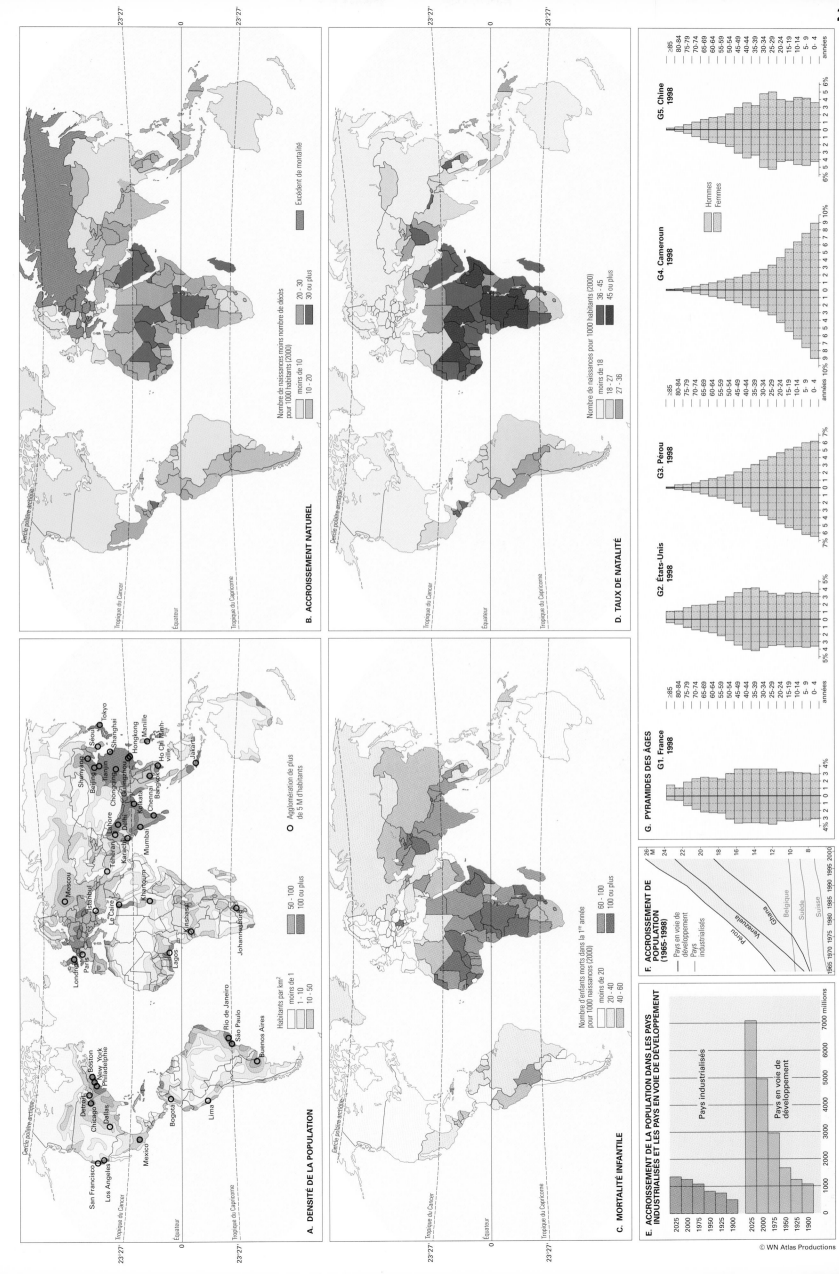

LA TERRE POPULATION

Échelle 1 : 200000000

A. DENSITÉ DE LA POPULATION

Habitants par km²
- moins de 1
- 1 - 10
- 10 - 50
- 50 - 100
- 100 ou plus

○ Agglomération de plus de 5 M d'habitants

San Francisco, Los Angeles, Mexico, Dallas, Chicago, Detroit, Bogotá, Lima, Boston, New York, Philadelphie, Buenos Aires, São Paulo, Rio de Janeiro, Londres, Paris, Moscou, Istanbul, Le Caire, Khartoum, Lagos, Kinshasa, Johannesburg, Téhéran, Lahore, Karachi, Delhi, Mumbai, Kolkata, Chennai, Bangkok, Ho Chi Minh-ville, Jakarta, Manille, Hongkong, Guangzhou, Chongqing, Tianjin, Shanghai, Beijing, Shenyang, Séoul, Tokyo

B. ACCROISSEMENT NATUREL

Nombre de naissances moins nombre de décès pour 1000 habitants (2000)
- moins de 10
- 10 - 20
- 20 - 30
- 30 ou plus

Excédent de mortalité

C. MORTALITÉ INFANTILE

Nombre d'enfants morts dans la 1ʳᵉ année pour 1000 naissances (2000)
- moins de 20
- 20 - 40
- 40 - 60
- 60 - 100
- 100 ou plus

D. TAUX DE NATALITÉ

Nombre de naissances pour 1000 habitants (2000)
- moins de 18
- 18 - 27
- 27 - 36
- 36 - 45
- 45 ou plus

E. ACCROISSEMENT DE LA POPULATION DANS LES PAYS INDUSTRIALISÉS ET LES PAYS EN VOIE DE DÉVELOPPEMENT

Pays industrialisés
Pays en voie de développement

1900, 1925, 1950, 1975, 2000, 2025

0, 1000, 2000, 3000, 4000, 5000, 6000, 7000 millions

F. ACCROISSEMENT DE POPULATION (1965-1998)

— Pays en voie de développement
— Pays industrialisés

Pérou, Venezuela, Ghana, Chine, Belgique, Suède, Suisse

1965, 1970, 1975, 1980, 1985, 1990, 1995, 2000

26 M, 24, 22, 20, 18, 16, 14, 12, 10, 8

G. PYRAMIDES DES ÂGES

Hommes
Femmes

≥85, 80-84, 75-79, 70-74, 65-69, 60-64, 55-59, 50-54, 45-49, 40-44, 35-39, 30-34, 25-29, 20-24, 15-19, 10-14, 5-9, 0-4, années

G1. France 1998
4% 3 2 1 0 1 2 3 4%

G2. États-Unis 1998
5% 4 3 2 1 0 1 2 3 4 5%

G3. Pérou 1998
7% 6 5 4 3 2 1 0 1 2 3 4 5 6 7%

G4. Cameroun 1998
10% 9 8 7 6 5 4 3 2 1 0 1 2 3 4 5 6 7 8 9 10%

G5. Chine 1998
6% 5 4 3 2 1 0 1 2 3 4 5 6%

© WN Atlas Productions

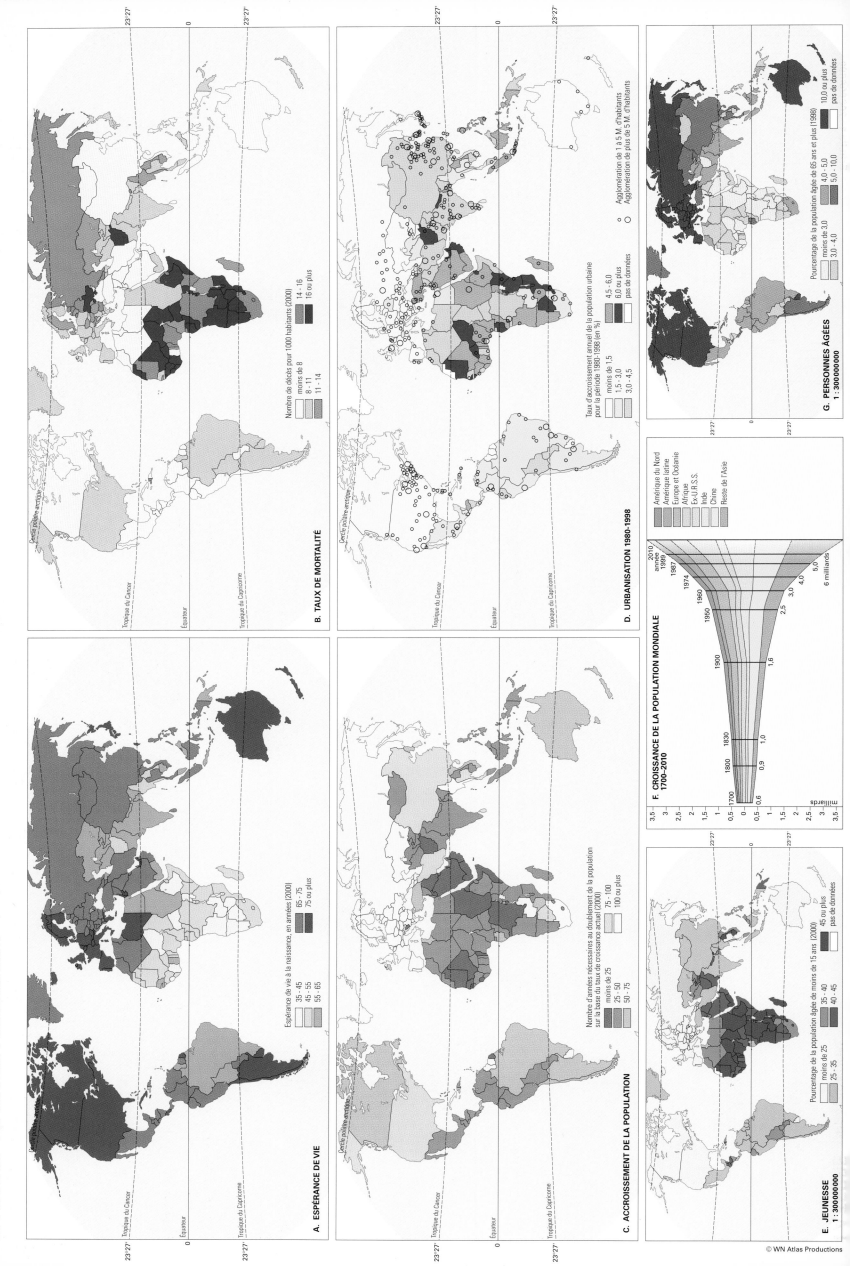

LA TERRE POPULATION / URBANISATION

Échelle 1 : 20 000 000

A. ESPÉRANCE DE VIE

Espérance de vie à la naissance, en années (2000)

- 35 - 45
- 45 - 55
- 55 - 65
- 65 - 75
- 75 ou plus

B. TAUX DE MORTALITÉ

Nombre de décès pour 1000 habitants (2000)

- moins de 8
- 8 - 11
- 11 - 14
- 14 - 16
- 16 ou plus

C. ACCROISSEMENT DE LA POPULATION

Nombre d'années nécessaires au doublement de la population sur la base du taux de croissance actuel (2000)

- moins de 25
- 25 - 50
- 50 - 75
- 75 - 100
- 100 ou plus

D. URBANISATION 1980-1998

Taux d'accroissement annuel de la population urbaine pour la période 1980-1998 (en %)

- moins de 1,5
- 1,5 - 3,0
- 3,0 - 4,5
- 4,5 - 6,0
- 6,0 ou plus
- pas de données

○ Agglomération de 1 à 5 M. d'habitants
○ Agglomération de plus de 5 M. d'habitants

E. JEUNESSE
1 : 300 000 000

Pourcentage de la population âgée de moins de 15 ans (2000)

- moins de 25
- 25 - 35
- 35 - 40
- 40 - 45
- 45 ou plus
- pas de données

F. CROISSANCE DE LA POPULATION MONDIALE 1700–2010

- Amérique du Nord
- Amérique latine
- Europe et Océanie
- Afrique
- Ex-U.R.S.S.
- Inde
- Chine
- Reste de l'Asie

G. PERSONNES ÂGÉES
1 : 300 000 000

Pourcentage de la population âgée de 65 ans et plus (1998)

- moins de 3,0
- 3,0 - 4,0
- 4,0 - 5,0
- 5,0 - 10,0
- 10,0 ou plus
- pas de données

© WN Atlas Productions

LA TERRE URBANISATION

Échelle 1 : 200000000

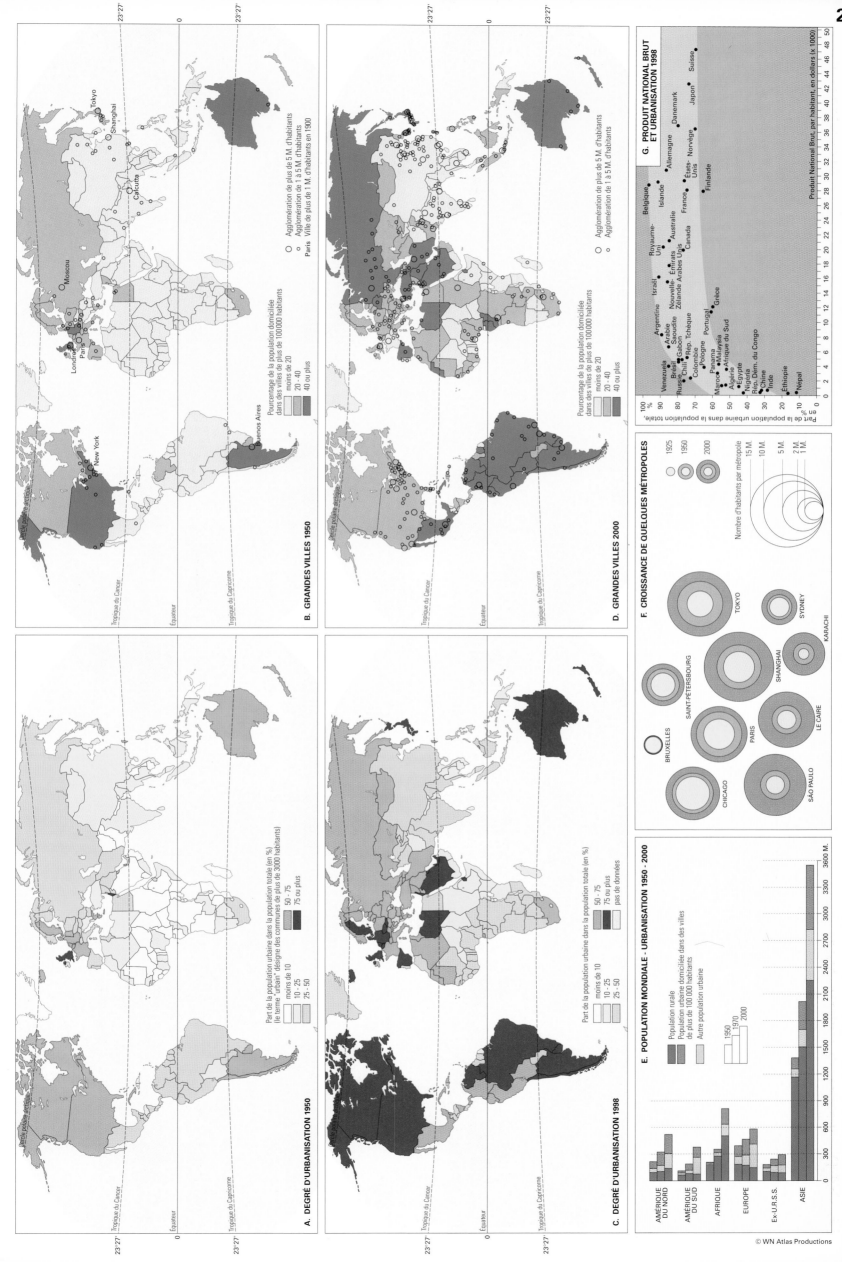

A. DEGRÉ D'URBANISATION 1950

Part de la population urbaine dans la population totale (en %)
(le terme "urbain" désigne des communes de plus de 3000 habitants)
- moins de 10
- 10 - 25
- 25 - 50
- 50 - 75
- 75 ou plus

C. DEGRÉ D'URBANISATION 1998

Part de la population urbaine dans la population totale (en %)
- moins de 10
- 10 - 25
- 25 - 50
- 50 - 75
- 75 ou plus
- pas de données

B. GRANDES VILLES 1950

○ Agglomération de plus de 5 M. d'habitants
○ Agglomération de 1 à 5 M. d'habitants
Paris Ville de plus de 1 M. d'habitants en 1900

Pourcentage de la population domiciliée
dans des villes de plus de 100 000 habitants
- moins de 20
- 20 - 40
- 40 ou plus

D. GRANDES VILLES 2000

○ Agglomération de plus de 5 M. d'habitants
○ Agglomération de 1 à 5 M. d'habitants

Pourcentage de la population domiciliée
dans des villes de plus de 100 000 habitants
- moins de 20
- 20 - 40
- 40 ou plus

E. POPULATION MONDIALE - URBANISATION 1950 - 2000

- Population rurale
- Population urbaine domiciliée dans des villes de plus de 100 000 habitants
- Autre population urbaine

1950, 1970, 2000

AMÉRIQUE DU NORD
AMÉRIQUE DU SUD
AFRIQUE
EUROPE
Ex-U.R.S.S.
ASIE

F. CROISSANCE DE QUELQUES MÉTROPOLES

1925, 1950, 2000

Nombre d'habitants par métropole
15 M., 10 M., 5 M., 2 M., 1 M.

BRUXELLES
CHICAGO
SAINT-PÉTERSBOURG
TOKYO
PARIS
SHANGHAI
SYDNEY
SÃO PAULO
LE CAIRE
KARACHI

G. PRODUIT NATIONAL BRUT ET URBANISATION 1998

Part de la population urbaine dans la population totale.

Produit National Brut, par habitant, en dollars (x 1000)

Belgique, Islande, Royaume-Uni, Allemagne, Danemark, Australie, Nouvelle-Zélande, France, Émirats Arabes Unis, Norvège, Japon, Suisse, États-Unis, Canada, Finlande, Israël, Argentine, Arabie Saoudite, Brésil, Gabon, Rép. Tchèque, Colombie, Pologne, Panama, Malaysia, Grèce, Portugal, Maroc, Afrique du Sud, Algérie, Égypte, Venezuela, Russie, Chili, Nigeria, Rép. Dém. du Congo, Inde, Chine, Éthiopie, Népal

© WN Atlas Productions

LA TERRE ÉNERGIE

Échelle 1 : 20 000 000

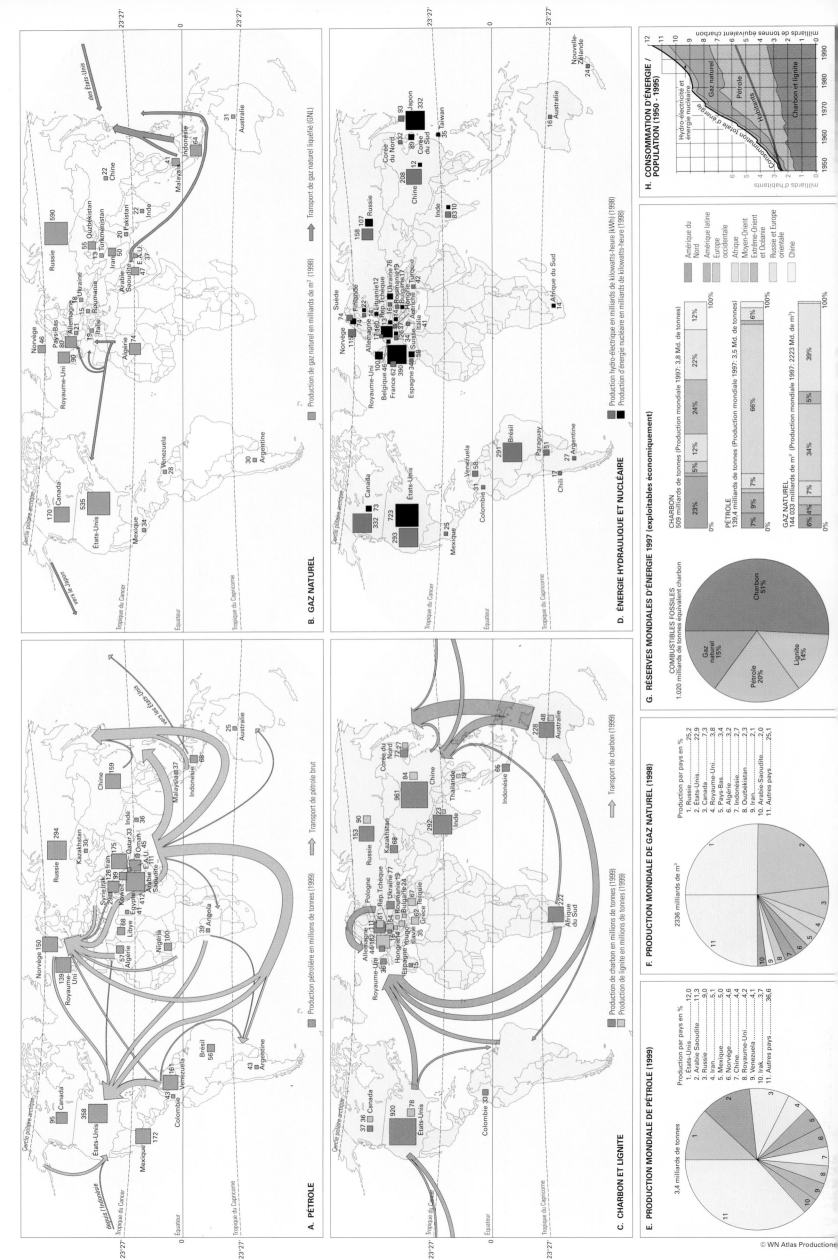

A. PÉTROLE

Production pétrolière en millions de tonnes (1999)

Transport de pétrole brut

B. GAZ NATUREL

Production de gaz naturel en milliards de m³ (1998)

Transport de gaz naturel liquéfié (GNL)

C. CHARBON ET LIGNITE

Production de charbon en millions de tonnes (1999)
Production de lignite en millions de tonnes (1999)

Transport de charbon

D. ÉNERGIE HYDRAULIQUE ET NUCLÉAIRE

Production hydro-électrique en milliards de kilowatts-heure (kWh) (1998)
Production d'énergie nucléaire en milliards de kilowatts-heure (kWh) (1998)

E. PRODUCTION MONDIALE DE PÉTROLE (1999)

3,4 milliards de tonnes

Production par pays en %
1. États-Unis 12,0
2. Arabie Saoudite 11,3
3. Russie 9,0
4. Iran 5,1
5. Mexique 5,0
6. Norvège 4,6
7. Chine 4,4
8. Royaume-Uni 4,2
9. Venezuela 4,1
10. Irak 3,7
11. Autres pays 36,6

F. PRODUCTION MONDIALE DE GAZ NATUREL (1998)

2336 milliards de m³

Production par pays en %
1. Russie 25,2
2. États-Unis 22,9
3. Canada 7,3
4. Royaume-Uni 3,8
5. Pays-Bas 3,4
6. Algérie 3,2
7. Indonésie 2,7
8. Ouzbékistan 2,3
9. Iran 2,1
10. Arabie-Saoudite 2,0
11. Autres pays 25,1

G. RÉSERVES MONDIALES D'ÉNERGIE 1997 (exploitables économiquement)

COMBUSTIBLES FOSSILES
1.020 milliards de tonnes équivalent charbon

Charbon 51%
Lignite 14%
Pétrole 20%
Gaz naturel 15%

CHARBON
509 milliards de tonnes (Production mondiale 1997: 3,8 Md. de tonnes)

23%	5%	12%	24%	22%	12%
0%					100%

PÉTROLE
139,4 milliards de tonnes (Production mondiale 1997: 3,5 Md. de tonnes)

7%	9%	7%	66%	6%	
0%					100%

GAZ NATUREL
144 033 milliards de m³ (Production mondiale 1997: 2223 Md. de m³)

6%	4%	7%	34%	5%	39%
0%					100%

Amérique du Nord
Amérique latine
Europe occidentale
Afrique
Moyen-Orient
Extrême-Orient et Océanie
Russie et Europe orientale
Chine

H. CONSOMMATION D'ÉNERGIE / POPULATION (1950 - 1995)

Hydro-électricité et énergie nucléaire
Gaz naturel
Pétrole
Charbon et lignite
Habitants

© WN Atlas Productions

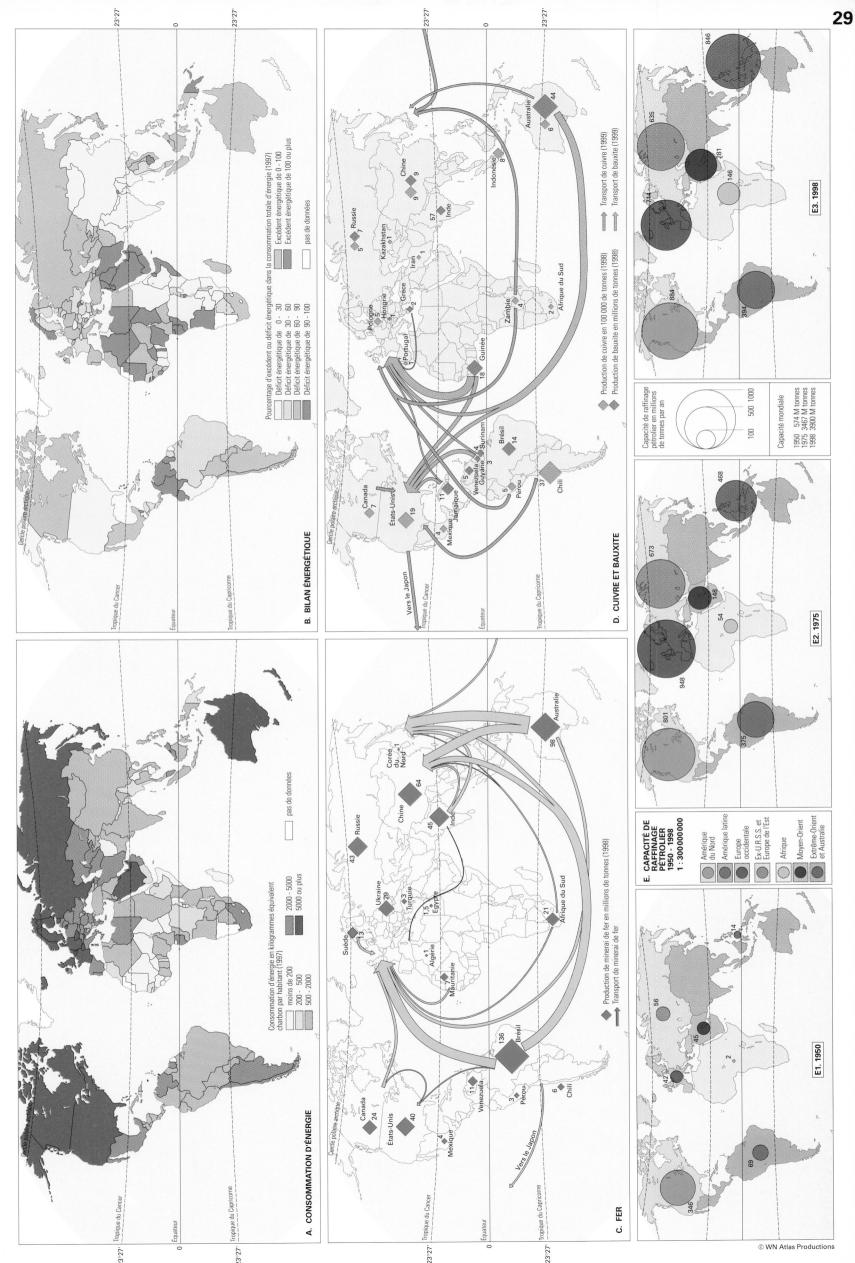

LA TERRE ÉNERGIE / MINES

Échelle 1 : 200 000 000

A. CONSOMMATION D'ÉNERGIE

Consommation d'énergie en kilogrammes équivalent charbon par habitant (1997)

- moins de 200
- 200 - 500
- 500 - 2000
- 2000 - 5000
- 5000 ou plus
- pas de données

Cercle polaire arctique
Tropique du Cancer
Équateur
Tropique du Capricorne

B. BILAN ÉNERGÉTIQUE

Pourcentage d'excédent ou déficit énergétique dans la consommation totale d'énergie (1997)

- Excédent énergétique de 0 - 100
- Excédent énergétique de 100 ou plus
- pas de données

Déficit énergétique de 0 - 30
Déficit énergétique de 30 - 60
Déficit énergétique de 60 - 90
Déficit énergétique de 90 - 100

Canada 7
États-Unis 19
Mexique 4
Jamaïque 11
Venezuela 5
Guyane 4
Surinam 3
Pérou 5
Brésil 14
Chili 37
Portugal 1
Grèce 2
Pologne 5
Hongrie 1
Russie 7 / 5
Kazakhstan 5
Iran 1
Inde 57
Chine 9 / 9
Indonésie 8
Australie 44 / 6
Guinée 18
Zambie 4
Afrique du Sud 2

Vers le Japon

Production de cuivre en 100 000 de tonnes (1998)
Production de bauxite en millions de tonnes (1998)

→ Transport de cuivre (1999)
→ Transport de bauxite (1999)

C. FER

Production de minerai de fer en millions de tonnes (1998)
Transport de minerai de fer

Canada 24
États-Unis 40
Mexique 4
Venezuela 11
Pérou 3
Chili 6
Brésil 136
Suède 13
Ukraine 29
Turquie 3
Algérie 1
Égypte 1,5
Mauritanie 7
Afrique du Sud 21
Russie 43
Chine 64
Inde 45
Corée du Nord 1
Australie 98

Vers le Japon

Cercle polaire arctique
Tropique du Cancer
Équateur
Tropique du Capricorne

D. CUIVRE ET BAUXITE

E. CAPACITÉ DE RAFFINAGE PÉTROLIER 1950 - 1998
1 : 300 000 000

- Amérique du Nord
- Amérique latine
- Europe occidentale
- Ex-U.R.S.S. et Europe de l'Est
- Afrique
- Moyen-Orient
- Extrême-Orient et Australie

Capacité de raffinage pétrolier en millions de tonnes par an

Capacité mondiale
1950   574 M tonnes
1975   3467 M tonnes
1998   3900 M tonnes

E1. 1950
346
442
69
56
2
45
14

E2. 1975
948
801
54
148
375
673
468

E3. 1998
884
774
635
281
146
394
846

© WN Atlas Productions

LA TERRE INDUSTRIES

Échelle 1 : 200000000

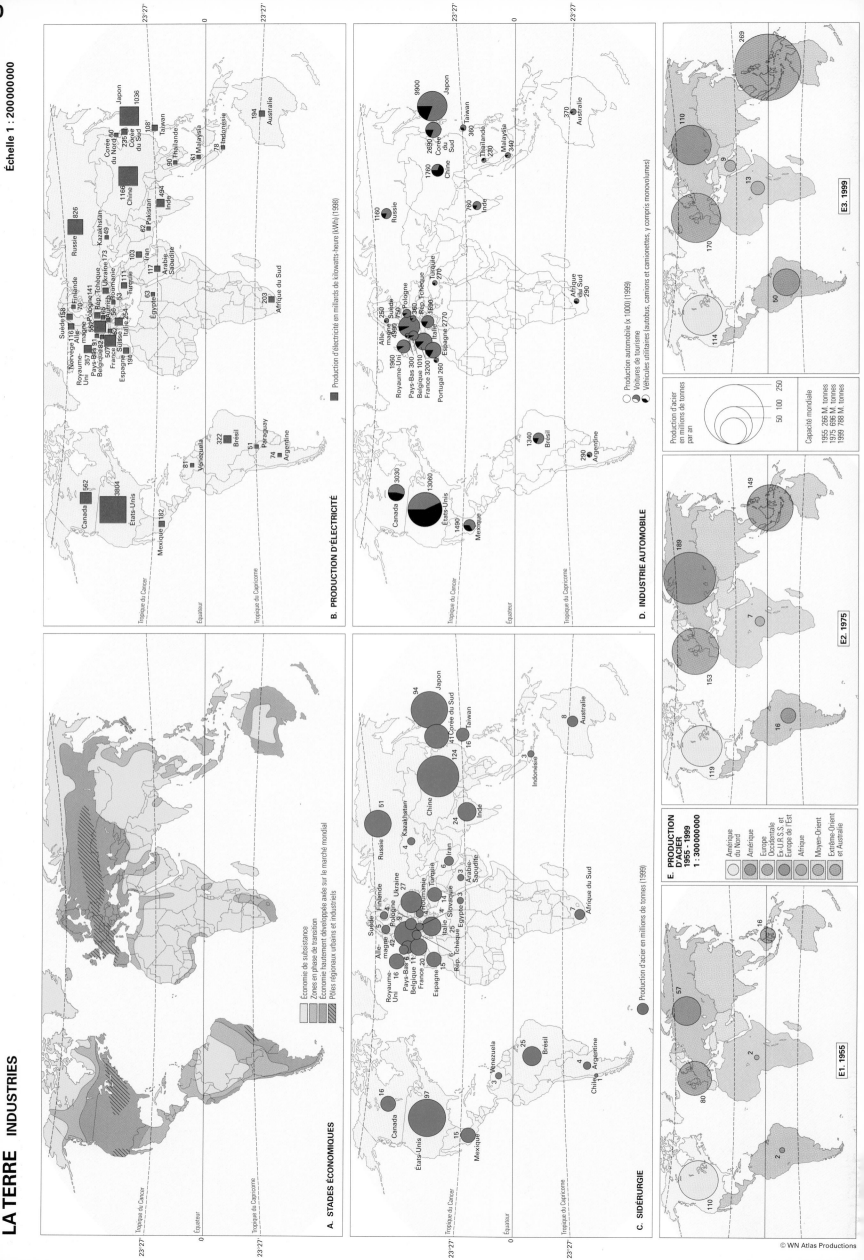

A. STADES ÉCONOMIQUES

Économie de subsistance

Zones en phase de transition

Économie hautement développée axée sur le marché mondial

Pôles régionaux urbains et industriels

B. PRODUCTION D'ÉLECTRICITÉ

Production d'électricité en milliards de kilowatts-heure (kWh) (1998)

C. SIDÉRURGIE

Production d'acier en millions de tonnes (1999)

D. INDUSTRIE AUTOMOBILE

Production automobile (x 1000) (1999)

Voitures de tourisme

Véhicules utilitaires (autobus, camions et camionnettes, y compris monovolumes)

E. PRODUCTION D'ACIER 1955 - 1999
1 : 300000000

Amérique du Nord

Amérique

Europe Occidentale

Ex-U.R.S.S. et Europe de l'Est

Afrique

Moyen-Orient

Extrême-Orient et Australie

Production d'acier en millions de tonnes par an

Capacité mondiale
1955 266 M. tonnes
1975 696 M. tonnes
1999 788 M. tonnes

E1. 1955

E2. 1975

E3. 1999

© WN Atlas Productions

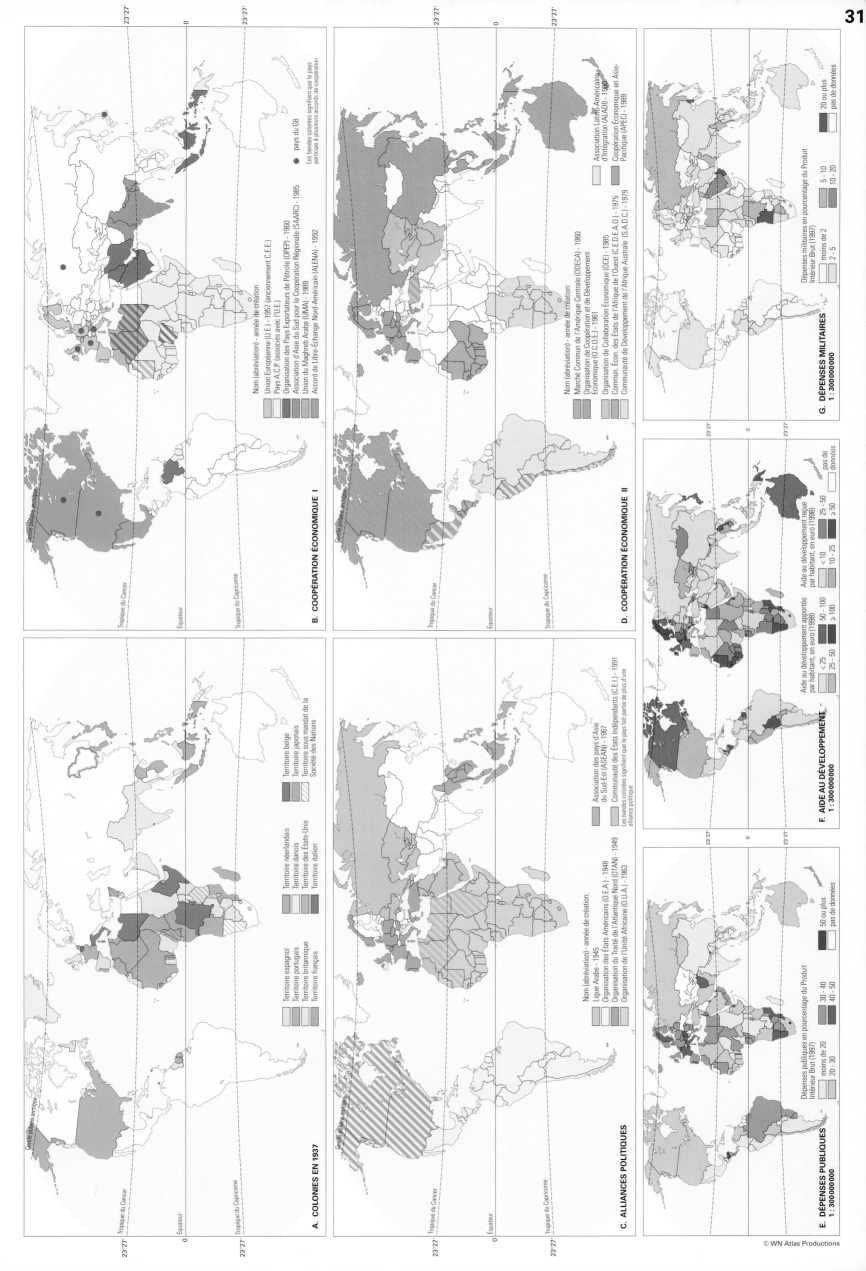

A. COLONIES EN 1937

Territoire espagnol
Territoire portugais
Territoire britannique
Territoire français
Territoire belge
Territoire néerlandais
Territoire danois
Territoire des États-Unis
Territoire italien
Territoire japonais
Territoire sous mandat de la Société des Nations

B. COOPÉRATION ÉCONOMIQUE I

Nom (abréviation) - année de création
Union Européenne (U.E.) - 1957 (anciennement C.E.E.)
Pays A.C.P. (associés avec l'U.E.)
Organisation des Pays Exportateurs de Pétrole (OPEP) - 1960
Association d'Asie du Sud pour la Coopération Régionale (SAARC) - 1985
Union du Maghreb Arabe (UMA) - 1989
Accord de Libre-Échange Nord-Américain (ALENA) - 1992

● pays du G8

Les bandes colorées signifient que le pays participe à plusieurs accords de coopération

C. ALLIANCES POLITIQUES

Nom (abréviation) - année de création:
Ligue Arabe - 1945
Organisation des États Américains (O.E.A.) - 1948
Organisation du Traité de l'Atlantique Nord (OTAN) - 1949
Organisation de l'Unité Africaine (O.U.A.) - 1963
Association des pays d'Asie du Sud-Est (ASEAN) - 1967
Communauté des États Indépendants (C.E.I.) - 1991

Les bandes colorées signifient que le pays fait partie de plus d'une alliance politique

D. COOPÉRATION ÉCONOMIQUE II

Nom (abréviation) - année de création:
Marché Commun de l'Amérique Centrale (ODECA) - 1960
Organisation de Coopération et de Développement Économique (O.C.D.E.) - 1961
Organisation de Collaboration Économique (OCE) - 1985
Commun. Écon. des États de l'Afrique de l'Ouest (C.E.D.E.A.O.) - 1975
Communauté de Développement de l'Afrique Australe (S.A.D.C.) - 1979
Association Latino-Américaine d'Intégration (ALADI) - 1980
Coopération Économique en Asie-Pacifique (APEC) - 1989

E. DÉPENSES PUBLIQUES
1 : 300000000

Dépenses publiques en pourcentage du Produit Intérieur Brut (1997)
moins de 20
20 - 30
30 - 40
40 - 50
50 ou plus
pas de données

F. AIDE AU DÉVELOPPEMENT
1 : 300000000

Aide au développement apportée par habitant, en euro (1998)
< 25
25 - 50
50 - 100
> 100

Aide au développement reçue par habitant, en euro (1998)
< 10
10 - 25
25 - 50
> 50
pas de données

G. DÉPENSES MILITAIRES
1 : 300000000

Dépenses militaires en pourcentage du Produit Intérieur Brut (1997)
moins de 2
2 - 5
5 - 10
10 - 20
20 ou plus
pas de données

Cercle polaire arctique
Tropique du Cancer
Équateur
Tropique du Capricorne

LA TERRE DÉVELOPPEMENT

Échelle 1 : 20 000 000

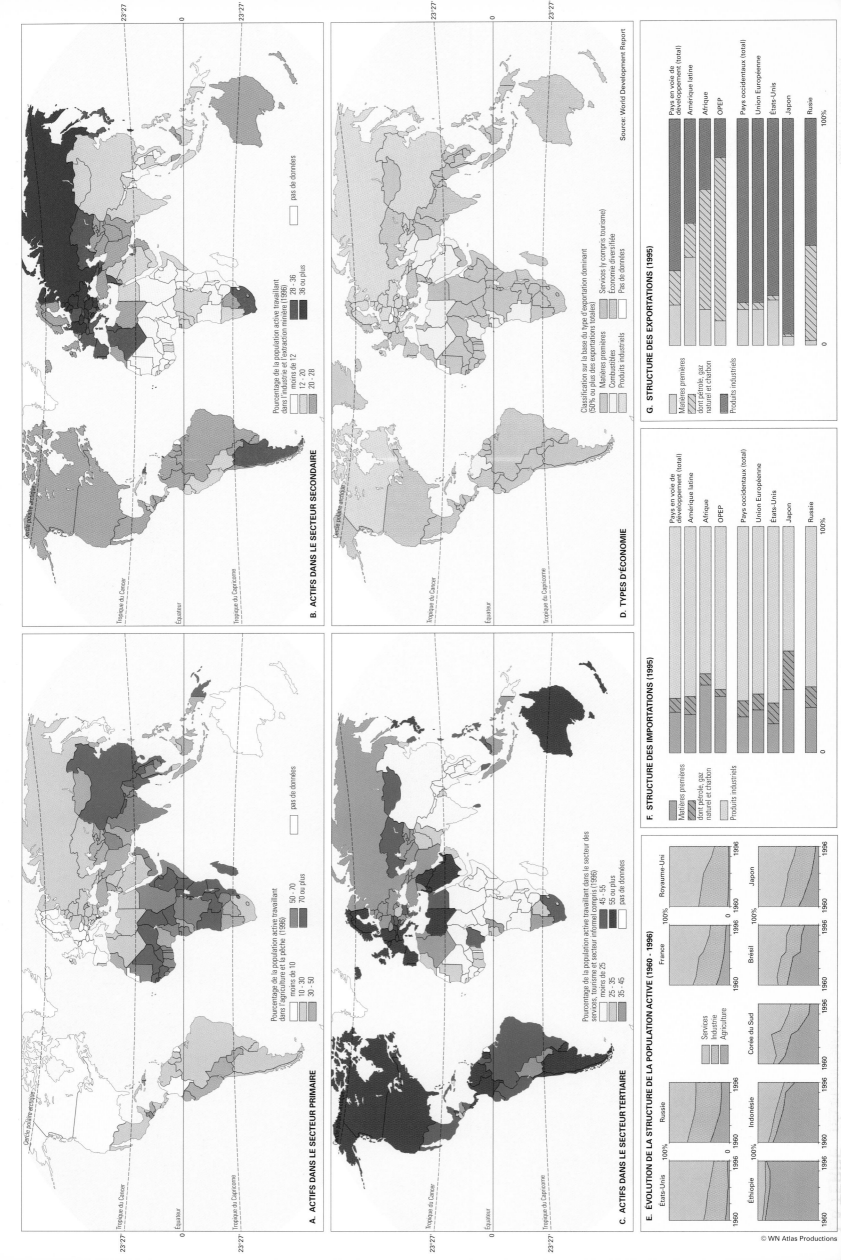

A. ACTIFS DANS LE SECTEUR PRIMAIRE

Pourcentage de la population active travaillant
dans l'agriculture et la pêche (1996)

- moins de 10
- 10 - 30
- 30 - 50
- 50 - 70
- 70 ou plus
- pas de données

B. ACTIFS DANS LE SECTEUR SECONDAIRE

Pourcentage de la population active travaillant
dans l'industrie et l'extraction minière (1996)

- moins de 12
- 12 - 20
- 20 - 28
- 28 - 36
- 36 ou plus
- pas de données

C. ACTIFS DANS LE SECTEUR TERTIAIRE

Pourcentage de la population active travaillant dans le secteur des
services, tourisme et secteur informel compris (1996)

- moins de 25
- 25 - 35
- 35 - 45
- 45 - 55
- 55 ou plus
- pas de données

D. TYPES D'ÉCONOMIE

Classification sur la base du type d'exportation dominant
(50% ou plus des exportations totales)

- Matières premières
- Combustibles
- Produits industriels
- Services (y compris tourisme)
- Économie diversifiée
- Pas de données

Source: World Development Report

E. ÉVOLUTION DE LA STRUCTURE DE LA POPULATION ACTIVE (1960 - 1996)

- Services
- Industrie
- Agriculture

États-Unis
Russie
Royaume-Uni
France
Japon
Brésil
Corée du Sud
Éthiopie
Indonésie

F. STRUCTURE DES IMPORTATIONS (1995)

- Matières premières
- dont pétrole, gaz naturel et charbon
- Produits industriels

Pays en voie de développement (total)
Amérique latine
Afrique
OPEP
Pays occidentaux (total)
Union Européenne
États-Unis
Japon
Russie

G. STRUCTURE DES EXPORTATIONS (1995)

- Matières premières
- dont pétrole, gaz naturel et charbon
- Produits industriels

Pays en voie de développement (total)
Amérique latine
Afrique
OPEP
Pays occidentaux (total)
Union Européenne
États-Unis
Japon
Russie

LA TERRE   DÉVELOPPEMENT

Échelle 1 : 200000000

A. PRODUIT NATIONAL BRUT (P.N.B.)

Produit National Brut corrigé en fonction du pouvoir d'achat par habitant, en euro (1998)

- moins de 750
- 750 - 1500
- 1500 - 3000
- 3000 - 9000
- 9000 ou plus
- pas de données

Tropique du Cancer
Équateur
Tropique du Capricorne
Cercle polaire arctique
23°27'
0
23°27'

B. CROISSANCE DU P.N.B. PAR HABITANT

Croissance annuelle moyenne du Produit National Brut par habitant pour la période 1990-1998

- Diminution 5,0 ou plus
- Diminution 0,0 - 5,0%
- 0,0 - 1,4%
- 1,4 - 2,8%
- 2,8 - 4,2%
- 4,2% ou plus
- pas de données

Tropique du Cancer
Équateur
Tropique du Capricorne
Cercle polaire arctique
23°27'
0
23°27'

C. REVENUS ET ENDETTEMENT

Revenus (1998)
- Pays à revenus faibles
- Pays à revenus moyens
- Pays à revenus élevés
- Pas de données

Endettement (1998)
- Pays à endettement faible
- Pays à endettement moyen
- Pays à endettement élevé
- pas de données

Source : Banque Mondiale

Tropique du Cancer
Équateur
Tropique du Capricorne
Cercle polaire arctique
23°27'
0
23°27'

D. PUISSANCE ÉCONOMIQUE

Solvabilité pour les investisseurs étrangers (2000)
- très basse
- basse
- modérée
- élevée
- très élevée
- pas de données

Source : Institutional Investor

E. PARC AUTOMOBILE
1 : 300000000

Nombre de voitures particulières pour 1000 habitants (1998)
- moins de 5
- 5 - 25
- 25 - 100
- 100 - 250
- 250 ou plus
- pas de données

23°27'
0
23°27'

F. TÉLÉPHONES
1 : 300000000

Nombre de lignes téléphoniques pour 1000 habitants (1998)
- moins de 5
- 5 - 25
- 25 - 100
- 100 - 500
- 500 ou plus
- pas de données

23°27'
0
23°27'

G. TÉLÉVISIONS
1 : 300000000

Nombre de téléviseurs pour 1000 habitants (1998)
- moins de 5
- 5 - 25
- 25 - 100
- 100 - 500
- 500 ou plus
- pas de données

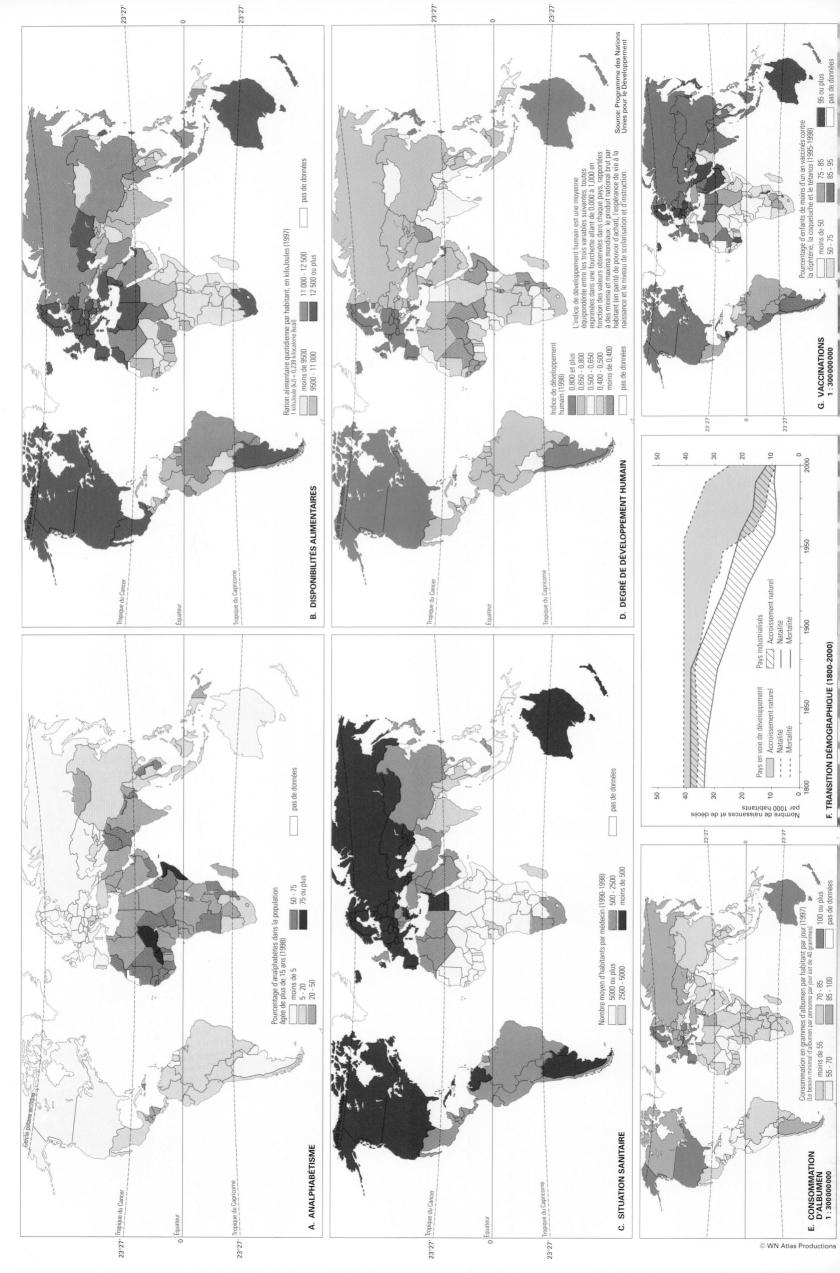

LA TERRE DÉVELOPPEMENT

Échelle 1 : 20 000 000

A. ANALPHABÉTISME

Pourcentage d'analphabètes dans la population
âgée de plus de 15 ans (1998)
- moins de 5
- 5 - 20
- 20 - 50
- 50 - 75
- 75 ou plus
- pas de données

B. DISPONIBILITÉS ALIMENTAIRES

Ration alimentaire quotidienne par habitant, en kilojoules (1997)
1 kilojoule (kJ) = 0,239 kilocalorie (kcal)
- moins de 9500
- 9500 - 11 000
- 11 000 - 12 500
- 12 500 ou plus
- pas de données

C. SITUATION SANITAIRE

Nombre moyen d'habitants par médecin (1990-1998)
- 5000 ou plus
- 2500 - 5000
- 500 - 2500
- moins de 500
- pas de données

D. DEGRÉ DE DÉVELOPPEMENT HUMAIN

L'indice de développement humain est une moyenne
équipondérée entre les trois variables suivantes, toutes
exprimées dans une fourchette allant de 0,000 à 1,000 en
fonction des minima et maxima observés dans chaque pays, rapportées
à des minima et maxima mondiaux : le produit national brut par
habitant (en parité de pouvoir d'achat), l'espérance de vie à la
naissance et le niveau de scolarisation et d'instruction.

Indice de développement
humain (1998)
- 0,800 et plus
- 0,650 - 0,800
- 0,500 - 0,650
- 0,400 - 0,500
- moins de 0,400
- pas de données

Source: Programme des Nations
Unies pour le Développement

E. CONSOMMATION D'ALBUMEN
1 : 300 000 000

Consommation en grammes d'albumen par habitant par jour (1997)
(Le besoin minimal d'albumen par personne par jour est de 40 grammes)
- moins de 55
- 55 - 70
- 70 - 85
- 85 - 100
- 100 ou plus
- pas de données

F. TRANSITION DÉMOGRAPHIQUE (1800-2000)

Nombre de naissances et de décès par 1000 habitants

Pays en voie de développement
- Accroissement naturel
- Natalité
- Mortalité

Pays industrialisés
- Accroissement naturel
- Natalité
- Mortalité

G. VACCINATIONS
1 : 300 000 000

Pourcentage d'enfants de moins d'un an vaccinés contre
la diphtérie, la coqueluche et le tétanos (1995-1998)
- moins de 50
- 50 - 75
- 75 - 85
- 85 - 95
- 95 ou plus
- pas de données

© WN Atlas Productions

Cercle polaire arctique
Tropique du Cancer
Équateur
Tropique du Capricorne
23°27'

LA TERRE DÉVELOPPEMENT

Échelle 1 : 200 000 000

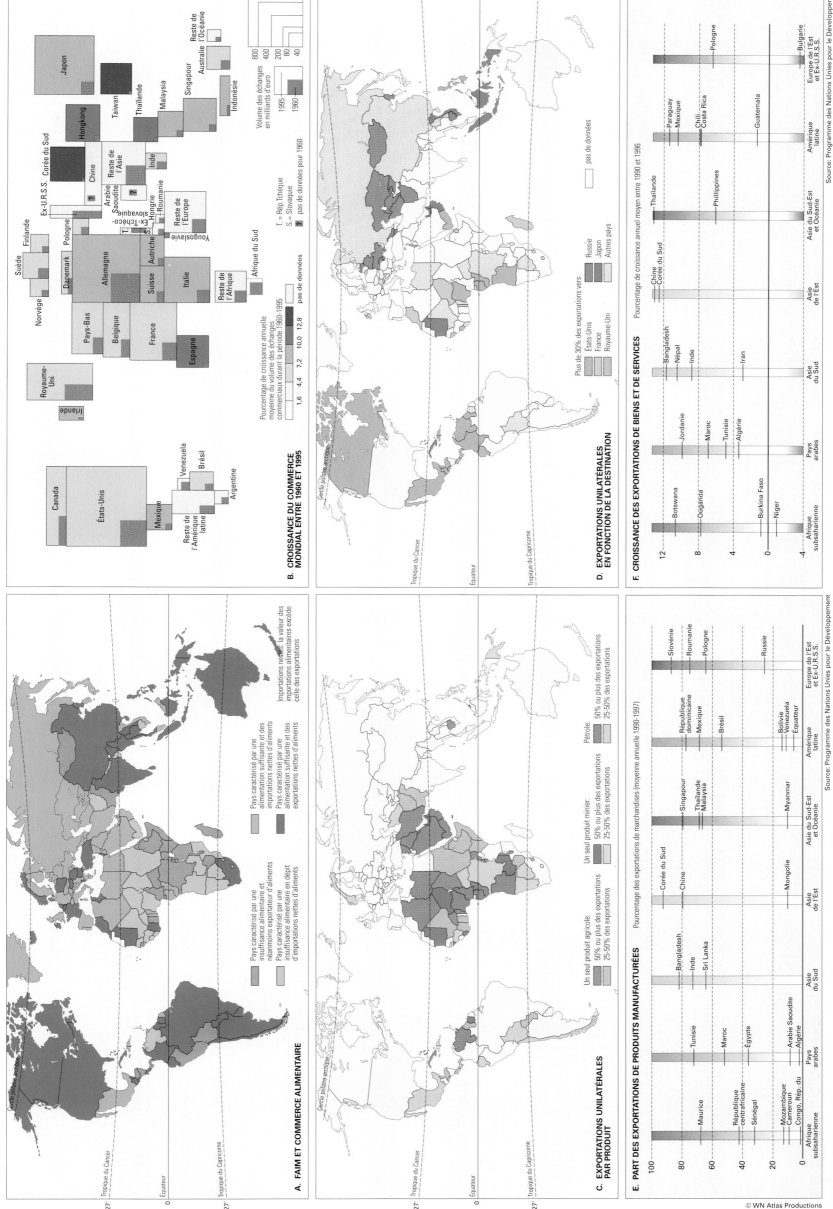

A. FAIM ET COMMERCE ALIMENTAIRE

Pays caractérisé par une insuffisance alimentaire et des importations nettes d'aliments

Pays caractérisé par une alimentation suffisante et néanmoins exportateur d'aliments

Pays caractérisé par une alimentation suffisante et des exportations nettes d'aliments

Importations nettes: la valeur des importations alimentaires excède celle des exportations

B. CROISSANCE DU COMMERCE MONDIAL ENTRE 1960 ET 1995

Pourcentage de croissance annuelle moyenne du volume des échanges commerciaux durant la période 1960-1995

1,6   4,4   7,2   10,0   12,8   pas de données

Volume des échanges en milliards d'euro
800 / 400 / 200 / 80 / 40
1995 / 1960
pas de données pour 1960

T. = Rép. Tchèque
S. = Slovaquie
? = pas de données pour 1960

C. EXPORTATIONS UNILATÉRALES PAR PRODUIT

Un seul produit minier:
50% ou plus des exportations
25-50% des exportations

Un seul produit agricole:
50% ou plus des exportations
25-50% des exportations

Pétrole:
50% ou plus des exportations
25-50% des exportations

D. EXPORTATIONS UNILATÉRALES EN FONCTION DE LA DESTINATION

Plus de 30% des exportations vers:
États-Unis / Russie
France / Japon
Royaume-Uni / Autres pays

pas de données

E. PART DES EXPORTATIONS DE PRODUITS MANUFACTURÉES

Pourcentage des exportations de marchandises (moyenne annuelle 1990-1997)

F. CROISSANCE DES EXPORTATIONS DE BIENS ET DE SERVICES

Pourcentage de croissance annuel moyen entre 1990 et 1996

Source: Programme des Nations Unies pour le Développement

© WN Atlas Productions

LA TERRE ENVIRONNEMENT

Échelle 1 : 200000000

A. DÉSERTIFICATION

Vancouver · Calgary · Chicago · New York · La Nouvelle-Orléans
San Francisco · Mexico · Verkhoïansk · Irkoutsk · Beijing · Vladivostok · Tokyo · Hongkong
Moscou · Tachkent · Delhi · Jakarta · Singapour · Perth · Sydney
Paris · Téhéran · Mumbai · Nairobi
Athènes · Le Caire · Kinshasa · Le Cap
Casablanca · Lagos
Dakar · Paramaribo · Rio de Janeiro
Bogóta · Lima · Santiago · Buenos Aires

Région d'extrême aridité:
les déserts existants

Régions qui sont soumises à une
forte expansion des déserts

Autres régions qui sont soumises
à l'expansion des déserts

B. POLLUTION DES MERS

Courant marin important
Grand accident pétrolier après 1985

Régions polluées (pollution permanente,
avec fortes concentrations locales)

Régions susceptibles d'être polluées par des rejets d'hydro-
carbures ou d'autres polluants le long des routes de navigation

C. PRODUCTION DE CFC

Production de CFC en grammes par habitant (1990)

moins de 100
100 - 200
200 - 300
300 ou plus
pas de données

CFC = chlorofluorocarbones; ils attaquent la couche d'ozone

D. ARIDITÉ ET FORMATION DES SOLS SALÉS

Indice d'aridité:
0.5 · 1 · 2 · 4 · 20 · 200

Régions - en dehors du désert - où des
sols salés apparaissent si l'irrigation est
pratiquée sans drainage

L'indice d'aridité est le rapport précipitations/
évaporation.
Si l'indice vaut 1, l'évaporation annuelle est égale
au volume annuel des précipitations.
Pour un indice de 20, l'évaporation est 20 fois
supérieure aux précipitations.

E. LE 'TROU' DANS LA COUCHE D'OZONE AU DESSUS DE L'ANTARCTIQUE

Concentrations moyennes d'ozone en UD *

moins de 250
250 - 300
300 - 350
350 - 400
400 ou plus

E1. Octobre 1979

E2. Octobre 1983

E3. Octobre 1987

E4. Octobre 1993

E5. Octobre 1998

* l'Unité Dobson est la mesure de l'épaisseur de la couche
d'ozone, et correspond à 10 microns d'ozone réduits au niveau
de la mer.
300 UD correspondent à 3 mm d'ozone.

Source: KNMI, De Bilt

© WN Atlas Productions

LA TERRE ENVIRONNEMENT

Échelle : 200000000

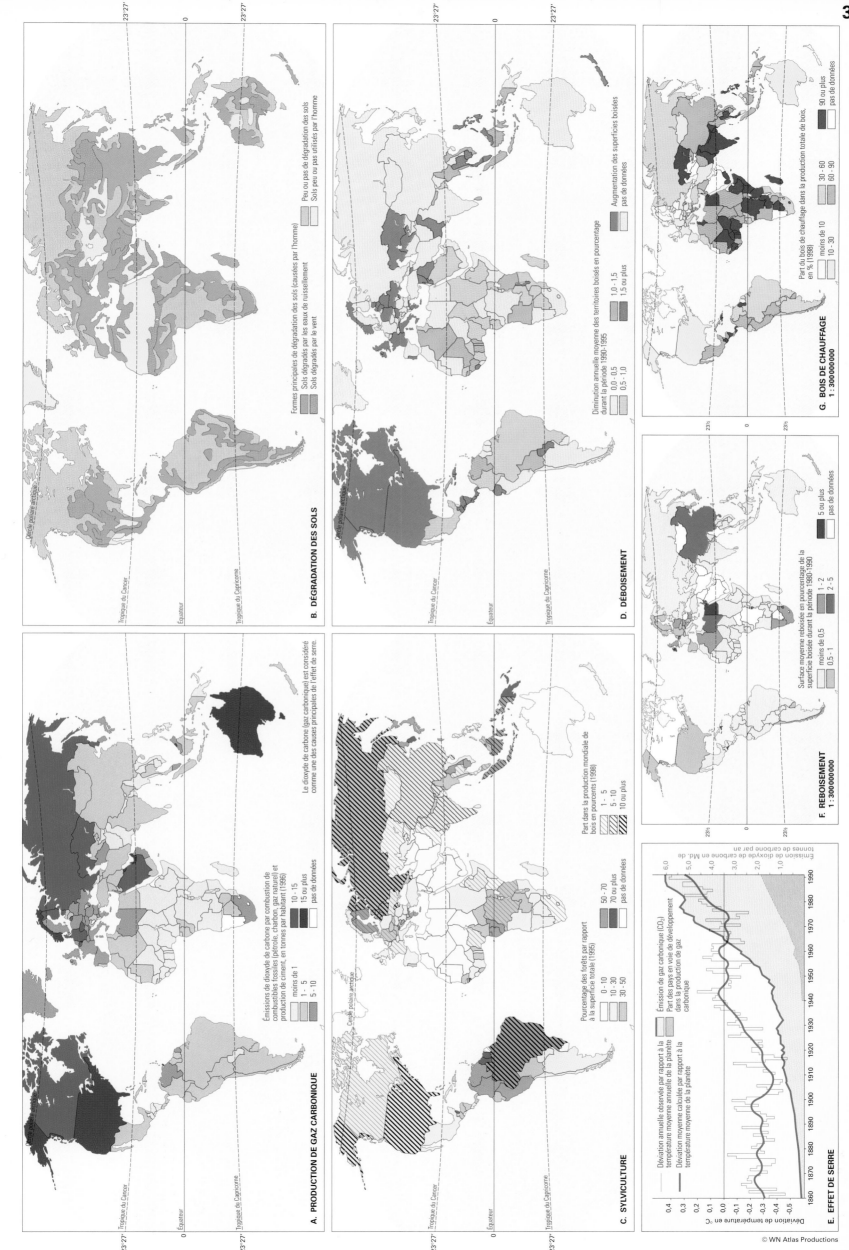

A. PRODUCTION DE GAZ CARBONIQUE

Émissions de dioxyde de carbone par combustion de combustibles fossiles (pétrole, charbon, gaz naturel) et production de ciment, en tonnes par habitant (1996)

- moins de 1
- 1 - 5
- 5 - 10
- 10 - 15
- 15 ou plus
- pas de données

Le dioxyde de carbone (gaz carbonique) est considéré comme une des causes principales de l'effet de serre.

B. DÉGRADATION DES SOLS

Formes principales de dégradation des sols (causées par l'homme)

- Sols dégradés par les eaux de ruissellement
- Sols dégradés par le vent
- Peu ou pas de dégradation des sols
- Sols peu ou pas utilisés par l'homme

C. SYLVICULTURE

Pourcentage des forêts par rapport à la superficie totale (1995)

- 0 - 10
- 10 - 30
- 30 - 50
- 50 - 70
- 70 ou plus
- pas de données

Part dans la production mondiale de bois en pourcents (1998)

- 1 - 5
- 5 - 10
- 10 ou plus

D. DÉBOISEMENT

Diminution annuelle moyenne des territoires boisés en pourcentage durant la période 1990-1995

- 0,0 - 0,5
- 0,5 - 1,0
- 1,0 - 1,5
- 1,5 ou plus
- Augmentation des superficies boisées
- pas de données

E. EFFET DE SERRE

- Déviation annuelle observée par rapport à la température moyenne annuelle de la planète
- Déviation moyenne calculée par rapport à la température moyenne de la planète
- Émission de gaz carbonique (CO₂)
- Part des pays en voie de développement dans la production de gaz carbonique

Émission de dioxyde de carbone en Md. de tonnes de carbone par an

Déviation de température en °C

F. REBOISEMENT
1 : 3000000000

Surface moyenne reboisée en pourcentage de la superficie boisée durant la période 1980-1990

- moins de 0,5
- 0,5 - 1
- 1 - 2
- 2 - 5
- 5 ou plus
- pas de données

G. BOIS DE CHAUFFAGE
1 : 3000000000

Part du bois de chauffage dans la production totale de bois, en % (1998)

- moins de 10
- 10 - 30
- 30 - 60
- 60 - 90
- 90 ou plus
- pas de données

© WN Atlas Productions

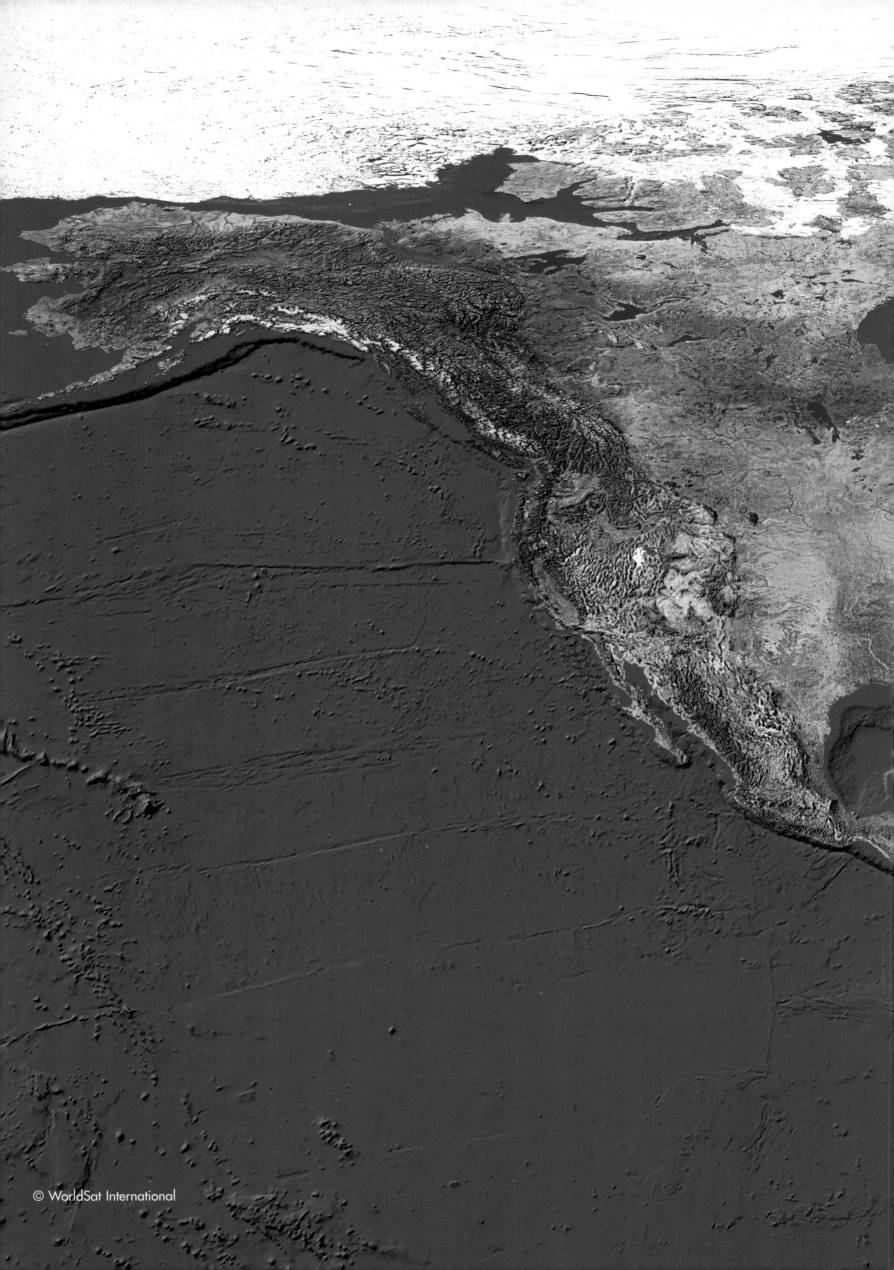

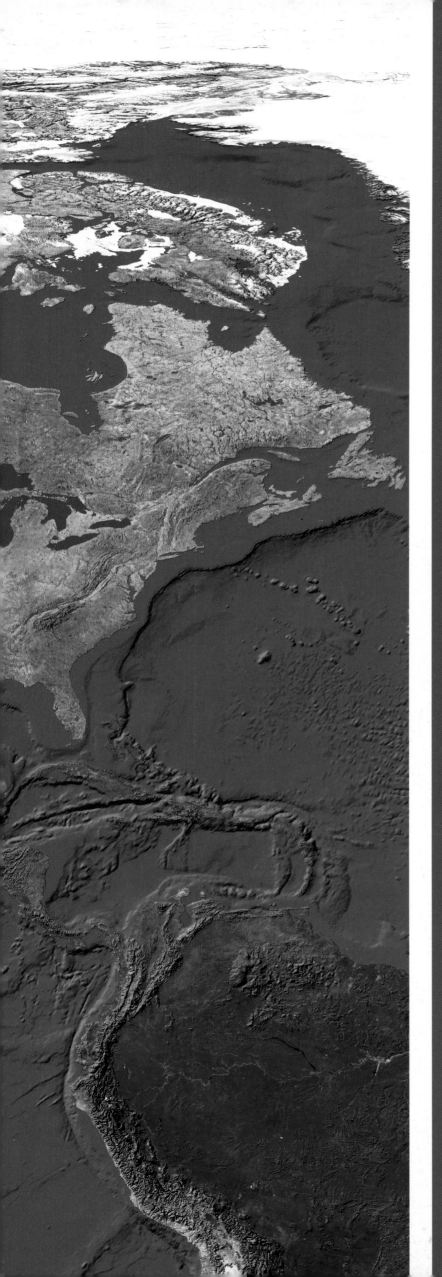

AMÉRIQUE DU NORD ET CENTRALE

AMÉRIQUE DU NORD

Échelle 1:25 000 000

0 200 400 600 800 1000 km

5000 m
3000
2000
1000
500
200
100
0
au-dessous du niveau de la mer
-200
-2000
-4000
-6000
-8000

Océan Atlantique

Océan Glacial Arctique

Océan Pacifique

Mer de Béring

Mer de Beaufort

Mer des Tchouktches

Baie d'Hudson

Mer du Labrador

Groenland

ISLANDE

NORVÈGE

ROYAUME-UNI

RUSSIE

CANADA

ÉTATS-UNIS

Alaska (É.-U.)

NEW YORK — PHILADELPHIE — Washington — Baltimore — Boston — MONTRÉAL — TORONTO — Ottawa — Québec — DETROIT — CHICAGO — Cleveland — Pittsburgh — Buffalo — Indianapolis — Cincinnati — St Louis — Kansas City — Omaha — Minneapolis — Duluth — St Paul — Winnipeg — Regina — Saskatoon — Edmonton — Calgary — Vancouver — Victoria — Seattle — Portland — Sacramento — San Francisco — Salt Lake City — Denver — Billings — Great Falls — Boise — Spokane

Halifax — Sydney — St John's — Gander — Fredericton — Charlottetown

Anchorage — Fairbanks — Juneau — Valdez — Seward — Nome — Barrow — Prudhoe Bay — Inuvik — Dawson — Whitehorse — Skagway — Yellowknife — Churchill — Thompson — Fin Flon — Uranium City — Fort McMurray — Fort Nelson — Fort Simpson — Norman Wells — Dawson Creek — Prince George — Prince Rupert — Kamloops — Lethbridge — Medicine Hat — Moose Jaw — Nanaimo

Reykjavik — Bergen

Mts Mackenzie — Chaîne de Brooks — Chaîne d'Alaska — Chaîne Côtière — Chaîne des Cascades — Sierra Nevada — Montagnes Rocheuses — Grandes Plaines — Grandes Prairie

Péninsule du Labrador — Péninsule d'Ungava — Terre de Baffin — Île Victoria — Île de Banks — Île d'Ellesmere — Îles de la Reine-Élisabeth — Île de Vancouver — Île de la Reine-Charlotte

Mt McKinley (Denali) 6194 — Mt Logan 5959 — Mt Rainier 4392 — Mt Whitney 4418 — Mt Elbert 4401 — Mt Robson 3954 — Mt Waddington 4012

Lac Supérieur — Lac Huron — Lac Michigan — Lac Érié — Lac Ontario — Grand Lac de l'Ours — Grand Lac des Esclaves — Lac Athabasca — Lac Winnipeg — Lac Manitoba — Lac Nipigon

Fleuve Mackenzie — Yukon — Mississippi — Missouri — Saskatchewan — Fraser — Columbia — Nelson — Rivière Churchill

Mer de Béring — Détroit de Béring — Golfe d'Alaska — Golfe d'Amundsen — Détroit de Davis — Baie de Baffin — Détroit du Danemark

Cercle polaire arctique

Cap Farvel — Cap Chidley — Cap Blanc — Cap Sable — Cap Cod — Cap Mendocino — Cap Blanco

Péninsule de Seward — Péninsule d'Alaska — Îles Aléoutiennes — Île Kodiak — Île Nunivak — Île St-Laurent — Île St Pierre et Miquelon (Fr.)

Mourmansk — Verkhoïansk — Anadyr — Irkoutsk — Tokyo — Amsterdam — Rome — Le Caire

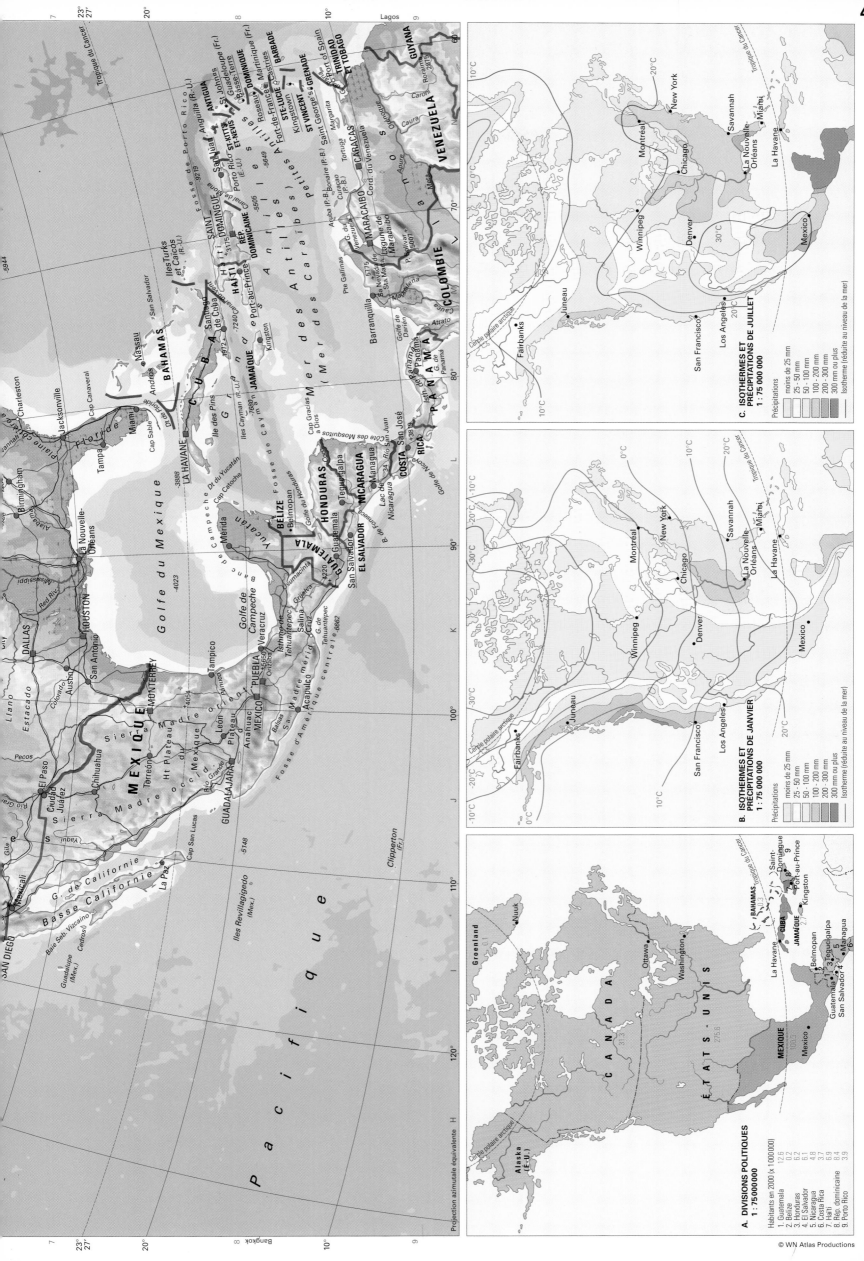

A. DIVISIONS POLITIQUES
1 : 75 000 000

Habitants en 2000 (x 1000000)
1. Guatemala 12.6
2. Belize 0.2
3. Honduras 6.2
4. El Salvador 6.1
5. Nicaragua 4.8
6. Costa Rica 3.7
7. Haïti 6.9
8. Rép. dominicaine 8.4
9. Porto Rico 3.9

B. ISOTHERMES ET PRECIPITATIONS DE JANVIER
1 : 75 000 000

Précipitations
moins de 25 mm
25 - 50 mm
50 - 100 mm
100 - 200 mm
200 - 300 mm
300 mm ou plus
Isotherme (réduite au niveau de la mer)

C. ISOTHERMES ET PRECIPITATIONS DE JUILLET
1 : 75 000 000

Précipitations
moins de 25 mm
25 - 50 mm
50 - 100 mm
100 - 200 mm
200 - 300 mm
300 mm ou plus
Isotherme (réduite au niveau de la mer)

Projection azimutale équivalente

© WN Atlas Productions

CANADA

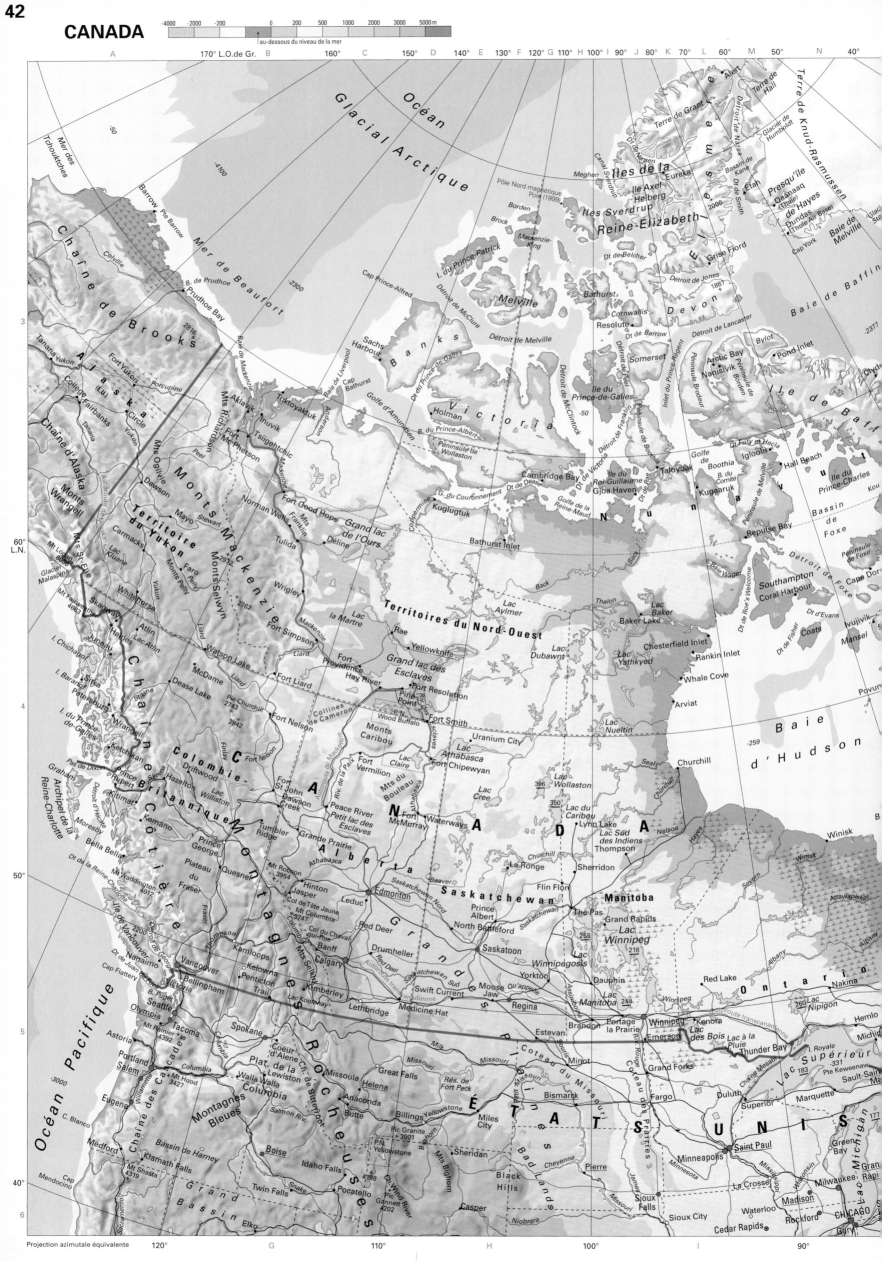

Projection azimutale équivalente

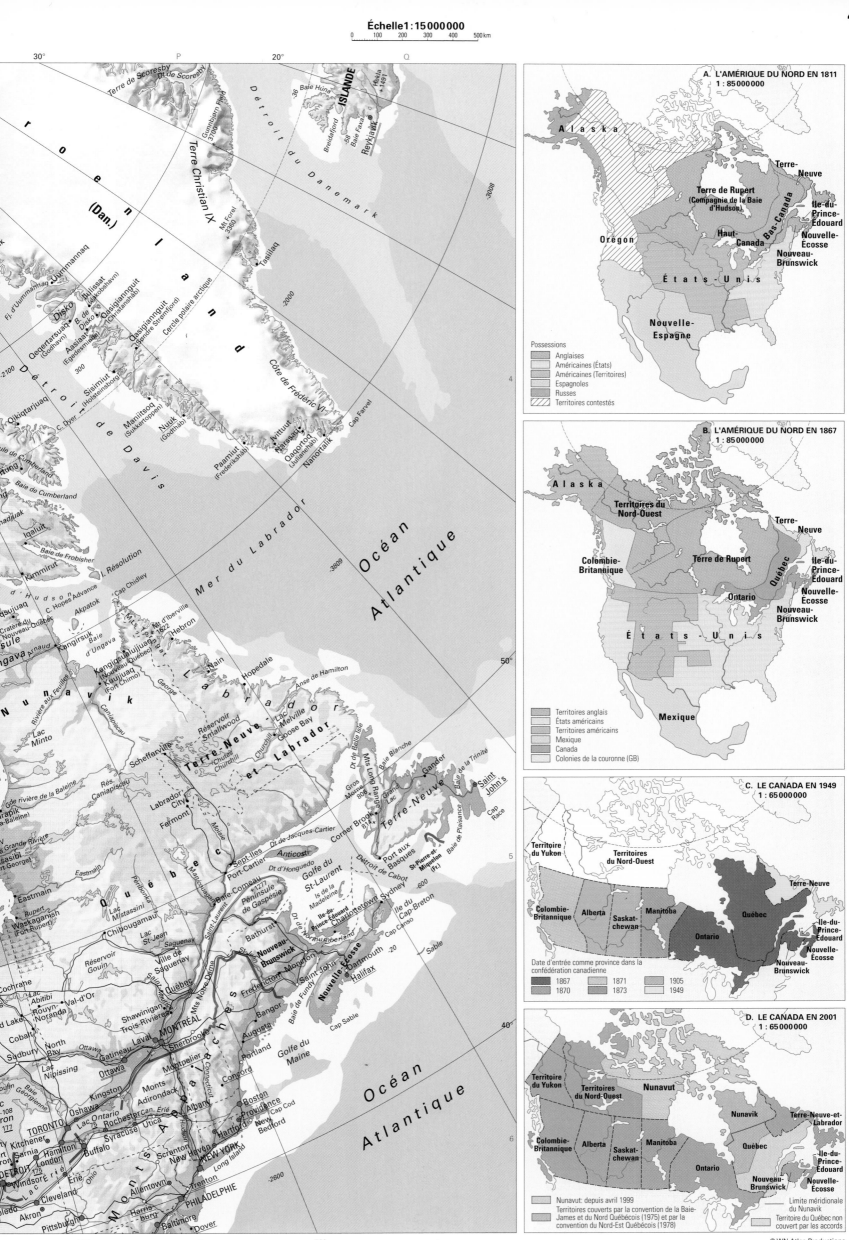

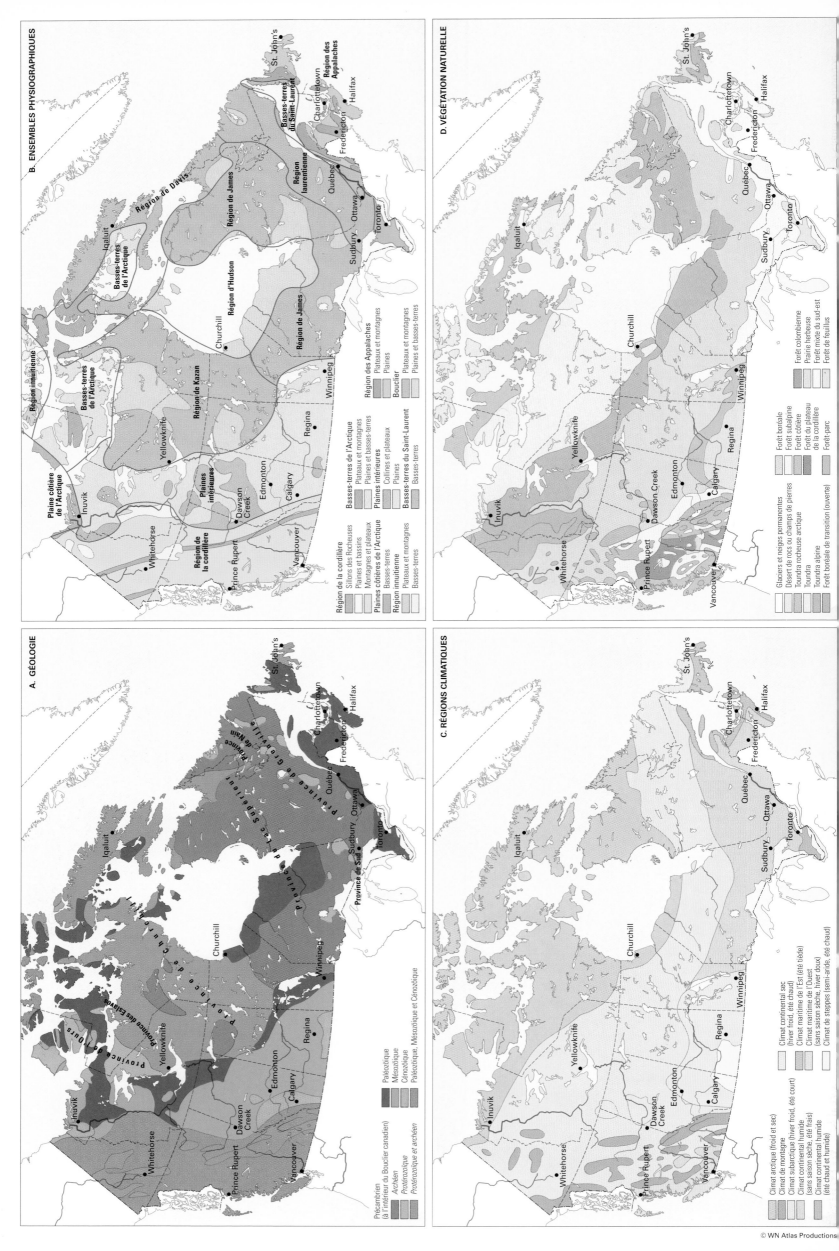

CANADA MILIEU PHYSIQUE

Échelle 1 : 36 000 000

A. GÉOLOGIE

Précambrien (à l'intérieur du Bouclier canadien)
- Archéen
- Protérozoïque
- Protérozoïque et archéen

- Paléozoïque
- Mésozoïque
- Cénozoïque
- Paléozoïque, Mésozoïque et Cénozoïque

Province de Nain
Province de Grenville
Province du Supérieur
Province de Sud
Province des Esclaves
Province de l'Ours

B. ENSEMBLES PHYSIOGRAPHIQUES

Région de la cordillère
- Sillons des Rocheuses
- Plaines et bassins
- Montagnes et plateaux

Plaines côtières de l'Arctique
- Basses-terres

Région inuitienne
- Basses-terres

Basses-terres de l'Arctique
- Plateaux et montagnes
- Plaines et basses-terres

Plaines intérieures
- Collines et plateaux
- Plaines

Basses-terres du Saint-Laurent
- Basses-terres

Région des Appalaches
- Plateaux et montagnes
- Plaines

Bouclier
- Plateaux et montagnes
- Plaines et basses-terres

Basses-terres de l'Arctique
Région inuitienne
Plaine côtière de l'Arctique
Région de la cordillère
Région de Davis
Région de Kazan
Région d'Hudson
Région de James
Région laurentienne
Basses-terres du Saint-Laurent
Région des Appalaches

C. RÉGIONS CLIMATIQUES

- Climat arctique (froid et sec)
- Climat de montagne
- Climat subarctique (hiver froid, été court)
- Climat continental humide (sans saison sèche, été frais)
- Climat continental humide (été chaud et humide)
- Climat continental sec (hiver froid, été chaud)
- Climat maritime de l'Est (été tiède)
- Climat maritime de l'Ouest (sans saison sèche, hiver doux)
- Climat de steppes (semi-aride, été chaud)

D. VÉGÉTATION NATURELLE

- Glaciers et neiges permanentes
- Désert de rocs ou champs de pierres
- Toundra rocheuse arctique
- Toundra
- Toundra alpine
- Forêt boréale de transition (ouverte)

- Forêt boréale
- Forêt subalpine
- Forêt côtière
- Forêt du plateau de la cordillère
- Forêt alpine

- Forêt colombienne
- Prairie herbeuse
- Forêt mixte du sud-est
- Forêt de feuillus
- Forêt-parc

Villes repères : St. John's, Charlottetown, Halifax, Fredericton, Québec, Ottawa, Toronto, Sudbury, Winnipeg, Churchill, Iqaluit, Regina, Calgary, Edmonton, Dawson Creek, Yellowknife, Whitehorse, Prince Rupert, Vancouver, Inuvik

© WN Atlas Productions

CANADA CLIMAT

Echelle 1 : 36000000

B. TEMPÉRATURES MOYENNES DE JUILLET

au dessous de 4°C
4 – 6°C
6 – 10°C
10 – 12°C
12 – 16°C
16 – 18°C
18 – 20°C

Saison végétative (nombre de jours où la température dépasse 5,6°C)
220
180
140
100
60

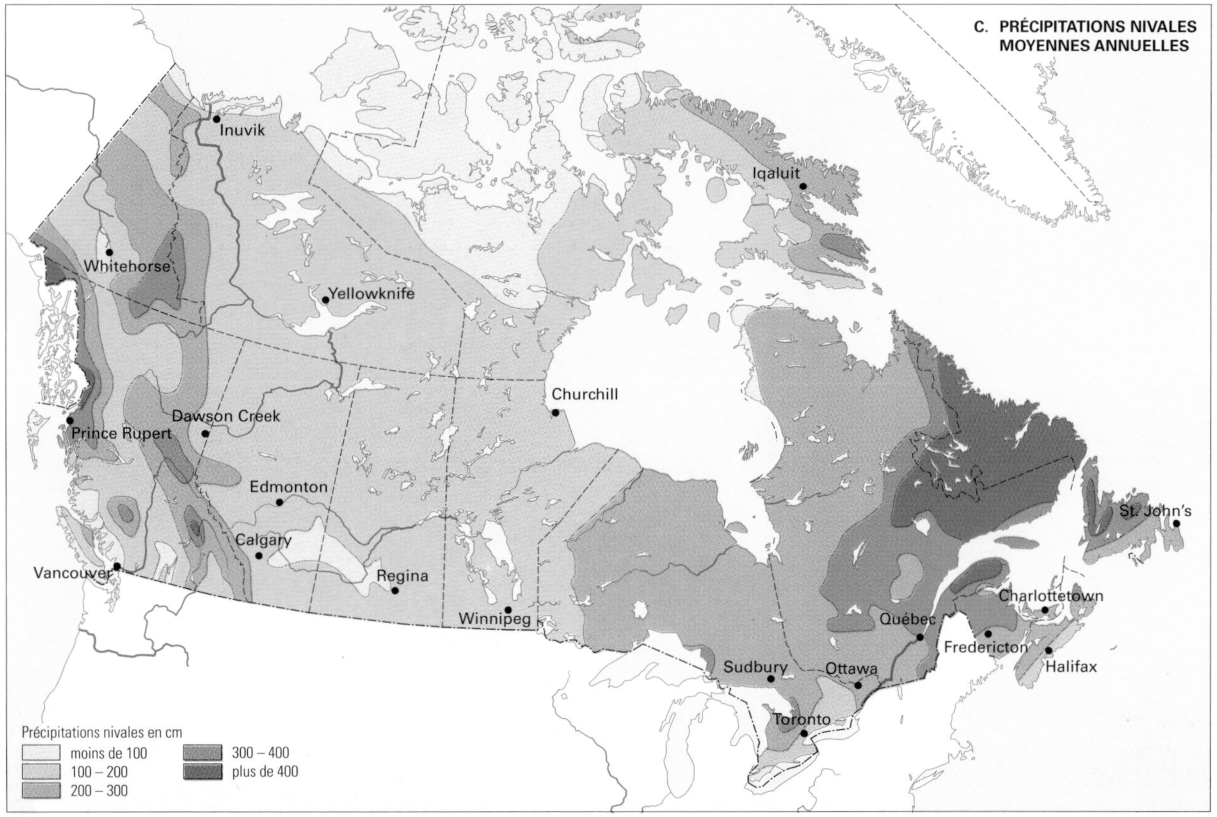

A. TEMPÉRATURES MOYENNES DE JANVIER

au dessous de -34°C
-28 – -34°C
-26 – -28°C
-20 – -26°C
-12 – -20°C
-6 – -12°C
0 – -6°C
0 – +4°C

Limite méridionale du pergélisol
Limite méridionale du pergélisol discontinu

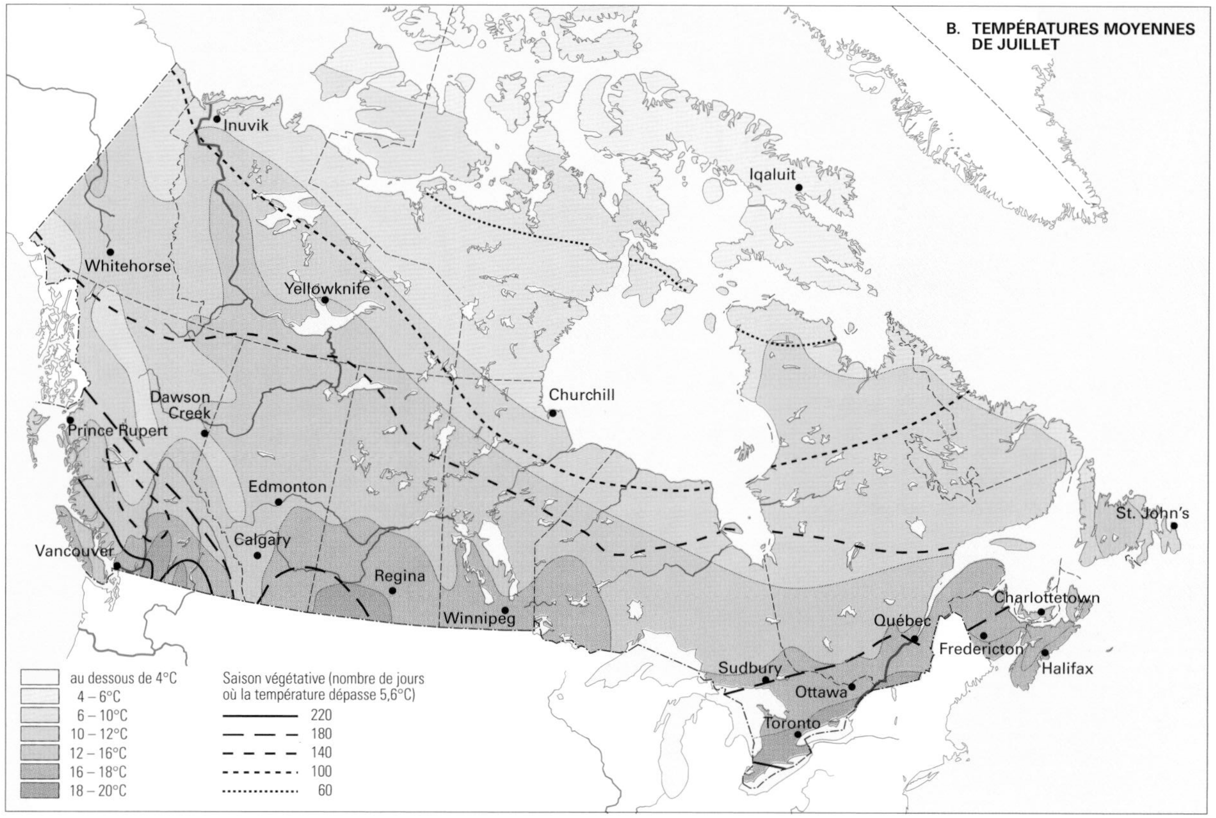

D. PRÉCIPITATIONS MOYENNES ANNUELLES

Précipitations en mm
moins de 100
100 – 200
200 – 300
300 – 400
400 – 500
500 – 1000
1000 – 1500
1500 – 2000

C. PRÉCIPITATIONS NIVALES MOYENNES ANNUELLES

Précipitations nivales en cm
moins de 100
100 – 200
200 – 300
300 – 400
plus de 400

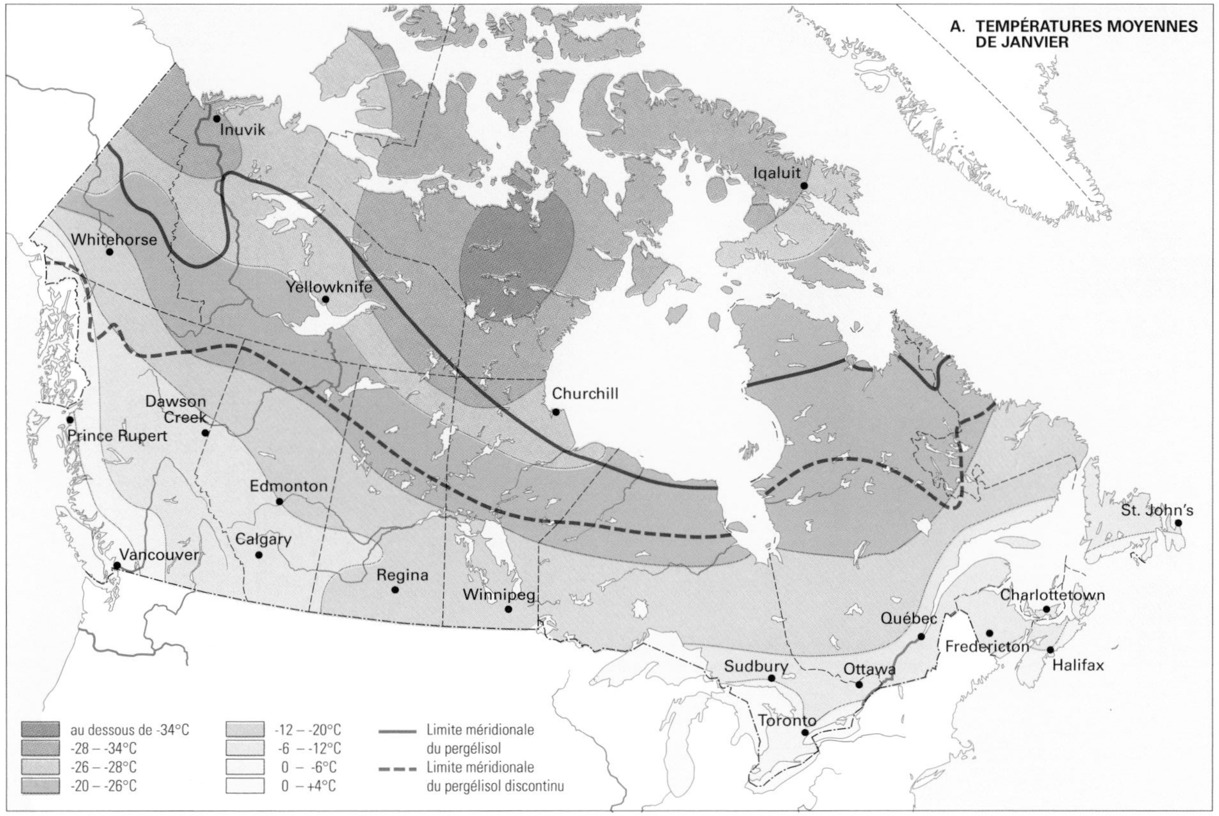

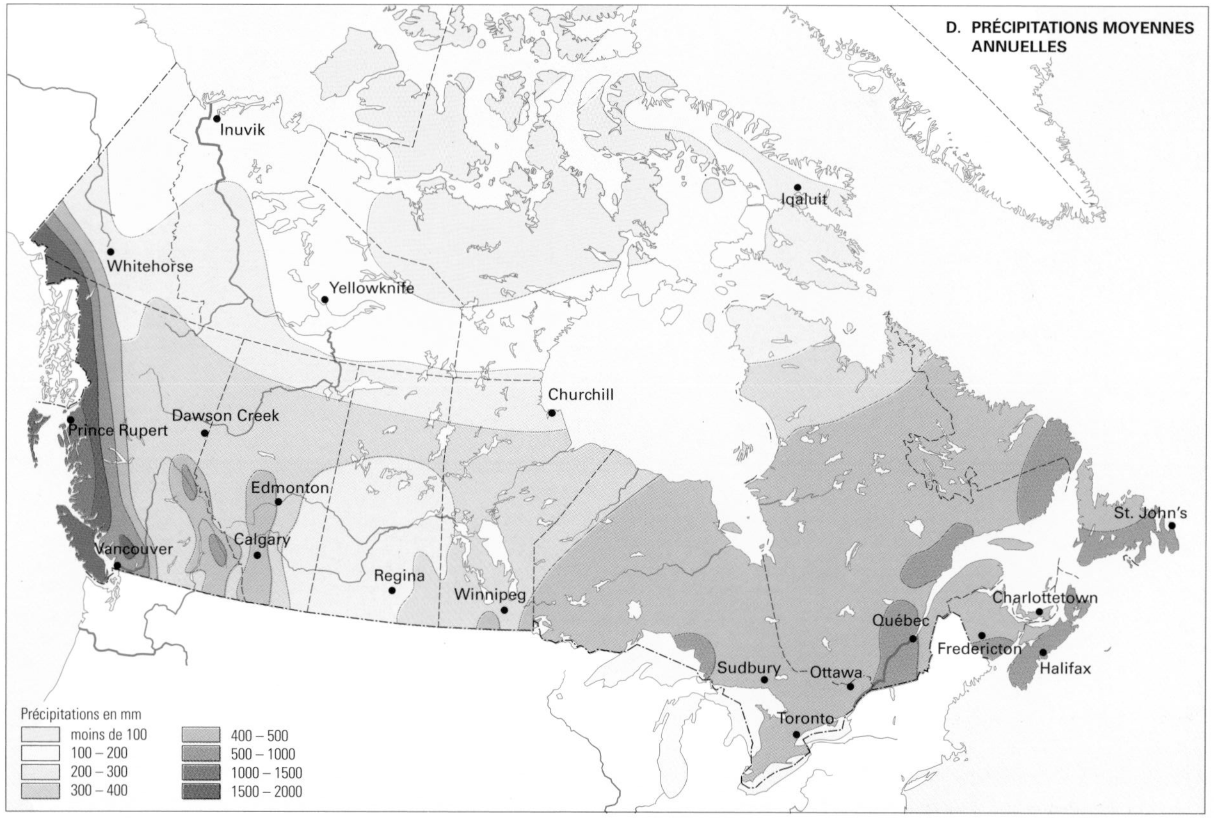

© WN Atlas Productions

CANADA POPULATION

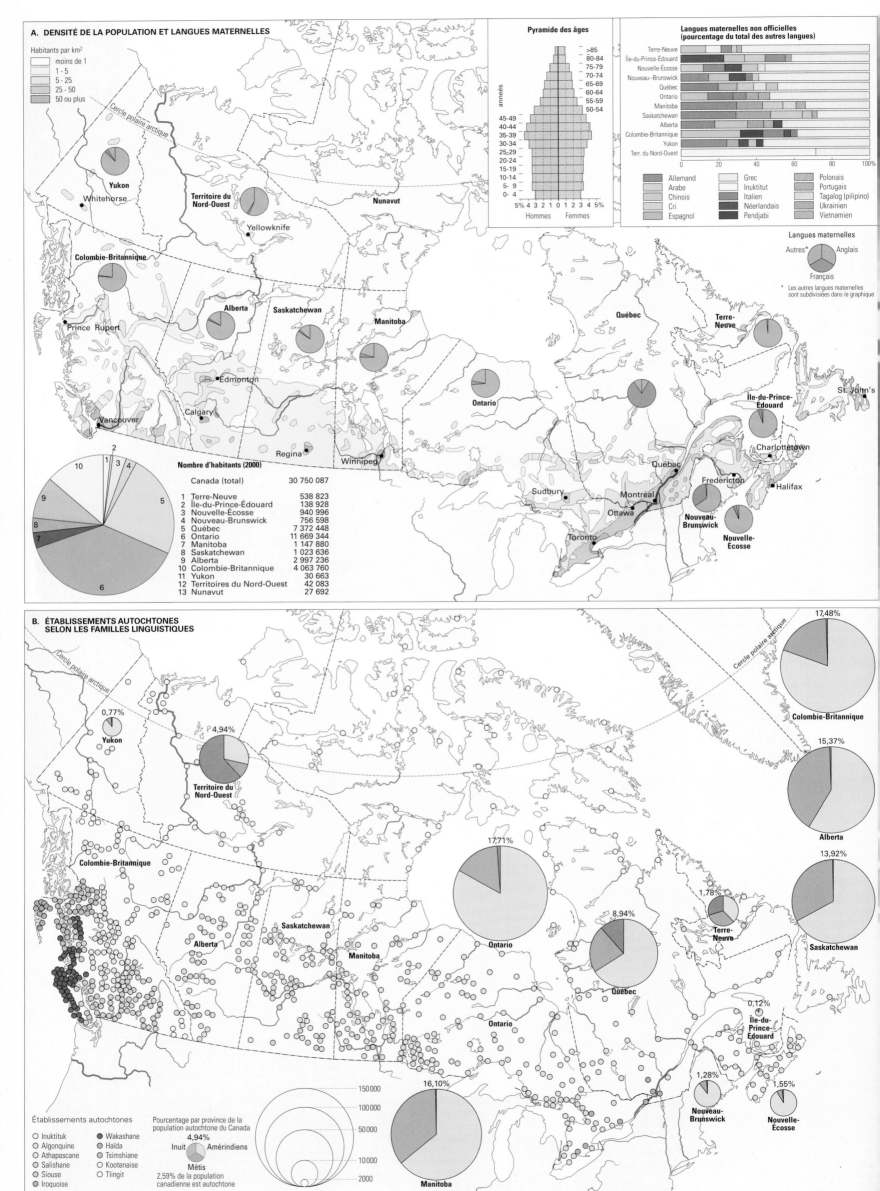

A. DENSITÉ DE LA POPULATION ET LANGUES MATERNELLES

Habitants par km²

- moins de 1
- 1 - 5
- 5 - 25
- 25 - 50
- 50 ou plus

Cercle polaire arctique

Pyramide des âges

années

>85, 80-84, 75-79, 70-74, 65-69, 60-64, 55-59, 50-54, 45-49, 40-44, 35-39, 30-34, 25-29, 20-24, 15-19, 10-14, 5-9, 0-4

5% 4 3 2 1 0 1 2 3 4 5%

Hommes   Femmes

Langues maternelles non officielles
(pourcentage du total des autres langues)

Terre-Neuve, Île-du-Prince-Édouard, Nouvelle-Écosse, Nouveau--Brunswick, Québec, Ontario, Manitoba, Saskatchewan, Alberta, Colombie-Britannique, Yukon, Terr. du Nord-Ouest

0   20   40   60   80   100%

- Allemand
- Arabe
- Chinois
- Cri
- Espagnol
- Grec
- Inuktitut
- Italien
- Néerlandais
- Pendjabi
- Polonais
- Portugais
- Tagalog (pilipino)
- Ukrainien
- Vietnamien

Langues maternelles

Autres*   Anglais

Français

* Les autres langues maternelles
sont subdivisées dans le graphique

Yukon

Whitehorse

Territoire du Nord-Ouest

Yellowknife

Nunavut

Colombie-Britannique

Prince Rupert

Alberta   Saskatchewan   Manitoba   Québec   Terre-Neuve

Edmonton   St. John's

Ontario   Île-du-Prince-Édouard

Calgary   Charlottetown

Vancouver   Québec

Regina   Winnipeg   Fredericton   Halifax

Sudbury   Montréal

Ottawa   Nouveau-Brunswick   Nouvelle-Écosse

Toronto

Nombre d'habitants (2000)

Canada (total)		30 750 087
1	Terre-Neuve	538 823
2	Île-du-Prince-Édouard	138 928
3	Nouvelle-Écosse	940 996
4	Nouveau-Brunswick	756 598
5	Québec	7 372 448
6	Ontario	11 669 344
7	Manitoba	1 147 880
8	Saskatchewan	1 023 636
9	Alberta	2 997 236
10	Colombie-Britannique	4 063 760
11	Yukon	30 663
12	Territoires du Nord-Ouest	42 083
13	Nunavut	27 692

B. ÉTABLISSEMENTS AUTOCHTONES SELON LES FAMILLES LINGUISTIQUES

Cercle polaire arctique

17,48%

Colombie-Britannique

0,77%

Yukon

4,94%

Territoire du Nord-Ouest

15,37%

Alberta

Colombie-Britannique

13,92%

Saskatchewan   Saskatchewan

Alberta

Manitoba

17,71%

Ontario

1,78%

Terre-Neuve

8,94%

Québec

Ontario

0,12%

Île-du-Prince-Édouard

16,10%

Manitoba

1,28%

Nouveau-Brunswick

1,55%

Nouvelle-Écosse

Établissements autochtones

- ○ Inuktituk
- ○ Algonquine
- ○ Athapascane
- ○ Salishane
- ○ Siouse
- ○ Iroquoise
- ● Wakashane
- ● Haïda
- ○ Tsimshiane
- ○ Kootenaise
- ○ Tlingit

Pourcentage par province de la population autochtone du Canada

150 000
100 000
50 000
10 000
2000

4,94%

Inuit   Amérindiens

Métis

2,59% de la population
canadienne est autochtone

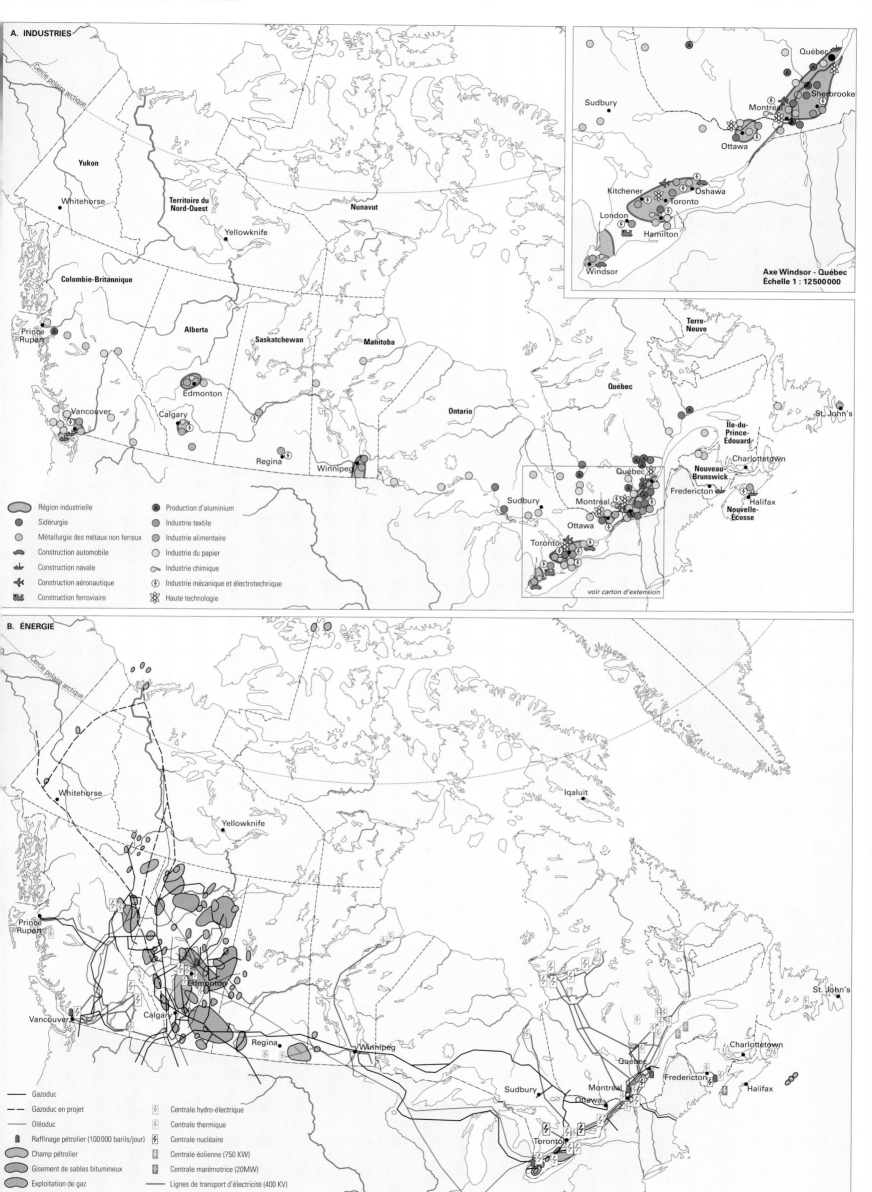

A. INDUSTRIES

Cercle polaire arctique

Yukon

Whitehorse

Territoire du Nord-Ouest

Nunavut

Yellowknife

Colombie-Britannique

Alberta

Saskatchewan

Manitoba

Prince Rupert

Edmonton

Vancouver

Calgary

Regina

Winnipeg

Ontario

Québec

Sudbury

Montréal

Ottawa

Toronto

Terre-Neuve

St. John's

Île-du-Prince-Édouard

Charlottetown

Nouveau-Brunswick

Fredericton

Halifax

Nouvelle-Écosse

voir carton d'extension

Axe Windsor - Québec
Échelle 1 : 12 500 000

Québec

Sherbrooke

Montréal

Ottawa

Sudbury

Kitchener

Oshawa

Toronto

London

Hamilton

Windsor

Légende A

- Région industrielle
- Sidérurgie
- Métallurgie des métaux non ferreux
- Construction automobile
- Construction navale
- Construction aéronautique
- Construction ferroviaire
- Production d'aluminium
- Industrie textile
- Industrie alimentaire
- Industrie du papier
- Industrie chimique
- Industrie mécanique et électrotechnique
- Haute technologie

B. ÉNERGIE

Cercle polaire arctique

Whitehorse

Yellowknife

Iqaluit

Prince Rupert

Edmonton

Vancouver

Calgary

Regina

Winnipeg

Sudbury

Montréal

Ottawa

Québec

Fredericton

Charlottetown

Halifax

St. John's

Toronto

Légende B

- Gazoduc
- Gazoduc en projet
- Oléoduc
- Raffinage pétrolier (100 000 barils/jour)
- Champ pétrolier
- Gisement de sables bitumineux
- Exploitation de gaz
- Centrale hydro-électrique
- Centrale thermique
- Centrale nucléaire
- Centrale éolienne (750 KW)
- Centrale marémotrice (20 MW)
- Lignes de transport d'électricité (400 KV)

CANADA ÉCONOMIE

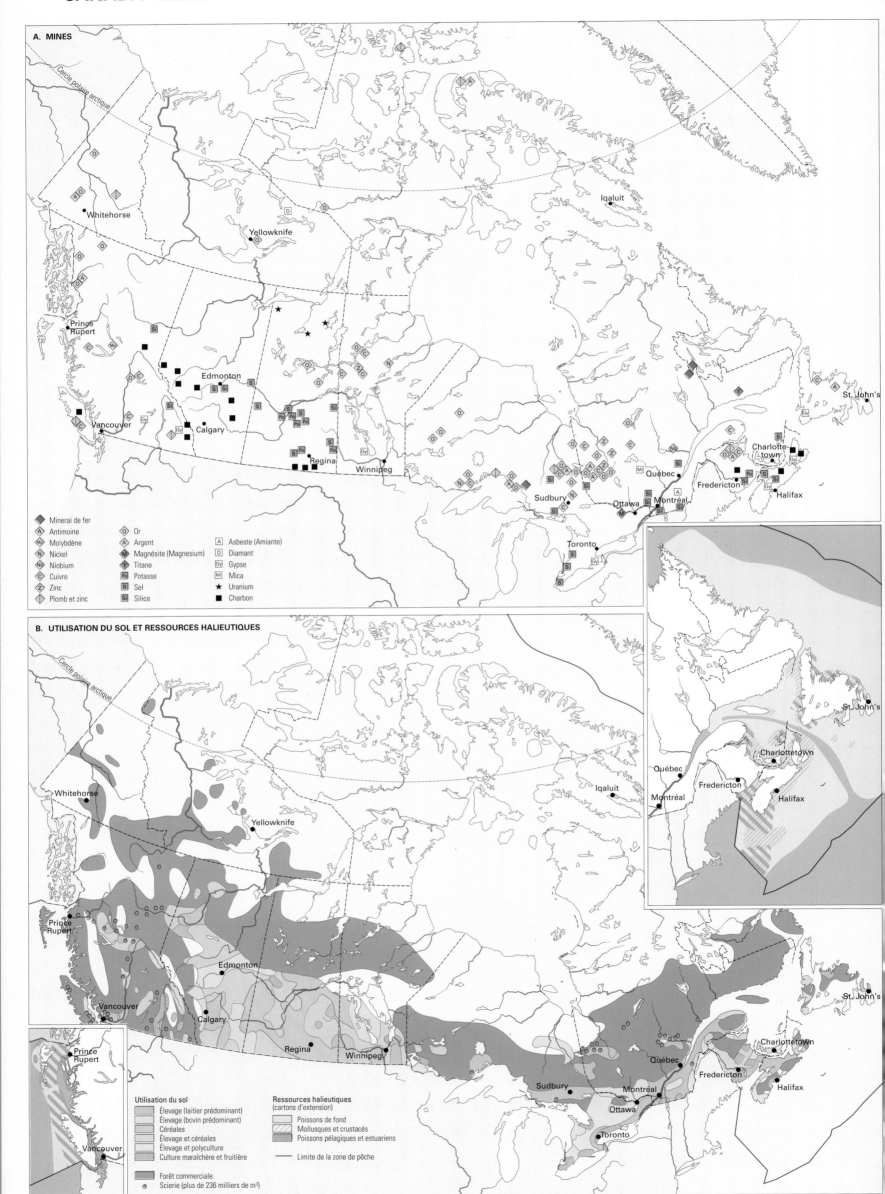

A. MINES

Cercle polaire arctique

Whitehorse

Yellowknife

Iqaluit

Prince Rupert

Edmonton

Vancouver

Calgary

Regina

Winnipeg

Sudbury

Ottawa

Montréal

Québec

Fredericton

Charlotte-town

Halifax

St. John's

Toronto

Légende :

◆ Minerai de fer
Ⓐ Antimoine
Ⓜᵒ Molybdène
Ⓝ Nickel
Ⓝᵇ Niobium
Ⓒ Cuivre
Ⓩ Zinc
◈ Plomb et zinc
Ⓞ Or
Ⓐ Argent
Ⓜ Magnésite (Magnesium)
Ⓣ Titane
Ⓟᵒ Potasse
Ⓢ Sel
Ⓢⁱ Silice
Ⓐ Asbeste (Amiante)
Ⓓ Diamant
Ⓖʸ Gypse
Ⓜⁱ Mica
★ Uranium
■ Charbon

B. UTILISATION DU SOL ET RESSOURCES HALIEUTIQUES

Cercle polaire arctique

Whitehorse

Yellowknife

Iqaluit

Prince Rupert

Edmonton

Vancouver

Calgary

Regina

Winnipeg

Sudbury

Ottawa

Montréal

Québec

Fredericton

Charlottetown

Halifax

St. John's

Toronto

Prince Rupert

Vancouver

Québec

Montréal

Fredericton

Halifax

Charlottetown

St. John's

Utilisation du sol
- Élevage (laitier prédominant)
- Élevage (bovin prédominant)
- Céréales
- Élevage et céréales
- Élevage et polyculture
- Culture maraîchère et fruitière
- Forêt commerciale
- Scierie (plus de 236 milliers de m³)

Ressources halieutiques
(cartons d'extension)
- Poissons de fond
- Mollusques et crustacés
- Poissons pélagiques et estuariens
- Limite de la zone de pêche

CANADA ÉCONOMIE

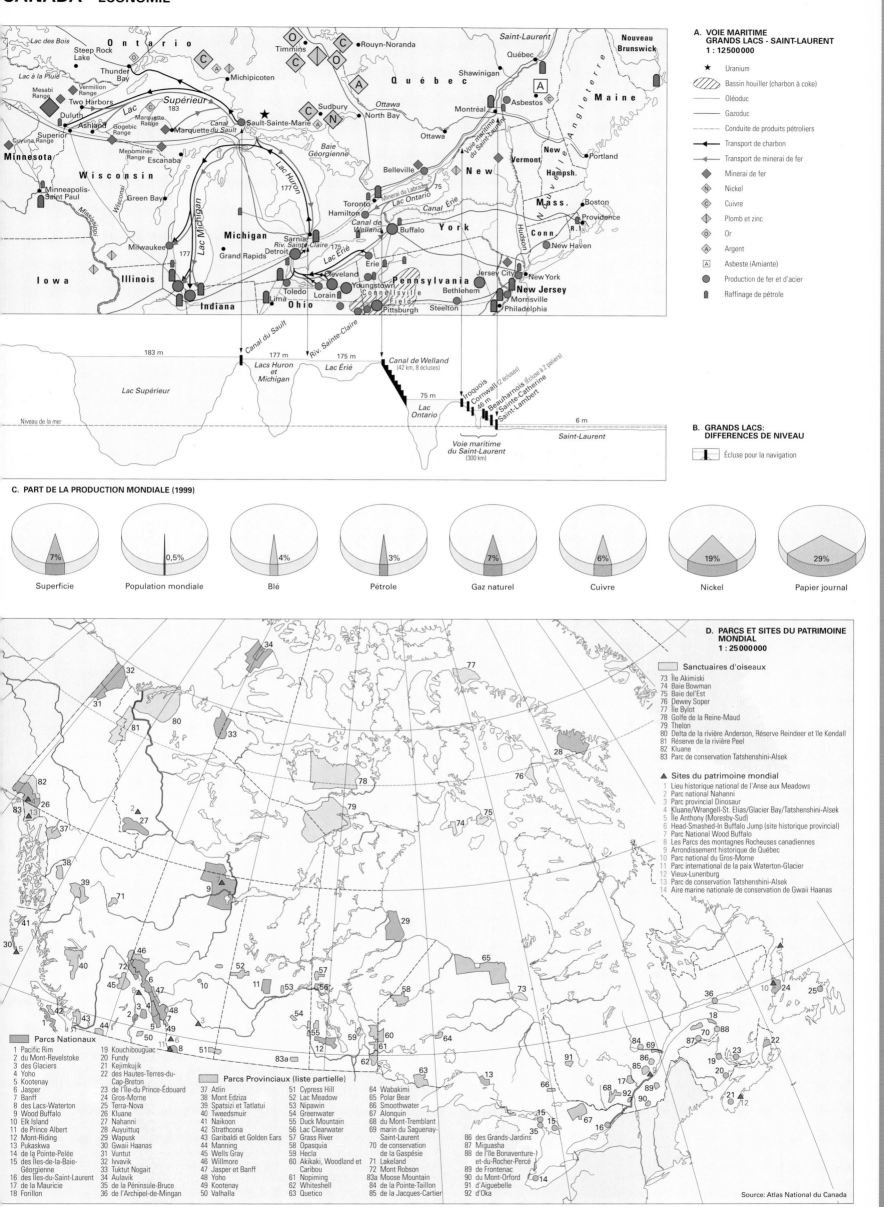

A. VOIE MARITIME GRANDS LACS - SAINT-LAURENT
1 : 12 500 000

- ★ Uranium
- Bassin houiller (charbon à coke)
- Oléoduc
- Gazoduc
- Conduite de produits pétroliers
- Transport de charbon
- Transport de minerai de fer
- ◆ Minerai de fer
- N Nickel
- C Cuivre
- Plomb et zinc
- O Or
- A Argent
- A Asbeste (Amiante)
- ● Production de fer et d'acier
- Raffinage de pétrole

B. GRANDS LACS : DIFFÉRENCES DE NIVEAU
- Écluse pour la navigation

Profil : 183 m — Lac Supérieur ; Canal du Sault 183 m ; 177 m — Lacs Huron et Michigan ; Riv. Sainte-Claire 177 m ; 175 m — Lac Érié ; Canal de Welland (42 km, 8 écluses) ; 75 m — Lac Ontario ; Iroquois (2 écluses) ; Cornwall 46 m ; Beauharnois (Écluse à 2 paliers) ; Sainte-Catherine ; Saint-Lambert ; 6 m — Saint-Laurent ; Niveau de la mer. Voie maritime du Saint-Laurent (300 km).

C. PART DE LA PRODUCTION MONDIALE (1999)

- Superficie 7%
- Population mondiale 0,5%
- Blé 4%
- Pétrole 3%
- Gaz naturel 7%
- Cuivre 6%
- Nickel 19%
- Papier journal 29%

D. PARCS ET SITES DU PATRIMOINE MONDIAL
1 : 25 000 000

Sanctuaires d'oiseaux
73 Île Akimiski
74 Baie Bowman
75 Baie del'Est
76 Dewey Soper
77 Île Bylot
78 Golfe de la Reine-Maud
79 Thelon
80 Delta de la rivière Anderson, Réserve Reindeer et île Kendall
81 Réserve de la rivière Peel
82 Kluane
83 Parc de conservation Tatshenshini-Alsek

▲ Sites du patrimoine mondial
1 Lieu historique national de l'Anse aux Meadows
2 Parc national Nahanni
3 Parc provincial Dinosaur
4 Kluane/Wrangell-St. Elias/Glacier Bay/Tatshenshini-Alsek
5 Île Anthony (Moresby-Sud)
6 Head-Smashed-In Buffalo Jump (site historique provincial)
7 Parc National Wood Buffalo
8 Les Parcs des montagnes Rocheuses canadiennes
9 Arrondissement historique de Québec
10 Parc national du Gros-Morne
11 Parc international de la paix Waterton-Glacier
12 Vieux-Lunenburg
13 Parc de conservation Tatshenshini-Alsek
14 Aire marine nationale de conservation de Gwaii Haanas

Parcs Nationaux
1 Pacific Rim
2 du Mont-Revelstoke
3 des Glaciers
4 Yoho
5 Kootenay
6 Jasper
7 Banff
8 des Lacs-Waterton
9 Wood Buffalo
10 Elk Island
11 de Prince Albert
12 Mont-Riding
13 Pukaskwa
14 de la Pointe-Pelée
15 des Îles-de-la-Baie-Géorgienne
16 des Îles-du-Saint-Laurent
17 de la Mauricie
18 Forillon
19 Kouchibouguac
20 Fundy
21 Kejimkujik
22 des Hautes-Terres-du-Cap-Breton
23 de l'Île-du-Prince-Édouard
24 Gros-Morne
25 Terra-Nova
26 Kluane
27 Nahanni
28 Auyuittuq
29 Wapusk
30 Gwaii Haanas
31 Vuntut
32 Ivvavik
33 Tuktut Nogait
34 Aulavik
35 de la Péninsule-Bruce
36 de l'Archipel-de-Mingan

Parcs Provinciaux (liste partielle)
37 Atlin
38 Mont Edziza
39 Spatsizi et Tatlatui
40 Tweedsmuir
41 Naikoon
42 Strathcona
43 Garibaldi et Golden Ears
44 Manning
45 Wells Gray
46 Willmore
47 Jasper et Banff
48 Yoho
49 Kootenay
50 Valhalla
51 Cypress Hill
52 Lac Meadow
53 Nipawin
54 Greenwater
55 Duck Mountain
56 Lac Clearwater
57 Grass River
58 Opasquia
59 Hecla
60 Akikaki, Woodland et Caribou
61 Nopiming
62 Whiteshell
63 Quetico
64 Wabakimi
65 Polar Bear
66 Smoothwater
67 Alonquin
68 du Mont-Tremblant
69 marin du Saguenay-Saint-Laurent
70 de conservation de la Gaspésie
71 Lakeland
72 Mont Robson
83a Moose Mountain
84 de la Pointe-Taillon
85 de la Jacques-Cartier
86 des Grands-Jardins
87 Miguasha
88 de l'île Bonaventure-et-du-Rocher-Percé
89 de Frontenac
90 du Mont-Orford
91 d'Aiguebelle
92 d'Oka

Source: Atlas National du Canada

© WN Atlas Productions

QUÉBEC

Échelle 1 : 8 000 000

0   100   200   300   400 km

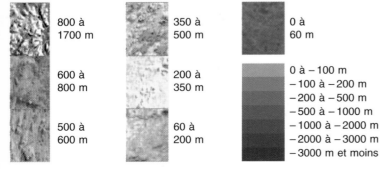

800 à 1700 m	350 à 500 m		0 à 60 m
600 à 800 m	200 à 350 m		0 à −100 m −100 à −200 m −200 à −500 m −500 à −1000 m −1000 à −2000 m −2000 à −3000 m −3000 m et moins
500 à 600 m	60 à 200 m		

Source : Ex. Le Québec en relief. Gouvernement du Québec.
Ministère des Ressources naturelles. Photocartothèque québécoise.

Projection : conique conforme de Lambert
Ellipsoïde : NAD83 - GRS 1980
Méridien central : −63°30'00" W

Latitude de référence : 44°00'00" N
1er parallèle standard : 46°00'00" N
2e parallèle standard : 60°00'00" N

L'image est issue de l'intégration de deux types d'information : une mosaïque de 313 modèles numériques d'altitude à l'échelle 1/250 000 illustrant par des couleurs le relief global ; puis, une mosaïque des données radar du satellite RADARSAT ajoutant le microrelief, particulièrement dans les basses terres. Les corrections géométriques de la mosaïque RADARSAT ont été effectuées à partir de la Base de données géographiques et administratives (BDGAN) à l'échelle 1/1 000 000 de la Direction générale de l'information géographique.

QUÉBEC

Échelle 1:9 000 000

-2000 -200 0 100 200 500 1000 m

0 100 200 300 400 km

A. ILES DE LA MADELEINE
1 : 1 750 000

62° L.O. de Gr.

Ile Brion
Leslie Grosse-Île
Pointe-aux-Loups
Old Harry
Grande-Entrée
47°30' L.N.
Fatima
Havre-aux-Maisons
L'Étang-du-Nord
Cap-aux-Meules
Gros-Cap
Étang-des-Caps
L'Île d'Entrée
Bassin
Havre-Aubert
Montréal
Souris (I. du P.-É.)

Carte principale

Mansel
Détroit Charles d'Hudson
Ivujivik
Salluit
Deception
Kangiqsujuaq
I. Résolution
Killiniq
Mer du Labrador

Smith
Kovic
B. Kovic
Povungnituk
680 Cratère du Nouveau-Québec
Lac Nantais
Cap Hopes Advance
Akpatok

Péninsule d'Ungava
Lac Klotz
Povungnituk
B. Mosquito
Kangirsuk
Arnaud
Baie d'Ungava
B. des Sept Iles

Iles Ottawa
Kogaluc
Lac Couture
Lac Payne
Lac Faribault
Mistongan

Nunavik

Inukjuak
Lac Anuc
Lac Tassielouc
Lac Le Roy
Kangiqsualujjuaq (Port Nouveau-Québec)
Mont d'Iberville 1622
Baie Saglek
Toroc 1069
Mont Qarqaaluk
Hebron

Baie d'Hudson
Lac Chavigny
Rivière aux Feuilles
Kuujjuaq (Fort Chimo)
Koksoak
Okak
Nain

Les Dormeuses
Iles du Roi-George
Lac Baqueville
Lac Minto
Riv. aux Mélèzes
Lac Le Moyne
Kogaluk
Tunungayualok

Iles Belcher
Iles Nastapoka
Lac Guillaume-Delisle
Nastapoka
Riv. aux Mélèzes
Du Gué
Lac à l'Eau Claire
Lac Tudor
Notakwanon
Hopedale

Cap Henriette-Marie
Kuujjuarapik (Poste-de-la-Baleine)
Petite riv. de la Baleine
Lacs des Loups-Marins
Lac Cambrien
Lac Chakonipau
Lac Otelnuk
B. Kaipokok
Makkovik
Cap Harrison

Tukarak
Lac Burton
Coats
Grande riv. de la Baleine
Lac Bienville
Caniapiscau
Lac Attikamagen
Schefferville
Mts Bénédict
B. des Esquimaux
Rigolet
Anse de Hamilton

Lake River
Grande-Île
Pte Louis-XIV
Lac Burton
Nouveau-Québec
Réservoir Caniapiscau
Canairictoc
Lac Melville
Baie Sandwich
Cartwright

Baie James
Chisasibi (Fort George)
La Grande Rivière
Réservoir Robert-Bourassa
Réservoir La Grande-4
Lac Menihek
Rés. Smallwood
Goose Bay
Chutes Churchill
Churchill
Mts de Mealy
Riv. de l'Aigle
Hawke

Attawapiskat
Akimiski
Les Jumelles
Wemindji (Nouveau-Comptoir)
Réservoir La Grande-3
Lac Sakami
Sakami
Lac Opiscatiche
Ossokmanouane
Paradise
Blanc-Sablon

Fort Albany
Charlton
Eastmain
Opinaca
Réservoir E.O.L.
Lac Nichicun
Lac Naococane
Lac Joseph
Labrador City
Fermont
Lac Achouanipi
Rivière du petit Mécatina
Saint-Augustin
Mary's Harbour
Baie Rouge

Moosonee
Baie Hannah
Waskaganish (Fort Rupert)
Rupert
Eastmain
1128 Monts Otish
Lac Aticonac
Natashquan
Belle

Ontario
Moose
Broadback
Lac Mesgouez
Lac Plétipi
Rés. Manicouagan
1104 Monts Groulx
Sainte-Marguerite
Moisie
Aguanes
Romaine
Lac Musquaro
Harrington Harbour

Abitibi
Lac Kesagami
Nottaway
Harricana
Lac Evans
Lac Albanel
Lac Manouane
Rés. Outardes Quatre
Sainte-Anne
Magpie
Natashquan
Lac-Allard
Havre-Saint-Pierre
Détroit de Belle Isle

Fraserdale
Matagami
Lac Poncheville
Lac Mistassini
Lac au Goéland
Mistassini
Péribonka
Manicouagan
Pointe Noire
Mingan
Sept-Iles
Monts Long Range

Timmins
Cochrane
Lac Abitibi
Amos
Lac Parent
Chibougamau
Lac Saint-Jean
Betsiamites
Port-Cartier
Détroit de Jacques-Cartier
Corner Brook
Grand Falls

Kirkland Lake
Rouyn-Noranda
Senneterre
Val-d'Or
Rés. Gouin
Dolbeau-Mistassini
Alma
Baie-Comeau
Port-Menier
Anticosti
Saint-Alban

Rés. Decelles
Rés. Dozois
Saint-Maurice
Forestville
Ste-Anne-des-Monts
Détroit d'Honguedo

Cobalt
Rés. Cabonga
Rés. Pipmuacan
Matane
1268 Mt Jacques Cartier
Golfe du Saint-Laurent
Port aux Basques
Fortune Bay

Lac Temagami
North Bay
Carlonge
Roberval
Saguenay
Ville de Saguenay
Amqui
Péninsule de Gaspésie
Gaspé
Iles de la Madeleine
Miquelon
St-Pierre

Lac Nipissing
Rés. Baskatong
Mont Tremblant 968
Mt des Conscrits 1006
La Malbaie
Rimouski
Carleton-St-Omer
New Richmond
Lamèque
Saint-Pierre-et-Miquelon (France)

Baie Géorgienne
Huntsville
Mont-Laurier
La Tuque
Shawinigan
Baie-St-Paul
Mt Raoul-Blanchard 1166
Rivière-du-Loup
L. Témiscouata
Edmundston
B. des Chaleurs
Bathurst

Orillia
Lac Simcoe
Pembroke
Gatineau
Trois-Rivières
Joliette
Sorel
Beaupré
Québec
Lévis
La Pocatière
Montmagny
Chatham
Baie Miramichi
Ile du Cap-Breton

Ottawa
Laval
MONTRÉAL
Longueuil
Drummondville
Thetford Mines
Saint-Georges
Nouveau-Brunswick
I.-du-Prince-Édouard
Summerside
Glace Bay
Sydney

Cornwall
Valleyfield
Sherbrooke
Mt Gosford 186
Lac Chamberlain
Lac Grand
Fredericton
Moncton
Amherst
Charlottetown
Cap Canso

ÉTATS-UNIS
Lac Mooseheat
Aroostook
Saint John
Truro
New Glasgow
Nouvelle-Écosse

Projection conique

B. AMÉNAGEMENT DE LA BAIE JAMES
1 : 7 500 000

Petite centrale thermique
Centrale hydro-électrique en service
Centrale hydro-électrique en chantier ou en projet
Réservoir réalisé
Réservoir à réaliser
Limite du complexe réalisé
Limite du complexe à réaliser ou en projet

Baie d'Hudson
Complexe "GRANDE BALEINE"
Kuujjuarapik
Grande-Baleine-2
Grande-Baleine-3
Grande-Baleine-1
Laforge-2
Laforge-1
La Grande 1
Chisasibi (Fort George)
La Grande-2A
Robert-Bourassa
La Grande-3
La Grande-4
Les Jumelles
Wemindji (Nouveau-Comptoir)
Complexe "LA GRANDE" 1978-1985
Nouveau-Québec
Akimiski
Baie James
Eastmain
Charlton
Waskaganish (Fort Rupert)
Nemiscau
Moosonee
Complexe "NBR"
Ontario
Québec
Chibougamau
Matagami
Cochrane

C. AMÉNAGEMENT DE LA CÔTE NORD
1 : 7 500 000

Hart-Jaune
Sainte-Marguerite
Moisie
Réservoir Manicouagan
Outardes
Manicouagan
Bersimis
Manic-5
Manic-5-PA
Sainte-Marguerite-3
Pointe-Noire
Sept-Iles
Outardes-4
Manic-3
Outardes-3
Manic-2
Bersimis-1
McCormick
Bersimis-2
Outardes-2
Manic-1
Saint-Laurent

Centrale hydro-électrique
1000 MW ou plus
moins de 1000 MW
Limite des bassins hydrographiques

© WN Atlas Productions

QUÉBEC CLIMAT

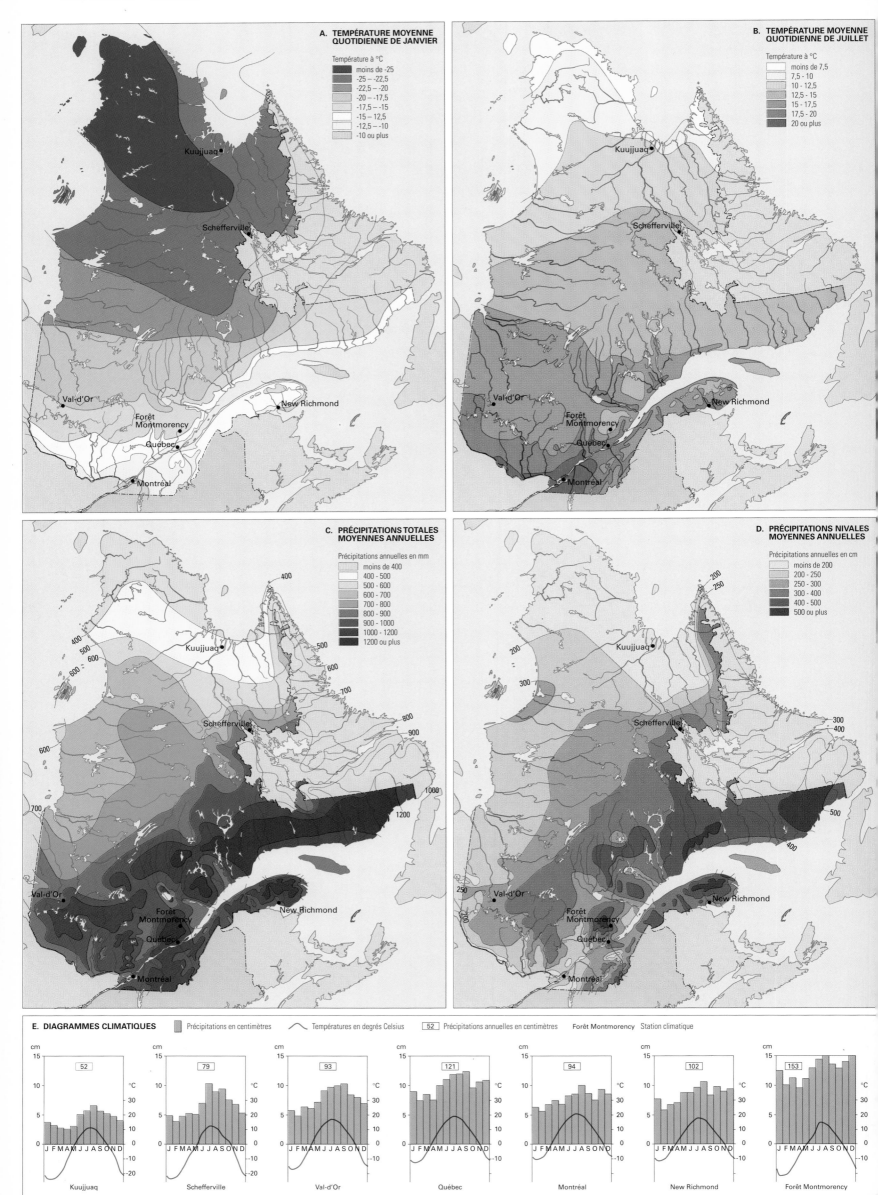

A. TEMPÉRATURE MOYENNE QUOTIDIENNE DE JANVIER

Température à °C
- moins de -25
- -25 – -22,5
- -22,5 – -20
- -20 – -17,5
- -17,5 – -15
- -15 – 12,5
- 12,5 – -10
- -10 ou plus

B. TEMPÉRATURE MOYENNE QUOTIDIENNE DE JUILLET

Température à °C
- moins de 7,5
- 7,5 - 10
- 10 - 12,5
- 12,5 - 15
- 15 - 17,5
- 17,5 - 20
- 20 ou plus

C. PRÉCIPITATIONS TOTALES MOYENNES ANNUELLES

Précipitations annuelles en mm
- moins de 400
- 400 - 500
- 500 - 600
- 600 - 700
- 700 - 800
- 800 - 900
- 900 - 1000
- 1000 - 1200
- 1200 ou plus

D. PRÉCIPITATIONS NIVALES MOYENNES ANNUELLES

Précipitations annuelles en cm
- moins de 200
- 200 - 250
- 250 - 300
- 300 - 400
- 400 - 500
- 500 ou plus

E. DIAGRAMMES CLIMATIQUES ▢ Précipitations en centimètres ⌒ Températures en degrés Celsius ▢52 Précipitations annuelles en centimètres **Forêt Montmorency** Station climatique

Kuujjuaq — 52

Schefferville — 79

Val-d'Or — 93

Québec — 121

Montréal — 94

New Richmond — 102

Forêt Montmorency — 153

© WN Atlas Productions

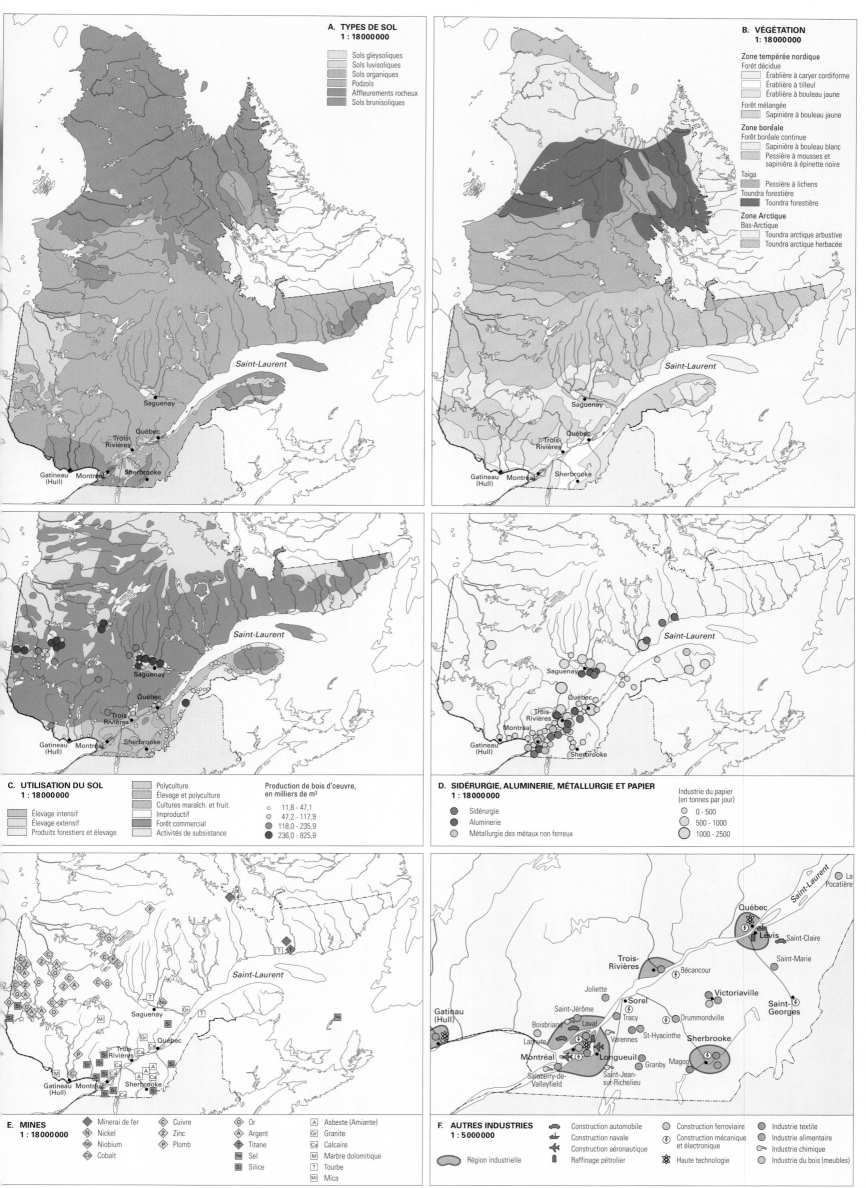

A. TYPES DE SOL
1 : 18 000 000

- Sols gleysoliques
- Sols luvisoliques
- Sols organiques
- Podzols
- Affleurements rocheux
- Sols brunisoliques

Saint-Laurent

Saguenay
Québec
Trois-Rivières
Gatineau (Hull) Montréal Sherbrooke

B. VÉGÉTATION
1 : 18 000 000

Zone tempérée nordique
Forêt décidue
- Érablière à caryer cordiforme
- Érablière à tilleul
- Érablière à bouleau jaune
Forêt mélangée
- Sapinière à bouleau jaune

Zone boréale
Forêt boréale continue
- Sapinière à bouleau blanc
- Pessière à mousses et sapinière à épinette noire
Taiga
- Pessière à lichens
Toundra forestière
- Toundra forestière

Zone Arctique
Bas-Arctique
- Toundra arctique arbustive
- Toundra arctique herbacée

Saint-Laurent

Saguenay
Québec
Trois-Rivières
Gatineau (Hull) Montréal Sherbrooke

C. UTILISATION DU SOL
1 : 18 000 000

- Élevage intensif
- Élevage extensif
- Produits forestiers et élevage
- Polyculture
- Élevage et polyculture
- Cultures maraîch. et fruit.
- Improductif
- Forêt commercial
- Activités de subsistance

Production de bois d'oeuvre, en milliers de m³
- ○ 11,8 - 47,1
- ○ 47,2 - 117,9
- ○ 118,0 - 235,9
- ● 236,0 - 825,9

Saint-Laurent

Saguenay
Québec
Trois-Rivières
Gatineau (Hull) Montréal Sherbrooke

D. SIDÉRURGIE, ALUMINERIE, MÉTALLURGIE ET PAPIER
1 : 18 000 000

- ● Sidérurgie
- ● Aluminerie
- ○ Métallurgie des métaux non ferreux

Industrie du papier (en tonnes par jour)
- ○ 0 - 500
- ○ 500 - 1000
- ○ 1000 - 2500

Saint-Laurent

Saguenay
Québec
Trois-Rivières
Montréal
Gatineau (Hull) Sherbrooke

E. MINES
1 : 18 000 000

- ◆ Minerai de fer
- Ⓝ Nickel
- Ⓝ Niobium
- Ⓒ Cobalt
- Ⓒ Cuivre
- Ⓩ Zinc
- Ⓟ Plomb
- ◇ Or
- ◇ Argent
- ◇ Titane
- Ⓢ Sel
- Ⓢ Silice
- Ⓐ Asbeste (Amiante)
- Ⓖ Granite
- Ⓒ Calcaire
- Ⓜ Marbre dolomitique
- Ⓣ Tourbe
- Ⓜ Mica

Saint-Laurent

Saguenay
Québec
Trois-Rivières
Gatineau (Hull) Montréal Sherbrooke

F. AUTRES INDUSTRIES
1 : 5 000 000

- Construction automobile
- Construction navale
- Construction aéronautique
- Raffinage pétrolier
- Construction ferroviaire
- Construction mécanique et électronique
- Haute technologie
- Industrie textile
- Industrie alimentaire
- Industrie chimique
- Industrie du bois (meubles)
- Région industrielle

Saint-Laurent
La Pocatière
Québec
Lévis
Saint-Claire
Saint-Marie
Trois-Rivières
Bécancour
Victoriaville
Saint-Georges
Joliette
Sorel
Saint-Jérôme Tracy
Drummondville
Boisbriand Laval
Varennes St-Hyacinthe
Sherbrooke
Gatineau (Hull)
Lachute
Montréal Longueuil Granby Magog
Salaberry-de-Valleyfield
Saint-Jean-sur-Richelieu

© WN Atlas Productions

QUÉBEC TOURISME

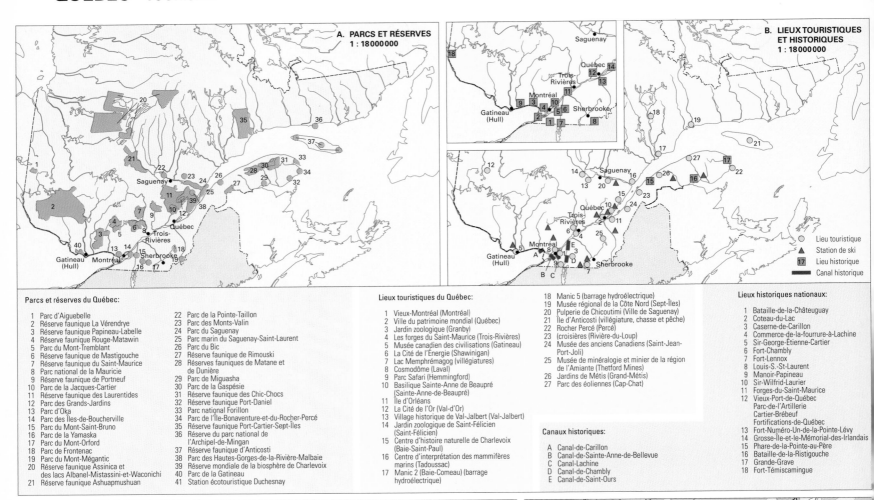

A. PARCS ET RÉSERVES
1 : 18 000 000

B. LIEUX TOURISTIQUES ET HISTORIQUES
1 : 18 000 000

Lieu touristique
Station de ski
17 Lieu historique
Canal historique

Parcs et réserves du Québec:

1 Parc d'Aiguebelle
2 Réserve faunique La Vérendrye
3 Réserve faunique Papineau-Labelle
4 Réserve faunique Rouge-Matawin
5 Parc du Mont-Tremblant
6 Réserve faunique de Mastigouche
7 Réserve faunique du Saint-Maurice
8 Parc national de la Mauricie
9 Réserve faunique de Portneuf
10 Réserve de la Jacques-Cartier
11 Réserve faunique des Laurentides
12 Parc des Grands-Jardins
13 Parc d'Oka
14 Parc des Îles-de-Boucherville
15 Parc du Mont-Saint-Bruno
16 Parc de la Yamaska
17 Parc du Mont-Orford
18 Parc de Frontenac
19 Parc du Mont-Mégantic
20 Réserve faunique Assinica et des lacs Albanel-Mistassini-et-Waconichi
21 Réserve faunique Ashuapmushuan

22 Parc de la Pointe-Taillon
23 Parc des Monts-Valin
24 Parc du Saguenay
25 Parc marin du Saguenay-Saint-Laurent
26 Parc du Bic
27 Réserve faunique de Rimouski
28 Réserves fauniques de Matane et de Dunière
29 Parc de Miguasha
30 Parc de la Gaspésie
31 Réserve faunique des Chic-Chocs
32 Réserve faunique Port-Daniel
33 Parc national Forillon
34 Réserve faunique de l'Île-Bonaventure-et-du-Rocher-Percé
35 Réserve faunique Port-Cartier-Sept-Îles
36 Réserve du parc national de l'Archipel-de-Mingan
37 Réserve faunique d'Anticosti
38 Parc des Hautes-Gorges-de-la-Rivière-Malbaie
39 Réserve mondiale de la biosphère de Charlevoix
40 Parc de la Gatineau
41 Station écotouristique Duchesnay

Lieux touristiques du Québec:

1 Vieux-Montréal (Montréal)
2 Ville du patrimoine mondial (Québec)
3 Jardin zoologique (Granby)
4 Les forges du Saint-Maurice (Trois-Rivières)
5 Musée canadien des civilisations (Gatineau)
6 La Cité de l'Énergie (Shawinigan)
7 Lac Memphrémagog (villégiature)
8 Cosmodôme (Laval)
9 Parc Safari (Hemmingford)
10 Basilique Sainte-Anne de Beaupré (Sainte-Anne-de-Beaupré)
11 Île d'Orléans
12 La Cité de l'Or (Val-d'Or)
13 Village historique de Val-Jalbert (Val-Jalbert)
14 Jardin zoologique de Saint-Félicien (Saint-Félicien)
15 Centre d'histoire naturelle de Charlevoix (Baie-Saint-Paul)
16 Centre d'interprétation des mammifères marins (Tadoussac)
17 Manic 2 (Baie-Comeau) (barrage hydroélectrique)

18 Manic 5 (barrage hydroélectrique)
19 Musée régional de la Côte Nord (Sept-Îles)
20 Pulperie de Chicoutimi (Ville de Saguenay)
21 Île d'Anticosti (villégiature, chasse et pêche)
22 Rocher Percé (Percé)
23 (croisières) (Rivière-du-Loup)
24 Musée des anciens Canadiens (Saint-Jean-Port-Joli)
25 Musée de minéralogie et minier de la région de l'Amiante (Thetford Mines)
26 Jardins de Métis (Grand-Métis)
27 Parc des éoliennes (Cap-Chat)

Canaux historiques:

A Canal-de-Carillon
B Canal-de-Sainte-Anne-de-Bellevue
C Canal-Lachine
D Canal-de-Chambly
E Canal-de-Saint-Ours

Lieux historiques nationaux:

1 Bataille-de-la-Châteauguay
2 Coteau-du-Lac
3 Caserne-de-Carillon
4 Commerce-de-la-fourrure-à-Lachine
5 Sir-George-Étienne-Cartier
6 Fort-Chambly
7 Fort-Lennox
8 Louis-S.-St-Laurent
9 Manoir-Papineau
10 Sir-Wilfrid-Laurier
11 Forges-du-Saint-Maurice
12 Vieux-Port-de-Québec
Parc-de-l'Artillerie
Cartier-Brébeuf
Fortifications-de-Québec
13 Fort-Numéro-Un-de-la-Pointe-Lévy
14 Grosse-Île-et-le-Mémorial-des-Irlandais
15 Phare-de-la-Pointe-au-Père
16 Bataille-de-la-Ristigouche
17 Grande-Grave
18 Fort-Témiscamingue

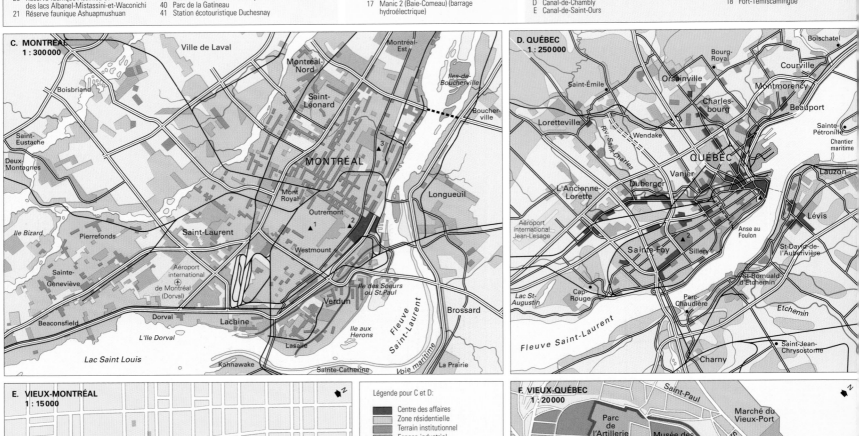

C. MONTRÉAL
1 : 300 000

D. QUÉBEC
1 : 250 000

Légende pour C et D:

- Centre des affaires
- Zone résidentielle
- Terrain institutionnel
- Espace industriel
- ✈ Aéroport
- + Aérodrome
- Parc
- Forêt
- Zone non urbanisée
- Chemin de fer
- Route principale
- Autoroute
- ▲ Bâtiment remarquable

Québec:
1 Citadelle
2 Université Laval

Montréal:
1 Université de Montréal
2 Université McGill
3 Stade Olympique

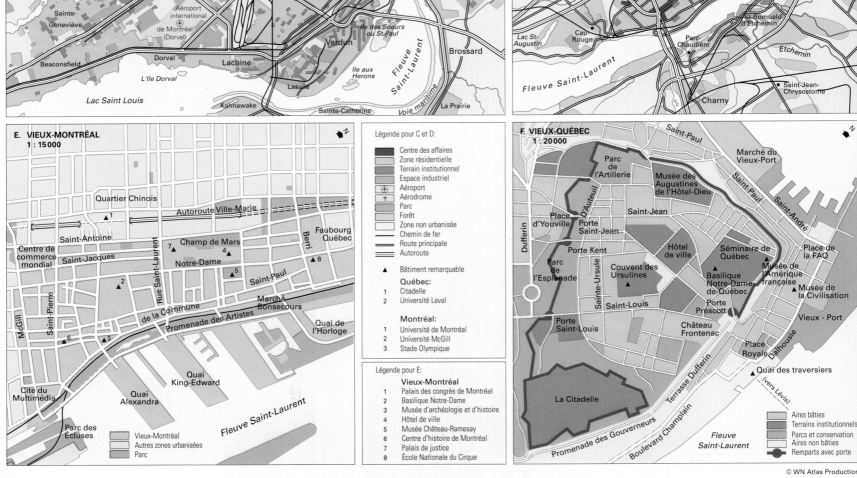

E. VIEUX-MONTRÉAL
1 : 15 000

Légende pour E:

Vieux-Montréal
1 Palais des congrès de Montréal
2 Basilique Notre-Dame
3 Musée d'archéologie et d'histoire
4 Hôtel de ville
5 Musée Château-Ramezay
6 Centre d'histoire de Montréal
7 Palais de justice
8 École Nationale du Cirque

Vieux-Montréal
Autres zones urbanisées
Parc

F. VIEUX-QUÉBEC
1 : 20 000

Aires bâties
Terrains institutionnels
Parcs et conservation
Aires non bâties
Remparts avec porte

© WN Atlas Production

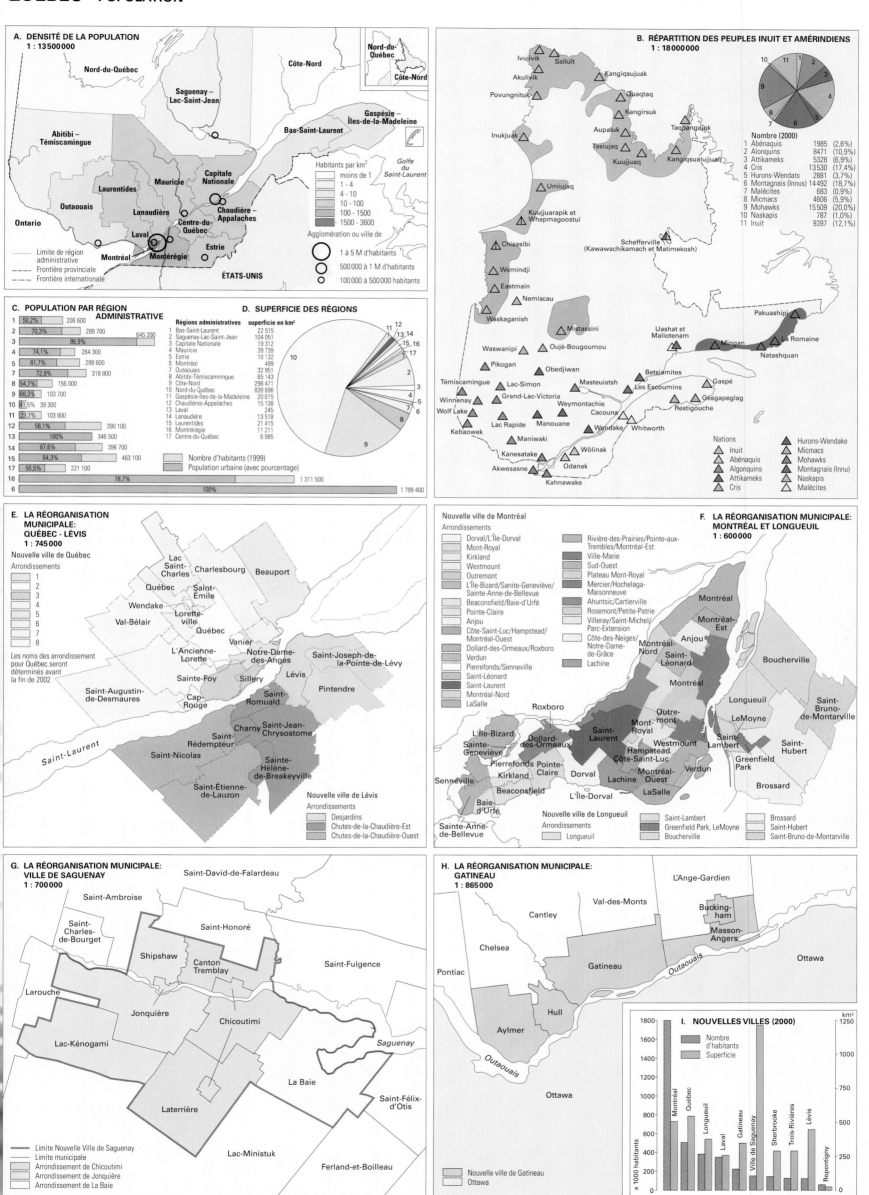

© WN Atlas Productions

PHOTOGRAPHIES AÉRIENNES

A. MONTRÉAL
1 : 40 000

B. QUÉBEC-BOISCHATEL
1 : 40 000

Source : Gouvernement du Québec. Ministère des Ressources naturelles. Photocartothèque québécoise.

CARTES TOPOGRAPHIQUES

A. MONTRÉAL
1 : 40 000

B. QUÉBEC-BOISCHATEL
1 : 40 000

Source : Gouvernement du Québec. Ministère des Ressources naturelles. Photocartothèque québécoise.

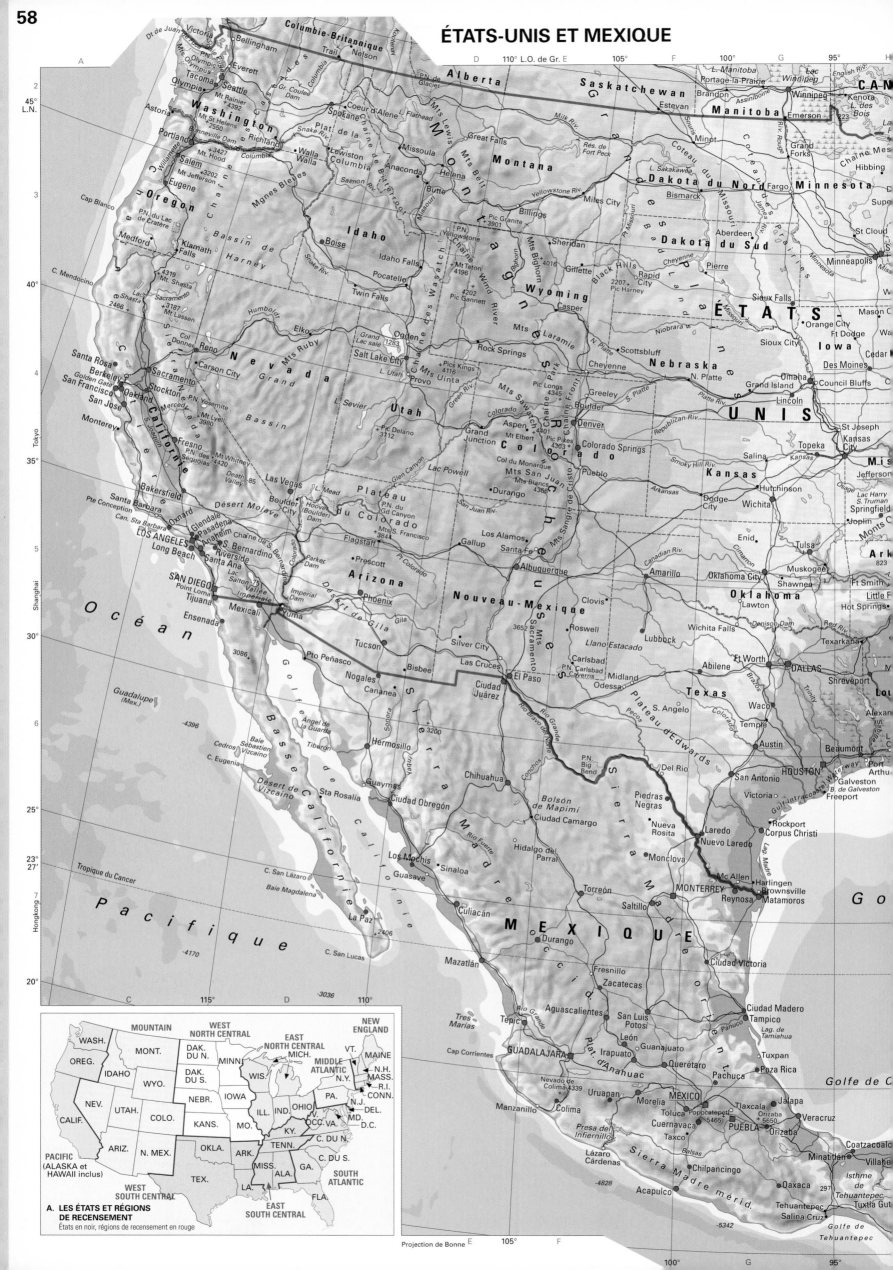

Échelle 1:12 500 000

-8000 -6000 -4000 -2000 -200 0 100 200 500 1000 2000 3000 5000m
au-dessous du niveau de la mer

0 100 200 300 400 500km

B. RÉGIONS ÉCONOMIQUES
1 : 70 000 000

Les Vallées Côtières
Les Grandes Plaines
Les Montagnes et les Déserts
Le Bassin Central
Le Nord-Est
Le Sud-Est

C. EXPANSION DU TERRITOIRE
1 : 70 000 000

C1. 1783 Traité de Versailles

Les 13 États unis lors de la déclaration d'indépendance (1776)
Cédé par la Grande Bretagne lors du traité de Versailles (1783)
Limites des États aujourd'hui

C2. 1803

États-Unis avant 1803
Achat à la France (1803)
Limites des États aujourd'hui

C3. 1818-1846

États-Unis avant 1818
Cédé par la Grande Bretagne (1818-1842)
Achat de la Floride à l'Espagne (1819)
Cession du Texas par le Mexique (1845)
Cession du Territoire d'Oregon par la Grande Bretagne (1846)
Limites des États aujourd'hui

C4. 1848-1853

États-Unis avant 1848
Cédé par le Mexique (1848)
Achat au Mexique (1853)
Limites des États aujourd'hui

Expansion du territoire après 1853:

1867 Achat de l'Alaska à la Russie
1898 Cession de Porto-Rico et Guam par l'Espagne ; annexion d'Hawaii
1898-1946 Philippines
1900 Samoa américaine
1903-1979 Zone du Canal de Panamá
1917 Achat des Îles Vierges au Danemark
1947 Mandat des Îles du Pacifique (au nom des Nations-Unies)

Conn. = Connecticut
D.C. = District of Columbia
Mass. = Massachusetts
R.I. = Rhode Island
Susq. = Susquehanna

© WN Atlas Productions

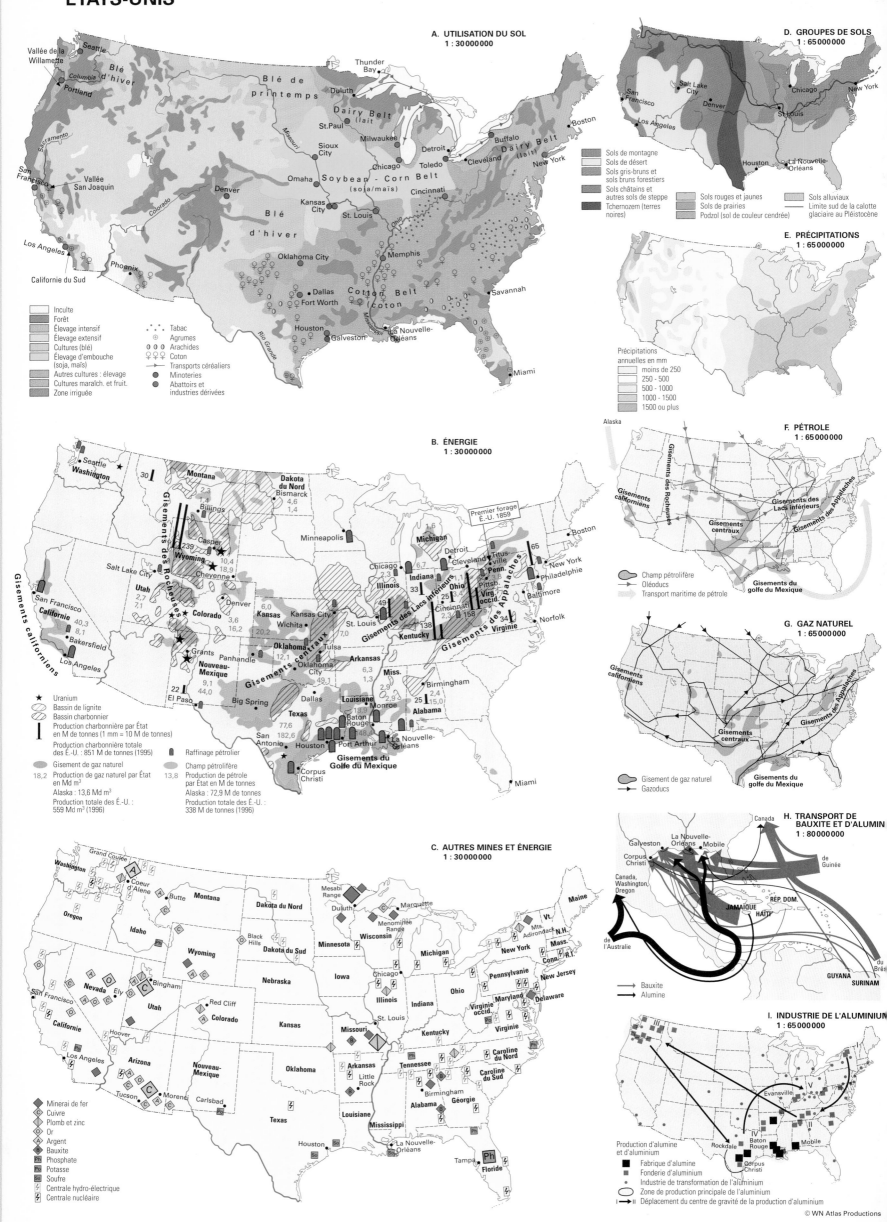

© WN Atlas Productions

ÉTATS-UNIS

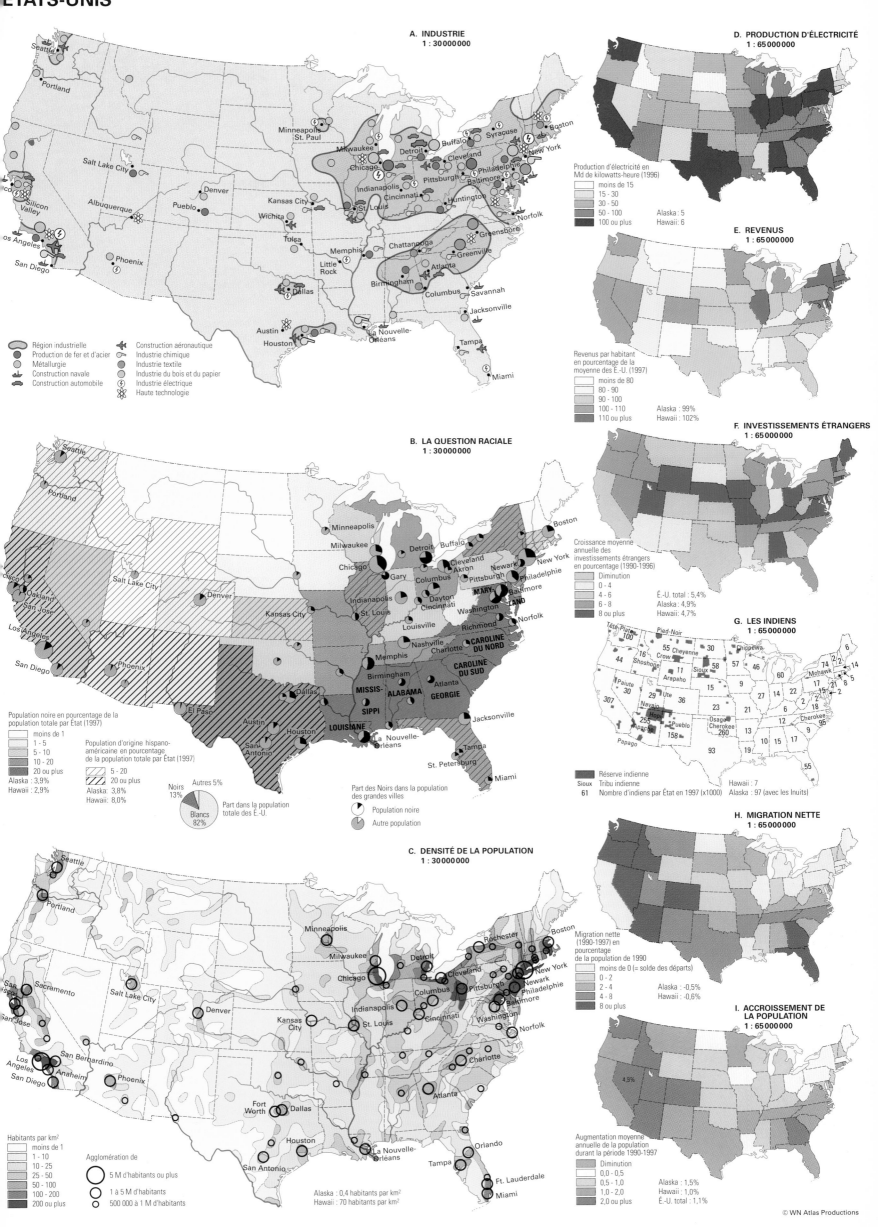

A. INDUSTRIE
1 : 30 000 000

Région industrielle
Production de fer et d'acier
Métallurgie
Construction navale
Construction automobile
Construction aéronautique
Industrie chimique
Industrie textile
Industrie du bois et du papier
Industrie électrique
Haute technologie

D. PRODUCTION D'ÉLECTRICITÉ
1 : 65 000 000

Production d'électricité en
Md de kilowatts-heure (1996)
moins de 15
15 - 30
30 - 50
50 - 100
100 ou plus
Alaska : 5
Hawaii : 6

E. REVENUS
1 : 65 000 000

Revenus par habitant
en pourcentage de la
moyenne des É.-U. (1997)
moins de 80
80 - 90
90 - 100
100 - 110
110 ou plus
Alaska : 99%
Hawaii : 102%

F. INVESTISSEMENTS ÉTRANGERS
1 : 65 000 000

Croissance moyenne
annuelle des
investissements étrangers
en pourcentage (1990-1996)
Diminution
0 - 4
4 - 6
6 - 8
8 ou plus
É.-U. total : 5,4%
Alaska : 4,9%
Hawaii : 4,7%

B. LA QUESTION RACIALE
1 : 30 000 000

Population noire en pourcentage de la
population totale par État (1997)
moins de 1
1 - 5
5 - 10
10 - 20
20 ou plus
Alaska : 3,9%
Hawaii : 2,9%

Population d'origine hispano-
américaine en pourcentage
de la population totale par État (1997)
5 - 20
20 ou plus
Alaska : 3,8%
Hawaii : 8,0%

Noirs
13%
Autres 5%
Blancs
82%
Part dans la population
totale des É.-U.

Part des Noirs dans la population
des grandes villes
Population noire
Autre population

G. LES INDIENS
1 : 65 000 000

Réserve indienne
Sioux Tribu indienne
61 Nombre d'indiens par État en 1997 (x1000)
Hawaii : 7
Alaska : 97 (avec les Inuits)

H. MIGRATION NETTE
1 : 65 000 000

Migration nette
(1990-1997) en
pourcentage
de la population de 1990
moins de 0 (= solde des départs)
0 - 2
2 - 4
4 - 8
8 ou plus
Alaska : -0,5%
Hawaii : -0,6%

C. DENSITÉ DE LA POPULATION
1 : 30 000 000

Habitants par km²
moins de 1
1 - 10
10 - 25
25 - 50
50 - 100
100 - 200
200 ou plus

Agglomération de
5 M d'habitants ou plus
1 à 5 M d'habitants
500 000 à 1 M d'habitants

Alaska : 0,4 habitants par km²
Hawaii : 70 habitants par km²

**I. ACCROISSEMENT DE
LA POPULATION**
1 : 65 000 000

Augmentation moyenne
annuelle de la population
durant la période 1990-1997
Diminution
0,0 - 0,5
0,5 - 1,0
1,0 - 2,0
2,0 ou plus
Alaska : 1,5%
Hawaii : 1,0%
É.-U. total : 1,1%

© WN Atlas Productions

ÉTATS-UNIS

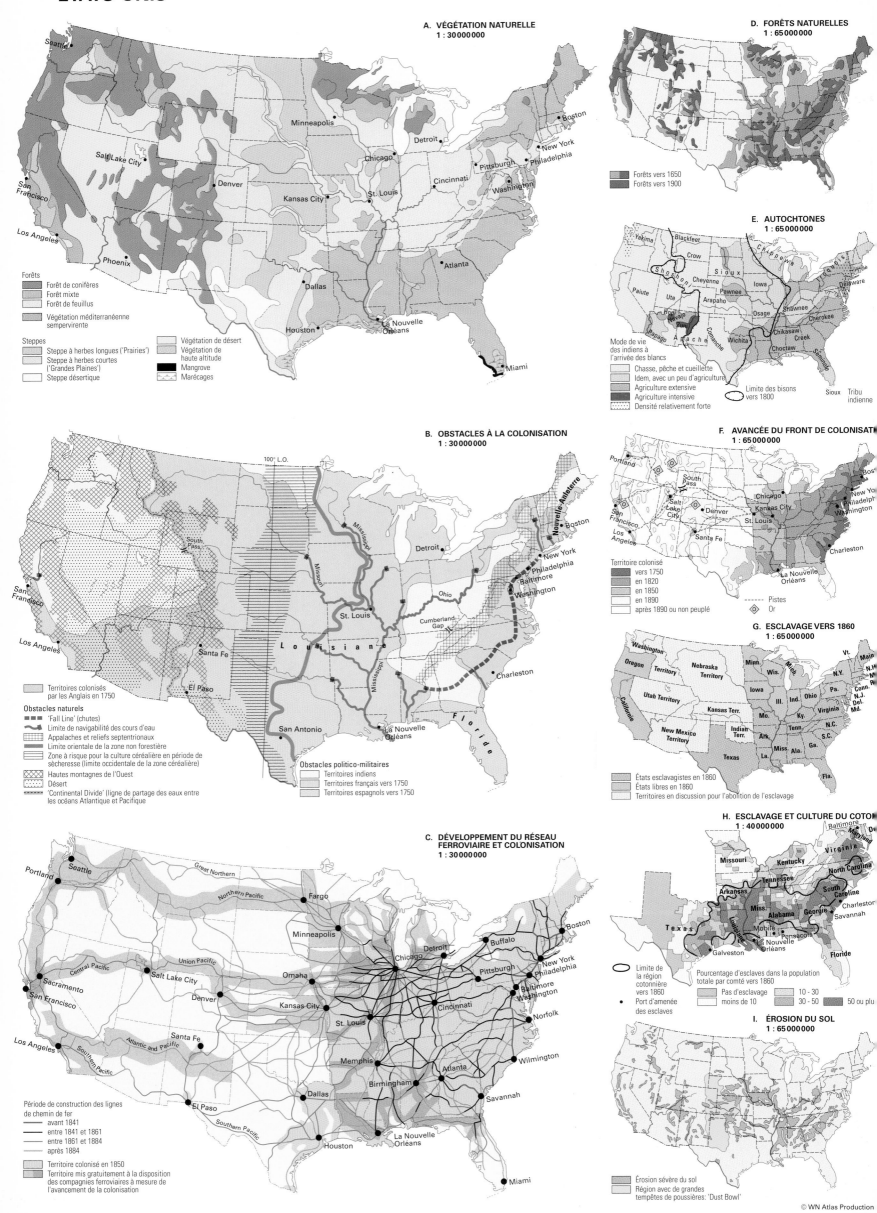

A. VÉGÉTATION NATURELLE
1 : 30 000 000

Forêts
- Forêt de conifères
- Forêt mixte
- Forêt de feuillus
- Végétation méditerranéenne sempervirente

Steppes
- Steppe à herbes longues ('Prairies')
- Steppe à herbes courtes ('Grandes Plaines')
- Steppe désertique
- Végétation de désert
- Végétation de haute altitude
- Mangrove
- Marécages

B. OBSTACLES À LA COLONISATION
1 : 30 000 000

- Territoires colonisés par les Anglais en 1750

Obstacles naturels
- 'Fall Line' (chutes)
- Limite de navigabilité des cours d'eau
- Appalaches et reliefs septentrionaux
- Limite orientale de la zone non forestière
- Zone à risque pour la culture céréalière en période de sécheresse (limite occidentale de la zone céréalière)
- Hautes montagnes de l'Ouest
- Désert
- 'Continental Divide' (ligne de partage des eaux entre les océans Atlantique et Pacifique)

Obstacles politico-militaires
- Territoires indiens
- Territoires français vers 1750
- Territoires espagnols vers 1750

C. DÉVELOPPEMENT DU RÉSEAU FERROVIAIRE ET COLONISATION
1 : 30 000 000

Période de construction des lignes de chemin de fer
- avant 1841
- entre 1841 et 1861
- entre 1861 et 1884
- après 1884

- Territoire colonisé en 1850
- Territoire mis gratuitement à la disposition des compagnies ferroviaires à mesure de l'avancement de la colonisation

D. FORÊTS NATURELLES
1 : 65 000 000

- Forêts vers 1650
- Forêts vers 1900

E. AUTOCHTONES
1 : 65 000 000

Mode de vie des indiens à l'arrivée des blancs
- Chasse, pêche et cueillette
- Idem, avec un peu d'agriculture
- Agriculture extensive
- Agriculture intensive
- Densité relativement forte
- Limite des bisons vers 1800

Sioux Tribu indienne

F. AVANCÉE DU FRONT DE COLONISAT...
1 : 65 000 000

Territoire colonisé
- vers 1750
- en 1820
- en 1850
- en 1890
- après 1890 ou non peuplé
- Pistes
- Or

G. ESCLAVAGE VERS 1860
1 : 65 000 000

- États esclavagistes en 1860
- États libres en 1860
- Territoires en discussion pour l'abolition de l'esclavage

H. ESCLAVAGE ET CULTURE DU COTO...
1 : 40 000 000

- Limite de la région cotonnière vers 1860
- Port d'amenée des esclaves

Pourcentage d'esclaves dans la population totale par comté vers 1860
- Pas d'esclavage
- moins de 10
- 10 - 30
- 30 - 50
- 50 ou plu...

I. ÉROSION DU SOL
1 : 65 000 000

- Érosion sévère du sol
- Région avec de grandes tempêtes de poussières: 'Dust Bowl'

© WN Atlas Production

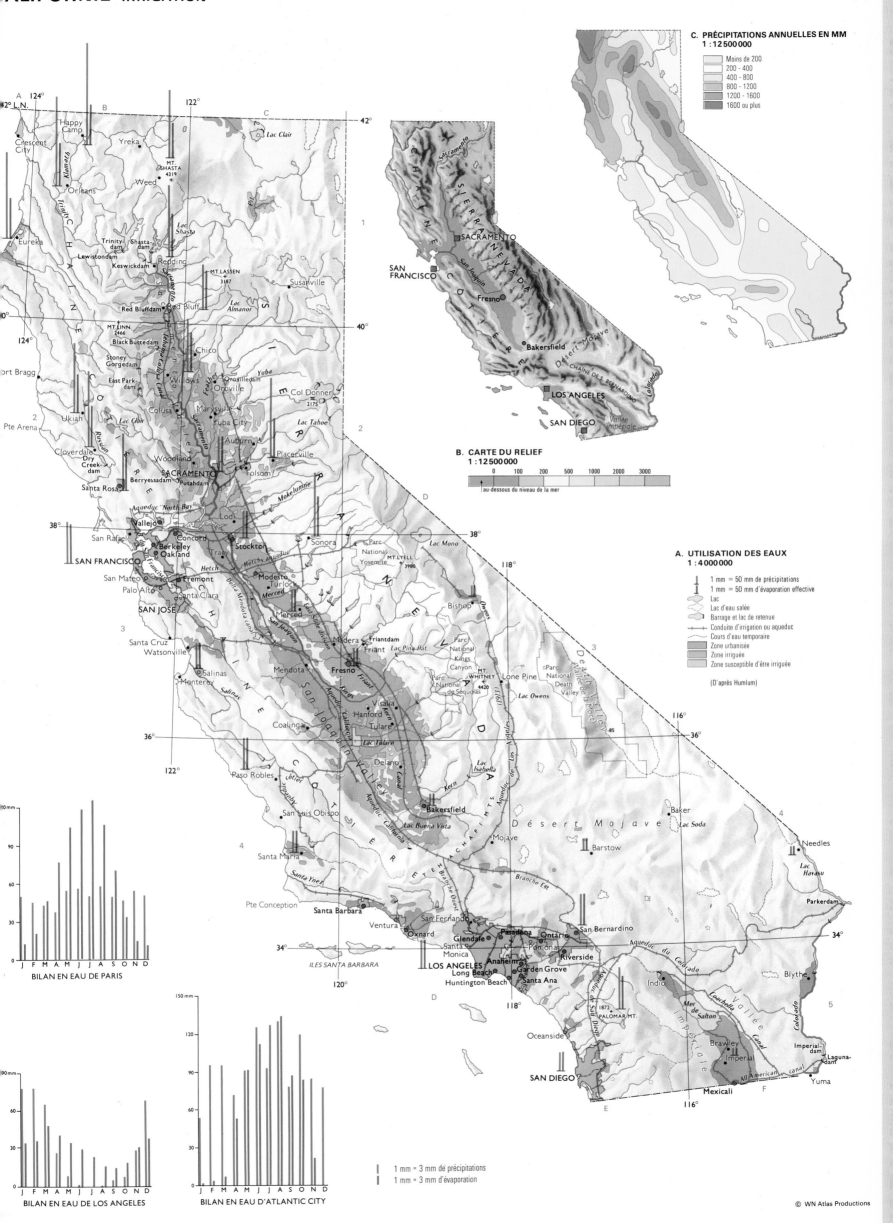

C. PRÉCIPITATIONS ANNUELLES EN MM
1 : 12 500 000

- Moins de 200
- 200 - 400
- 400 - 800
- 800 - 1200
- 1200 - 1600
- 1600 ou plus

B. CARTE DU RELIEF
1 : 12 500 000

0   100   200   500   1000   2000   3000

↑ au-dessous du niveau de la mer

A. UTILISATION DES EAUX
1 : 4 000 000

- 1 mm = 50 mm de précipitations
- 1 mm = 50 mm d'évaporation effective
- Lac
- Lac d'eau salée
- Barrage et lac de retenue
- Conduite d'irrigation ou aqueduc
- Cours d'eau temporaire
- Zone urbanisée
- Zone irriguée
- Zone susceptible d'être irriguée

(D'après Humlum)

BILAN EN EAU DE PARIS

BILAN EN EAU DE LOS ANGELES

BILAN EN EAU D'ATLANTIC CITY

- 1 mm = 3 mm de précipitations
- 1 mm = 3 mm d'évaporation

© WN Atlas Productions

MÉGALOPOLES

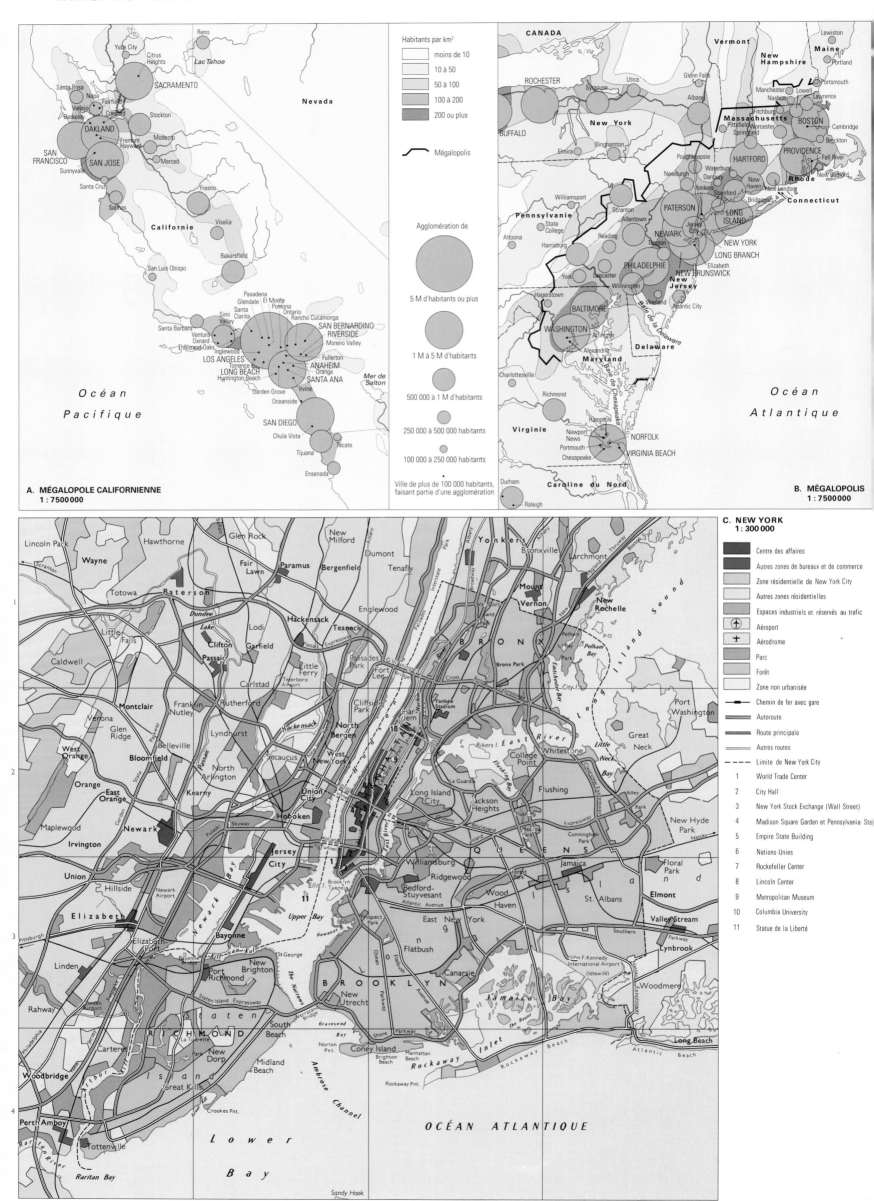

Habitants par km²

- moins de 10
- 10 à 50
- 50 à 100
- 100 à 200
- 200 ou plus

Mégalopolis

Agglomération de

- 5 M d'habitants ou plus
- 1 M à 5 M d'habitants
- 500 000 à 1 M d'habitants
- 250 000 à 500 000 habitants
- 100 000 à 250 000 habitants

• Ville de plus de 100 000 habitants, faisant partie d'une agglomération

A. MÉGALOPOLE CALIFORNIENNE
1 : 7 500 000

B. MÉGALOPOLIS
1 : 7 500 000

C. NEW YORK
1 : 300 000

- Centre des affaires
- Autres zones de bureaux et de commerce
- Zone résidentielle de New York City
- Autres zones résidentielles
- Espaces industriels et réservés au trafic
- Aéroport
- Aérodrome
- Parc
- Forêt
- Zone non urbanisée
- Chemin de fer avec gare
- Autoroute
- Route principale
- Autres routes
- Limite de New York City

1 World Trade Center
2 City Hall
3 New York Stock Exchange (Wall Street)
4 Madison Square Garden et Pennsylvania Station
5 Empire State Building
6 Nations-Unies
7 Rockefeller Center
8 Lincoln Center
9 Metropolitan Museum
10 Columbia University
11 Statue de la Liberté

© WN Atlas Productions

NOUVELLE-ANGLETERRE ET FLORIDE

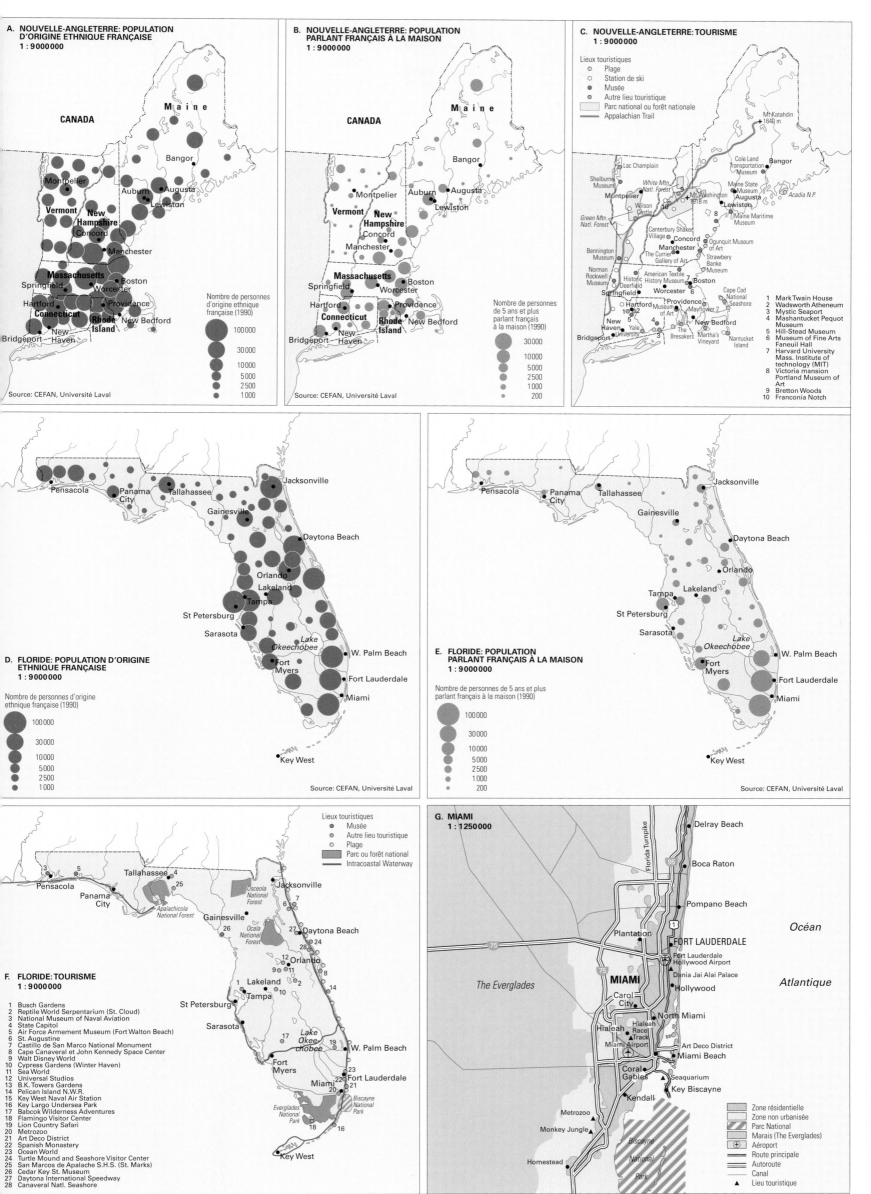

A. NOUVELLE-ANGLETERRE: POPULATION D'ORIGINE ETHNIQUE FRANÇAISE
1 : 9000000

Nombre de personnes d'origine ethnique française (1990)
- 100000
- 30000
- 10000
- 5000
- 2500
- 1000

Source: CEFAN, Université Laval

B. NOUVELLE-ANGLETERRE: POPULATION PARLANT FRANÇAIS À LA MAISON
1 : 9000000

Nombre de personnes de 5 ans et plus parlant français à la maison (1990)
- 30000
- 10000
- 5000
- 2500
- 1000
- 200

Source: CEFAN, Université Laval

C. NOUVELLE-ANGLETERRE: TOURISME
1 : 9000000

Lieux touristiques
- ○ Plage
- ○ Station de ski
- ● Musée
- ● Autre lieu touristique
- Parc national ou forêt nationale
- Appalachian Trail

1 Mark Twain House
2 Wadsworth Atheneum
3 Mystic Seaport
4 Mashantucket Pequot Museum
5 Hill-Stead Museum
6 Museum of Fine Arts Faneuil Hall
7 Harvard University Mass. Institute of technology (MIT)
8 Victoria mansion Portland Museum of Art
9 Bretton Woods
10 Franconia Notch

D. FLORIDE: POPULATION D'ORIGINE ETHNIQUE FRANÇAISE
1 : 9000000

Nombre de personnes d'origine ethnique française (1990)
- 100000
- 30000
- 10000
- 5000
- 2500
- 1000

Source: CEFAN, Université Laval

E. FLORIDE: POPULATION PARLANT FRANÇAIS À LA MAISON
1 : 9000000

Nombre de personnes de 5 ans et plus parlant français à la maison (1990)
- 100000
- 30000
- 10000
- 5000
- 2500
- 1000
- 200

Source: CEFAN, Université Laval

F. FLORIDE: TOURISME
1 : 9000000

Lieux touristiques
- ● Musée
- ● Autre lieu touristique
- ○ Plage
- Parc ou forêt national
- Intracoastal Waterway

1 Busch Gardens
2 Reptile World Serpentarium (St. Cloud)
3 National Museum of Naval Aviation
4 State Capitol
5 Air Force Armement Museum (Fort Walton Beach)
6 St. Augustine
7 Castillo de San Marco National Monument
8 Cape Canaveral et John Kennedy Space Center
9 Walt Disney World
10 Cypress Gardens (Winter Haven)
11 Sea World
12 Universal Studios
13 B.K. Towers Gardens
14 Pelican Island N.W.R.
15 Key West Naval Air Station
16 Key Largo Undersea Park
17 Babcock Wilderness Adventures
18 Flamingo Visitor Center
19 Lion Country Safari
20 Metrozoo
21 Art Deco District
22 Spanish Monastery
23 Ocean World
24 Turtle Mound and Seashore Visitor Center
25 San Marcos de Apalache S.H.S. (St. Marks)
26 Cedar Key St. Museum
27 Daytona International Speedway
28 Canaveral Natl. Seashore

G. MIAMI
1 : 1250000

Océan Atlantique

- Zone résidentielle
- Zone non urbanisée
- Parc National
- Marais (The Everglades)
- Aéroport
- Route principale
- Autoroute
- Canal
- ▲ Lieu touristique

© WN Atlas Productions

MEXIQUE

Échelle 1 : 25 000 000

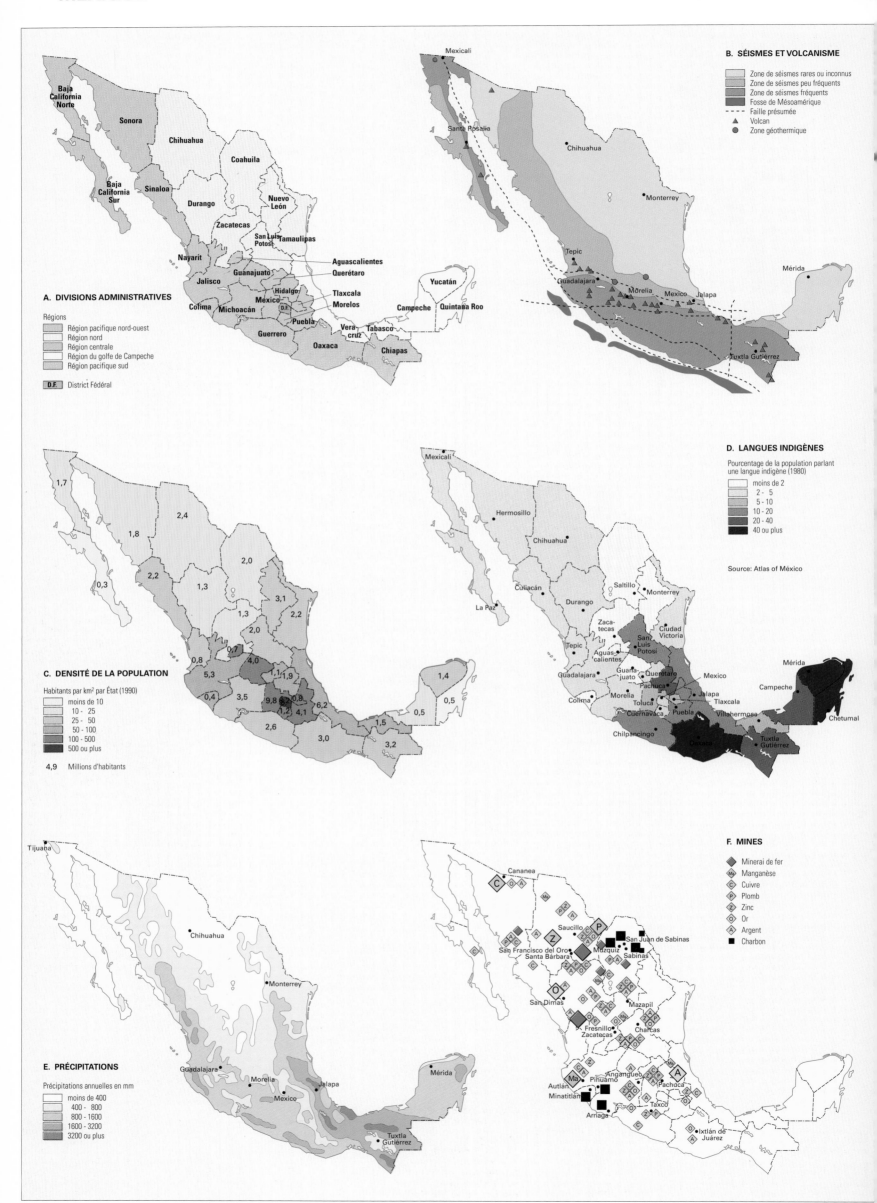

A. DIVISIONS ADMINISTRATIVES

Régions
- Région pacifique nord-ouest
- Région nord
- Région centrale
- Région du golfe de Campeche
- Région pacifique sud

D.F. District Fédéral

B. SÉISMES ET VOLCANISME
- Zone de séismes rares ou inconnus
- Zone de séismes peu fréquents
- Zone de séismes fréquents
- Fosse de Mésoamérique
- Faille présumée
- ▲ Volcan
- ● Zone géothermique

C. DENSITÉ DE LA POPULATION

Habitants par km² par État (1990)
- moins de 10
- 10 - 25
- 25 - 50
- 50 - 100
- 100 - 500
- 500 ou plus

4,9 Millions d'habitants

D. LANGUES INDIGÈNES

Pourcentage de la population parlant une langue indigène (1980)
- moins de 2
- 2 - 5
- 5 - 10
- 10 - 20
- 20 - 40
- 40 ou plus

Source: Atlas of México

E. PRÉCIPITATIONS

Précipitations annuelles en mm
- moins de 400
- 400 - 800
- 800 - 1600
- 1600 - 3200
- 3200 ou plus

F. MINES
- ◆ Minerai de fer
- Ⓜ Manganèse
- Ⓒ Cuivre
- Ⓟ Plomb
- Ⓩ Zinc
- ◇ Or
- △ Argent
- ■ Charbon

© WN Atlas Productions

A. ÉTAPES DE CROISSANCE DE MEXICO
1 : 500 000

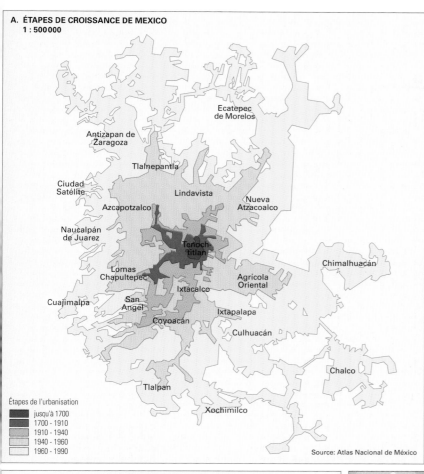

Étapes de l'urbanisation
- jusqu'à 1700
- 1700 - 1910
- 1910 - 1940
- 1940 - 1960
- 1960 - 1990

Source: Atlas Nacional de México

B. GUATÉMALA: POPULATION INDIENNE
1 : 4 000 000

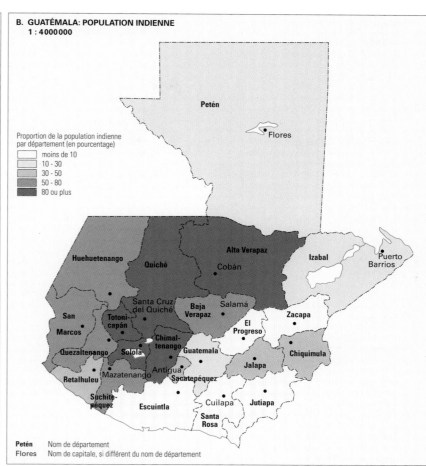

Proportion de la population indienne par département (en pourcentage)
- moins de 10
- 10 - 30
- 30 - 50
- 50 - 80
- 80 ou plus

Petén Nom de département
Flores Nom de capitale, si différent du nom de département

C. AGGLOMÉRATION URBAINE DE SAN DIEGO - TIJUANA
1 : 500 000

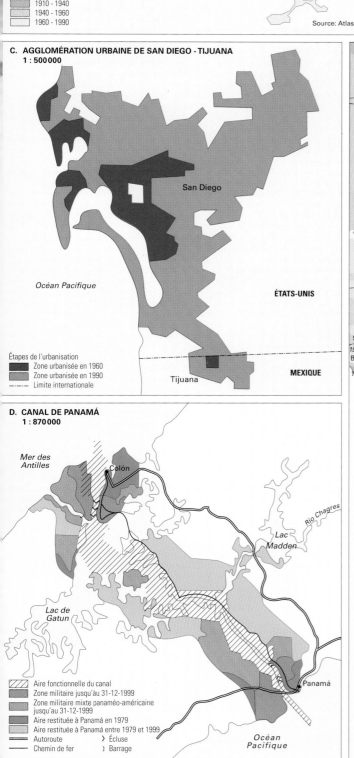

Étapes de l'urbanisation
- Zone urbanisée en 1960
- Zone urbanisée en 1990
- Limite internationale

D. CANAL DE PANAMÁ
1 : 870 000

Aire fonctionnelle du canal
Zone militaire jusqu'au 31-12-1999
Zone militaire mixte panaméo-américaine jusqu'au 31-12-1999
Aire restituée à Panamá en 1979
Aire restituée à Panamá entre 1979 et 1999
Autoroute   〉 Écluse
Chemin de fer   〉 Barrage

E. VOLCANS ET CATACLYSMES
1 : 6 500 000

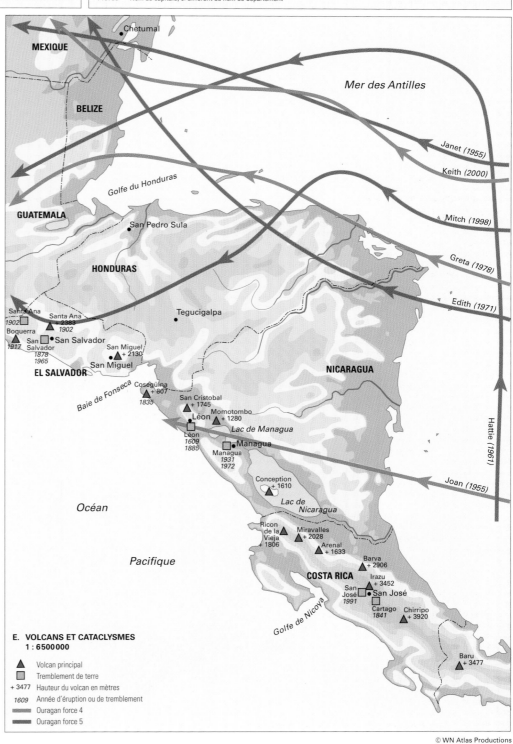

▲ Volcan principal
□ Tremblement de terre
+ 3477 Hauteur du volcan en mètres
1609 Année d'éruption ou de tremblement
━━ Ouragan force 4
━━ Ouragan force 5

© WN Atlas Productions

RÉGION DES ANTILLES

Échelle 1:12500000

0 100 200 300 400 500 km

© WN Atlas Productions

Countries and regions:
ÉTATS-UNIS · MEXIQUE · GUATEMALA · BELIZE · HONDURAS · EL SALVADOR · NICARAGUA · COSTA RICA · PANAMA · CUBA · JAMAÏQUE · HAÏTI · RÉPUBLIQUE DOMINICAINE · Porto Rico · BAHAMAS · COLOMBIE · VENEZUELA · GUYANA · BRÉSIL · TRINIDAD ET TOBAGO

Lesser Antilles: Anguilla (R.-U.) · St-Martin (Fr. et P.-B.) · St-Barthélemy (Fr.) · ANTIGUA ET BARBUDA · ST-KITTS ET-NEVIS · Montserrat (R.-U.) · Guadeloupe (Fr.) · DOMINIQUE · Martinique (Fr.) · STE-LUCIE · BARBADE · ST-VINCENT · GRENADE · Antilles néerlandaises · Aruba (P.-B.) · Curaçao · Bonaire

Seas and oceans: Océan Atlantique · Golfe du Mexique · Mer des Antilles (Mer des Caraïbes) · Petites Antilles · Grandes Antilles

Selected cities: Miami · La Havane · Santiago de Cuba · Kingston · Port-au-Prince · Saint-Domingue · San Juan · Caracas · Maracaibo · Bogotá · Medellín · Cali · Panamá · Managua · San José · Tegucigalpa · Guatemala · Belize City · Mérida · Cancún · Georgetown

RÉGION DES ANTILLES

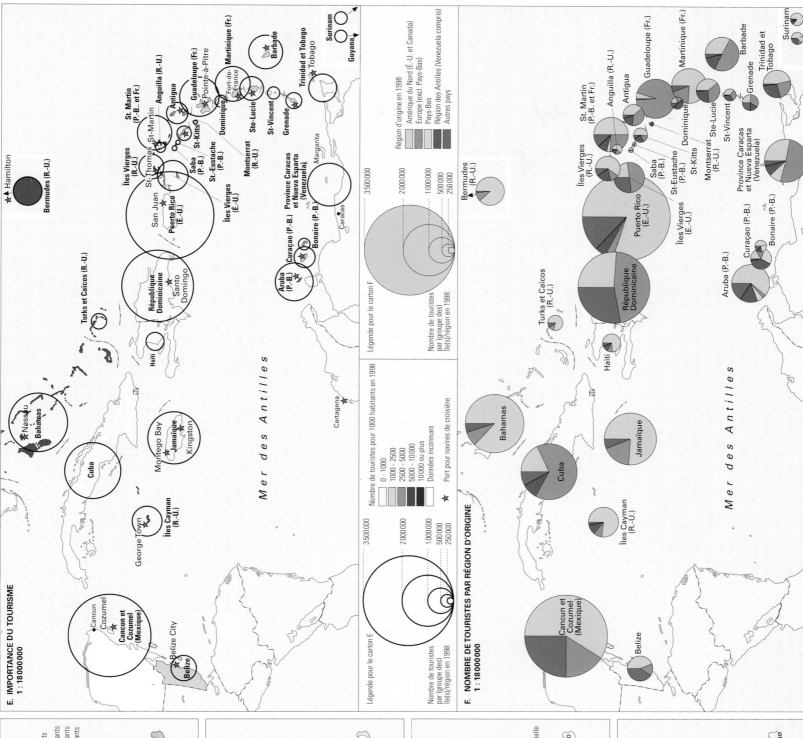

E. IMPORTANCE DU TOURISME
1 : 18 000 000

Nombre de touristes pour 1000 habitants en 1998
- 0 - 1000
- 1000 - 2500
- 2500 - 5000
- 5000 - 10 000
- 10 000 ou plus
- Données inconnues
- ★ Port pour navires de croisière

Légende pour le carton E

Nombre de touristes
par (groupe des) île(s)/région en 1998
- 3 500 000
- 2 000 000
- 1 000 000
- 500 000
- 250 000

F. NOMBRE DE TOURISTES PAR RÉGION D'ORIGINE
1 : 18 000 000

Région d'origine en 1998
- Amérique du Nord (É.-U. et Canada)
- Europe excl. Pays-Bas
- Pays-Bas
- Région des Antilles (Venezuela compris)
- Autres pays

Légende pour le carton F

Nombre de touristes
par (groupe des) île(s)/région en 1998
- 3 500 000
- 2 000 000
- 1 000 000
- 500 000
- 250 000

Mer des Antilles

Cancún et Cozumel (Mexique)
Belize City — Belize
George Town — Îles Cayman (R.-U.)
Montego Bay — Jamaïque — Kingston
Nassau — Bahamas
Nueva Gerona
Cuba
Haïti
Turks et Caïcos (R.-U.)
République Dominicaine — Santo Domingo
San Juan — Puerto Rico (É.-U.)
St-Thomas — Îles Vierges (R.-U.)
Îles Vierges (É.-U.)
St. Martin (P.-B. et Fr.)
Anguilla (R.-U.)
Antigua
St-Kitts
Saba (P.-B.)
St-Eustache (P.-B.)
Montserrat (R.-U.)
Guadeloupe (Fr.) — Pointe-à-Pitre
Dominique
Fort-de-France — Martinique (Fr.)
Ste-Lucie
St-Vincent
Grenade
Barbade
Trinidad et Tobago — Tobago
Margarita
Curaçao (P.-B.)
Bonaire (P.-B.)
Aruba (P.-B.)
Province Caracas et Nueva Esparta (Venezuela) — Caracas
Cartagena
Bermudes (R.-U.) — ★ Hamilton
Surinam
Guyana

A. CUBA: DENSITÉ DE LA POPULATION
1 : 9 000 000

Habitants par km²
- moins de 50
- 50 - 75
- 75 - 100
- 100 - 200
- 200 ou plus

Agglomération ou ville de:
- 1 - 5 M d'habitants
- 500 000 - 1 M d'habitants
- 250 000 - 500 000 habitants
- 100 000 - 250 000 habitants
- moins de 100 000 habitants

Millions d'habitants
Nom de province
Nom de capitale, si différent du nom de province

Océan Atlantique
Mer des Antilles

Pinar del Rio 0,7
La Havane 2,1 — La Havane 0,6
Matanzas 0,6
Villa Clara 1,3 — Santa Clara
Cienfuegos 0,4
Sancti Spíritus 0,4
Ciego de Ávila 0,4
Camagüey 0,7
Las Tunas 0,5
Holguín 1,0
Granma 0,8 — Bayamo
Santiago de Cuba 1,0
Guantánamo 0,5
Île de la Jeunesse 0,1
Nueva Gerona

B. CUBA: PRÉCIPITATIONS
1 : 9 000 000

Précipitations annuelles en mm
- moins de 800
- 800 - 1200
- 1200 - 1600
- 1600 - 2200
- 2200 ou plus

Océan Atlantique
Mer des Antilles

Pinar del Río
La Havane
Matanzas
Santa Clara
Cienfuegos
Sancti Spíritus
Ciego de Ávila
Camagüey
Las Tunas
Holguín
Bayamo
Santiago de Cuba
Guantánamo
Nueva Gerona

C. CUBA: CULTURES ET ACTIVITÉS DOMINANTES
1 : 9 000 000

- Improductif
- Canne à sucre
- Tabac
- Café
- Élevage
- Agrumes
- Riz
- Zone industrielle

Dominante de petites propriétés coopératives
Dominante plans d'État
Complexes agro-industriels
Principales zones touristiques
Principales zones de regroupement dans les villages nouveaux (asentamientos rurales)

Océan Atlantique
Mer des Antilles

Pinar del Río
La Havane
Matanzas
Santa Clara
Cienfuegos
Sancti Spíritus
Ciego de Ávila
Camagüey — Dominante plans d'État
Nouvelle zone industrielle de Nuevitas
Las Tunas
Holguín — Dominante de petites propriétés coopératives
Bayamo
Zone industrielle du nickel
Santiago de Cuba
Guantánamo
Nueva Gerona

D. CUBA: MINES ET INDUSTRIE
1 : 9 000 000

- ◆ Nickel
- ● Cuivre
- ◇ Pétrole
- ◆ Or
- Industrie alimentaire
- Sidérurgie
- Construction métallique
- Industrie textile
- Raffinerie de sucre
- Industrie du papier
- Construction navale
- Industrie chimique

Océan Atlantique
Mer des Antilles

Pinar del Río
La Havane
Matanzas
Santa Clara
Cienfuegos
Sancti Spíritus
Ciego de Ávila
Camagüey
Las Tunas
Holguín
Bayamo
Santiago de Cuba
Guantánamo
Nueva Gerona

© WN Atlas Productions

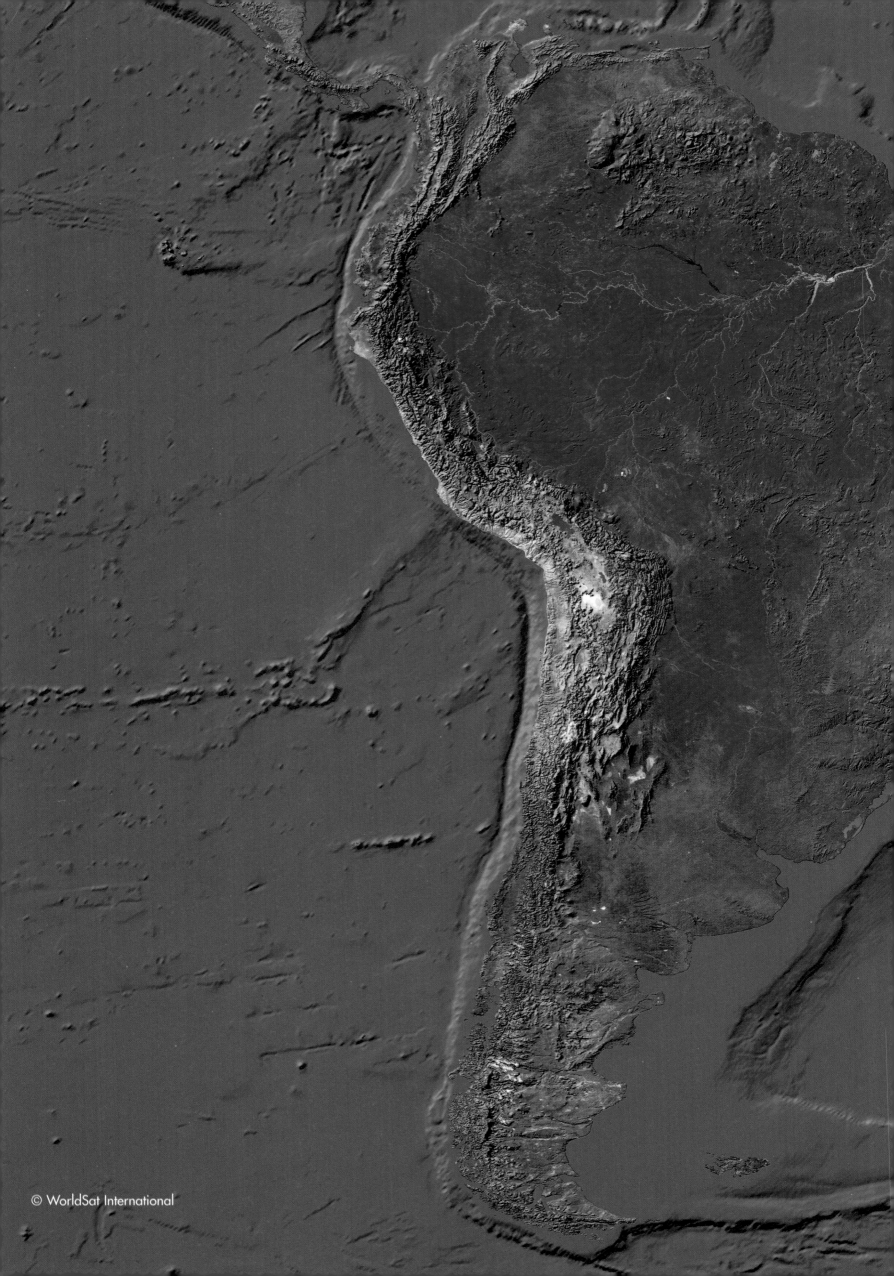

© WorldSat International

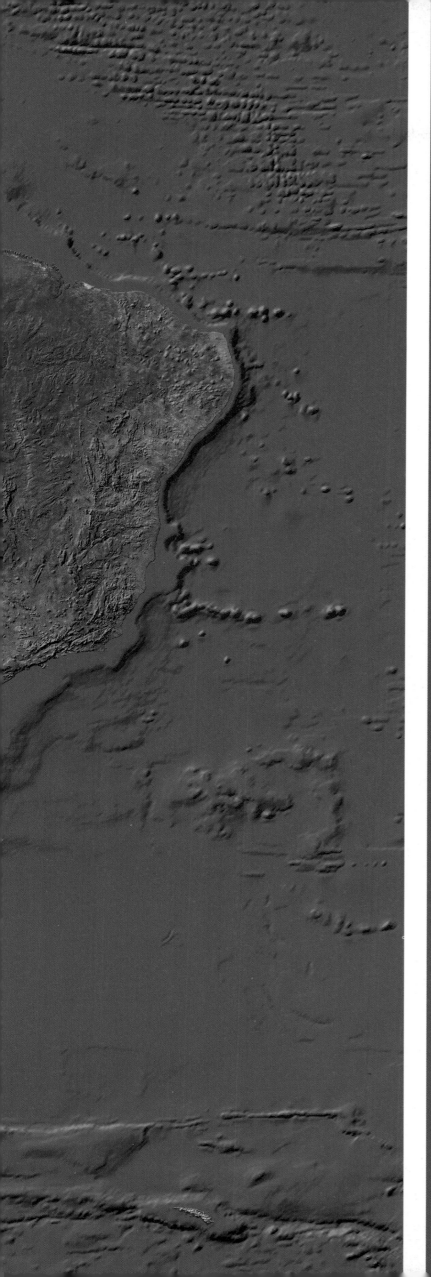

AMÉRIQUE
DU SUD

AMÉRIQUE DU SUD

Échelle 1:25 000 000

| -8000 | -6000 | -4000 | -2000 | -200 | 0 | 100 | 200 | 500 | 1000 | 2000 | 3000 | 5000m |

0 200 400 600 800 1000 km

80° L.O. de Gr.   70°   60°   50°   Extrémité sud du Groenland 40°

Mer des Antilles (Mer des Caraïbes)

St Vincent   Barbade

Pointe Gallinas   Aruba   Bonaire   Grenade   Tobago

Barranquilla   5775   Maracaïbo   Tortuga   Margarita   Trinidad   *Bassin des Guyanes*

Sa Nevada de Sta Marta   Golfe du Venezuela   Curaçao   G. de Paria

Golfe des Mosquitos   Golfe de Darién   Lagune de Maracaïbo   Caracas   Orénoque

Isthme de Panama   Golfe de Panama   Cauca   Magdalena   Pic Bolivar 5007   Cord. de Mérida   Apure   Sa Imataca

Malpelo   5400 Ruiz   Bogotá   Meta   Massif des Guyanes   Chute Ángel   Cuyuni   Paramaribo

B. de Buenaventura   5750 Huila   Chutes Angostura   Guaviare   Orénoque   Sa Parima   2875 Roraima   Courantyne   Surinam   Maroni   C. d'Orange

Cordillère occidentale   Cordillère centrale   Cordillère orientale   Inirida   Sa Pacaraima   Sa Acarai   Tumucumaque   Oyapoque

Quito   5790 Cayambe   Caquetá   Guainia   Casiquiare   Rio Branco   Essequibo   Trombetas   Sa de   Amazone

5897 Cotopaxi   6310 Chimborazo   Vaupés   3014   La Neblina   Pará   Jari   Marajó   Belém

Golfe de Guayaquil   Iquitos   Napo   Japurá   Rio Negro   Óbidos   Xingu   Tocantins   Capim   Gurupi   Baie São Marcos

Pongo de Manseriche   106   Içá   Amazone (Solimões)   Manaus   26   Tapajós   Parnaíba   Fortaleza

Marañón   Tigre   Yavari   Juruá   Purús   Madeira   Aripuanã   Juruena   Rio Teles Pires   Sa dos Carajás   Araguaia   C.San Roque

Huallaga   Ucayali   Jiparaná   Sa dos Parecis   Xingu   Caatingas

Huascarán 6746   Rio Branco   Acre   Chutes de Guajará   Guaporé   Plateau   du   Recife

Lima   Madre de Dios   Beni   Manoré   Plateau du Mato Grosso   Campos   São Francisco   Chapada Diamantina   Chute Paulo Alfonso

Cuzco   San Miguel   Paraguay   Brasília   Sertão

Lac Titicaca   Illampu 6362   La Paz   Illimani   Pantanal de São Lourenço   Sa das Divisões   Brésil   Sa do Espinhaço   Salvador

Coropuna   Ampato 6613   6300 Misti 5842   6882 Sajama   6520 Lac Poopó   Yungas   Pantanal do Rio Negro   2044 Itambé   Jequitinhonha   B. de Tous les Saints

Haut-Plateau de Bolivie   Gran Chaco   Paranaíba   Belo Horizonte   Pico da Bandeira

Salar de Uyuni   Pilcomayo   Paraná   Paranapanema   Tietê   Itatiaia 2821   Sa da Mantiqueira   Paraíba

Fosse de l'Atacama   Salar de Atacama   Bermejo   Chutes de Sete Quedas   (Chutes de Guaíra)   São Paulo   C. Frio   Rio De Janeiro

6723 Llullaillaco   Pilcomayo   Asunción 98   Iguaçu   Chutes de l'Iguaçu   Santos

Ojos del Salado 6880   Salado   Entre Rios   Uruguay   Pôrto Alegre

Salinas Grandes   Paraná   Lagoa dos Patos

Aconcagua 6959   2880   Rosario   Rio Negro   Cuchilla Grande   Laguna Mirim

Valparaíso   Col de la Cumbre 3863   Sierra de Córdob   Salado   Buenos Aires   Montevideo   Punta del Este

Santiago   6830 Tupungato   Pampa   Salado   Río de la Plata   C. San Antonio

Concepción   Salado   Bahía Blanca   C. Corrientes

Colorado   Bahía Blanca

Rio Negro   G. de San Matías

3556   Lac Nahuel Huapi   Valdés

Tronador   Chubut   G. de San Jorge

Chiloé   Patagonie   Deseado   C. Tres Puntas

Arch. des Chonos   San Valentin   Chico

Taitao   San Valentin 4058   Lac Buenos Aires

G. de Corcovado   Golfe de Peñas   Deseado

Wellington   Santa Cruz   *Iles Falkland*

Hanover   Lago Argentino   Bahía Grande   (Iles Malouines)

Santa Inés   Dt de Magellan   Tierra del Fuego (Terre de Feu)

Cold. Darwin 2310   Dt de Drake   Isla de los Estados (Ile des Etats)

Cap Horn   Terre de Graham   Géorgie du Sud

Océan Atlantique

-4600   -5450   -4600

Dorsale médio-atlantique   Seuil du Para

Équateur

Océan

Crête de Nazca   *Bassin du Pérou*   -6866   -8000   Chili

Tropique du Capricorne   Desventurados   San Ambrosio   San Félix

Océan Pacifique

Dorsale de Juan Fernández   Iles Juan Fernández   Ile Robinson Crusoé

-5303   Seuil du Rio Grande   Tropique du Capricorne

Bassin   -5900   *argentin*

Atlantique

Singapour   Suva   Sydney   Dunedin

Projection azimutale conforme

© WN Atlas Production

Échelle 1:25 000 000

0 200 400 600 800 1000 km

| B | 80° L.O.de Gr. | C | New York | 70° | D | Halifax | 60° | E | 50° | F | 40° | G |

Mer des Antilles
(Mer des Caraïbes)

STE-LUCIE
ST VINCENT   BARBADE
GRENADE
Tobago
Port of Spain 1,2
TRINIDAD ET TOBAGO
Trinidad

Santa Marta
Barranquilla
Cartagena
Aruba (P.-B.)
Bonaire (P.-B.)
Curaçao (P.-B.)
Margarita
Paria
Cumaná
Coro Pto. Cabello
MARACAIBO CARACAS
Barcelona Maturín
Colón
PANAMÁ
Golfe de Darién
Montería
Cabimas
Lagune de Maracaibo
Valencia
Barquisimeto
Orénoque
Cd. Guayana
Golfe de Panamá
MEDELLÍN
Manizales
Cúcuta
San Cristóbal
Bucaramanga
Apure
Cd Bolívar
Barrage de Guri
Georgetown
Ocean
Atlantique

Malpelo (Col.)
Buenaventura
CALI
IBAGUÉ BOGOTÁ
VENEZUELA
Meta
23,9
New Amsterdam
Paramaribo
Cayenne

Popayán
Neiva
COLOMBIE
40,3
Puerto Ayacucho
GUYANA
0,7
SURINAM
0,4
Guyane française

Tumaco
San Lorenzo
Esmeraldas
Pasto
Florencia
Caquetá
Mitú
Boa Vista
Roraima
0,2
Amapá

Quito
Portoviejo
13,2
Ambato
Manta
ÉQUATEUR
GUAYAQUIL
Cuenca
Iquitos
Napo
Leticia
Tabatinga
Benjamin-Constant
Barcelos
Rio Negro
MANAUS
Óbidos
Santarém
Altamira
Porto de Moz
Belém
Bragança
São Luís
Parnaíba
Équateur 0°

Golfe de Guayaquil
Machala
Loja
Marañón
Yavarí
Juruá
Amazone (Solimões)
Fonte Boa
Tefé
Itaituba
Pará
Macapá
Marajó
Sobral
Fortaleza
Ceará

Talara
Paita
Piura
Cajamarca
Huallaga
Purús
Humaitá
Madeira
Tapajós
Marabá
Carajás
São Félix do Xingu
Carolina
Imperatriz
Maranhão
Caxias
Teresina
Quixadá
Rio Grande do Norte
Natal
Campina Grande
João-Pessoa

Piemente
Pacasmayo
Trujillo
Chimbote
PÉROU
Huaráz
Tingo María
Cruzeiro do Sul
Acre
Rio Branco
Pôrto Velho
Rio Tales Pires
BRÉSIL
174,5
Piauí
Paulistana
S. Francisco
Pernambouc
RECIFE
Olinda

Huacho
Callao
LIMA
Chorrillos
Cerro de Pasco
La Oroya
Huancayo
Machu Picchu
Cuzco
Puerto Maldonado
Guajará-Mirim
Cobija
Riberalta
Rondônia
Ji-Paraná
Vilhena
Juruena
Rio das Mortes
Mato Grosso
Tocantins
Bahia
Feira de Santana
Aracajú
Sergipe
Maceió
Alagoas

Pisco
Ica
Ayacucho
27,5
Puno
Lac Titicaca
La Paz
BOLIVIE
8,3
Trinidad
Mato Grosso
Paraguay
Cuiabá
Rondonópolis
Goiás
District Fédéral
BRASÍLIA
Januária
Vitória da Conquista
Ilhéus
SALVADOR
B. de Tous les Saints

San Juan
Arequipa
Tacna
Oruro
Cochabamba
Santa Cruz
Corumbá
Pto Suarez
Pto Esperança
Anápolis
Goiânia
Minas Gerais
Montes Claros
Teófilo Otôni
Belmonte

Mollendo
Ilo
Arica
Sucre
Potosí
Lac Poopó
Salar de Uyuni
Uyuni
Tarija
Tres Lagoas
Campo Grande
Uberlândia
Uberaba
BELO HORIZONTE
Governador Valadares
Diamantina
Espírito Santo

Iquique
Tocopila
Chuquicamata
Calama
Filadelfia
5,7
Mato Grosso do Sul
Ribeirão Prêto
Paranaíba
Rio Grande
Juiz de Fora
Vitória

Antofagasta
Taltal
Caldera
San Salvador de Jujuy
Pilcomayo
PARAGUAY
Ponta Porã
Concepción
Bauru
Londrina
São Paulo
Volta Redonda
Campinas
Petrópolis
Campos
Rio de Janeiro

Tropique du Capricorne
Océan
Desventuradas (Ch.)
San Ambrosio
San Félix
Salta
Bermejo
Chutes de Guaíra
Maringá
Paraná
Ponta Grossa
SÃO PAULO
Santos
RIO DE JANEIRO
NOVA IGUAÇU
S. José d. Campos
Niterói

Copiapó
San Miguel de Tucumán
Formosa
Asunción
Villarrica
Cd. del Este
Curitiba
Paranaguá
São Francisco do Sul
Joinville

CHILI
15,3
Catamarca
La Rioja
Santiago del Estero
Resistencia
Corrientes
Posadas
Barrage de Yacyretá
Encarnación
Santa Catarina
Blumenau
Florianópolis
Lajes
Caxias do Sul

La Serena
Coquimbo
San Juan
Mendoza
Santa Fé
Paraná
Rosario
Rio Cuarto
Uruguaiana
Rivera
Salto
Paysandú
Mélo
do Sul
Pelotas
PÔRTO ALEGRE
Santa Maria
Rio Grande

Viña del Mar
Valparaíso
San Antonio
SANTIAGO
Rancagua
Constitución
San Rafael
Junín
Chivilcoy
BUENOS AIRES
La Plata
Concordia
Fray Bentos
Colonia
URUGUAY
MONTEVIDEO
Minas
Rocha
Rio de la Plata

Talca
Chillán
ARGENTINE
37,4
Santa Rosa
Olavarría
Azul
Tandil
Mar del Plata

Talcahuano
Concepción
Lota
Los Angeles
Temuco
Valdivia
Corral
Neuquén
Rio Negro
Colorado
Tres Arroyos
Bahía Blanca
Miramar
Necochea

Océan
Pacifique
Iles Juan-Fernández (Ch.)
Ile Robinson Crusoé
San Antonio Oeste
Viedma
G. de San Matías

Osorno
Puerto Montt
Chiloé
San Carlos de Bariloche
Puerto Madryn
Rawson
Chubút

Arch. des Chonos
Puerto Aisén
Sarmiento
Comodoro Rivadavia
G. de San Jorge
Deseado
Atlantique

Wellington
Hanover
Santa Cruz
Rio Gallegos
Chico
Deseado

Iles Falkland (R.-U.)
Stanley
(Iles Malouines)

Dt de Magellan
Tierra del Fuego (Terre de Feu)
Punta Arenas
Ushuaia
Isla de los Estados (Ile des Etats)
Clarencia
Dt de Drake

Géorgie du Sud (R.-U.)

3,4 L'importance de la population, en millions d'habitants, de chaque pays est indiqué en rouge (2001)

Projection azimutale conforme

| A | B | 80° | C | 70° | D | 60° | E | Shetland du Sud 50° | 40° | G | 30° | 50° |

© WN Atlas Productions

AMÉRIQUE LATINE

A. ISOTHERMES ET PRÉCIPITATIONS DE JANVIER

Précipitations en mm
- moins de 25
- 25 - 50
- 50 - 100
- 100 - 200
- 200 - 300
- 300 ou plus
- Isotherme (réduite au niveau de la mer)

B. ISOTHERMES ET PRÉCIPITATIONS DE JUILLET

Précipitations en mm
- moins de 25
- 25 - 50
- 50 - 100
- 100 - 200
- 200 - 300
- 300 ou plus
- Isotherme (réduite au niveau de la mer)

C. UTILISATION DU SOL

- Désert, haute montagne
- Forêt, forêt sempervirente
- Élevage extensif
- Céréaliculture (blé, maïs)
- Autres cultures, élevage
- Culture maraîchère, fruitière, vigne
- Canne à sucre
- Tabac
- Café
- Cacao
- Bananes
- Coton

D. MINES ET INDUSTRIE

- Charbon
- Pétrole
- Gaz naturel
- Minerai de fer
- Manganèse
- Cuivre
- Plomb et zinc
- Étain
- Argent
- Or
- Bauxite
- Salpêtre (nitrate)
- Haute technologie
- Région industrielle

E. PRODUITS D'EXPORTATION

Sont donnés pour chaque pays les principaux produits exportés

4771 Exportations en M d'euro (1997)

- Pétrole et produits pétroliers
- Charbon
- Minerai de fer
- Cuivre
- Plomb et zinc
- Argent
- Machines et moyens de transport
- Produits chimiques
- Textile
- Céréales
- Nourriture pour animaux
- Légumes, fruits
- Sucre
- Café
- Bananes
- Viandes et produits carnés
- Poissons et produits de la pêche
- Autres produits exportés

Pays	Exportations (M d'euro)
Ecuador	4771
Pérou	6237
Colombie	10546
Chili	15445
Venezuela	17793
Argentine	23354
Brésil	48498
Mexique	58445

M d'euro : 0 5000 10000 15000 20000 25000 30000 35000 40000 45000 50000 55000 60000

F. BRÉSIL: EXPORTATION DE CAFÉ
en pourcentage des exportations totales
(en tonnages)

1938 '42 '46 '50 '54 '58 '62 '66 '70 '74 '78 '82 '86 '90 '94 1996

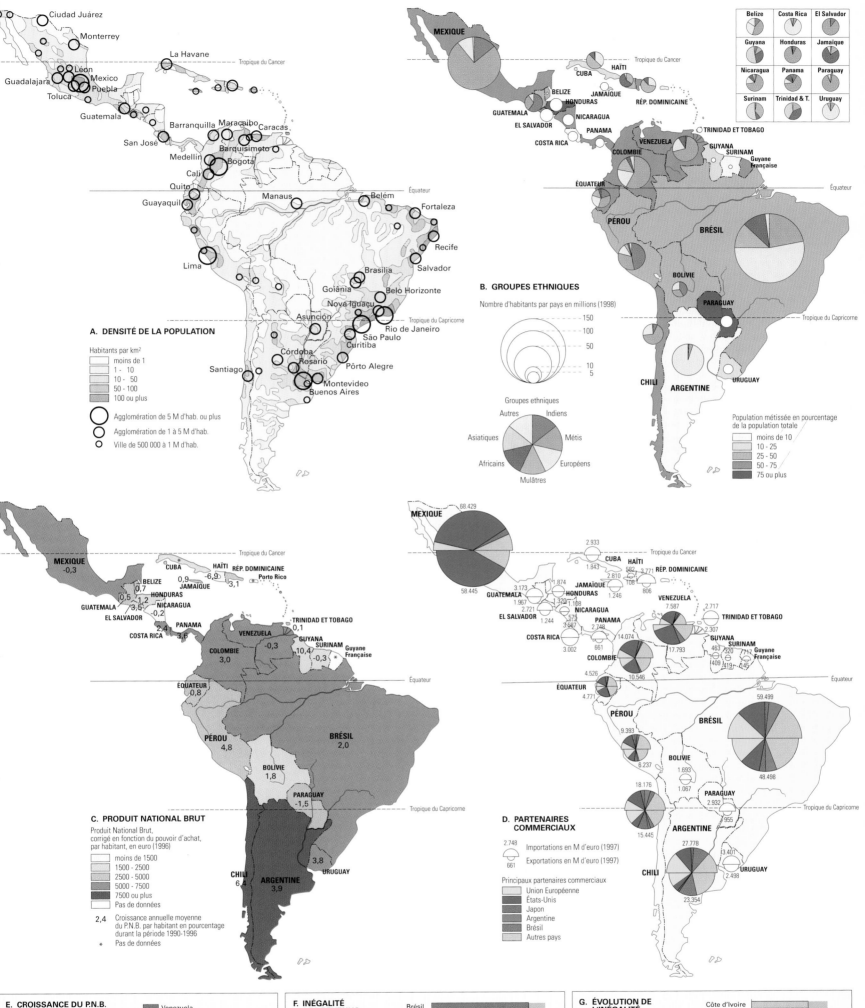

A. DENSITÉ DE LA POPULATION

Habitants par km²
- moins de 1
- 1 - 10
- 10 - 50
- 50 - 100
- 100 ou plus

○ Agglomération de 5 M d'hab. ou plus
○ Agglomération de 1 à 5 M d'hab.
○ Ville de 500 000 à 1 M d'hab.

Villes: Ciudad Juárez, Monterrey, La Havane, Guadalajara, Léon, Mexico, Puebla, Toluca, Guatemala, San José, Barranquilla, Maracaibo, Caracas, Barquisimeto, Medellin, Bogotá, Cali, Quito, Guayaquil, Lima, Manaus, Belém, Fortaleza, Recife, Salvador, Brasilia, Goiânia, Belo Horizonte, Nova Iguaçu, Asunción, Rio de Janeiro, São Paulo, Curitiba, Córdoba, Rosario, Santiago, Pôrto Alegre, Montevideo, Buenos Aires

Tropique du Cancer — Équateur — Tropique du Capricorne

B. GROUPES ETHNIQUES

Nombre d'habitants par pays en millions (1998)
- 150
- 100
- 50
- 10
- 5

Groupes ethniques:
- Autres
- Indiens
- Asiatiques
- Métis
- Africains
- Européens
- Mulâtres

Population métissée en pourcentage de la population totale
- moins de 10
- 10 - 25
- 25 - 50
- 50 - 75
- 75 ou plus

C. PRODUIT NATIONAL BRUT

Produit National Brut, corrigé en fonction du pouvoir d'achat, par habitant, en euro (1996)
- moins de 1500
- 1500 - 2500
- 2500 - 5000
- 5000 - 7500
- 7500 ou plus
- Pas de données

2,4 Croissance annuelle moyenne du P.N.B. par habitant en pourcentage durant la période 1990-1996

* Pas de données

MEXIQUE -0,3 ; CUBA 0,9 ; HAÏTI -6,9 ; RÉP. DOMINICAINE 3,1 ; Porto Rico ; BELIZE 0,7 ; JAMAÏQUE 3,173 ; HONDURAS 0,5 ; GUATEMALA 1,2 ; NICARAGUA -3,5 / -0,2 ; EL SALVADOR ; COSTA RICA 2,4 ; PANAMA 3,6 ; TRINIDAD ET TOBAGO 0,1 ; VENEZUELA -0,3 ; GUYANA 10,4 ; SURINAM -0,3 ; Guyane Française ; COLOMBIE 3,0 ; ÉQUATEUR 0,8 ; PÉROU 4,8 ; BRÉSIL 2,0 ; BOLIVIE 1,8 ; PARAGUAY -1,5 ; URUGUAY 3,8 ; CHILI 6,4 ; ARGENTINE 3,9

D. PARTENAIRES COMMERCIAUX

○ Importations en M d'euro (1997) — 2.748
○ Exportations en M d'euro (1997) — 661

Principaux partenaires commerciaux
- Union Européenne
- États-Unis
- Japon
- Argentine
- Brésil
- Autres pays

MEXIQUE 68.429 / 58.445 ; CUBA 2.933 ; HAÏTI 582 / 108 ; RÉP. DOMINICAINE 3.771 / 806 ; 1.843 / 2.810 ; 1.874 ; GUATEMALA 1.967 / 2.721 ; JAMAÏQUE 1.320 / 1.108 ; HONDURAS 1.246 ; EL SALVADOR 1.244 ; NICARAGUA 575 ; COSTA RICA 3.002 / 3.587 ; PANAMA 661 / 2.748 ; VENEZUELA 7.587 / 2.717 ; TRINIDAD ET TOBAGO 2.307 ; COLOMBIE 14.074 / 10.546 ; GUYANA 463 / 520 ; SURINAM 1.409 / 419 / 445 ; Guyane Française ; ÉQUATEUR 4.526 / 4.771 ; PÉROU 9.393 ; BRÉSIL 59.499 / 48.498 ; BOLIVIE 1.693 / 1.067 ; PÉROU 6.237 ; PARAGUAY 2.932 / 955 ; CHILI 18.176 ; ARGENTINE 15.445 / 27.778 ; URUGUAY 3.401 / 2.498 ; 23.354 ; 17.793

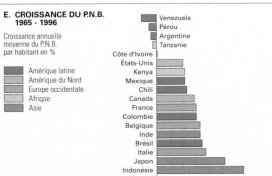

E. CROISSANCE DU P.N.B. 1965 - 1996

Croissance annuelle moyenne du P.N.B. par habitant en %

- Amérique latine
- Amérique du Nord
- Europe occidentale
- Afrique
- Asie

Venezuela, Pérou, Argentine, Tanzanie, Côte d'Ivoire, États-Unis, Kenya, Mexique, Chili, Canada, France, Colombie, Belgique, Inde, Brésil, Italie, Japon, Indonésie

-1 0 1 2 3 4 5%

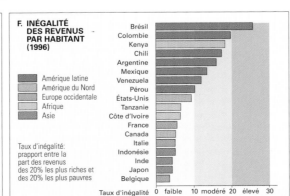

F. INÉGALITÉ DES REVENUS PAR HABITANT (1996)

- Amérique latine
- Amérique du Nord
- Europe occidentale
- Afrique
- Asie

Brésil, Colombie, Kenya, Chili, Argentine, Mexique, Venezuela, Pérou, États-Unis, Tanzanie, Côte d'Ivoire, France, Canada, Italie, Indonésie, Inde, Japon, Belgique

Taux d'inégalité: rapport entre la part des revenus des 20% les plus riches et des 20% les plus pauvres

Taux d'inégalité 0 faible 10 modéré 20 élevé 30

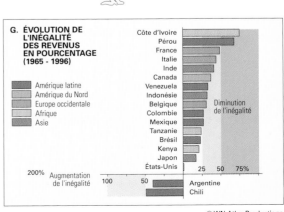

G. ÉVOLUTION DE L'INÉGALITÉ DES REVENUS EN POURCENTAGE (1965 - 1996)

- Amérique latine
- Amérique du Nord
- Europe occidentale
- Afrique
- Asie

Côte d'Ivoire, Pérou, France, Italie, Inde, Canada, Venezuela, Indonésie, Belgique, Colombie, Mexique, Tanzanie, Brésil, Kenya, Japon, États-Unis

Diminution de l'inégalité — 25 50 75%

200% Augmentation de l'inégalité — 100 50

Argentine, Chili

BRÉSIL

A. DENSITÉ DE LA POPULATION
1 : 35 000 000

Habitants par km² par État (1991)

moins de 2
2 - 10
10 - 25
25 - 50
50 - 100
100 ou plus

4,9 Millions d'habitants

Roraima 0,2

Amazonas 2,1

Acre 0,4

Rondônia 1,1

Pará 5,1

Amapá 0,3

Mato Grosso 2,0

Mato Grosso do Sul 1,8

Tocantins 0,9

Maranhão 4,9

Piauí 2,6

Ceará 6,4

Rio Grande do Norte 2,4

Paraíba 3,2

Pernambouc 7,1

Alagoas 2,5

Sergipe 1,5

Bahia 11,8

Minas Gerais 15,7

Espírito Santo 2,6

Rio de Janeiro 12,6

District Fédéral 1,6

Goiás 4,0

São Paulo 31,2

Paraná 8,4

Santa Catarina 4,5

Rio Grande do Sul 9,1

Composition ethnique de la population

146 917 000 habitants (1991)

1. Blancs 54%
   a. Portugais 15%
   b. Italiens 11%
   c. Espagnols 10%
   d. Allemands 3%
   e. Autres blancs 15%
2. Mulâtres 22%
3. Métis 11%
4. Noirs 11%
5. Autres 2%

B. LIAISONS AÉRIENNES ET CHEMINS DE FER
1 : 35 000 000

Chemin de fer
Liaison aérienne

Transports par avion

Marchandises (1000 tonnes)

Passagers (millions)

Transports par chemin de fer

Marchandises (millions de tonnes)

Passagers (millions)

Passagers
Marchandises

C. RIO DE JANEIRO
1 : 500 000

Centre des affaires
Zone résidentielle
Espace industriel
Aéroport
Aérodrome
Parc
Forêt
Zone non urbanisée
Route principale
Chemin de fer
Quartier de taudis (favela)
Bâtiment remarquable
1 Palais impérial
2 Cathédrale
3 Dom Pedro
4 Jardin botanique

D. SÃO PAULO
1 : 500 000

Zone résidentielle
Espace industriel
Aéroport
Parc
Forêt
Zone non urbanisée
Barrage, lac de barrage
Chemin de fer
Route principale
Bâtiment remarquable

E. BRASÍLIA
1 : 300 000

Centre des affaires
Bâtiments du gouvernement et ambassades
Zone résidentielle
Espaces industriels et réservés au trafic
Aéroport
Parc
Forêt
Zone non urbanisée
Chemin de fer avec gare
Autoroute
Route principale
Bâtiment remarquable
1 Palais présidentiel
2 Université
3 Théâtre national
4 Observatoire

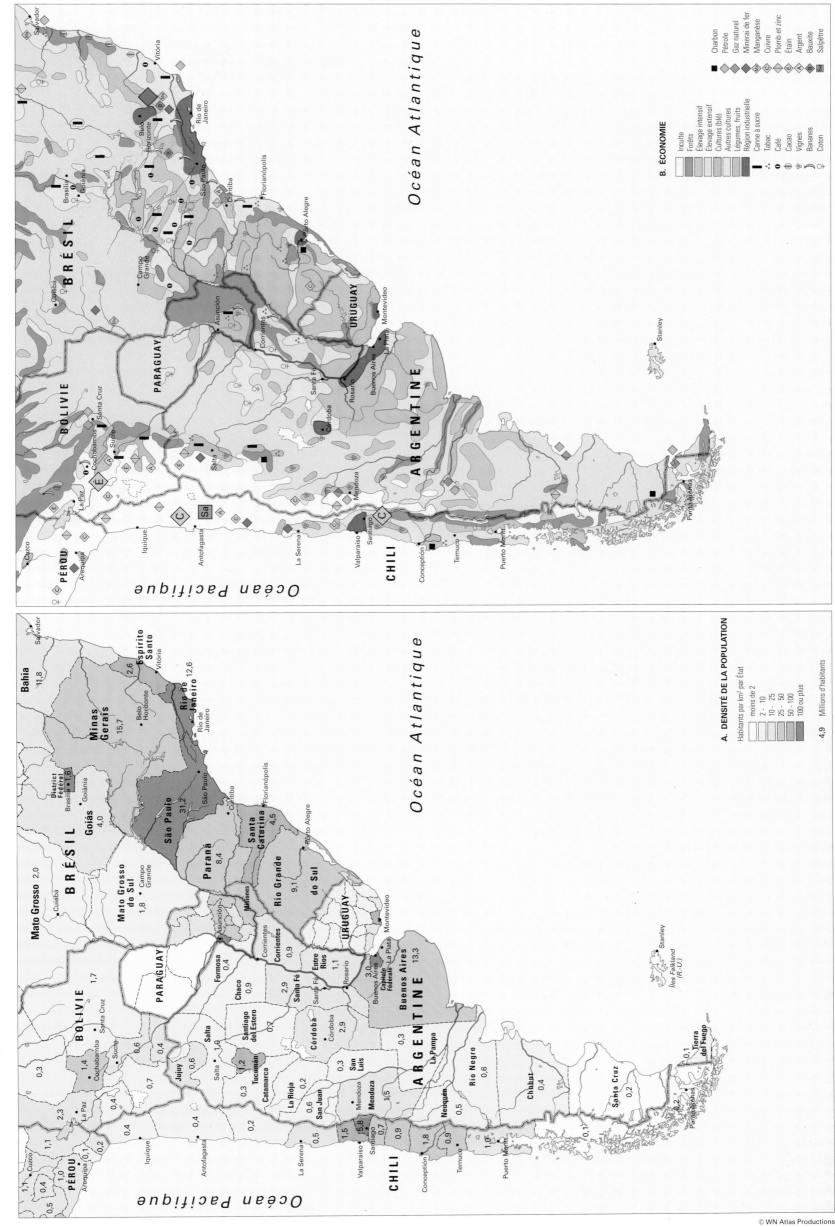

ANDES/CONE SUD

Échelle 1 : 25 000 000

Carte supérieure (Économie)

PÉROU

Cuzco
Arequipa
Iquique
Antofagasta

BOLIVIE
La Paz
Cochabamba
Sucre
Santa Cruz

BRÉSIL
Salvador
Curitibá
Brasília
Goiânia
Belo Horizonte
São Paulo
Campo Grande
Rio de Janeiro
Curitiba
Florianópolis
Porto Alegre
Vitória

PARAGUAY
Asunción

URUGUAY
Montevideo
Corrientes
Santa Fé

ARGENTINE
Salta
Córdoba
Rosario
Mendoza
Buenos Aires
La Plata
Neuquén
Puerto Montt
Punta Arenas

CHILI
Valparaíso
Santiago
Concepción
Temuco
La Serena

Stanley

Océan Atlantique

Océan Pacifique

B. ÉCONOMIE

Inculte	Charbon
Forêts	Pétrole
Élevage intensif	Gaz naturel
Élevage extensif	Minerai de fer
Cultures (blé)	Manganèse
Légumes, fruits	Cuivre
Autres cultures	Plomb et zinc
Région industrielle	Étain
Canne à sucre	Argent
Tabac	Bauxite
Café	Salpêtre
Cacao	
Vignes	
Bananes	
Coton	

Carte inférieure (Densité de la population)

PÉROU
Cuzco 1,1
Arequipa 0,1
0,4
0,5
2,3

BOLIVIE
La Paz
Cochabamba
Sucre
Santa Cruz 1,7
0,2
0,4
1,4
0,6
0,3
0,2

BRÉSIL
Salvador
Bahia 11,8
Mato Grosso 2,0
Cuiabá
Mato Grosso do Sul 1,8
Campo Grande
Minas Gerais 15,7
Belo Horizonte
Espírito Santo 2,6
Vitória
Goiás 4,0
Goiânia
District Fédéral 1,6
Brasília
São Paulo 31,2
Rio de Janeiro 12,6
Paraná 8,4
Curitiba
Santa Catarina 4,5
Florianópolis
Rio Grande do Sul 9,1
Porto Alegre

PARAGUAY
Asunción

URUGUAY
Montevideo
Misiones
Corrientes 0,9
Formosa 0,4
Chaco 0,9
Santiago del Estero 0,7
Santa Fé 2,9
Entre Ríos 1,1
Rosario
Córdoba 2,9

ARGENTINE
Salta 1,0
Jujuy 0,6
Tucumán 1,2
Catamarca 0,3
La Rioja 0,2
San Juan 0,5
Mendoza 1,5
San Luis 0,3
Buenos Aires 13,3
Capitale Fédérale 3,0
La Plata
La Pampa
Neuquén 0,5
Río Negro 0,6
Chubut 0,4
Santa Cruz 0,2
Tierra del Fuego 0,1

CHILI
Valparaíso 1,5
Santiago 5,8
0,7
Concepción 1,8
Temuco 0,9
Puerto Montt 1,0
Punta Arenas 0,2

Stanley
Îles Falkland (R.-U.)

Océan Atlantique

Océan Pacifique

A. DENSITÉ DE LA POPULATION

Habitants par km² par État

moins de 2	
2 - 10	
10 - 25	
25 - 50	
50 - 100	
100 ou plus	

4,9 Millions d'habitants

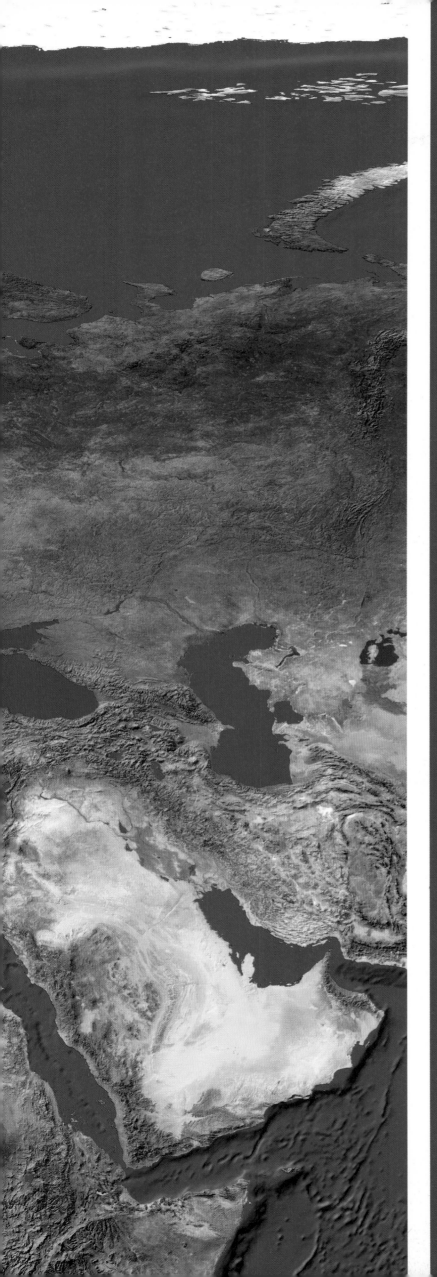

EUROPE

EUROPE

-4000 -2000 -200 0 100 200 500 1500 2000 5000 m
au-dessous du niveau de la mer

30° L.O. de Gr. 20° 10° 0° 10° 20° 30° 40°

Océan Glacial Arctique

Détroit du Danemark

Cercle polaire arctique

Islande
Reykjavik
Baie Faxa
Dorsale de Reykjanes
Hekla 1491 Vatnajökull 2119

Océan Atlantique

Dorsale d'Islande

Bassin norvégien

Jan Mayen +2545 Berenberg

Cap Nord Hammerfest Varangerfjord Mer de Barents
Lofoten Lac Inari Mourmansk Péninsule de Kola
Vestfjord +1191
Trondheim Laponie Arkhangelsk
Galdhøpiggen +2469 Plateau lacustre de Finlande Carélie
Bergen Golfe de Botnie Tampere Lac Onega
Oslo Åland Helsinki Lac Ladoga Svir
Stockholm Golfe de Finlande St-Pétersbourg
Lac Väner Göteborg Tallinn Lac des Tchoudes (Peïpous)
Lac Vätter Gotland Riga Smolensk
Copenhague Mer Baltique Kaliningrad Minsk
Hambourg Gdańsk Vilnius
Amsterdam Berlin Szczecin Varsovie Marais du Pripiat
Rotterdam Leipzig Wrocław Cracovie Kyiv (Kiev)
Bruxelles Cologne Prague Carpates Plateau de Volhynie
Paris Francfort Vienne Bratislava Lviv
Dijon Munich Budapest Grande Plaine hongroise Odessa
Lyon Berne Graz Transylvanie Galați
Bordeaux Mt Blanc 4808 Milan Zagreb Belgrade Bucarest
Toulouse Turin Venise Sarajevo Sofia
Marseille Gênes Mer Adriatique Skopje Istanbul
Barcelone Corse Rome Tirana Thessalonique
Madrid Sardaigne Naples Vésuve 1277 Mer Égée Izmir
Lisbonne Séville Palerme Sicile Etna 3323 Athènes
Casablanca Alger Tunis Mer Méditerranée Crète Rhodes
Oran Tripoli Benghazi Alexandrie

Grande-Bretagne
Irlande Dublin Manchester Birmingham Londres
Glasgow Édimbourg Belfast Liverpool

Mer du Nord Dogger Bank Jutland Skagerrak

Manche Pas de Calais Le Havre Brest Nantes

Golfe de Gascogne Péninsule Ibérique Pyrénées Massif Central

Mer Ligurienne Mer Tyrrhénienne Mer Ionienne

Atlas tellien Atlas saharien Hauts Plateaux Grand Erg occidental Grand Erg oriental

Projection de Bonne

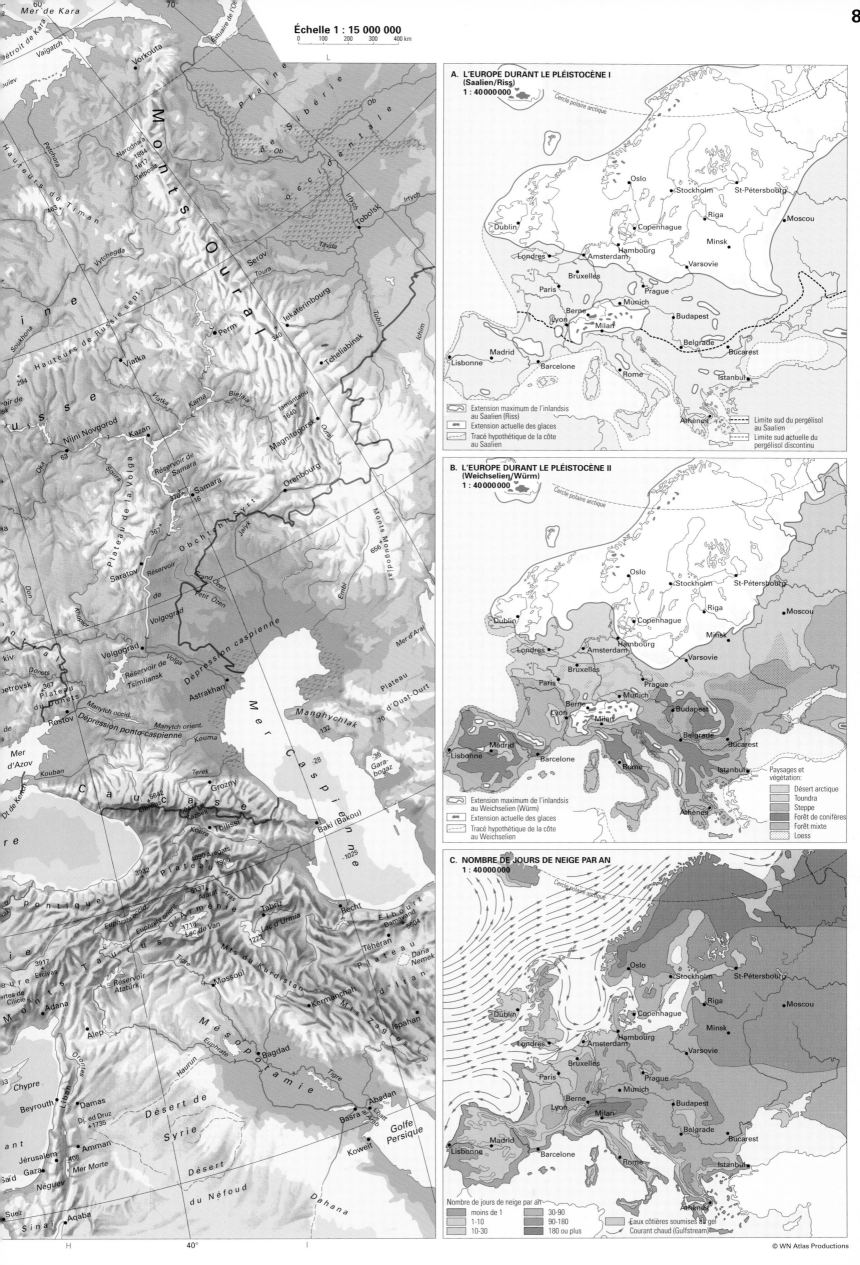

Échelle 1 : 15 000 000

0   100   200   300   400 km

A. L'EUROPE DURANT LE PLÉISTOCÈNE I
(Saalien/Riss)
1 : 40 000 000

Cercle polaire arctique

Oslo
Stockholm
St-Pétersbourg
Riga
Dublin
Copenhague
Moscou
Minsk
Londres
Hambourg
Amsterdam
Varsovie
Bruxelles
Paris
Prague
Berne
Munich
Lyon
Budapest
Milan
Belgrade
Lisbonne
Madrid
Bucarest
Barcelone
Rome
Istanbul
Athènes

◻ Extension maximum de l'inlandsis au Saalien (Riss)
◻ Extension actuelle des glaces
◻ Tracé hypothétique de la côte au Saalien
--- Limite sud du pergélisol au Saalien
--- Limite sud actuelle du pergélisol discontinu

B. L'EUROPE DURANT LE PLÉISTOCÈNE II
(Weichselien/Würm)
1 : 40 000 000

Cercle polaire arctique

Oslo
Stockholm
St-Pétersbourg
Riga
Dublin
Copenhague
Moscou
Minsk
Hambourg
Londres
Amsterdam
Varsovie
Bruxelles
Paris
Prague
Berne
Munich
Lyon
Budapest
Milan
Belgrade
Lisbonne
Madrid
Bucarest
Barcelone
Rome
Istanbul
Athènes

◻ Extension maximum de l'inlandsis au Weichselien (Würm)
◻ Extension actuelle des glaces
--- Tracé hypothétique de la côte au Weichselien

Paysages et végétation:
◻ Désert arctique
◻ Toundra
◻ Steppe
◻ Forêt de conifères
◻ Forêt mixte
◻ Loess

C. NOMBRE DE JOURS DE NEIGE PAR AN
1 : 40 000 000

Cercle polaire arctique

Oslo
Stockholm
St-Pétersbourg
Riga
Dublin
Copenhague
Moscou
Minsk
Hambourg
Londres
Amsterdam
Varsovie
Bruxelles
Paris
Prague
Munich
Berne
Lyon
Budapest
Milan
Belgrade
Lisbonne
Madrid
Bucarest
Barcelone
Rome
Istanbul
Athènes

Nombre de jours de neige par an
◻ moins de 1
◻ 1-10
◻ 10-30
◻ 30-90
◻ 90-180
◻ 180 ou plus
◻ Eaux côtières soumises au gel
→ Courant chaud (Gulfstream)

EUROPE POLITIQUE

Projection de Bonne

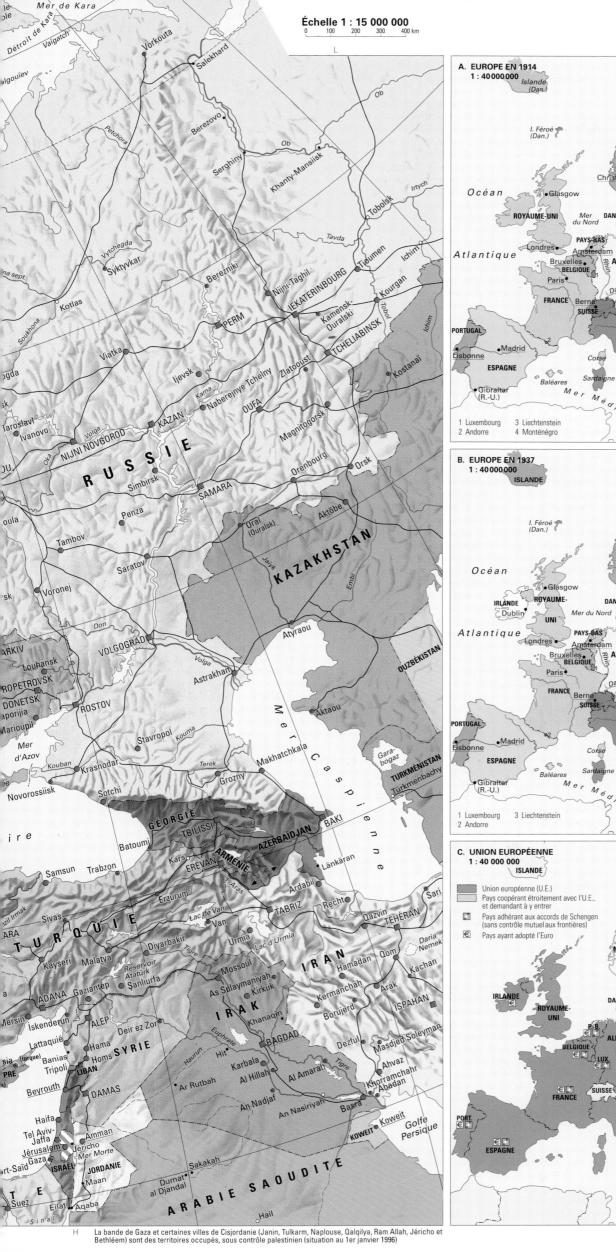

Échelle 1 : 15 000 000

A. EUROPE EN 1914
1 : 40 000 000

1 Luxembourg   3 Liechtenstein
2 Andorre   4 Monténégro

B. EUROPE EN 1937
1 : 40 000 000

1 Luxembourg   3 Liechtenstein
2 Andorre

C. UNION EUROPÉENNE
1 : 40 000 000

Union européenne (U.E.)
Pays coopérant étroitement avec l'U.E., et demandant à y entrer
Pays adhérant aux accords de Schengen (sans contrôle mutuel aux frontières)
Pays ayant adopté l'Euro

H   La bande de Gaza et certaines villes de Cisjordanie (Janin, Tulkarm, Naplouse, Qalqilya, Ram Allah, Jéricho et Bethléem) sont des territoires occupés, sous contrôle palestinien (situation au 1er janvier 1996)

© WN Atlas Productions

EUROPE CLIMAT

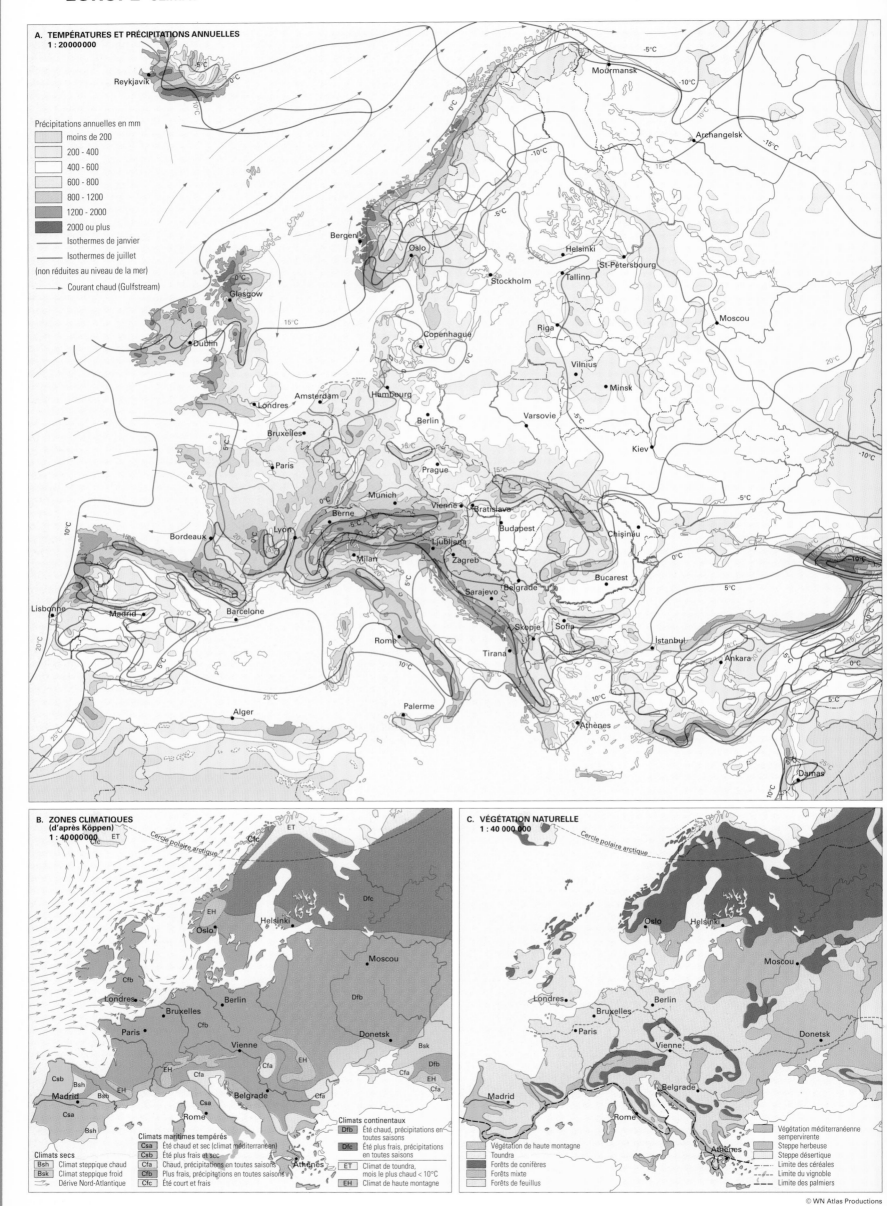

A. TEMPÉRATURES ET PRÉCIPITATIONS ANNUELLES
1 : 20 000 000

Précipitations annuelles en mm
- moins de 200
- 200 - 400
- 400 - 600
- 600 - 800
- 800 - 1200
- 1200 - 2000
- 2000 ou plus

Isothermes de janvier
Isothermes de juillet
(non réduites au niveau de la mer)

→ Courant chaud (Gulfstream)

B. ZONES CLIMATIQUES
(d'après Köppen)
1 : 40 000 000

Climats secs
- Bsh Climat steppique chaud
- Bsk Climat steppique froid
- ⇝ Dérive Nord-Atlantique

Climats maritimes tempérés
- Csa Été chaud et sec (climat méditerranéen)
- Csb Été plus frais et sec
- Cfa Chaud, précipitations en toutes saisons
- Cfb Plus frais, précipitations en toutes saisons
- Cfc Été court et frais

Climats continentaux
- Dfb Été chaud, précipitations en toutes saisons
- Dfc Été plus frais, précipitations en toutes saisons
- ET Climat de toundra, mois le plus chaud < 10°C
- EH Climat de haute montagne

C. VÉGÉTATION NATURELLE
1 : 40 000 000

- Végétation de haute montagne
- Toundra
- Forêts de conifères
- Forêts mixtes
- Forêts de feuillus
- Végétation méditerranéenne sempervirente
- Steppe herbeuse
- Steppe désertique
- Limite des céréales
- Limite du vignoble
- Limite des palmiers

EUROPE AGRICULTURE

A. UTILISATION DU SOL
1 : 20 000 000

- Improductif
- Forêts
- Élevage
- Cultures (céréales)
- Cultures et élevage
- Agriculture méditerranéenne

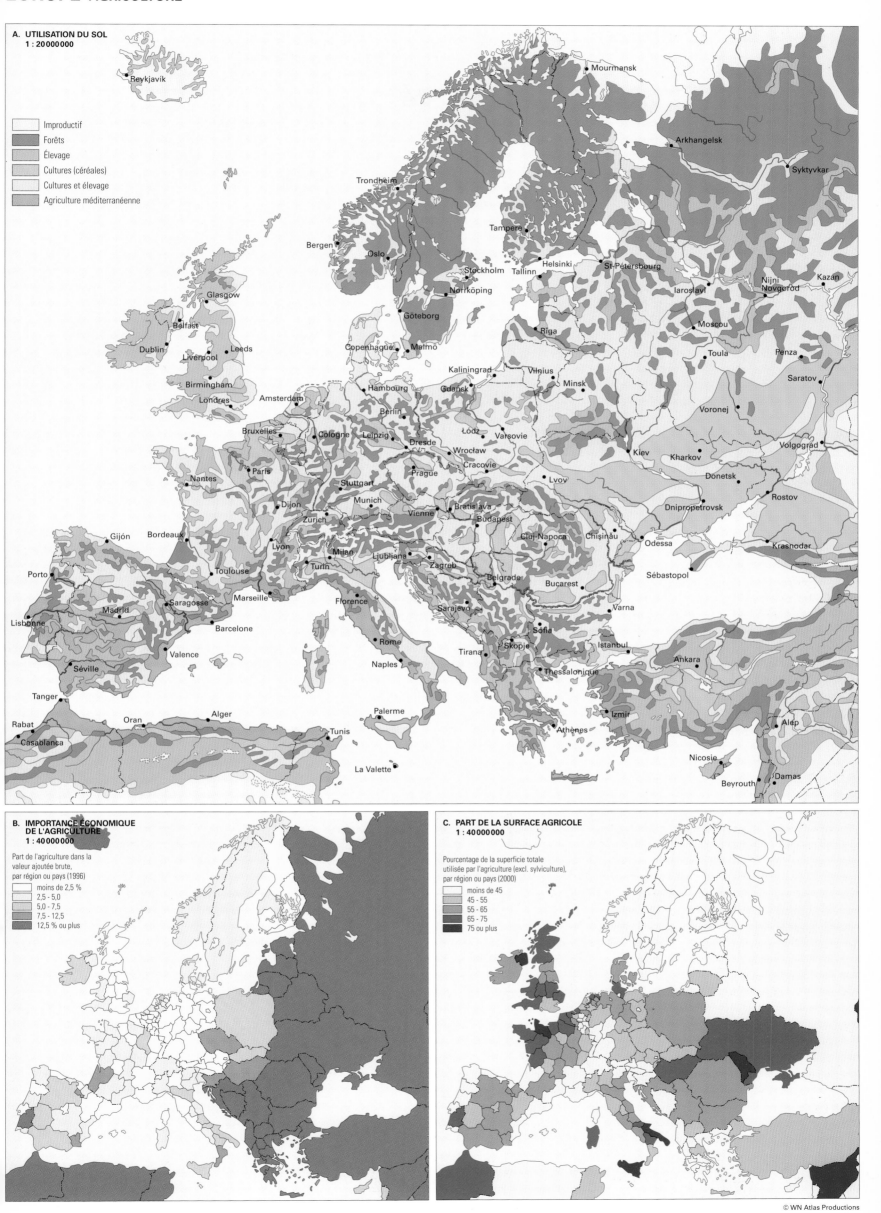

B. IMPORTANCE ÉCONOMIQUE DE L'AGRICULTURE
1 : 40 000 000

Part de l'agriculture dans la valeur ajoutée brute, par région ou pays (1996)

- moins de 2,5 %
- 2,5 - 5,0
- 5,0 - 7,5
- 7,5 - 12,5
- 12,5 % ou plus

C. PART DE LA SURFACE AGRICOLE
1 : 40 000 000

Pourcentage de la superficie totale utilisée par l'agriculture (excl. sylviculture), par région ou pays (2000)

- moins de 45
- 45 - 55
- 55 - 65
- 65 - 75
- 75 ou plus

© WN Atlas Productions

EUROPE POPULATION

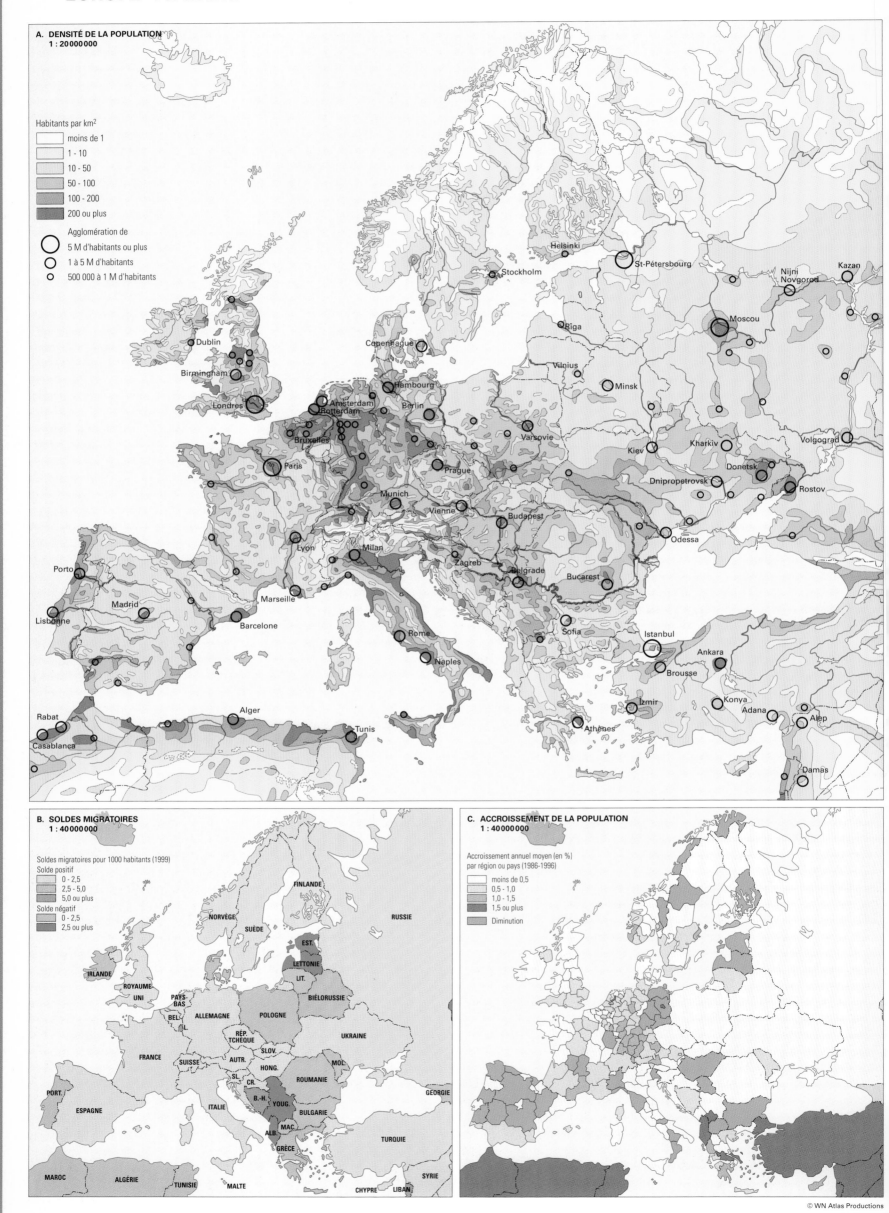

A. DENSITÉ DE LA POPULATION
1 : 20 000 000

Habitants par km²

moins de 1
1 - 10
10 - 50
50 - 100
100 - 200
200 ou plus

Agglomération de

5 M d'habitants ou plus
1 à 5 M d'habitants
500 000 à 1 M d'habitants

Helsinki
Stockholm
St-Pétersbourg
Nijni Novgorod
Kazan
Riga
Moscou
Vilnius
Dublin
Copenhague
Minsk
Birmingham
Hambourg
Volgograd
Londres
Amsterdam
Berlin
Varsovie
Rotterdam
Kharkiv
Bruxelles
Kiev
Donetsk
Paris
Prague
Dnipropetrovsk
Rostov
Munich
Vienne
Odessa
Lyon
Budapest
Milan
Zagreb
Porto
Belgrade
Bucarest
Madrid
Marseille
Sofia
Istanbul
Ankara
Lisbonne
Barcelone
Rome
Brousse
Naples
Rabat
Alger
Izmir
Konya
Adana
Alep
Casablanca
Tunis
Athènes
Damas

B. SOLDES MIGRATOIRES
1 : 40 000 000

Soldes migratoires pour 1000 habitants (1999)
Solde positif
0 - 2,5
2,5 - 5,0
5,0 ou plus
Solde négatif
0 - 2,5
2,5 ou plus

FINLANDE
NORVÈGE
SUÈDE
RUSSIE
IRLANDE
EST.
LETTONIE
ROYAUME UNI
LIT.
PAYS-BAS
BIÉLORUSSIE
BEL.
ALLEMAGNE
POLOGNE
L.
RÉP. TCHÈQUE
UKRAINE
FRANCE
SLOV.
SUISSE
AUTR.
HONG.
MOL.
SL.
CR.
ROUMANIE
PORT.
B.-H.
YOUG.
GÉORGIE
ESPAGNE
ITALIE
BULGARIE
ALB.
MAC.
GRÈCE
TURQUIE
MAROC
ALGÉRIE
TUNISIE
MALTE
CHYPRE
LIBAN
SYRIE

C. ACCROISSEMENT DE LA POPULATION
1 : 40 000 000

Accroissement annuel moyen (en %)
par région ou pays (1986-1996)
moins de 0,5
0,5 - 1,0
1,0 - 1,5
1,5 ou plus
Diminution

EUROPE TOURISME

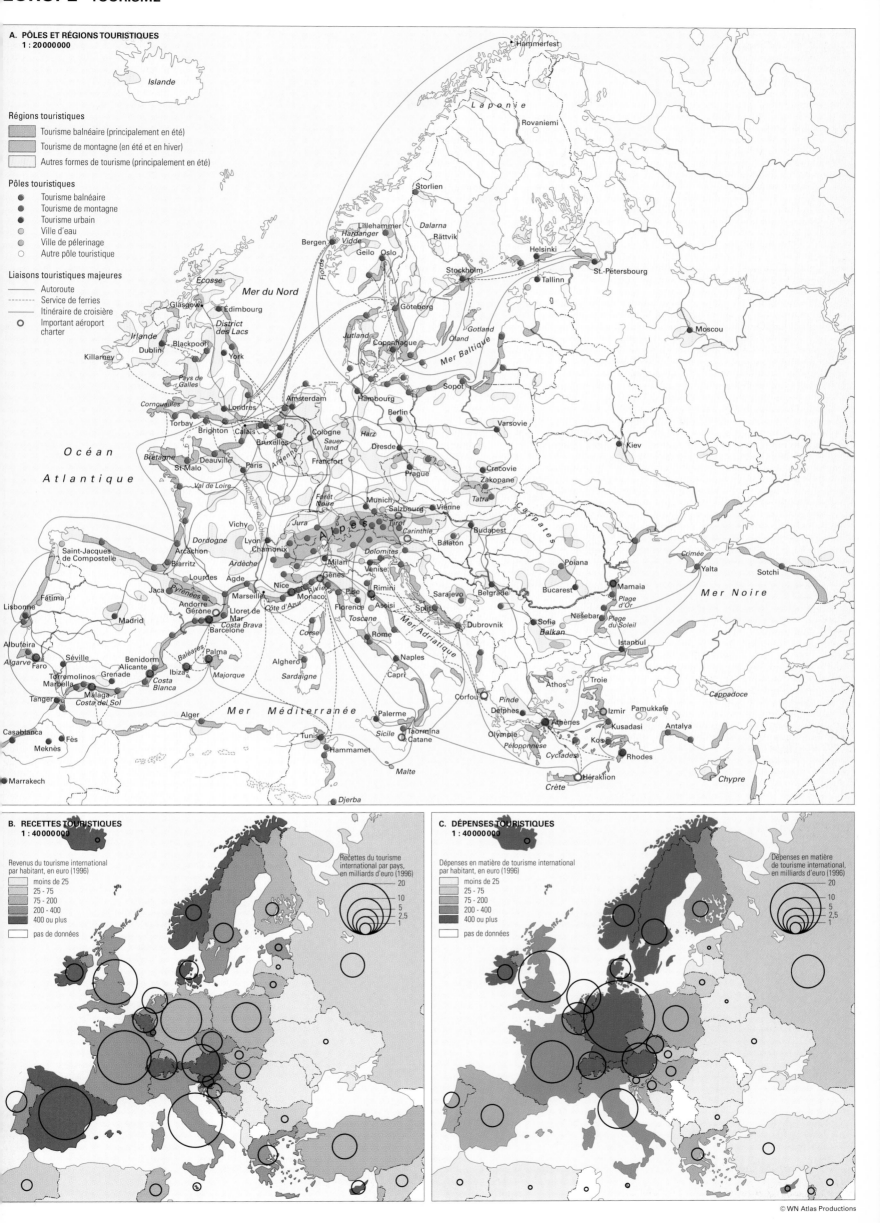

A. PÔLES ET RÉGIONS TOURISTIQUES
1 : 20 000 000

Régions touristiques
- Tourisme balnéaire (principalement en été)
- Tourisme de montagne (en été et en hiver)
- Autres formes de tourisme (principalement en été)

Pôles touristiques
- Tourisme balnéaire
- Tourisme de montagne
- Tourisme urbain
- Ville d'eau
- Ville de pélerinage
- Autre pôle touristique

Liaisons touristiques majeures
- Autoroute
- Service de ferries
- Itinéraire de croisière
- Important aéroport charter

B. RECETTES TOURISTIQUES
1 : 40 000 000

Revenus du tourisme international
par habitant, en euro (1996)
- moins de 25
- 25 - 75
- 75 - 200
- 200 - 400
- 400 ou plus
- pas de données

Recettes du tourisme
international par pays,
en milliards d'euro (1996)
20
10
5
2,5
1

C. DÉPENSES TOURISTIQUES
1 : 40 000 000

Dépenses en matière de tourisme international
par habitant, en euro (1996)
- moins de 25
- 25 - 75
- 75 - 200
- 200 - 400
- 400 ou plus
- pas de données

Dépenses en matière
de tourisme international,
en milliards d'euro (1996)
20
10
5
2,5
1

© WN Atlas Productions

EUROPE ÉCONOMIE

A. INDUSTRIE
1 : 20 000 000

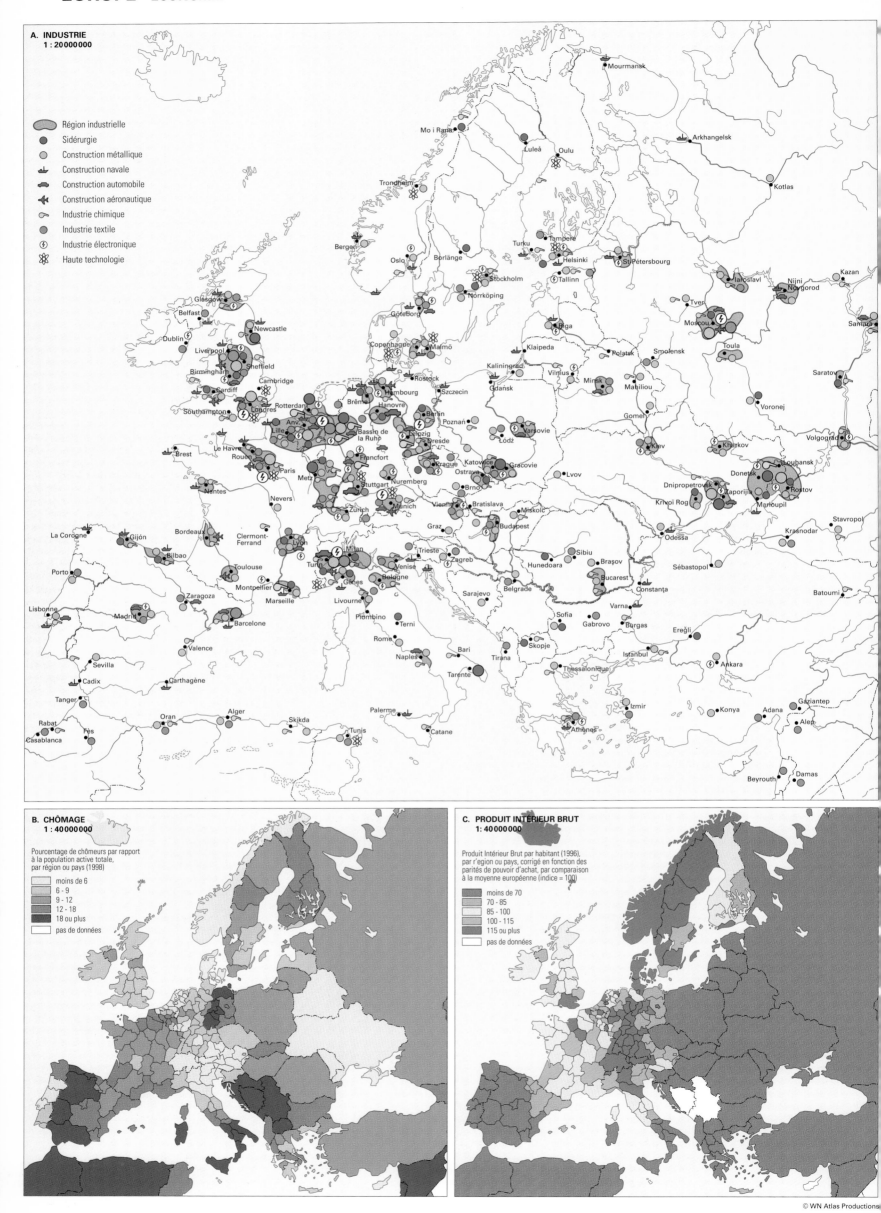

Région industrielle
Sidérurgie
Construction métallique
Construction navale
Construction automobile
Construction aéronautique
Industrie chimique
Industrie textile
Industrie électronique
Haute technologie

B. CHÔMAGE
1 : 40 000 000

Pourcentage de chômeurs par rapport
à la population active totale,
par région ou pays (1998)

moins de 6
6 - 9
9 - 12
12 - 18
18 ou plus
pas de données

C. PRODUIT INTÉRIEUR BRUT
1 : 40 000 000

Produit Intérieur Brut par habitant (1996),
par région ou pays, corrigé en fonction des
parités de pouvoir d'achat, par comparaison
à la moyenne européenne (indice = 100)

moins de 70
70 - 85
85 - 100
100 - 115
115 ou plus
pas de données

© WN Atlas Productions

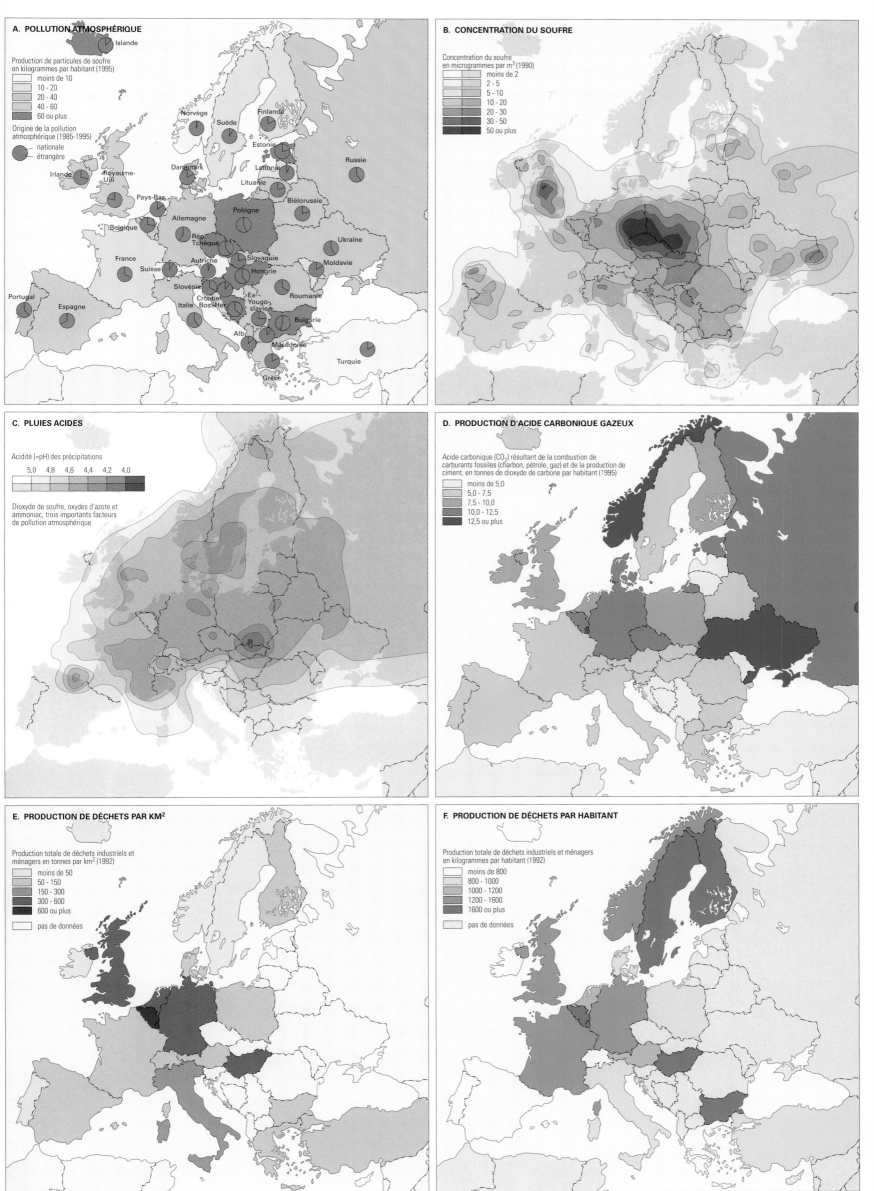

A. POLLUTION ATMOSPHÉRIQUE

Production de particules de soufre
en kilogrammes par habitant (1995)
- moins de 10
- 10 - 20
- 20 - 40
- 40 - 60
- 60 ou plus

Origine de la pollution
atmosphérique (1985-1995)
- nationale
- étrangère

Islande · Norvège · Suède · Finlande · Estonie · Russie · Danemark · Lettonie · Irlande · Royaume-Uni · Lituanie · Pays-Bas · Biélorussie · Belgique · Allemagne · Pologne · France · Rép. Tchèque · Ukraine · Autriche · Slovaquie · Moldavie · Suisse · Hongrie · Slovénie · Roumanie · Portugal · Espagne · Croatie · Bos.-Her. · Ex-Yougoslavie · Italie · Bulgarie · Alb. · Macédoine · Turquie · Grèce

B. CONCENTRATION DU SOUFRE

Concentration du soufre
en microgrammes par m^3 (1990)
- moins de 2
- 2 - 5
- 5 - 10
- 10 - 20
- 20 - 30
- 30 - 50
- 50 ou plus

C. PLUIES ACIDES

Acidité (=pH) des précipitations

5,0 4,8 4,6 4,4 4,2 4,0

Dioxyde de soufre, oxydes d'azote et
ammoniac, trois importants facteurs
de pollution atmosphérique

D. PRODUCTION D'ACIDE CARBONIQUE GAZEUX

Acide carbonique (CO$_2$) résultant de la combustion de
carburants fossiles (charbon, pétrole, gaz) et de la production de
ciment, en tonnes de dioxyde de carbone par habitant (1995)
- moins de 5,0
- 5,0 - 7,5
- 7,5 - 10,0
- 10,0 - 12,5
- 12,5 ou plus

E. PRODUCTION DE DÉCHETS PAR KM^2

Production totale de déchets industriels et
ménagers en tonnes par km^2 (1992)
- moins de 50
- 50 - 150
- 150 - 300
- 300 - 600
- 600 ou plus
- pas de données

F. PRODUCTION DE DÉCHETS PAR HABITANT

Production totale de déchets industriels et ménagers
en kilogrammes par habitant (1992)
- moins de 800
- 800 - 1000
- 1000 - 1200
- 1200 - 1600
- 1600 ou plus
- pas de données

EUROPE MINES/ÉNERGIE

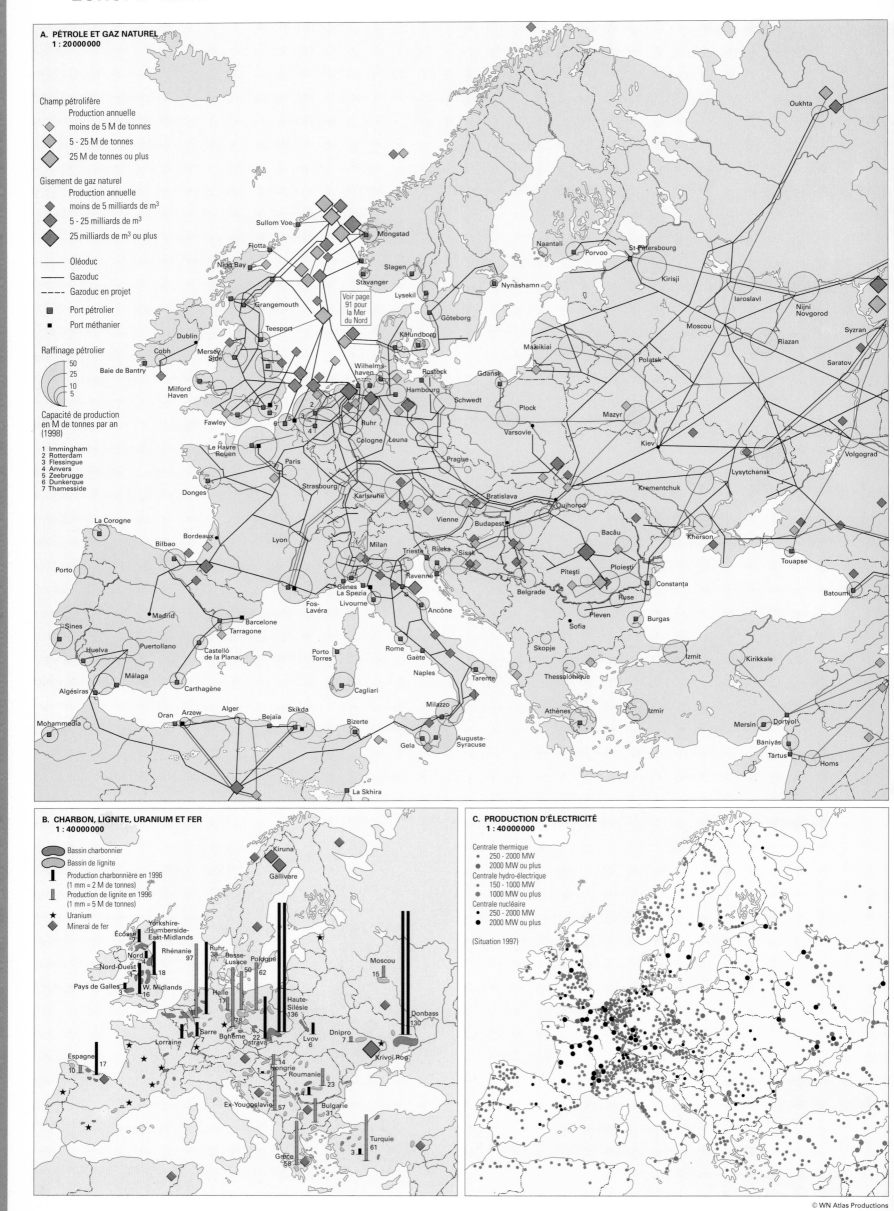

A. PÉTROLE ET GAZ NATUREL
1 : 20 000 000

Champ pétrolifère
Production annuelle
◇ moins de 5 M de tonnes
◇ 5 - 25 M de tonnes
◇ 25 M de tonnes ou plus

Gisement de gaz naturel
Production annuelle
◆ moins de 5 milliards de m³
◆ 5 - 25 milliards de m³
◆ 25 milliards de m³ ou plus

— Oléoduc
— Gazoduc
--- Gazoduc en projet

■ Port pétrolier
▪ Port méthanier

Raffinage pétrolier
50
25
10
5

Capacité de production
en M de tonnes par an
(1998)
1 Immingham
2 Rotterdam
3 Flessingue
4 Anvers
5 Zeebrugge
6 Dunkerque
7 Thamesside

Voir page
91 pour
la Mer
du Nord

B. CHARBON, LIGNITE, URANIUM ET FER
1 : 40 000 000

◗ Bassin charbonnier
◗ Bassin de lignite
▮ Production charbonnière en 1996
(1 mm = 2 M de tonnes)
▮ Production de lignite en 1996
(1 mm = 5 M de tonnes)
★ Uranium
◆ Minerai de fer

C. PRODUCTION D'ÉLECTRICITÉ
1 : 40 000 000

Centrale thermique
· 250 - 2000 MW
● 2000 MW ou plus
Centrale hydro-électrique
· 150 - 1000 MW
● 1000 MW ou plus
Centrale nucléaire
· 250 - 2000 MW
● 2000 MW ou plus

(Situation 1997)

© WN Atlas Productions

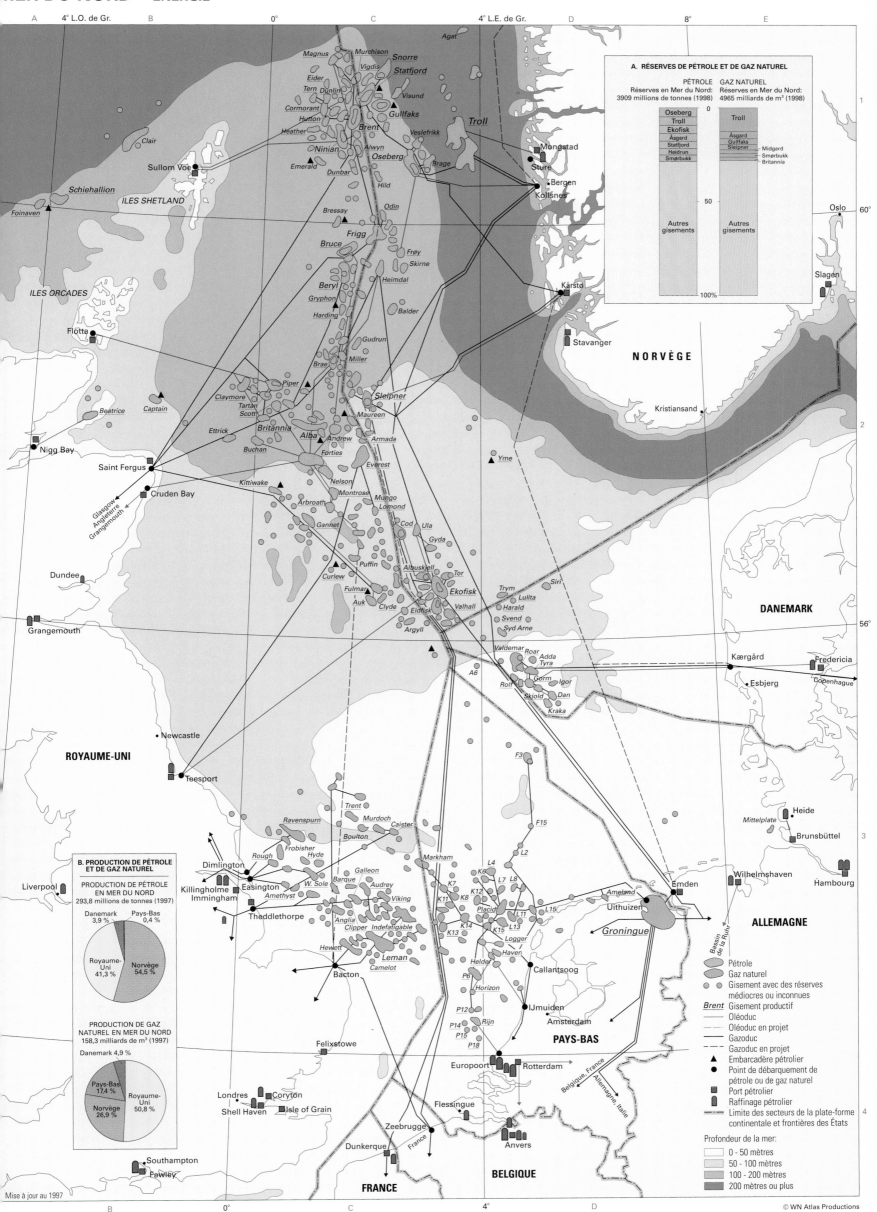

A. RÉSERVES DE PÉTROLE ET DE GAZ NATUREL

PÉTROLE
Réserves en Mer du Nord:
3909 millions de tonnes (1998)

GAZ NATUREL
Réserves en Mer du Nord:
4965 milliards de m³ (1998)

PÉTROLE: Oseberg, Troll, Ekofisk, Åsgard, Statfjord, Heidrun, Smørbukk, Autres gisements

GAZ NATUREL: Troll, Åsgard, Gullfaks, Sleipner, Midgard, Smørbukk, Britannia, Autres gisements

B. PRODUCTION DE PÉTROLE ET DE GAZ NATUREL

PRODUCTION DE PÉTROLE EN MER DU NORD
293,8 millions de tonnes (1997)

Danemark 3,9 %
Pays-Bas 0,4 %
Royaume-Uni 41,3 %
Norvège 54,5 %

PRODUCTION DE GAZ NATUREL EN MER DU NORD
158,3 milliards de m³ (1997)

Danemark 4,9 %
Pays-Bas 17,4 %
Norvège 26,9 %
Royaume-Uni 50,8 %

NORVÈGE

DANEMARK

ROYAUME-UNI

PAYS-BAS

ALLEMAGNE

BELGIQUE

FRANCE

Pétrole
Gaz naturel
Gisement avec des réserves médiocres ou inconnues
Brent Gisement productif
Oléoduc
Oléoduc en projet
Gazoduc
Gazoduc en projet
▲ Embarcadère pétrolier
● Point de débarquement de pétrole ou de gaz naturel
■ Port pétrolier
Raffinage pétrolier
Limite des secteurs de la plate-forme continentale et frontières des États

Profondeur de la mer:
0 - 50 mètres
50 - 100 mètres
100 - 200 mètres
200 mètres ou plus

Mise à jour au 1997

© WN Atlas Productions

EUROPE DU NORD

-4000 -2000 -200   0 100 200 500 1000 1500 2000 3000m

au-dessous du niveau de la mer

Échelle 1:6 000 000

0   50   100   150   200   250km

68°
L.N.

Cercle polaire arctique

66°
33'

64°

60°

56°

O c é a n

A t l a n t i q u e

Reykjavik

Glasgow

Mer du

Nord

Mer du Wadden de la Frise sept.

Héligoland
B. de Héligoland
Wilhelmshaven
Brême
HAMBOURG
Weser
Lübeck
Kiel
Canal de Kiel
Elbe
Rostock
Stralsund
Rügen
Sassnitz
ALLEMAGNE

Flensburg
Fehmarn
Gedser
Lolland
Falster
Møn
Fyn
Korsør
Sjælland
Trelleborg
Ystad
Bornholm
(Dan.)
Rønne

DANEMARK
Herning
Horsens
Randers
Århus
Ålborg
Anholt
Læsø
Frederikshavn
Hirtshals
Hanstholm
Esbjerg
Fredericia
Odense
Copenhague
Malmö
Lund
Scánie
(Skåne)
Helsingør
Helsingborg
Baie Jammer
Kattegat

Skagerrak

Cap Stad
Ålesund
Molde
Åndalsnes
Kristiansund
Smøla
Hitra
Frøya
Storfjord
Nordfjord
Florø
Høyanger
Sognefjord
Mongstad
Bergen
Sotra
Voss
Myrdal
Geilo
Hardangerfjord
Folgefonna
Odda
Hardanger-
vidda
Haugesund
Karmøy
Boknafjord
Stavanger
Sandnes
Egersund
Flekkefjord
Farsund
Lindesnes
Kristiansand
Telemark
Sira
Lysefj.
Setesdal
Otra
Arendal
Risør
Kragerø
Larvik
Tønsberg
Skien
Notodden
Kongsberg
Gaustatop
1891
Drammen
Sandvika
Oslo
Moss
Oslofjord
Sarpsborg
Fredrikstad
Halden

NORVÈGE
Rauma
Romsdal
Dovrefjell
1957
Dombås
2286 Snøhetta
Jostedalsbre
Galdhøpiggen
2469
Jotunheimen
Årdalstangen
Leikanger
Hallingdal
Valdres
Begna
Lille-
hammer
Gjøvik
Hamar
Mjøsa
Hønefoss
Tyrifjord
Eidsvoll

Tana
Magerøya
Cap Nord
Nordkinn
Sørøya
Hammerfest
Seiland
Kvaløya
Tromsø
Alta
Kautokeino
Enontekiö
Karasjok
Lac Inari
Inari
Ivalo
Ivalojoki
Lokka Reservoir
Sodankylä
Kemijärvi
Kelloselkä

Finnmark
Lakselv
Porsangerfj.
Nordkinn
Varangerfjord
Vadsø
Varanger
Rásttigáisá
1059
Utsjoki
Kirkenes
Pasvik

Lofoten
Vesterålen
Langøya
Andøya
Andfjord
Senja
Hinnøy
Harstad
Narvik
Ofotfjord
Abisko
Lac Torne
Kiruna
Svappavaara
Kebnekaise 2111

Vestfjord
Folda
Bodø
Fauske
Sulitjelma
Sulitjelma
1914
Sarektjåkko
2089
Malmberget
Gällivare
Porjus
Jokkmokk
Lønsstua
1594
Svartisen
Mo i Rana
Pite älv
Ranafj.
Vega
Mosjøen
1915
Storavan
Arjeplog
Sorsele
Storuman
Vilhelmina
Lac Röss
Hornavan

Vikna
Foldafjord
Namsos
Grong
Steinkjer
Trøndelag
Levanger
Trondheim
Åreskutan
1420
Størenn
Storlien
Röros
Femund
Lac Femund
Østerdal
Glomma
Østerdalälv
Jämtland
1796
Lac Stor
Helagsfjället

Storuman
Lycksele
Umeälv
Norr
land
Skellefteälv
Ångermanälv
Östersund
Bräcke
Indalsälv
Ånge

Storjord
Kongsvinger
Arvika
Vänern
Grängesberg
Avesta
Ludvika
Dalälv
Sala
Filipstad
Karlskoga
Örebro
Karlstad
Lac Värmeln
Sveal and
Mora
Dalarna
Lac Siljan
Leksand
Falun
Borlänge
Sandviken
Gävle

Boden
Luleälv
Luleå
Piteå
Skellefteå
Boliden
Umeå
Vallgrund
Örnsköldsvik
Kramfors
Sollefteå
Härnösand
Sundsvall
Hudiksvall
Söderhamn
Ljungan
Ljusnan
Ljusdal
Bollnäs

SUÈDE

Haparanda
Karungi
Tornio
Kemi
Taivalkoski
Iijoki
Hailuoto
Oulu
Raahe
Oulujoki
Lac Oulu
Kajaani
Otanmäki
Pyhäjoki
Kalix älv
Torne älv

Rovaniemi
Kemijoki
Kemi
Lac Yli
Iisalmi
Kuopio
Lac Kaila
Varkaus
Lac Hauki
Savonlinna
Mikkeli
Lac Saima

FINLANDE
Kokkola/
Gamlakarleby
Pietarsaari/
Jakobstad
Vaasa/
Vasa
Seinäjoki
Ähtävä
Lac Keitele
Jyväskylä
Lac Näsi
Lac Päijänne
Tampere
Pori
Kokemäki
Rauma
Uusikaupunki
Lahti
Kouvola
Loviisa/
Lovisa
Hamina
Kotka
Hämeen-
linna
Forssa
Riihimäki
Porvoo/
Borgå
Turku/Åbo
Salo
Kimito
Tammisaari
Hangö
Hanko/
Helsinki/
Helsingfors
Espoo/Esbo
Ekenäs
Porkkala

Golfe de Botnie

Åland
Mariehamn

Golfe de Finlande

Tallinn
Paldiski
Hiiumaa
Haapsalu
Rakvere
Kohtla-
Järve
Saaremaa
Kuressaare
Pärnu
Lac Vôrts
Tartu
ESTONIE
Lac des
Tchoudes
(Peipous)
Emajôgi
Kolkasrags

Mer

Baltique

Forsmark
Dannemora
Norrtälje
Uppsala
Sigtuna
Stockholm
Södertälje
Eskilstuna
Lac Mälar
Lac Hjälmar
Västerås
Nyköping
Oxelösund
Nynäshamn
Lac Vätern
Motala
Norrköping
Söderköping
Linköping
Västervik
Oskarshamn
Visby
Gotland
Fårön
Borgholm
Öland
Dt. de Kalmar
Kalmar
Karlskrona
Ronneby
Karlshamn
Blekinge
Kristianstad
Baie de Hanö

Uddevalla
Lysekil
Lidköping
Vänersborg
Trollhättan
Göta
Göteborg
Mölndal
Kungsbacka
Varberg
Halmstad
Borås
Jönköping
Huskvarna
Nässjö
Götaland
Tomtabacken
377
Värnamo
Småland
Ljungby
Växjö
Lagan
Skövde
Mariestad
Skara

Ventspils
Kolkasrags
Golfe de
Riga
Valmiera
Valga
318
Collines
LETTONIE
Jürmala
Riga
311
Jelgava
Daugava
Aiviekste
Rézekne
Daugavpils
Venta
Mažeikiai
Siauliai
235
Panevézys
LITUANIE
Baltiques
Klaipeda
Liepaja
Ukmergé
Nemunas
Kaunas
Vilnius
Maladzetchn
MINSK
BIÉL

Océan

Slupsk
Koszalin
Kolobrzeg
Swinoujscie
POLOGNE
Gdynia
Gdansk
Baie de Gdansk
Branicevo
Elblag
Malbork
Tczew
Baie de
Poméranie
Kaliningrad
Kourski Zalev
Sovietsk
Tcherniakhovsk
Marijampolé
Suwalki
RUSSIE
Prégolia
Nemunas

Projection conique

D   12°   E   Naples   16°   F   G   Athènes 24°   H

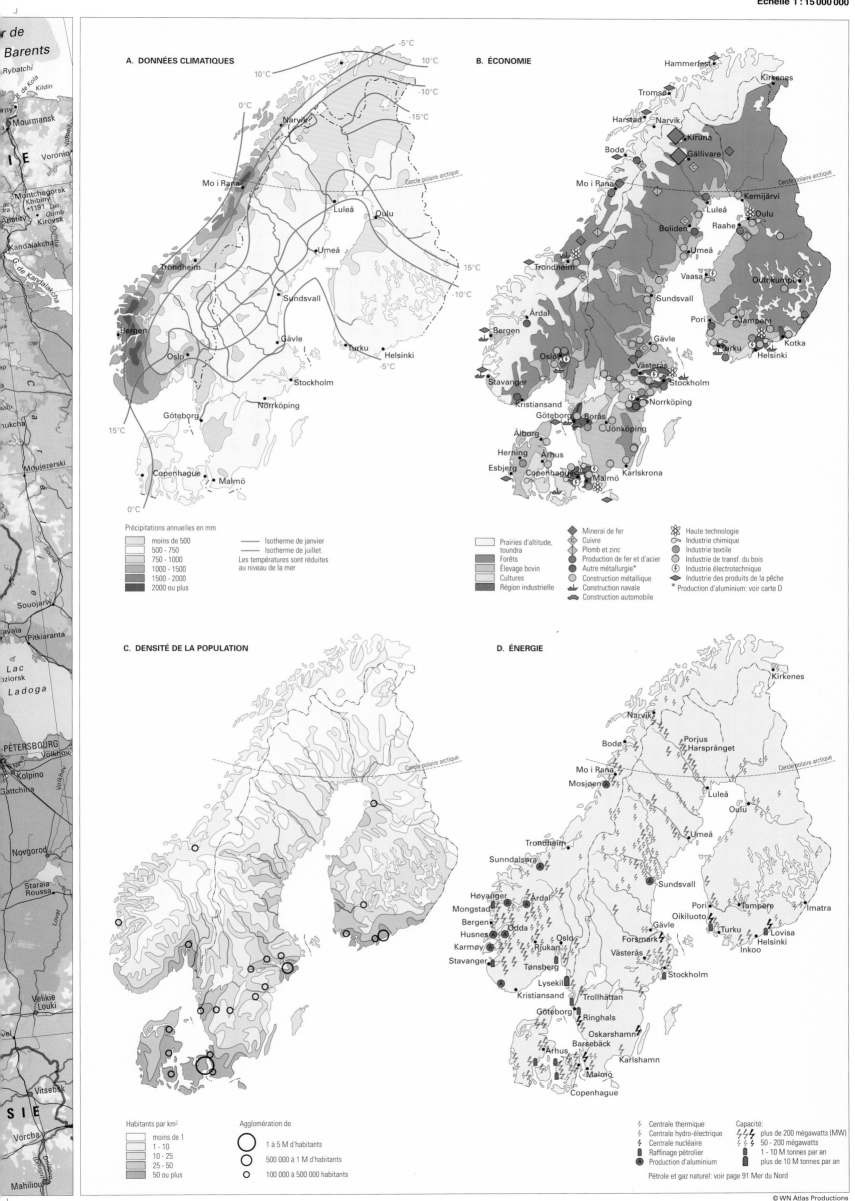

Échelle 1 : 15 000 000

A. DONNÉES CLIMATIQUES

-5°C
10°C
10°C
-10°C
-15°C
0°C
Narvik
Mo i Rana
Cercle polaire arctique
Luleå
Oulu
Umeå
Trondheim
15°C
Sundsvall
-10°C
Bergen
Gävle
Turku
Helsinki
Oslo
-5°C
Stockholm
15°C
Norrköping
Göteborg
Copenhague
Malmö
0°C

Précipitations annuelles en mm
moins de 500
500 - 750
750 - 1000
1000 - 1500
1500 - 2000
2000 ou plus

— Isotherme de janvier
— Isotherme de juillet
Les températures sont réduites
au niveau de la mer

B. ÉCONOMIE

Hammerfest
Kirkenes
Tromsø
Harstad
Narvik
Kiruna
Bodø
Gällivare
Mo i Rana
Cercle polaire arctique
Kemijärvi
Luleå
Oulu
Boliden
Raahe
Umeå
Vaasa
Outokumpu
Trondheim
Pori
Tampere
Årdal
Turku
Sundsvall
Kotka
Bergen
Gävle
Helsinki
Oslo
Västerås
Stockholm
Stavanger
Norrköping
Kristiansand
Göteborg
Borås
Jönköping
Ålborg
Herning
Århus
Karlskrona
Esbjerg
Copenhague
Malmö

◆ Minerai de fer
Ⓒ Cuivre
◇ Plomb et zinc
● Production de fer et d'acier
● Autre métallurgie*
○ Construction métallique
⚓ Construction navale
🚗 Construction automobile

✳ Haute technologie
⊘ Industrie chimique
○ Industrie textile
◉ Industrie de transf. du bois
⚡ Industrie électrotechnique
◆ Industrie des produits de la pêche
* Production d'aluminium: voir carte D

Prairies d'altitude, toundra
Forêts
Élevage bovin
Cultures
Région industrielle

C. DENSITÉ DE LA POPULATION

Cercle polaire arctique

Habitants par km²
moins de 1
1 - 10
10 - 25
25 - 50
50 ou plus

Agglomération de
○ 1 à 5 M d'habitants
○ 500 000 à 1 M d'habitants
○ 100 000 à 500 000 habitants

D. ÉNERGIE

Kirkenes
Narvik
Porjus
Bodø
Harsprånget
Mo i Rana
Mosjøen
Cercle polaire arctique
Luleå
Oulu
Umeå
Trondheim
Sunndalsøra
Sundsvall
Høyanger
Årdal
Pori
Tampere
Mongstad
Imatra
Bergen
Oikiluoto
Husnes
Odda
Gävle
Turku
Lovisa
Karmøy
Rjukan
Oslo
Forsmark
Helsinki
Stavanger
Västerås
Inkoo
Tønsberg
Stockholm
Lysekil
Kristiansand
Trollhättan
Göteborg
Ringhals
Oskarshamn
Barsebäck
Århus
Karlshamn
Malmö
Copenhague

⚡ Centrale thermique
⚡ Centrale hydro-électrique
⚡ Centrale nucléaire
▮ Raffinage pétrolier
Ⓐ Production d'aluminium

Capacité:
⚡⚡⚡ plus de 200 mégawatts (MW)
⚡⚡ 50 - 200 mégawatts
⚡ 1 - 10 M tonnes par an
▮ plus de 10 M tonnes par an

Pétrole et gaz naturel: voir page 91 Mer du Nord

© WN Atlas Productions

BENELUX

Échelle 1:1500000

0 10 20 30 40 50km

-200 0 50 100 200 500m
au-dessous du niveau de la mer

5° L.E.de Gr.

A. POLDERS:
LES ÉTAPES DE LA CONQUÊTE
1 : 3000000

Du 13e au 16e siècle
17e siècle
18e et 19e siècles
20e siècle
Poldérisation possible

Mer des Wadden

Digue
du Nord
1932

Wieringer-
meer
1930

Lac
d'IJssel

Polder du
Nord-Est
1942

Marker-
waard ?
Flevoland ? 1957

Flevoland-
Sud
1968

Lac de
Haarlem

Maasvlakte

Plan
Delta

Lek
Waal

Rhin inf. IJssel

Meuse

Escaut

Mer du Nord

Schiermonnikoog
Borkum
Ameland
Terschelling
West-Terschelling
Îles Frisonnes
Vlieland
Mer des Wadden
Texel
Lac de l'Ems
Emden
Delfzijl
Appingedam
Dollard
Ems
Den Burg
Dokkum
Groningue
Groningue
Slochteren
Le Helder
Harlingen
Leeuwarden
Buitenpost
Hoogezand
Winschoten
Veendam
Stadskanaal
Frise
Bolsward
Sneek
Drachten
Roden
Assen
Ter Apel
Den Oever
Joure
Heerenveen
Drenthe
Beilen
Staveren
Lemmer
Emmen
Middenmeer
Schagen
Lac d'IJssel
Enkhuizen
Emmeloord
Meppel
Hoogeveen
Coevorden
Klazienaveen
Schoonebeek
Heerhugowaard
Alkmaar
Hoorn
Polder du
Nord-Est
Nordhorn
Frise occidentale
Hollande
septentrionale
Krommenie
Beverwijk
Purmerend
Volendam
Dronten
Kampen
Lelystad
Zwolle
Hattem
Ommen
Hardenberg
Flevoland
Nunspeet
Salland
Overijssel
IJmuiden
Zaandam
Amsterdam
Flevoland
Almere
Harderwijk
Epe
Nijverdal
Rijssen
Almelo
Twente
Oldenzaal
Zandvoort
Haarlem
Waesp
Bussum
Ermelo
107
Apeldoorn
Deventer
Hengelo
Enschede
Hillegom
Lisse
Schiphol
Amster-
veen
Hilversum
Soest
Nijkerk
PAYS-BAS
Lochem
Berkel
Noordwijk
Katwijk
Alphen-
sur-Rhin
Uithoorn
Amersfoort
Veluwe
Zutphen
La Haye
(Den Haag)
Leyde
Woerden
Utrecht
De Bilt
Ede
Gueldre
Doesburg
Zevenaar
Winterswijk
Zoetermeer
Utrecht
Zeist
Veenendaal
Wageningen
Arnhem
Doetinchem
Aalten
Bocholt
Delft
Nieuwegein
Lek
Gouda
Culemborg
Betuwe
Elst
Hollande
Hoek van Holland
Schiedam
Rotterdam
Gorinchem
Gelder-
malsen
Tiel
Waal
Nimègue
Emmerich
ALLEMAGNE
Brielle
Vlaardingen
Sliedrecht
Zaltbommel
Meuse
Grave
Cuijk
Kleve
Rhin
Hellevoetsluis
Spijkenisse
Zwijndrecht
Dordrecht
Biesbos
Oss
Wesel
Goeree
Middelharnis
Overflakkee
Moerdijk
Waalwijk
Rosmalen
Bois-le-Duc
('s-Hertogenbosch)
Uden
Venray
Lippe
méridionale
Schouwen
Haamstede
Duiveland
Zierikzee
Oosterhout
Vught
Veghel
Recklinghausen
Bottrop
Gelsen-
kirchen
Essen
Walcheren
Middelbourg
Escaut Oriental
Tholen
Goes
Bergen
op Zoom
Etten-Leur
Breda
Tilburg
Boxtel
Brabant septentrional
Helmond
Oberhausen
Moers
Duisbourg
Mülheim
Zélande
Borssele
Flessingue
Breskens
Terneuzen
Roosendaal
Essen
Eindhoven
Veldhoven
Geldrop
Venlo
Krefeld
Düsseldorf
Zeebrugge
Knokke
Flandre zélandaise
Hulst
Brasschaat
Turnhout
Valkenswaard
Limbourg
Mönchen-
gladbach
Blankenberge
Sluis
Ostende
Le Coq
Bruges
Eeklo
Zelzate
St-Nicolas
Anvers
(Antwerpen)
Lommel
Weert
Maasbracht
Neuss
Leverkusen
Nieuport
La Panne
Furnes
Dixmude
Beveren
Anvers
Lierre
Herentals
Mol
Campine
Roermond
Sittard
Geleen
Heerlen
Kerkrade
Cologne
Dunkerque
Lokeren
Boom
Willebroek
Malines
Démer
Diest
Limbourg
Bonn
Eisden
Lanaken
Maastricht
Hürth
Flandre occidentale
Gand
Escaut
Termonde
Aarschot
Hasselt
Genk
Heusden
Geleen
Roulers
Deinze
Lys
Flandre
Flandre orientale
Alost
Schaerbeek
Zaventem
Louvain
Tirlemont
St-Trond
Tongres
Eupen
Ypres
+156
Courtrai
Waregem
Ninove
Anderlecht
Bruxelles
Uccle
Maastricht
Aix-la-Chapelle
(Aachen)
321
Düren
Menin
Mouscron
Renaix
157
Dendre
Brabant flamand
Hal
Wavre
Liège
Hazebrouck
Tourcoing
Roubaix
Leuze
Ath
Ronquières
Clabecq
Waterloo
Brabant wallon
Louvain-la-Neuve
Verviers
Bad Neuenahr-
Ahrweiler
Armentières
Lille
Tournai
Soignies
Nivelles
BELGIQUE
Gembloux
Hautes Fagnes
Botrange
+694
Monschau
Béthune
Lens
Mons
Binche
La Louvière
Wallonie
Hesbaye
Seraing
Esneux
Eupen
St-Vith
Dahlem
Bruay-
en-Artois
Douai
Denain
Valenciennes
Borinage
Charleroi
Namur
Andenne
Huy
Meuse
Liège
Spa
Coo
Malmédy
Aubigny-
en-Artois
Arras
Maubeuge
Thuin
Walcourt
Philippeville
Dinant
Condroz
Vielsalm
Prüm
Eifel
Cambrai
Beaumont
Namur
Rochefort
Marche-
en-Famenne
559
Houffalize
Clervaux
Wittlich
Fagne
Famenne
Chimay
Couvin
+389
Givet
Han-
sur-Lesse
Lesse
Saint-Hubert
Bastogne
Oesling
Vianden
Bitburg
Corbie
Somme
Hirson
Gedinne
497
Ardenne
Wiltz
Ettelbruck
Diekirch
Echternach
Mosselle
FRANCE
Oise
Vervins
Bouillon
Neufchâteau
Librament
Luxembourg
Martelange
Sûre
Luxembourg
Trèves
Konz
Tergnier
Saint-Quentin
Charleville-
Mézières
Sedan
Florenville
Arlon
Findel
Luxembourg
Lorraine belge
Virton
Athus
Longwy
Differdange
Esch-sur-Alzette
Gutland
LUXEMBOURG
Remich
Schengen
Nonnweiler
Rethel
Canal des
Ardennes
Montmédy
Laon
Oise
Canal du Nord
Sarre

Projection conique équidistante 3°

- - - - - Limite de région (Belgique)

© WN Atlas Production

BENELUX

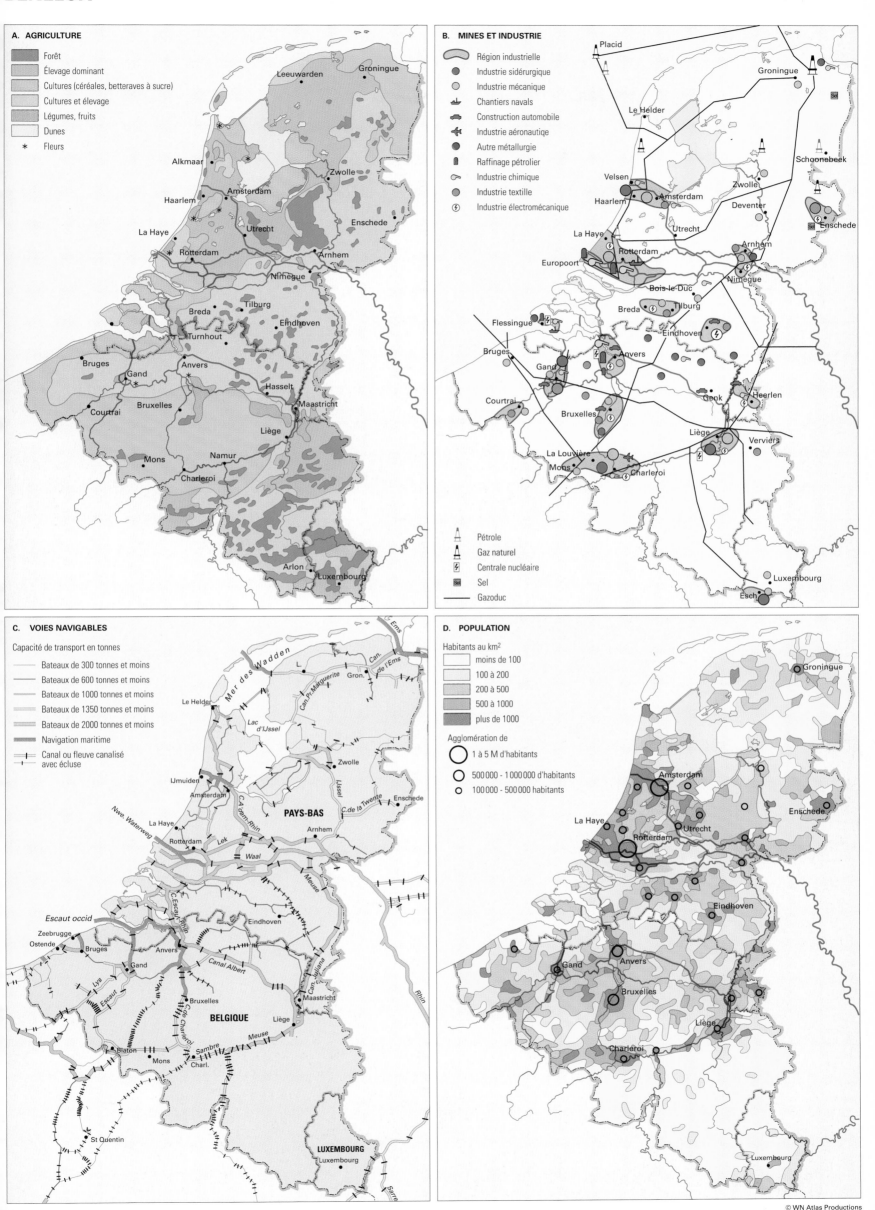

A. AGRICULTURE

- Forêt
- Élevage dominant
- Cultures (céréales, betteraves à sucre)
- Cultures et élevage
- Légumes, fruits
- Dunes
- * Fleurs

B. MINES ET INDUSTRIE

- Région industrielle
- Industrie sidérurgique
- Industrie mécanique
- Chantiers navals
- Construction automobile
- Industrie aéronautique
- Autre métallurgie
- Raffinage pétrolier
- Industrie chimique
- Industrie textile
- Industrie électromécanique

- Pétrole
- Gaz naturel
- Centrale nucléaire
- Sel
- Gazoduc

C. VOIES NAVIGABLES

Capacité de transport en tonnes

- Bateaux de 300 tonnes et moins
- Bateaux de 600 tonnes et moins
- Bateaux de 1000 tonnes et moins
- Bateaux de 1350 tonnes et moins
- Bateaux de 2000 tonnes et moins
- Navigation maritime
- Canal ou fleuve canalisé avec écluse

D. POPULATION

Habitants au km²

- moins de 100
- 100 à 200
- 200 à 500
- 500 à 1000
- plus de 1000

Agglomération de

- 1 à 5 M d'habitants
- 500 000 - 1 000 000 d'habitants
- 100 000 - 500 000 habitants

© WN Atlas Productions

ROYAUME-UNI ET IRLANDE

Échelle 1:3000000

0 25 50 75 100 125 150km

A. POPULATION
1 : 12000000

Agglomération ou ville
- de plus de 5000000 d'hab.
- 1000000 - 5000000 d'hab.
- 500000 - 1000000 d'hab.
- 100000 - 500000 habitants

Habitants au km²
- moins de 10
- 10 - 50
- 50 - 100
- 100 - 200
- 200 ou plus

Londres · Sheffield · Leeds · Manchester · Liverpool · Birmingham · Glasgow · Dublin

1500m · 1000 · 500 · 200 · 100 · 50 · 0 · au-dessous du niveau de la mer · -200 · -2000 · -4000

Îles Shetland
Unst · Yell · Sullom Voe · Lerwick · Hillswick · Mainland · Île Fair · Aberdeen

Îles Orcades
(Orkney Is.)
Kirkwall · Mainland · Scapa Flow · Hoy · Dt de Pentland · Cap Duncansby · Thurso · Wick

Même échelle que la carte principale

Écosse / Hautes Terres d'Écosse

C. Wrath · Thurso · Dounreay · C. Duncansby · Baie Sinclair · Wick · Helmsdale · Dornoch Firth · Moray Firth · Elgin · Keith · Banff · Fraserburgh · C. Kinnaird · St Fergus · Peterhead · Cruden Bay · Aberdeen · Stonehaven · Montrose · Arbroath · Dundee · St Andrews · Cupar · Perth · Forfar · Ullapool · Ben Wyvis 1046 · Ben More Assynt 998 · Loch Shin · Tain · Cromarty · Dingwall · Inverness · Loch Ness · Ft Augustus · Ben Macdui +1309 · Ben Nevis +1343 · Ft William · Kinlochleven · Beinn Fhada 1032 · Kyle of Lochalsh · Dt de Sleat · Mallaig · Ben Lawers +1214 · L. Katrine · L. Lomond · Stirling · Falkirk · Grangemouth · Dunfermline · Kirkcaldy · Leith · Édimbourg · Firth of Forth · Dunbar · Sidlaw Hills · Ochil Hills · Portree · Uig · Skye · Harris · Is de Harris · I. Uist Nord · I. Uist Sud · Barra · Tiree · Coll · Tobermory · Mull · Ben More 957 · Eigg · Rhum · Staffa · Iona · Colonsay · Oban · Inveraray · Loch Awe · Jura · Dt de Jura · Islay 490 · Campbeltown · Mt de Kintyre · Dumbarton · Glasgow · Greenock · Paisley · Clydebank · Motherwell · Hamilton · Lanark · Goat Fell 874 · Bute · Troon · Prestwick · Ayr · E. Kilbride · Kilmarnock · Irvine · Ardrossan · Merrick 843 · Stranraer · B. de Luce · Portpatrick · Peebles · Galashiels · Hawick · Broad Law +840 · Hart Fell +808 · Cheviot Hills · Berwick-upon-Tweed

Irlande du Nord / Ulster

C. Malin · C. Fair · Rathlin · Portrush · Coleraine · Ballymena · Larne · Antrim · Belfast · Bangor · Downpatrick · Mts Mourne 852 · Newry · Armagh · Portadown · Lough Neagh · Londonderry · Strabane · Omagh · Enniskillen · Lower Lough Erne · Upper Lough Erne · C. Clogher · Dundalk · B. de Dundalk

Irlande / Connacht / Leinster

C. Erris · B. de Blacksod · Achill · B. de Clew · Westport · Mweelrea 817 · Nephin 806 · Castlebar · Ballina · Sligo · B. de Sligo · Killybegs · B. de Donegal · Errigal 752 · Letterkenny · Lough Swilly · Donegal · Lough Erne · Cavan · Carrick-on-Shannon · Longford · Mullingar · Lough Allen · Lough Ree · Twelve Pins 727 · Connemara · Galway · B. de Galway · Îles Aran · Ennis · Birr · Ballinasloe · Sieve Bloom Mts · Naas · Dublin · Dun Laoghaire · Bray · Wicklow Mts · Lugnaquilla +924 · Wicklow · Carlow · C. Slyne

Angleterre

Newcastle upon Tyne · Gateshead · Washington · Sunderland · South Shields · Tynemouth · Blyth · Durham · Hartlepool · Hartlepool · Redcar · Middlesbrough · Stockton-on-Tees · Darlington · Whitby · Scarborough · Bridlington · Kingston upon Hull (Hull) · Immingham · Grimsby · Cleveland Hills · Yorkshire Moors · Yorkshire Wolds · Lincolnshire Wolds · Boston · The Wash · Skegness · Cromer · Cross Fell +893 · Chaîne Pennine · Carlisle · Penrith · Lake District · Sca Fell 978 · Kendal · Windermere · Keswick · Workington · Whitehaven · Sellafield · Maryport · Barrow-in-Furness · Morecambe · Lancaster · Fleetwood · Blackpool · Preston · Burnley · Blackburn · Bolton · Wigan · St Helens · Warrington · Liverpool · Birkenhead · Wallasey · Southport · Manchester · Stockport · Oldham · Rochdale · Macclesfield · Chester · Crewe · Stoke-on-Trent · Sheffield · Rotherham · Doncaster · Scunthorpe · Lincoln · Gainsborough · Selby · York · Harrogate · Leeds · Bradford · Halifax · Huddersfield · Wakefield · Chesterfield · Mansfield · Nottingham · Derby · Newark-on-Trent · Grantham · B. de Liverpool · Holyhead · Anglesey · Dt de Menai · Caernarfon · B. de Caernarfon · Bangor · Conwy · Colwyn Bay · Denbigh · Wrexham · Snowdon 1085

Mer du Nord
Copenhague · Bergen, Stavanger · Kristiansand · IJmuiden · Rotterdam · Zeebrugge · Hambourg

Océan Atlantique

Mer d'Irlande
I. de Man · Douglas · Snaefell 620 · Canal du Nord

Gorge de Bristol

L.O. de Gr. · L.N.

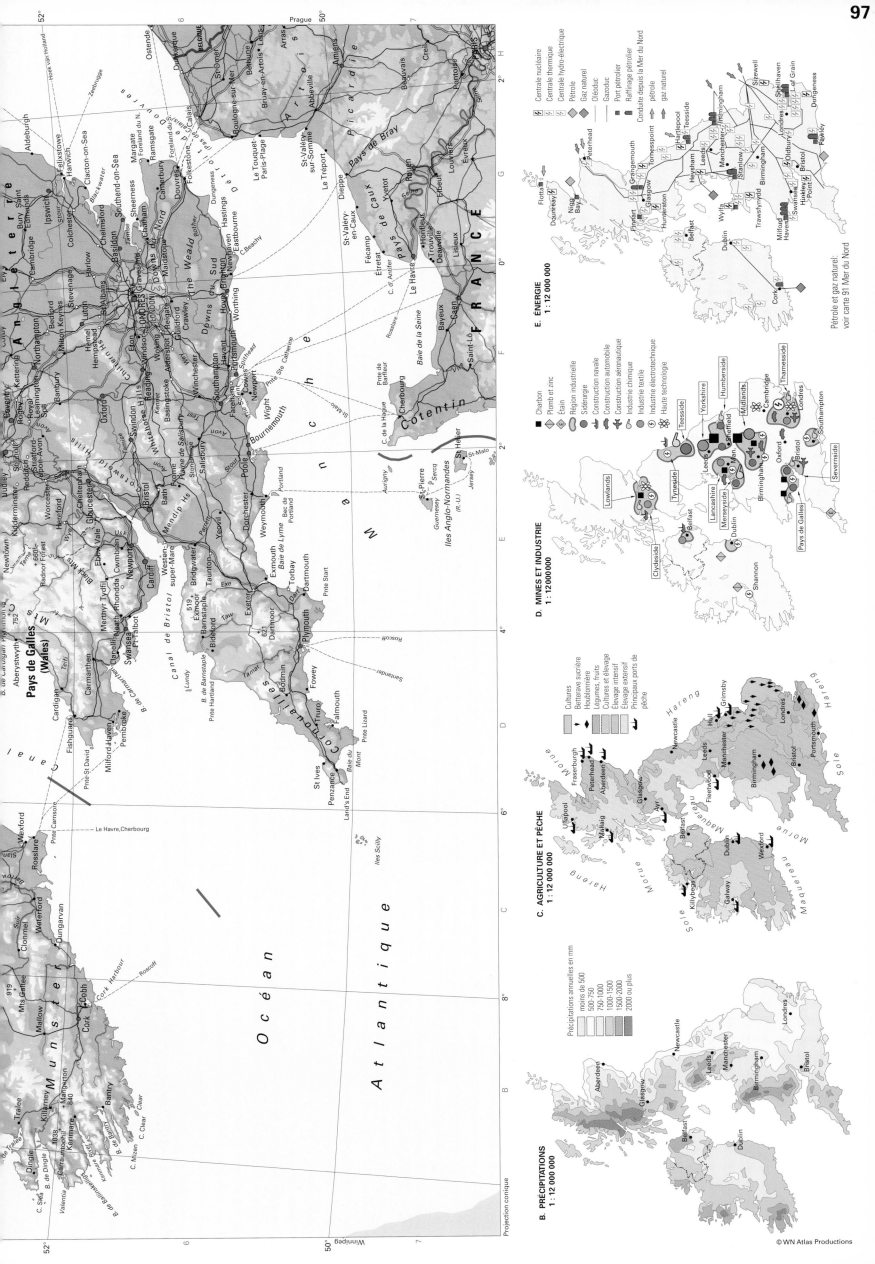

LONDRES

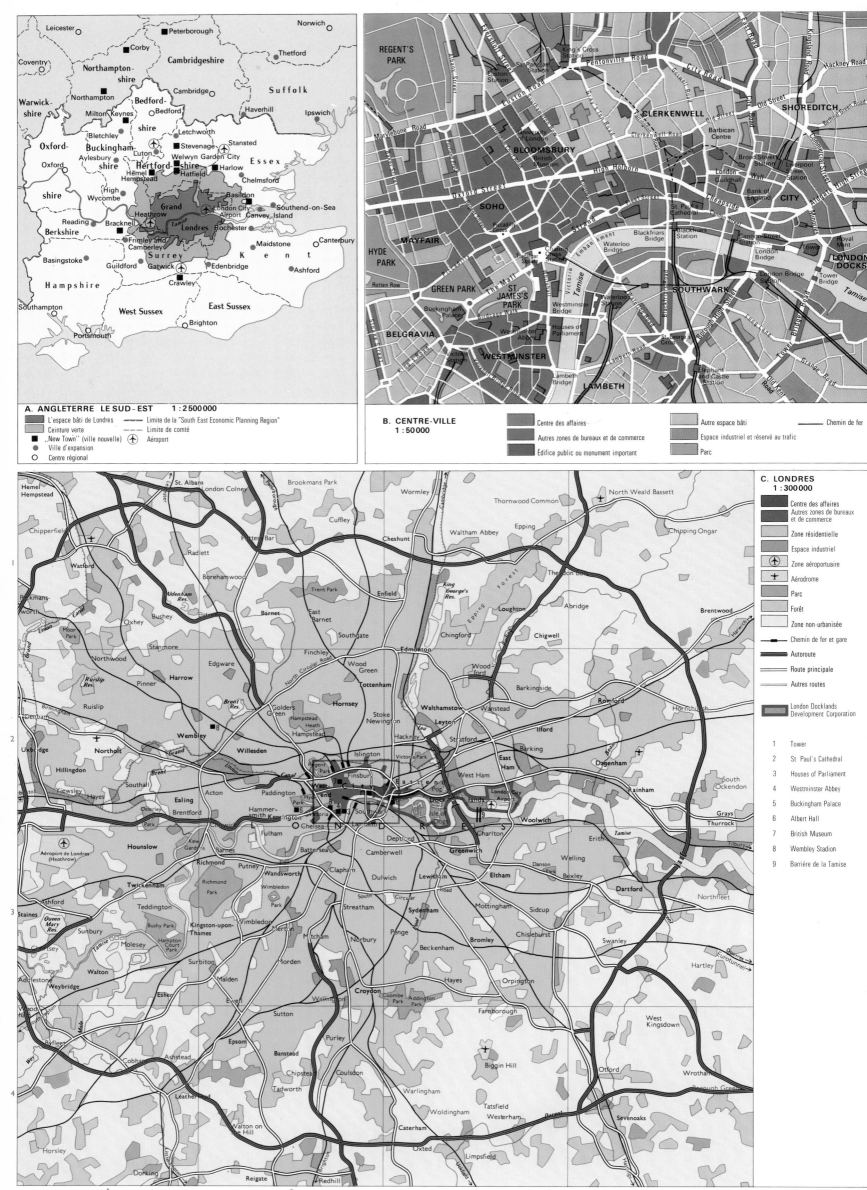

A. ANGLETERRE LE SUD-EST 1:2 500 000
L'espace bâti de Londres
Ceinture verte
„New Town" (ville nouvelle)
Ville d'expansion
Centre régional
Limite de la "South East Economic Planning Region"
Limite de comté
Aéroport

B. CENTRE-VILLE 1:50 000
Centre des affaires
Autres zones de bureaux et de commerce
Édifice public ou monument important
Autre espace bâti
Espace industriel et réservé au trafic
Parc
Chemin de fer

C. LONDRES 1:300 000
Centre des affaires
Autres zones de bureaux et de commerce
Zone résidentielle
Espace industriel
Zone aéroportuaire
Aérodrome
Parc
Forêt
Zone non-urbanisée
Chemin de fer et gare
Autoroute
Route principale
Autres routes
London Docklands Development Corporation

1 Tower
2 St. Paul's Cathedral
3 Houses of Parliament
4 Westminster Abbey
5 Buckingham Palace
6 Albert Hall
7 British Museum
8 Wembley Stadion
9 Barrière de la Tamise

© WN Atlas Productions

PARIS

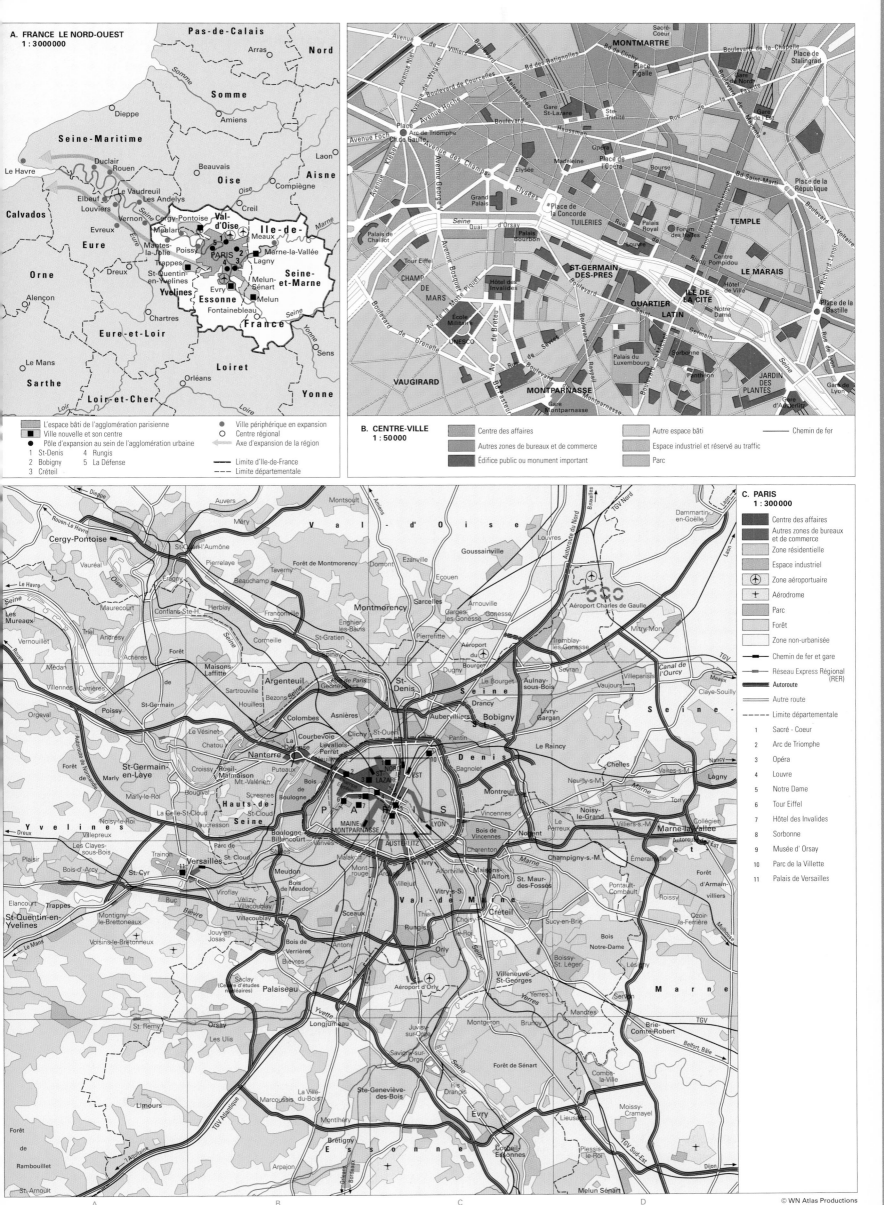

A. FRANCE LE NORD-OUEST 1:3 000 000

L'espace bâti de l'agglomération parisienne
Ville nouvelle et son centre
Pôle d'expansion au sein de l'agglomération urbaine
Ville périphérique en expansion
Centre régional
Axe d'expansion de la région
1 St-Denis   4 Rungis
2 Bobigny   5 La Défense
3 Créteil
Limite d'Ile-de-France
Limite départementale

B. CENTRE-VILLE 1:50 000

Centre des affaires
Autres zones de bureaux et de commerce
Édifice public ou monument important
Autre espace bâti
Espace industriel et réservé au traffic
Parc
Chemin de fer

C. PARIS 1:300 000

Centre des affaires
Autres zones de bureaux et de commerce
Zone résidentielle
Espace industriel
Zone aéroportuaire
Aérodrome
Parc
Forêt
Zone non-urbanisée
Chemin de fer et gare
Réseau Express Régional (RER)
Autoroute
Autre route
Limite départementale
1 Sacré - Coeur
2 Arc de Triomphe
3 Opéra
4 Louvre
5 Notre Dame
6 Tour Eiffel
7 Hôtel des Invalides
8 Sorbonne
9 Musée d' Orsay
10 Parc de la Villette
11 Palais de Versailles

© WN Atlas Productions

FRANCE

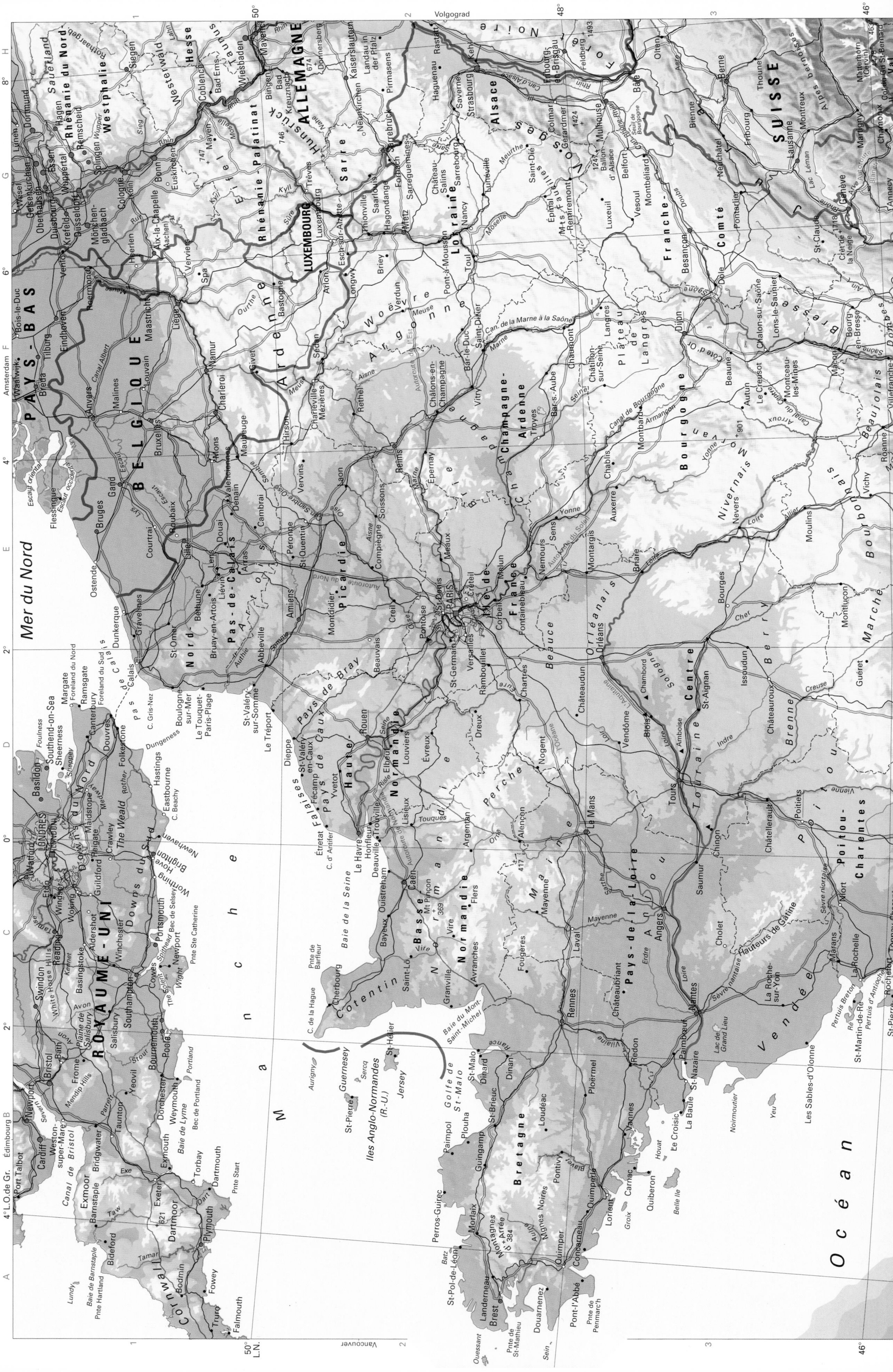

Échelle 1:3000000

150 km 125 100 75 50 25 0

5000 m 3000 2000 1500 1000 500 200 100 0 (au-dessous du niveau de la mer) -200 -2000 -4000 -6000

ALLEMAGNE

PAYS-BAS

BELGIQUE

LUXEMBOURG

SUISSE

ROYAUME-UNI

Mer du Nord

Manche

Océan

Rhénanie du Nord – Westphalie
Hesse
Rhénanie-Palatinat
Sarre
Hunsrück
Eifel
Sauerland

Ardenne
Alsace
Vosges
Lorraine
Franche-Comté
Bourgogne
Champagne-Ardenne
Picardie
Nord – Pas-de-Calais
Île-de-France
Normandie
Basse-Normandie
Haute-Normandie
Bretagne
Pays-de-la-Loire
Centre
Poitou-Charentes
Vendée
Morvan
Nivernais
Berry
Beauce
Perche
Maine
Anjou
Touraine
Orléanais

Amsterdam
Londres
Bruxelles
Anvers
Gand
Bruges
Liège
Namur
Charleroi
Maastricht
Cologne
Bonn
Düsseldorf
Essen
Dortmund
Duisburg
Wiesbaden
Mayence
Coblence
Trèves
Sarrebruck
Strasbourg
Mulhouse
Bâle
Berne
Fribourg
Lausanne
Genève
Besançon
Dijon
Nancy
Metz
Reims
Épernay
Troyes
Châlons-en-Champagne
Paris
Versailles
Rouen
Le Havre
Caen
Cherbourg
Saint-Lô
Rennes
Nantes
Angers
Le Mans
Tours
Orléans
Bourges
Blois
Chartres
Évreux
Alençon
Laval
Poitiers
La Rochelle
Les Sables-d'Olonne
Brest
Quimper
Lorient
Vannes
Saint-Brieuc
Saint-Malo
Amiens
Arras
Lille
Calais
Boulogne-sur-Mer
Dunkerque
Beauvais
Compiègne
Saint-Quentin
Laon

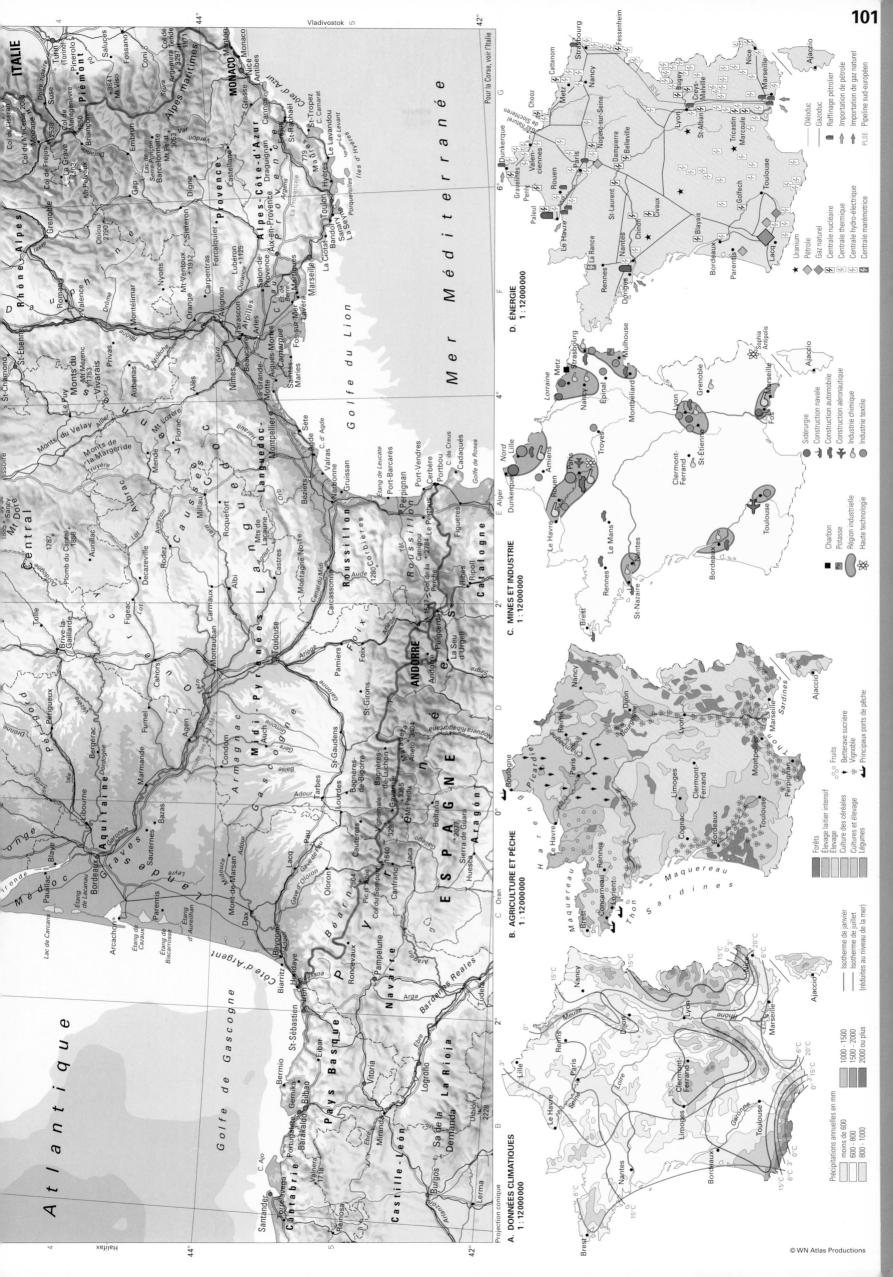

ITALIE

MONACO

Atlantique

Golfe de Gascogne

ESPAGNE

Mer Méditerranée

Golfe du Lion

ANDORRE

A. DONNÉES CLIMATIQUES
1:12 000 000

Projection conique

Précipitations annuelles en mm
- moins de 600
- 600-800
- 800-1000
- 1000-1500
- 1500-2000
- 2000 ou plus

— Isotherme de janvier
— Isotherme de juillet
(réduites au niveau de la mer)

B. AGRICULTURE ET PÊCHE
1:12 000 000

- Forêts
- Élevage laitier intensif
- Élevage
- Cultures des céréales
- Cultures et élevage
- Légumes

Betterave sucrière
Fruits
Vignoble
Principaux ports de pêche

Maquereau
Thon
Sardines

C. MINES ET INDUSTRIE
1:12 000 000

- Charbon
- Potasse
- Région industrielle
- Haute technologie

- Sidérurgie
- Construction navale
- Construction automobile
- Construction aéronautique
- Industrie chimique
- Industrie textile

D. ÉNERGIE
1:12 000 000

— Oléoduc
— Gazoduc
Raffinage pétrolier
Importation de pétrole
Importation de gaz naturel
Pipeline sud-européen
PLSE

- Uranium
- Pétrole
- Gaz naturel
- Centrale nucléaire
- Centrale thermique
- Centrale hydro-électrique
- Centrale marémotrice

© WN Atlas Productions

ALLEMAGNE

Échelle 1:3 000 000

Projection conique

Mer du Nord

Mer Baltique

DANEMARK

Schleswig · Holstein

Sylt · Föhr · Flensburg · Tønder · Abenra · Svendborg · Assens · Ringe · Møn

Husum · Heide · Rendsburg · Kiel · Baie de Kiel · Fehmarn · Gedser · Nykøbing · Falster · Lolland

Neumünster · Lübeck · Baie de Lübeck · Wismar · Rostock · Warnemünde · Stralsund · Rügen · Sassnitz · C. Arkona

Mecklembourg-Poméranie

Schwerin · Güstrow · Neubrandenburg · Greifswald · Golfe de Greifswald · Usedom · Wolin · Świnoujście · Szczecin (Stettin)

Cuxhaven · Bremerhaven · Stade · Nordersted · **HAMBOURG** · Hambourg

Brême · Oldenbourg · Delmenhorst · Bremerhaven

Basse-Saxe · Lande de Lunebourg · Lünebourg · Verden

Pays-Bas · Groningue · Assen · Emmen · Meppen · Lingen · Nordhorn

Osnabrück · Münster · **Münsterland** · Bielefeld · Herford

Rhénanie du Nord-Westphalie

Gelsenkirchen · Oberhausen · Duisbourg · Essen · Bochum · Dortmund · Düsseldorf · Wuppertal · Hagen

Cologne · Köln · Bonn · Leverkusen · Solingen · Remscheid

Sauerland · Winterberg

Hanovre · Celle · Brunswick · Wolfsbourg · Wolfenbüttel · Hildesheim · Salzgitter · Hameln

Paderborn · Göttingen · Münden · Kassel

Harz · Goslar · Brocken 1142 · Wernigerode · Halberstadt · Bernburg

Anhalt · Dessau · Wittenberg · Bitterfeld

Magdebourg · Burg · Brandebourg · Potsdam · **BERLIN** · Berlin

Brandebourg · Frankfort-sur-Oder · Eberswalde · Oranienbourg · Neuruppin

Saxe-Anhalt · Stendal · Salzwedel

Halle · Mersebourg · Leipzig · Riesa · Meissen · **Dresde** · Görlitz

Saxe · Bautzen · Chemnitz · Zwickau · Plauen · Hof

Erfurt · Weimar · Jena · Gera · Gotha · **Thuringe** · Forêt de Thuringe · Suhl · Meiningen

Eisenach · Marburg · **Hesse** · Giessen · Vogelsberg · Fulda · Bad Nauheim

Westerwald · **Taunus** · Coblence · Wiesbaden · Francfort · Offenbach · Hanau · Mayence

Rhénanie-Palatinat · **Hunsrück** · **Eifel** · Trèves · Idar-Oberstein

Sarre · Sarrebruck · Kaiserslautern · Neunkirchen · Pirmasens

Belgique · Ardenne · Liège · Aix-la-Chapelle · Maastricht

LUXEMBOURG · Luxembourg · Arlon

Darmstadt · **Oden-wald** · Mannheim · Heidelberg · Worms · Ludwigshafen · Spire · Landau

Aschaffenburg · Würzbourg · Bad Kissingen · Schweinfurt · Bamberg · Coburg

Bade-Wurtemberg · Karlsruhe · Pforzheim · Stuttgart · Esslingen · Heilbronn · Tübingen · Reutlingen

Strasbourg · Kehl · Baden-Baden · Offenburg · Lahr

Forêt Noire · Fribourg-en-Brisgau · Feldberg 1493

France · Alsace · Colmar · Mulhouse · Belfort · Nancy · Metz · Épinal · Lorraine · **Vosges**

Bavière · Nuremberg (Nürnberg) · Fürth · Erlangen · Ansbach · Rothenbourg · Bayreuth · Kulmbach

Ratisbonne (Regensburg) · Ingolstadt · Nördlingen · Donauwörth · Landshut · Straubing

MUNICH (MÜNCHEN) · Augsbourg · Dachau · Freising · Rosenheim · Mühldorf

Forêt de Bavière · Grosser Arber 1456 · Cham · Passau

RÉP. TCHÈQUE · **PRAGUE (PRAHA)** · Plzeň · Karlovy Vary · Liberec · Děčín · Ústí

Monts Métallifères · Teplice · Chomutov · Most

Forêt de Bohème

SUISSE · Zürich · Lac de Zürich · Berne · Bâle · Schaffhouse · Lucerne

Alpes · Lac de Constance · Constance · Friedrichshafen · Lindau · Bregenz

Vorarlberg · Feldkirch · **LIECHTENSTEIN** · Vaduz

AUTRICHE · Innsbruck · Kitzbühel · Salzbourg · **Tyrol** · **Salzbourg**

Garmisch-Partenkirchen · Zugspitze · Berchtesgaden · Bad Reichenhall

Kempten · Oberstdorf · Oberammergau

ITALIE · Merano · Col du Brenner

Vorarlberg · Bludenz

Styrie · **Carinthie** · Spittal · Villach · Klagenfurt

ALLEMAGNE

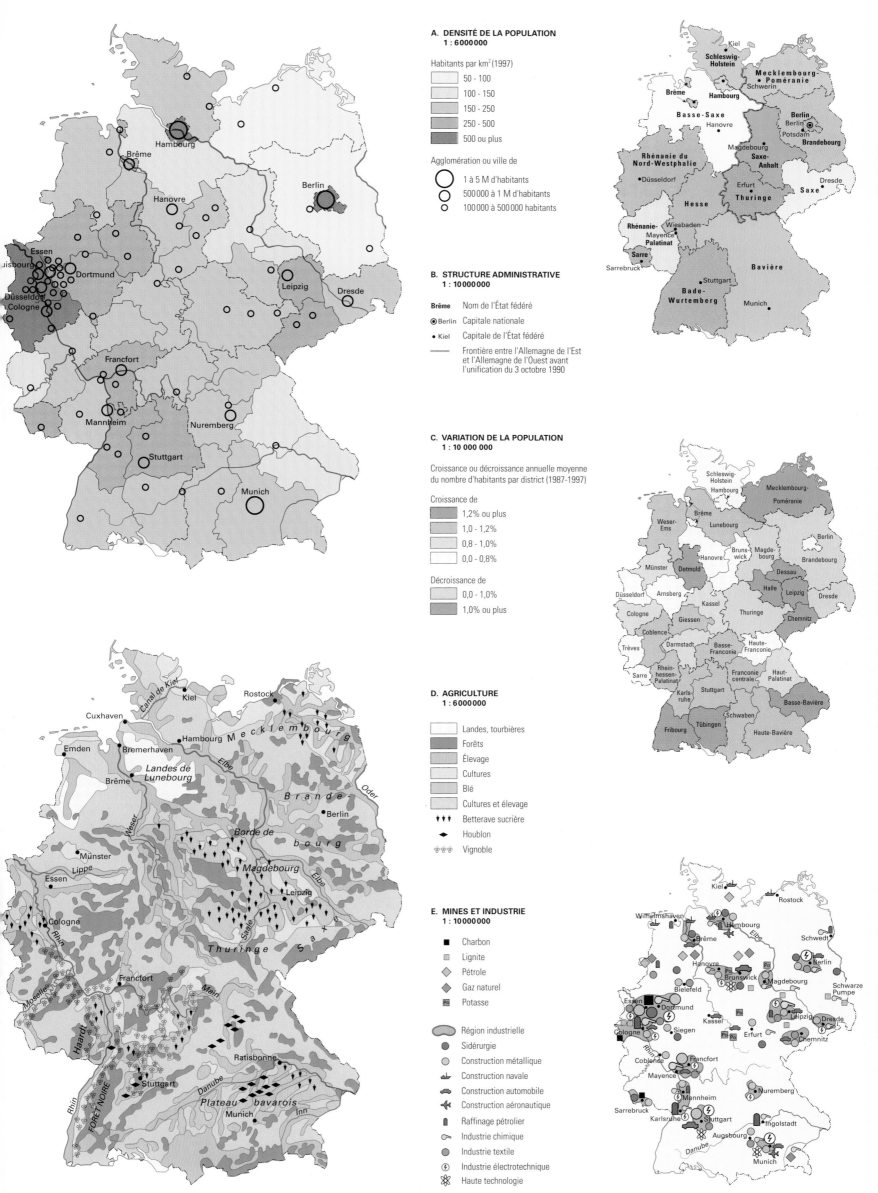

A. DENSITÉ DE LA POPULATION
1 : 6 000 000

Habitants par km² (1997)
- 50 - 100
- 100 - 150
- 150 - 250
- 250 - 500
- 500 ou plus

Agglomération ou ville de
- ◯ 1 à 5 M d'habitants
- ◯ 500 000 à 1 M d'habitants
- ○ 100 000 à 500 000 habitants

B. STRUCTURE ADMINISTRATIVE
1 : 10 000 000

Brême   Nom de l'État fédéré
⊙ Berlin   Capitale nationale
• Kiel   Capitale de l'État fédéré
———   Frontière entre l'Allemagne de l'Est et l'Allemagne de l'Ouest avant l'unification du 3 octobre 1990

C. VARIATION DE LA POPULATION
1 : 10 000 000

Croissance ou décroissance annuelle moyenne du nombre d'habitants par district (1987-1997)

Croissance de
- 1,2% ou plus
- 1,0 - 1,2%
- 0,8 - 1,0%
- 0,0 - 0,8%

Décroissance de
- 0,0 - 1,0%
- 1,0% ou plus

D. AGRICULTURE
1 : 6 000 000

- Landes, tourbières
- Forêts
- Élevage
- Cultures
- Blé
- Cultures et élevage
- ↑↑↑ Betterave sucrière
- ◆ Houblon
- ⚜⚜⚜ Vignoble

E. MINES ET INDUSTRIE
1 : 10 000 000

- ■ Charbon
- ▣ Lignite
- ◆ Pétrole
- ◆ Gaz naturel
- ▣ Potasse
- ⬭ Région industrielle
- ● Sidérurgie
- ● Construction métallique
- ⚓ Construction navale
- 🚗 Construction automobile
- ✈ Construction aéronautique
- 🛢 Raffinage pétrolier
- ⌐ Industrie chimique
- ● Industrie textile
- ⚡ Industrie électrotechnique
- ⚛ Haute technologie

© WN Atlas Productions

SUISSE / ALPES

100 200 500 1000 1500 2000 3000 5000 m

6° L.E. de Gr.   7°   Strasbourg   8°

Franche-Comté   Alsace   Sundgau   Kletgau   Schaffhouse

Vesoul · Belfort · Altkirch · Schopfheim · Neuhausen am Rheinfall
Héricourt · Lörrach · Riehen · Wehr · Waldshut · Rhin
Villersexel · Montbéliard · Delle · Bâle · Rheinfelden · Laufenburg · Bülach
Sochaux · Audincourt · Porrentruy · Muttenz · Pratteln · Bad Säckingen · Murg · Baden · Wettingen · Kloten · Dübendorf
L'Isle-sur-le-Doubs · Valentigney · Delémont · Liestal · Brugg · Dietikon · Schlieren · Zürich · Uster
Baume-les-Dames · Moutier · Laufen · Olten · Aarau · Lenzburg · Zollikon · Küsnacht · Meilen
Maîche · Tavannes · Grenchen · Soleure · Zofingen · Beromünster · Horgen · Wädenswil
Besançon · Weissenstein 1284 · Langenthal · Lac de Hallwil · Lac de Zurich
Mont Vouillau 1160 · Franches Montagnes · Bienne · Burgdorf · Sursee · Zoug · Einsiedeln
Le Russey · St-Imier · Chasseral 1607 · Willisau · Lac de Sempach
Morteau · La Chaux-de-Fonds 1283 · La Neuveville · Aarberg · Lucerne · Riga 1798 · Arth
Ornans · Vue-des-Alpes · Le Locle · Lac de Bienne · Napf 1408 · Kriens · 1899 Mythe · Schwyz
Les Ponts-de-Martel · Neuchâtel · Langnau · 2120 Pilat · Brunnen
Salins-les-Bains · La Brévine · Fleurier · Schüpfheim · Sarnen · Stans · Flüelen
Pontarlier · Le Chasseron 1607 · Berne · Köniz · Lac de Sarnen · Uri-Rot Stock 2928 · Altdorf
FRANCE · Grandson · Murten · Lac de Thoune · Engelberg 3238 · Amsteg
Champagnole · Croix · Yverdon-les-Bains · Avenches · Fribourg · Steffisburg · Thoune · Brienzerrothorn 2350 · Titlis · Col de Brünig · Lungern 1007 · Col de Susten 2224 · Wassen
Vallorbe · Orbe · Payerne · Schwarzenburg · Spiez · Interlaken · Innertkirchen · Damma Stock 3630 · Göschenen · Andermatt
Moudon · Romont · La Berra 1719 · Stockhorn 2190 · Niesen 2362 · Meiringen · Aletschthorn 4195 · Col de l'Oberalp
Lac de Joux · Mont Tendre 1679 · Bulle · Gruyères · Jaunpas 1509 · Frutigen · Grindelwald · Eiger 3970 · Col de la Furka · Gletsch 2109
Morez · Renens · Lausanne · Le Moléson 2002 · Zweisimmen · Adelboden · Lauterbrunnen · Mönch 4099 · Jungfrau 4158 · Finsteraarhorn 3663 · Col du Grimsel · Airolo
Rolle · Morges · Vevey · Saanen · Lenk · Kandersteg · Blüemlisalp 3663 · Col de Novena · Tessin
Nyon · Montreux · Château-d'Oex · Gstaad · Wildstrubel 3244 · Leukerbad · Balmhorn 3699 · Fiesch · 2478
Thonon-les-Bains · Les Diablerets 3248 · Montana-Vermala · Leuk · Brigue · Faido
Col de la Faucille 1320 · Aigle · Villars-sur-Ollon 3210 · Crans · Sierre · Visp · Mont Leone 3552 · Col du Simplon · Locarno
Meyrin · Genève · Annemasse · Monthey · Bex · Saint-Maurice · Sion · Val d'Anniviers · Iselle · Ascona
Cret de la Neige 1718 · Abondance · Collombey · Vex · Grächen · Pioda di Crana 2430 · Cannobio
Vernier · Chancy · Champéry · Martigny · Verbier · Évolène · Saas Fee · Domodossola
St-Julien · Morzine · Les Gets · Col de la Forclaz 1526 · Zinal · Weisshorn 4505 · Dom 4545 · Weissmies 4023
La Roche-sur-Foron · Bonneville · Cluses · Champex · Orsières · Lac des Dix · Arolla · Zermatt
Annecy · Sallanches · Megève · Saint-Gervais-les-Bains · Aiguille Verte 4122 · Grand Combin 4314 · Dent Blanche 4357 · Matterhorn (Cervin) 4478 · Dufourspitze 4634 · Macugnaga
Mont Charvin 2407 · Flumet · Chamonix · Aiguille du Midi · Col du Gd St-Bernard 2473 · Breithorn 4164 · Breuil-Cervinia · Valtournanche · Monte Rosa · Champoluc · Corno Bianco 3320 · Piémont
Mont Blanc 4809 · Val d'Aoste · Omegna · Stresa · Varallo

A. DENSITÉ DE LA POPULATION
1 : 6 000 000

ALLEMAGNE · Munich · Linz · Vienne · Danube
Reutlingen · Ulm · Augsbourg · Salzbourg · Graz
Fribourg · Mulhouse · Bâle · Winterthur · Zürich · St-Gall · Innsbruck · AUTRICHE · Maribor
Dijon · Besançon · Lucerne · SUISSE · Berne · Ljubljana · SLOVÉNIE
FRANCE · Lausanne · Genève · Trente · Zagreb · CROATIE
Villeurbanne · Bergame · Vicence · Venise · Trieste · Rijeka
Lyon · Novare · Monza · Brescia · Vérone · Pádoue
Grenoble · Turin · Milan · Parme · Ferrare · Po
Modène · Ravenne · Adriatique
Avignon · Gênes · Reggio d'Émilie · Bologne · Forlì · Rimini
Marseille · Toulon · Nice · Livourne · Prato · Florence · Ancône
ITALIE · Pérouse

Habitants par km²
0 - 25 | 25 - 50 | 50 - 100 | 100 - 200 | 200 - 1000 | 1000 ou plus

Agglomération ou ville de 1 M d'habitants ou plus
500 000 à 1 M d'habitants
100 000 à 500 000 hab.

B. COMMUNICATIONS
1 : 6 000 000

ALLEMAGNE · Rhin · Fribourg
Langres · Mulhouse · Bâle · Zürich
Dijon · Berne · Furka · St-Gothard
Besançon · SUISSE
FRANCE · Genève · S. Bernardino · Simplon
Lyon · Mt Blanc · Gd St-Bernard · Côme
Pt St-Bernard · Milan
Grenoble · Mt Cenis · Fréjus · Turin · Plaisance
Valence · Mt Genèvre
Gap
Orange · Nice · La Spezia
Marseille · Tende · Gênes
Toulon

Autoroute
Route principale
Chemin de fer international
Autres chemins de fer important

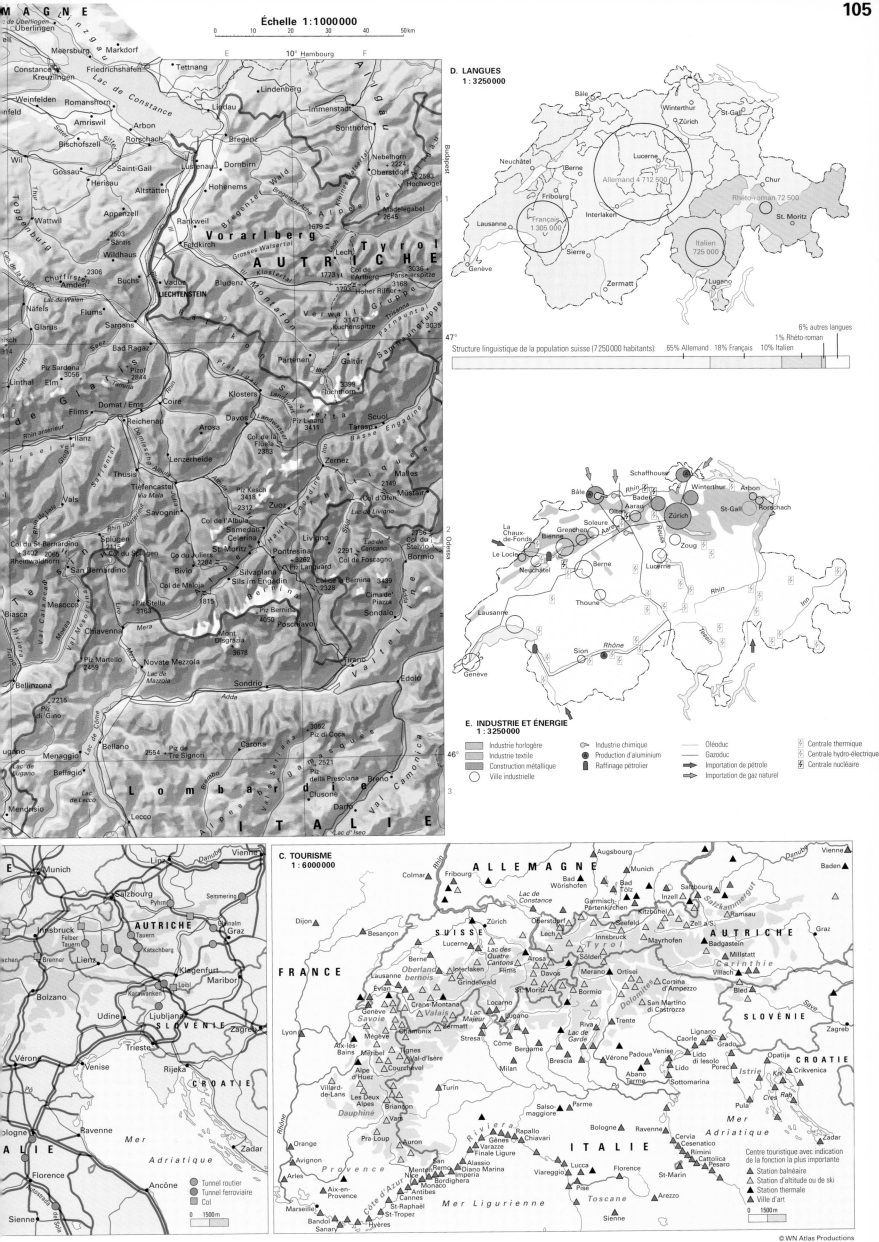

BASSIN MÉDITERRANÉEN

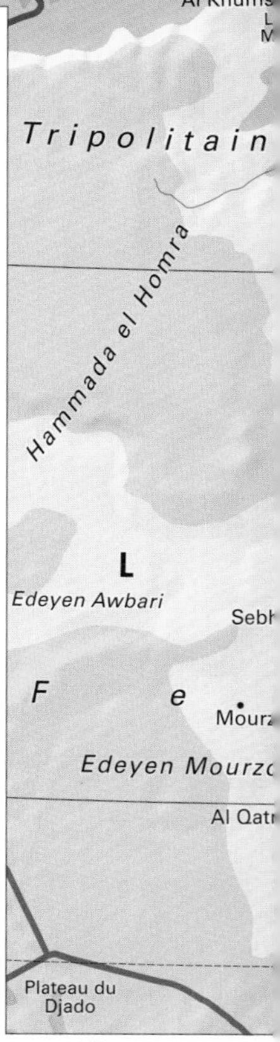

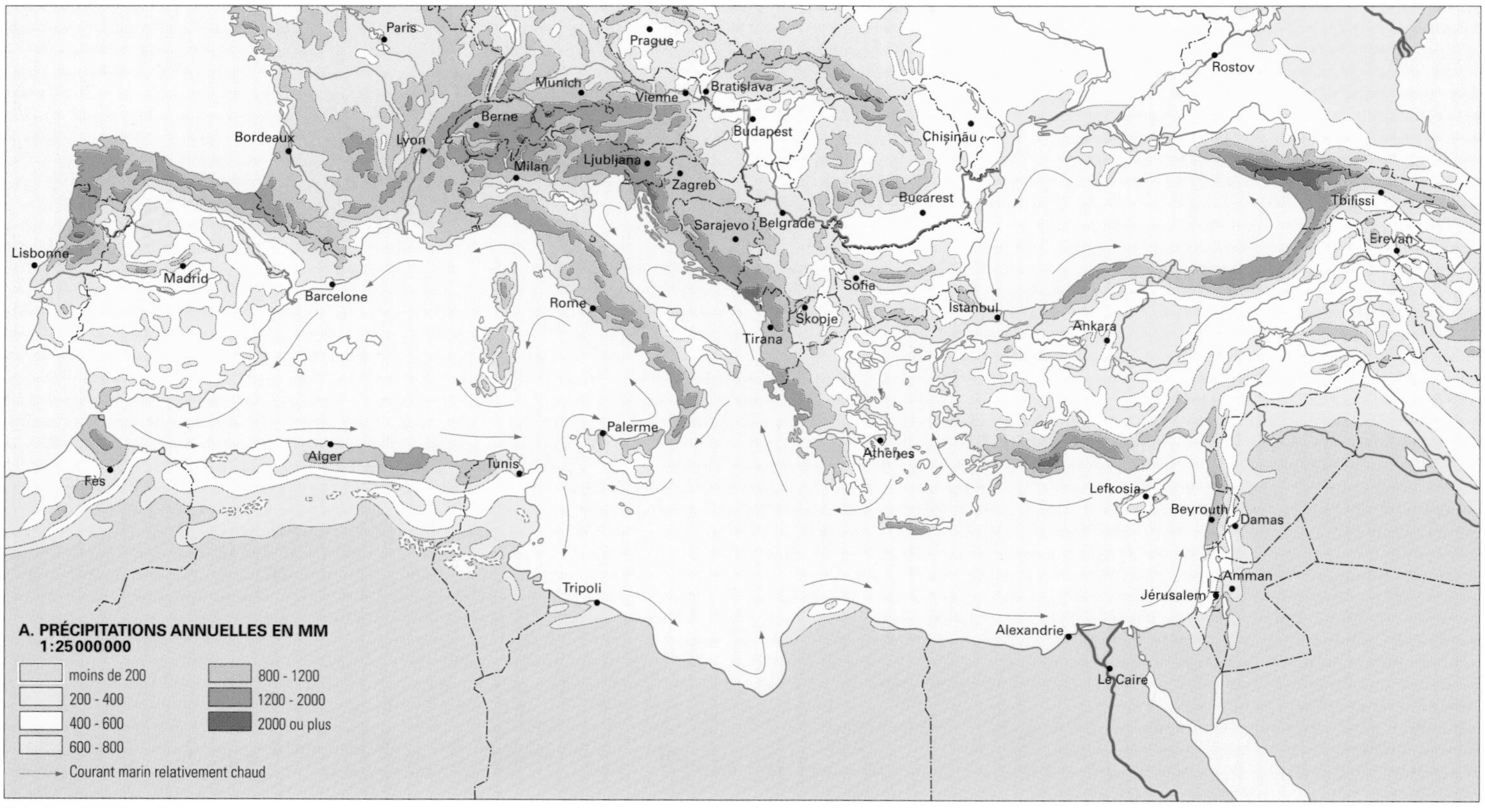

-2000 -200 0 100 200 500 1000 2000 3000 m
au-dessous du niveau de la mer

Océan Atlantique

FRANCE
ESPAGNE
PORTUGAL
MAROC
ALGÉRIE
TUNISIE
ITALIE
SUISSE
ALLEMAGNE
BELGIQUE
AUTRICHE

Mer Méditerranée
Mer Ligurienne
Mer Tyrrhénienne

Corse (Fr.)
Sardaigne (It.)
Baléares (Esp.)
Iles Baléares (Esp.)

Golfe de Gascogne
Golfe du Lion
Golfe de Cadix
Golfe de Gabès
Golfe de Hammamet

Détroit de Gibraltar
Détroit de Sicile

Massif Central
Pyrénées
Monts Ibériques
Chaînes de Castille
Sierra Morena
Andalousie
Sierra Nevada
Haut Atlas
Moyen Atlas
Anti-Atlas
Chaîne du Rif
Hauts Plateaux
Atlas tellien
Atlas saharien
Aurès

A. PRÉCIPITATIONS ANNUELLES EN MM
1:25 000 000

moins de 200
200 - 400
400 - 600
600 - 800
800 - 1200
1200 - 2000
2000 ou plus

→ Courant marin relativement chaud

Projection azimutale équivalente

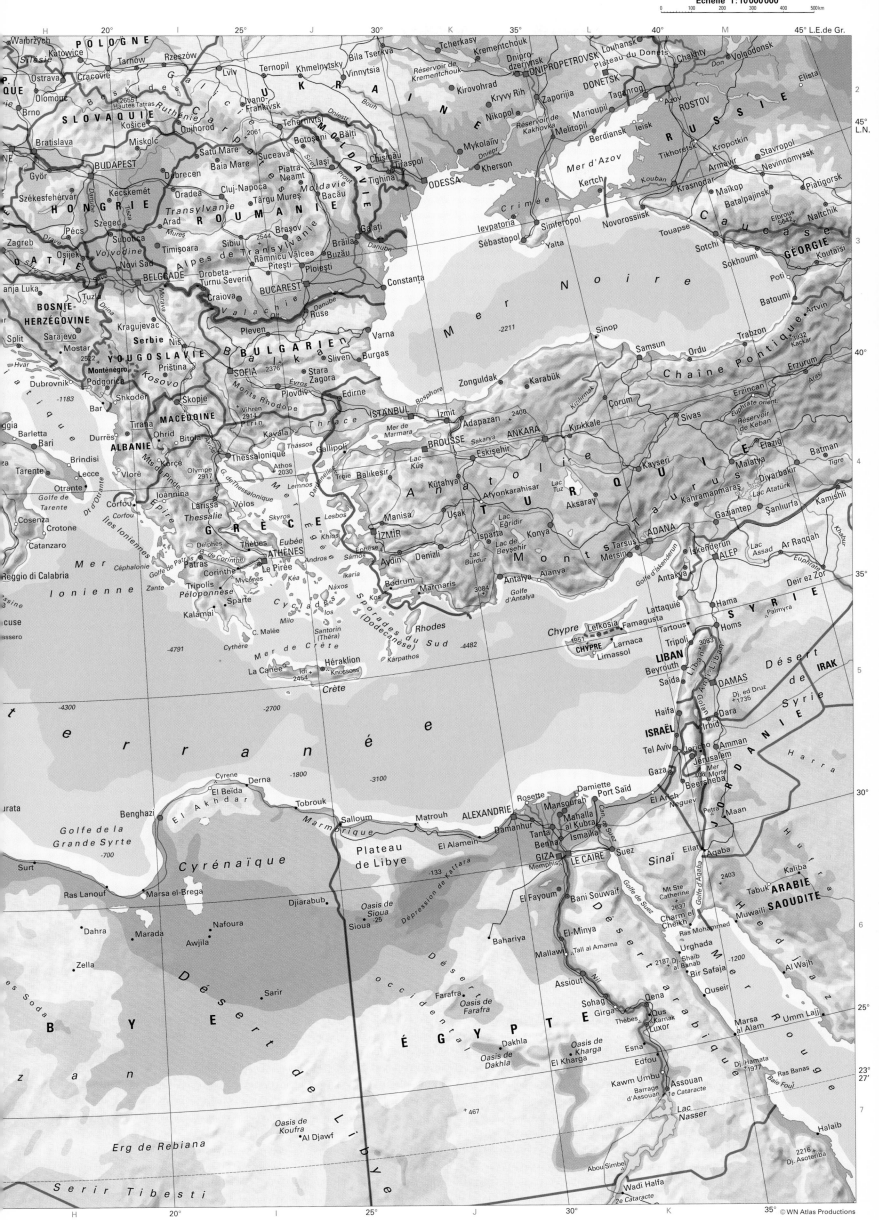

© WN Atlas Productions

-6000

Océan Atlantique

Golfe de Gascogne

MAROC

Chaîne du Rif

PORTUGAL

ESPAGNE

MADRID / Madrid

Galice

Asturies

Cantabrie

Monts Cantabriques

Pays Basque

Navarre

La Rioja

Castille

León

Castille

La Manche

Andalousie

Estrémadure

Alentejo

Algarve

Ribatejo

Estrémadure

Minho

Trás-os-Montes

Beira

Tierra de Campos

Sierra Nevada

Sierra Morena

Monts de Tolède

Chaînes de Castille

Sierra de Guadarrama

Sa de Gredos

La Vera

Tierra de Barros

La Serena

La Campiña

Campo de Calatrava

Campo de Montiel

La Alcarria

Serranía de Ronda

Las Alpujarras

Tierra de Barros

Golfe de Cadix

Détroit de Gibraltar

Place names (partial, north to south):

C. Ortegal, Pnte Estaca de Bares, Ortigueira, Viveiro, Cadramón 1056, Ribadeo, Navia, Luarca, Pravia, Avilés, Gijón, Villaviciosa, Llanes, Santander, C. Ajo, Bermio, Gernika, Bilbao, Portugalete, Barakaldo, Eibar, Irun, St-Séb

La Corogne, Cap Vilán, Ferrol, Carballo, Betanzos, C. Finisterre, Vilalba, Mondoñedo, Tineo, Oviedo, Mieres, Langreo, Picos de Europa, Peña Ubiña 2417, Col de Pajarès 1379, Torre Cérredo 2648, Peña Prieta 2536, Altamira, Torrelavega, Reinosa, Vitoria, Miranda de Ebro, Logroño, Pamplona

St-Jaques de Compostelle, A Estrada, Ulla, Lugo, Sil, Miravalles 1969, Ponferrada, Astorga, Teleno 2188, León, Sahagún, Burgos, Arlanzón, Sa de la Demanda, 2213, Soria, Sa del Moncayo, Tudela

Vilagarcía de Arousa, Pontevedra, Monforte de Lemos, Ourense, Sierra de la Cabrera, Benavente, Palencia, Arlanta, Lerma, Urbión 2228,

Ria de Muros e Noia, Ria de Arousa, Ria de Pontevedra, Ria de Vigo, Vigo, C. Silleiro, Tui, Minho, Cabeza de Manzaneda 1778, Zamora, Tordesillas, Valladolid, Aranda de Duero, Duero, Soria, Medinaceli, Calatayud

Viana do Castelo, Limia, Chaves, Bragance, Braga, Guimarães, Douro, Vila Real, Sabor, Douro, Salamanque, Medina del Campo, Eresma, Somosierra 1444, Atienza, Sigüenza,

Matosinhos, Vila Nova de Gaia, Porto, Cávado, Tâmega, Lamego, Montemuro 1381, Viseu, Pinhel, Huebra, Tormes, Segovia, Pico de Peñalara 2430, Guadalajara, Brihuega, Serranía

Ovar, Ria de Aveiro, Aveiro, Vouga, Mondego, Serra de Estrela, Estrela 1993, Covilhã, Guarda, Ciudad Rodrigo 1723, Águeda, Béjar, Ávila, El Escorial, Madrid, Alcalá de Henares, 1839,

Coimbra, C. Mondego, Figueira da Foz, Sierra de Gata, Almanzor 2592, Plasencia, Talavera de la Reina, Tage (Tajo), Tolède, Aranjuez, Ocaña, Móstoles, Cuenca

Leiria, Fátima, Tomar, Castelo Branco, Alcántara, Cáceres, Trujillo, Sierra de Guadalupe 1603, Mora, Orgaz, 1419, Alcázar de San Juan, Cigüela, Záncara

C. Carvoeiro, Peniche, Santarém, Abrantes, Tejo, Portalegre, Alburquerque, Mérida, Herrera del Duque, Guadiana, Tomelloso, Albacete

Mafra, Sintra, C. Roca, Estoril, Lisbonne, Cascais, Almada, Barreiro, Setúbal, C. Espichel, B. de Setúbal, Estremoz, Elvas, Badajoz, Olivenza, Don Benito, Almadén, Almodóvar del Campo, Puertollano, Ciudad Real, Manzanares, Valdepeñas, Campo de Montiel, Sierra de Alcaraz, 1798, Hellín

Évora, Serra de Ossa, Jerez de los Caballeros, Zafra, Llerena, Bélmez, Sierra de Alcudia, 1300, Col de Despeñaperros, La Carolina, Úbeda, Segura, Sierra de Segura

Sines, Beja, Serpa, Moura, Viar, Montoro, Andújar, Guadalimar, Linares, Baeza, Jaén, Mágina 2167,

Mértola, Tharsis, Nerva, El Pedroso, Cordoue, Guadalquivir, Baena, Lucena, Iznalloz, Guadix, Baza, Sta Barbara 2269, Tetica 2083, Huércal, Cuevas, Vera

Fóia 902, Portimão, Lagos, Albufeira, Faro, Olhão, Tavira, Ayamonte, Huelva, Palos de la Frontera, Séville, Carmona, Écija, Puente Genil, Osuna, Loja, Grenade, Veleta 3392, Mulhacén 3482, Sa de Gádor 2236, Almería, Roquetas de Mar, C. de Gata, Sorbas, Almanzora

C. São Vicente, Sagres, Playa de Castilla, Marismas del Guadalquivir, Utrera, Lebrija, Morón de la Frontera, Antequera, Loja, Vélez, Málaga, Nerja, Motril, Sa de los Filabres

Sanlúcar de Barrameda, El Puerto de Santa María, Jerez de la Frontera, Cadix, San Fernando, Arcos de la Frontera, Torrecilla 1919, Ronda, Coín, Torremolinos, Fuengirola, Marbella, Estepona

C. Trafalgar, Algésiras, Tarifa, La Línea, Gibraltar (R.-U.), C. d'Europe, Pte Marroqui, Tanger, Djebel Moussa 841, Ceuta (Esp.), Tétouan, Alborán (Esp.), Melilla (Esp.), C. des Trois Fourches, Nador

Asilah, Larache, Chechaouen, Al Hoceima

Coordinates: 42° L.N., 38°, 36°, Chicago, Las Vegas, 8°, 6°, 4°, 2° L.O., 4°

Projection conique — Abidjan

ITALIE

Échelle 1:3000000

150km
125
100
75
50
25
0

5000m
3000
2000
1500
1000
500
200
100
0
-200
-2000
-4000

SUISSE
AUTRICHE
HONGRIE
CROATIE
SLOVÉNIE
BOSNIE
HERZÉGOVINE
FRANCE
MONACO

Piémont
Val d'Aoste
Lombardie
Trentin-Haut Adige
Vénétie
Frioul-Vénétie-Julienne
Émilie-Romagne
Toscane
Ombrie
Marches
Latium
Abruzzes
Molise
Campanie
Pouilles
Corse (France)

Plateau du Karst
Istrie (Istra)
Alpes dinariques
Mer Adriatique
Mer Ligurienne
Golfe de Gênes
Golfe de Venise
Riviera du Levant
Riviera du Ponant
Côte d'Azur
Alpes cottiennes
Alpes maritimes
Archipel Toscan

Lausanne
Montreux
Lac Léman
Brigue
Domodossola
Chamonix
Mt Blanc 4807
Gd St Bernard
Aoste
Ivrée
Turin (Torino)
Pinerolo
Saluces
Fossano
Cuneo
Col de Tende 1871
Vintimille
Nice
Cannes
Grasse
Imperia
San Remo
Monaco
Modane
Col du Mt Cenis
Susa
Col de Larche
Col de Cadibona
Savone
Gênes (Genova)
La Spezia
Carrare
Massa
Viareggio
Livourne
Pise
Lucques
Pistoie
Prato
Florence
Empoli
Sienne
Arezzo
Grosseto
Orbetello
Mt Amiata
I. d'Elbe
Portoferraio
Piombino
Détroit de Piombino
Montecristo
Giglio
Pianosa
Capraia
Gorgona
C. Corse
Bastia
Calvi
Ajaccio
Corte
Bonifacio
Propriano
Sartène
Porto-Vecchio
Aléria

St Moritz
Davos
Côme
Lecco
Bergame
Brescia
Crémone
Mantoue
Vérone
Vicence
Padoue
Venise (Venezia)
Mestre
Trévise
Bassano del Grappa
Belluno
Trente
Bolzano/Bozen
Merano
Bressanone/Brixen
Brunico
Rovereto
Riva
Lac de Garde
Lodi
Pavie
Milan (Milano)
Monza
Varèse
Novare
Vercelli
Alexandrie
Asti
Voghera
Plaisance
Parme
Reggio d'Émilie
Modène
Bologne
Ferrare
Rovigo
Adria
Comacchio
Ravenne
Forli
Faenza
Imola
Cesena
Rimini
Cesenatico
Cattolica
Pesaro
Fano
Urbino
Ancône
Senigallia
Iesi
Macerata
Loreto
Ascoli Piceno
Teramo
Pescara
Chieti
San Benedetto del Tronto
Vasto
Termoli
L'Aquila
Avezzano
Sulmona
Gran Sasso 2912
Rieti
Terni
Spolète
Foligno
Pérouse
Assise
Gubbio
Cortona
Orvieto
Viterbe
ROME (ROMA)
Tivoli
Frascati
Velletri
Anzio
Ostie
Civitavecchia
Tarquinia
Lac de Bolsena
Lac de Bracciano
Latina
Gaète
Cassino
Frosinone
Sora
Caserte
Capoue
NAPLES
Benevento
Campobasso
Foggia
San Severo
Manfredonia
Monte Sant'Angelo
Mt Gargano
Vieste
Golfe de Manfredonia
Barletta
Andria
Trani
Molfetta
Bari
Monopoli
Melfi
Ariano Irpino
Cerignola
Iles Tremiti

ST-MARIN

Trieste
Golfe de Trieste
Grado
Monfalcone
Gorizia
Udine
Pordenone
Tolmezzo
Koper
Piran
Poreč
Rovinj
Pula
Opatija
Rijeka
Krk
Cres
Lošinj
Rab
Pag
Zadar
Dugi Otok
Šibenik
Split
Brač
Hvar
Korčula
Mljet
Dubrovnik
Metković
Mostar
Makarska
Sarajevo
Zenica
Travnik
Jajce
Banja Luka
Prijedor
Sanski Most
Bihać
Drvar
Knin
Gospić
Mts Velebit
Mts Kapela
Karlovac
Sisak
Zagreb
Varaždin
Bjelovar
Slavonski Brod
Doboj
Tuzla
Brčko
Vinkovci
Osijek
Mohács
Pécs
Komló
Kaposvár
Nagykanizsa
Maribor
Celje
Ljubljana
Klagenfurt
Villach
Spittal
Lienz
Landeck

Ljubljana
Bled
Kranj

Mer Adriatique
Mer Ligurienne

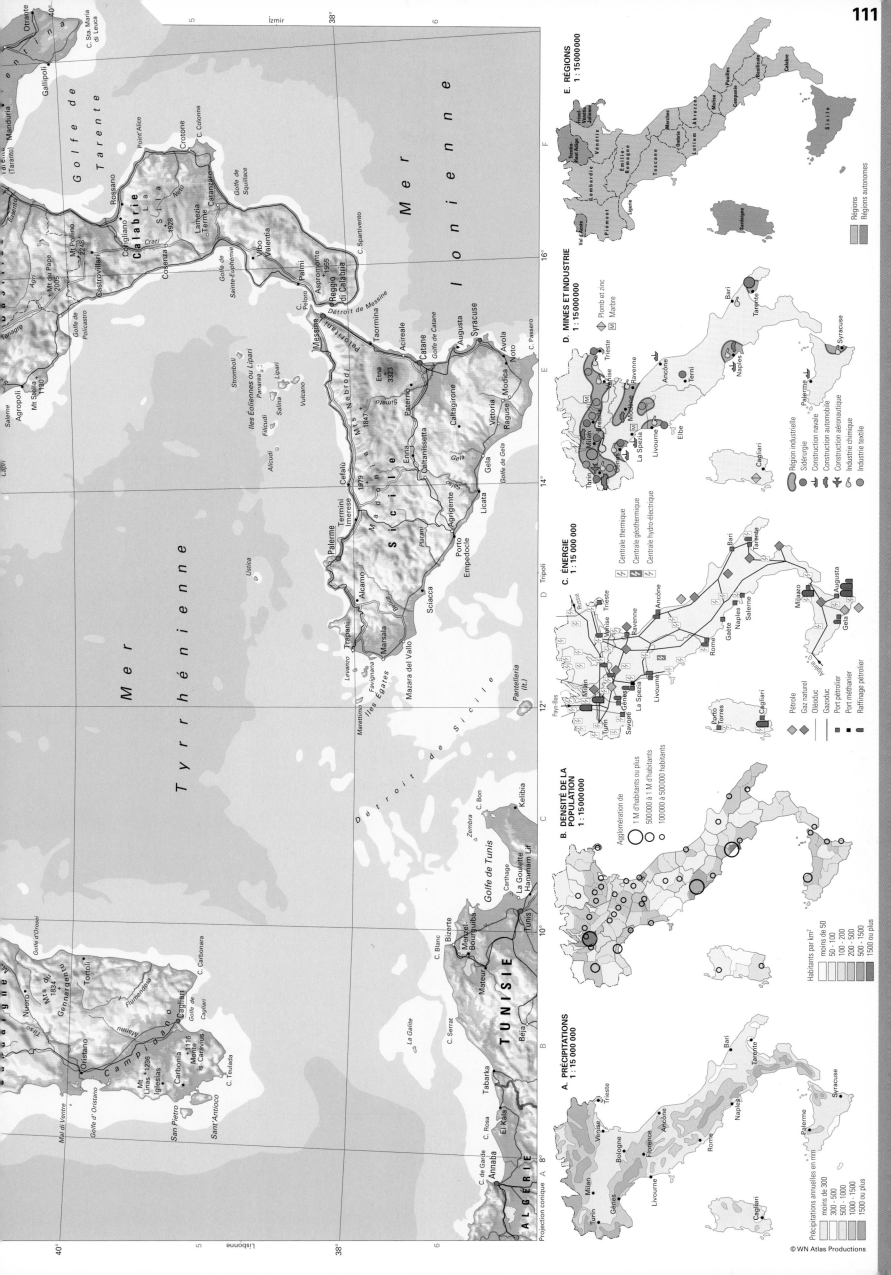

EUROPE DU SUD-EST

AUTRICHE
SLOVAQUIE
HONGRIE
SLOVÉNIE
CROATIE
BOSNIE
HERZÉGOVINE
Fédération Croato-Musulmane
Rép. Serbe-Bosniaque
YOUGOSLAVIE
Serbie (Srbija)
Monténégro (Crna Gora)
Kosovo
Voïvodine
MACÉDOINE
ALBANIE
GRÈCE
ITALIE
ST-MARIN
ROU
UKRA
Plaine Pannonienne (Alföld)
Slavonie
Banat
Dalmatie
Sandžak
Apennins
Dolomites
Alpes Dinariques
Alpes albanaises
Mts du Pinde
Thessalie
Péloponnèse
Golfe de Venise
Mer Adriatique
Mer Ionienne
Îles Ioniennes
Golfe de Tarente
Détroit d'Otrante
Mer Méditerranée
VIENNE (WIEN)
BUDAPEST
BELGRADE (BEOGRAD)
Zagreb
Ljubljana
Sarajevo
Podgorica
Skopje
Tirana (Tiranë)
Venise (Venezia)
Trieste
Rijeka
Split
Dubrovnik
Novi Sad
Priština
Thessalonique
Corfou
Patras
Projection conique
Le Cap
12° L.E.de Gr.
14°
18°
20°
22°
46° L.N.
44°
42°
40°
38°
36°

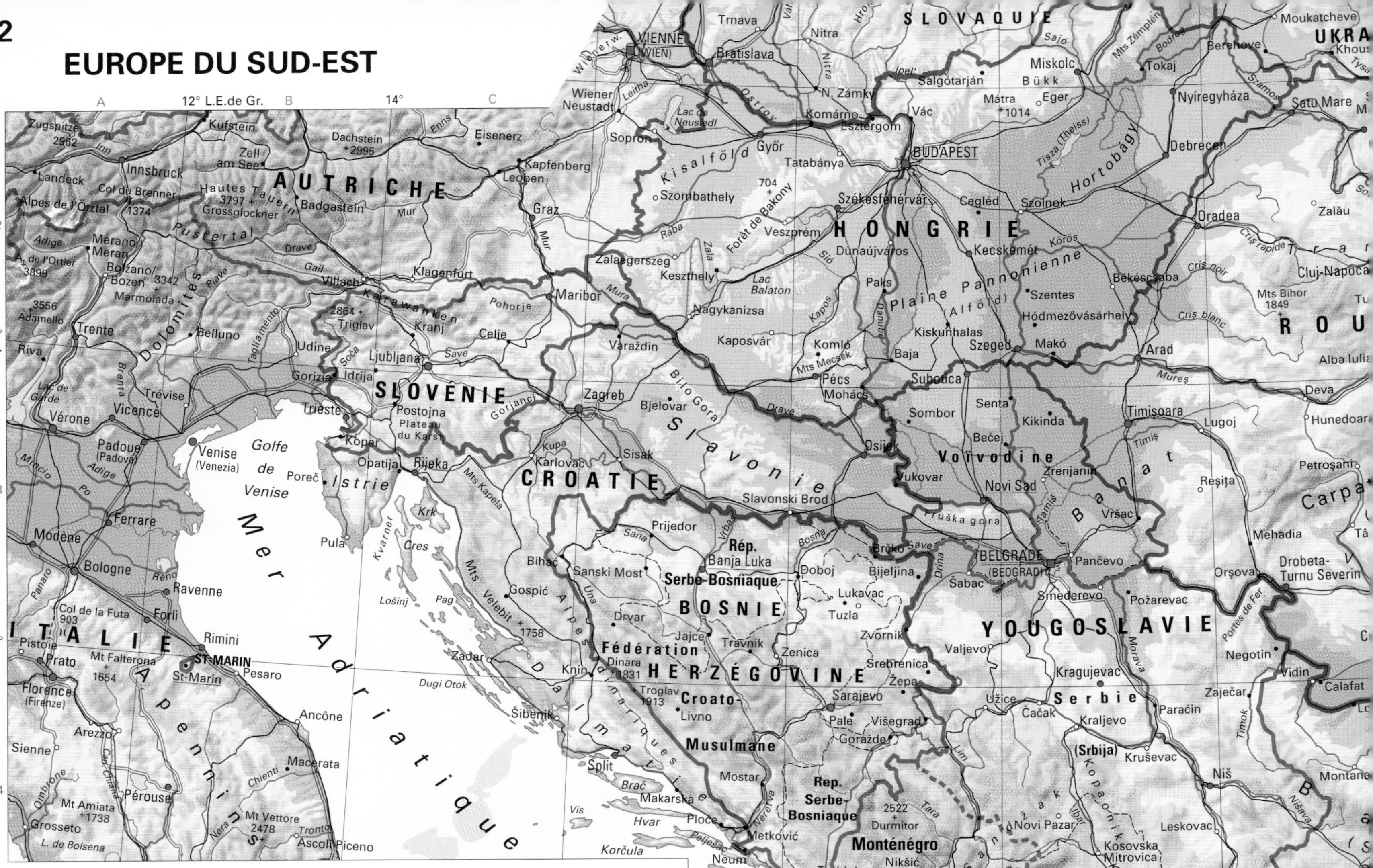

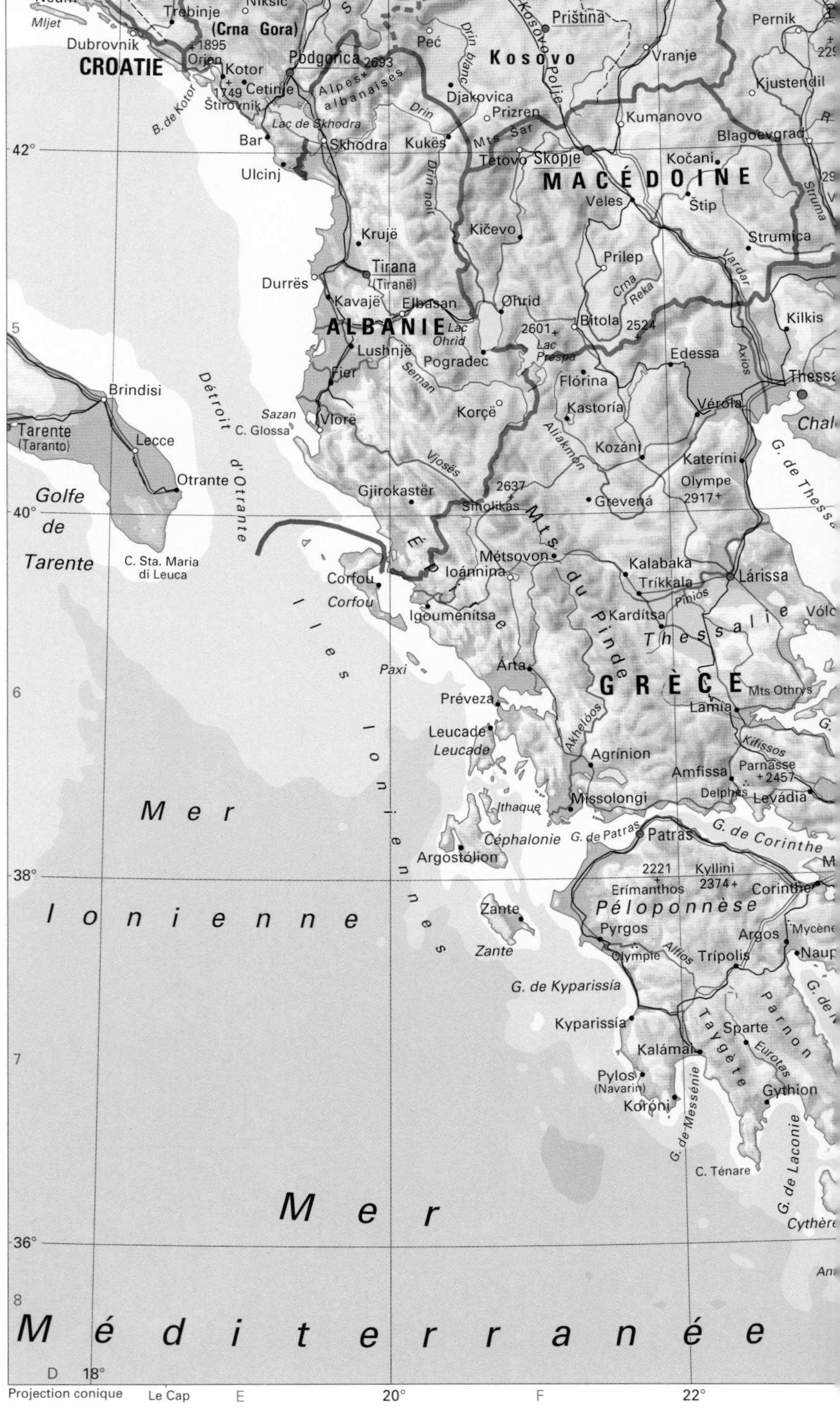

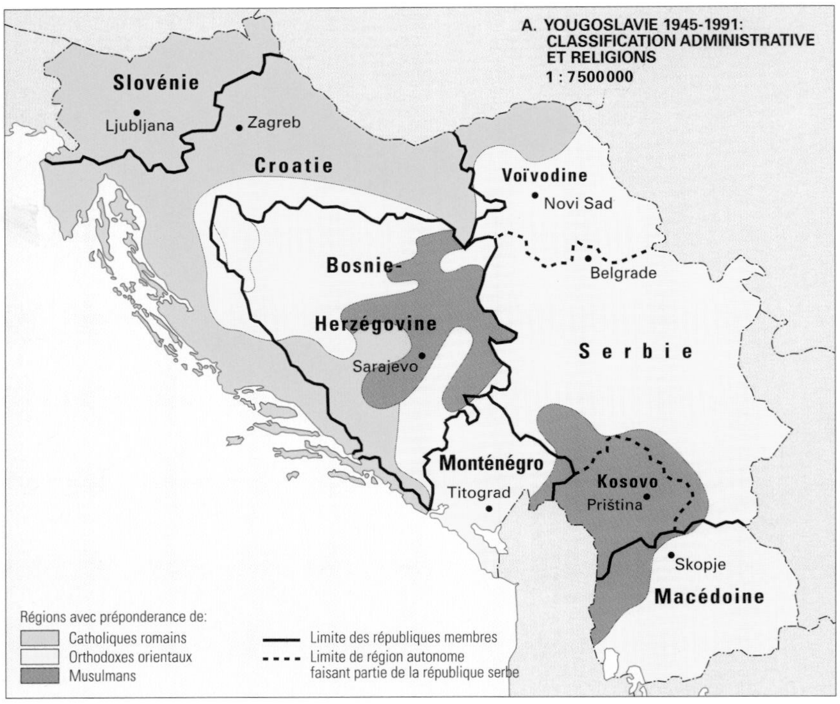

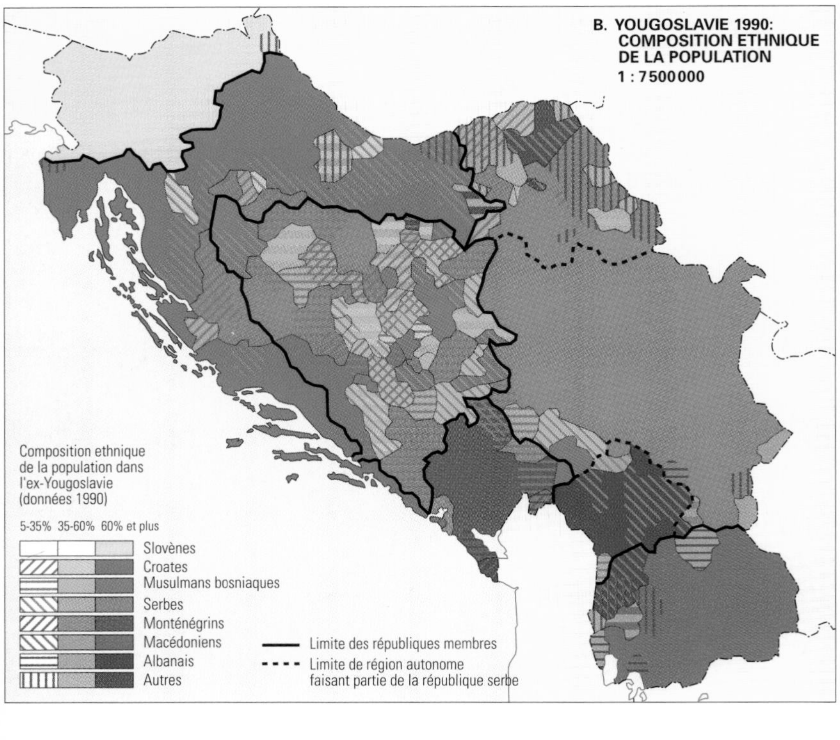

A. YOUGOSLAVIE 1945-1991: CLASSIFICATION ADMINISTRATIVE ET RELIGIONS
1 : 7500000
Slovénie
Ljubljana
Zagreb
Croatie
Voïvodine
Novi Sad
Belgrade
Bosnie-Herzégovine
Sarajevo
Serbie
Monténégro
Titograd
Kosovo
Priština
Skopje
Macédoine
Régions avec prépondérance de:
Catholiques romains
Orthodoxes orientaux
Musulmans
Limite des républiques membres
Limite de région autonome faisant partie de la république serbe

B. YOUGOSLAVIE 1990: COMPOSITION ETHNIQUE DE LA POPULATION
1 : 7500000
Composition ethnique de la population dans l'ex-Yougoslavie (données 1990)
5-35% 35-60% 60% et plus
Slovènes
Croates
Musulmans bosniaques
Serbes
Monténégrins
Macédoniens
Albanais
Autres
Limite des républiques membres
Limite de région autonome faisant partie de la république serbe

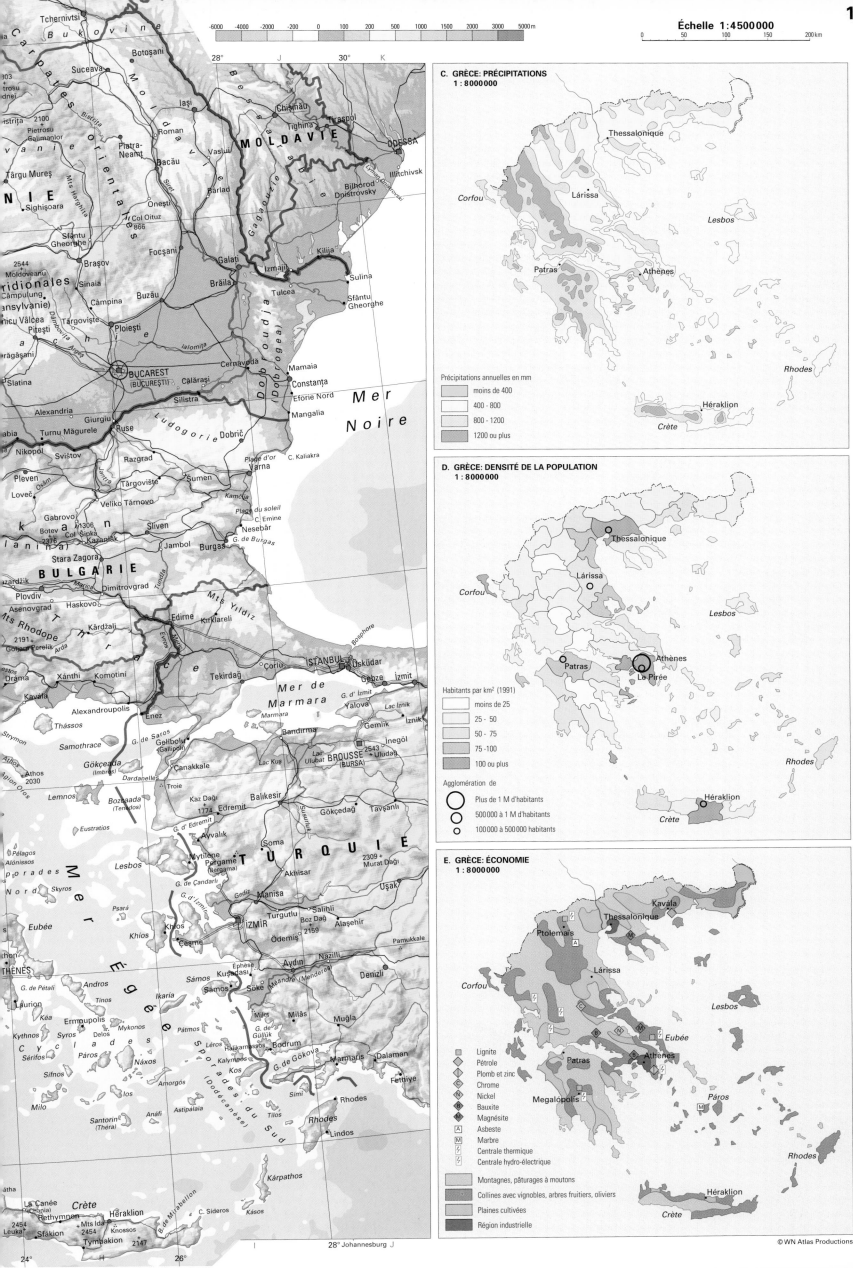

EUROPE ORIENTALE

Échelle 1:9 000 000

0 100 200 300 400km

Échelle des altitudes (m) :
-4000 -2000 -200 0 200 500 1000 1500 2000 3000 5000m
au-dessous du niveau de la mer

Mer de Kara

Mer de Barents

Péninsule Iamal

Verkhoïansk

Novy Port
Iar-Salé
Labytnangi
Salekhhard

Amderma
Paï-Khoï
Vorkouta

Baie de Baïdaratsk
Kara

Nouvelle-Zemble
(Novaïa Zemlia)

Terre Fr.-Joseph

Kolgouïev

Baie de la Tchocha

Péninsule de Kanine

C. Kanine

Mezen

Nar'ian Mar

Oust-Tsilma

Petchora

Narodnaïa 1894
1425 Sablia

Monts Oural

EKATERINBOURG

Tcheliabinsk

Tomsk

OuFA

PERM

KAZAN

NIJNI NOVGOROD

MOSCOU

ST-PÉTERSBOURG

Helsinki/Helsingfors

Tallinn

ESTONIE

LETTONIE

LITUANIE

Riga

NORVÈGE

SUÈDE

FINLANDE

Stockholm

Oslo

Mer Baltique

Finnmark

Laponie

Cap Nord

Hammerfest

Tromsø

Narvik

Kebnekaise 2111

Mourmansk

Péninsule de Kola

Côte mourmane

Mer blanche

Arkhangelsk

Severodvinsk

Lac Ladoga

Lac Onega

Golfe de Botnie

Golfe de Finlande

Cercle polaire arctique

Pointe mér. du Groenland

Orsk
Orenbourg
Sol-Iletsk
Aktöbe
Kandaghats
Plateau
d'Oust-Ourt
Beijing
TURKMÉNISTAN
K

Novoborissovka
Bouzoulouk
Orał (Uralsk)
Dossor
Koulsari
Garabogaz
Bandar Torkoman
Gorgan
Babol
Ambi
Sari
Kaemshahr
Semnän
E l b o u r z

Samara
Obchtchi syrt
Ilek
Atyraou
Manghychlak
Bouzatchi
Jangäozen
Türkmenbachy
Bandar Anzali
Recht
Qazvin
TÉHÉRAN

Syzrań
Novokouïbychevsk
Balakovo
Marx
Engels
Aktaou
Sumqayit (Soumqait)
BAKI (BAKOU)
Lankäran
Ardabil
Zanjan
As Soltãnmyãh
Sanandaj

Kouznetsk
Saratov
Volchski
M e r   C a s p i e n n e
Koura
Xankändi (Stepanakert)
TABRIZ
J

Penza
Kamychin
VOLGOGRAD
Fort Chevtchenko
Makhatchkala
Derbent
Şamaxi
Gäncä
Lac Sevan
Nakhitchevan (Azerb.)
Lac d'Ourmia
Kirkuk
I R A N

Morchansk
Balachov
Mts Ergheni
Volga
Astrakhan
D a g h e s t a n
Bouïnaksk
Şäki
Bazärduzü 4466
AZERBAÏDJAN
Ararat 5137
Lac de Van
Arbil

Riajsk
Tambov
Lipetsk
Elista
Kizliar
Mozdok
Grozny
Vladikavkaz
Nalchik
Kazbek 5047
TBILISSI (TIFLIS)
Vanadzor
ARMÉNIE
EREVAN
4090
Van
Mossoul
IRAK

Orel
Voroneje
Stary Oskol
Novotcherkassk
ROSTOV-NA-DONU
Salsk
Tikhoretsk
Kropotkin
Stavropol
Nevinnomiisk
Tcherkessk
Karatchaïevsk
Elbrous 5642
Koutaïssi
Roustavi
GÉORGIE
Kars
Erzurum
Diyarbakir
Batman
Mardin
Al Hasakah
Lac Assad
S Y R I E

Koursk
Bielgorod
KHARKIV (KHARKOV)
Lyssytchansk
Stakhanov
Loubansk
Goukovo
Chakhty
Armavir
Maïkop
Tcherkessk
Poti
Batoumi
Tskhinvali
Artvin
Bayburt
Sivas
Elâzig
Malatya
Adiyaman
Gaziantep
ALEP

Soumy
Poltava
DNIPROPETROVSK
DONETSK
Kramatorsk
Horlivka
Makiïvka
Taganrog
Ieisk
Mer d'Azov
Novorossiisk
Anapa
Touapse
Sotchi
Sokhoumi
C h a î n e   p o n t i q u e
Trabzon
Giresun
Ordu
Samsun
Amasya
Tokat
Kayseri
Kahramanmaras
Osmaniye
ADANA
Tarsus
Mersin
Iskenderun
Antakya
Idlib

Bila Tserkva
Kirovohrad
Kryvy Rih (Krivoï Rog)
Zaporijia
Nikopol
Mariupol
Berdiansk
Kertch
Pt de Crimée
Feodosia
Anapa
M e r   N o i r e
Sinop
Inebolu
Çorum
Kirikkale
Kirsehir
Nevsehir
Eregli
Konya
TURQUIE
Cappadoce
Monts Taurus

Tchernihiv
Konotop
KYIV (KIEV)
Tcherkasy
Kremenchuk
Dnipródzerjynsk
Mykolaïv
Kherson
Armiansk
MELITOPIL
Simferopol
Sébastopol
Ievpatoria
Yalta
Crimée
Zonguldak
Karabük
Adapazari
Sakarya
Eskisehir
Afyonkarahisar
Isparta
Antalya
Alanya

BIÉLORUSSIE
Babrouïsk
Mazyr
Tchernobyl
Korosten
Vinnytsia
Khmelnytsky
U K R A I N E
Mohyliv-Podilsky
ODESSA
Illitchivsk
Golfe d'Odessa
Sulina
Constanta
Varna
ISTANBUL
Üsküdar
BROUSSE BURSA
Uludag 2543
Izmit
Bosphore
Mer de Marmara
Balikesir
Bandirma
Manisa
Aydin
İZMIR
Uşak
Kütahya
Denizli
Pamukkale
Muğla
Marmaris
Bodrum
Rhodes

Baranavitchy
Pinsk
P o l é s i e
Pripiat
Rivne
Loutsk
Ternopil
Ivano-Frankivsk
Tchernivtsi
Bäiti
MOLDAVIE
Chisinäu
Tiraspol
Bessarabie
Bälti
Galati
Brâila
Buzäu
Edirne
Mer Égée
Dardanelles
Lemnos
Lesbos
Chios
Naxos
Samos
Kusadasi
Kos

POLOGNE
Brest
Kovel
Lviv
Doujhorod
Frankivsk
ROUMANIE
Bacäu
Ploiesti
BUCAREST (BUCURESTI)
Ruse
Pleven
Plovdiv
Mts Rhodope
BULGARIE
Burgas
Thassos
Thessalonique
Thessaloniki
Lemnos
Mts Ida 2591
Héraklion

WARSOVIE (WARSZAWA)
Lublin
SLOVAQUIE
HONGRIE
Miskolc
Debrecen
Arad
Timisoara
Cluj-Napoca
Sibiu
Alpes de Transylvanie 2544
Craiova
Plaine du Danube
SOFIA (SOFIJA)
Nis
Skopje
MACÉDOINE
Bitola
Olympe 2917
Larissa
Thessalie
ATHÈNES
GRÈCE
Corinthe
Milo
Cythère
Crète

Lódz
Radom
Kielce
Czestochowa 612
Sosnowiec
Chorzów
Katowice
Cracovie (Kraków)
Hautes Tatras
Košice
Szeged
BELGRADE (BEOGRAD)
YOUGO-SLAVIE
2925
Morava

RUSSIE ET PAYS VOISINS

-8000 -6000 -4000 -2000 -200 0 100 200 500 1000 2000 3000 5000m
au-dessous du niveau de la mer

10° L.O. de Greenwich

Océan Atlantique

Océan Glacial

IRLANDE
ROYAUME-UNI
Dublin
Belfast
Glasgow
Édimbourg
Aberdeen
Manchester
Birmingham
LONDRES
Pas de Calais
BELGIQUE
P.-B.
Amsterdam
Rotterdam
Bruxelles
ALLEMAGNE
Cologne
Francfort
BERLIN
Hambourg
Brême
Hanovre
Leipzig
Dresde
PRAGUE
RÉP. TCHÈQUE
VIENNE
SLOVAQUIE
Bratislava
BUDAPEST
HONGRIE
ROUMANIE
MOLDAVIE
Chisinau

DANEMARK
Copenhague
Kiel
Lübeck
Rostock
Szczecin
POLOGNE
VARSOVIE
Gdansk
Poznan
Wroclaw
Lodz
Cracovie
Lviv
UKRAINE
KYIV (KIEV)
Jytomyr
Vinnytsia
ODESSA
Mer Noire
Sébastopol
Crimée
Mer d'Azov
ROSTOV
DONETSK
DNIPROPETROVSK
KHARKIV (KHARKOV)
Krementchouk
Zaporijjia
Mykolaïv
Kryvyï Rih

NORVÈGE
SUÈDE
Oslo
Bergen
Trondheim
Stavanger
Göteborg
Malmö
Stockholm
Mer Baltique
Gotland
Öland
Lofoten
Tromsö
Hammerfest
Cap Nord
Narvik

FINLANDE
Helsinki
Tampere
Turku
Golfe de Botnie
Luleå
Oulu
Golfe de Finlande
ST-PÉTERSBOURG
Tallinn
ESTONIE
LETTONIE
Riga
LITUANIE
Vilnius
Kaunas
Kaliningrad
BIÉLORUSSIE
MINSK
Homel
Lac Ladoga
Lac Onega
Pskov
Tver
Vitebsk
Smolensk
Briansk
MOSCOU
Moskva
Toula
Orel
Koursk
Voronej
Lipetsk
Penza
Saratov
Volgograd
Simbirsk
Togliatti
SAMARA
NIJNI NOVGOROD
KAZAN
Ivanovo
Vladimir
Iaroslavl
Rybinsk
Tcherepovets
Vologda
Viatka

Laponie
Péninsule de Kola
Mourmansk
Kirovsk
Mer Blanche
Arkhangelsk
Oukhta
Syktyvkar
Kotlas
Vorkouta
Petchora
Narian Mar
Berezniki
PERM
Serov
IEKATERINBOURG
Nijni-Taguil
Tchelny
Naberejnye
OUFA
Magnitogorsk
TCHELIABINSK
Zlatooust
Kourgan
Orenbourg
Orsk
Aktöbe
Oural (Ouralsk)
Atyraou
Astrakhan

Mer de Barents
Nouvelle-Zemble (Novaïa Zemlia)
Mer de Kara
Spitzberg (Svalbard)
Terre François-Joseph (Zemlia Frantsa-Iosifa)
Longyearbyen
Dikson
Norilsk
Doudinka
Oust-Port
Péninsule de Iamal
Péninsule de Gydan
Salekhard
Labytnangi
Nadym
Novy Ourengoï
Sourgout
Nijnevartovsk
Khanty-Mansiisk
Plaine de Sibérie occidentale
Tobolsk
Tioumen
Tara
Omsk
OMSK
Tomsk
NOVOSIBIRSK
Barnaoul
Novokouznetsk
Kemerovo
Léninsk-Kouznetski
Biisk
Gorno-Altaïsk
Pavlodar
Semeï (Semipalatinsk)
Öskemen
Altaï

RUSSIE

KAZAKHSTAN
Astana
Karaganda (Karaghandy)
Temirtaou
Jezkazgan
Balkhach
Lac Balkach
Baïkonour (Baïkongyr)
Aral (Aralsk)
Kyzylorda
Türkistan
Hauteurs du Kazakhstan
Kökchetaou
Kostanaï
Roudny
Petropavl
Tatarsk
Steppe Baraba

Mer d'Aral
OUZBÉKISTAN
TACHKENT (TOCHKENT)
Samarkand
Boukhoro (Boukhara)
Noukous
Khiva
Ourghantch
Kyzyl-Koum
TURKMÉNISTAN
Achgabat
Turkmenbachy
Nebitdag
Kara-Koum
Mer Caspienne

TURQUIE
Erzurum
Trabzon
Samsun
Sotchi
Novorossiisk
Krasnodar
Stavropol
Caucase
GÉORGIE
TBILISSI
ARMÉNIE
EREVAN
AZERBAÏDJAN
BAKI (BAKOU)
IRAK
BAGDAD
IRAN
TÉHÉRAN
TABRIZ
ISPAHAN
MECHED
CHIRAZ
Khorasan
Désert de Lout
Golfe persique

KIRGHIZISTAN
BICHKEK
ALMATY (ALMA-ATA)
Ysyk-Köl
TADJIKISTAN
DOUCHANBÉ
Pamir
Pic Communisme
AFGHANISTAN
KABOUL
Herat
Kandahar
Hindu Kuch
PAKISTAN
Peshawar
Karakoram
Taklamakan
Tian Shan
ÜRÜMQI
Kashi
CHINE

Projection conique

Lisbonne
Le Caire

Échelle 1:20 000 000

0   200   400   600   800   1000 km

ÉTATS-
UNIS

Baie de Kotzebue
Nome
Seward
Bethel
Péninsule d'Alaska
Baie de Norton
Unimak
Dutch Harbor

Mer de Béring

Îles Pribilof

Nunivak

I. St-Laurent

Golfe d'Anadyr

Mts de l'Anadyr

Mer de Sibérie orientale

Mer des Laptev

Mer d'Okhotsk

Kamtchatka

Mts Koriatski

Îles du Commandeur

Océan

Pacifique

New York
Los Angeles

Mer du Japon

JAPON

Honshu
TOKYO
YOKOHAMA
NAGOYA

MONGOLIE

Gobi

CORÉE DU NORD
PYONGYANG

CORÉE DU SUD
SÉOUL

Mer Jaune

BEIJING (PÉKIN)

Mer du Japon

© WN Atlas Productions

RUSSIE ET PAYS VOISINS

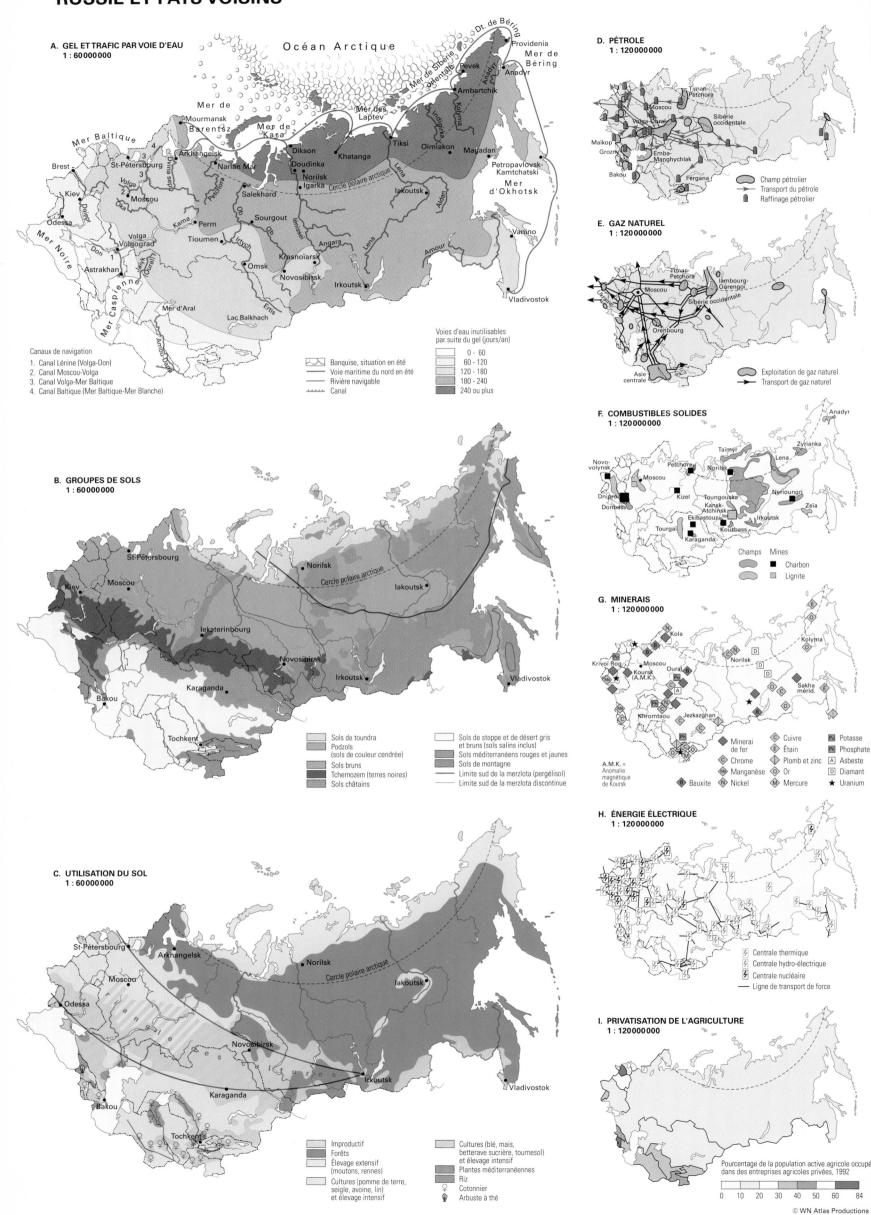

A. GEL ET TRAFIC PAR VOIE D'EAU
1 : 60 000 000

Océan Arctique

Dt. de Béring
Providenia
Mer de Béring

Mer de Sibérie orientale
Pevek
Anadyr
Ambartchik

Mer des Laptev
Mer de Kara
Tiksi
Oïmiakon
Magadan

Mourmansk
Mer de Barentsz
Mer Baltique
Dikson
Doudinka
Norilsk
Igarka
Khatanga
Indigirka
Kolyma
Lena

Petropavlovsk-Kamtchatski
Mer d'Okhotsk

Brest
St-Pétersbourg
Kiev
Odessa
Arkhangelsk
Narian Mar
Salekhard
Cercle polaire arctique
Iakoutsk
Vanino

Dvina sept.
Petchora
Ob
Ïenisseï
Aldan

Mer Noire
Volga
Moscou
Perm
Sourgout
Kama
Tioumen
Irtych
Angara
Amour

Astrakhan
Don
Oural
Volgograd
Omsk
Krasnoïarsk
Novosibirsk
Irkoutsk
Vladivostok

Mer Caspienne
Mer d'Aral
Lac Balkhach
Irtis
Amou-Daria

Canaux de navigation
1. Canal Lénine (Volga-Don)
2. Canal Moscou-Volga
3. Canal Volga-Mer Baltique
4. Canal Baltique (Mer Baltique-Mer Blanche)

Voies d'eau inutilisables par suite du gel (jours/an)
0 - 60
60 - 120
120 - 180
180 - 240
240 ou plus

Banquise, situation en été
Voie maritime du nord en été
Rivière navigable
Canal

B. GROUPES DE SOLS
1 : 60 000 000

St-Pétersbourg
Kiev
Moscou
Norilsk
Cercle polaire arctique
Iakoutsk

Iekaterinbourg
Novosibirsk
Irkoutsk
Vladivostok
Karaganda
Bakou
Tochkent

Sols de toundra
Podzols (sols de couleur cendrée)
Sols bruns
Tchernozem (terres noires)
Sols châtains

Sols de steppe et de désert gris et bruns (sols salins inclus)
Sols méditerranéens rouges et jaunes
Sols de montagne
Limite sud de la merzlota (pergélisol)
Limite sud de la merzlota discontinue

C. UTILISATION DU SOL
1 : 60 000 000

St-Pétersbourg
Arkhangelsk
Moscou
Norilsk
Cercle polaire arctique
Iakoutsk
Odessa

Novosibirsk
Irkoutsk
Karaganda
Bakou
Vladivostok
Tochkent

Improductif
Forêts
Élevage extensif (moutons, rennes)
Cultures (pomme de terre, seigle, avoine, lin) et élevage intensif

Cultures (blé, maïs, betterave sucrière, tournesol) et élevage intensif
Plantes méditerranéennes
Riz
Cotonnier
Arbuste à thé

D. PÉTROLE
1 : 120 000 000

Timan-Petchora
Moscou
Siberie occidentale
Maïkop
Grozny
Volga-Oural
Emba-Manghychlak
Bakou
Fergana

Champ pétrolier
Transport du pétrole
Raffinage pétrolier

E. GAZ NATUREL
1 : 120 000 000

Timan-Petchora
Iambourg-Ourengoï
Moscou
Siberie occidentale
Ukraine
Orenbourg
Asie centrale

Exploitation de gaz naturel
Transport de gaz naturel

F. COMBUSTIBLES SOLIDES
1 : 120 000 000

Anadyr
Taïmyr
Zyrianka
Novo-volynsk
Petchora
Norilsk
Lena
Moscou
Kizel
Toungouska
Nerioungri
Dnipro
Donbass
Kansk-Atchinsk
Zeïa
Ekibastouze
Irkoutsk
Tourgaï
Kouzbass
Karaganda

Champs   Mines
Charbon
Lignite

G. MINERAIS
1 : 120 000 000

Kola
Kolyma
Krivoï Rog
Moscou
Norilsk
Koursk (A.M.K.)
Oural
Sakha mérid.
Khromtaou
Jezkazghan

A.M.K. = Anomalie magnétique de Koursk

Minerai de fer
Cuivre
Potasse
Étain
Phosphate
Chrome
Plomb et zinc
Asbeste
Manganèse
Or
Diamant
Bauxite
Nickel
Mercure
Uranium

H. ÉNERGIE ÉLECTRIQUE
1 : 120 000 000

Centrale thermique
Centrale hydro-électrique
Centrale nucléaire
Ligne de transport de force

I. PRIVATISATION DE L'AGRICULTURE
1 : 120 000 000

Pourcentage de la population active agricole occupée dans des entreprises agricoles privées, 1992
0   10   20   30   40   50   60   84

© WN Atlas Productions

RUSSIE ET PAYS VOISINS

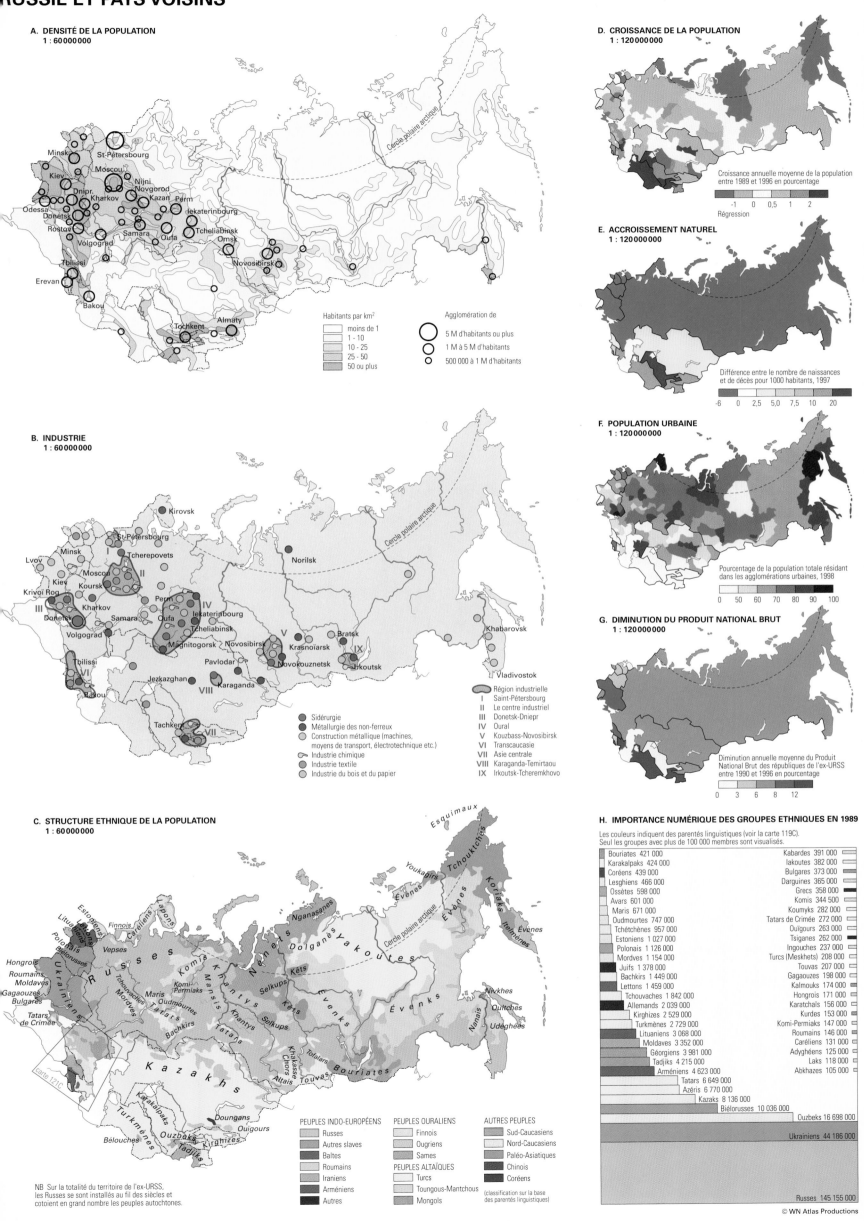

A. DENSITÉ DE LA POPULATION
1 : 60 000 000

Habitants par km²
- moins de 1
- 1 - 10
- 10 - 25
- 25 - 50
- 50 ou plus

Agglomération de
- 5 M d'habitants ou plus
- 1 M à 5 M d'habitants
- 500 000 à 1 M d'habitants

B. INDUSTRIE
1 : 60 000 000

- Sidérurgie
- Métallurgie des non-ferreux
- Construction métallique (machines, moyens de transport, électrotechnique etc.)
- Industrie chimique
- Industrie textile
- Industrie du bois et du papier

- Région industrielle
- I   Saint-Pétersbourg
- II Le centre industriel
- III Donetsk-Dniepr
- IV Oural
- V   Kouzbass-Novosibirsk
- VI Transcaucasie
- VII Asie centrale
- VIII Karaganda-Temirtaou
- IX Irkoutsk-Tcheremkhovo

C. STRUCTURE ETHNIQUE DE LA POPULATION
1 : 60 000 000

PEUPLES INDO-EUROPÉENS
- Russes
- Autres slaves
- Baltes
- Roumains
- Iraniens
- Arméniens
- Autres

PEUPLES OURALIENS
- Finnois
- Ougriens
- Sames

PEUPLES ALTAÏQUES
- Turcs
- Toungous-Mantchous
- Mongols

AUTRES PEUPLES
- Sud-Caucasiens
- Nord-Caucasiens
- Paléo-Asiatiques
- Chinois
- Coréens

(classification sur la base des parentés linguistiques)

NB Sur la totalité du territoire de l'ex-URSS, les Russes se sont installés au fil des siècles et côtoient en grand nombre les peuples autochtones.

D. CROISSANCE DE LA POPULATION
1 : 120 000 000

Croissance annuelle moyenne de la population entre 1989 et 1996 en pourcentage
Régression
-1   0   0,5   1   2

E. ACCROISSEMENT NATUREL
1 : 120 000 000

Différence entre le nombre de naissances et de décès pour 1000 habitants, 1997
-6   0   2,5   5,0   7,5   10   20

F. POPULATION URBAINE
1 : 120 000 000

Pourcentage de la population totale résidant dans les agglomérations urbaines, 1998
0   50   60   70   80   90   100

G. DIMINUTION DU PRODUIT NATIONAL BRUT
1 : 120 000 000

Diminution annuelle moyenne du Produit National Brut des républiques de l'ex-URSS entre 1990 et 1996 en pourcentage
0   3   6   8   12

H. IMPORTANCE NUMÉRIQUE DES GROUPES ETHNIQUES EN 1989

Les couleurs indiquent des parentés linguistiques (voir la carte 119C).
Seul les groupes avec plus de 100 000 membres sont visualisés.

Bouriates 421 000	Kabardes 391 000
Karakalpaks 424 000	Iakoutes 382 000
Coréens 439 000	Bulgares 373 000
Lesghiens 466 000	Darguines 365 000
Ossètes 598 000	Grecs 358 000
Avars 601 000	Komis 344 500
Maris 671 000	Koumyks 282 000
Oudmourtes 747 000	Tatars de Crimée 272 000
Tchétchènes 957 000	Ouïgours 263 000
Estoniens 1 027 000	Tsiganes 262 000
Polonais 1 126 000	Ingouches 237 000
Mordves 1 154 000	Turcs (Meskhets) 208 000
Juifs 1 378 000	Touvas 207 000
Bachkirs 1 449 000	Gagaaouzes 198 000
Lettons 1 459 000	Kalmouks 174 000
Tchouvaches 1 842 000	Hongrois 171 000
Allemands 2 039 000	Karatchaïs 156 000
Kirghizes 2 529 000	Kurdes 153 000
Turkmènes 2 729 000	Komi-Permiaks 147 000
Lituaniens 3 068 000	Roumains 146 000
Moldaves 3 352 000	Caréliens 131 000
Géorgiens 3 981 000	Adyghéens 125 000
Tadjiks 4 215 000	Laks 118 000
Arméniens 4 623 000	Abkhazes 105 000
Tatars 6 649 000	
Azéris 6 770 000	
Kazaks 8 136 000	
Biélorusses 10 036 000	
Ouzbeks 16 698 000	
Ukrainiens 44 186 000	
Russes 145 155 000	

© WN Atlas Productions

RUSSIE ET PAYS VOISINS

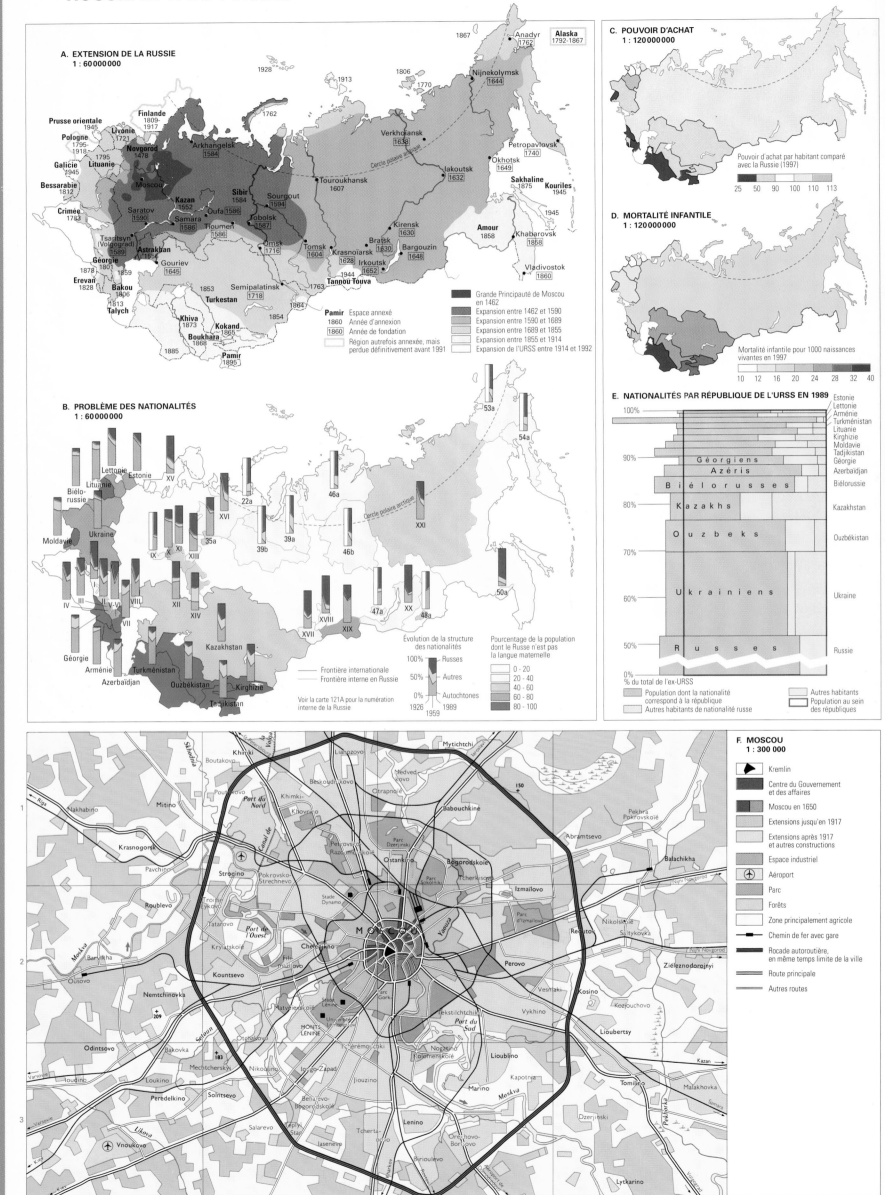

A. EXTENSION DE LA RUSSIE
1 : 60 000 000

Alaska
1792-1867

Grande Principauté de Moscou en 1462
Espace annexé
1860 Année d'annexion
1860 Année de fondation
Région autrefois annexée, mais perdue définitivement avant 1991
Expansion entre 1462 et 1590
Expansion entre 1590 et 1689
Expansion entre 1689 et 1855
Expansion entre 1855 et 1914
Expansion de l'URSS entre 1914 et 1992

C. POUVOIR D'ACHAT
1 : 120 000 000

Pouvoir d'achat par habitant comparé avec la Russie (1997)
25 50 90 100 110 113

D. MORTALITÉ INFANTILE
1 : 120 000 000

Mortalité infantile pour 1000 naissances vivantes en 1997
10 12 16 20 24 28 32 40

B. PROBLÈME DES NATIONALITÉS
1 : 60 000 000

Évolution de la structure des nationalités
100% — Russes
50% — Autres
0% — Autochtones
1926 1959 1989

Pourcentage de la population dont le Russe n'est pas la langue maternelle
0 - 20
20 - 40
40 - 60
60 - 80
80 - 100

Frontière internationale
Frontière interne en Russie

Voir la carte 121A pour la numération interne de la Russie

E. NATIONALITÉS PAR RÉPUBLIQUE DE L'URSS EN 1989

% du total de l'ex-URSS

Population dont la nationalité correspond à la république
Autres habitants de nationalité russe
Autres habitants
Population au sein des républiques

F. MOSCOU
1 : 300 000

Kremlin
Centre du Gouvernement et des affaires
Moscou en 1650
Extensions jusqu'en 1917
Extensions après 1917 et autres constructions
Espace industriel
Aéroport
Parc
Forêts
Zone principalement agricole
Chemin de fer avec gare
Rocade autoroutière, en même temps limite de la ville
Route principale
Autres routes

© WN Atlas Productions

RUSSIE ET PAYS VOISINS

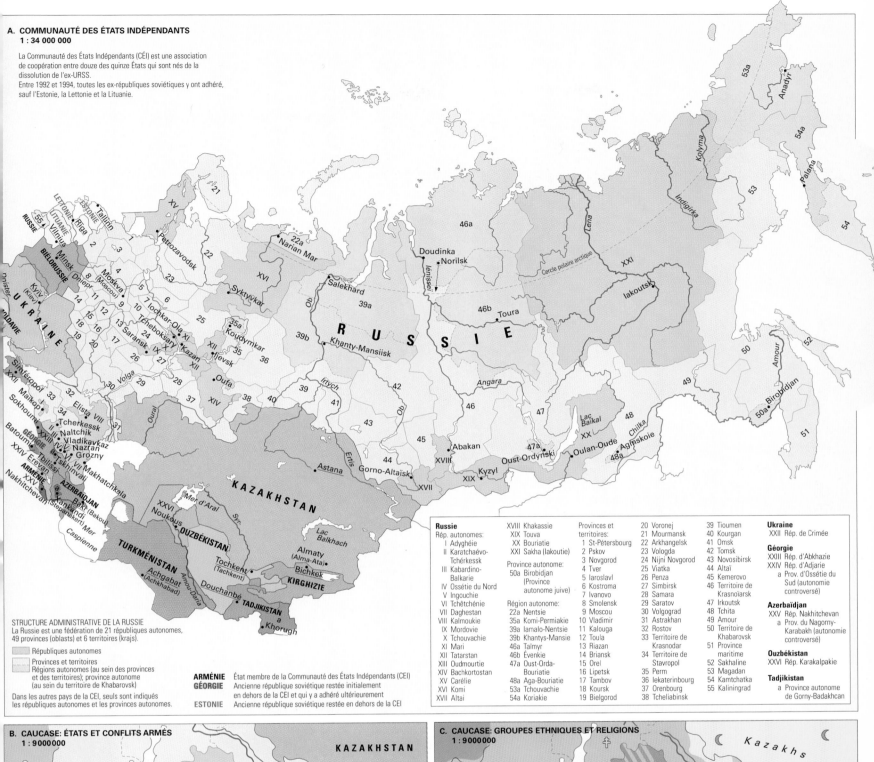

A. COMMUNAUTÉ DES ÉTATS INDÉPENDANTS
1 : 34 000 000

La Communauté des États Indépendants (CEI) est une association de coopération entre douze des quinze États qui sont nés de la dissolution de l'ex-URSS.
Entre 1992 et 1994, toutes les ex-républiques soviétiques y ont adhéré, sauf l'Estonie, la Lettonie et la Lituanie.

STRUCTURE ADMINISTRATIVE DE LA RUSSIE
La Russie est une fédération de 21 républiques autonomes, 49 provinces (oblasts) et 6 territoires (krajs).

- Républiques autonomes
- Provinces et territoires

Régions autonomes (au sein des provinces et des territoires); province autonome (au sein du territoire de Khabarovsk)

Dans les autres pays de la CEI, seuls sont indiqués les républiques autonomes et les provinces autonomes.

ARMÉNIE État membre de la Communauté des États Indépendants (CEI)
GÉORGIE Ancienne république soviétique restée initialement en dehors de la CEI et qui y a adhéré ultérieurement
ESTONIE Ancienne république soviétique restée en dehors de la CEI

Russie
Rép. autonomes:
I Adyghéie
II Karatchaévo-Tchérkessk
III Kabardino-Balkarie
IV Ossétie du Nord
V Ingouchie
VI Tchétchénie
VII Daghestan
VIII Kalmoukie
IX Mordovie
X Tchouvachie
XI Mari
XII Tatarstan
XIII Oudmourtie
XIV Bachkortostan
XV Carélie
XVI Komi
XVII Altaï
XVIII Khakassie
XIX Touva
XX Bouriatie
XXI Sakha (Iakoutie)

Province autonome:
50a Birobidjan (Province autonome juive)

Région autonome:
22a Nentsie
35a Komi-Permiakie
39a Iamalo-Nentsie
39b Khantys-Mansie
46a Taïmyr
46b Évenkie
47a Oust-Orda-Bouriatie
48a Aga-Bouriatie
53a Tchouvachie
54a Koriakie

Provinces et territoires:
1 St-Pétersbourg
2 Pskov
3 Novgorod
4 Tver
5 Iaroslavl
6 Kostroma
7 Ivanovo
8 Smolensk
9 Moscou
10 Vladimir
11 Kalouga
12 Toula
13 Riazan
14 Briansk
15 Orel
16 Lipetsk
17 Tambov
18 Koursk
19 Bielgorod
20 Voronej
21 Mourmansk
22 Arkhangelsk
23 Vologda
24 Nijni Novgorod
25 Viatka
26 Penza
27 Simbirsk
28 Samara
29 Saratov
30 Volgograd
31 Astrakhan
32 Rostov
33 Territoire de Krasnodar
34 Territoire de Stavropol
35 Perm
36 Iekaterinbourg
37 Orenbourg
38 Tcheliabinsk
39 Tioumen
40 Kourgan
41 Omsk
42 Tomsk
43 Novosibirsk
44 Altaï
45 Kemerovo
46 Territoire de Krasnoïarsk
47 Irkoutsk
48 Tchita
49 Amour
50 Territoire de Khabarovsk
51 Province maritime
52 Sakhaline
53 Magadan
54 Kamtchatka
55 Kaliningrad

Ukraine
XXII Rép. de Crimée

Géorgie
XXIII Rép. d'Abkhazie
XXIV Rép. d'Adjarie
a Prov. d'Ossétie du Sud (autonomie controversé)

Azerbaïdjan
XXV Rép. Nakhitchevan
a Prov. du Nagorny-Karabakh (autonomie controversé)

Ouzbékistan
XXVI Rép. Karakalpakie

Tadjikistan
a Province autonome de Gorny-Badakhcan

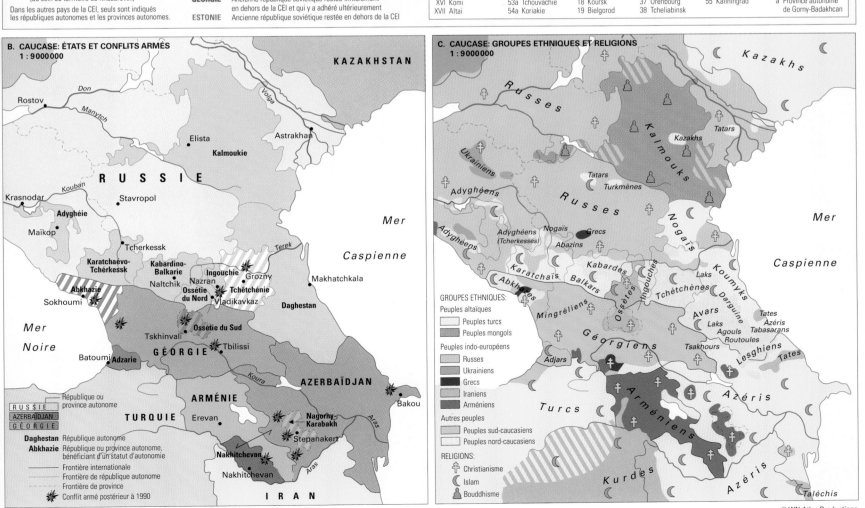

B. CAUCASE: ÉTATS ET CONFLITS ARMÉS
1 : 9 000 000

- République ou province autonome
- RUSSIE / AZERBAÏDJAN / GÉORGIE
- **Daghestan** République autonome
- **Abkhazie** République ou province autonome, bénéficiant d'un statut d'autonomie
- Frontière internationale
- Frontière de république autonome
- Frontière de province
- ✱ Conflit armé postérieur à 1990

C. CAUCASE: GROUPES ETHNIQUES ET RELIGIONS
1 : 9 000 000

GROUPES ETHNIQUES:
Peuples altaïques
- Peuples turcs
- Peuples mongols

Peuples indo-européens
- Russes
- Ukrainiens
- Grecs
- Iraniens
- Arméniens

Autres peuples
- Peuples sud-caucasiens
- Peuples nord-caucasiens

RELIGIONS:
- ✝ Christianisme
- ☾ Islam
- Bouddhisme

© WN Atlas Productions

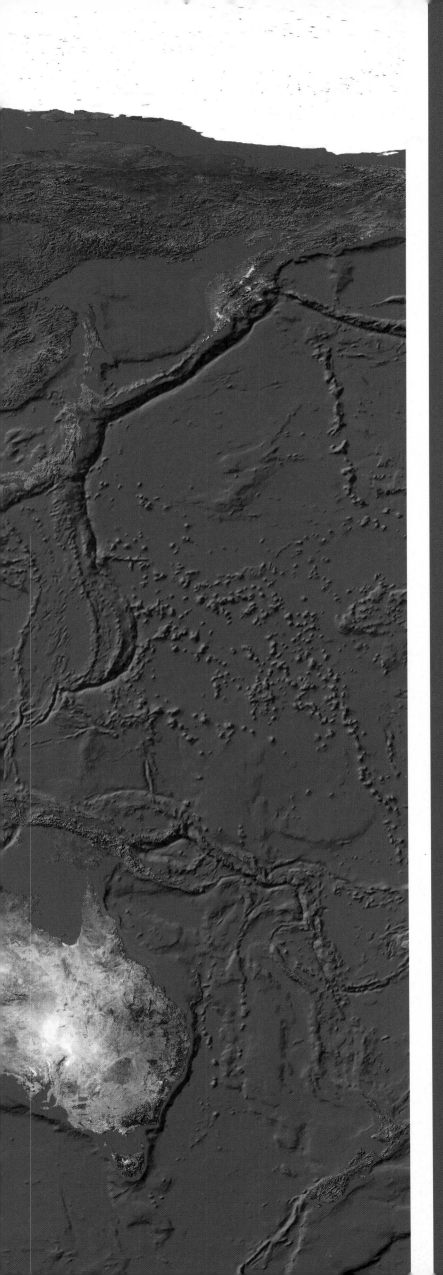

au-dessous du niveau de la mer
-8000 -6000 -4000 -2000 -200 0 100 200 500 1000 2000 3000 5000m

Océan Glacial Arctique

Océan Atlantique
Mer de Barents
Mer de Kara
Terre François-Joseph
Nouvelle-Zemble (Novaïa Zemlia)
Cap Nord
Péninsule de Taïmyr
Dt de Vilkitski
C. Tcheliouskine
Terre du Nord

Grande-Bretagne
Mer du Nord
Cercle polaire arctique
Laponie
Mourmansk
Péninsule de Kola
Mer Blanche
Arkhangelsk
Péninsule de Gydan
Péninsule de Jamal
Vorkouta
Norilsk
Mts Poutorana 2037
Khatanga
Péninsule de Taïmyr

Belfast
Dublin
Liverpool
Londres
Paris
Bruxelles
Amsterdam
Hambourg
Copenhague
Berlin
Prague
Vienne
Stockholm
Oslo
Helsinki
Tallinn
Riga
St-Pétersbourg
Golfe de Botnie
Golfe de Finlande
Mer Baltique

Plaine de Sibérie occidentale
Plateau de Sibérie centrale
Tounguska inférieure
Tounguska pierreuse

Moscou
Nijni Novgorod
Perm
Iekaterinbourg
Tcheliabinsk
Omsk
Novosibirsk
Astana
Tobolsk
Iénisseisk
Krasnoïarsk
Irkoutsk
Lac Baïkal

Monts Oural
Russie
Plaine Russe
Kyïv (Kiev)
Minsk
Vilnius
Varsovie
Kalingrad
Kharkiv
Samara
Volgograd
Rostov
Odessa
Chisinau
Budapest
Belgrade

Alpes
Carpates
Balkan
Sofia
Skopje
Tirana
Istanbul
Ankara
Athènes
Izmir
Mer Égée
Chypre
Beyrouth

Mer Noire
Caucase
Tbilissi
Erevan
Baki
Tabriz
Mer Caspienne
Dépression caspienne
Astrakhan
Volga

Plateau des Torghaï
Hauteurs du Kazakhstan
Karaghandy
Semeï
Altaï
Saïan oriental
Saïan occidental
Tannou Ola
Mts Khangaï
Mongolie

Mer d'Aral
Dépression du Touran
Plateau d'Oust-Ourt
Kyzyl-Koum
Kara-Koum
Steppe de la Faim
Syr-Daria
Amou-Daria
Lac Balkach
Almaty
Bichkek
Tochkent
Tian Shan
Ürümqi
Dzoungarie

Mer Méditerranée
Jérusalem
Le Caire
Amman
Damas
Désert de Syrie
Bagdad
Mossoul
Téhéran
Basra
Koweït
Ispahan

Désert d'Arabie
Désert du Nefoud
Riyad
Doha
Abou Dhabi
La Mecque
Port-Soudan
Dahana
Roub-al-Khali
Arabie
Golfe Persique
Mascate
Ras al Hadd
Dj. Akhdar

Mer Rouge
Golfe d'Aden
Aden
Sana
Djibouti
Mt Dascian
Talo
Asmara
Addis Abeba
Ogaden
Socotra
Mirbat
Ras Asir (C. Guardafui)
Presqu'île somali
Benadir
Mogadiscio
Mombasa
Zanzibar
Kinshasa

Plateau d'Iran
Grand Désert salé
Désert de Lout
Mts Kuh-Rud
Mts Zagros
Balouchistan
Elbourz
Kopet Dag
Mts Elbourz
Hindu Kuch
Kaboul
Islamabad
Douchanbé
Pamir
Karakoram
Cachemire
Hindou Kouch

Bassin du Tarim
Lop Nur
Tarim He
Nan Shan
Altun Shan
Mts Kunlun
Qaidam
Kuku Nur
Plateau du Tibet
Trans-Himalaya
Lhasa
Nam Co
Himalaya
Mt Everest 8850
Thimphu
Kathmandou
Brahmapoutre

Karachi
Delhi
Lahore
Indus
Sutlej
Punjab
Désert de Thar
Sind
Plateau de Malva
Bénarès
Gange
Kolkata (Calcutta)
Dhaka (Dacca)
Sundarbans
Assam
Golfe de Bengale
Mandalay
Irrawaddy
Chaîne d'Arakan
Yangon (Rangoon)
Ténasserim

Mumbai (Bombay)
Plateau du Deccan
Ghates occidentales
Ghates orientales
Krishna
Godavari
Narmada
Chennai (Madras)
Bangalore
Coromandel
Malabar
Détroit de Palk
Colombo
Sri Lanka
C. Comorin
Golfe de Mannar

Mer d'Oman
Golfe du Bengale
Iles Laquedives
Iles Andaman
Port Blair
Mer d'Andaman
Iles Nicobar
Isthme de Kra
Passage du 10e degré
Dt de Malacca

Océan Indien
Iles Maldives
Seychelles
Amirantes
Arch. des Chagos
I. Maurice

Projection azimutale

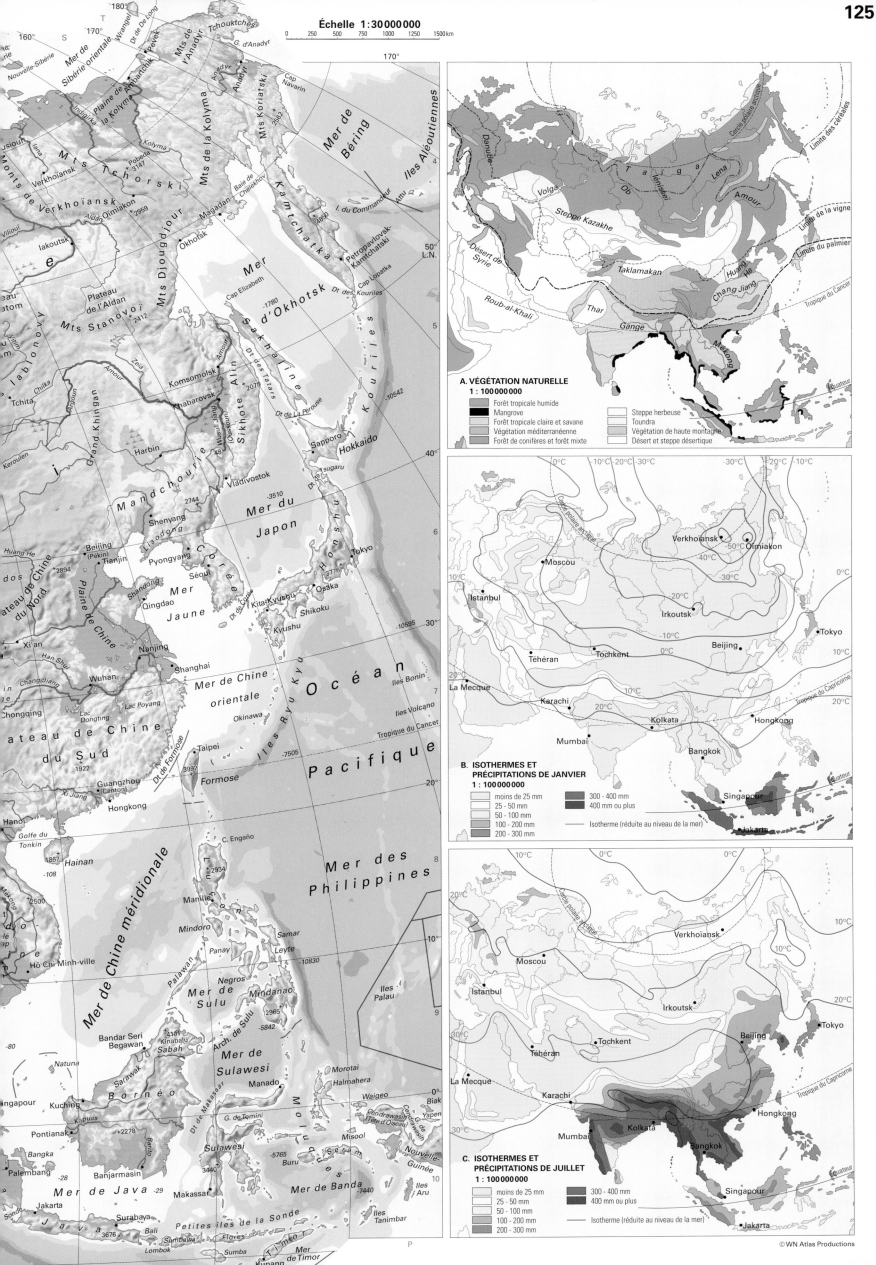

Échelle 1:30 000 000

0   250   500   750   1000   1250   1500 km

A. VÉGÉTATION NATURELLE
1 : 100 000 000

- Forêt tropicale humide
- Mangrove
- Forêt tropicale claire et savane
- Végétation méditerranéenne
- Forêt de conifères et forêt mixte
- Steppe herbeuse
- Toundra
- Végétation de haute montagne
- Désert et steppe désertique

B. ISOTHERMES ET PRÉCIPITATIONS DE JANVIER
1 : 100 000 000

- moins de 25 mm
- 25 - 50 mm
- 50 - 100 mm
- 100 - 200 mm
- 200 - 300 mm
- 300 - 400 mm
- 400 mm ou plus
- Isotherme (réduite au niveau de la mer)

C. ISOTHERMES ET PRÉCIPITATIONS DE JUILLET
1 : 100 000 000

- moins de 25 mm
- 25 - 50 mm
- 50 - 100 mm
- 100 - 200 mm
- 200 - 300 mm
- 300 - 400 mm
- 400 mm ou plus
- Isotherme (réduite au niveau de la mer)

© WN Atlas Productions

ASIE POLITIQUE

Échelle 1:30 000 000

0 250 500 750 1000 1250 1500 km

Projection azimutale

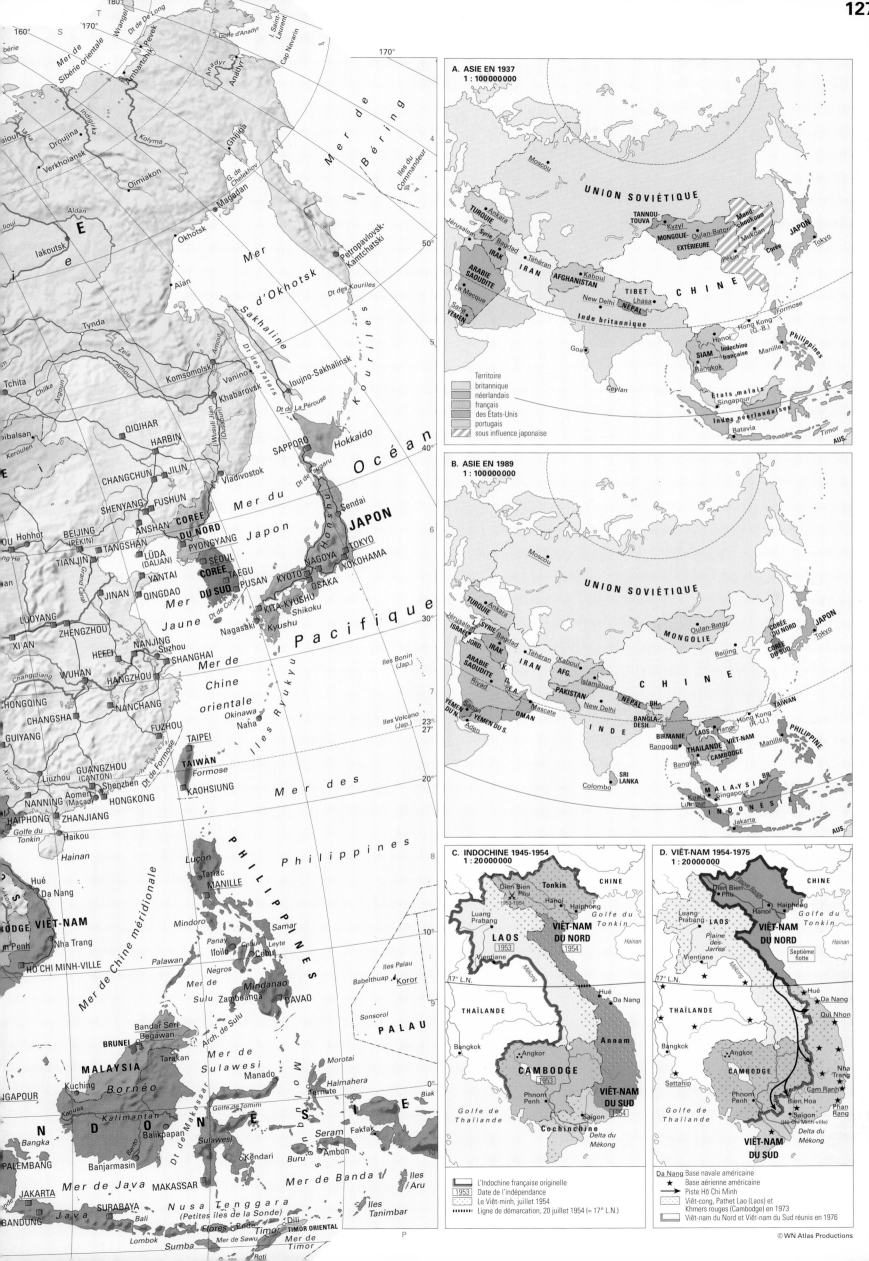

TURQUIE

-6000 -4000 -2000 -200 0 100 200 500 1000 2000 3000 5000 m

Échelle 1:9000000

0 100 200 300 400 km

Carte principale

Mts Rhodope — Maritza — Edirne — Thessalonique — Thássos — Lemnos — GRÈCE — Eubée — Khíos — Lesbos — Mer Égée — Náxos — ATHÈNES — Milo — Crète — Mts Ida 2454 — Héraklion — Kárpathos — Rhodes

İSTANBUL — Üsküdar — Bosphore — İzmit — Mer de Marmara — Zonguldak — İnebolu — Mer Noire — Sinop — Samsun — Giresun — Trabzon — Poti — Koutaïsi — Batoumi — Tskhinvali — (TBILISSI) (TIFLISS) — GÉORGIE — Roustavi — Artvin — Gioumri — Vanadzor — AZER-BAÏDJAN — Gânca

Bandirma — BROUSSE (BURSA) — Adapazarri — Karabük — Kizilirmak — Amasya — Tokat — Çorum — Sakarya — Çoruh — Bayburt — Erzincan — Kars — ARMÉNIE — Lac Sevan — EREVAN — Stepanakert — Xankändi

Balikesir — Uludağ 2543 — Eskişehir — Kütahya — ANKARA — Kirikkale — Kirşehir — Sivas — Erzurum — Euphrate — 4090 Ararats Lerr — Ararat 5137 — Nakhitchevan

Manisa — Gediz — Afyonkarahisar — Nevşehir — Kayseri — Elâzig — Euphrate orient. — Tatvan — Van — Lac de Van — Lac d'Urmia — TABRIZ

İZMIR — Uşak — Lac Tuz — Cappadocea — Malatya — Diyarbakir — Batman — Urmia — IRAN

Ödemiş — Aydin — Menderes — Denizli — Isparta — Konya — Erégli — Kahramanmaraş — Adiyaman — Lac Atatürk — Mardin — As Sulaymaniyah

Kuşadasi — Pamukkale — Muğla — Montsaurus — Tarsus — ADANA — Osmaniye — Gaziantep — Şanliurfa — Al Hasakah — Mossoul — Arbil

Bodrum — Marmaris — Antalya — Mersin — İskenderun — Golfe d'İskenderun — Silifke — Antakya — ALEP — KURDISTAN — Tigre — IRAK — Kirkuk

Alanya — SYRIE — Lac Assad — Idlib

25° L.E. de Gr. — 30° — 35° — 40° — 45°
A — B — C — D — E — F
40° L.N. — 1 — 2

Projection conique

A. SÉISMES ET PLAQUES
1 : 16 000 000

Plaque eurasiatique

İstanbul — İzmit — Tosya — Erbaa — Bolu — Ligne de faille anatolienne — Erzurum — Bursa — Ankara — Erzincan — Plaque iranienne — İzmir — Plaque gréco-turque ou plaque anatolienne — Van — Diyarbakir — Adana — Plaque arabique — Plaque africaine

→ Direction du déplacement des plaques
— Ligne de faille
◉ Grave tremblement de terre postérieur à 1975

B. CLIMAT
1 : 16 000 000

Mer Noire — İstanbul — Samsun — Trabzon — Bursa — Ankara — Erzurum — İzmir — Konya — Van — Antalya — Diyarbakir — Adana — Gaziantep — Mer Méditerranée

Climat maritime méditerranéen
Climat steppique
Climat maritime de la Mer Noire
Climat est-anatolien ou de montagne
Précipitations annuelles inférieures à 400 mm

C. AGRICULTURE ET INDUSTRIE
1 : 16 000 000

Mer Noire — İstanbul — Trabzon — Troie — Bursa — Ankara — Erzurum — İzmir — Göreme — Cappadoce — Lac de Van — Van — Kuşadasi — en construction — Diyarbakir — Bodrum — Pamukkale — Konya — Barrage Atatürk — Marmaris — Antalya — Alanya — Adana — Silifke — Mer Méditerranée

Agriculture méditerranéenne (vin, olive, citron, froment)
Agriculture de la Mer Noire (noisette, thé, maïs, tabac)
Agriculture continentale (céréales, fruits, légumes, élevage)
Autres formes d'agriculture (ovins et caprins, champs épars)
Projet d'irrigation
Région industrielle
○ Centre touristique
) Barrage

D. DENSITÉ DE LA POPULATION
1 : 16 000 000

Mer Noire — İstanbul — Samsun — Trabzon — Bursa — Ankara — Kirikkale — Erzurum — Eskişehir — İzmir — Kayseri — Van — Konya — Malatya — Diyarbakir — Antalya — Mersin — Adana — Gaziantep — Mer Méditerranée

Habitants par km² (1995)
moins de 30
30 - 45
45 - 60
60 - 100
100 - 200
200 ou plus

Agglomération de
○ 1 M - 5 M d'hab.
○ 500 000 - 1 M d'hab.
○ 100 000 - 500 000 d'hab.
plus de 5 M d'habitants

E. ÉMIGRATION
1 : 16 000 000

Mer Noire — İstanbul — Samsun — Trabzon — Bursa — Ankara — Erzurum — İzmir — Konya — Diyarbakir — Adana — Gaziantep — Antalya — Mer Méditerranée

Part des travailleurs partis à l'étranger en 1985 (pour 1000 travailleurs)
moins de 2
2 - 4
4 - 6
6 ou plus

F. ANALPHABÉTISME FÉMININ
1 : 16 000 000

Mer Noire — İstanbul — Samsun — Trabzon — Bursa — Ankara — Erzurum — İzmir — Van — Konya — Diyarbakir — Antalya — Adana — Gaziantep — Mer Méditerranée

Pourcentage d'analphabètes dans la population féminine provinciale de plus de 15 ans (1990)
moins de 20
20 - 30
30 - 40
40 - 50
50 - 70
70 ou plus

ISRAËL / PALESTINE

Échelle 1:2500000

Les frontières d'Israël correspondent à la situation au 1er juin 1967.

La bande de Gaza et certaines villes de Cisjordanie (Jenin, Tulkarm, Naplouse, Qalqilya, Ram Allah, Jéricho et Bethléem) sont des territoires occupés, sous contrôle palestinien (situation avril 1996)

Limites des territoires occupés par Israël

A. PRÉCIPITATIONS ET CANAUX D'IRRIGATION
1 : 3000000

Précipitations annuelles en mm

moins de 100
100 - 200
200 - 400
400 - 600
600 - 800
800 ou plus

Conduite d'irrigation

D'après l'atlas d'Israël

B. ÉCONOMIE
1 : 3000000

Désert et semi-désert
Forêts
Dunes
Steppes et pâturages
Terres cultivées non irriguées
Terres cultivées irriguées
Région industrielle
Pétrole
Gaz naturel
Oléoduc
Gazoduc
Cuivre
Phosphate
Potasse
Sel gemme
Raffinage pétrolier
Haute technologie

C. DENSITÉ DE LA POPULATION
1 : 3000000

Habitants par km²

moins de 5
5 - 25
25 - 100
100 - 200
200 - 500
500 ou plus

Agglomération de

1 - 5 M d'habitants
500 000 - 1M d'hab.
100 000 - 500 000 hab.

Kibboutzim fondés avant 1948
Kibboutzim après 1948
D. Degania ⎫ Kibboutzim les
K. Kinneret ⎬ plus anciens
         ⎭ (1909)

Nombre d'immigrants juifs
de 1919 à mai 1948 **487 000**
de mai 1948 à 1985 **1 757 000**
de 1985 à 1996 **959 000**

Nombre de réfugiés palestiniens
en 1948-'49 **650 000**
en 1967 **370 000**

D. CISJORDANIE
1 : 1000000

La Palestine est formée de la Cisjordanie et de la bande de Gaza non reprise ici.

Ville ou colonie israélienne
Ville ou colonie en projet
Implantation palestinienne
Territoire des Palestiniens à Jérusalem-Est
Limite de la commune de Jérusalem
Voies d'accès aux colonies israéliennes
Voies d'accès en projet ou en construction

Organisation territoriale après l'accord d'Oslo

Territoire autonome palestinien (situation: avril 1996)
Territoire sous contrôle mixte
Territoire sous contrôle israélien

© WN Atlas Productions

Projection conique

MOYEN-ORIENT

Échelle 1:12500000

-8000 -6000 -4000 -2000 -200 0 100 200 500 1000 2000 3000 5000m
au-dessous du niveau de la mer

0 100 200 300 400 500 km

Mer Noire
-2211

RUSSIE
Piatigorsk
Elbrous 5642
Sotchi
Naltchik
Terek
Grozny
GÉORGIE
Kazbek 5047
Vladikavkaz
Makhatchkala
Sokhoumi
Koutaïssi
Tskhinvali
Bouïnaksk
Poti
Gori
Derbent
Batoumi
TBILISSI
Artvin
Boustavi
ARMÉNIE
Gioumri
Vanadzor
Gäncä
AZERBAÏDJAN
BAKI (BAKOU)
EREVAN
Kars
Nakhitchevan (Az)
Ararat 5137
Aras
Khvoy
Marand
TABRIZ
Länkäran
Ardabil

TURQUIE
ISTANBUL
BURSA
Izmit
Izmir
Adapazari
Zonguldak
Karabük
Samsun
Ordu
Trabzon
ANKARA
Eskişehir
Kütahya
Kirikkale
Çorum
Amasya
Tokat
Sivas
Erzincan
Erzurum
Kayseri
Malatya
Elazığ
Diyarbakır
Van
Lac de Van
1718
Tatvan
Afyonkarahisar
Aksaray
Konya
Kahramanmaraş
Gaziantep
Şanlıurfa
Kamichli
Mossoul
Antalya
Alanya
Mersin
Tarsus
ADANA
İskenderun
Antakya
ALEP
Ar Raqqah
Deir ez Zor
Nineveh
Arbil

Mer Caspienne
Gara -36 bogaz

TURKMÉNISTAN
Aktaou
Plateau d'Oust-Ourt
Jangaözen
Kunghirot
Noukous
Takhiatach
Dachhowuz
Ourghantch
Kara-Koum
Derweze
Gyzylarbat
Kopet Dag
Achgabat
Bojnurd
Gonbad-e Kavus
Nebitdag
MECHEL 930
Sabzevar 3220

CHYPRE
Lefkosia
1953
Famagusta
Larnaca
Limassol

SYRIE
LIBAN
Lattaquié
Banias
Hama
Homs
Tripoli
Palmyra
DAMAS
Beyrouth

Mer Méditerranée

Haïfa
Tel Aviv-Jaffa
Gaza
Jérusalem
ISRAËL
JORDANIE
Amman
Maan

IRAK
BAGDAD
Baqubah
Ctesiphon
Ramadi
Ar Rutbah
Al Hadithah
Samarra
Babylone
Al Hillah
Al Kut
Karbala
An Nadjaf
Ad Diwaniyah
Al Amarah
As Samawah
An Nasiriyah
Ur
Basra
Lac d'Hammar
As Salman
Rafha

IRAN
TÉHÉRAN
Qom
Kachan
Hamadan
Malayer
Arak
ISPAHAN
Najafabad
Qomcheh
Yezd
Kerman
Chiraz
Persépolis
Bandar Abbas
Kerman 1730
Elbourz
Damavand
Karaj
Qazvin
Zanjan
Sanandaj
Kermanchah
Borujerd
Khorramabad
Ilam
Dezful
Ahvaz
Khuzestan
Monts Zagros
Grand Désert salé
Khorasan
Désert de Lout
Birjand
Deyhuk
Gonabad
Torbat-e Heydariyeh

ÉGYPTE
ALEXANDRIE
LE CAIRE
GIZA
Suez
Port-Saïd
Ismailia
Damiette
Rosette
Tanta
Zagazig
El Fayoum
Beni Souef
Samalut
El Minya
Mallawi
Assiout
Sohag
Girga
Qena
Louxor
Esna
Edfou
Assouan
Tropique du Cancer
Lac Nasser
Abou Simbel
Wadi Halfa

Sinaï
Eilat
Aqaba
Charm el Cheikh
Ras Mohammed

ARABIE SAOUDITE
RIYAD
DJEDDA
La Mecque
Médine
At Taif
Yanbu al Bahr
Rabigh
Al Lith
Hail 970
Buraidah
Unaizah
Tabuk
Taima
Az Zilfi
Shaqra
Ad Dawadimi
Al Kharj
Haradh
Al Hulwah
Yabrin
Al Mubarraz
Al Ubaylah
Chammar
Désert du Nefoud
Dahana
Hedjaz
Nedjed
Djebel Tuwaiq 1081
Roub-al-Khali

KOWEIT
Koweit
Jahra
Hawalli

BAHREIN
Manamah
QATAR
Doha
Dukhan
Dammaam
Az Zahran (Dhahran)
Al Qatif
Al Hufuf
Al Mubarraz

ÉMIRATS ARABES UNIS
Abou Dhabi
Doubaï
Chardja
Ajman
Umm al Qaiwain
Fujairah
Ras al Khaima
Golfe Persique

OMAN
Matrah
Suhar
Al Khaburah
Mts Hadjar
Dj. Akhdar 3019
Al Khaluf
Duqm
Dhofar
Salalah
Thamarit
Ubar
Thamud

YÉMEN
Sanaa
Sadah
Marib
Hodeïda
Taizz
Ibb
Dhamar
Umran
Sayun
Chibam
Terim
Mukalla
Ash Shihr
Aden
Shaikh Uthman
Madinat al Chaab
Hadramaout
Mahra

Bab el Mandeb
Golfe d'Aden

SOUDAN
KHARTOUM
OMDOURMAN
Port-Soudan
Souakin
Atbara
Berber
Ed Damer
Shendi
Wad Medani
Kassala
Gedaref
Sennar
Singa

ÉRYTHRÉE
Asmara
Keren
Akordat
Teseney
Massaoua
Assab

ÉTHIOPIE
ADDIS ABEBA
Gondar
Mekele
Aksoum
Adwa
Adigrat
Dessié
Debre Markos
Bahir Dar
Lac Tana
Nil bleu
Massif éthiopien
Dépression de Danakil
Mt Dascian 4620

DJIBOUTI
Tadjoura
Obock
Zeila
Al Sabieh

SOMALIE
Hargeisa
Burao
Berbera
Bosaso
Erigavo
Bender Beila
Shimbiris 2407
Gardo
Candala
Socotra (Yémen)
Hadibo

Océan Indien

Golfe d'Oman
Détroit d'Ormuz

Projection conique 35°

© WN Atlas Productions

MOYEN-ORIENT   UTILISATION DU SOL / ÉNERGIE

Échelle 1 : 12500000
0   100   200   300   400   500km

A   30° L.E. de Gr.   B   35°   C   40°   D   45°   E   50°   F   55°   G   60°   H

Mer Noire

RUSSIE
Sotchi   Terek
Grozny
Makhatchkala
KAZAKHSTAN   OUZBÉKISTAN
Amou-Darié   Noukous

Zonguldak
Bosphore
Izmit   Istanbul   Samsun
GÉORGIE
Koutaïssi   Tbilissi
Batoumi
Mer
Bakou   Ourghantch

Izmit
Ankara   Eskişehir   Trabzon   ARMÉNIE   AZERBAÏDJAN   Türkmenbachy   Nebitdag   TURKMÉNISTAN
Erevan   Kara-Koum
Caspienne
Achgabat

Konya   Kayseri   Sivas   Erzurum   Aras
TURQUIE   Lac de Van   Tabriz   Atrek
Lac Tuz   Kizil Irmak   Kur
Antalya   Diyarbakır   Urmia   Recht   Sari   Gorgan   Meched
Mersin   Batman   Lac d'Urmia   Kizil Uzen   Elbourz
İskenderun   Mossoul   Téhéran   Grand Désert salé

Alep   Euphrate   Kirkuk
Lattaquié   Hamadan   Qom   IRAN
Lefkosia   Banias   Deir ez Zor   Bachtaran
CHYPRE   Tartus
Tripoli   SYRIE   Al Haditha   Bagdad   Ispahan   Désert de Lout
Homs   Tigre   Yezd
Mer   Beyrouth   Désert de   IRAK   Masdjed Soleyman
Méditerranée   Saïda   Damas   Syrie   Karbala   Kerman
LIBAN   An Nadjaf   Ahvaz
Haïfa   Euphrate   Bâsra   Lac Bachtegan
ISRAËL   Abadan   Chiraz
Ashdod   Cisjordanie   Amman   B. Khomeiny
Port-Saïd   Gaza   Jérusalem   Tapline   Fao   Bandar Abbas
Alexandrie   Mer   JORDANIE   KOWEIT   Ahmadi   Kharg   Bandar-e Bucherhr
Can. de Suez   Morte   Djubail   Lavan
Le Caire   Suez   ÉGYPTE   Sakakah   Ras Tanûra   Sirri   Dt. d'Ormuz   OMAN
G. de Suez   Eilat   Aqaba   Dammaam   BAHREIN   Halul   Chardja   Ajman   Jask
Sinaï   Désert de Nefoud   QATAR   Das   Fujaïrah
Abu Rudeis   Tabuk   Al Hufuf   Doha   Djebel Ali   Doubai
Assiout   El Kharga   Hail   Riyad   Ghavar   Abou Dhabi   Golfe d'Oman
Nil   Désert arabique   Buraidah   ÉMIRATS   ARABES   Mascate
ÉGYPTE   Nedjed   UNIS
Assouan   Médine   Petroline   ARABIE SAOUDITE   Golfe Persique
Tropique du Cancer   Yanbu al Bahr
Lac Nasser   Rabigh
Wadi Halfa   Djedda   La Mecque   OMAN
Désert de   At Taif   Roub-al-Khali
Nubie   Hedjaz   Dhofar
Port-Soudan   Salalah

Nil   Khartoum   SOUDAN   Asir   Abha   Négraan
Kassala   Qizan   Saiun
Atbara   Asmara   Massaoua   Sanaa   YÉMEN   Hadramaout
Nil bleu   ÉRITHRÉE   Hodeïda   Mukalla
Gondar   Taizz   Socotra
Lac Tana   Assab   (Yémen)
ÉTHIOPIE   Aden
DJIBOUTI   Perim   Golfe d'Aden
Massif   Djibouti   Bab el Mandeb
Éthiopien   Berbera   SOMALIE

Légende

Symbole	Signification
Désert	Semi-désert avec élevage nomade
Forêts	Steppes et pâturages avec élevage extensif et cultures dispersées
Terres cultivées non irriguées	Pétrole
Terres cultivées irriguées	Gazoduc
Oléoduc	Raffinage pétrolier B. = Bandar
Gazoduc	Port pétrolier
Limite internationale	Limite internationale, pas définitive

© WN Atlas Productions

MONDE INDIEN

Échelle 1:12500000

0 100 200 300 400 500 km

-6000 -4000 -2000 -200 0 100 200 500 1000 2000 3000 5000m
au-dessous du niveau de la mer

65° L.E.de Gr. A 70° B 75° C 80° D 85° E 90° F 95° G

OUZBÉKISTAN
Samarkand
Karchy
Chahrisabz Douchanbé
TADJIKISTAN
Kourghonteppa
Koulob
Termiz
Mazar-i-Charif
Samangan
Baghlan
Kholm
Kunduz
AFGHANISTAN
KABOUL
Charikar
Bamian
Ghazni
Gardez
Kalat

Alai Tag
Pic Lénine 7134
Pic Communisme 7495
Vakhch
Mourghob
Bartang
Khorugh
Faizabad
Pamir
Wakhan
Rakaposhi 7788
Nanga Parbat 8126
Chitral
Gilgit
Mt K2 8611 (Godwin-Austen)
Col du Karakoram 5575
Karakoram
Leh

Xinjiang Uygur (Sinkiang Uygurie)
Bachu
Kashi
Yarkant He
1230
Shache (Yarkand)
Pishan
Hotan
Yutian
Minfeng
Qiemo
Ruoqiang
Qaqan He

Taklamakan

Altun Shan
Mangnai
Da Qaidam
Qaidam
Golmud

Tuokusidawan Ling 6303
Monts Kunlun
5442

CHINE
Qinghai
Garqu Yan
Besatongwula Shan 6095
8000

Xizang (Tibet)
Leli Shan 6407
Changmar
Duomula
Zhaxigang
Sêngê
Garyarsa
Kangrinboqê Feng 6714
Taguke
Siling Co
Nam Co
Xainza
Mts Tanggula
Siling Co
Nagqu
Zhongba
Saga
Dinggyê
Xigazê
Gyangzê
Lhasa
Brahmapoutre
3630
Dengqê
Jiali

Hindu Kuch
5140
Kaboul
Jalalabad
Col de Khaiber
Peshawar
Kohat
Rawalpindi
Islamabad
Mingaora
1600

Cachemire
Jammu-et-Cachemire
Srinagar
Jammu
Sialkot
Himalaya

Himachal Pradesh
Pathankot
Hoshiarpur
Amritsar
Jalandhar
Simla
Chandigarh
Ambala
Dehra Dun
7817
Nanda Devi
Burang

PAKISTAN
Quetta
Col de Bolan
Kalat
Khanpur
Rahimyar Khan
Bahawalpur
Multan
Khanewal
Sahiwal
Okara
Kasur
Ferozpur
LAHORE
FAISALABAD
Jhang Sadar
Sargodha
Gujranwala
Gujrat
Jhelum
Harappa
Sutlej
Ravi
Beas

PUNJAB
LUDHIANA
Chand.
Patiala
Bathinda
Ganganagar
Sutlej

Dera Ismail Khan
Dera Ghazi Khan
Mts Soleiman
Zhob
Jacobabad
Larkana
Shikarpur
Sukkur
Mohenjo-Daro
Dadu
Nawabshah
Mirpur Khas
KARACHI
Hyderabad
Thatta
Indus
Mts Kirthar

Jacobabad
Bikaner
Churu
Sikar
Nagaur
Barmer
Jodhpur
Ajmer
Beawar
Pali
Bhilwara

Rajasthan
Désert de Thar
JAIPUR
Alwar
Bharatpur
Tonk
Kota
Bundi

Haryana
Hisar
Bhiwani
DELHI
New Delhi
Faridabad
Aligarh
Mathura
Agra
Firozabad
Etawah

Saharanpur
Muzaffarnagar
Mirat
Moradabad
Bijnor
Bareilly
Shahjahanpur
Pilibhit

Uttar Pradesh
LUCKNOW
KANPUR
Gwalior
Jhansi
Shivpuri

Bahraich
Satyan
Faizabad
Gorakhpur
Rapti
Ghaghara
Gonti
Jaunpur
Allahabad
Varanasi (Bénarès)
Mirzapur

NÉPÂL
Pokhara
Gorkha
Kathmandou
Patan
Annapurna 8078
Dhaulagiri 8167
Mt Everest 8850
Kanchenjunga 8579
Darjeeling
Shiliguri

Sikkim
Gangtok

BHOUTAN
Thimphu
Punakha
Kula Kangri 7554
Kangto 7090

Arunachal Pradesh
Itanagar
Dibrugarh

Assam
Tezpur
Nagaon
Guwahati
Shillong
Dispur
Cherrapunji
Meghalaya
Jorhat
Nagaland
Kohima

Muzaffarpur
Darbhanga
Purnia
Chhapra
Patna
Ara
Munger
Bhagalpur
Saldpur
Biratnagar
Rangpur
Siraiganj
Rajshahi
BANGLADESH
DHAKA (DACCA)
Ingral Bazar
Narayanganj
Sylhet
Silchar
Manipur
Imphal
Tripura
Agartala
Aizawl
Mizoram

Bihar
Gaya
Dhanbad
Asansol
Ranchi
Rourkela
Jamshedpur
Durgapur
Baharampur
Khulna
Jessore
Chandpur

Bhuj
G. de Kutch
Kandla
AHMADABAD
Gandhinagar
Nadiad
Surendranagar
Jamnagar
Rajkot
Bhavnagar
Porbandar
Junagadh
Veraval
Diu
Kathiawar

Gujarat
Mts Aravalli
Udaipur
Ratlam
Ujjain
Dewas
INDORE
BHOPAL
Sagar
Satna
Rewa
Murwara
Jabalpur
410

Madhya Pradesh
Guna
Bilaspur
Raipur
Durg-Bhilainagar
Rourkela
Sambalpur
+1225

Tropique du Cancer 23°27'

Daman et Diu
Daman
Dadra et Nagar Haveli
Silvassa
SURAT
Navsari
Bharuch
Dhule
Burhanpur
Khandwa
Jalgaon
Amravati
Akola
Wardha
NAGPUR
Gondia
Bilaspur
Raipur

Mts Vindhya
Narmada
Tapti
Mts Satpura

Maharashtra
Nasik 1646
Malegaon
Jalna
Aurangabad
Ahmadnagar
Parbhani
Nanded
Godavari
Nizamabad
Karimnagar
Warangal
Chandrapur

Daman et Diu
KALYAN
MUMBAI (BOMBAY)
Ulhasnagar
Salsette
PUNA
Satara
Sangli
Kolhapur
Ichalkaranji
Bid
Solapur
Bhima
Krishna
Bidar
Gulbarga
Raichur
Andhra Pradesh
HYDERABAD
Khammam
Eluru
Mahbubnagar
Kurnool
Adoni
Gadag
Belgaum
Bellary
Hubli
Goa
Panaji (Nova Goa)
Ratnagiri
Mangalore

Srikakulam
Vizianagaram
Vishakhapatnam
Rajahmundry
Kakinada
Vijayawada
Guntur
Machilipatnam (Bandar)
Brahmapur
Puri
Bhubaneshwar
Kataka (Cuttack)
Orissa
Ghats orientales
Mahanadi

INDE

Mer d'Oman

Karnataka
Deccan
Shimoga
Davangere
Tumkur
BANGALORE
Mysore
Kolar
Vellore
Chittoor
Anantapur
Proddatur
Cuddapah
Nellore
CHENNAI (MADRAS)
Kanchipuram
Pondichéry
Salem
Cuddalore

Ghats occidentales
Mts Nilgiri 2670
Coimbatore
Erode
Tiruchchirappalli
Thanjavur
Nagappattinam
Kumbakonam
Tamil Nadu
Dindigul
Madurai
Anaimudi 2695
Kerala
Cochin
Alleppey
Kollam
Rajapalaiyam
Tuticorin
Tirunelveli
Nagercoil
C. Comorin

Amindivi
Lakshadweep
Iles Laquedives
Kavaratti
Minicoy

Passage du 9ème degré
Passage du 8ème degré

Thiruvananthapuram (Trivandrum)

MALDIVES

Cardamones
Mts Nilgiri

Dt de Palk
C. Calimere
Jaffna
Mannar
G. de Mannar
Trincomalee
Batticaloa
SRI LANKA
Kandy 2524
Pidurutalagala
Negombo
Colombo
Kotte
Galle
C. Dondra

Golfe du Bengale
2359
25

Bengale occidental
KOLKATA (CALCUTTA)
Howrah
Kharagpur
Hooghly
Sandarban
Barisal
CHITTAGONG
Cox's Bazar
3053
Sittwe (Akyab)
Kyaukpyu
Ramri
MYANMAR
Chaîne d'Arakan
Falam

A. CLIMAT
1 : 40000000

Précipitations annuelles en mm
- moins de 200
- 200 - 500
- 500 - 1000
- 1000 - 2000
- 2000 - 3000
- 3000 ou plus
- Isotherme de janvier
- Isotherme de juillet (réduites au niveau de la mer)
- Mousson d'hiver
- Mousson d'été

Lahore Quetta Delhi Kanpur Karachi Kathmandou Cherrapunji
Ahmadabad Nagpur Kolkata Dhaka
Mumbai Hyderabad Chennai
Bangalore Cochin Colombo

10°C 32°C 15°C 30°C 20°C 25°C
Tropique du Cancer

Projection conique

© WN Atlas Productions

MONDE INDIEN

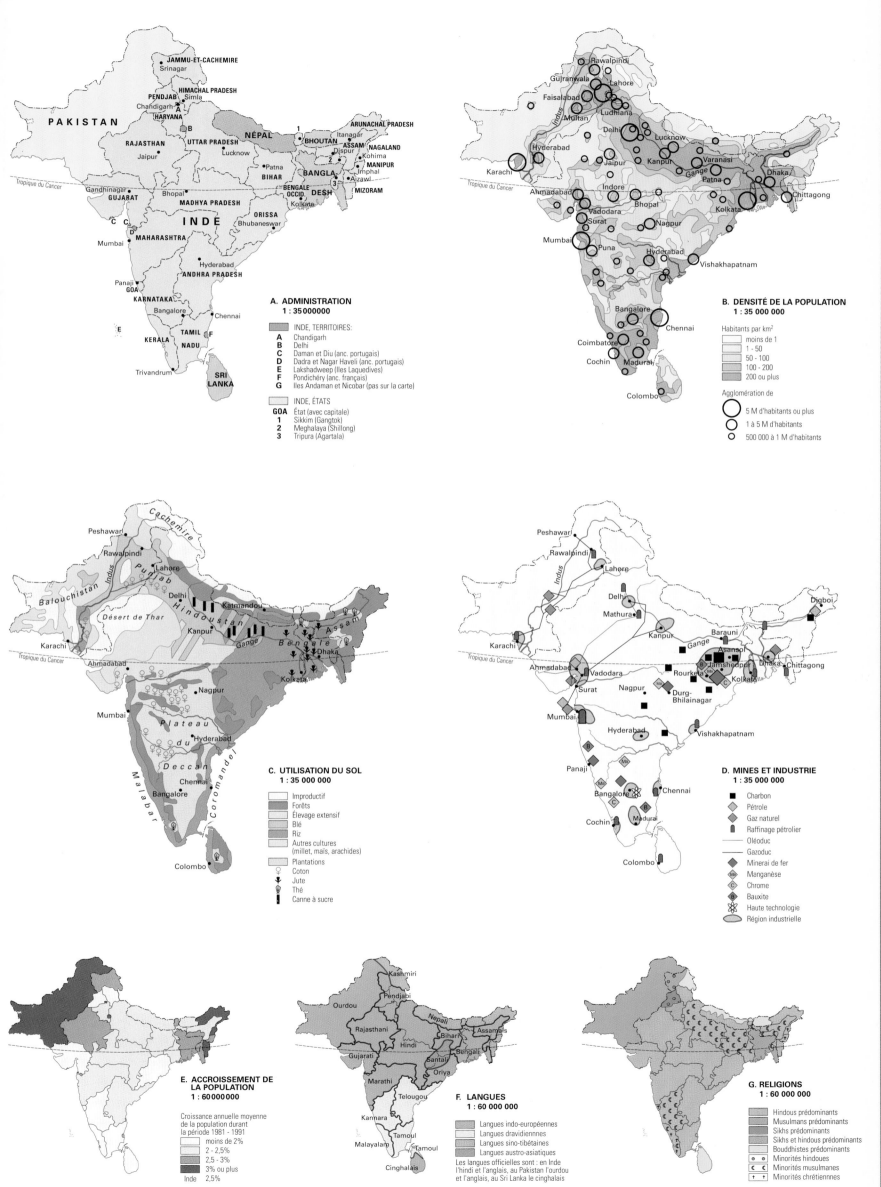

A. ADMINISTRATION
1 : 35 000 000

INDE, TERRITOIRES:
A Chandigarh
B Delhi
C Daman et Diu (anc. portugais)
D Dadra et Nagar Haveli (anc. portugais)
E Lakshadweep (Îles Laquedives)
F Pondichéry (anc. français)
G Îles Andaman et Nicobar (pas sur la carte)

INDE, ÉTATS
GOA État (avec capitale)
1 Sikkim (Gangtok)
2 Meghalaya (Shillong)
3 Tripura (Agartala)

B. DENSITÉ DE LA POPULATION
1 : 35 000 000

Habitants par km²
moins de 1
1 - 50
50 - 100
100 - 200
200 ou plus

Agglomération de
5 M d'habitants ou plus
1 à 5 M d'habitants
500 000 à 1 M d'habitants

C. UTILISATION DU SOL
1 : 35 000 000

Improductif
Forêts
Élevage extensif
Blé
Riz
Autres cultures
(millet, maïs, arachides)
Plantations
Coton
Jute
Thé
Canne à sucre

D. MINES ET INDUSTRIE
1 : 35 000 000

Charbon
Pétrole
Gaz naturel
Raffinage pétrolier
Oléoduc
Gazoduc
Minerai de fer
Manganèse
Chrome
Bauxite
Haute technologie
Région industrielle

E. ACCROISSEMENT DE LA POPULATION
1 : 60 000 000

Croissance annuelle moyenne
de la population durant
la période 1981 - 1991
moins de 2%
2 - 2,5%
2,5 - 3%
3% ou plus
Inde 2,5%

F. LANGUES
1 : 60 000 000

Langues indo-européennes
Langues dravidiennnes
Langues sino-tibétaines
Langues austro-asiatiques
Les langues officielles sont : en Inde
l'hindi et l'anglais, au Pakistan l'ourdou
et l'anglais, au Sri Lanka le cinghalais

G. RELIGIONS
1 : 60 000 000

Hindous prédominants
Musulmans prédominants
Sikhs prédominants
Sikhs et hindous prédominants
Bouddhistes prédominants
Minorités hindoues
Minorités musulmanes
Minorités chrétiennnes

© WN Atlas Productions

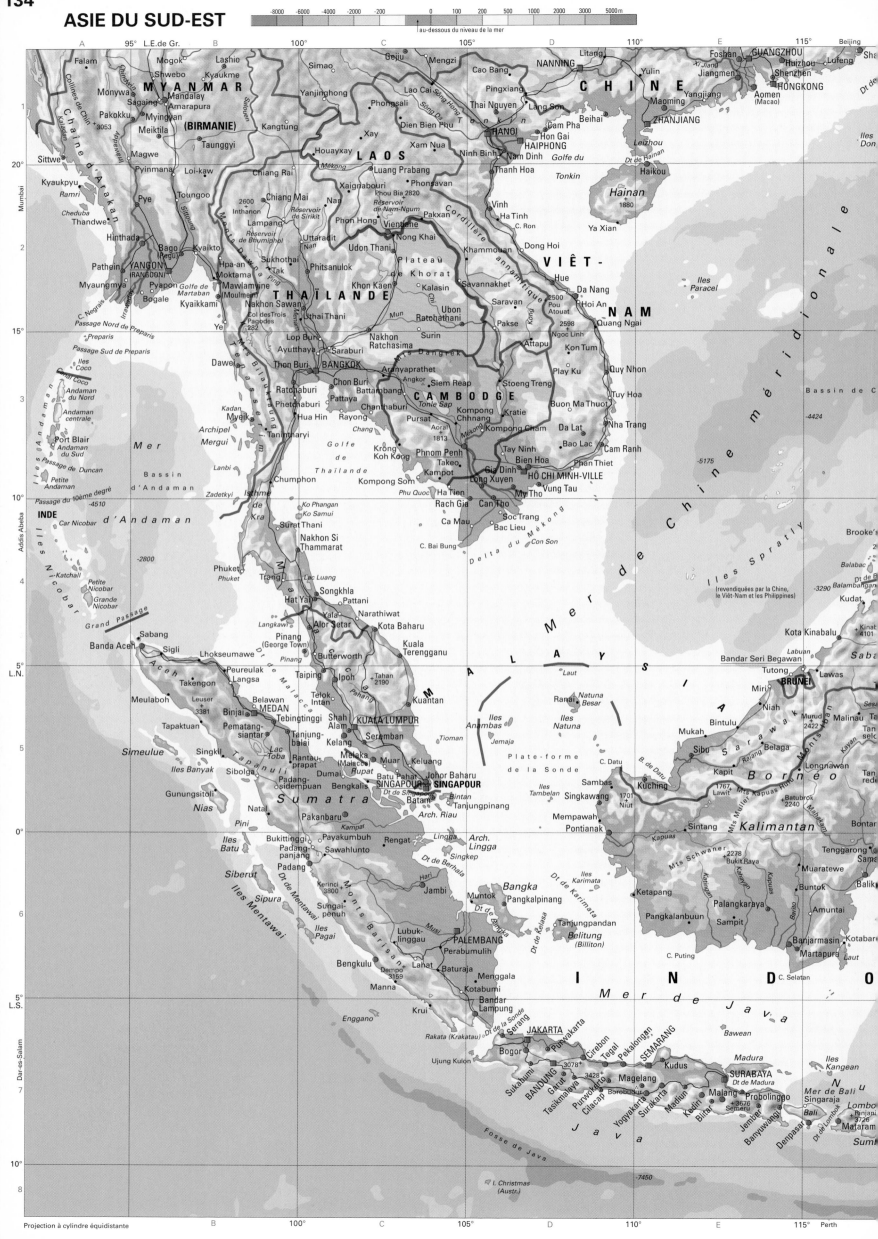

ASIE DU SUD-EST

au-dessous du niveau de la mer

-8000 -6000 -4000 -2000 -200   0   100 200   500 1000 2000 3000 5000m

CHINE

MYANMAR
(BIRMANIE)

LAOS

THAÏLANDE

VIÊT-NAM

CAMBODGE

INDE

Mer d'Andaman

Golfe de Thaïlande

Mer de Chine méridionale

Îles Spratly
(revendiquées par la Chine, le Viêt-Nam et les Philippines)

Bassin de Chine méridionale

MALAYSIA

BRUNEI

SINGAPOUR

Sumatra

Bornéo

Kalimantan

Plate-forme de la Sonde

Mer de Java

JAKARTA

BANDUNG

SEMARANG

SURABAYA

Java

Fosse de Java

INDONÉSIE

Projection à cylindre équidistante

Échelle 1:12 500 000

0 100 200 300 400 500 km

TAIWAN
Tainan *Formose*
KAOHSIUNG Pingtung

Canal de Bachi
Iles
Batan Basco
Batan

Dt de Luçon

Iles
Babuyan Calayan
Camiguin

C. Bojeador Canal Babuyan C. Engaño
Laoag Aparri Tuguegarao
Vigan Ilagan
Luçon Sierra Madre
Golfe de Lingayen Pulog
+ 2934
S. Fernando
Baguio
S. Carlos Dagupan
Tarlac Canabatuan
Pinatubo Angeles
1750 + S. Fernando
Olongapo
MANILLE QUEZON CITY **PHILIPPINES**
Baie de Lamon
Dt de Manille S. Pablo Daet
Lipa Lucena *Philippines*
Iles Lubang Naga Catanduanes
Batangas Legaspi
Calapan Marinduque 2462 Mayon
Mindoro Mer de Sorsogon
Busuanga Sibuyan Burias
Calamian Tablas Iles Masbate
Culion Sibuyan Mer de Samar
Visayan Samar
Nido Roxas Calbayog
Iles Panay Mer de Tacloban
Cuyo Visayan Ormoc -10497
to. Princesa Iloilo Cadiz Leyte
wan Bago S. Carlos Golfe de Leyte
Guimaras Cebu Dinagat
Negros Cebu Surigao Siargao
Dumaguete Bohol
Mer de Siquijor Camiguin
5576 Mer de Mindanao
Sulu Dipolog Cagayan Butuan
Ozamis de Oro Bislig
Pagadian Iligan
Zamboanga *Mindanao* Malaybalay
Cotabato Apo + Tagum
Isabela Koronadal 2965 **DAVAO**
kan Basilan Golfe de Davao
Pangutaran Jolo General Santos C. San Agustin
Jolo Pte Tinaca
d Datu Tawitawi *Archipel de Sulu* Dt de Sarangani
mporna

Mer de
Sulawesi
-5315

Tahuna
Karakelong Iles Talaud
Sangihe
Iles
Sangihe
Siau
Sangihe

Océan

M e r   d e s

Bassin des Philippines

-7535

P a c i f i q u e

Philippines

Fosse du Challenger
-11034
Fosse des Mariannes

Iles
Yap
Ulithi

Ngulu -8850
Sorol
Fosse de Yap

Iles -8069 **MICRONÉSIE**
Palau Babelthuap
Koror

Fosse des Palau

Iles Sonsorol **PALAU**

Bassin des Carolines

Morotai

NÉSIE

C. Torawitan
Manado Galela
Minahasa Bitung Tobelo
Tolitoli Buol Jailolo
C. Mangka Kotamobagu Ternate
lihat Malino Gorontalo Tidore Weda
Tomini + 2443 *Halmahera*

Golfe de
Tomini Iles Waigeo Gebe Dt de Dampier
Luwuk Togian + 3000 Kwoka
nggala Peleng Kasiruta Bacan Mer de Manokwari
Palu Poso Mangole Dt d'Obi Halmahera Batanta Supiori
Lac Poso Obi Salawati Sorong Numfoor Biak
Sulawesi Taliabu Laiwui *Cendrawasih* Biak
(Célèbes) Golfe de Iles Sula Misool (Tête d'Oiseau) Numfoor
Tanah Tolo Sanana Inanwatan Ransiki Dt de Yapen
Toraja Iles Golfe de Yapen Serui
Makale G. de Bone Banggai Mer de Seram Berau Waren
+ 3440 -5765 Wahai Golfe de Babo Nabire
Palopo Namlea Piru *Seram* Bula Fakfak Bomberai Wasior
Lac Kolaka Buru Amahai Geser G. de Kaimana
Kendari Ambon Kamrau
Towuti Ambon Haruku Gorong Enarotali
repare Singkang Wowoni Ambelau Iles
Watampone Muna Mer de Seram Iles Banda Watubela
ASSAR Bulukumba Butung Iles Tual
Bantaeng Baubau Tukangbesi Mer de Banda Iles
Selayar Kai
Dobo Iles
Aru
-7440

Nouvelle-Guinée

Mamberamo Sarmi
Monts Van Rees Tariku
Tariatu Demta
Monts Maoke Jayapura Vanimo
Puncak Jaya Jayawijaya Aitape
5030 Monts
Wamena Wewak
Mts Sudirman 5040 Vallée du
4750 Baliem Sepik
Tembaga- Trikora **PAPOUASIE-**
pura + 4760
Mandala Chaîne centrale

NOUVELLE-GUINÉE
Agats Lac Murray
Kokenau Baliem
Tanahmerah Digul
C. Vals Okaba

Yos Merauke Daru
Sudarso
Plate-forme Sahul C. York

Dt de Torres

AUSTRALIE
C. Wessel
Melville Iles Wessel

Mer d'Arafura

T e n g g a r a
Flores
Ruteng Maumere
Ende Lomblen Alor
Waingapu Pantar Liquiça Dili Baucau
Sumba Oecussi Atambua Dt de Wetar Kisar Moa
(Timor or.) Sermata
TIMOR ORIENTAL
Semau Kupang Timor
Roti

Mer de
Sawu

Petites îles de la Sonde

Wetar
Romang Damar
Dt d'Ombai Yamdena Iles
Saumlaki Tanimbar
Selaru

-5400 Iles
Babar

Mer de Timor

Mexico

Willemstad

Paramaribo

© WN Atlas Productions

INDONÉSIE

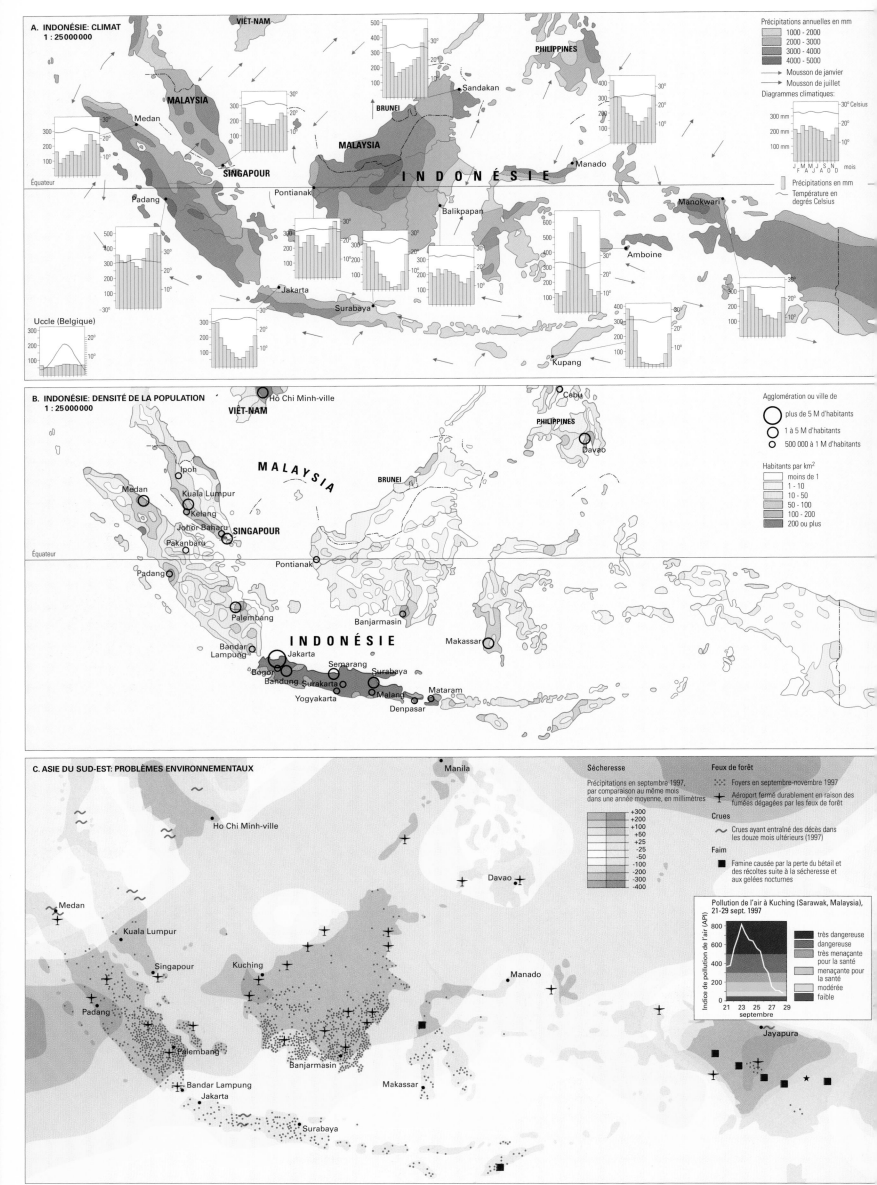

A. INDONÉSIE: CLIMAT
1 : 25 000 000

VIÊT-NAM

MALAYSIA

PHILIPPINES

Medan

Sandakan

BRUNEI

MALAYSIA

SINGAPOUR

Manado

INDONÉSIE

Padang

Pontianak

Balikpapan

Manokwari

Amboine

Jakarta

Surabaya

Uccle (Belgique)

Kupang

Précipitations annuelles en mm
1000 - 2000
2000 - 3000
3000 - 4000
4000 - 5000
→ Mousson de janvier
→ Mousson de juillet
Diagrammes climatiques:
300 mm — 30° Celsius
200 mm — 20°
100 mm — 10°
J F M A M J J A S O N D mois
Précipitations en mm
Température en degrés Celsius

Équateur

B. INDONÉSIE: DENSITÉ DE LA POPULATION
1 : 25 000 000

Hô Chi Minh-ville
VIÊT-NAM

Cebu

PHILIPPINES

Davao

MALAYSIA

Ipoh

BRUNEI

Medan
Kuala Lumpur
Kelang
Johor Baharu
Singapour
Pakanbaru

Pontianak

Équateur

Padang

Palembang

Banjarmasin

Makassar

Bandar Lampung

INDONÉSIE

Jakarta
Bogor
Bandung
Semarang
Surakarta
Surabaya
Yogyakarta
Malang
Mataram
Denpasar

Agglomération ou ville de
○ plus de 5 M d'habitants
○ 1 à 5 M d'habitants
○ 500 000 à 1 M d'habitants

Habitants par km²
moins de 1
1 - 10
10 - 50
50 - 100
100 - 200
200 ou plus

C. ASIE DU SUD-EST: PROBLÈMES ENVIRONNEMENTAUX

Manila

Sécheresse
Précipitations en septembre 1997, par comparaison au même mois dans une année moyenne, en millimètres
+300
+200
+100
+50
+25
-25
-50
-100
-200
-300
-400

Feux de forêt
⋮⋮ Foyers en septembre-novembre 1997
+ Aéroport fermé durablement en raison des fumées dégagées par les feux de forêt

Crues
∿ Crues ayant entraîné des décès dans les douze mois ultérieurs (1997)

Faim
■ Famine causée par la perte du bétail et des récoltes suite à la sécheresse et aux gelées nocturnes

Ho Chi Minh-ville

Davao

Medan

Kuala Lumpur

Singapour
Kuching

Manado

Padang

Palembang

Banjarmasin

Makassar

Bandar Lampung
Jakarta

Surabaya

Jayapura

Pollution de l'air à Kuching (Sarawak, Malaysia), 21-29 sept. 1997
Indice de pollution de l'air (API)
800
600
400
200
21 23 25 27 29 septembre

très dangereuse
dangereuse
très menaçante pour la santé
menaçante pour la santé
modérée
faible

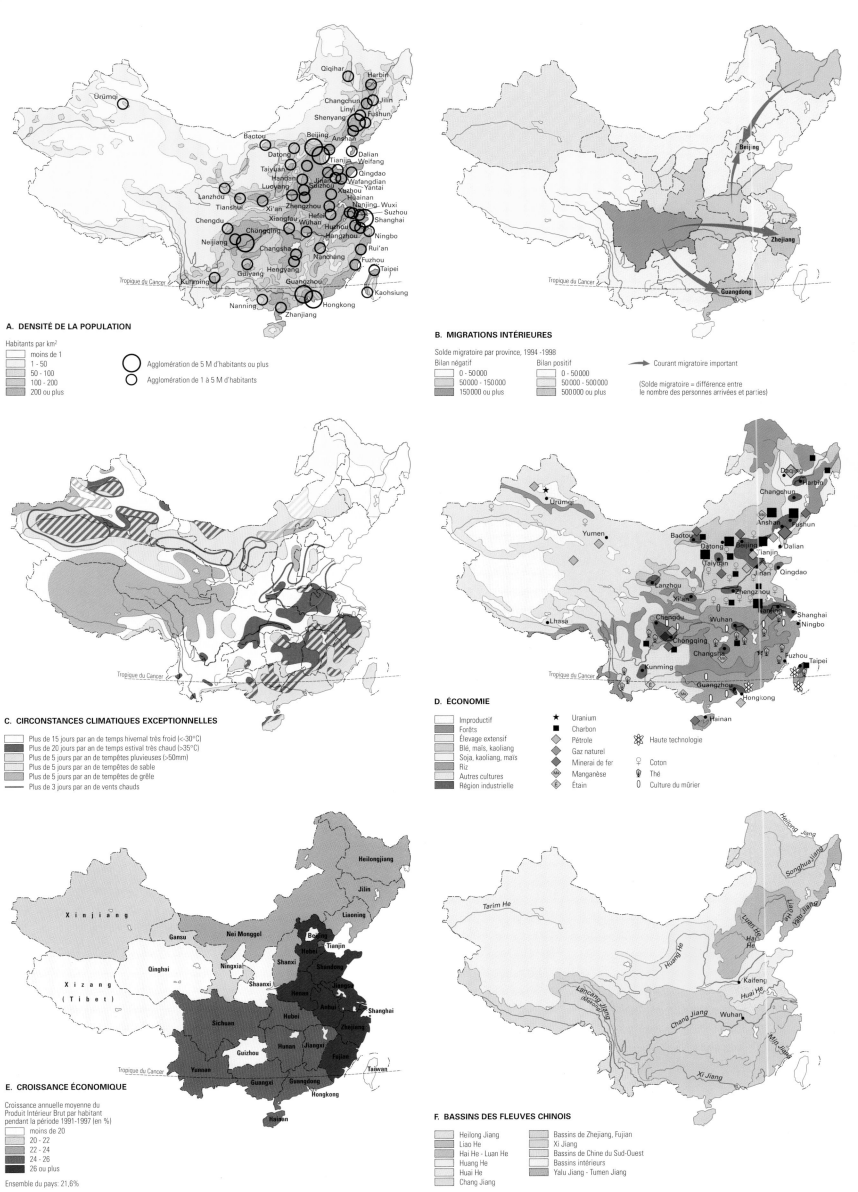

A. DENSITÉ DE LA POPULATION

Habitants par km²

- moins de 1
- 1 - 50
- 50 - 100
- 100 - 200
- 200 ou plus

○ Agglomération de 5 M d'habitants ou plus

○ Agglomération de 1 à 5 M d'habitants

B. MIGRATIONS INTÉRIEURES

Solde migratoire par province, 1994 -1998

Bilan négatif
- 0 - 50 000
- 50 000 - 150 000
- 150 000 ou plus

Bilan positif
- 0 - 50 000
- 50 000 - 500 000
- 500 000 ou plus

→ Courant migratoire important

(Solde migratoire = différence entre
le nombre des personnes arrivées et parties)

C. CIRCONSTANCES CLIMATIQUES EXCEPTIONNELLES

- Plus de 15 jours par an de temps hivernal très froid (<-30°C)
- Plus de 20 jours par an de temps estival très chaud (>35°C)
- Plus de 5 jours par an de tempêtes pluvieuses (>50mm)
- Plus de 5 jours par an de tempêtes de sable
- Plus de 5 jours par an de tempêtes de grêle
- Plus de 3 jours par an de vents chauds

D. ÉCONOMIE

- Improductif
- Forêts
- Élevage extensif
- Blé, maïs, kaoliang
- Soja, kaoliang, maïs
- Riz
- Autres cultures
- Région industrielle

- ★ Uranium
- ■ Charbon
- ◆ Pétrole
- ◆ Gaz naturel
- ◆ Minerai de fer
- Mn Manganèse
- E Étain
- ⚛ Haute technologie
- ♀ Coton
- ♀ Thé
- 0 Culture du mûrier

E. CROISSANCE ÉCONOMIQUE

Croissance annuelle moyenne du
Produit Intérieur Brut par habitant
pendant la période 1991-1997 (en %)

- moins de 20
- 20 - 22
- 22 - 24
- 24 - 26
- 26 ou plus

Ensemble du pays: 21,6%

F. BASSINS DES FLEUVES CHINOIS

- Heilong Jiang
- Liao He
- Hai He - Luan He
- Huang He
- Huai He
- Chang Jiang
- Bassins de Zhejiang, Fujian
- Xi Jiang
- Bassins de Chine du Sud-Ouest
- Bassins intérieurs
- Yalu Jiang - Tumen Jiang

© WN Atlas Productions

ASIE DE L'EST

au-dessous du niveau de la mer

-8000 -6000 -4000 -2000 -200 0 100 200 500 1000 2000 3000 5000m

70° 75° L.E. de Gr. 80° 85° 90° 95° 100° 105°

KAZAKHSTAN

Balkach · Chyganak · Lac Balkach · Jarma · Zyrian · Oust-Koksa · Tchadan

Kara-Balta · Bichkek · Aïagöz · Aksouat · Markaköl · Beloukha 4506 · Tannou Ola · Kyzyl · Angarsk · Irkoutsk

KIRGHIZISTAN · Tchaiek · Balyktchy · Tacheng · Zaisan · Burqin · Altaï · Ölgi · (Kobdo) · Uvs Nur · 759 · Erzin · Petit Iénissei · Khövsgöl Nur · 3492 · Lac Baïkal · Oula Ou

OUZB · Andijon · Och · Naryn · Karakol · Pobedy 7439 · Yining · Karamay · Manas Hu · Ulungur He · Ertaï · Ulaangom · Khargas Nur · 620 · Zakamensk · Sukhbaatar · Ki

Sary-Tach · Kashi · Bachu · Aksu · Kuqa · ÜRÜMQI · Qitai · Bogda Shan 5445 · Bogda Shan · Khüren Tovon 3802 · Tergüün Bogd 3957 · Erdenet · Orkhon · Darkh

TADJIKI-STAN · Kongur Shan 7719 · Yarkant He · Tarim He · Yanqi · Turpan · Dépression de Turpan -154 · Barkol · 4925 · Altaï 3905 · Monts Khangaï · Karakorum · Oulan-

PAKISTAN · Shache (Yarkand) · Pishan · Hotan He · Muzat · Bosten Hu · Hami · Kushui · 4925 · **M O N G O** · Dalandzadgad · Chand 2815 · Linhe

Mt K2 Goodwin Austen 8611 · Xaidulla · Hotan · **Xinjiang Uygur** · (Sinkiang Uygurie) · **T a k l a m a k a n** · Lop Nur · Honglunyuan · **G o b i** · Ximiao · Bandiantaolehai · Alashanyouqi · Wuh

Col de Karakoram · Changmar · Yutian · Minfeng · Qarqan He · Ruoqiang · **A l t u n S h a n** · Anxi · **D é s e r t d'A l a S h a n**

Muztag 7282 · Duomula · Leli Shan 6407 · Tuokusidawan Ling 6303 · Mangnai · Qaidam · Da Qaidam · Yumen · Jiuquan · Qilian Shan 5547 · Zhangye · **G a n s u** · Yinchuan · Y

Zhaxigang · **X i z a n g** · Muztag 7723 · **M o n t s K u n l u n** · Golmud · **N a n S h a n** · Tianjun · Tianzhu · Wuwei · Zhongning

Garyarsa · Kangrinboqê 6714 · **(T i b e t)** · Qinghai · Lac Qinghai (Kuku Nor) · 3205 · Xining · **N i n g x i a** · Guide · LANZHOU · **C H I N E**

Gangotri · Naga Dari 2817 · Taguke · 8000 · Basatongwula 6096 · Yagradagze Shan 5442 · 4900 · Garqu Yan · **Q i n g h a i** · Linxia · Dingxi · Guyuan · Pinglia

H i m a c h a l Pradesh · Butang · Zhongba · Siling Co · **M o n t s T a n g g u l a** · Huang He (Hoangho) · Longxi · TIANSHUI · Baoji

Salyan · Dhaulagiri 8167 · Annapurna 8078 · Xainza · Nam Co · 4630 · Nagqu · Qamdo · Ganzê · Aba · **Q i n l i n g S h a n** · Wudu

LUCKNOW · Bahraich · Pokhara · Gorkha · **N É P A L** · Dinggyé · Xigaze · Lhasa · Jali · Dêngqên · Nu Jiang (Salouen) · **S i c h u a n** · Mianyang · Guangyuan

Faizabad · Allahabad · Kathmandou · Gyangzê · Mt Everest 8848 · Kula Kangri 7554 · Yamzho Yumco · Sumzom · Goqên · Batang · Daocheng · Gongga Shan 7590 · CHENGDU · Nanchong · Wan

Varanasi (Bénarès) · Patna · **B H O U T A N** · Thimphu · Punakha · Namjagbarwa Feng 7755 · **A r u n a c h a l Pradesh** · 4910 · Zhongdian · Wutongqiao · NEIJIANG · Hechuan

Gaya · **Bihar** · Munger · Bhagalpur · Ganatok · Darjeeling · Shiliguri · Itanagar · Dibrugarh · Hkakabo Razi 5881 · Putao · Jianchuan · Gongga Shan 2940 · Zigong · Luzhou · CHONGQIN

INDE · **Madhya Pradesh** · Ranchi · Rangpur · **Assam** · Guwahati · Dispur · Nagaon · **Nagaland** · Myitkyina · Er Hai · Dali · Zhaotong · Bijie · **Guizhou** · GUIYANG

Rourkela · Asansol · **Bengale occidental** · Rajshahi · Pabna · **BANGLADESH** · **Meghalaya** · Shillong · Kohima · **Manipur** · Imphal · Homalin · Katha · Yiliang · Mile · Panxian · Anshun

Orissa · Sambalpur · KOLKATA (CALCUTTA) · Howrah · DHAKA (DACCA) · Narayanganj · Sylhet · Silchar · Agartala · Aizawl · **Tripura** · Bhamo · **Y u n n a n** · KUNMING · Huize · Dushan

Bhubaneshwar · Puri · **Sandarban** · CHITTAGONG · Barisal · Chandpur · **Mizoram** · Falam · Mogok · Lashio · Gejiu · Anbanjing · Guangnan · Bose

Brahmapur · Cox's Bazar · -25 · Monywa · **MYANMAR (BIRMANIE)** · Mandalay · Amarapura · Simao · Mengzi · Lao Cai · Cao Bang · Pingxiang · Lang Son

Golfe du Bengale · -1100 · Sittwe · Pakokku · Myingyan · Yanjinghong · Fan Si Pan 3143 · Yen Bai · Thai Nguyen · Cam Ph

Kyaukpyu · Ramri · Magwe · Meiktila · **A r a k a n** · Taunggyi · Salouen · Phongsali · Xay · Dien Bien Phu · HANOI · Hon Gai

Cheduba · Thandwe · Pye · Pyinmana · Loi-kaw · Houayxay · **L A O S** · Luang Prabang · Phonsavan · Ninh Binh · Nam Dinh · HAIPHONG

-2600 · Hinthada · 2600 Inthanon · Chiang Rai · Nan · Chiang Mai · Lampang · Phou Bia 2820 · Phon Hong · Pakxan · Vinh · Ha Tinh · **VIÊT-NAM**

Pathein · YANGON (RANGOON) · Toungoo · Pegu · Pyapon · Bogale · **THAÏLANDE** · Mekong · Vientiane · Dongf

Myaungmya · Moktama · Golfe de Martaban · Mawlamyine (Moulmein) · -80

Projection conique

45° L.N. · 40° · 35° · 30° · 25° · 23°27' · 20° · 15°

Échelle 1:12500000

0 100 200 300 400 500 km

SIBÉRIE

Tchita · Chilka · Nertchinsk · Chilka
Oloviannaïa
Borzia · Solovievsk
Manzhouli
Iamarovka
Haptcheranga
Keroulen
Tchoibalsan
Hulun Nur
Hailar
Tamsagbulag
Baruun-Urt
Ovoot
Ukhaa · Ulaan-Uul

Gulian
Qiqian
Huma
Svobodny
Bielogorsk
Blagovechtchensk
Heihe
Khabarovsk
Birobidjan
Leninskoïe
Svetlaïa
Bikin
Dalneretchensk
Ternei
Arseniev
Roudnaïa Pristan
Oussouriisk
Vladivostok
Nakhodka

Qiqian
Yitulihe
Yichun
Longjiang · QIQIHAR · Heilongjiang
Anda
Tieli
Suihua
Jiamusi
Shuangyashan
Jixi
Lac Khanka
Bei'an
Nenjiang
Yi'an
Nen-Jiang (Nonni)
HARBIN
Acheng
Shuangcheng
Mudanjiang
Mishan

Arxan
Chaor
Baicheng
Fuyu
JILIN
Jiutai
Dunhua
Tumen
Najin
Chongjin

Nei Mongol
(Mongolie intérieure)
Linxi
Erenhot
Duolun
Chifeng
Chaoyang
CHANGCHUN
Siping
Liaoyuan
Huadian
Yanji
Baitou Shan 2744
Hyesan
Kanggye
CORÉE DU NORD

Bayan Obo
Hohhot
Jining
Zhangjiakou
BAOTOU
DATONG
Plateau
Baode
de Chine
Ningar Qi
TAIYUAN
Pingyao
Shanxi du Nord
Changzhi

Duolun
Chifeng
Fuxin
Liao He
Tieling
Tonghua
FUSHUN
SHENYANG
Benxi
ANSHAN
Liaoning
Jinzhou
Yingkou
Dandong
Sinuiju
PYONGYANG
Nampo

Hamhung
Wonsan
Sokcho
Kangnung

JAPON

Mer du Japon (Mer de l'Est)

Beijing (PÉKIN)
TANGSHAN
TIANJIN
Tianjin
Baoding
Hebei
SHIJIAZHUANG
Qinhuangdao
LÜDA (DALIAN)
Baie de Corée
YANTAI
WEIFANG
Shandong
QINGDAO

Haeju
Kaesong
SÉOUL
INCHON
Suwon
CORÉE DU SUD
TAEJON
Chongju
Andong
Pohang
TAEGU
Ulsan
PUSAN

Mer Jaune

Yangquan
HANDAN
Anyang
XINXIANG
ZHENGZHOU
Jinan
Boshan
Jiaoxian
LINYI
Lianyungang

Kunsan
Chonju
Chinju
KWANGJU
Mokpo
Yosu

Shimonoseki
KITA-KYUSHU
FUKUOKA
Kumamoto
Nagasaki
Kagoshima
Miyazaki

LUOYANG
Henan
Kaifeng
Xuchang
Xuzhou
Jiangsu
Bengbu
HUAINAN
NANJING
HEFEI
Anhui
Changzhou
WUXI
Suzhou
SHANGHAI
Shanghai

Mer de Chine orientale

Hubei
Yichang
SUIZHOU
TIANMEN
WUHAN
Huangshi
Anqing
HUZHOU
HANGZHOU
Jiaxing
Shaoxing
NINGBO
Iles Zhoushan

Mer de Chine méridionale

Hunan
CHANGSHA
Xiangtan
Zhuzhou
Jiangxi
NANCHANG
Shangrao
Linhai
Wenzhou
RUI'AN
Zhejiang

Guangdong
GUANGZHOU (CANTON)
Foshan
Shenzhen
Hongkong
Aomen (Macao)
ZHANJIANG
Haikou
Hainan

TAIPEI
Chilung
Hsinchu
Taichung
Hualien
Chiayi
TAIWAN
Tainan
GAOXIONG (KAOHSIUNG)
Pingtung

PHILIPPINES

Océan Pacifique

© WN Atlas Productions

CORÉE DU SUD / TAIWAN

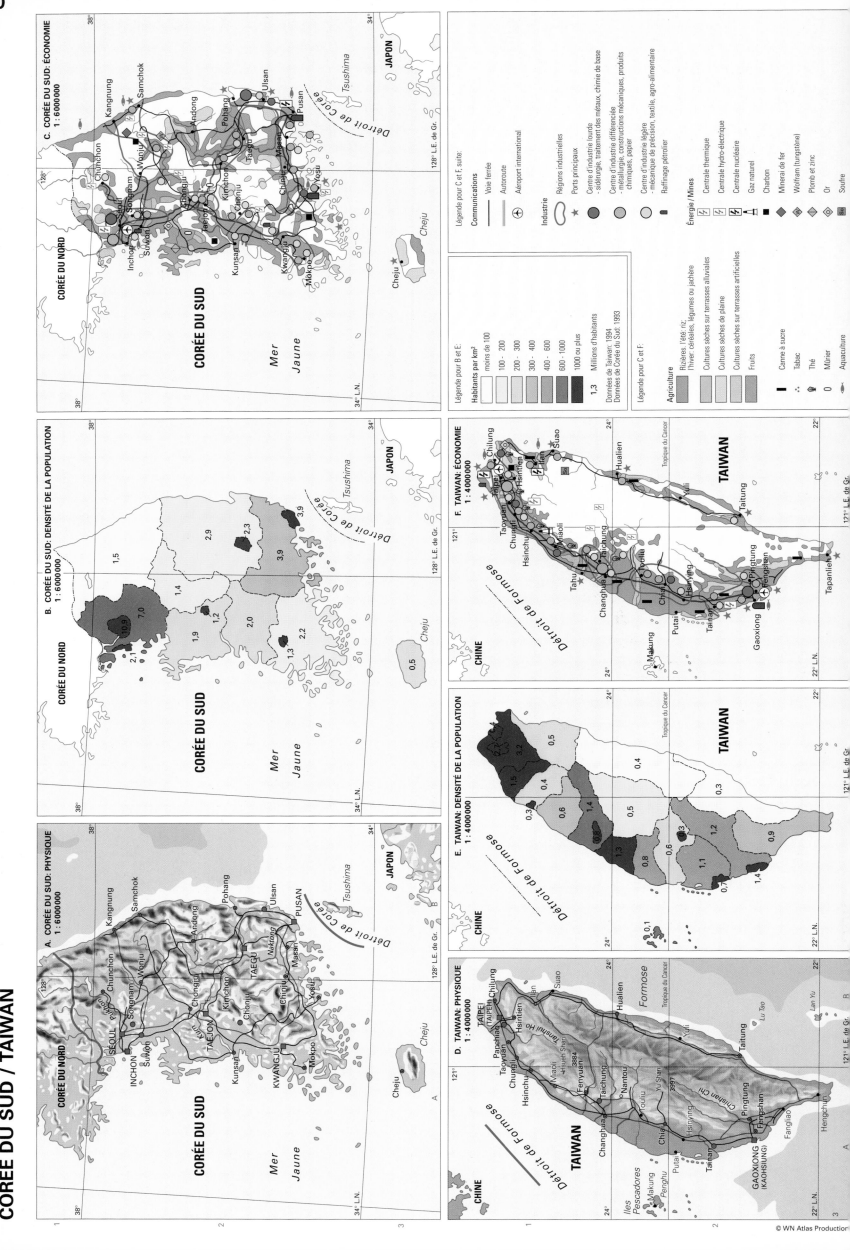

A. CORÉE DU SUD: PHYSIQUE
1 : 6 000 000

B. CORÉE DU SUD: DENSITÉ DE LA POPULATION
1 : 6 000 000

C. CORÉE DU SUD: ÉCONOMIE
1 : 6 000 000

CORÉE DU NORD

CORÉE DU SUD

Mer Jaune

JAPON

Détroit de Corée

Tsushima

Cheju

Kangnung · Samchok · Pohang · Ulsan · PUSAN · Andong · Chunchon · Wonju · SEOUL · INCHON · Suwon · Songnam · Chongju · Kimchon · TAEGU · Masan · TAEJON · Chonju · Chonan · Yosu · Kunsan · KWANGJU · Mokpo

D. TAIWAN: PHYSIQUE
1 : 4 000 000

E. TAIWAN: DENSITÉ DE LA POPULATION
1 : 4 000 000

F. TAIWAN: ÉCONOMIE
1 : 4 000 000

CHINE

TAIWAN

Détroit de Formose

Tropique du Cancer

Iles Pescadores

Penghu

Légende pour B et E:

Habitants par km²

	moins de 100
	100 - 200
	200 - 300
	300 - 400
	400 - 600
	600 - 1000
	1000 ou plus

1,3 Millions d'habitants

Données de Taiwan: 1994
Données de Corée du Sud: 1993

Légende pour C et F, suite:

Communications
— Voie ferrée
— Autoroute
✈ Aéroport international

Industrie
◯ Régions industrielles
★ Ports principaux
● Centre d'industrie lourde - sidérurgie, traitement des métaux, chimie de base
● Centre d'industrie différenciée - métallurgie, constructions mécaniques, produits chimiques, papier
○ Centre d'industrie légère - mécanique de précision, textile, agro-alimentaire
▬ Raffinage pétrolier

Énergie / Mines
⚡ Centrale thermique
⚡ Centrale hydro-électrique
⚡ Centrale nucléaire
■ Gaz naturel
◆ Charbon
◆ Minerai de fer
◇ Wolfram (tungstène)
◇ Plomb et zinc
◇ Or
Sol Soufre

Légende pour C et F:

Agriculture
Rizières: l'été: riz; l'hiver: céréales, légumes ou jachère
Cultures sèches sur terrasses alluviales
Cultures sèches de plaine
Cultures sèches sur terrasses artificielles
Fruits

▬ Canne à sucre
⋯ Tabac
○ Thé
○ Mûrier
Aquaculture

© WN Atlas Production

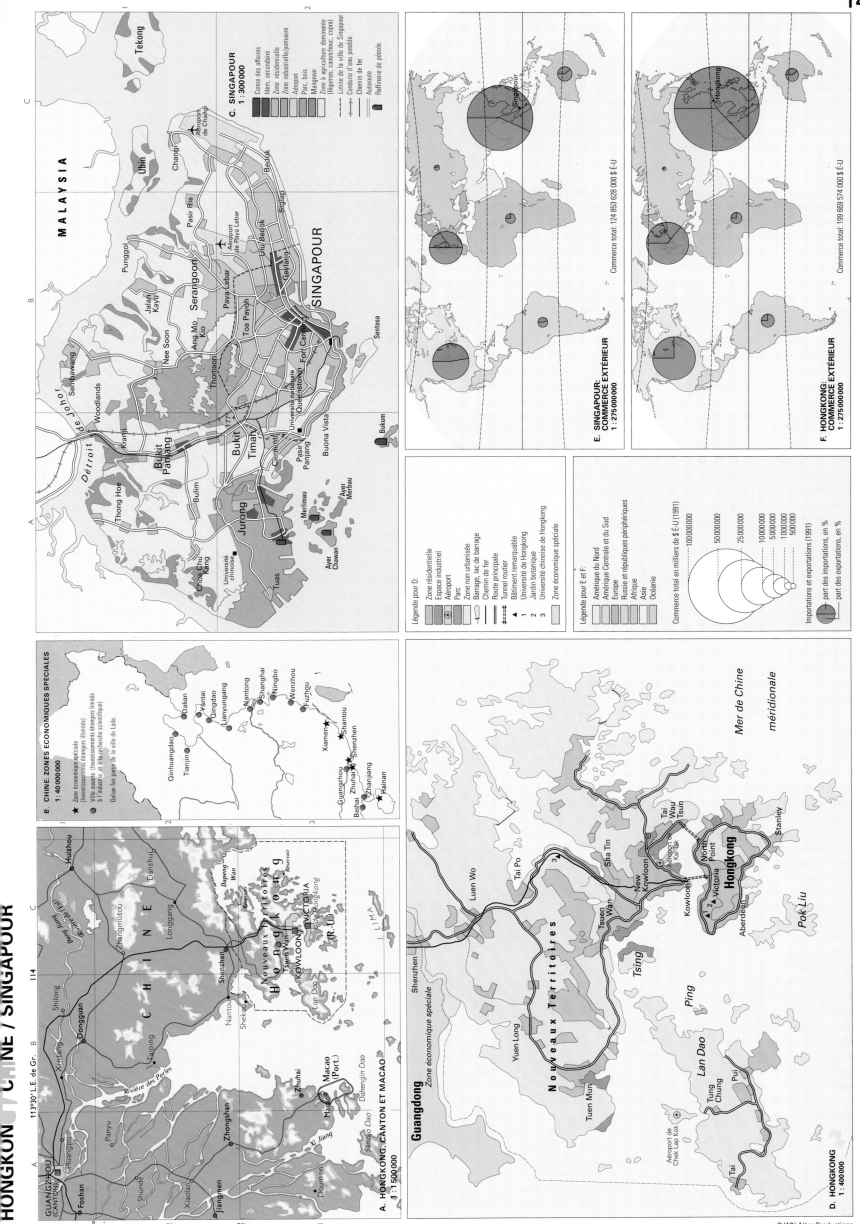

HONGKONG / CHINE / SINGAPOUR

141

A. HONGKONG: CANTON ET MACAO 1:1 500 000

B. CHINE: ZONES ÉCONOMIQUES SPÉCIALES 1:40 000 000

★ Zone économique spéciale (Investissements étrangers illimités)

● Ville ouverte (Investissements étrangers limités à l'industrie et à la recherche scientifique)

Dalian fait partie de la ville de Luda.

C. SINGAPOUR 1:300 000

Centre des affaires
Idem, secondaire
Zone résidentielle
Zone industrielle/portuaire
Aéroport
Parc, bois
Mangrove
Zone à agriculture dominante (légumes, caoutchouc, copra)
Limite de la ville de Singapour
Conduite d'eau potable
Chemin de fer
Autoroute
Raffinerie de pétrole

D. HONGKONG 1:400 000

Légende pour D:
Zone résidentielle
Espace industriel
Aéroport
Parc
Zone non urbanisée
Barrage, lac de barrage
Chemin de fer
Route principale
Tunnel routier
Bâtiment remarquable
Université de Hongkong
Jardin botanique
Université chinoise de Hongkong
Zone économique spéciale

Légende pour E et F:
Amérique du Nord
Amérique Centrale et du Sud
Europe
Russie et républiques périphériques
Afrique
Asie
Océanie

Commerce total en milliers de $-É-U (1991)
Importations et exportations (1991)
part des importations, en %
part des exportations, en %

E. SINGAPOUR: COMMERCE EXTÉRIEUR 1:275 000 000
Commerce total: 124 853 628 000 $-É-U

F. HONGKONG: COMMERCE EXTÉRIEUR 1:275 000 000
Commerce total: 199 669 574 000 $-É-U

© WN Atlas Productions

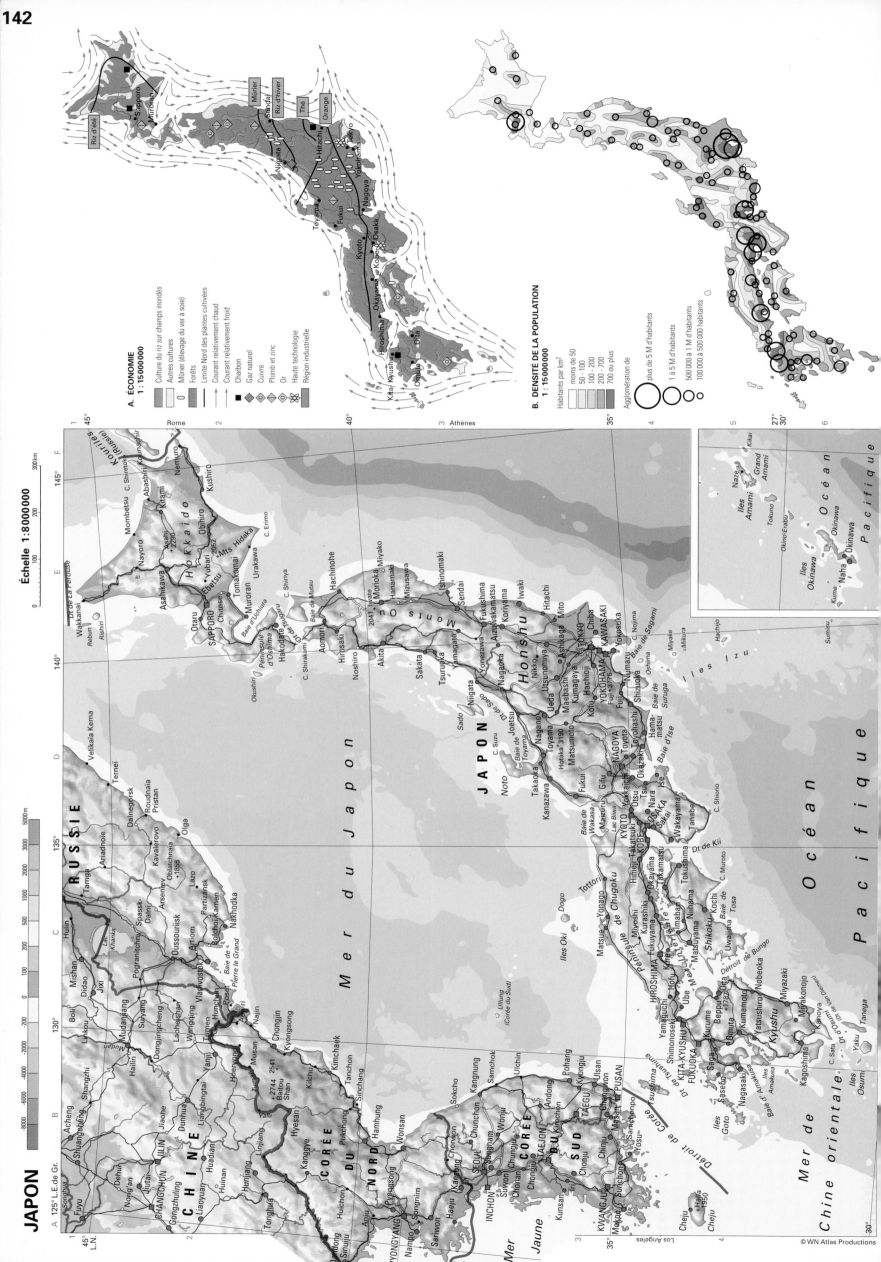

JAPON

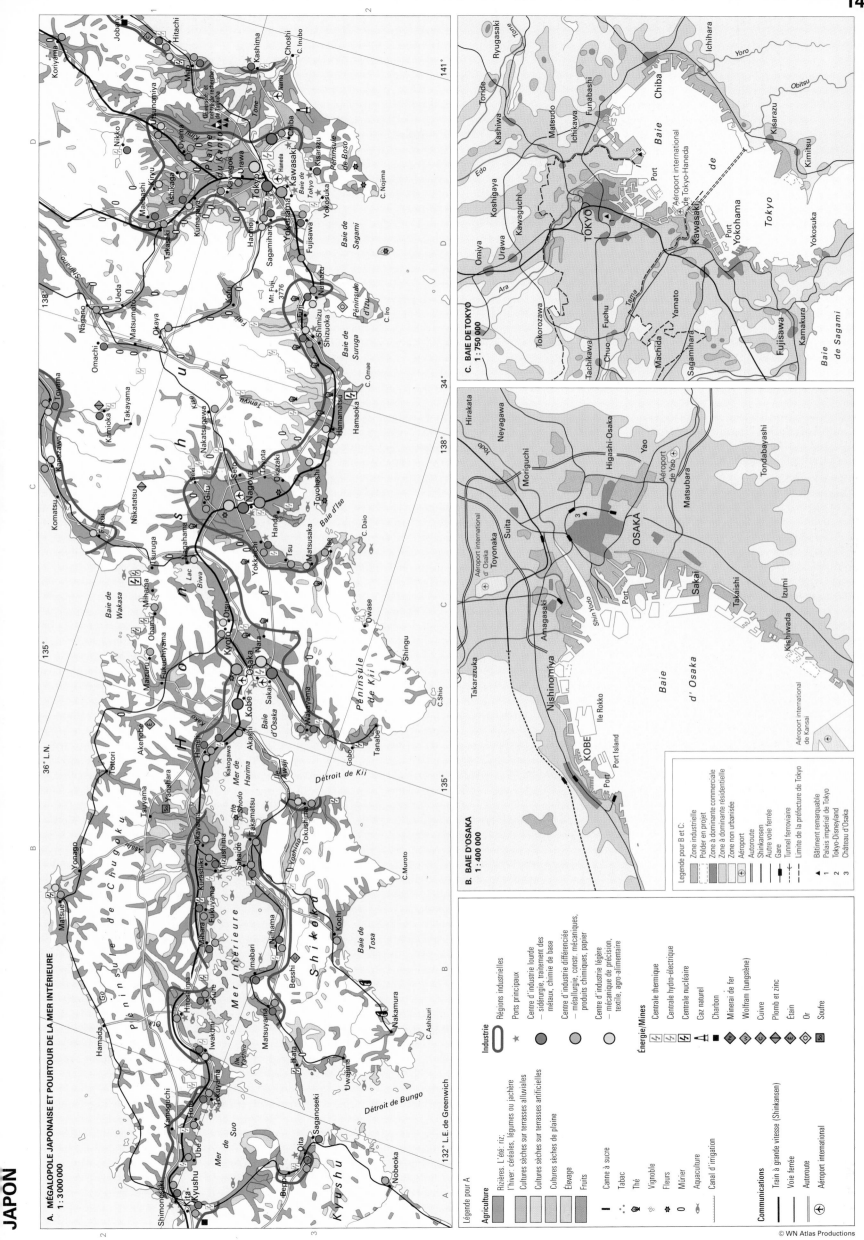

A. MÉGALOPOLE JAPONAISE ET POURTOUR DE LA MER INTÉRIEURE 1:3 000 000

B. BAIE D'OSAKA 1:400 000

C. BAIE DE TOKYO 1:750 000

© WN Atlas Productions

OCÉANS INDIEN ET PACIFIQUE

-8000 -6000 -4000 -2000 -200 | 0 200 500 1000 2000 3000 5000m
au-dessous du niveau de la mer

Échelle 1:60 000 000

0 500 1000 1500 2000 2500 3000 km

20° 180° 21 170° 22 160° 23 150° 24 140° 25 130° 26 120° 27 110° 28 100° 29 90° 30 80° 31 70° 32 60° 33 50° 34 40° 35 30° 36 20°

Groenland (Dan.)

Gunnbjørn Field 3700

Cercle polaire arctique

A

B

C

D

E

F

G

H

I

J

K

L

M

N

O

P

Bassin canadien

Mer de Beaufort

Pôle Nord magnétique (1999)

Îles de la Reine-Élizabeth

Devon

Somerset

Banks

Îles Parry

I. du Pr. de Galles

Victoria

Golfe d'Amundsen

Mackenzie

Grand lac de l'Ours

Île de Baffin

Bassin de Baffin

Dt de Davis

Mer de Labrador

C. Farvel

Limite extrême des glaces dérivantes

Bassin du Labrador

Wrangel

Mer des Tchouktches

Monts de l'Anadyr

Golfe d'Anadyr

Dt de Béring

Chaîne de Brooks

Alaska (É.-U.)

Mt McKinley 6187

Chaîne d'Alaska

Mt Logan 6050

Monts Mackenzie

Grand lac des Esclaves

Lac Athabasca

Lac du Caribou

Nelson

Southampton

Baie d'Hudson

Bassin de Foxe

Dt d'Hudson

Pén. d'Ungava

Mer du Labrador

Labrador

C. du Pr. de Galles

Kodiak

Golfe d'Alaska

Yukon

Colombie

Montagnes Rocheuses

CANADA

Lac du Caribou

Lac Winnipeg

Lac Supérieur

G. du St-Laurent

Nouvelle-Écosse

Mer de Béring

Bassin des Aléoutiennes

Îles Aléoutiennes

-7679

Fosse des Aléoutiennes

-1435

Îles de la Reine-Charlotte

Mt Waddington 4012

Vancouver

Seattle

Chaîne Côtière

Chaîne des Cascades

Grande Prairie

Missouri

Lac Winnipeg

Lac Supérieur

Lac Huron

Lac Michigan

Lac Ontario

Lac Érié

Ottawa **MONTRÉAL**

TORONTO Boston

C. Cod

CHICAGO DETROIT **NEW YORK**

PHILADELPHIE

Ligne de changement de date

Crête de l'Empereur

Bassin du Pacifique

-5257

-7022

Zone fracturée de Mendocino

C. Mendocino

Grand Lac salé

Grand Bassin

Denver

Mt Elbert 4401

Kansas City

Mississippi

Ohio

Appalaches

Washington

océan Pacifique

-6298

-292

Zone fracturée de Murray

San Francisco

Mt Whitney 4420

Colorado

ÉTATS-UNIS

2038 Mt Mitchell

Atlanta

Cap Hatteras

Océan

Atlantique

Bermudes (R.-U.)

Bassin d'Amérique du Nord

Îles Midway (É.-U.)

Crête d'Hawaï

Pacifique

LOS ANGELES

SAN DIEGO

Phoenix

Sierra Madre occidentale

DALLAS

HOUSTON

La Nouvelle-Orléans

Floride

Dt de Floride

BAHAMAS

Tropique du Cancer

-3008

Zone fracturée de Molokai

Guadalupe (Mex.)

Basse Californie

Golfe de Californie

Sierra Madre orientale

MONTERREY

Golfe du Mexique

Bassin du Mexique

Miami

CUBA

Pacifique central

Wake (É.-U.)

Kauai

Honolulu

Oahu

Hawaii (É.-U.)

Hawaii

Johnston

C. S. Lucas

MEXIQUE

MEXICO Orizaba 5650

Yucatán

Grandes

HAÏTI RÉP. DOM.

Îles Marshall

LES SHALL

Îles Ratak

-859

Bassin du Pacifique

GUADALAJARA

PUEBLA

Sierra Madre merid.

Îles Revillagigedo (Mex.)

BELIZE

GUATEMALA Guatemala

JAMAÏQUE

Antilles

Mer des Antilles

Tarawa

Îles Gilbert

Jaluit

central

Howland (É.-U.)

Baker (É.-U.)

Jarvis (É.-U.)

Kingman (V.S.) Palmyra (V.S.)

Tabuaeran

Kiritimati (Christmas)

-4809

nord-oriental

-5720

Zone fracturée de Clarion

EL SALVADOR

HONDURAS

Tegucigalpa

NICARAGUA

Fosse d'Amérique centrale

-6600

Bassin du Guatemala

Lac Nicaragua

Isthme de Panama

Banaba

Abariringa Enderbury

Îles Phoenix

Malden

KIRIBATI

Starbuck

-5029

-5485

Clipperton (Fr.)

Zone fracturée de Clipperton

Managua

San José COSTA RICA

Panamá

PANAMA

Îles Cocos (C.R.)

Crête des Cocos

Bassin de Malpelo (Col.)

Panama

BOGOTÁ

COLOMBIE

MON

S

KU

Suva

FIDJI

TUVALU

Tokelau (N.-Z.)

Penrhyn

Manihiki

Caroline

Flint

Îles Marquises

Polynésie française

-4389

Huascarán 6745

QUITO Équateur

Îles Galápagos (Éq.)

ÉQUATEUR

GUAYAQUIL

Chimborazo 6310

PÉROU

Santa Cruz

Wallis et Futuna (Fr.)

SAMOA Apia

Samoa (É.-U.)

Pago Pago

Suwarrow

Îles Cook (N.-Z.)

Papeete

Îles de la Société

Tahiti

Arch. des Tuamotu

Ride des Tuamotu

-6492

Vila

Îles Lau

Ride des Tonga

TONGA

Tongatapu -10800

Niue (N.-Z.)

Aitutaki

Rarotonga

Mururoa

Îles Gambier

Pitcairn (R.-U.)

Pitcairn Ducie

Sala y Gómez (Chili)

-5537

-8000

Tropique du Capricorne

Fosse de Nazca

Callao

LIMA

Crête de Nazca

Fosse des Nouvelles-Hébrides

Norfolk (Austr.)

Kermadec (N.-Z.)

-10047

Ligne de changement de date

Ride des Kermadec

Îles Tubuai

Rapa

Îles Desventurados (Chili)

Île de Pâques (Chili)

Dorsale de Sala-y-Gómez

Bassin méridional des Fidji

Bassin septentrional des Fidji

-6492

Crête de Norfolk

Auckland

Île du Nord

3766

Mt Cook

Îles Chatham (N.-Z.)

Dorsale de Louisville

Ernest Legouvé

Maria Theresa

Bassin du Pacifique

-4755

Pacifique

Dorsale du Pacifique oriental

-1447

Dorsale du Chili

Îles Juan-Fernández (Chili)

Aconcagua 6959

SANTIAGO

CHILI

Cordillère des Andes

Patagonie

-497

C. Maria v. Diemen

Campbell-plateau (N.-Z.)

Îles Antipodes (N.-Z.)

Campbell (N.-Z.)

Fosse de Bounty

Îles Bounty (N.-Z.)

austral

Océan Pacifique

Seuil du Pacifique méridional

-5249

-5240

-4706

Bassin Pacifique-Antarctique

Valdivia

ARGENTINE

Océan

-4876

Punta Arenas

Dt de Magellan

Terre de Feu

Îles Falkland (R.-U.)

Atlantique

Cap Horn

Dt de Drake

-5036

Shetland du Sud

Îles Orcades du Sud

Cercle polaire antarctique

Atlantique-Indien

Scott

Cap Adare

Mer de Ross

NVELLE-LANDE

Roosevelt

Terre Marie-Byrd

Vinson 5140

Mer d'Amundsen

Thurston

Mer de Bellingshausen

I. Alexandre

Péninsule Antarctique

Îles Berkner

Mer de Weddell

180° 20 170° 21 160° 22 150° 23 140° 24 130° 25 120° 26 110° 27 100° 28 90° 29 80° 30 70° 31 60° 32 50° 33 40° 34 30° 35 20°

© WN Atlas Productions

AUSTRALIE ET NOUVELLE-ZÉLANDE

au-dessous du niveau de la mer
-8000 -6000 -4000 -2000 -200 0 100 200 500 1000 2000 3000 5000m

120° L.E.de Gr.   130°   140°

INDONÉSIE

Mer des Moluques
Golfe de Tomini
Îles Obi
Mer de Seram
Sorong · Manokwari · Biak
Cendrawasih · Biak · C. Perkam
Yapen · Sarmi
Golfe de Cendrawasih
Jayapura

Samarinda
Palu
Balikpapan · Poso
Sulawesi (Célèbes)
Poso
Kendari
Butung
Palopo 3440
G. de Mantan
G. de Bone
Parepare
MAKASSAR
Selayar

Mer de Banda
Îles Sula
Buru
Ambon
Îles Banda
Misool
Fakfak
Bomberai
Kaimana
Kokonau
Agats
Pulau
Tanahmerah

Irian
Monts Maoke
Jaya
Puncak Jaya 5030

Nouvelle-Guinée
Aitape · Wewak
Sepik
Madang
Mount Hagen · Goroka
Chaîne centrale
Mt Wilhelm 4694
B. de l'Astrolabe

Archipel Bismarck
Îles de l'Amirauté
Manus
Lavongai
Nlle-Br...

PAPOUASIE-NOUVELLE-GUINÉE
Mer de Bisma...
Talasea
Lae · Finschhafen
Golfe Huon
Morobe
Wau
Popondetta
D'Entre...

Zanzibar

Mer de Flores
Petites îles de la Sonde
Flores
Lombok · Sumbawa · Sumba
3726
Sawu
Mer de Sawu
Kupang
Roti
Wetar
Dili
TIMOR ORIENTAL
Timor

Mer de Timor
-6660

Ashmore · Cartier (Austr.)

Mer d'Arafura
Sahul
Merauke
Daru
Fly
Digul
Yos Sudarso
Saumlaki
Îles Tanimbar
Plate-forme
-7440
Îles Kai
Tual · Dobo
Îles Aru

Dt de Torres
Thursday
Cap York
-70
Mt Victoria 4073
Golfe de Papouasie
Port Moresby

Melville
Bathurst
Golfe de Diemen
Golfe Beagle
Darwin
Rum Jungle
Pine Creek
Katherine
Terre d'Arnhem
C. Arnhem
Nhulunbuy
Gove
Roper
Groote Eylandt
Golfe de Carpentaria
Îles Wessel

Pén. du Cap York
Weipa
C. Melville
Laura
Cooktown
Herberton
Cairns
Normanton
Croydon
Forsayth

Récif de la Grande Barrière
Mer...
de la...
Townsville
Bowen
Mackay

Golfe Joseph Bonaparte
Kununurra
Wyndham
Mt Hann 776
Plateau de Kimberley
Mt Ord 936
Derby
Fitzroy Crossing
Halls Creek
Ord River
Wave Hill
Daly Waters
Borroloola
Newcastle Waters
Îles Wellesley

Territoire-
du-Nord
Tennant Creek
Barkly Highway
Plateau Barkly
Mount Isa
Cloncurry
Hughenden
Charters Towers

Broome
Baie Roebuck
Pays de Dampier
Plage des 80 miles
Port Hedland
Goldsworthy
De Grey
Marble Bar
Grand Désert de Sable

Désert Tanami

du-Nord
AUSTRALIE
Barrow Creek
Mt Zeil 1511
Alice Springs
Monts MacDonnell
Mt Liebig
Lac Amadeus 868
Ayers Rock

Mts Selwyn
Winton
Georgina
Diamantina
Hay

Queensland
Longreach
Clermont
Emerald
Mt Morgan
Gladstone
Moura

Iles Montebello
Barrow
Dampier
Roebourne
Pilbara
Preston · Onslow
Mt Enid
Mts Hamersley
Tom Price 1227
Mt Bruce
Newman

Lac Mackay

Désert de Gibson

Australie-
occidentale

Lac du Désappointement
Lac Macdonald

Mt Aloysius 1086
Mts Musgrave 1440
Désert de Simpson
Birdsville
Alberga
Finke
Oodnadatta

Grand Bassin artésien
Barcoo
Thomson
Blackall
Charleville
Quilpie
Roma
Maryboro...

Golfe Exmouth
Lac Macleod
Carnarvon
Mt Augustus 1106
Gascoyne
Murchison
Meekatharra
Wiluna
Sandstone
Mount Magnet
Lac Austin

Lac Carnegie

773

Australie-
du-Sud

Lac Eyre 12
Cooper Creek
Lac Blanche
Marree
Desert de Sturt
Mts Grey
Cunnamulla
Dirranbandi
Moonie
Toowoomba
Warwick

Baie du Requin
Dt de la Linotte
Récifs de Houtman
Geraldton
Dongara
Mts...

Leonora
Laverton
Lac Minigwal
Grand Désert de Victoria

Menzies
Lac Barlee
Lac Moore

Forrest

Plaine Nullarbor

Tarcoola
Roxby Downs
Woomera
Lac Torrens
Mts Flinders
Mts Barrier
Broken Hill
Cobar
Bourke
Walgett
Moree
Armidale
Tamworth

**Nouvelle-
Galles-du-Sud**
Nyngan
Mts Liverpool 1585
Dubbo

PERTH
Fremantle 582
Swan
Northam
Narrogin
Bunbury
Collie
Busselton
Augusta
C. Leeuwin
Albany
Bluff Knoll 1110

Coolgardie
Boulder
Kalgoorlie
Kambalda
Norseman
Lac Cowan
Lac Dundas
Esperance

Eyre Highway
Eucla
Penong
Ceduna
Lac Gairdner
Lac Gawler
Iron Knob
Whyalla
Port Augusta
Peterborough
Radium Hill

Grande Baie australienne

-5640

Océan Indien

Bassin de l'Australie méridionale

Port Pirie
Port Lincoln
Cap Spencer
Wallaroo
Golfe Spencer
Yorke
G. de St-Vincent
ADELAIDE
Victor Harbor
Baie de la Rencontre
Kangaroo
Kingston

Mt Lofty
Eyre
Murray
Mildura
Wentworth
Murrumbidgee
Wagga Wagga
Albury-Wodonga
Riverina
Wimmera

Orange
Mts Bleues
SYDNEY
Wollongong
Pt Kemb...
Goulburn
Canberra
Baie Jervis
Territoire de la Capitale d'Aust...

Victoria
Ararat
Ballarat
Bendigo
Geelong
Melbourne
Mt Kosciusko 2231
Alpes austr...
Gippsland
Sale
Bairnsdale
Cap Howe

Mt Gambier
Portland
Warrnambool
C. Otway
Baie Pt Phillip
Cap du Sud-Est

King
Dt de Bass
Îles Flinders
Îles Furneaux

Burnie · Devonport
Mt Ossa 1618
Launceston
Queenstown
Mt Wellington 1573
Port Macquarie
Tasmanie
Hobart

Plateau de Tasmanie

-770

Projection azimutale équivalente
110°   120° T. de Wilkes   130°   140°   150°

Échelle 1:17 500 000

0 100 200 300 400 500 600 700 km

A. PRÉCIPITATIONS
1 : 55 000 000

Précipitations annuelles en mm

- moins de 250
- 250 - 500
- 500 - 1000
- 1000 - 1500
- 1500 ou plus

B. UTILISATION DU SOL
1 : 55 000 000

- Culture (blé)
- Élevage intensif (bétail laitier)
- Élevage extensif (bovins)
- Élevage extensif (ovins)
- Forêts
- Improductif
- Canne à sucre
- Bassin artésien
- Clôtures contre les dingos et les lapins

Cheptel en 1999

	Ovins	Bovins
Australie	119,6 M	26,7 M
Nouvelle-Zélande	46,1 M	8,9 M

C. MINES ET INDUSTRIE
1 : 55 000 000

- ★ Uranium
- ■ Charbon
- ◆ Pétrole
- ◆ Gaz naturel
- Centrale thermique
- Centrale hydro-électrique
- Centrale géothermique
- ◆ Minerai de fer
- Manganèse
- Nickel
- Cuivre
- Plomb et zinc
- ◇ Or
- Argent
- Bauxite
- Diamant
- Région industrielle
- Haute technologie

D. DENSITÉ DE LA POPULATION
1 : 55 000 000

Habitants par km²

- moins de 1
- 1 - 10
- 10 - 50
- 50 ou plus

Agglomération de

- ◯ 1 à 5 M d'habitants
- ◦ 500 000 à 1 M d'habitants
- Réserve occupée par la population indigène (aborigènes)

© WN Atlas Productions

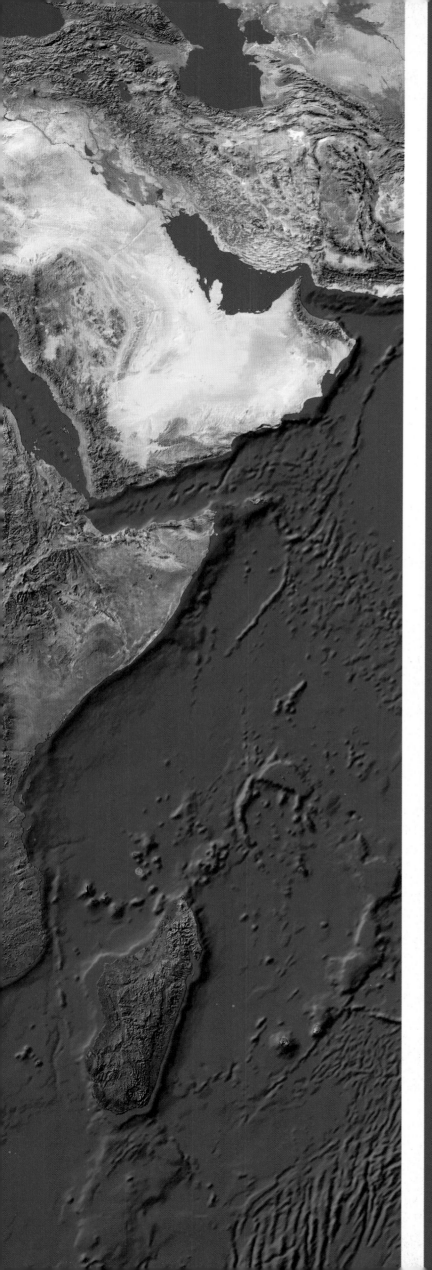

AFRIQUE

AFRIQUE

Échelle 1:25 000 000

0 200 400 600 800 1000 km

30° L.O. de Gr. A 20° B 10° C E 20° F

Océan Atlantique

Séville · Sa. Nevada · Mer Méditerran · C. Blanc · Palerme · Etna · Sicile
Dt de Gibraltar · Oran · Alger · Tunis · Cap Bon · Malte · Crète
Ch. du Rif · 2456 · Atlas tellien · Biskra · +2328 · Golfe de Gabès · Djerba · -4300 · -4791
Casablanca · Fès · Mazouna · Hauts Plateaux · Atlas saharien · -29 · 20 · Tripoli · Benghazi · Dj. el Akhdar
Madère · Porto Santo · Marrakech · Haut Atlas · Chott Djerid · G. de la Grande Syrte · Plateau de Libye
Arch. de Madère · Toubkal 4165 · Anti-Atlas · Béchar · Ouargla · Ghadamès · Sioua
-2600 · Tafilalt · Ouarzazate · Grand Erg occidental · Grand Erg oriental · Hammada el Homra · Oasis de Djalo
La Palma · Tenerife · Sidi Ifni · Draâ · Saoura · Gourara · Plateau du Tademaït · Hammada du Tinrhert · Edeyen Awbari · Dj. es Soda
Pico del Teide 3718 · Lanzarote · Hamada du Draâ · In Salah · Touat Tidikelt · Sebha · Oasis de Koufra
Hierro · Fuerteventura · El Ayoun · Erg Iguidi · Tassili n'Ajjer 2154 · Ghat · Edeyen Mourzouk · Fezzan
Iles Canaries · Gran Canaria · C. Bojador · Saguia el Hamra · +680 · El Eglab · Erg Chech · Massif du Hoggar 2918 (Ahaggar) · Hammada Manguéni · Serir Tibesti · Dj. Uweinat 1934

Tropique du Cancer · Maktéir · El Djouf · Tanezrouft · Tamanrasset · Serir Tibesti · Tibesti · Pic Toussidé 3265
23° 27' · Ras Nouadhibou (Cap Blanc) · -4200 · 890 · Tafassasset · Plateau de Djado · Emi Koussi 3415
20° · Tagant · Adrar des Iforas · Ténéré · Aïr · Tamgak +1988 · Borkou · +1450 Ennedi · Bodélé 155
Nouakchott · Tombouctou · Agadez · Kanem · Bassin · du · Quaddaï · El Fas
Iles du Cap Vert · Mts Hombori · Niger · Niamey · Sokoto · Lac Tchad 249 · Tchad · Ndjamena · Darfur
Santo Antão · Sénégal · Ségou · Bani · Sokoto · Kano · Hadejia · Bahr el Ghazal · Baguirmi · Dj. Marra 3070
São Vicente · Sal · Saint-Louis · Bamako · Volta blanche · Kaduna · Bornu · Lagone · Chari · Mts Bongo +1400
São Nicolau · Boa Vista · Dakar · Ouagadougou · Plateau de Jos 1781 · Plateau de Bauchi · Bahr Aouk
Brava · Fogo · Maio · Praia · Cap Vert · Gambie · Lac Kainji · Abuja · Benue · +2040 · Kotto
São Tiago · Banjul · Corubal · 1538 Fouta Djalon · Bandama · Mts Togo · Ibadan · 2710 · Adamaoua · Bangui · Bomou · Uele
Bissau · Arch. des Bissagos · Conakry · 1948 Mts Lôma · Mt Nimba 1752 · Lac Volta · Lomé · Cotonou · Lagos · Delta du Niger · Mt Cameroun 4100 · Douala · Sanaga · Ngoko · Oubangui · Aruwimi · Kisang
Freetown · Sherbro · St-Paul · Collines Achantis · Accra · Abidjan · Côte de l'Or · Côte des Esclaves · Bioko · Golfe de Bonny · Libreville · Ogooué · Congo · Bassin · du · Congo · Chutes Boyor
Monrovia · Côte des Graines · Cavally · C. Palmas · Côte de l'Ivoire · Côte de l'Or · Golfe du Bénin · Côte des Palmiers · Principe · São Tomé · Baie Corisco · C. López · Lac Tumba · Lukenie · Tshuapa · Lomami
-5026 · -5000 · Golfe de Guinée · Annobón · Lac Mai Ndombe · Congo · Sankuru · Luaba
Équateur · Dorsale médio-atlantique · Bassin de Guinée · Kwa · Pool Malebo · Kasai · Kwango · Kwilu · Portes d'Enfer · Katan
Manaus · Kinshasa · Chutes Mai Munene · Kasai · Kananga · Lulua · Lubum
Ascension · -7728 · -5759 · Atlantique · Matadi · Cuango
Luanda · Cuanza · Lunda · Cassai
-10° · -5157 · Bassin d'Angola · Plateau de Bihé · Zambèze · Barotseland · Zambèze · Lac Ka · Livingston
Lobito · +2620 Mt Moco · Cubango · Cuito · Cuando
Namibe · C. Fria · Kaokoveld · Ovamboland · Etosha Pan · Okavango · Marais de l'Okavango · 2134 · Chutes
-6° · B. de la Baleine · +2134 · Brandberg 2610 · Damaraland · Lac Ngami · 950 · Makarikari Pan · Bul
Tropique du Capricorne · Crête de Walvis · -649 · Mts Auas 2484 · Windhoek · Kalahari · Gaborone · Pre
23° 27' · Namaland · Nosob · Mts Karas 2202 · Gd Fish R. · Johannesbu
-7° · B. de Lüderitz · Bosmanland · Molopo · Bechuanaland · Kompasberge 2505
Bassin du Cap · Chute Augrabies · Orange · Vaal · Bloemfonte
-8° · B. de Ste-Hélène · Gd Karroo · Mase
Le Cap · Swartberge · Port Eliza
C. de Bonne-Espérance · C. des Aiguilles

A. STRUCTURE GÉOLOGIQUE
1 : 75 000 000

MONTS ATLAS
TEIDE
Nil
Niger
Bassin du Tchad
Bouclier
MT. CAMEROUN
Congo
Bassin du Congo
africain
VIRUNGA
KENYA
MOUSSA ALI
Grand rift africain
KILIMANDJARO
MERU
Zambèze
KARTALA

Vieux boucliers (Précambrien)
Boucliers recouverts de sédiments plus récents et non-plissés
Roches volcaniques
Domaine du plissement hercynien
Domaine du plissement alpin (récent)
Autres domaines, recouverts de sédiments peu ou pas plissés
Volcan en activité
Zone de fracture

Projection azimutale

C 0° D 10° E

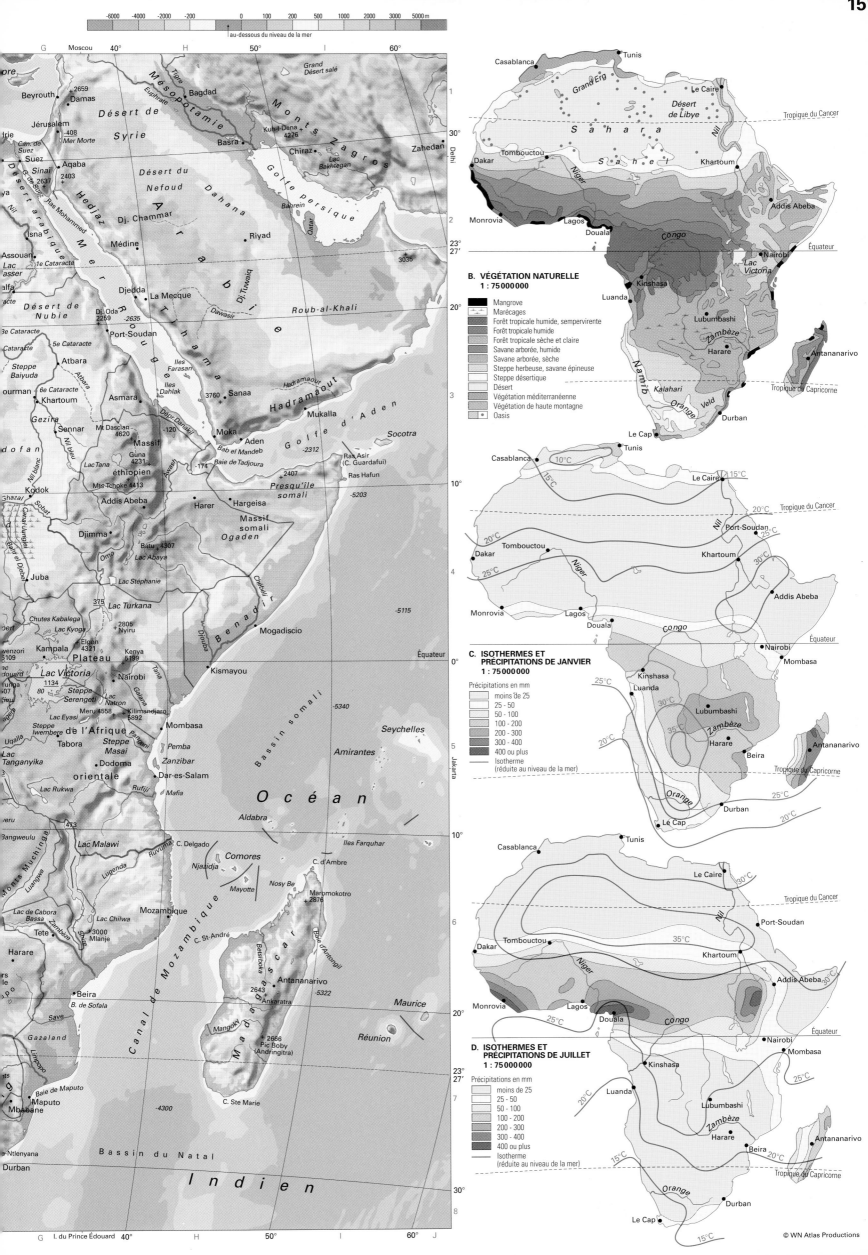

AFRIQUE POLITIQUE

30° L.O. de Gr.   A   20°   B   10°   20°   F

Dallas

Océan

Atlantique

Séville   Grenade   Mer   Palerme   Catane
Cadix   Dt de   Málaga   Bizerte   Sicile
Gibraltar   Ceuta (Esp.)   ALGER   Skikda   Tunis   MALTE
Tanger   Melilla (Esp.)   Constantine   Annaba   Tunis
Tétouan   Oran   Kairouan   Ras   Mer
Kénitra   Oujda   Tlemcen   Batna   Sousse   ben Bou   Égée
RABAT   Fès   Saïda   Biskra   El Djelfa   Sfax   Crète
CASABLANCA   Meknès   Laghouat   El Oued   G. de Gabès   Djerba
MAROC   Aïn Sefra   Touggourt   Gabès   Tripoli
Safi   Figuig   Ghardaïa   Zuwára   Misourata
Essaouira   1956   Béchar   Ouargla   LIBYE
Agadir   Igli   El Goléa   Hassi   Derna
Marrakech   Béni Abbès   Messaoud   Ghadamès   Benghazi   Tobrouk
Sidi Ifni   Draa   Timimoun   In-Amenas   Surt   Salloum   ALE
Tarfaya   Adrar   1962   In Salah   Edjelé   Marsa el-   Brega   Djrabub   Bah
El Ayoun   Reggane   Ghadamès   Sawknah   Awjila
Dakhla   Bi'r Mogreïn   Bidon-V   Tamanrasset   Sebha   Zelten   Al Djawf   É
Madère   Porto Santo   Sahara   Zouérate   Mourzouk
Funchal   Arch. de Madère (Port.)   occidental   Fdérik   Djanet   Ghat   Al Qatrun
La Palma   Sta. Cruz   Tropique du Cancer   1951
Hierro   Tenerife   Las Palmas   Lanzarote   Nouâdhibou   Chinguetti   1960   Taoudenni   Bardaï
Gran Canaria   Fuerteventura   Ras Nouadhibou   Atar   1960   Toummo
Iles Canaries (Esp.)   C. Bojador   Akjoujt   MAURITANIE   Araouane   Arlit   Bilma   Faya-Largeau
Nouakchott   Tidjikja   MALI   NIGER   TCHAD   1950
CAP VERT   Saint-Louis   Kaédi   Tombouctou   Bamba   Agadez   1960
Santo Antão   Mindelo   Sénégal   Néma   Niger   Gao   Tahoua
Sal   Nioro   1960   Abéché
São Nicolau   Boa Vista   DAKAR   Thiès   1960   Kayes   Mopti   Niamey   Maradi   Zinder   Nguigmi   Diffa   Lac Tchad   El Geneina
São Tiago   Maio   SÉNÉGAL   Kaolack   Ségou   Say   Sokoto   Katsina   Nguru   Kukawa   Ndjamena   Mongo   El Fas
Brava   Fogo   Praia   C. Vert   Bakel   Koulikoro   Ouagadougou   Kano   Maiduguri   Am Timan   Nyala
Gambie   GAMBIE   Bafoulabé   Bamako   BURKINA FASO   1960   Kaduna   Zaria   Maroua   Bongor   En
Banjul   GUINÉE   Sikasso   BÉNIN   Jos   NIGÉRIA   Garoua   Massenya   SO
Bissau   BISSAU   1965   Labé   Bobo-Dioulasso   Bolgatanga   BÉNIN   Abuja   Bauchi   Ngaoundéré   Doba   Sarh   Bhr
Bolama   Mamou   Kankan   GHANA   Tamale   Parakou   Bida   Benue   Moundou   1960
Arch. des   GUINÉE   Kouroussa   1960   Volta   Ogbomosho   Ilorin   Makurdi   1960   Quadda
Bissagos   1974   CONAKRY   SIERRA   Korhogo   CÔTE D'IVOIRE   Kumasi   IBADAN   Oshogbo   Enugu   RÉP. CENTRAFRICAINE
Freetown   LEONE   1958   Bouaké   1957   Benin   Onitsha   Bambari
1961   Bo   Dalga   Yamoussoukro   Accra   City   CAMEROUN   Bouar   Bangassou
Bomi Hills   Sherbro   ABIDJAN   Cape Coast   LAGOS   Owerri   Nkongsamba   Bangui
Monrovia   1847   Sassandra   Tema   Cotonou   Port-Harcourt   DOUALA   1961   Mobayi
Buchanan   LIBERIA   San Pedro   Sekondi-Takoradi   Lomé   Calabar   Kumba   Mälabo   Yaoundé   Lomié   Aketi   Buta
Greenville   Cavally   C. Palmas   Gr. Bassam   Bonny   Bioko   Kribi   Bangala   Lisala   Uele   Aruwimi
GUINÉE   Golfe de Bonny   ÉQUAT.   CONGO   Congo   Kisan
Golfe   Principe   São Tomé   Bata   1968   GABON   1960   Mbandaka   Ubon
de Guinée   SÃO TOMÉ ET PRÍNCIPE   1975   Libreville   Ouesso   RÉP. DÉM.
São Tomé   C. López   Lambaréné   Masuku   Tshuapa   DU CONGO
Annobón (G. Éq.)   Port-Gentil   Ogooué   Mbinda   1960   Inongo   1960   Kine
Océan   Loubomo   Brazzaville   Kwa   Bandundu   Lukenie   Lusambo
Pointe-Noire   KINSHASA   Sankuru   Kananga   Kabalo
Atlantique   Cabinda (Ang.)   Boma   Mbanza-Ngungu   Kikwit   Kwilu   Kasai   Mbuji-Mayi   Ma
Banana   Matadi   Luebo   Kasaï
A   20°   B   10°   C   0°   Nzeto   LUANDA   Kwango   Luachimo   Kamina
Uige   Ndalatando   Kwanza   Malange   Saurimo   Kolwezi   Lubumbashi
Dondo   1975   Luena   1964   Kolwezi   Bu
Porto Amboim   Quibala   ZA   Lu
Sumbe   ANGOLA   Kataba   Kalomo
Lobito   Huambo   Kuito   Zambèze   Livingstone
Benguela   Cuima   Menongue   Kabompo   Hwange   Bu
Cuanza   ANGOLA   Corridor de Caprivi
Namibe   Lubango   Cunene   Cuando   Okavango   Etosha   Maun
Tombua   Matala   Pan
C. Fria   Tsumeb   Lac
Grootfontein   Ngami   Francistown
Otavi   Serowe
Swakopmund   Windhoek   NAMIBIE   Rietfontein   BOTSWANA
Walvis Bay   1990   Molepolole
Keetmanshoop   Gaborone   JOHANNESBURG
Lüderitz   Lobatse   SOWETO
AFRIQUE DU SUD
Alexander Bay   Kimberley   Bloemfontein   1910
Port Nolloth   Orange   Sishen
Saldanha Bay   Beaufort-West
B. de la Table   Worcester   Oudtshoorn
LE CAP   Cap de Bonne-   Port Elizabeth
Espérance   C. des Aiguilles   Baie Fa

Projection azimutale   D   10°   E

Océan   Langues berbères
Atlantique   Arabe   Arabe
Tropique du Cancer
Touareg   Tibou   Bedja
Mandingue   Langues soudanaises   Nueri
Krou   Amharique   Galla
Ewe   Yoruba   Danakil
Ibo   Somali   Swahili
Équateur
Langues bantoues
Langues bantoues
Hottentots   Langues Khoisan
Herero   Zoulou
Afrikaans   Tropique du Capricorne
Malgache

A. LANGUES

1 : 70000000

- ▨ Afrikaans/Anglais
- Langues sémitiques
- Langues chamitiques
- Langues couchitiques
- Langues soudanaises
- Langues bantoues
- Langues Khoisan
- Langues malayo-polynésiennes

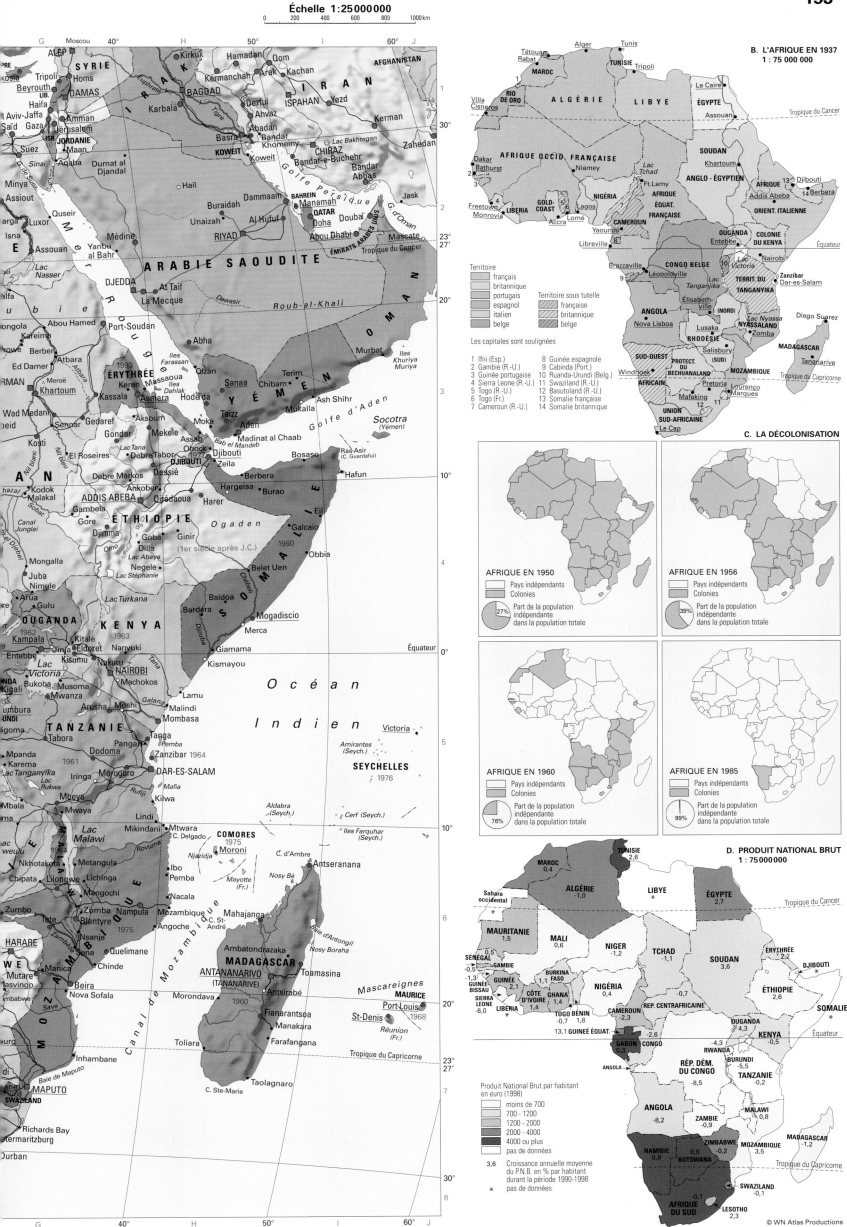

AFRIQUE

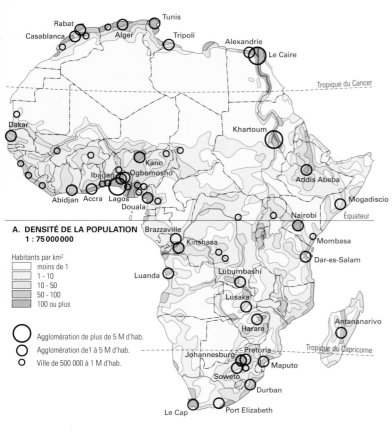

A. DENSITÉ DE LA POPULATION
1 : 75 000 000

Habitants par km²
- moins de 1
- 1 - 10
- 10 - 50
- 50 - 100
- 100 ou plus

- ○ Agglomération de plus de 5 M d'hab.
- ○ Agglomération de 1 à 5 M d'hab.
- ○ Ville de 500 000 à 1 M d'hab.

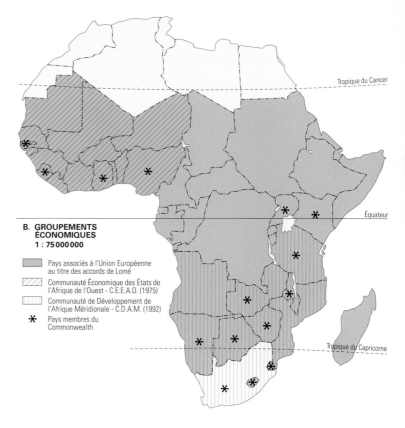

**B. GROUPEMENTS
ÉCONOMIQUES**
1 : 75 000 000

- Pays associés à l'Union Européenne au titre des accords de Lomé
- Communauté Économique des États de l'Afrique de l'Ouest - C.E.E.A.O. (1975)
- Communauté de Développement de l'Afrique Méridionale - C.D.A.M. (1992)
- ✱ Pays membres du Commonwealth

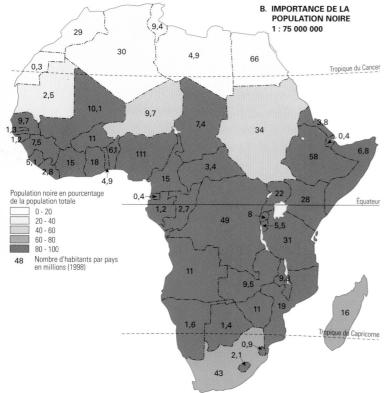

**B. IMPORTANCE DE LA
POPULATION NOIRE**
1 : 75 000 000

Population noire en pourcentage
de la population totale
- 0 - 20
- 20 - 40
- 40 - 60
- 60 - 80
- 80 - 100

48 Nombre d'habitants par pays
en millions (1998)

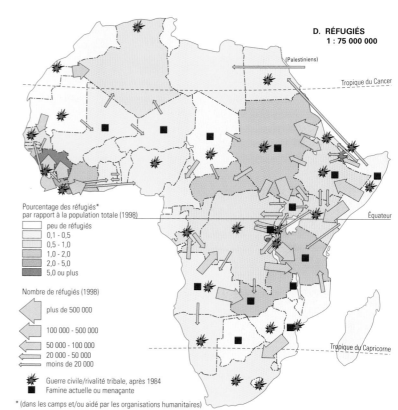

D. RÉFUGIÉS
1 : 75 000 000

Pourcentage des réfugiés*
par rapport à la population totale (1998)
- peu de réfugiés
- 0,1 - 0,5
- 0,5 - 1,0
- 1,0 - 2,0
- 2,0 - 5,0
- 5,0 ou plus

Nombre de réfugiés (1998)
- plus de 500 000
- 100 000 - 500 000
- 50 000 - 100 000
- 20 000 - 50 000
- moins de 20 000

- ✸ Guerre civile/rivalité tribale, après 1984
- ■ Famine actuelle ou menaçante

* (dans les camps et/ou aidé par les organisations humanitaires)

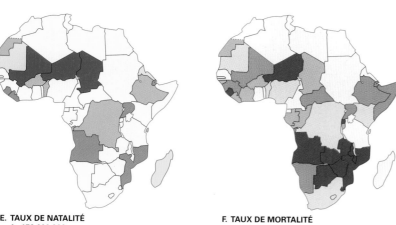

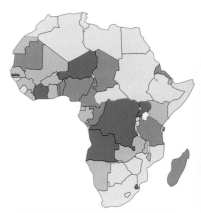

E. TAUX DE NATALITÉ
1 : 150 000 000

Total des naissances
pour 1000 habitants (2000)
- moins de 43
- 43 - 45
- 45 - 47
- 47 - 49
- 49 ou plus

F. TAUX DE MORTALITÉ
1 : 150 000 000

Total des décès
pour 1000 habitants (2000)
- moins de 14
- 14 - 16
- 16 - 18
- 18 - 20
- 20 ou plus

G. ACCROISSEMENT NATUREL
1 : 150 000 000

Nombre de naissances moins nombre de décès
pour 1000 habitants (2000)
- moins de 23
- 23 - 26
- 26 - 29
- 29 - 32
- 32 ou plus

H. ACCROISSEMENT DE LA POPULATION
1 : 150 000 000

Croissance annuelle moyenne de la population
en % (1990-2000)
- moins de 2,4
- 2,4 - 2,7
- 2,7 - 3,0
- 3,0 ou plus

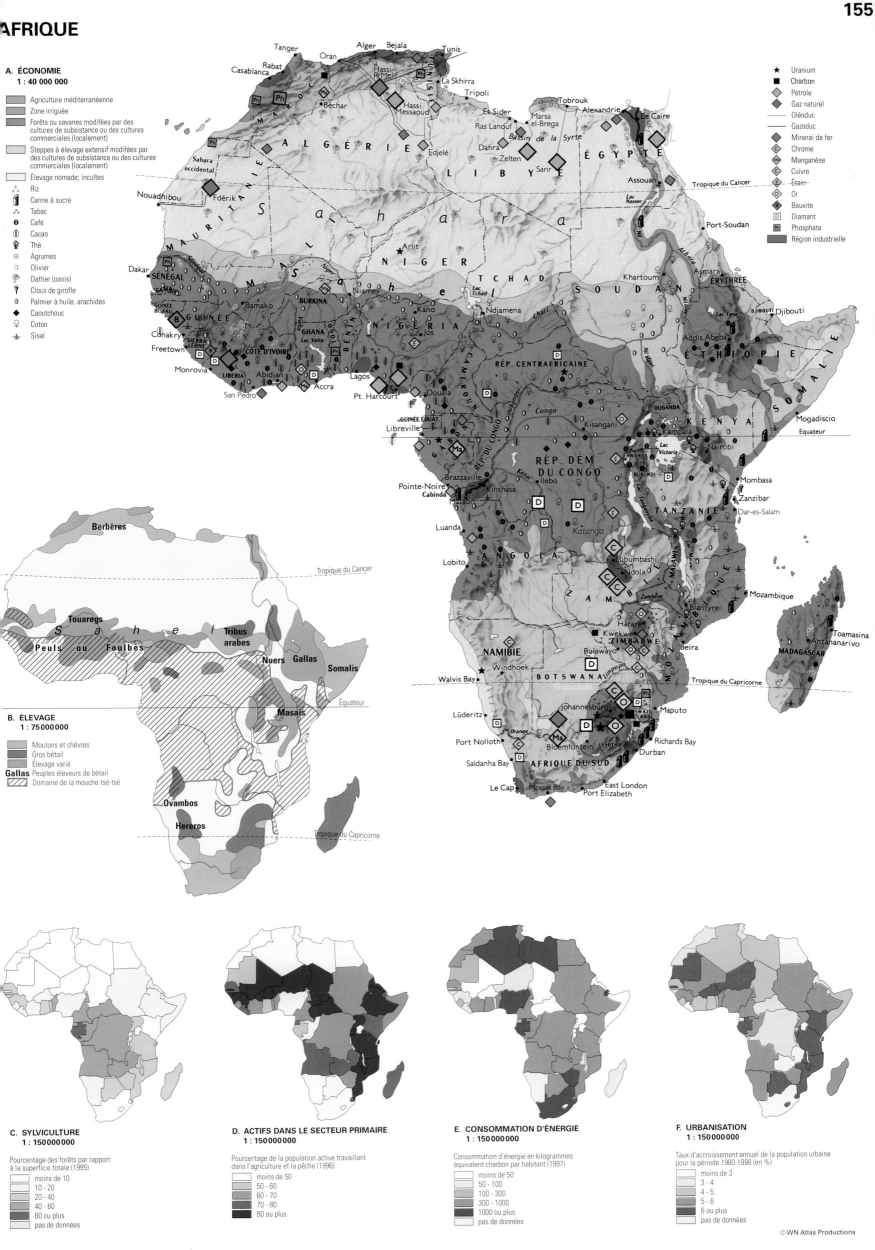

AFRIQUE

A. ÉCONOMIE
1 : 40 000 000

- Agriculture méditerranéenne
- Zone irriguée
- Forêts ou savanes modifées par des cultures de subsistance ou des cultures commerciales (localement)
- Steppes à élevage extensif modifées par des cultures de subsistance ou des cultures commerciales (localement)
- Élevage nomade; incultes
- 🌾 Riz
- Canne à sucre
- Tabac
- ● Café
- ◉ Cacao
- 🍵 Thé
- ⊕ Agrumes
- Olivier
- Dattier (oasis)
- Clous de girofle
- ○ Palmier à huile, arachides
- ♀ Caoutchouc
- ♀ Coton
- ⚘ Sisal

- ★ Uranium
- ■ Charbon
- ◇ Pétrole
- ◆ Gaz naturel
- Oléoduc
- Gazoduc
- ◆ Minerai de fer
- ◇ Chrome
- ◇ Manganèse
- ◇ Cuivre
- ◇ Étain
- ◇ Or
- ◇ Bauxite
- Ⓓ Diamant
- Ⓟₕ Phosphate
- Région industrielle

B. ÉLEVAGE
1 : 75 000 000

- Moutons et chèvres
- Gros bétail
- Élevage varié
- **Gallas** Peuples éleveurs de bétail
- Domaine de la mouche tsé-tsé

C. SYLVICULTURE
1 : 150 000 000

Pourcentage des forêts par rapport à la superficie totale (1995)
- moins de 10
- 10 - 20
- 20 - 40
- 40 - 60
- 60 ou plus
- pas de données

D. ACTIFS DANS LE SECTEUR PRIMAIRE
1 : 150 000 000

Pourcentage de la population active travaillant dans l'agriculture et la pêche (1996)
- moins de 50
- 50 - 60
- 60 - 70
- 70 - 80
- 80 ou plus

E. CONSOMMATION D'ÉNERGIE
1 : 150 000 000

Consommation d'énergie en kilogrammes équivalent charbon par habitant (1997)
- moins de 50
- 50 - 100
- 100 - 300
- 300 - 1000
- 1000 ou plus
- pas de données

F. URBANISATION
1 : 150 000 000

Taux d'accroissement annuel de la population urbaine pour la période 1980-1998 (en %)
- moins de 3
- 3 - 4
- 4 - 5
- 5 - 6
- 6 ou plus
- pas de données

© WN Atlas Productions

MAROC

-6000 -4000 -2000 -200 0 100 200 500 1000 2000 3000 5000 m

Échelle 1:7 500 000

0 50 100 150 200 250 km

A   16° L.O. de Greenwich   B   12°   C   Lisbonne   8°   Dublin D   4°   E

PORTUGAL   *Algarve*   ESPAGNE

Cap de São Vicente   Faro   Sierra Nevada   Almería

36°   Cadix   Jerez de la Frontera   Málaga   Mer

Algésiras   Méditerranée   Arzew   Oran

Gibraltar (R.-U.)   C. Tres Forcas

Détroit de Gibraltar   Ceuta (Esp.)

Tanger   Tétouan   Al Hoceima   Melilla (Esp.)   Beni Saf

Ksar el Kebir   Chaouèn   Nador   Ghazaouet   Sidi Bel Abbès

Larache   *Rif*   Berkane   Ahfir   Tlemcen

2   Souk el Arbaâ du Rharb   Ouezzane   2456   Taourirt   El Aricha

Taounate   Guercif   Aïn Beni Mathar

Kenitra   Sidi Kacem   Taza   Jerada

Salé   Moulay Idriss   Fès   *Hauts Plateaux*

RABAT   Khemisset   Meknès   Sefrou   Tendrara   Aïn Sefra

Mohammedia   Temara   Azrou   Ifrane   Boulemane

CASABLANCA   Ben Slimane   *Moyen Atlas*   Midelt

Azemmour   Settat   Oued Zem   Khenifra   3737   Bouârfa

El Jadida   Khouribga   Kasba Tadla   Ayachi

El Jorf Lasfar   Fkih Ben Salah   Beni Mellal   Bouânane

32°   Oualidia   C. Beddouza   Benguerir   Azilal   Er Rachidia   Boudenib   Figuig

L.N.   Sidi Bennour   MAROC   El Kelaâ des Srarhna   *Atlas*   Tinerhir   Kenadsa   Béchar

Safi   Youssoufia   Demnate   4071   Erfoud

Marrakech   Irhil M'Goun   Boumalne-Dadès   Rissani   Abadla   Taghit

3   Asni   Toubkal 4165   Dadès   Igli   Beni Abbès

C. Sim   3555   Aoulime   Odarzazate   *Grand Erg occidental*

C. Rhir   *Sous*   Tazenakht   Zagora

Agadir   Taroudannt   Tagounite   Tabelbala   Timoudi

Aït-Melloul   *Anti Atlas*   Saoura

Tiznit   Tata   *Djebel Bani*   Drâa

Tafraoute   Bou Izakarn   *Hammada du Drâa*   *Erg er Raoui*

Sidi Ifni   *Djebel Ouarkziz*   Messaoud

C. Drâa   Guelmime   Djebel Ouarkziz

Tan-Tan   Drâa   Hammada du Drâa   Tindouf   *Hammada Tounassine*

Tarfaya   ALGÉRIE

Laâyoune (El Ayoun)   Hawza   Al Mahbas   Chenachane

Saguia el Hamra   *Iguidi*

4   Lemsid   Es Semara   El Eglab

C. Bojador   *El Jat*   *Zemmour*   Galtat Zemmour   Chegga   *Erg Chech*

Bir Moghrein

Sahara occidental   *Sahara*

24°   Dakhla   El Hank   Tropique du Cancer

Baie du Rio de Oro   Bir Enzaran

Azaffal   *El Hammâmi*   Taoudenni

5   Fdérik   Zouérate   MALI

C. Barbas   MAURITANIE

Choûm

Projection conique

Los Angeles | La Nouvelle Orléans | Miami

Océan Atlantique

Arch. de Madère (Port.)   Porto Santo

Madère

Funchal   Ilhas Desertas

Ilhas Selvagens

Iles Canaries (Esp.)

La Palma   Lanzarote

Santa Cruz de la Palma   Arrecife

Puerto de la Cruz   Santa Cruz de Tenerife   Fuerteventura

La Gomera   Pico del Teide   Puerto del Rosario

3718   Arucas   Las Palmas

Valverde   Tenerife   Maspalomas

El Hierro   Gran Canaria

C. Juby

B. PRÉCIPITATIONS
1 : 15 000 000

Tanger   Oran

Nador

Oujda

Rabat   Fès

Casablanca   Meknès

Safi   Figuig

Marrakech   Er Rachidia   Béchar

Agadir   Ouarzazate

Las Palmas

Laâyoune

Précipitations annuelles

moins de 200 mm
200 - 300 mm
300 - 500 mm
500 - 700 mm
700 - 900 mm
900 mm ou plus

C. ARIDITÉ
1 : 15 000 000

Indice d'aridité

1   1,5   2   3   4   5   10   20   50

L'indice d'aridité est le rapport précipitations/évaporation.
Si l'indice vaut 1, l'évaporation annuelle est égale au volume annuel des précipitations.
Pour un indice de 20, l'évaporation est 20 fois supérieure aux précipitations.

Source: U.N. Conference on Desertification 1977

Tanger   Oran

Nador

Oujda

Rabat   Fès

Casablanca   Meknès

Safi   Figuig

Marrakech   Er Rachidia   Béchar

Agadir   Ouarzazate

Las Palmas

(pas de données)

Laâyoune

MAROC

A. UTILISATION DU SOL ET IRRIGATION
1 : 10 000 000

- Désert (improductif ou nomadisme basé sur l'élevage)
- Territoire montagnard (improductif ou nomadisme basé sur l'élevage)
- Forêts
- Steppe avec élevage extensif en alternance avec des cultures de subsistance
- Cultures variées et élevage
- Agriculture méditerranéenne (blé, olive, citron)
- Cultures maraîchères et fruitières
- Périmètres irrigués (irrigation généralisée ou extension prévue à court terme)
- Oasis
- ⚘ Vignoble
- ⊕ Citronniers
- ○ Oliviers
- ⚘ Dattiers
- ⚓ Port de pêche important
- ∼ Barrage

B. MINES, INDUSTRIE ET TOURISME
1 : 10 000 000

- ■ Charbon
- ◆ Pétrole
- ◆ Gaz naturel
- ⚡ Centrale thermique
- ⚡ Centrale hydro-électrique
- Oléoduc
- Gazoduc
- ◆ Minerai de fer
- ◆ Cobalt
- ◆ Manganèse
- ◆ Cuivre
- ◆ Plomb et zinc
- Zone phosphatière
- Ph Phosphate
- Bande transporteuse de phosphate
- ● Ville industrielle
- Raffinage pétrolier
- ▲ Centre touristique

C. DENSITÉ DE LA POPULATION
1 : 15 000 000

Habitants par km² (1995)
- moins de 10
- 10 - 50
- 50 - 100
- 100 - 200
- 200 ou plus

- ○ Agglomération ou ville de 1 - 5 M d'habitants
- ○ 500 000 - 1 M d'habitants
- ○ 100 000 - 500 000 habitants

D. ACCROISSEMENT DE LA POPULATION
1 : 15 000 000

Augmentation moyenne annuelle de la population durant la période 1982-1994, par province
- 0,5 - 1,5%
- 1,5 - 2,0%
- 2,0 - 3,0%
- 3,0% ou plus
- Diminution
- Pas de données

E. CONSOMMATION ÉLECTRIQUE
1 : 15 000 000

Consommation d'électricité par province, en kWh par habitant (1995)
- moins de 35
- 35 - 70
- 70 - 140
- 140 - 280
- 280 ou plus

F. STRUCTURE DES RECETTES EXTÉRIEURES
(milliards d'euro)

- Tourisme
- Phosphate
- Envois des travailleurs émigrés

1973 · 1979 · 1985 · 1993

G. MARRAKECH
1 : 125 000

Médina = partie musulmane d'une ville
Mellah = quartier juif d'une ville
Kashba = place forte

Légende du carton G:
- Médina, mellah, kashba
- Centre de la ville européenne
- Quartier illégal (bidonville)
- Périphérie de la ville européenne
- Extension récente (habitat bas)
- Ville satellite: (classes populaire et moyenne)
- Espace militaire
- Espace industriel
- Important espace public ou monument
- Mur d'enceinte de la ville
- Route importance
- Limite municipale
- Région du carton H

Légende du carton H:
- Constructions arabes
- Constructions européennes
- Parc
- Important espace public ou monument
- Autre espace
- Mur d'enceinte de la ville

H. MARRAKECH
(plan urbain)
1 : 15 000

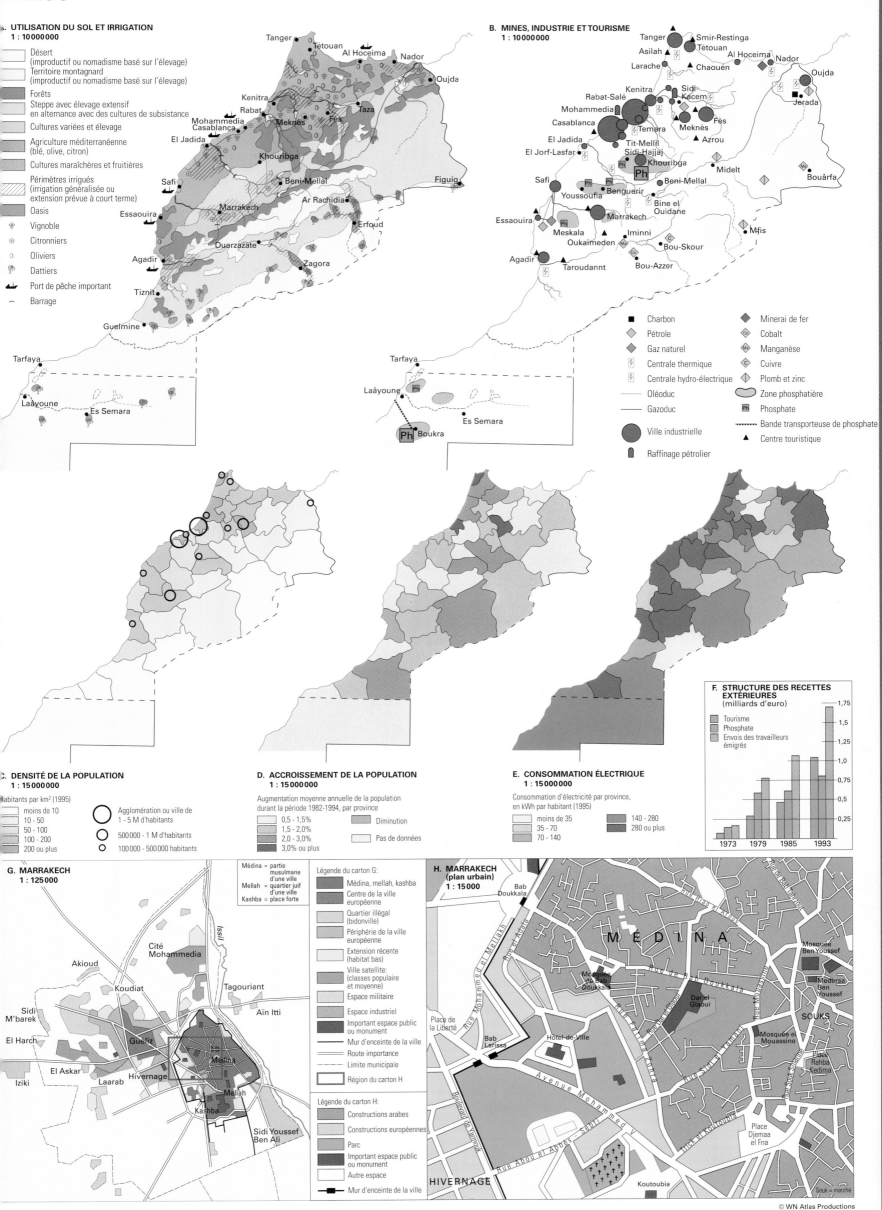

© WN Atlas Productions

AFRIQUE DU NORD ET DE L'OUEST

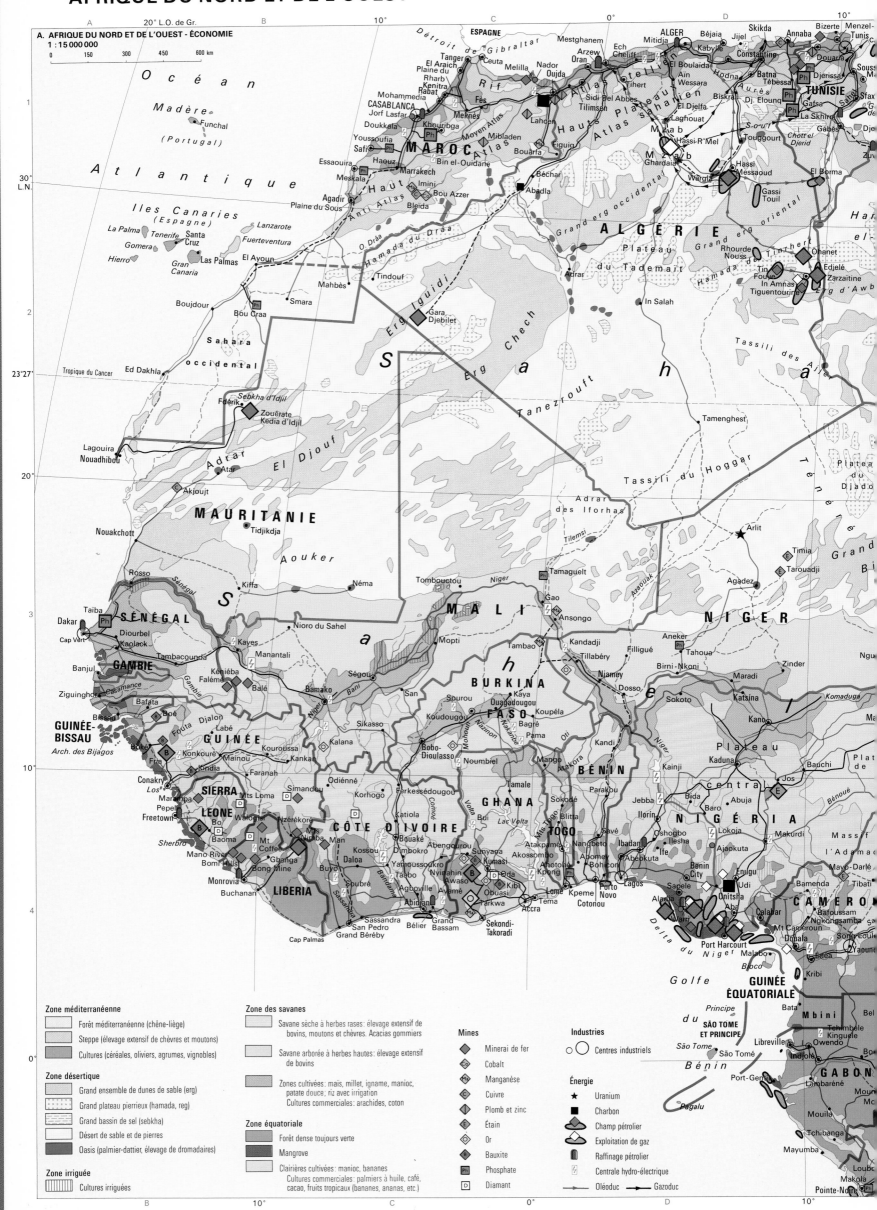

A. AFRIQUE DU NORD ET DE L'OUEST - ÉCONOMIE
1 : 15 000 000

0   150   300   450   600 km

Zone méditerranéenne
- Forêt méditerranéenne (chêne-liège)
- Steppe (élevage extensif de chèvres et moutons)
- Cultures (céréales, oliviers, agrumes, vignobles)

Zone désertique
- Grand ensemble de dunes de sable (erg)
- Grand plateau pierreux (hamada, reg)
- Grand bassin de sel (sebkha)
- Désert de sable et de pierres
- Oasis (palmier-dattier, élevage de dromadaires)

Zone irriguée
- Cultures irriguées

Zone des savanes
- Savane sèche à herbes rases : élevage extensif de bovins, moutons et chèvres. Acacias gommiers
- Savane arborée à herbes hautes : élevage extensif de bovins
- Zones cultivées : maïs, millet, igname, manioc, patate douce ; riz avec irrigation
  Cultures commerciales : arachides, coton

Zone équatoriale
- Forêt dense toujours verte
- Mangrove
- Clairières cultivées : manioc, bananes
  Cultures commerciales : palmiers à huile, café, cacao, fruits tropicaux (bananes, ananas, etc.)

Mines
- Minerai de fer
- Cobalt
- Manganèse
- Cuivre
- Plomb et zinc
- Étain
- Or
- Bauxite
- Ph Phosphate
- D Diamant

Industries
- Centres industriels

Énergie
- Uranium
- Charbon
- Champ pétrolier
- Exploitation de gaz
- Raffinage pétrolier
- Centrale hydro-électrique
- Oléoduc
- Gazoduc

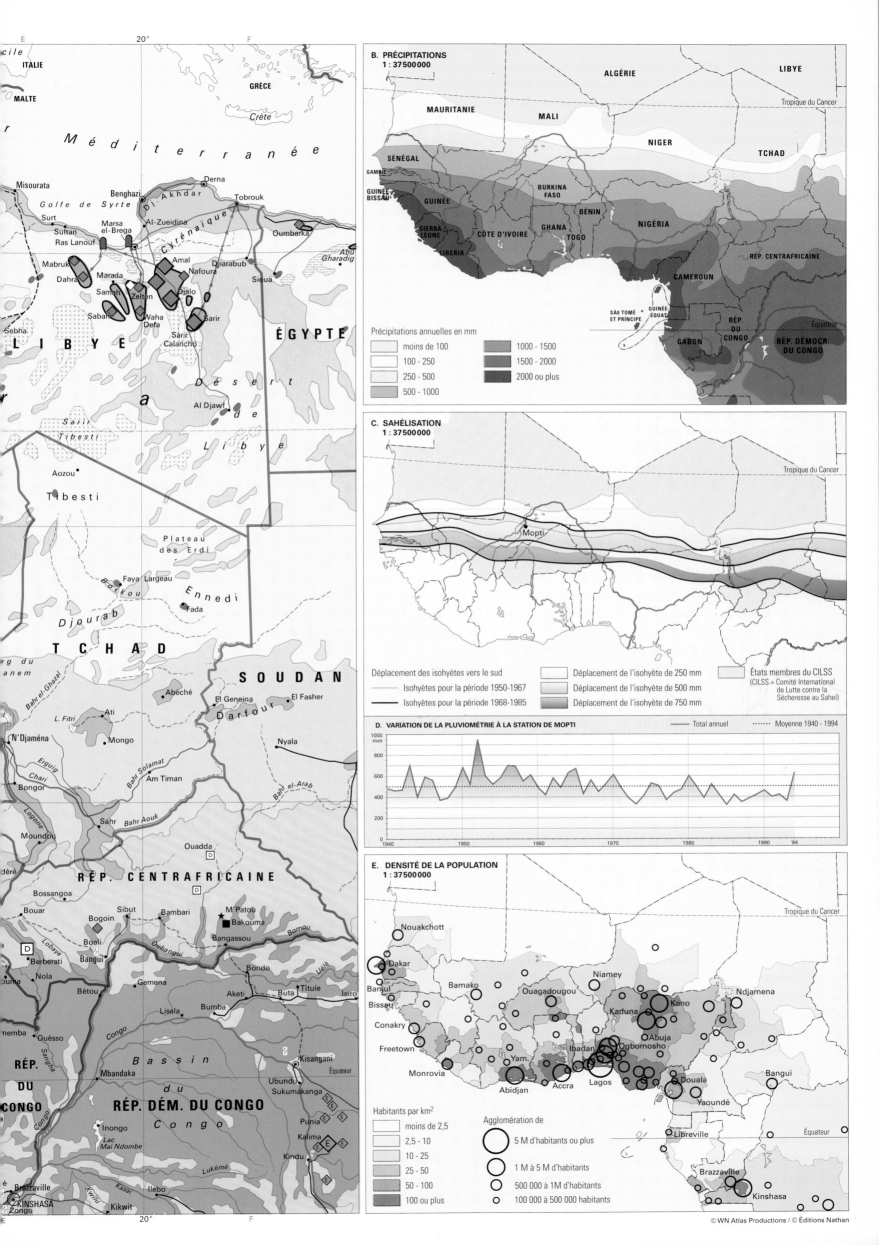

B. PRÉCIPITATIONS
1 : 37 500 000

Précipitations annuelles en mm

- moins de 100
- 100 - 250
- 250 - 500
- 500 - 1000
- 1000 - 1500
- 1500 - 2000
- 2000 ou plus

C. SAHÉLISATION
1 : 37 500 000

Déplacement des isohyètes vers le sud

— Isohyètes pour la période 1950-1967
— Isohyètes pour la période 1968-1985

- Déplacement de l'isohyète de 250 mm
- Déplacement de l'isohyète de 500 mm
- Déplacement de l'isohyète de 750 mm

États membres du CILSS
(CILSS = Comité International de Lutte contre la Sécheresse au Sahel)

D. VARIATION DE LA PLUVIOMÉTRIE À LA STATION DE MOPTI

— Total annuel   ···· Moyenne 1940 - 1994

E. DENSITÉ DE LA POPULATION
1 : 37 500 000

Habitants par km²

- moins de 2,5
- 2,5 - 10
- 10 - 25
- 25 - 50
- 50 - 100
- 100 ou plus

Agglomération de

- ○ 5 M d'habitants ou plus
- ○ 1 M à 5 M d'habitants
- ○ 500 000 à 1M d'habitants
- ○ 100 000 à 500 000 habitants

© WN Atlas Productions / © Éditions Nathan

NIGÉRIA

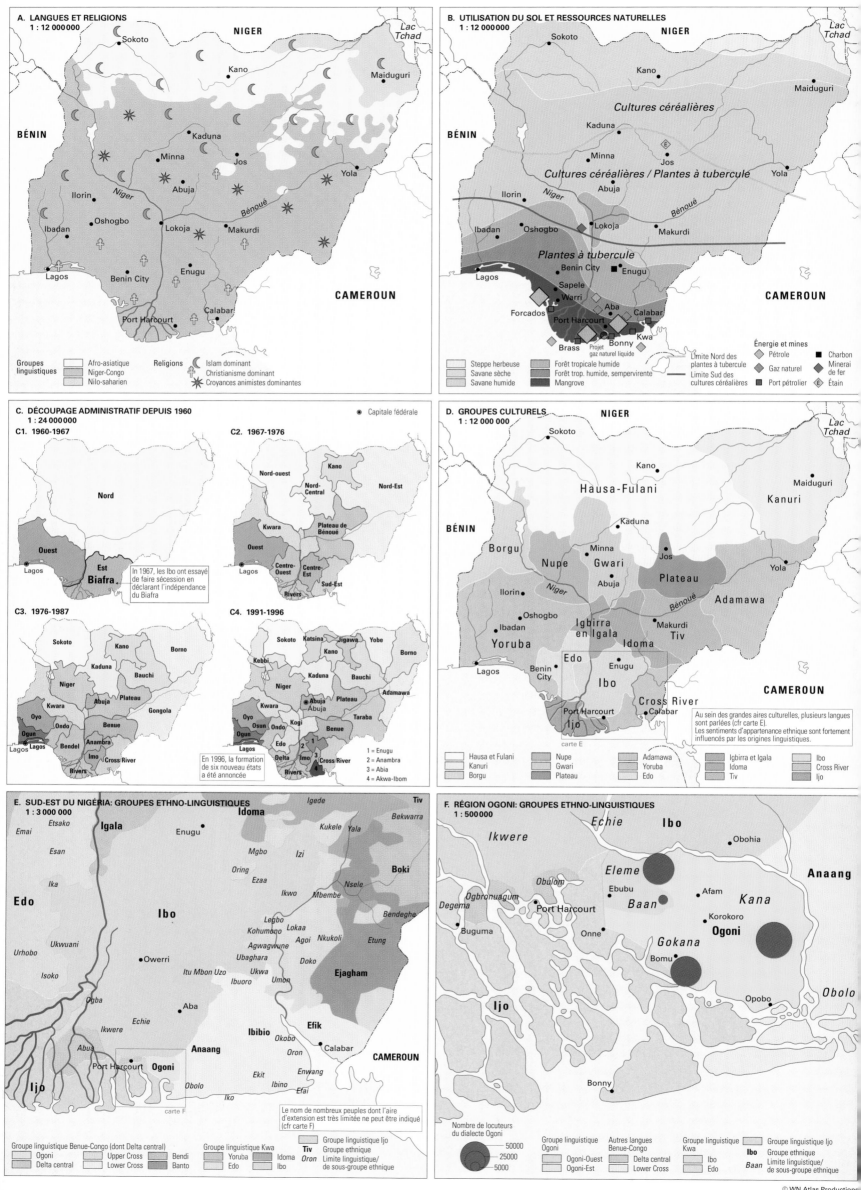

A. LANGUES ET RELIGIONS
1 : 12 000 000

NIGER

Lac Tchad

Sokoto
Kano
Maiduguri
Kaduna
Minna
Jos
Yola
Ilorin
Abuja
Niger
Bénoué
Ibadan
Oshogbo
Lokoja
Makurdi
Lagos
Benin City
Enugu
Port Harcourt
Calabar

BÉNIN

CAMEROUN

Groupes linguistiques: Afro-asiatique · Niger-Congo · Nilo-saharien
Religions: Islam dominant · Christianisme dominant · Croyances animistes dominantes

B. UTILISATION DU SOL ET RESSOURCES NATURELLES
1 : 12 000 000

NIGER

Lac Tchad

Sokoto
Kano
Maiduguri
Cultures céréalières
Kaduna
Minna
Jos
Yola
Cultures céréalières / Plantes à tubercule
Ilorin
Abuja
Niger
Bénoué
Ibadan
Oshogbo
Lokoja
Makurdi
Plantes à tubercule
Benin City
Enugu
Lagos
Sapele
Warri
Aba
Calabar
Forcados
Port Harcourt
Kwa
Brass
Bonny
Projet gaz naturel liquide

BÉNIN

CAMEROUN

Steppe herbeuse · Savane sèche · Savane humide · Forêt tropicale humide · Forêt trop. humide, sempervirente · Mangrove
Limite Nord des plantes à tubercule · Limite Sud des cultures céréalières
Énergie et mines: Pétrole · Gaz naturel · Port pétrolier · Charbon · Minerai de fer · Étain

C. DÉCOUPAGE ADMINISTRATIF DEPUIS 1960
1 : 24 000 000

● Capitale fédérale

C1. 1960-1967
Nord
Ouest
Est
Biafra
Lagos

In 1967, les Ibo ont essayé de faire sécession en déclarant l'indépendance du Biafra

C2. 1967-1976
Nord-ouest
Kano
Nord-Central
Nord-Est
Kwara
Plateau de Bénoué
Ouest
Centre-Ouest
Centre-Est
Sud-Est
Lagos
Rivers

C3. 1976-1987
Sokoto
Kano
Borno
Kaduna
Bauchi
Niger
Plateau
Kwara
Abuja
Gongola
Oyo
Benue
Ogun
Ondo
Bendel
Anambra
Lagos
Imo
Cross River
Rivers

C4. 1991-1996
Sokoto
Katsina
Jigawa
Yobe
Kebbi
Kano
Borno
Kaduna
Bauchi
Niger
Adamawa
Kwara
Plateau
Abuja
Ábuja
Taraba
Oyo
Kogi
Osun
Ondo
Benue
Edo
Lagos
Delta
Imo
Cross River
Rivers

1 = Enugu
2 = Anambra
3 = Abia
4 = Akwa-Ibom

En 1996, la formation de six nouveaux états a été annoncée.

D. GROUPES CULTURELS
1 : 12 000 000

NIGER

Lac Tchad

Sokoto
Kano
Maiduguri
Hausa-Fulani
Kanuri
Kaduna
BÉNIN
Borgu
Nupe
Gwari
Minna
Jos
Plateau
Yola
Ilorin
Abuja
Niger
Bénoué
Adamawa
Oshogbo
Ibadan
Igbirra en Igala
Makurdi
Tiv
Yoruba
Idoma
Edo
Enugu
Lagos
Benin City
Ibo
Cross River
Port Harcourt
Calabar
Ijo
CAMEROUN

carte E

Au sein des grandes aires culturelles, plusieurs langues sont parlées (cfr carte E). Les sentiments d'appartenance ethnique sont fortement influencés par les origines linguistiques.

Hausa et Fulani · Kanuri · Borgu · Nupe · Gwari · Plateau · Adamawa · Yoruba · Edo · Igbirra et Igala · Idoma · Tiv · Ibo · Cross River · Ijo

E. SUD-EST DU NIGÉRIA: GROUPES ETHNO-LINGUISTIQUES
1 : 3 000 000

Igede
Tiv
Idoma
Igala
Emai
Etsako
Enugu
Bekwarra
Kukele
Yala
Esan
Mgbo
Izi
Boki
Ika
Oring
Ezaa
Edo
Ikwo
Nsele
Ukwuani
Legbo
Mbembe
Urhobo
Kohumono
Lokaa
Agoi
Nkukoli
Etung
Bendeghe
Ibo
Agwagwune
Isoko
Ubaghara
Doko
Ejagham
Owerri
Itu Mbon Uzo
Ukwa
Umon
Ibuoro
Ogba
Aba
Echie
Efik
Abua
Ikwere
Ibibio
Anaang
Okobo
Oron
Calabar
Ijo
Port Harcourt
Ogoni
Ekit
Enwang
Obolo
Ibino
Iko
Efai
CAMEROUN

carte F

Groupe linguistique Benue-Congo (dont Delta central): Ogoni · Delta central · Upper Cross · Lower Cross · Bendi · Banto
Groupe linguistique Kwa: Yoruba · Edo · Idoma · Ibo
Tiv Oron: Groupe linguistique Ijo · Groupe ethnique · Limite linguistique / de sous-groupe ethnique

Le nom de nombreux peuples dont l'aire d'extension est très limitée ne peut être indiqué (cfr carte F)

F. RÉGION OGONI: GROUPES ETHNO-LINGUISTIQUES
1 : 500 000

Echie
Ibo
Ikwere
Obohia
Eleme
Anaang
Obúlom
Ebubu
Baan
Afam
Kana
Ogbronuagum
Port Harcourt
Degema
Korokoro
Buguma
Onne
Gokana
Ogoni
Bomu
Obolo
Ijo
Bonny

Nombre de locuteurs du dialecte Ogoni: 50000 · 25000 · 5000
Groupe linguistique Ogoni: Ogoni-Ouest · Ogoni-Est
Autres langues Benue-Congo: Delta central · Lower Cross
Groupe linguistique Kwa: Ibo · Edo
Ibo Baan: Groupe linguistique Ijo · Groupe ethnique · Limite linguistique / de sous-groupe ethnique

© WN Atlas Productions

AFRIQUE DU SUD

Échelle 1 : 16000000

A. PROVINCES

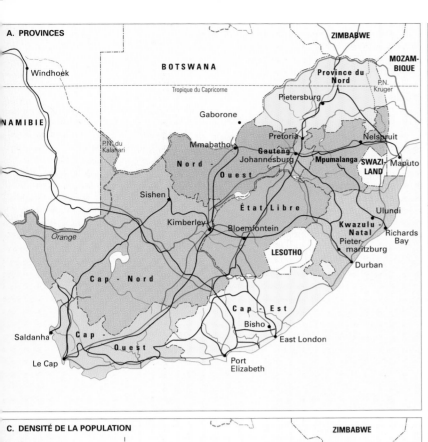

B. CLIMAT

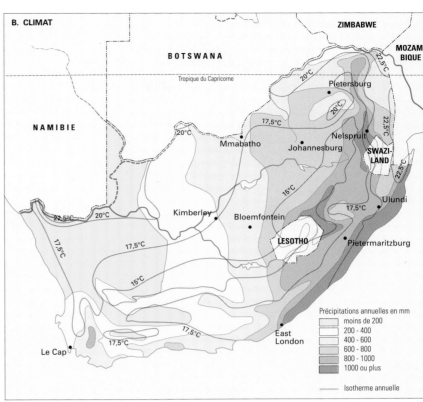

Précipitations annuelles en mm
- moins de 200
- 200 - 400
- 400 - 600
- 600 - 800
- 800 - 1000
- 1000 ou plus

— Isotherme annuelle

C. DENSITÉ DE LA POPULATION

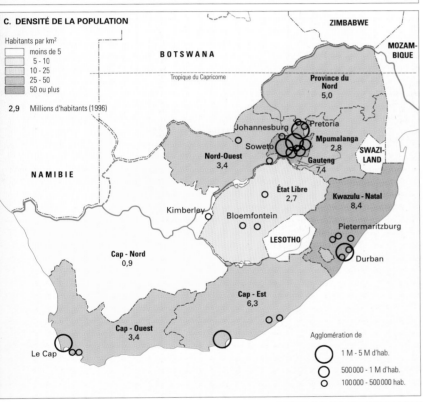

Habitants par km²
- moins de 5
- 5 - 10
- 10 - 25
- 25 - 50
- 50 ou plus

2,9 Millions d'habitants (1996)

Agglomération de
- 1 M - 5 M d'hab.
- 500 000 - 1 M d'hab.
- 100 000 - 500 000 hab.

D. AGRICULTURE

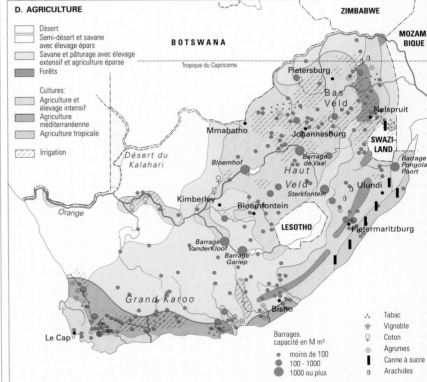

- Désert
- Semi-désert et savane avec élevage épars
- Savane et pâturage avec élevage extensif et agriculture éparse
- Forêts

Cultures:
- Agriculture et élevage intensif
- Agriculture méditerranéenne
- Agriculture tropicale

- Irrigation

Barrages. capacité en M m³
- moins de 100
- 100 - 1000
- 1000 ou plus

- Tabac
- Vignoble
- Coton
- Agrumes
- Canne à sucre
- Arachides

E. MINES ET ÉNERGIE

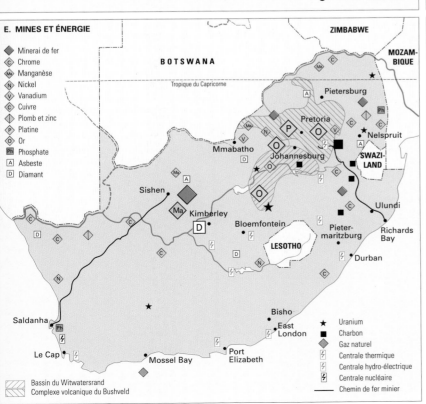

- Minerai de fer
- Chrome
- Manganèse
- Nickel
- Vanadium
- Cuivre
- Plomb et zinc
- Platine
- Or
- Phosphate
- Asbeste
- Diamant

- Uranium
- Charbon
- Gaz naturel
- Centrale thermique
- Centrale hydro-électrique
- Centrale nucléaire
- Chemin de fer minier

- Bassin du Witwatersrand
- Complexe volcanique du Bushveld

F. INDUSTRIES

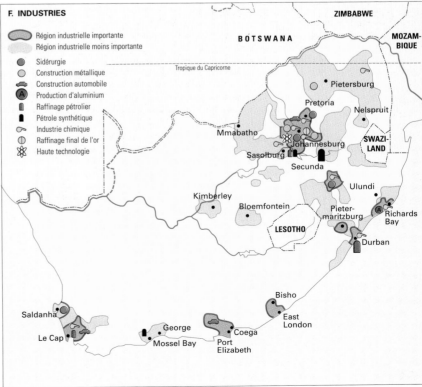

- Région industrielle importante
- Région industrielle moins importante
- Sidérurgie
- Construction métallique
- Construction automobile
- Production d'aluminium
- Raffinage pétrolier
- Pétrole synthétique
- Industrie chimique
- Raffinage final de l'or
- Haute technologie

© WN Atlas Productions

ZONES POLAIRES / FUSEAUX HORAIRES

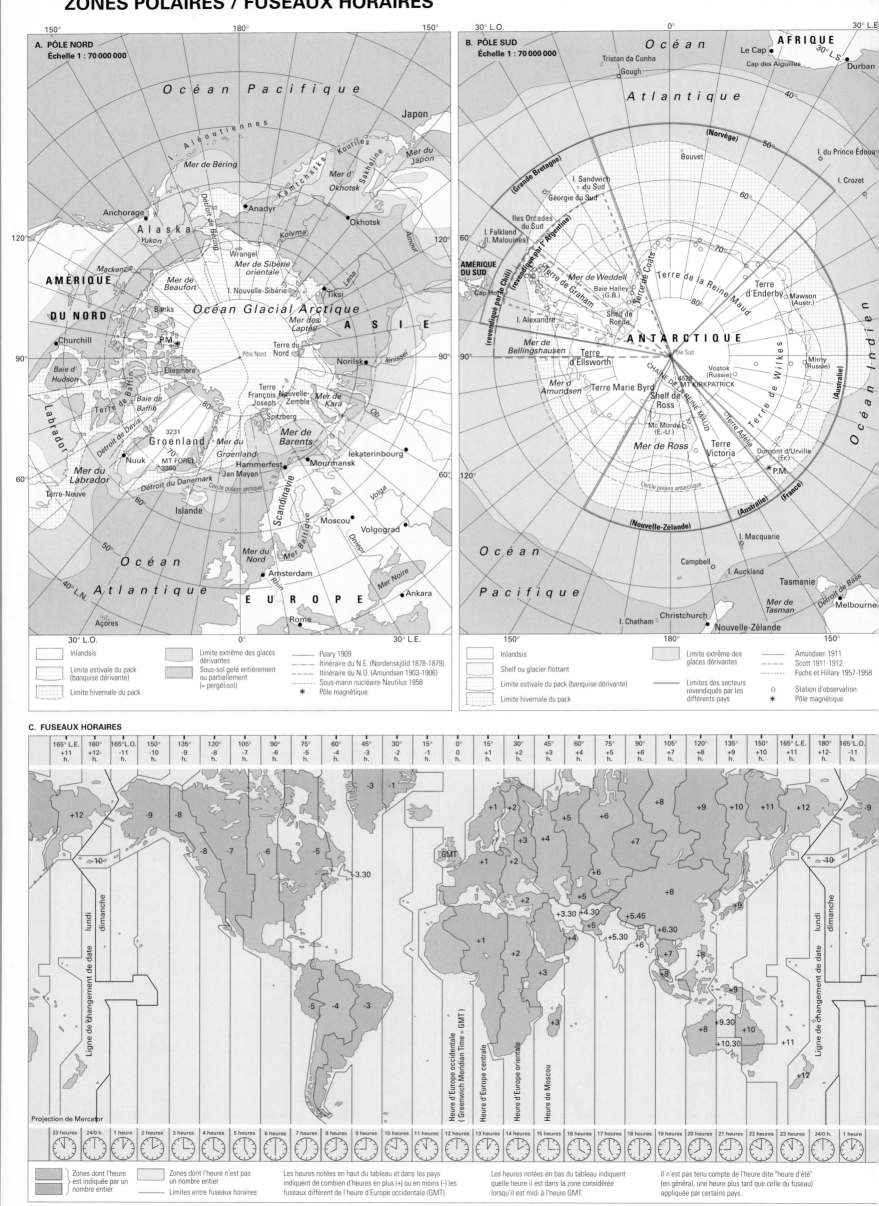

A. PÔLE NORD
Échelle 1 : 70 000 000

B. PÔLE SUD
Échelle 1 : 70 000 000

C. FUSEAUX HORAIRES

Projection de Mercator

	Inlandsis		Limite extrême des glaces dérivantes		Peary 1909
Limite estivale du pack (banquise dérivante)		Sous-sol gelé entièrement ou partiellement (= pergélisol)		Itinéraire du N.E. (Nordenskjöld 1878-1879)
Limite hivernale du pack				Itinéraire du N.O. (Amundsen 1903-1906)
				Sous-marin nucléaire Nautilus 1958
				Pôle magnétique

	Inlandsis		Limite extrême des glaces dérivantes		Amundsen 1911
Shelf ou glacier flottant		Limites des secteurs revendiqués par les différents pays		Scott 1911-1912
Limite estivale du pack (banquise dérivante)				Fuchs et Hillary 1957-1958
Limite hivernale du pack				Station d'observation
				Pôle magnétique

Zones dont l'heure est indiquée par un nombre entier

Zones dont l'heure n'est pas un nombre entier

Limites entre fuseaux horaires

Les heures notées en haut du tableau et dans les pays indiquent de combien d'heures en plus (+) ou en moins (-) les fuseaux diffèrent de l'heure d'Europe occidentale (GMT).

Les heures notées en bas du tableau indiquent quelle heure il est dans la zone considérée lorsqu'il est midi à l'heure GMT.

Il n'est pas tenu compte de l'heure dite "heure d'été" (en général, une heure plus tard que celle du fuseau) appliquée par certains pays.

A

fghanistan	Kaboul
frique du Sud	Pretoria (administrative)
	Le Cap (législative)
	Bloemfontein (judiciaire)
lbanie	Tirana
lgérie	Alger
llemagne	Berlin
ndorre	Andorre
ngola	Luanda
ntigua et Barbuda	Saint John's
rabie Saoudite	Riyad
rgentine	Buenos Aires
rménie	Erevan
ustralie	Canberra
utriche	Vienne
zerbaïdjan	Baki (Bakou)

B

ahamas	Nassau
ahrein	Manamah
angladesh	Dhaka (Dacca)
arbade	Bridgetown
elgique	Bruxelles
elize	Belmopan
énin	Porto-Novo
houtan	Thimphu
iélorussie	Minsk
olivie	Sucre (officielle)
	La Paz (administrative)
osnie-Herzégovine	Sarajevo
otswana	Gaborone
résil	Brasilia
runei	Bandar Seri Begawan
ulgarie	Sofia
urkina Faso	Ouagadougou
urundi	Bujumbura

C

ambodge	Phnom Penh
ameroun	Yaoundé
anada	Ottawa
ap Vert	Praia
hili	Santiago
hine	Beijing
hypre	Lefkosia
olombie	Bogotá
omores	Moroni
ongo (Rép. dém.)	Kinshasa
ongo (Rép. pop.)	Brazzaville
orée du Nord (Rép. pop.)	Pyongyang
orée du Sud	Séoul
osta Rica	San José
ôte d'Ivoire	Yamoussoukro
roatie	Zagreb
uba	La Havane

D

anemark	Copenhague
jibouti	Djibouti
ominique	Roseau

E

gypte	Le Caire
mirats Arabes Unis	Abou Dhabi
quateur	Quito
rythrée	Asmara
spagne	Madrid
stonie	Tallinn
tats-Unis	Washington
thiopie	Addis Abeba

F

dji	Suva
nlande	Helsinki
rance	Paris

G

abon	Libreville
ambie	Banjul
éorgie	Tbilissi
hana	Accra
rèce	Athènes
renade	Saint George's
uatemala	Guatemala
uinée	Conakry
Guinée Équatoriale	Malabo
Guinée-Bissau	Bissau
Guyana	Georgetown

H

Haïti	Port-au-Prince
Honduras	Tegucigalpa
Hongrie	Budapest

I

Inde	New Delhi
Indonésie	Jakarta
Irak	Bagdad
Iran	Téhéran
Irlande	Dublin
Islande	Reykjavik
Israël	Jérusalem
Italie	Rome

J

Jamaïque	Kingston
Japon	Tokyo
Jordanie	Amman

K

Kazakhstan	Astana
Kenya	Nairobi
Kirghizistan	Bichkek
Kiribati	Bairiki
Koweit	Koweit

L

Laos	Vientiane
Lesotho	Maseru
Lettonie	Rīga
Liban	Beyrouth
Liberia	Monrovia
Liechtenstein	Vaduz
Lituanie	Vilnius
Luxembourg	Luxembourg
Libye	Tripoli

M

Macédoine	Skopje
Madagascar	Antananarivo
Malawi	Lilongwe
Maldives	Malé
Malaysia	Kuala Lumpur
Mali	Bamako
Malte	La Valette
Maroc	Rabat
Marshall (Iles)	Majuro (Dalap-Uliga Darrit)
Maurice	Port-Louis
Mauritanie	Nouakchott
Mexique	Mexico
Micronésie (États Féd.)	Palikir
Moldavie	Chişinău
Monaco	Monaco
Mongolie	Oulan-Bator
Mozambique	Maputo
Myanmar	Yangon (Rangoon)

N

Namibie	Windhoek
Nauru	Yaren
Népal	Kathmandou
Nicaragua	Managua
Niger	Niamey
Nigéria	Abuja
Norvège	Oslo
Nouvelle-Zélande	Wellington

O

Oman	Mascate
Ouganda	Kampala
Ouzbékistan	Tochkent

P

Pakistan	Islamabad
Palau	Koror
Panama	Panamá
Papouasie-Nouvelle-Guinée	Port Moresby
Paraguay	Asunción
Pays-Bas	Amsterdam
Pérou	Lima
Philippines	Manille
Pologne	Varsovie
Portugal	Lisbonne

Q

Qatar	Doha

R

Rép. Centrafricaine	Bangui
Rép. Dominicaine	Saint-Domingue
Rép. Tchèque	Prague
Roumanie	Bucarest
Royaume-Uni	Londres
Russie	Moscou
Rwanda	Kigali

S

Sainte-Lucie	Castries
Saint-Kitts-et-Nevis	Basseterre
Saint-Marin	Saint-Marin
Saint-Vincent	Kingstown
Salomon (Iles)	Honiara
Salvador (El)	San Salvador
Samoa	Apia
São Tomé et Principé	Sao Tomé
Sénégal	Dakar
Seychelles	Victoria
Sierra Leone	Freetown
Singapour	Singapour
Slovaquie	Bratislava
Slovénie	Ljubljana
Somalie	Mogadiscio
Soudan	Khartoum
Sri Lanka	Colombo
Suède	Stockholm
Suisse	Berne
Surinam	Paramaribo
Swaziland	Mbabane
Syrie	Damas

T

Tadjikistan	Douchanbé
Taiwan	*Taipei*
Tanzanie	Dodoma
Tchad	Ndjamena
Thaïlande	Bangkok
Timor Oriental (avril 2002)	Dili
Togo	Lomé
Tonga	Nuku'Alofa
Trinidad et Tobago	Port of Spain
Tunisie	Tunis
Turkménistan	Achgabat
Turquie	Ankara
Tuvalu	Funafuti

U

Ukraine	Kiev
Uruguay	Montevideo

V

Vanuatu	Port-Vila
Vatican	Cité du Vatican
Venezuela	Caracas
Viêt-Nam	Hanoi

Y

Yémen	Sanaa
Yougoslavie	Belgrade

Z

Zambie	Lusaka
Zimbabwé	Harare

INDEX

Utilisation de l'index

Dans l'index figurent tous les noms géographiques inscrits sur les cartes d'ensemble physiques et politiques, ainsi que sur un certain nombre de cartons ou cartes-annexes. Le système de renvoi à un quadrilatère donné se trouve expliqué ci-dessous.

Ordre des noms géographiques
Les noms sont rangés par ordre alphabétique. L'alphabétisation se fait lettre par lettre, sans tenir compte de l'espace entre mots et traits d'union. Les articles et prépositions sont placés devant l'appellation principale. Exemples : La Panne, Le Havre, Los Angeles, The Wash.
Des termes géographiques apparaissent après les noms géographiques ; une vue d'ensemble de ces termes est donnée à la page 181. Exemples : Everest, mont ; Mexique, golfe du ; Ness, loch ; Grande, rio ; Nevada, sierra. Les noms de pays et localités qui contiennent une appellation géographique, sont inscrits en entier, tels qu'on les prononce. Exemples : Sierra Leone, Rio de Janeiro. Quant aux préfixes tels que Fort, Nouveau, Port, Saint, etc., ils subsistent devant le nom principal. Quand un sujet possède deux noms différents, ces deux appellations figurent dans l'index. C'est le cas d'une traduction française existante, ou d'appellation traditionnelle, ou encore de graphies en plusieurs langues officielles. Exemples : Beijing - Pékin, Aachen - Aix-la-Chapelle, Helsinki - Helsingfors, Bolzano - Bozen.

Pagination
Le premier nombre après le nom géographique se rapporte à la page où apparaît ce nom. L'addition d'une lettre A, B, C, D se rapporte à un carton figurant sur la même page. Exemple : Kwazulu-Natal 161A.

Renvoi aux subdivisions cartographiques
Les cartes générales et un certain nombre de cartons présentent des subdivisions. Celles-ci sont déterminées par le canevas des méridiens et parallèles ; et les parties de ce canevas sont identifiées par les lettres et chiffres indiqués en rouge autour du cadre de chacune des cartes. Ainsi on trouve Marseille sur la carte de France (pages 100-101) dans le quadrilatère F5. Ces indications se trouvent donc dans l'index, après le numéro de page et éventuellement après la lettre identifiant un carton. Exemple : Greenwich 98C C3. Pour les inscriptions longues, c'est-à-dire s'étendant sur plus d'un quadrilatère, on mentionne le premier et le dernier de ces quadrilatères. Exemple : Sahara 150-151 C2 F2. Sur différentes cartes-annexes, ne figure aucun canevas ; dans ce cas, on ne mentionne dans l'index que le numéro de page et la lettre de la carte ou du carton. Exemple : Tchétchénie 121A.

A

Aachen 102 B3
Aalen 102 D4
Aalten 94 E3
Aarau 104-105 C1 D1
Aarberg 104-105 C1
Aare 104-105 C2 D1
Aarschot 94 C4 D4
Aasiaat 42-43 M3
Aba (Chine) 138-139 G5
Aba (Nigéria) 160B
Aba as Suud 130 D6
Abadan 130 E3 E4
Abadeh 130 F3
Abadla 156 E3
Abakan 116-117 K4
Abano Terme 105C
Abariringa
144-145 H21 H22
Abashiri 142 E2 F2
Abaya, lac 150-151 G4
Abbeville 100-101 D1 E1
Abéché 152-153 F3
Abengourou 158-159A C4
Åbenrå 102 C1
Abeokuta 152-153 D4
Aberdeen (É.-U.) 58-59 G2
Aberdeen (Hongkong) 141D
Aberdeen (R.-U.)
96-97 E3 F3
Aberystwyth 96-97 D5
Abha 130 D6
Abia 160C4
Abidjan 152-153 C4
Abilene 58-59 G5
Abisko 92-93 F1
Abitibi 42-43 J4
Abitibi, lac 51 B4 C4
Abitibi-Témiscamingue 55A
Abkhazie 121A
Åbo 92-93 G3
Abomey 158-159A D4
Abondance 104-105 B2
Abou Ali 130 E4 F4
Abou Dhabi 130 F5
Abou Mad, ras 130 C5
Abou Shagara, ras 130 C5
Abou Simbel 106-107 K7
Abramtsevo 120F D1
Abrantes 108-109 A3
Abridge 98C C1 D1
Abruzzes 110-111 E3 F3
Abu Gharadig
158-159A F1
Abu Hamed 152-153 G3
Abuja (État) 160C4
Abuja (ville) 152-153 D4
Acadia National Park 65C
Acajutla 68 A4 B4
Acapulco 58-59 F8 G8
Acaraí, serra 72 E2
Accra 152-153 C4 D4
Aceh 134-135 B4 B5
Acheng 138-139 L2
Achères 99C A2
Achgabat 116-117 G6 H6
Achill 96-97 A5
Achouanipi, lac 51 E3 F3
Acireale 110-111 E6
Acklins, île 68 E2
Acre (État) 73 C3
Acre (rivière) 72 D4
Acre (ville) 129 A3 B3
Acton 98C B2
Adaja 108-109 C2
Adam 130 G5
Adamaoua 150-151 E4
Adamawa 160C4
Adamello 110-111 C1
Adana 128 D2
Adapazarı 128 C1
Adare, cap 144-145 P20
Adda (gisement de gaz naturel) 91 D3
Adda (rivière)
110-111 C1 B2
Ad Dawadimi 130 D5
Addington Park 98C C3
Addis Abeba
152-153 G4
Ad Diwaniyah 130 E3
Addlestone 98C A3
Adelaide 146-147 D5 E5
Adelboden 104-105 C2
Adélie, terre 162B
Aden 130 E7
Aden, golfe d' 130 E7
Adige 110-111 C1 C2
Adigrat 130 C7 D7
Adirondack, monts
58-59 K3 L3
Adıyaman 128 D2
Adjarie 121A
Adonara 134-135 G7
Adoni 132 D6
Adour 100-101 D5 C5
Adrar (localité)
152-153 C2
Adrar (région)
158-159A B2
Adrar des Iforas
150-151 D3
Adria 110-111 C2 D2
Adriatique, mer
106-107 G3 H3
Adwa 130 C7
Adyghéie 121A
Ærø 102 D1
A Estrada 108-109 A1
Afam 160F
Afghanistan 126-127 I6
Africain, bouclier 16C
Africain, rift 16C
Africaine, plaque 16B
Afrique 10-11 I22 I23
Afrique du Sud
152-153 E8 F8
Afrique orientale, plateau de l' 150-151 G4 G5
Afula 129 B3
Afyonkarahisar 128 C2
Aga-Bouriatie 121A
Agadez 152-153 D3
Agadir 156 C3
Agalega, îles 144-145 J8
Agartala 132 G5
Agat 91 C1
Agats 134-135 J7
Agboville 158-159A C4
Agde 100-101 E5
Agde, cap d' 100-101 E5
Agen 100-101 D4
Agion Oros, golfe d'
112-113 G5 G6
Agout 100-101 E5
Agra 132 D4
Agri 110-111 E4 F4
Agricola Oriental 67A
Agrigente 110-111 D6
Agrinion 112-113 F6
Agropoli 110-111 E4
Aguanes 51 F3
Aguascalientes (État) 66A
Aguascalientes (ville)
58-59 F7
Águeda 108-109 B2
Águilas 108-109 E4
Agusan 134-135 H4
Ahaggar 150-151 D2
Ahfir 156 E2
Ahmadabad 132 C5
Ahmadi 131 E4
Ahmadnagar 132 C6 D6
Ahotohé 158-159A D4
Ahr 102 B3
Ähtävä 92-93 G3
Ahuntsic/Cartierville 55F
Ahvaz 130 E3
Ahwar 130 E7
Aïaghouz 116-117 J5
Aïagöz 138-139 B2
Aïan 116-117 O4
Aigle 104-105 B2 C2
Aigle, rivière de l' 51 G3
Aiguebelle, parc d' 54A
Aigues-Mortes 100-101 F5
Aiguilles, bassin des
10-11 N22 N23
Aiguilles, cap des
150-151 G8
Ain (localité) 130 G5
Ain (rivière) 100-101 F3
Aïn Beni Mathar 156 E2
Aïn Itti 157G
Aïn Sefra 106-107 D5 E5
Aïn Témouchent
108-109 E5
Aïn Wessara 158-159A D1
Aïon 116-117 R2
Aïr 150-151 D3
Aire 96-97 F5
Airolo 104-105 D2
Aisne (département) 99A
Aisne (rivière)
100-101 F2 E2
Aitape 146-147 E2
Aït-Melloul 156 C3
Aitutaki 144-145 J22
Aivieksté 92-93 H4
Aix-en-Provence
100-101 F5 G5
Aix-la-Chapelle 102 B3
Aix-les-Bains
100-101 F4 G4
Aizawl 132 G5
Aizuwakamatsu
142 D3 E3
Ajaccio 110-111 B4
Ajaccio, golfe d'
110-111 B4
Ajaokuta 158-159A D4
Ajjer, tassili n' 150-151 D2
Ajlun 129 B3
Ajmer 132 C4
Ajo, cap 108-109 D1
Ajoie 104-105 B1 C1
Akademgorodok
116-117 J4
Akashi 143A B2 C2
Akenobe 143A B2
Aketi 152-153 F4
Akhdar, monts 130 G5
Akhelóos 112-113 F6
Akikaki, parc provincial 49D
Akimiski 51 B3
Akioud 157G
Akita 142 D3 E3
Akjoujt 152-153 B3
Akko 1291 A3 B3
Akköl 138-139 B2
Aklavik 42-43 E3
Akola 132 D5
Akordat 130 C6
Akossombo
158-159A C4 D4
Akpatok 42-43 L3
Akron 58-59 J3
Aksaray 106-107 K4
Aksouat 138-139 C2
Aksoum 152-153 G3
Aksu 138-139 C3
Aktaou 116-117 F5 G5
Aktöbe 116-117 G4
Aktoghaï 116-117 I5 J5
Akulivik 55B
Akwa Ibom 160C4
Akwesasne 55B
Ala, lac 116-1171 J5
Alà, monts 110-111 B4
Alabama (État) 58-59 I5
Alabama (fleuve) 58-59 I5
Aladja 158-159A D4
Alagoas 73 G3
Alagón 108-109 B3
Alai Tag 132 B2 C2
Alaköl 116-117 J5
Alakourtti 92-93 I2
Al Amarah 130 E3
Åland 92-93 G3
Alanya 128 C2
Alaşehir 112-113 J6
Alashanyouqi 138-139 G3
Alaska 40-41 E3 F3
Alaska, autoroute de l'
40-41 G3 H4
Alaska, chaîne d'
40-41 E3 F3
Alaska, golfe d' 40-41 F4
Alaska, péninsule d'
40-41 D4 E4
Alassio 105C
Alataou 116-117 I5 J5
Alba (champ pétrolier)
91 C2
Alba (ville) 110-111 B2
Albacete 108-109 D3 E3
Alba Iulia 112-113 G2
Albanaises, alpes
112-113 E4 F4
Albanel, lac 51 D3
Albanie 82-83 F4 G4
Albano 110-111 D4
Albany (fleuve) 42-43 J4
Albany (ville, Australie)
146-147 B5
Albany (ville, É.-U., Géorgie) 58-59 J5
Albany (ville, É.-U., New York) 58-59 L3
Albemarle, baie d'
58-59 K4 L4
Alberche 108-109 D2
Alberga 146-147 D4
Albert, canal 94 D3
Albert, lac 150-151 F4 G4
Alberta 42-43 G4
Albertville 100-101 G4
Albi 100-101 E5
Albis 104-105 D1
Albo, mont 110-111 B4
Alborán 108-109 D5
Ålborg 92-93 D4
Albufeira 108-109 A4
Albula 104-105 E2
Albula, col de l'
104-105 E2
Albuquerque 58-59 E4 F4
Alburquerque 108-109 B3
Albury-Wodonga
146-147 E5
Albuskjell 91 C2
Alcalá de Chivert
108-109 F2
Alcalá de Henares
108-109 D2
Alcamo 110-111 D6
Alcañiz 108-109 E2
Alcántara 108-109 B3
Alcaraz, sierra de
108-109 D3
Alcázar de San Juan
108-109 D3
Alcoi 108-109 E3
Alcúdia 108-109 G3
Alcudia, sierra de
108-109 C3
Aldabra 150-151 H5
Aldan (rivière) 116-117 O3
Aldan (ville) 116-117 N4
Aldan, plateau de l'
116-117 N4
Aldeburgh 96-97 G5
Aldenham Reservoir
98C A1
Aldershot 96-97 F6
Al Djawf (Arabie Saoudite) 130-1 C4
Al Djawf (Libye)
106-107 I7
Aleksandrovsk-Sakhalinski 116-117 P4
Aleksin 114-115 H5
Alençon 100-101 D2
Alentejo 108-109 A3
Aléoutiennes, bassin des
144-145 C20 C21
Aléoutiennes, fosse des
144-145 D20 C22
Aléoutiennes, îles
144-145 C20 C21
Alep 130 C2
Aléria 110-111 B3
Alert 42-43 L1 M1
Alès 100-101 F4
Ålesund 92-93 C3
Aletschhorn 104-105 D2
Alevin, cap 116-117 P4 Q4
Alexander Bay 152-153 E7
Alexandre, archipel
40-41 G4
Alexandre, île
144-145 O30 O31
Alexandria (É.-U., Louisiana) 58-59 H5
Alexandria (É.-U., Virginie) 64B
Alexandria (Roumanie)
112-113 H3
Alexandrie (Égypte)
106-107 J5
Alexandrie (Italie)
110-111 B2
Alexandroupolis
112-113 H5
Alexis 51 G3
Alfios 112-113 F7 G7
Alföld 112-113 E2 F2
Alfortville 99C C3
Algarve 108-109 A4
Alger 106-107 E4
Algérie 152-153 C2 D2
Algésiras 108-109 C4
Alghero 110-111 B4
Algoa, baie 150-151 F8
Algonquin, parc provincial 49D
Al Hadithah 130 D3
Al Hasa 130 E4
Al Hasakah 114-115 H8 I8
Al Hayy 130 E3
Al Hillah 130 D3 E3
Al Hoceima 156 D2 E2
Al Hufuf 130 E4
Al Hulwah 130 E5
Aliakmon 112-113 F5
Alicante 108-109 E3 F3
Alice, point' 110-111 F5
Alice Springs 146-147 D4
Alicudi 110-111 E5
Aligarh 132 D4
Ali Sabieh 130 D7
Al Jafr 129 C5
Al Khaburah 130 G5
Al Khaluf 130 G5
Al Kharj 130 E5
Al Khums 106-107 G5
Alkmaar 94 C2
Al Kut 130 E3
Allahabad 132 E4
Al Laja 129 C3
Allakh-Ioun 116-117 O3 P3
All American Canal
63A F5
Allegheny, monts
58-59 J4 K3
Allemagne 82-83 E3 F3
Allemagne du Nord, plaine d' 80-81 E3 F3
Allen, lough 96-97 B4 C4
Allenby, pont 129 B4
Allentown 58-59 K3
Alleppey 132 D8
Aller 102 D2 C2
Alley Park 64C D2
Allgäu, alpes de l'
104-105 F1
Al Lidam 130 D5
Allier 100-101 E3
Al Lith 130 D5
Alma 51 D4
Alma-Ata 116-1171 I5
Almada 108-109 A3
Almadén 108-109 C3
Al Mafraq 129 B3 C3
Al Mahbas 156 C4
Almanor, lac 63A C1
Almansa 108-109 E3
Almanzor 108-109 C2
Almanzora 108-109 D4
Almaty 116-117 I5
Almazán 108-109 D2
Almelo 94 E2
Almere 94 D2
Almería 108-109 D4
Almetievsk 114-115 K5
Almodóvar del Campo
108-109 C3
Almonte 108-109 C3
Al Mubarraz (Al Hufuf)
130 E4 F4
Al Mubarraz (Djebel Tuwaiq) 130 E5
Al Muwaylih 130 C4
Alónnisos 112-113 H6
Alor 134-135 G7
Alor Setar 134-135 C4
Alost 94 C4
Aloysius, mont
146-147 C4
Alpe-d'Huez 105C
Alpes 80-81 E4 F4
Alphen-sur-Rhin 94 C2
Alpilles 100-101 F5
Al Qalibah 130 C4
Al Qatif 130 E4
Al Qatrun 106-107 G7
Al Qaysumah 130 E4
Al Qunfudha 130 C6 D6
Al Quwara 129 B6
Als 102 C1
Alsace 100-101 G2
Alsace, ballon d'
100-101 G3
Alsace, canal d'
100-101 G3
Alta (fleuve) 92-93 G1
Alta (localité) 92-93 G1
Altafjord 92-93 G1
Altaï (localité) 138-139 F2
Altaï (montagne)
116-117 J4
Altaï (république) 121A
Altaï Mongol
138-139 D2 F2
Altamaha 58-59 J5
Altamira (grotte)
108-109 C1
Altamira (ville) 73 E3
Altamura 110-111 F4
Alta Verapaz 67B
Altdorf 104-105 D2
Altea 108-109 E3 F3
Altenburg 102 E3
Altkirch 104-105 C1
Alton 58-59 H4
Altoona 64B
Altstätten 104-105 E1
Altun Shan 138-139 C4 E4
Al Ubaylah 130 F5
Al Wajh 130 C4
Alwar 132 D4
Alwyn 91 C1
Alz 102 E4
Alzira 108-109 E3
Al-Zueidina 158-159A F1
Amadeus, lac
146-147 D4
Amadjuak, lac
42-43 K3 L3
Amagasaki 143B
Amahai 134-135 H6
Amakusa, baie d' 142 B4
Amakusa, îles 142 B4
Amal 158-159A F2
Amalfi 110-111 E4
Amami, îles 142 B5
Amapá (État) 73 E2
Amapá (ville) 73 E2
Amarapura 134-135 B1
Amarillo 58-59 F4
Amasya 128 D1
Amazone 72 D3 F2
Amazonie 73 D3
Ambala 132 D3
Ambartchik 116-117 R3
Ambato 73 C3
Ambatondrazaka
152-153 H6
Ambelau 134-135 H6
Amberg 102 D4
Amblève 94 D4
Ambon (île) 134-135 H6
Ambon (ville) 134-135 H6
Ambre, cap d'
150-151 H6 I6
Ambrose Channel 64C B4
Ambrym 146-147 G3
Amden 104-105 E1
Amderma 114-115 M2
Ameland 94 D1
Américaine, plaque 16B
Amérique centrale, fosse d' 144-145 G28 G29
Amérique du Nord
10-11 D11 E12
Amérique du Nord, bassin d' 10-11 F14 G15
Amérique du Sud
10-11 J14 K16
Amersfoort 94 D2
Amethyst 91 C3
Amfissa 112-113 F6 G6
Amga 116-117 N3 O3
Amgoun 116-117 O4
Amherst 51 F4
Amiata, mont 110-111 C3
Amiens 100-101 D2
Amindivi 132 C7
Amirantes 150-151 I5
Amirauté, îles de l'
146-147 E2
Amman 129 B4 C4
Ammer, lac 102 D4 D5
Amol 130 F2
Amorgós 112-113 H7 I7
Amos 51 C4
Amou-Dario
116-117 H5 H6
Amour (fleuve)
116-117 N4 O4
Amour (province) 121A
Amqui 51 E4
Amravati 132 D5
Amriswil 104-105 E1
Amritsar 132 C3 D3
Amsteg 104-105 D2
Amstelveen 94 C2
Amsterdam (île)
144-145 L10 L11
Amsterdam (ville)
94 C2 D2
Amsterdam au Rhin, canal d' 94 D2 D3
Am Timan 152-153 F3
Amundsen, golfe d'
42-43 F2 G3
Amundsen, mer d'
144-145 O27 P27
Amuntai 134-135 F6
Anabar 116-117 M2
Anaconda 58-59 D2
Anadyr (fleuve)
116-117 R3 S3
Anadyr (ville)
116-117 S3 T3
Anadyr, golfe d'
116-117 S3 T3
Anadyr, monts de l'
116-117 R3 S3
Anáfi 112-113 H7
Anaheim 58-59 C5
Anáhuac, plateau d'
58-59 F7
Anaimudi 132 D7
Anambas, îles 134-135 D5
Anambra 160C4
Anantapur 132 D7
Anapa 114-115 H7
Anápolis 73 E4 F4
Anatolie 80-81 G5 H5
Anatom 146-147 G4 H4
Anbanjing 138-139 G7
Anchorage 40-41 F3
Ancône 110-111 D3
Anda 138-139 K2 L2
Andalousie 108-109 B4 C4
Åndalsnes 92-93 C3 D3
Andaman, bassin d'
144-145 H12 G12
Andaman, îles 134-135 A3
Andaman, mer d'
134-135 A3 B4
Andaman centrale
134-135 A3
Andaman du Nord
134-135 A3
Andaman du Sud
134-135 A3
Andenne 94 D4
Anderlecht 94 C4
Andermatt 104-105 D2
Anderson 42-43 F3
Andes, cordillère des
72 C3 C6
Andfjord 92-93 F1
Andhra Pradesh
132 D6 E6
Andijon 116-117 I5
Andong 140A B2
Andorre (État) 108-109 F1
Andorre (ville) 108-109 F1
Andøya 92-93 E1
Andréay 99C A1
Andrew 91 C2
Andria 110-111 F4
Andringitra 150-1511 H7
Andros (Bahamas)
112-113 H7
Andros (Grèce) 68 D2
Andújar 108-109 C3 D3
Aneker 158-159A D3
Aneto 108-109 F1
Angangueo 66F
Angara 116-117 L4 K4
Angarsk 116-117 L4
Ånge 92-93 E3
Ángel, chute 68 G5
Ángel de la Guarda
58-59 D6
Angeles 134-135 G2
Ängelholm 92-93 E4
Ångermanälv 92-93 F3 F2
Angers 100-101 C3
Angkor 134-135 C3
Anglesey 96-97 D5
Angleterre 96-97 F5 G5
Anglia 91 C3
Anglo-Normandes, îles
96-97 E6
Ang Mo Kio 141C B1
Angoche 152-153 H6
Angola 152-153 E6 F6
Angola, bassin d'
10-11 K21
Angostura, chutes 72 C2
Angoulême 100-101 D4
Anguilla 68 G3
Anholt 92-93 D4
Anhui 138-139 J5
Anie, pic d' 100-101 C5
Aniene 110-111 D4
Aniva, baie d' 142 E1
Anjou
(arondissement+A6709)
100-101 C3
Anjou (ville) 55F
Anju 142 B3
Ankang 138-139 H5 I5
Ankara 128 C2
Ankaratra 150-151 H6 H7
Anklam 102 E2
Ankober 130 C8
Ann, cap 144-145 O8
Annaba 106-107 F4
Annaberg-Buchholz
102 E3
An Nadjaf 130 D3
Annamitique, chaîne
134-135 C2 D2
Annapolis 58-59 K4
Annapurna 132 E4 F4
Ann Arbor 58-59 J3
An Nasiriyah 130 E3
Annecy 100-101 G4
Annecy, Lac d' 104-105 B3
Annemasse 104-105 B2
Anniviers, val d'
104-105 C2
Annobón 150-151 D5
Anqing 138-139 J5
Ansbach 102 D4
Anse aux Meadows, lieu historique national de l'
49D
Anshan 138-139 K3
Anshun 138-139 H6
Ansongo 158-159A D3
Antakya 128 D2
Antalya 128 C2
Antalya, golfe d'
106-107 K4
Antananarivo 152-153 H6
Antarctique
10-11 Q22 Q26
Antarctique, cercle polaire 10-11 P22 P37
Antarctique, péninsule
144-145 O32 O33
Antarctique, plaque 16B
Antequera 108-109 C4
Anthony, île 49D
Anti Atlas 156 C3 D3
Antibes 100-101 G5
Anticosti 51 F4
Anticosti, réserve faunique d' 54A
Anticythère 112-113 G8
Antifer, cap d'
100-101 C2 D2
Antigorio, val 104-105 D2
Antigua 68 G3
Antigua et Barbuda 68 G3
Anti-Liban 129 C2
Antilles du Sud, bassin des 10-11 O16 O17
Antilles néerlandaises
68 F4 G3
Antioche, pertuis d'
100-101 C3
Antipodes, îles
144-145 N20 N21
Antizapan de Zaragoza
67A
Antofagasta 73 C5
Antongil, baie d'
150-151 H6 I6
Antony 99C B3
Antrim 96-97 C4 D4
Antseranana
152-153 H6 I6
Antsirabe 152-153 H6
Antwerpen 94 C3
Anuc, lac 51 C2
Anvers (province) 94 C3
Anvers (ville) 94 C3
Anxi 138-139 F3
Anyang 138-139 I4
Anza 104-105 D3
Anzio 110-111 D4
Aoji-ri 142 C2
Aomen (province)
138-139 I7
Aomen (ville) 138-139 I7
Aomori 142 E2
Aoral 134-135 C3
Aoste 110-111 A2
Aouk, bahr 150-151 E4 F3
Aouker 158-159A C3
Aoulime 156 C3
Aozou 158-159A E2
Apalachee, baie 58-59 J
Apalachicola National Forest 65F
Aparri 134-135 G2
Apatity 114-115 G2
Apeldoorn 94 D2
Apennins 110-111 B2 E4
Apia 144-145 J21
Apo 134-135 G4 H4
Apolda 102 D3
Appalaches 40-41 L6 M
Appalaches, région des
45B
Appenzell 104-105 E1
Appingedam 94 E1 F1
Appleton 58-59 I3
Apure 72 D2
Aqaba 129 B6
Aqaba, golfe d' 129 A7
Aquitaine 100-101 C4 D
Ara (fleuve) 143C
Ara (ville) 132 E4
Araba 129 B5
Arabe, bouclier 16C
Arabe, plaque 16B
Arabie 124-125 G7 G8
Arabie, bassin d'
144-145 G9 H9
Arabie Saoudite
126-127 F7 H7
Arabique, désert
106-107 K6 K7
Aracajú 73 G4
Arad (Israël) 129 B4
Arad (Roumanie)
112-113 F2
Arafura, mer d'
144-145 I16 J16
Aragats Lerr 114-115 I7
Aragón (région)
108-109 E2
Aragón (rivière)
108-109 E1
Araguaia 72 E4 F3
Arak 130 E3 F3
Arakan, chaîne d'
134-135 A1 A2
Aral 116-117 H5
Aral, mer d'
116-117 G5 H5
Aralsk 116-1171 H5
Aran, îles 96-97 A5 B5
Aranda de Duero
108-109 D2
Aranjuez 108-109 D2
Aranyaprathet 134-135
Araouane 152-153 C3
Ararat (mont) 128 E2
Ararat (ville) 146-147 E
Aras 114-115 I7 J8
Arauca (rivière) 68 F5
Arauca (ville) 68 E5
Aravalli, monts 132 C5
Arbil 130 D2
Arbon 104-105 E1
Arbroath (champ pétrolier) 91 C2
Arbroath (ville) 96-97 E
Arcachon 100-101 C4
Archer 146-147 E3
Archipel-de-Mingan, pa national de l' 54A
Arcos de la Frontera
108-109 C4
Arctic Bay 42-43 J2
Arctique, basses-terres l' 45B
Arctique, cercle polaire
10-11 C2 C45
Arctique, plaine côtière de l' 45B
Arcueil 99C C3
Arda 112-113 H5
Ardabil 130 E2
Årdalstangen 92-93 C3
Ardèche 100-101 F4
Ardenne 94 D4 E4
Ardila 108-109 B3
Ardrossan 96-97 D4
Arena, pointe 63A A2 B
Arenal 67E
Arendal 92-93 D4
Arequipa 73 C4 D4
Areskutan 92-93 E3
Areuse 104-105 B2
Arezzo 110-111 C3 D3
Arga 108-109 E1
Argens 100-101 F5 G5
Argent, côte d'
100-101 C5
Argentan 100-101 D2
Argentario, mont
110-111 C3
Argentera 100-101 G4
Argenteuil 99C B2
Argentière 104-105 B3
Argentin, bassin
10-11 M15 N17
Argentine 73 D6
Argeş 112-113 H3
Argonne 100-101 F2
Argos 112-113 G7
Argostólion 112-113 F6
Argoun 116-117 M4
Argun 138-139 K1
Argyll 91 C2
Århus 92-93 D4
Ariadnoïe 142 C1 D1
Ariano Irpino 110-111 E4
Arica 73 C4
Ariège 100-101 D5
Aripuanã 72 D3
Arizona 58-59 D5
Arjeplog 92-93 F2
Arkalyk 116-117 H4
Arkansas (État) 58-59 H
Arkansas (rivière)
58-59 F4 H4
Arkhangelsk (province)
121A
Arkhangelsk (ville)
114-115 I3

klow 96-97 C5 D5
kona, cap 102 E1
anza 108-109 D1
anzón 108-109 D1
berg 104-105B
berg, col de l'
04-105 F1
es 100-101 F5
ington 64B
it 152-153 D3
on 94 D5
nada 91 C2
nagh 96-97 C4
magnac 100-101 D5
nainvilliers, forêt d'
9C D3
mançon 100-101 F3
mavir 114-115 I7
menia 68 D6
ménie 126-127 G5
ménie, plateau d'
0-81 I4 I5
mentières 94 A4
niansk 114-115 G6
nidale 146-147 E5 F5
naud 51 D2
nhem 94 D2
nhem, cap 146-147 D3
nhem, terre d'
46-147 D3
no 110-111 C3
nouville 99C C1
nsberg 102 B3 C3
nstadt 102 D3
olla 104-105 C2
osa 104-105 E2
ousa, ria de 108-109 A1
oajon 99C B4
an 96-97 D4
Raqqah 130 C2
as 100-101 E1
ecife 156 B3
ée, montagnes d'
00-101 A2 B2
iaga 66F
oux 100-101 F3
Rutbah 130 D3
seniev 142 C2
à (Espagne)
08-109 G3
a (Grèce) 112-113 F6
Deco District 65G
h 104-105 D1
hur Kill 64C A4
iom 142 C2
ois 100-101 E1
vin 128 E1
ı, îles 134-135 J7
ıa 152-153 G4
ıba (île) 72 D1
ıba (territoire) 68 F4
ıcas 156 B3
ın 132 F4
ınachal Pradesh
32 G4
ısha 152-153 G5
ıwimi 150-151 F4
ve 100-101 G3
viat 42-43 I3
vika 92-93 E4
kan 138-139 K2
zamas 114-115 I4 J4
zew 108-109 E5
zew, golfe d'
08-109 E4 E5
102 E3
ahi (fleuve) 143A B2
ahi (mont) 142 E2
ahikawa 142 E2
ansol 132 F5
best 114-115 M4
cension 150-151 B5
chaffenburg 102 C4
coli Piceno 110-111 D3
cona 104-105 D2
enovgrad 112-113 H5
hburton 146-147 B4
hdod 129 A4
heville 58-59 J4
hford 98C A3
hikaga 142 D3 E3
hland 58-59 H2 I2
hmore 146-147 C3
hqelon 129 A4
h Shihr 130 E7 F7
hstead 98C A4
huapmushuan, réserve
unique 54A
ie 10-11 E30 E31
ilah 108-109 B5
inara 110-111 B4
inara, golfe d'
0-111 B4
ir 130 D5 D6
ir, ras 150-151 I3
mara 152-153 G3 H3
ni 156 C3
nières 99C B2
osa 130 B7 C7
oteriba, djebel 130 C5
pen 58-59 E4
promonte 110-111 E5 F5
sab 152-153 H3
sad, lac 130 C2
Salman 130 D3 E3
Salt 129 B3
sam (État) 132 G4
sam (région)
38-139 E6 F6
Samawah 130 D3 E3
Saquia al Hamra
56 B4
sen 94 E2
sens 102 C1 D1
siniboine 42-43 H4 H5
sinica, réserve
unique 54A
siout 106-107 K6
sise 110-111 D3
souan 106-107 K7
souan, barrage d'
06-107 K7
Sulaymaniah 130 E2
sur 130 D2
Suwaida 129 C3

Astana 116-117 I4
Asti 110-111 B2
Astorga 108-109 B1
Astoria 58-59 B2
Astrakhan (province)
121A
Astrakhan (ville)
114-115 J6
Astrolabe, baie de l'
146-147 E2
Asturies 108-109 B1 C1
Astypálaia 112-113 I7
Asunción 73 E5
Asur 129 B3
Atacama 72 D5 C5
Atacama, fosse de l'
144-145 L31 K31
Atacama, salar de 72 D5
Atakora 158-159A D3
Atakpamé
158-159A C4 D4
Atambua 134-135 G7 H7
Atar 152-153 B2
Atatürk, lac 128 D2
Atbara (rivière)
150-151 G3
Atbara (ville) 152-153 G3
Atchinsk 116-117 K4
Ath 94 B4
Athabasca 42-43 G4
Athabasca, lac
42-43 G4 H4
Athènes 112-113 G6 H6
Athos (mont) 112-113 H5
Athos (péninsule)
112-113 H5
Athus 94 D5
Ati 158-159A E3
Aticonac, lac 51 F3
Atienza 108-109 D2
Atlanta 58-59 J5
Atlantic Beach 64C D4
Atlantic City 58-59 L5
Atlantic Intracoastal
Waterway 58-59 J6 K5
Atlantique, océan
10-11 G13 J20
Atlantique, plaine côtière
40-41 L6 M6
Atlantique-Indien, bassin
144-145 O34 O36
Atlas 10-11 F20 F21
Atlas saharien
106-107 D5 E5
Atlas tellien
150-151 C1 D1
Atlin 42-43 E4
Atlin, lac 42-43 E4
Atlin, parc provincial 49D
Atrato 72 C2
Atrek 130 G2
At Taif 130 D5
Attapu 134-135 D3
At Tarif 130 F5
Attawapiskat (fleuve)
42-43 J4
Attawapiskat (localité)
51 B3
Attikamagen, lac 51 E2 F2
Atyraou 116-117 G5
Auas, monts 150-151 E7
Aubenas 100-101 F4
Aubervilliers 99C C2
Aubigny-en-Artois 94 A4
Aubrac 100-101 E4
Auburn 63A C2
Auch 100-101 D5
Auckland 146-147 H5
Auckland, îles
144-145 M19
Aude 100-101 E5
Audenarde 94 B4
Audincourt 104-105 B1
Audrey 91 C3
Aue 102 E3
Augrabies, chute
150-151 E7 F7
Augsbourg 102 D4
Augusta (Australie)
146-147 B5
Augusta (É.-U., Géorgie)
58-59 J5
Augusta (É.-U., Maine)
58-59 M3
Augusta (Italie) 110-111 E6
Augustus, mont
146-147 B4
Auk 91 C2
Aulavik, parc national
49D
Aulnay-sous-Bois 99C C2
Aulne 100-101 B2
Aupaluk 55B
Aurangabad 132 D5
Aureilhan, étang d'
100-101 C4
Aurès 106-107 F4
Aurich 102 B2
Aurigny 96-97 E7
Aurillac 100-101 E4
Auron 105C
Austin 58-59 G5
Austin, lac 146-147 B4
Australie (continent)
10-11 L33 L35
Australie (État)
144-145 K15 K17
Australie-du-Sud
146-147 D4
Australie méridionale,
basin de l'
144-145 L15 M16
Australien, bouclier 16C
Australienne, cordillère
146-147 E4
Australiennes, alpes
146-147 E5
Australie nord-
occidentale, basin de l'
144-145 J13 J14
Australie-occidentale
146-147 C4
Australie occidentale,
basin de l'
144-145 K13 L14

Auteuil 99C B2
Authie 100-101 D1 E1
Autlán 66F
Autriche 82-83 F4
Autriche-Hongrie 83A
Autun 100-101 F3
Auvergne 100-101 E4
Auvers 99C B1
Auxerre 100-101 E3
Auyuittuq, parc national
49D
Aveiro 108-109 A2
Aveiro, ria de 108-109 A2
Avellino 110-111 E4
Avenches 104-105 C2
Avesta 92-93 E3 F3
Aveyron 100-101 E4
Avezzano 110-111 D3
Avignon 100-101 F5
Ávila 108-109 C2
Avilés 108-109 B1 C1
Avola 110-111 E6
Avon (fleuve, Avon)
96-97 E6
Avon (fleuve, Dorset)
96-97 F6
Avon (rivière) 96-97 F5
Avranches 100-101 C2
Awaji, île 143A B2
Awali 129 B2
Awash (localité) 130 D8
Awash (rivière)
150-151 H3
Awaso 158-159A C4
Awbari, edeyen
150-151 E2
Awjila 106-107 I6
Axel-Heiberg, île
42-43 I2 J2
Axios 112-113 G5
Ayachi 156 D2
Ayacucho 73 C4
Ayamé 158-159A C4
Ayamonte 108-109 B4
Aydın 128 B2
Ayer Chawan 141C A2
Ayer Merbau 141C A2
Ayers Rock 146-147 C4 D4
Aylesbury 98A
Aylmer 55H
Aylmer, lac 42-43 H3
Ayr 96-97 D4
Ayutthaya 134-135 B3 C3
Ayvalık 112-113 I6
Azaffal 156 B5
Azahar, costa del 109D
Azaouak 158-159A D3
Azemmour 156 C2
Azerbaïdjan (État)
126-127 G5
Azerbaïdjan (région)
130 E2
Azilal 156 D3
Azov 114-115 H6
Azov, mer d' 114-115 H6
Azrou 156 D2
Azuer 108-109 D3
Azuero, péninsule d'
68 C5
Azur, côte d' 100-101 G5
Az Zahran 130 E4 F4
Az Zilfi 130 D4

B

B.K. Towers Gardens 65F
Baälbek 129 C2
Babar, îles 134-135 H7 I7
Bab el Mandeb 130 D7
Babelthuap 134-135 I4 J4
Babo 134-135 I6
Babol 130 F2
Babook Wilderness
Adventures 65F
Babouchkine 120F C1
Babrouisk 114-115 F5
Babuyan 134-135 G2
Babuyan, canal
134-135 G2
Babuyan, îles 134-135 G2
Babylon 130 D3
Bacan 134-135 H6
Bacău 112-113 I2
Bachi, canal de
134-135 G1
Bachkortostan 121A
Bachu 138-139 B4
Back 42-43 H3 I3
Bac Lieu 134-135 D4
Bacolod 134-135 G3
Bacton 91 C3
Badajoz 108-109 B3
Badalona 108-109 G2
Badanah 130 D3
Bad Ems 102 B3
Baden (Autriche) 105C
Baden (Suisse)
104-105 D1
Baden-Baden 102 C4
Bade-Wurtemberg 102 C4
Badgastein 102 E5
Bad Godesberg 102 B3
Bad Ischl 102 E5
Bad Kissingen 102 D3
Bad Kreuznach 102 B4 C4
Bad Lands 58-59 F2 F3
Bad Nauheim 102 C3
Bad Neuenahr-Ahrweiler
94 E4 F4
Bad Ragaz 104-105 E2
Bad Reichenhall 102 E5
Bad Tölz 102 D5
Baena 108-109 C4
Baeza 108-109 D4
Bafatá 158-159A B3
Baffin, baie de
40-41 M2 O2
Baffin, bassin de
144-145 A22 A33
Baffin, île de 42-43 K2 K3
Bafoulabé 152-153 B3
Bafoussam 158-159A E4
Bagdad 130 D3 E3

Baghlan 132 B2
Bagnères-de-Bigorre
100-101 D5
Bagnères-de-Luchon
100-101 D5
Bagnes, val 104-105 C2
Bagnolet 99C C2
Bago (Myanmar)
134-135 B2
Bago (Philippines)
134-135 G3
Bagré 158-159A C3 D3
Baguio 134-135 G2
Baguirmi 150-151 E3
Bahamas 40-41 M7
Baharampur 132 F5
Bahariya 106-107 J6
Bahawalpur 132 C4
Bahia 73 F4
Bahir Dar 130 C7
Bahraich 132 E4
Bahrein 126-127 H7
Baia Mare 112-113 G2
Bai Bung, cap 134-135 D4
Baicheng 138-139 K2
Baïdaratsk, baie de
114-115 N2
Baie, îles de la 68 B3
Baie Bowman, sanctuaire
d'oiseaux 49D
Baie-Comeau 51 E4
Baie de l'Est, sanctuaire
d'oiseaux 49D
Baie-d'Urfé 55F
Baie Rouge 51 G3 H3
Baie-Saint-Paul 51 D4
Baïkal, lac 116-117 L4
Baïkal, monts 116-117 L4
Baïkongyr 116-117 H5
Baïkonour 116-1171 H5
Bairnsdale 146-147 E5
Baïse 100-101 D5
Baitou Shan 138-139 L3
Baiyuda, steppe
150-151 G3
Baja 112-113 E2
Baja California Norte 66A
Baja California Sur 66A
Bajas, rias 109D
Baja Verapaz 67B
Bakal 114-115 L5
Bakel 152-153 B3
Baker 144-145 H21
Baker, lac 42-43 I3
Baker Lake 42-43 I3
Bakersfield 58-59 C4 D4
Bakhtegan, lac 130 F4
Bakı 114-115 J7 K7
Bakony, forêt de
112-113 D2
Bakou 114-115 J7 K7
Bakouma 158-159A F4
Bakovka 120F A3
Balabac 134-135 F4
Balabac, détroit de
134-135 F4
Balachikha 120F D1
Balachov 114-115 I5
Balakovo 114-115 J5
Balambangan 134-135 F4
Balaton, lac 112-113 D2
Balder 91 C2
Bâle 104-105 C1
Balé 158-159A B3
Baléares (région)
108-109 F3 G3
Baléares, îles
106-107 E4 E3
Baleine, baie de la
150-151 E7
Baleine, grande rivière de
la 51 C2 D2
Baleine, petite rivière de
la 51 C2 D2
Baleine, rivière à la
51 E2 F2
Bali 134-135 F7
Bali, mer de 134-135 F7
Baliem 134-135 J7 J6
Baliem, vallée du
134-135 J6
Balıkesir 128 B2
Balikpapan 134-135 F6
Balkach 116-117 I5
Balkach, lac 116-117 I5
Balkan 112-113 G4 H4
Balkans, péninsule des
80-81 G4
Balkh 116-117 H6
Ballarat 146-147 E5
Balleny, îles 144-145 O19
Ballina 96-97 B4
Ballinasloe 96-97 B5
Ballinskelligs, baie de
96-97 A6
Ballymena 96-97 C4 D4
Balmhorn 104-105 C2
Balonne 146-147 E4
Balsas 58-59 G8
Balta 114-115 F6 G6
Bălţi 114-115 F6
Baltimore 58-59 K4
Baltique, bouclier 16C
Baltique, mer
92-93 F4 F5
Baltiques, collines
92-93 H4
Baluchistan 126-127 H7 I7
Balykchy 138-139 B3
Bam 130 G4
Bamako 152-153 C3
Bamba 152-153 C3 D3
Bambama 158-159A E5
Bambari 152-153 F4
Bamberg 102 D4
Bamenda 158-159A D4 E4
Bamian 132 B3
Banaba 144-145 I20
Banana 152-153 E5
Banas, ras 106-107 L7
Banat 112-113 F3
Banbury 96-97 F5
Banda, îles 134-135 H6 I6
Banda, mer de
134-135 H7

Banda Aceh
134-135 A4 B4
Bandama 152-153 C4
Bandar 1321 E6
Bandar Abbas 130 G4
Bandar Anzali 130 E2 F2
Bandar-e Buchehr 130 F4
Bandar Khomeiny
130 E3 F3
Bandar Lampung
134-135 D6 D7
Bandar Seri Begawan
134-135 E4
Bandar Torkoman
130 F2 G2
Bandeira, pico da
72 F4 F5
Bandeirante 76E
Bandiantaolehai
138-139 G3
Bandırma 128 B1
Bandol 100-101 F5
Bandundu 152-153 E5
Bandung 134-135 D7
Banff (Canada) 42-43 G4
Banff (R.-U.) 96-97 E3
Banff, parc national 49D
Banff, parc provincial 49D
Bangala 152-153 E4
Bangalore 132 D7
Bangassou 152-153 F4
Banggai 134-135 G6
Banggi 134-135 F4
Bangka 134-135 D6
Bangka, détroit de
134-135 D6
Bangkok 134-135 C3
Bangladesh
126-127 K7 L7
Bangor (É.-U.) 58-59 M3
Bangor (Irlande du Nord)
96-97 D4
Bangor (Pays de Galles)
96-97 D5
Bangui 152-153 E4
Bangweulu, lac
148-149 F6 G6
Bani 150-151 C3
Bani, djebel 156 C3 D3
Banias 131 B2 C2
Bani Souwaif 106-107 K6
Banja Luka 112-113 D3
Banjarmasin
134-135 E6 F6
Banjul 152-153 B3
Banks 42-43 F2 G2
Banks, îles 146-147 G3
Bann 96-97 C4
Banstead 98C B4
Banteang 134-135 F7 G7
Bantry 96-97 B6
Bantry, baie de 96-97 B6
Banyak, îles 134-135 B5
Banyuwangi 134-135 E7
Baode 138-139 I4
Baoding 138-139 J4
Baoji 138-139 H5
Bao Lac 134-135 D3
Baoma 158-159A B4
Baoting 138-139 H8
Baotou 138-139 H3 I3
Baqubah 130 D3 E3
Baqueville, lac 51 D2
Bar 112-113 E4
Baraba, steppe
116-117 I4 J4
Barabinsk 116-117 I4 J4
Baraka 130 C6
Barakaldo 108-109 D1
Baranavitchy 114-115 F5
Baranof, île 42-43 E4
Barbade 68 H4
Barbas, cap 156 A5
Barbuda 68 G3
Barcelona 73 D2
Barcelone 108-109 G2
Barcelonnette 100-101 G4
Barcelos 73 D3
Barcoo 146-147 E4
Bardaï 152-153 E2
Bardenas Reales
108-109 D1 E2
Bardera 152-153 H4
Bardolino 110-111 C2
Bareilly 132 D4 E4
Barents, mer de
80-81 H1 I1
Barfleur, pointe de
100-101 C2
Bargouzin 116-117 L4 M4
Bari 110-111 F4
Barinas 68 E5 F5
Barisal 132 G5
Barisan, monts
134-135 C6
Barisau 114-115 F5
Barito 134-135 E6
Barking 98C C2
Barkingside 98C C2
Barkly, plateau
146-147 D3
Barkly Highway
146-147 D3
Barkol 138-139 E3
Bârlad 112-113 I2 J2
Bar-le-Duc 100-101 F2
Barlee, lac 146-147 B4
Barletta 110-111 F4
Barmer 132 C4
Barnaoul 116-117 J4
Barnes 98C B3
Barnet 98C B1
Barnstaple 96-97 E6
Barnstaple, baie de
96-97 D6
Baro 158-159A D4
Baroda 1321 C5
Barotseland 148-149 F6
Barque 91 C3
Barquisimeto 73 C2 D2
Barra (île) 96-97 C3
Barra (localité) 73 F4
Barrancabermeja 68 E5
Barranquilla 73 C1
Barreiro 108-109 A3

Barren Grounds
40-41 I3 K3
Barrier, monts 146-147 E5
Barros, tierra de
108-109 B3
Barrow (fleuve) 96-97 C5
Barrow (île) 146-147 B4
Barrow (localité)
40-41 D2 E2
Barrow, détroit de
42-43 I2
Barrow, pointe 40-41 E2
Barrow Creek 146-147 D4
Barrow-in-Furness
96-97 E4
Barsebäck 93D
Barstow 63A E4
Bar-sur-Aube 100-101 F2
Bartang 132 C2
Bartica 68 H5
Barú 68 C5
Baruun-Urt 138-139 I2
Barva 67E
Barvikha 120F A2
Barwon 146-147 E4
Basatongwula Shan
138-139 E5
Bas-Canada 43A
Basco 134-135 G1
Basento 110-111 F4
Basilan 134-135 G4
Basildon 96-97 G6
Basilicate 110-111 E4 F4
Basingstoke 96-97 F6
Baskatong, réservoir
51 C4 D4
Basque, côte 109D
Basque, pays 108-109 D1
Basra 130 E3
Bass, détroit de
146-147 E5
Bas-Saint-Laurent 55A
Bassano del Grappa
110-111 C2
Basse Californie
58-59 D6 D7
Basse Engadine
104-105 F2
Basse-Normandie
100-101 C2
Basse-Saxe 102 C2
Basses Tauern 102 E5 F5
Basse-Terre 68 G3
Bassin 51A
Bastia 110-111 B3
Bastogne 94 D4
Bas-Veld 150-151 F7
Bata 152-153 D4 E4
Batam 134-135 C5
Batan 134-135 G1
Batan, îles 134-135 G1
Batang 138-139 F5
Batangas 134-135 F3 G3
Batanta 134-135 H6 I6
Bath 96-97 E6
Bathinda 132 D3 D4
Bathurst (île, Australie)
146-147 C3 D3
Bathurst (île, Canada)
42-43 H2 I2
Bathurst (ville) 51 E4 F4
Bathurst, cap 42-43 F2
Bathurst Inlet
42-43 G3 H3
Batman 128 E2
Batna 106-107 F4
Baton Rouge 58-59 H5 I5
Batoumi 114-115 I7
Batrun 129 B1
Battambang 134-135 C3
Battersea 98C B3
Batticaloa 132 E8
Batu 150-151 G4
Batu, îles 134-135 B6
Batubrok 134-135 E5 F5
Batu Pahat 134-135 C5
Baturaja 134-135 C6 D6
Batz 100-101 A2
Baubau 134-135 G7
Baucau 134-135 H7
Bauchi (État) 160C4
Bauchi (ville)
152-153 D3 E3
Bauchi, plateau de
150-151 E3 E4
Baume-les-Dames
104-105 B1
Bauru 73 E5 F5
Bautzen 102 F3
Bavière 102 D4
Bavière, forêt de 102 E4
Bawean 134-135 E7
Bayamo 68 D2
Bayan Obo 138-139 I3
Bayburt 128 E1
Bay City 58-59 I3 J3
Bayeux 100-101 C2
Bayonne (É.-U.) 64C B3
Bayonne (France)
100-101 C5
Bayonne Bridge
64C A3 B3
Bayreuth 102 D4
Baza 108-109 D4
Bazardüzü 114-115 J7
Bazas 100-101 C4
Bcharré 129 B1
Be, nosy 150-151 H6
Beachy, cap 96-97 G6
Beaconsfield 54C
Beaconsfield/Baie-d'Urfé
55F
Beagle, golfe
146-147 C3 D3
Beam 98C D2
Béarn 100-101 C5
Beatrice 91 B2
Beaucaire 100-101 F5
Beauce 100-101 D2 E2
Beauchamp 99C B1
Beaufort, mer de
40-41 D2 H2
Beaufort-West
152-153 E8 F8
Beauharnois 49A

Beaujolais 100-101 E3 F3
Beaumont (Belgique)
94 C4
Beaumont (É.-U.)
58-59 G5 H05
Beaune 100-101 F3
Beauport 54D
Beaupré 51 D4
Beauvais 100-101 D2 E2
Beaver 42-43 H4
Beawar 132 C4
Bebra 102 C3 D3
Bečej 112-113 E3 F3
Béchar 106-107 D5
Bechuanaland 150-151 F7
Beckenham 98C C3
Beddouza, cap 156 C2
Bedford 96-97 F5
Bedfordshire 98A
Bedford-Stuyvesant
64C C3
Bedok 141C C2
Beersheba 129 A4
Begna 92-93 D3
Behbahan 130 F3
Bei'an 138-139 L2
Beihai 138-139 H7
Beijing (province)
138-139 J3
Beijing (ville)
138-139 J3 J4
Beilen 94 E2
Beira (région) 108-109 A2
Beira (ville) 152-153 G6
Beit Lahm 129 B4
Beja (Portugal)
108-109 B4
Béja (Tunisie) 106-107 F4
Bejaïa 106-107 E4
Béjar 108-109 C2
Békéscsaba 112-113 F2
Belawan 134-135 B5
Belcher, détroit de
42-43 I2
Belcher, îles 42-43 J4
Belém 73 F3
Belet Uen 152-153 H4
Belfast 96-97 D4
Belfast Lough 96-97 D4
Belfort 100-101 G3
Belgaum 132 C6 D6
Belgique 82-83 E3
Belgrade 112-113 E3 F3
Belgravia 98B
Beliaïevo-Bogorodskoïé
120F B3
Belice 110-111 D6
Bélier 158-159A C4
Belinga 158-159A E4
Belitung 134-135 D6
Belize 68 B3
Belize City 68 B3
Bella Bella 42-43 E4 F4
Bellagio 110-111 B2
Bellano 104-105 E2
Bellary 132 D6
Belle 51 G3 H3
Belle Isle, détroit de
51 G3
Belleville (É.-U.)
64C A2 B2
Belleville (France) 101D
Bellingham 58-59 B2
Bellinghausen, mer de
144-145 P29 P30
Bellinzona 104-105 E2
Belluno 110-111 C1 D1
Bélmez 108-109 C3
Belmonte 73 G4
Belmopan 68 B3
Belo Horizonte 73 F4
Belovo 116-117 J4
Belyando 146-147 E4
Bely Iar 116-117 J4
Bembézar 108-109 C3 C4
Benadir 150-151 H4
Bénarès 1321 E4
Benavente 108-109 C1
Bender Beila 130 F8
Bendigo 146-147 E5
Bénédict, monts 51 G3
Benevento 110-111 E4
Bengale, dorsale du
144-145 J11 I11
Bengale, golfe du
124-125 K8 L8
Bengale occidentale
132 F5
Bengbu 138-139 J5
Benghazi 106-107 H5 I5
Bengkalis 134-135 C5
Bengkulu 134-135 C6
Benguela 152-153 E6
Benguerir 156 D2
Benha 106-107 K5
Beni 72 D4
Béni Abbes
152-153 C1 D1
Benicarló 108-109 F2
Benidorm 108-109 E3 F3
Beni Mellal 156 D2
Bénin 152-153 D3
Benin City 152-153 D4
Beni Saf 108-109 E5
Benjamim Constant
73 C3 D3
Ben Slimane 156 D2
Benue (État) 160C4
Benue (rivière)
150-151 D4
Benxi 138-139 K3
Beograd 112-113 E3 F3
Beppu 142 C4
Berau, golfe de 134-135 I6
Berazino 92-93 I5
Berber 152-153 G3
Berbera 152-153 H3
Berberati 158-159A E4
Berbice 68 H5
Berchtesgaden 102 E5
Berdiansk 114-115 H6
Berdytchiv 114-115 F6
Bereda 130 F7
Berenberg 80-81 D1
Berezina 114-1151 F5

Berezniki 114-115 L4
Berezovo 116-117 H3
Bergama 112-1131 I6
Bergamasques, alpes
110-111 B1 C1
Bergame 110-111 B2
Bergen 92-93 C3
Bergenfield 64C B1
Bergen op Zoom 94 C3
Bergerac 100-101 D4
Berhala, détroit de
134-135 C6
Béring 116-117 R4
Béring, détroit de
144-145 B22
Béring, mer de
144-145 C20 C22
Béringovski 116-117 S3 T3
Berkane 156 E2
Berkel 94 E2
Berkeley 58-59 B4
Berkner, îles
144-145 P33 P34
Berkshire 98A
Berlin (État) 102 E2
Berlin (ville) 102 E2
Bermio 108-109 D1
Bermudes 40-41 N6
Bernburg 102 D3
Berne 104-105 C2
Bernina 104-105 E2
Bernina, col de la
104-105 F2
Bernina, piz 104-105 E2
Bernoises, alpes
104-105 C2 D2
Berominster 104-105 D1
Beroun 102 E4 F4
Berounka 102 E4 E3
Berre, étang de
100-101 F5
Berriyyane 106-107 E5
Berry 100-101 D3 E3
Berryessa Dam 63A B2
Bertoua 158-159A E4
Berwick-upon-Tweed
96-97 F4
Beryl 91 C2
Besançon 100-101 F3
Beskides 106-107 H2 I2
Beskoudnikovo 120F B1
Bessarabie 112-113 J2
Besshi 143A B3
Betanzos 108-109 A1 B1
Beth 156 D2
Bethléem 129 B4
Béthune 100-101 E1
Bétou 158-159A E4
Bet She'an 129 B3
Betsiamites (fleuve) 51 E4
Betsiamites (ville) 55B
Betsiboka 150-151 H6
Betuwe 94 D3
Beveren 94 C3
Beverwijk 94 C2
Bex 104-105 C2
Bexley 98C C3 D3
Beyrouth 129 B2
Beyşehir, lac 106-107 K4
Béziers 100-101 E5
Bezons 99C B2
Bhagalpur 132 F4 F5
Bhamo 138-139 F7
Bharatpur 132 D4
Bharuch 132 C5
Bhatpara 132 F5
Bhavnagar 132 C5
Bhilwara 132 C4 D4
Bhima 132 D6
Bhiwani 132 D4
Bhopal 132 D5
Bhoutan 126-127 K7 L7
Bhubaneshwar 132 F5
Bhuj 132 B5
Bhumiphol, réservoir de
134-135 B2
Białystok 114-115 E5
Bariozina 114-115 F5
Biarritz 100-101 C5
Biasca 104-105 D2 E2
Bic, parc du 54A
Bichkek 116-117 I5
Bid 132 D6
Bida 152-153 D4
Bidar 132 D6
Bidassoa 100-101 C5
Bideford 96-97 D6 E6
Bidon V 152-153 D2
Bielefeld 102 C2
Bielgorod (province)
121A
Bielgorod (ville)
114-115 H5
Bielle 110-111 B2
Bielogorsk 116-117 N4 O4
Bieloïe, lac 114-115 H3
Bielomorsk 114-115 G3
Bieloretsk 114-115 L5
Biélorussie 82-83 G3
Bieloukha 116-117 J5
Bielsko-Biała 106-107 H2
Bien Hoa 134-135 D3
Bienne (rivière)
104-105 A2 B2
Bienne (ville) 104-105 C1
Bienne, lac de 104-105 C1
Bienville, lac 51 D2
Biesbos 94 C3
Bièvre 99C A3
Bièvres 99C B3
Biferno 110-111 E4
Big Bend, parc national
58-59 F6
Biggin Hill 98C C4
Bighorn 58-59 E3
Bighorn, monts 58-59 E3
Bignasco 104-105 D2
Bihać 112-113 C3
Bihar (État) 132 F5
Bihar (ville) 132 F4
Bihé, plateau de
150-151 E6
Bihor, monts 112-113 G2
Biia 116-117 J4
Biisk 116-117 J4

Bijeljina 112-113 E3
Bijie 138-139 H6
Bikaner 132 C4
Bikin (localité) 116-117 O5
Bikin (rivière) 138-139 M2 N2
Bikini 144-145 G19
Bilaspur 132 E5
Bila Tserkva 114-115 F6 G6
Bilauktaung, monts 134-135 B2 B3
Bilbao 108-109 D1
Bilhorod-Dnistrovsky 112-113 J2 K2
Bilibino 116-117 R3 S3
Billings 58-59 E2
Billiton 134-135 D6
Bilma 152-153 E3
Bilma, grand erg de 158-159A E3
Bilo Gora 112-113 D2 D3
Biloxi 58-59 I5
Bima 134-135 F7
Binche 94 C4
Bine el Ouidane 157B
Bingen 102 B4
Binghamton 64B
Binjai 134-135 B5
Bintan 134-135 C5 D5
Bintuni 134-135 I6
Binxian 138-139 H5
Bioko 150-151 D4
Biratnagar 132 F4
Birdsville 146-147 D4 E4
Bir Enzaran 156 B5
Birioulevo 120F C3
Birjand 130 G3
Birkenhead 96-97 E5
Birmanie 126-127 L7
Birmingham (É.-U.) 58-59 I5
Birmingham (R.-U.) 96-97 F5
Bîr Mogreïn 152-153 B1 C1
Birobidjan (province) 121A
Birobidjan (ville) 116-117 O5
Birr 96-97 C5
Birs 104-105 C1
Bir Safaja 106-107 K6
Birsk 114-115 L4
Bisbee 58-59 D5 E5
Biscarrosse, étang de 100-101 C4
Biscayne National Park 65F
Bischofszell 104-105 E1
Bisho 161A
Bishop 63A D3
Biskra 106-107 F5
Bislig 134-135 H4
Bismarck 58-59 F2
Bismarck, archipel 146-147 E2 F2
Bismarck, mer de 146-147 E2 F2
Bissagos, archipel des 150-151 B3
Bissau 152-153 B3
Bistriţa (rivière) 112-113 H2 I2
Bistriţa (ville) 112-113 H2
Bitburg 94 E5
Bitola 112-113 F5
Bitterfeld 102 D3 E3
Bitterroot, chaîne de 58-59 C2 D2
Bitung 134-135 H5
Biu, plateau de 158-159A E3
Bivio 104-105 E2
Biwa, lac 142 D3
Bizard, île 54C
Bizerte 106-107 F4 G4
Bjelovar 112-113 D3
Blackall 146-147 E4
Blackburn 96-97 E5
Black Butte Dam 63A B2
Blackfriars Bridge 98B
Black Hills 58-59 F3
Black Mountains 96-97 E6 E5
Blackpool 96-97 E5
Blacksod, baie de 96-97 A4
Blackwater 96-97 G6
Blagoevgrad 112-113 G4
Blagovechtchensk 116-117 N4 O4
Blake, plateau de 144-145 E30 E31
Blanc, cap (Mauritanie) 150-151 A2 B2
Blanc, cap (Tunisie) 106-107 F4
Blanc, mont 104-105 B3
Blanca, costa 109D
Blanche, autoroute 100-101 G3 G4
Blanche, baie 51 G4 G3
Blanche, dent 104-105 C2
Blanche, île 116-117 H2 I2
Blanche, lac 146-147 D4
Blanche, mer 114-115 H2
Blanches, montagnes 58-59 L3
Blanco, cap 58-59 A3 B3
Blancs, monts 58-59 E4
Blanc-Sablon 51 G3
Blanes 108-109 G2
Blankenberge 94 A3 B3
Blanquilla 68 G4
Blantyre 152-153 G6
Blaton 94 B4
Blavet 100-101 B3 B2
Blayais 101D
Blaye 100-101 C4
Bled 110-111 E1
Blekinge 92-93 E4
Bletchley 98A
Bleu, mont 68 D3
Bleues, montagnes (Australie) 146-147 E5 F5
Bleues, montagnes (É.-U.) 58-59 C3 C2
Blitar 134-135 E7
Blitta 158-159A D4
Bloemfontein 152-153 F7
Bloemhof 161D
Blois 100-101 D3
Bloomfield 64C A2
Bloomsbury 98B
Bludenz 104-105 E1
Bluefields 68 C4
Blüemlisalp 104-105 C2
Bluff Knoll 146-147 B5
Blumenau 73 F5
Blyth 96-97 F4
Bo 152-153 B4
Boali 158-159A E4
Boa Vista (île) 150-151 A3
Boa Vista (ville) 73 D2
Boa Vista, hauteurs de 76C
Bobigny 99C C2
Bobo-Dioulasso 152-153 C3
Boby, pic 150-151 H7
Boca Raton 65G
Bocas del Toro 68 C5
Bocholt 102 B3
Bochum 102 B3
Bodaïbo 116-117 M4
Bode 102 D3
Bodélé 150-151 E3
Boden 92-93 G2
Bodmin 96-97 D6
Bodø 92-93 E2
Bodrog 112-113 F1
Bodrum 128 B2
Boé 158-159A B3
Bogale 134-135 B2
Bogda Shan 138-139 D3 E3
Bogoin 158-159A E4
Bogor 134-135 D7
Bogorodskoïé 120F C1
Bogotá 73 C2
Bohai 138-139 J4
Bohai, détroit de 138-139 K4
Bohême 102 E4 F4
Bohême, forêt de 102 E4 F4
Bohicon 158-159A D4
Bohol 134-135 G4
Bois, lac des 58-59 H2
Boischatel 54D
Bois-d'Arcy 99C A3
Boise 58-59 C3
Bois-le-Duc 94 D3
Boissy-Saint-Léger 99C C3 D3
Bojeador, cap 134-135 F2 G2
Bojnurd 130 G2
Boké 158-159A B3
Boknafjord 92-93 C4
Bolama 152-153 B3
Bolan, col de 132 B4
Bolchévique, île 116-117 L2 M2
Bolchoï Kamen 142 C2
Bolgatanga 152-153 C3 D3
Boli 142 C1
Boliden 92-93 G2
Bolivar, cerro 68 G5
Bolivar, pic 72 C2
Bolivie 73 D4
Bolivie, haut-plateau de 72 D4 D5
Bollnäs 92-93 E3 F3
Bologne 110-111 C2
Bolsena, lac de 110-111 C3
Bolsward 94 D1
Boltaña 108-109 E1 F1
Bolton 96-97 E5
Bolzano 110-111 C1
Boma 152-153 E5
Bombay 1321 C6
Bomberai 134-135 I6
Bomi Hills 152-153 B4 C4
Bomou 150-151 F4
Bomu 160F
Bon, cap 106-107 G4
Bonaire 68 F4
Bondo 158-159A F4
Bone, golfe de 134-135 G6
Bong Mine 158-159A B4 C4
Bongo, monts 150-151 F4
Bongor 152-153 E3
Bonifacio 110-111 B4
Bonifacio, bouches de 110-111 B4
Bonin, fosse des 144-145 E17 F17
Bonn 102 B3
Bonne-Espérance, cap de 150-151 E8
Bonneuil 99C C3
Bonneville 104-105 B2
Bonneville Dam 58-59 B2
Bonny 152-153 D4
Bonny, golfe de 150-151 D4
Bontang 134-135 F5
Boom 94 C3
Boothia, golfe de 42-43 J3
Boothia, péninsule de 42-43 I2 I3
Booué 158-159A E4
Boquera 67E
Borama 130 D7 D8
Borås 92-93 E4
Bordeaux 100-101 C4
Borden 42-43 G2
Borden, péninsule de 42-43 J2
Bordighera 105C
Borehamwood 98C B1
Borgå 92-93 H3
Børgefjell 92-93 E2
Borgholm 92-93 F4
Borgne 104-105 C2
Borinage 94 B4 C4
Borisoglebsk 114-115 I5
Borkou 150-151 E3
Borkum 102 B2
Borlänge 92-93 E3
Bormida 110-111 B2
Bormio 110-111 C1
Born 94 D3
Bornéo 134-135 E5 F5
Bornholm 92-93 E5
Borno 160C4
Bornu 150-151 D3 E3
Borobudur 134-135 D7 E7
Borough Green 98C D4
Borovitchi 114-115 G4
Borriana 108-109 E3 F3
Borroloola 146-147 D3
Borssele 94 B3
Borujerd 130 E3
Borzia 116-117 M4
Bosaso 152-153 H3
Bose 138-139 H7
Boshan 138-139 J4
Bosmanland 150-151 E8 F8
Bosna 112-113 E3
Bosnie-Herzégovine 82-83 F4
Boso, péninsule de 143A D2
Bosphore 128 B1
Bossangoa 158-159A E4
Bosten Hu 138-139 D3
Boston (É.-U.) 58-59 L3 M3
Boston (R.-U.) 96-97 F5
Botafogo 76C
Botany, baie 146-147 F5
Botev 112-113 H4
Botnie, golfe de 92-93 F3 G2
Botoşani 112-113 I2
Botrange 94 E4
Botswana 152-153 F7
Bouaké 152-153 C4
Bouânane 156 E2
Bouar 152-153 E4
Bouârfa 156 E2
Bou-Azzer 157B
Boucherville 54C
Boucherville, îles de 54C
Boudenib 156 E3
Bougainville 146-147 F2
Bougival 99C B2
Bougoulma 114-115 K5
Bouh 114-115 F6 G6
Bouïant-Oukhaa 138-139 H3 I3
Bouillon 94 C5 D5
Bouïnaksk 114-115 J7
Bou Izakarn 156 C3
Boujdour 158-159A B2
Boujdour, cap 156 B4
Boukhara 116-117 H5
Boukhoro 116-117 H5
Boukra 157B
Boulder (Australie) 146-147 C5
Boulder (É.-U.) 58-59 E3 F3
Boulder City 58-59 C4 D4
Bouleau, monts du 42-43 G4
Boulemane 156 D2 E2
Boulogne, bois de 99C B2
Boulogne-Billancourt 99C B3
Boulogne-sur-Mer 100-101 D1
Boulton 91 C3
Boumalne-Dadès 156 D3
Bounty, fosse de 144-145 M20 M21
Bounty, îles 144-145 M21
Bouraimi 130 G5
Bourbonnais 100-101 E3
Bou Regreg 156 D2
Boureïa 116-117 O4
Bourg-en-Bresse 100-101 F3
Bourges 100-101 E3
Bourget, aéroport du 99C C2
Bourgogne 100-101 E3 F3
Bourgogne, canal de 100-101 F3
Bourg-Royal 54D
Bouriatie 121A
Bourke 146-147 E5
Bournemouth 96-97 F6
Bou-Skour 157B
Boutakovo 120F B1
Bouvet 162B
Bouzatchi 114-115 K7 K60
Bouzoulouk 114-115 K5
Bowen 146-147 E3
Boxtel 94 D3
Boyne 96-97 C5
Boyoma, chutes 150-151 F4 F5
Boz Dağ 112-113 J6
Bozen 110-111 C1
Brabant flamand 94 C4
Brabant septentrional 94 C3 D3
Brabant wallon 94 C4
Brač 112-113 D4
Bracciano, lac de 110-111 C3 D3
Bräcke 92-93 E3 F3
Bracknell 98A
Bradano 110-111 F4
Bradford 96-97 F5
Brae 91 C2
Braga 108-109 A2
Bragança (Brésil) 73 F3
Bragança (Portugal) 108-109 B2
Brage 91 C1
Brahmapoutre 132 F4 F5
Brahmapur 132 E6 F6
Brăila 112-113 I3
Branco, rio 72 D2
Brandberg 150-151 E7
Brandebourg (État) 102 E2 F2
Brandebourg (ville) 102 E2
Brandon 42-43 H5 I5
Braniewo 92-93 F5 G5
Brasília 73 F4
Braşov 112-113 H3 I3
Brass 160B
Brasschaat 94 C3
Bratislava 106-107 H2
Bratsk 116-117 K4 L4
Braunau 102 E4
Brava 150-151 A3
Brava, costa 108-109 G2 G1
Bravo del Norte, río 58-59 E5 F5
Brawley 63A F5
Bray 96-97 C5 D5
Bray, pays de 100-101 D2
Brazos 58-59 G5
Brazzaville 152-153 E5
Brčko 112-113 E3
Brdy, forêt de 102 E4
Breda 94 C3
Bregenz 102 C5 D5
Bregenzer Ache 104-105 E1 F1
Bregenzer Wald 104-105 E1
Breidafjord 42-43 P3
Breithorn 104-105 C3
Brembo 104-105 E3
Brême (État) 102 C2
Brême (ville) 102 C2
Bremerhaven 102 C2
Brenne 100-101 D3
Brenner, col du 102 D5
Brenno 104-105 D2
Breno 104-105 F3
Brent (champ pétrolier) 91 C1
Brent (rivière) 98C A2
Brenta 110-111 C1
Brentford 98C A2 B2
Brent Reservoir 98C B2
Brentwood 98C D1
Brescia 110-111 B2 C2
Brésil 73 E3 F3
Brésil, bassin du 10-11 K17 K18
Brésil, plateau du 72 E3 F4
Brésilien, bouclier 16C
Breskens 94 B3
Bressanone 110-111 C1 D1
Bressay 91 C1
Bresse 100-101 F3
Brest (Biélorussie) 114-115 E5
Brest (France) 100-101 A2
Bretagne 100-101 B2
Brétigny 99C B4
Breton, pertuis 100-101 C3
Bretton Woods 65C
Breuil-Cervinia 104-105 C3
Briançon 100-101 G4
Briansk (province) 121A
Briansk (ville) 114-115 G5
Briare 100-101 E3
Bridgeport 58-59 L3
Bridgetown 68 G4 H4
Bridgwater 96-97 E6
Bridlington 96-97 F4
Brie 100-101 E2
Brie-Comte-Robert 99C D4
Brielle 94 C3
Brienz 104-105 D2
Brienz, lac de 104-105 C2 D2
Brienzerrothorn 104-105 C2 D2
Briey 100-101 F2
Brighton 96-97 F6 G6
Brighton Beach 64C C4
Brigue 104-105 D2
Brihuega 108-109 D2
Brindisi 110-111 F4 G4
Brion, île 51A
Brisbane 146-147 F4
Bristol 96-97 E6
Bristol, baie de 40-41 D4 E4
Bristol, canal de 96-97 D6 E6
Britannia 91 C2
Brive-la-Gaillarde 100-101 D4
Brixen 110-111 C1
Brno 106-107 H2
Broad, détroit 146-147 E4 F4
Broadback 51 C3
Broad Law 96-97 E4
Brock 42-43 G2
Brocken 102 D3
Brockton 64B
Brodeur, péninsule 42-43 J2
Broken Hill 146-147 E5
Bromley 98C C3
Bronx 64C C1
Bronx Park 64C C1
Bronxville 64C C1 D1
Brooke's Point 134-135 F4
Brooklyn 64C B3 C3
Brooklyn Tunnel 64C B3
Brookmans Park 98C B1
Brooks, chaîne de 40-41 E3 F3
Broome 146-147 C3
Brossard 54C
Brownsville 58-59 G6
Broye 104-105 B2
Bruay-en-Artois 100-101 D1 E1
Bruce 91 C2
Bruce, mont 146-147 B4
Bruges 94 B3
Brugg 104-105 D1
Brüneck 110-111 C1
Brunei 126-127 N9
Brunico 110-111 C1
Brünig, col de 104-105 D2
Brunnen 104-105 D2
Brunoy 99C C4
Brunsbüttel 102 C2
Brunswick 102 D2
Bruxelles (région) 94 C4
Bruxelles (ville) 94 C4
Buc 99C B3
Bucaramanga 73 C2
Bucarest 112-113 I3
Buchan 91 B2 C2
Buchanan 152-153 B4 C4
Buchs 104-105 E1
Buckingham 55H
Buckinghamshire 98A
Bucureşti 112-1131 I3
Budapest 112-113 E2
Buenaventura 73 B2 C2
Buenaventura, baie de 72 B2 C2
Buena Vista, lac 63A D4
Buenos Aires, lac 72 C7 D7
Buffalo 58-59 K3
Buguma 160F
Bui 158-159A C4
Buitenpost 94 D1 E1
Bujumbura 152-153 F5 G5
Buka 146-147 F2
Bukama 152-153 F5
Bukavu 152-153 F5
Bukit Panjang 141C A1
Bukit Raya 134-135 E6
Bukit Timah 141C A2
Bukittinggi 134-135 B6 C6
Bükk 112-113 F1
Bukoba 152-153 G5
Bukovine 112-113 H1 I1
Bukum 141C A2
Bula 134-135 I6
Bülach 104-105 D1
Bulawayo 152-153 F6
Bulgarie 82-83 G4
Bulim 141C A1
Bullaque 108-109 C3
Bulle 104-105 C2
Bulloo 146-147 E4
Bulukumba 134-135 G7
Bumba 158-159A F4
Bunbury 146-147 B5
Bundaberg 146-147 F4
Bungo, détroit de 142 C4
Buntok 134-135 E6 F6
Buol 134-135 G5
Buona Vista 141C A2
Buon Ma Thuot 134-135 D3
Buraidah 130 D4
Burang 138-139 C5
Burao 152-153 H4
Burdekin 146-147 E3
Burdur, lac 106-107 J4 K4
Burg 102 D2 E2
Burgas 112-113 I4
Burgas, golfe de 112-113 I4 J4
Burgdorf 104-105 C1
Burgos 108-109 D1
Burhanpur 132 D5
Burias 134-135 G3
Burkina Faso 152-153 C3 D3
Burlington 58-59 H3 I3
Burnie 146-147 E6
Burnley 96-97 E5
Burqin 138-139 D2
Bursa 1281 B1
Burton, lac 51 C3
Burton upon Trent 96-97 F5
Buru 134-135 H6
Burundi 152-153 F5 G5
Bury Saint Edmunds 96-97 G5
Bushey 98C A1
Bushy Park 98C A3
Busselton 146-147 B5
Bussum 94 D2
Busto Arsizio 110-111 B2
Busuanga 134-135 F3
Buta 152-153 F4
Bute 96-97 D4
Butte 58-59 D2
Butterworth 134-135 C4
Butuan 134-135 H4
Butung 134-135 G7
Buyo 158-159A C4
Buyr Nur 138-139 J2
Buzău 112-113 I3
Byblos 129 B1
Bydgoszcz 114-115 D5
Byfleet 98C A4
Bylot 42-43 K2
Byrranga, monts de 116-117 K2 L2

C

Caatingas 72 F3 G3
Cabeza del Buey 108-109 C3
Cabimas 73 C1 C2
Cabinda 152-153 E5
Cabonga, réservoir 51 C4
Cabora Bassa, lac de 150-151 G6
Cabot, détroit de 51 F4 G4
Cabrera 108-109 G3
Cabrera, sierra de la 108-109 B1
Cabriel 108-109 E3
Čačak 112-113 F4
Caccia, cap 110-111 A4 B4
Cáceres 108-109 B3
Cachemire 132 C2 D3
Cacouna 55B
Cadaqués 108-109 G1
Cader Idris 96-97 D5 E5
Cadí, serra del 108-109 F1
Cadibona, col de 110-111 B2
Cadix 108-109 B4
Cadix, golfe de 108-109 B4
Cadiz 134-135 G3
Cadramón 108-109 B1
Caen 100-101 C2
Caernarfon 96-97 D5 E5
Caernarfon, baie de 96-97 D5
Cagayan 134-135 G2
Cagayan, îles 134-135 G4
Cagayan de Oro 134-135 G4
Cagliari 110-111 B5
Cagliari, Golfe de 110-111 B5
Cahors 100-101 D4
Cairns 146-147 E3
Cairo 58-59 I4
Caister 91 C3
Cajamarca 73 C3
Calabar 152-153 D4
Calabre 110-111 F5
Calafat 112-113 G4
Calais 100-101 D1
Calais, pas de 100-101 D1 E1
Calama 73 D5
Calamar 68 D4
Calamian, îles 134-135 F3
Calanca, val 104-105 E2
Calancho, sarir 158-159A F2
Calapan 134-135 G3
Călăraşi 112-113 I3
Calatayud 108-109 D2 E2
Calatrava, campo de 108-109 D3
Calbayog 134-135 G3 H3
Calcutta 1321 F5
Caldeirão, serra do 108-109 A4
Caldera 73 C5
Caldwell 64C A1
Calédonien, canal 96-97 D3
Calgary 42-43 G4
Cali 73 C2
Calicut 1321 C7 D7
California, aqueduc 63A C3 D4
Californie 58-59 B3 C5
Californie, golfe de 58-59 D5 E7
Calimere, cap 132 D7 E7
Callao 73 C4
Caltagirone 110-111 E6
Caltanissetta 110-111 E6
Calvados 99A
Calvi 110-111 B3
Camagüey (province) 69A
Camagüey (ville) 68 D2
Camagüey, îles 68 D2
Camarat, cap 100-101 G5
Camargue 100-101 F5
Ca Mau 134-135 C4 D4
Cambay, golfe de 132 C5
Camberwell 98C B3 C3
Cambodge 126-127 M8
Cambrai 100-101 E1
Cambridge (É.-U.) 64B
Cambridge (R.-U.) 96-97 G5
Cambridge Bay 42-43 H3
Cambridgeshire 98A
Cambrien, lac 51 E2
Cambriens, monts 96-97 E5
Camelot 91 C3
Cameron, collines de 42-43 G4
Cameroun 152-153 D4 E4
Cameroun, mont 150-151 D4
Camiguin 134-135 G4 H4
Camonica, val 104-105 F3 F2
Campanie 110-111 E4
Campanien, archipel 110-111 D4
Campbell 144-145 N19 N20
Campbell, plateau 144-145 M19 N20
Campbeltown 96-97 D4
Campeche (État) 66A
Campeche (ville) 58-59 H8
Campeche, banc de 58-59 H7 I7
Campeche, golfe de 58-59 G7 H7
Cam Pha 134-135 D1
Campidano 110-111 B5
Câmpina 112-113 H3 I3
Campina Grande 73 G3
Campinas 73 F5
Campine 94 D3
Campobasso 110-111 E4
Campo de Marte 76D
Campo Grande 73 E5
Campos (région) 72 E4 F4
Campos (ville) 73 F5 G5
Campos, tierra de 108-109 C1 D1
Campos Elyseos 76C
Campo Tencia, piz 104-105 D2
Câmpulung 112-113 H3
Cam Ranh 134-135 D3 E3
Canabatuan 134-135 G2
Canada 40-41 I4 M4
Canadian River 58-59 F4
Canadien, bassin 144-145 A24 A25
Canadien, bouclier 40-41 K4 N4
Canairictoc 51 F3
Çanakkale 112-113 I5
Cananea 58-59 D5 E5
Canaries, îles 156 A3 B3
Canarreos, archipel 68 C2
Canarsie 64C C3
Canaveral, cap 58-59 J6 K6
Canaveral National Seashore 65F
Canberra 146-147 E5 F5
Cancano, lac de 104-105 F2
Cancún 58-59 I7
Candala 130 E7
Çandarlı, golfe de 112-113 I6
Canfranc 108-109 E1
Cangaíba 76D
Cangzhou 138-139 J4
Caniapiscau (rivière) 51 E2
Caniapiscau (ville) 51 E2
Caniapiscau, réservoir 51 E2
Canigou, pic du 100-101 E5
Cannes 100-101 G5
Cannobio 104-105 D2
Canso, cap 42-43 L5 M5
Cantabrie 108-109 C1 D1
Cantabrique, côte 109D
Cantabriques, monts 108-109 B1 D1
Canterbury 96-97 G6
Can Tho 134-135 D3 D4
Cantley 55H
Canton (île) 58-59 J3
Canton (ville) 138-139 I7
Canvey Island 98A
Cao Bang 134-135 D1
Caorle 110-111 D2
Cap, bassin du 10-11 L21 N22
Cap-aux-Meules 51A
Cap-Breton, île du 51 F4 G4
Cape Coast 152-153 C4 D4
Cape Cod National Seashore 65C
Cape Dorset 42-43 K3
Cap-Est 161A
Cap-Haïtien 68 E3 E2
Capim 72 F3
Capitale Nationale 55A
Cap-Nord 161A
Cap-Ouest 161A
Cappadoce 128 C2 D2
Capraia 110-111 B3
Caprera 110-111 B4
Capri 110-111 E4
Caprivi, corridor de 150-151 F6
Cap-Rouge 54D
Captain 91 B2
Capua 110-111 E4
Cap Vert 152-153 A3
Cap Vert, bassin du 10-11 G17 H18
Cap York, péninsule du 146-147 E3
Caquetá 72 C2
Caracas 73 D1
Caraïbes, mer des 10-11 H13 H14
Caraïbes, plaque des 16B
Carajás 73 E3
Carajás, serra dos 72 E3 F3
Carapicuíba 76D
Caravaca de la Cruz 108-109 E3
Caravius, monte is 110-111 B5
Carballo 108-109 A1
Carbonara, cap 110-111 B5
Carbonia 110-111 B5
Carcans, lac de 100-101 C4
Carcassonne 100-101 D5 E5
Cardamomes 132 D8
Cárdenas 68 C2
Cardiff 96-97 E6
Cardigan 96-97 D5
Cardigan, baie de 96-97 D5
Cardona 108-109 F1
Carélie (région) 92-93 J2 I3
Carélie (république) 121A
Cargados Carajos, îles 144-145 J9
Caribou, lac du 42-43 H4
Caribou, monts 42-43 G4
Carillon, canal de 54B
Carinthie 102 E5 F5
Carleton-saint-Omer 51 E4
Carlisle 96-97 E4
Carlow 96-97 C5
Carlsbad 58-59 F5
Carlsbad Caverns, parc national 58-59 F5
Carlsberg, crête de 144-145 H8 I9
Carlstadt 64C B1 B2
Carmacks 42-43 E3
Carmarthen 96-97 D6
Carmarthen, baie de 96-97 D6
Carmaux 100-101 D4 E4
Carmel 129 A3 B3
Carmel, cap 129 A3
Carmona 108-109 C4
Carnac 100-101 B3
Carnarvon 146-147 B4
Carnegie, lac 146-147 C4
Car Nicobar 134-135 A4
Carniques, alpes 110-111 D1
Carnsore, pointe 96-97 C5
Carol City 65G
Carolina 73 F3
Caroline 144-145 I23 I24
Caroline du Nord 58-59 K4
Caroline du Sud 58-59 J5 K5
Carolines 144-145 H16 H18
Carolines occidentales, bassin des 144-145 H16
Carolines orientales, bassin des 144-145 H17 H18
Carona 104-105 E2
Caroni 68 G5
Carpates 80-81 F4 G4
Carpates méridionales 112-113 G3 H3
Carpentaria, golfe de 146-147 D3 E3
Carpentras 100-101 F4
Carpi 110-111 C2
Carrare 110-111 C2
Carrauntoohil 96-97 A6 B6
Carrick-on-Shannon 96-97 B5 C5
Carrières 99C A2
Carson City 58-59 C4
Cartagena 73 C1
Cartago 67E
Carteret 64C A4
Carthage 106-107 G4
Carthagène 108-109 E4
Cartier 146-147 C3
Cartwright 51 G3
Carupano 68 G4
Carvoeiro, cap 108-109 A
Casablanca 156 C2 D2
Casamance 158-159A B3
Cascades, chaîne des 58-59 B3 A2
Cascadura 76C
Cascais 108-109 A3
Caserta 110-111 E4
Casiquiare 72 D2
Caspe 108-109 E2
Casper 58-59 E3
Caspienne, dépression 114-115 J6 K6
Caspienne, mer 10-11 E25 F26
Cassai 150-151 F6
Cassino 110-111 D4 E4
Castellammare di Stabia 110-111 E4
Castellane 100-101 G5
Castelló de la Plana 108-109 F3
Castelo Branco 108-109 B3
Castilla, playa de 108-109 B4
Castille, chaînes de 108-109 C2 D2
Castille-La Manche 108-109 D2
Castille-León 108-109 C2 D2
Castillo de San Marcos National Monument 65
Castlebar 96-97 B5
Castres 100-101 E5
Castries 68 G4
Castrovillari 110-111 E5 F
Cat 68 D2
Catalogne 108-109 F1 G
Catanduanes 134-135 G3 H3
Catane 110-111 E6
Catane, golfe de 110-111 E6
Catanzaro 110-111 F5
Caterham 98C C4
Cato 146-147 F4
Catoche, cap 58-59 I7
Catria, mont 110-111 D3
Cattenom 101D
Cattolica 110-111 D2
Cauca 72 C2
Caucase 10-11 E24 E25
Caura 68 G5
Causses 100-101 E4
Cauterets 100-101 C5
Cauvery 132 D7
Caux, pays de 100-101 D
Cávado 108-109 A2
Cavally 150-151 C4
Cavan 96-97 C5
Cavour, canal 110-111 B2
Caxias 73 F3
Caxias do Sul 73 E5 F5
Cayambe 72 C3
Cayenne 73 E2
Cayman, fosse de 10-11 H12
Cayman, îles 68 C3
Cazaux, étang de 100-101 C4
Cea 108-109 C1
Ceará 73 F3 G3
Cebu (île) 134-135 G3
Cebu (ville) 134-135 G3
Cedar Rapids 58-59 H3
Cedros 58-59 C6
Ceduna 146-147 D5
Cefalù 110-111 E5
Cega 108-109 C2
Cegléd 112-113 E2
Célèbes 134-135 F6 G6
Celerina 104-105 E2
Celje 112-113 C2
Celle 102 D2
Cendrawasih 134-135 I6
Cendrawasih, golfe de 134-135 I6 J6
Centrafricaine, République 152-153 E4 F4
Central, massif 100-101 E4
Central, plateau 114-115 H5 I5
Centrale, chaîne 146-147 E2
Central Park 64C C2
Centre 100-101 D3
Centre, canal du (Belgique) 94 C4
Centre, canal du (France) 100-101 F3

entre-du-Québec 55A
éphalonie 112-113 F6
erbère 100-101 E5
erf 152-153 I5
ergy-Pontoise 99C A1
erignola 110-111 E4
ernavodă 112-113 I3 J3
erro de Pasco 73 C4
ervia 105C
ervin, mont 104-105 C3
esano 110-111 D3
ésarée 129 A3
esena 110-111 D2
esenatico 110-111 D2
eské Budějovice 102 F4
eský Krumlov 102 F4
eşme 112-113 I6
essnock 146-147 E5 F5
etinje 112-113 E4
euta 108-109 C5
évennes 100-101 E4
nablis 100-101 E3
nagos, îles 144-145 I10
nagres, río 67D
nahrisabz 132 B2
nakhty 114-115 I6
nakonipau, lac 51 E2
nalcidique 112-113 G5
nalco 67A
naleurs, baie des 1 E4 F4
nalk River 58-59 K2
nallenger, fosse du 44-145 G17
nâlons-en-Champagne 00-101 F2
nalon-sur-Saône 00-101 F3
nam 102 E4
nambal 132 D4
nambéry 100-101 F4
nambly, canal de 54B
nammar 130 C4 D4
namonix 100-101 G4
nampagne 00-101 E2 F2
nampagne-Ardenne 00-101 E2 F2
nampagnole 04-105 A2 B2
nampéry 104-105 B2
nampex 104-105 C2
nampigny-sur-Marne 9C C3 D3
namplain, lac 58-59 L3
nampoluc 104-105 C3
nança 108-109 B4
nancy 104-105 A2 B2
nand 138-139 G3
nandigarh (État) 132 D3
nandigarh (ville) 132 D3
nandpur 132 G5
nandrapur 132 D6 E6
nang 134-135 C3
nangchun 138-139 K3 L3
nanghua 140D A1
nangi 141C C1
nangi, aéroport de 41C C1
nang Jiang 38-139 G6 I5
nangmar 138-139 B5 C5
nangsha 138-139 I6
nangwon 142 B3
nangzhi 138-139 I4
nangzhou 138-139 J5 K5
nania 112-1131 H8
nantar, îles 116-117 O4
nanthaburi 134-135 C3
naor 138-139 K2
naouén 156 D2
naoyang 138-139 J3 K3
naozhou 138-139 J7
narcas 66F
nardja 130 F4 G4
naref, oued 156 E2
narente 100-101 D4
narenton 99C C3
nari 158-159A E3
narikar 132 B2 C2
narleroi 94 C4
narleroi, canal de 95C
narles 51 D1
narlesbourg 54D
narles de Gaulle, éroport de 99C D1
narleston (Caroline du ud) 58-59 K5
narleston (Virginie occ.) 8-59 J4
narleville 146-147 E4
narleville-Mézières 00-101 F2
narlevoix, réserve mondiale de la iosphère de 54A
narlotte 58-59 J4 K4
narlottesville 64B
narlottetown 51 F4
narlton (Canada) 1 B3 C3
narlton (R.-U.) 98C C3
narm el Cheikh 06-107 K6
narny 54D
narters Towers 46-147 E3 E4
nartres 100-101 D2
narvin, mont 104-105 B3
nasseral 104-105 C1
nâteaubriant 100-101 C3
nâteau-d'Oex 04-105 C2
nâteaudun 100-101 D2
nâteaufort 99C A3 B3
nâteauroux 100-101 D3
nâteau-Salins 00-101 G2
nâtellerault 100-101 D3
natham (Canada) 51 E4
natham (R.-U.) 96-97 G6
natham, îles 146-147 I6
nâtillon-sur-Seine 00-101 F3
natou 99C B2
Chattahoochee 58-59 J5
Chatt al Arab 130 E3 E4
Chattanooga 58-59 I4
Chatti, wadi 158-159A E2
Chaudière-Appalaches 55A
Chaumont 100-101 F2
Chaves 108-109 B2
Chavigny, lac 51 C2
Cheb 102 E3
Chébéli 150-151 H4
Chech, erg 150-151 C2
Cheduba 134-135 A2
Chegga 156 D4
Cheju (île) 140A A3
Cheju (ville) 140A A3
Chek Lap Kok, aéroport de 141D
Chelagski, cap 116-117 S2
Chelekhov, baie de 116-117 Q3
Chelenikho 120F B2
Cheliff 106-107 E4
Chelles 99C D2
Chelmsford 96-97 G6
Chelsea (Canada) 55H
Chelsea (R.-U.) 98C B2 B3
Cheltenham 96-97 E6
Chemnitz 102 E3
Chenachane 156 D4 E4
Chengde 138-139 J3
Chengdu 138-139 G5
Chennai 132 E7
Cher 100-101 E3
Cherbourg 100-101 C2
Cherchell 108-109 F4 G4
Chergui, chott ech 106-107 E5
Cherrapunji 132 G4
Chertsey 98C A3
Chesapeake 64B
Chesapeake, baie de 58-59 K4 L4
Cheshunt 98C B1 C1
Chester 96-97 E5
Chesterfield 96-97 F5
Chesterfield, îles 146-147 F3 G3
Chesterfield Inlet (baie) 40-41 K3
Chesterfield Inlet (localité) 42-43 I3
Chetumal 58-59 I8
Cheval-qui-Rue, col du 42-43 G4
Cheviot Hills 96-97 E4
Chevreuse 99C A4
Chevry 99C D3
Cheyenne (rivière) 58-59 F3
Cheyenne (ville) 58-59 F3
Chhapra 132 E4 F4
Chi 134-135 C2
Chiai 140D A2
Chiang Mai 134-135 B2 C2
Chiang Rai 134-135 B2
Chiani 110-111 D3
Chianti, monts du 110-111 C3
Chiapas 66A
Chiavari 105C
Chiavenna 110-111 B1
Chiba 142 E3
Chibam 130 E6
Chibougamau 51 D4
Chicago 58-59 I3
Chic-Chocs, réserve faunique des 54A
Chichagof, île 42-43 E4
Chichén Itzá 58-59 I7
Chiclayo 73 C3
Chico 63A C2
Chicoutimi 55G
Chidley, cap 42-43 L3
Chiem, lac 102 E5
Chienti 110-111 D3
Chiese 110-111 C2
Chieti 110-111 E3
Chifeng 138-139 J3
Chigwell 98C C1
Chihuahua (État) 66A
Chihuahua (ville) 58-59 E6
Chili 73 C6
Chili, bassin du 10-11 M12
Chili, dorsale du 144-145 L29 M30
Chilka 116-117 M4
Chillán 73 C6
Chiloé 72 C7
Chilpancingo 58-59 G8
Chiltern Hills 96-97 F6
Chilung 140D B1
Chilwa, lac 150-151 G6
Chimalhuacán 67A
Chimaltenango 67B
Chimay 94 C4
Chimborazo 72 C3
Chimbote 73 B3 C3
Chin, collines de 134-135 A1
Chinde 152-153 G6
Chindwin 138-139 F6
Chine 126-127 K6 M6
Chine du Nord, plateau de 138-139 I4
Chine du Sud, plateau de 138-139 H6 I7
Chine méridionale, basin de 144-145 G14
Chine méridionale, mer de 124-125 N9 N8
Chine orientale, mer de 138-139 K5 L6
Chingford 98C C1
Chinguetti 152-153 B2
Chinju 140A A2 B2
Chinko 150-151 F4
Chinois, bouclier 16C
Chinon 100-101 D3
Chioggia 110-111 D2
Chipata 152-153 G6
Chipperfield 98C A1
Chipping Ongar 98C D1
Chipstead 98C B4
Chiquimula 67B
Chiraz 130 F4
Chiriquí, lagune de 68 C5
Chirripó 68 C5
Chisasibi 51 B3 C3
Chişinău 114-115 F6
Chislehurst 98C C3
Chiswick 98C B2 B3
Chitose 142 E2
Chitral 132 C2
Chittagong 132 G5
Chittoor 132 D7
Choa Chu Kang 141C A1
Choiseul 146-147 F2
Choisy-le-Roi 99C C3
Cholet 100-101 C3
Choluteca 68 B4
Chomutov 102 E3
Chonan 142 B3
Chon Buri 134-135 C3
Chongjin 142 B2 C2
Chongju 140A A2 B2
Chongqing 138-139 H6
Chonju 140A A2
Chonos, archipel des 72 C7
Chooz 101D
Chorrillos 73 C4
Chorwon 142 B3
Chorzów 114-115 D5
Choshi 143A D2 E2
Chou (rivière) 116-117 I5
Chou (ville) 116-117 I5
Choûm 156 B5
Christanshåb 42-43 M3 N3
Christchurch 146-147 H6
Christian IX, terre 42-43 O3
Christmas (Australie) 144-145 J13
Christmas (Kiribati) 144-145 H23
Christmas, crête de 144-145 G21 H22
Chüanchow 138-139 J7
Chugoku, péninsule de 142 C4 C3
Chula Vista 64A
Chumphon 134-135 B3 C3
Chunchon 140A A2 B2
Chungju 142 B3
Chungli 140D A1 B1
Chuo 143C
Chuquicamata 73 D5
Churchill (fleuve, Labrador) 51 F3
Churchill (fleuve, Manitoba) 42-43 H4 I4
Churchill (ville) 42-43 I4
Churchill, chutes 51 F3
Churchill, pic 42-43 F4
Churchill, province de 45A
Churfirsten 104-105 E1
Churu 132 C4
Chutes-de-la-Chaudière-Est 55E
Chutes-de-la-Chaudière-Ouest 55E
Chuuk 144-145 H18
Chyganak 138-139 A2
Chymkent 116-117 H5 I5
Chypre (État) 126-127 E6 F6
Chypre (île) 124-125 E6 F6
Ciego de Ávila (province) 69A
Ciego de Ávila (ville) 68 D2
Ciénaga 68 D4 E4
Cienfuegos (province) 69A
Cienfuegos (ville) 68 C2
Cieza 108-109 E3
Cigüela 108-109 D3
Cilacap 134-135 D7
Cimarron 58-59 G4
Cimone, mont 110-111 C2
Cinca 108-109 F1
Cincinnati 58-59 J4
Cinto, mont 110-111 B3
Circle 42-43 D3
Cirebon 134-135 D7
Cisa, col de la 110-111 C2
Cité, île de la 99B
Cité Mohameddia 157G
Citrus Heights 64A
City 98B
City Island 64C D1 D2
Ciudad Bolívar 73 D2
Ciudad Camargo 58-59 E6 F6
Ciudad del Carmen 58-59 H8
Ciudad del Este 73 E5
Ciudad Guayana 73 D2 E2
Ciudad Juárez 58-59 E5
Ciudad Madero 58-59 G7
Ciudad Obregón 58-59 E6
Ciudad Real 108-109 D3
Ciudad Rodrigo 108-109 B2
Ciudad Satélite 67A
Ciudad Victoria 58-59 G7
Civeaux 101D
Civitavecchia 110-111 C3
Clabecq 94 C4
Clacton-on-Sea 96-97 G6
Clair 91 B1
Clair, lac 63A C1
Claire, lac 42-43 G4
Clapham 98C B3
Claremorris 96-97 B5
Clarencia 73 C8 D8
Clarion, zone fracturée de 144-145 G25 G26
Claye-Souilly 99C D2
Claymore 91 B2
Clear 96-97 B6
Clear, cap 96-97 B6
Clementi 141C A2
Clerkenwell 98B
Clermont 146-147 E4
Clermont-Ferrand 100-101 E4
Clervaux 94 E4
Cleveland 58-59 J3
Cleveland Hills 96-97 F4
Clew, baie de A5 B5
Clichy 99C B2 C2
Cliffside Park 64C B2 C2
Clifton 64C B1
Clipper 91 C3
Clipperton 144-145 H28
Clipperton, zone fracturée de 144-145 H25 G27
Clogher, cap 96-97 C5 D5
Cloncurry 146-147 E4
Clonmel 96-97 C5
Cloverdale 63A B2
Clovis 58-59 F5
Cluj-Napoca 112-113 G2
Cluses 104-105 B2
Clusone 104-105 F3
Clyde (champ pétrolier) 91 C2
Clyde (fleuve) 96-97 E4 D4
Clyde, firth of 96-97 D4
Clydebank 96-97 D4
Clyde River 42-43 L2
Clydeside 97C
Coachella Canal 63A F5
Coahuila 66A
Coalinga 63A C3
Coats (île) 42-43 J3
Coats (rivière) 51 D2
Coats, terre de 162B
Coatzacoalcos 58-59 H8
Cobalt 42-43 J5 K5
Cobán 68 A3
Cobar 146-147 E5
Cobh 96-97 B6
Cobham 98C A4
Cobija 73 D4
Coblence 102 B3
Coburg 102 D3
Coca, piz di 104-105 F2
Cochabamba 73 D4
Cochem 102 B3
Cochin 132 D8
Cochrane 42-43 J5 K5
Coco 68 C4
Coco, canal 134-135 A3
Coco, îles 134-135 A3
Cocoa Beach 58-59 J6 K6
Cocos, crête des 144-145 H29 H30
Cocos, île 68 B5
Cocos, îles 144-145 J12
Cocos, plaque de 16B
Cocotá 76C
Cod 91 C2
Cod, cap 58-59 M3
Coega 161F
Coeur d'Alene 58-59 C2 D2
Coevorden 94 E2
Coffee, mont 158-159A C4
Coff's Harbour 146-147 F5
Coghinas 110-111 B4
Cognac 100-101 C4
Coiba 68 C5
Coimbatore 132 D7
Coimbra 108-109 A2
Coín 108-109 C4
Coire 104-105 E2
Colchester 96-97 G6
Coleraine 96-97 C4
Colima (État) 66A
Colima (ville) 58-59 F8
Colima, nevado de 58-59 F8
Coll 96-97 C3
College 42-43 C3 D3
College Point 64C C2
Collégien 99C D3
Collie 146-147 B5
Collier, baie 146-147 C3
Collombey 104-105 B2
Colmar 100-101 G2
Cologne 102 B3
Colombes 99C B2
Colombie 73 C2 D2
Colombie-Britannique 42-43 F4
Colombo 132 D8
Colón 68 D5
Colonia 73 E6
Colonne, cap 110-111 F5
Colonsay 96-97 C3
Colorado (État) 58-59 E4 F4
Colorado (fleuve, Arizona) 58-59 E4 D5
Colorado (fleuve, Texas) 58-59 G5
Colorado, aqueduc du 63A E4 F5
Colorado, plateau du 58-59 D4
Colorado Springs 58-59 F4
Columbia (fleuve) 58-59 A2
Columbia (ville) 58-59 J5
Columbia, cap 40-41 L1 N1
Columbia, mont 42-43 G4
Columbia, plateau de la 58-59 C2
Columbus (Géorgie) 58-59 J5
Columbus (Ohio) 58-59 J3 J4
Colusa 63A B2
Colville 42-43 C3
Colwyn Bay 96-97 E5
Comacchio 110-111 D2
Comacchio, lagunes de 110-111 C2 D2
Combs-la-Ville 99C D4
Côme 110-111 B2
Côme, lac de 110-111 B1
Comité, baie du 42-43 J3
Commandeur, îles du 116-117 R4
Communisme, pic 132 C2
Comoé 150-151 C4
Comores (État) 152-153 H6
Comores (îles) 150-151 H6
Comorin, cap 132 D8
Compiègne 100-101 D2
Conakry 150-151 B4
Concarneau 100-101 A3 B3
Concepción (mont) 67E
Concepción (ville, Chili) 73 C6
Concepción (ville, Paraguay) 73 D5 E5
Conception, pointe 58-59 B5
Conchos 58-59 E6
Concord (Californie) 63A B3 C3
Concord (New Hampshire) 58-59 L3
Condom 100-101 D5
Condroz 94 C4 D4
Coney Island 64C B4 C4
Conflans-Sainte-Honorine 99C A1 B1
Congo 150-151 F4 E5
Congo, bassin du 150-151 E4 F5
Congo, République Démocratique du 152-153 F4 F5
Congo, République du 152-153 E5
Congonhas, aéroport de 76D
Coni 110-111 A2
Conn, lough 96-97 B4
Connacht 96-97 B5
Connecticut (État) 58-59 L3
Connecticut (fleuve) 58-59 L3
Connemara 96-97 B5
Conscrits, mont des 51 D4
Con Son 134-135 D4
Constance 102 C5
Constance, lac de 102 C5
Constanţa 112-113 J3
Constantine 106-107 F4
Constitución 73 C6
Coo 94 D4
Cook, détroit de 146-147 H6
Cook, îles 144-145 J22 J23
Cook, mount 146-147 H6
Cook Inlet 40-41 E4 E3
Cooktown 146-147 E3
Coolgardie 146-147 B5 C5
Coombe Park 98C B3 C3
Cooper Creek 146-147 D4
Coosa 58-59 I5
Copacabana 76C
Copán 68 B4
Copenhague 92-93 D5 E5
Copiapó 73 C5 D5
Coppermine 42-43 G3
Coquimbo 73 C5 C6
Corabia 112-113 H4
Corail, bassin de 144-145 J17 J18
Corail, mer de 144-145 J18
Coral Gables 65G
Coral Harbour 42-43 J3
Corantyne 72 E2
Corato 110-111 F4
Corbeil 100-101 E2
Corbeil-Essonnes 99C C4
Corbie 94 A5
Corbières 100-101 E5
Corbones 108-109 C4
Corby 96-97 F5
Corcovado, golfe de 72 C7
Cordillère, région de la 45B
Cordillère centrale 72 C2
Cordillère occidentale 72 C2
Cordillère orientale 72 C2
Cordoue 108-109 C4
Corée 124-125 O6
Corée, baie de 138-139 K4
Corée, détroit de 138-139 L5
Corée du Nord 126-127 O5 O6
Corée du Sud 126-127 O6
Corfou (île) 112-113 E6
Corfou (ville) 112-113 E6
Corigliano 110-111 F5
Corinthe 112-113 G7
Corinthe, golfe de 112-113 G6
Corinto 68 B4
Corisco, baie 150-151 D4
Cork 96-97 B6
Cork Harbour 96-97 B6 C6
Çorlu 112-113 I5 J5
Cormeilles 99C B1 B2
Cormorant 91 C1
Corner Brook 51 G4
Corno Bianco 104-105 C3
Cornouailles 96-97 D6
Cornwall 51 C4 D4
Cornwallis 42-43 I2
Coro 73 D1
Coromandel 132 E7 E6
Coropuna 72 C4
Corpus Christi 58-59 G6
Corral 73 C6
Corrientes, cap (Colombie) 68 D5
Corrientes, cap (Mexique) 58-59 E7
Corse 110-111 B3
Corse, cap 110-111 B3
Corte 110-111 B3
Cortina d'Ampezzo 110-111 C1 D1
Cortona 110-111 D3
Corubal 150-151 B3
Çoruh 114-115 I7
Çorum 128 C1
Corumbá 73 E4
Coryton 91 C4
Cosenza 110-111 E5 F5
Cosigüina 67E
Costa Rica 68 B4 C5
Cotabato 134-135 G4 H4
Côte-des-Neiges/Notre-Dame-de-Grâce 55F
Côte d'Ivoire 152-153 C4
Côte-Nord 55A
Cotentin 100-101 C2
Côte-Saint-Luc 55F
Côte-Saint-Luc/Hampstead/Montréal-Ouest 55F
Côtier, aqueduc 63A C4
Côtier, canal 102 B2
Côtière, chaîne (Canada) 40-41 H4 I6
Côtière, chaîne (É.-U.) 58-59 B3 C4
Cotonou 152-153 D4
Cotswold Hills 96-97 E6 F6
Cottbus 102 E3 F3
Cottiennes, alpes 110-111 A2
Coubre, pointe de la 100-101 C4
Coulonge 51 C4
Coulsdon 98C B4
Council Bluffs 58-59 G3 H3
Courbevoie 99C B2
Courchevel 105C
Couronnement, golfe du 42-43 G3 H3
Courtrai 94 B4
Courville 54D
Couture, lac 51 C1
Couvin 94 C4
Coveñas 68 D5
Coventry 96-97 F5
Covilhã 108-109 B2
Covington 58-59 I4 J4
Cowan, lac 146-147 C5
Cowes 96-97 F6
Cox's Bazar 132 G5
Coyoacán 67A
Cozumel 58-59 I7
Cracovie 114-115 E5
Craiova 112-113 G3
Crans 104-105 C2
Crati 110-111 F5
Crau 100-101 F5
Crawley 96-97 F6
Cree, lac 42-43 H4
Creil 100-101 D2
Crémone 110-111 B2 C2
Cres 112-113 C3
Crescent City 63A A1 B1
Crêt de la Neige 100-101 F3
Crète 112-113 H8
Créteil 100-101 D2
Creuse 100-101 D3
Crewe 96-97 E5
Creys-Malville 101D
Crimée 114-115 G6
Crimée, monts de 114-115 G7
Criş blanc 112-113 F2 G2
Criş noir 112-113 F2 G2
Criş rapide 112-113 G2
Crna Gora 112-113 E4
Crna Reka 112-113 F5
Croatie 82-83 F4
Croato-Musulmane, Fédération 112-113 D3 E4
Croissy 99C B2
Cromarty 96-97 D3 E3
Cromer 96-97 G5
Crookes Point 64C B4
Cross Fell 96-97 E4
Cross River 160C4
Crotone 110-111 F5
Croydon 98C B3
Crozet, bassin de 144-145 L8 M9
Crozet, îles 144-145 M8
Crozet, seuil de 144-145 M7
Cruden Bay 96-97 F3
Cruz, cap 68 D3
Cruzeiro do Sul 73 C3
Ctesiphon 130 D3 E3
Cuajimalpa 67A
Cuando 150-151 F6
Cuanza 150-151 E5
Cuba 68 C2
Cubango 150-151 E6
Cúcuta 73 C2
Cuddalore 132 D7
Cuddapah 132 D7
Cuenca (Équateur) 73 C3
Cuenca (Espagne) 108-109 D2 E2
Cuenca, serranía de 108-109 D2 E3
Cuernavaca 58-59 F8 G8
Cuevas 108-109 E4
Cuffley 98C B1
Cuiabá 73 E4
Cuijk 94 D3
Cuima 152-153 E6
Culemborg 94 D3
Culgoa 146-147 E4
Culhuacán 67A
Culiacán 58-59 E7
Culion 134-135 F3
Cullera 108-109 E3 F3
Cumaná 73 D1
Cumberland 58-59 I4
Cumberland, baie de 42-43 L3
Cumberland, péninsule de 42-43 L3
Cumbre, col de la 72 D6
Cumbrian, monts 96-97 E4
Cunene 150-151 E6
Cunnamulla 146-147 E4
Cunningham Park 64C D2
Cupar 96-97 E3
Curaçao 68 F4
Curitiba 73 F5
Curlew 91 C2
Cuttack 1321 F5
Cuxhaven 102 C2
Cuyo, îles 134-135 G3
Cuyuni 68 H5
Cuzco 73 C4
Cwmbran 96-97 E6
Cyclades 112-113 H7
Cypress Gardens 65F
Cypress Hill, parc provincial 49D
Cyrénaïque 106-107 I5
Cyrene 106-107 I5
Cythère 112-113 G7
Częstochowa 114-115 D5 E5

D

Daba Shan 138-139 H5 I5
Dabbagh, djebel 129 B8
Dabie Shan 138-139 I5 I6
Dabrazabat 130 C7
Dacca 132 F5 G5
Dachau 102 D4
Dachhowuz 116-117 G5
Dachstein 102 E5
Dadès 156 D3
Dadra et Nagar Haveli 132 C6
Dadu 132 B4
Dadu He 138-139 G5
Daet 134-135 G3
Dagenham 98C D2
Daghestan 121A
Dagupan 134-135 G2
Dahab 129 A7
Dahana 130 D4 E4
Dahenqin Dao 141A B3
Dahlak, îles 150-151 H3
Dahlem 94 E4
Dahra 106-107 E4
Dahra 106-107 H6
Daio, cap 143A C2
Daito, îles 138-139 M6
Dajian Shan 138-139 G6
Dakar 152-153 B3
Dakhla 106-107 J6
Dakhla, oasis de 106-107 J6
Dakota du Nord 58-59 F2 G2
Dakota du Sud 58-59 F2 G2
Dalälv 92-93 F3
Dalaman 112-113 I7
Dalandzadgad 138-139 G3
Dalarna 92-93 E3
Da Lat 134-135 D3
Dalby 146-147 F4
Dali 138-139 G6
Dalian 138-139 K4
Dallas 58-59 G5
Dalmatie 112-113 C3 D4
Dalnaïa 142 E1
Dalneretchensk 116-117 O5
Daloa 152-153 C4
Daly 146-147 D3
Daly Waters 146-147 D3
Daman 132 C5
Daman et Diu 132 B5 C5
Damanhur 106-107 J5 K5
Damar 134-135 H7
Damaraland 150-151 E7
Damas 130 C3
Damavand 130 F2
Dâmboviţa 112-113 H3
Damiette 106-107 K5
Dammaam 130 F4
Dammartin-en-Goële 99C D1
Damma Stock 104-105 D2
Damodar 132 F5
Damour 129 B2
Dampier 146-147 B4
Dampier, détroit de 134-135 I6
Dampier, pays de 146-147 C3
Dampierre 101D
Dan 91 D3
Danakil, dépression 150-151 H3
Da Nang 134-135 D2
Danbury 64B
Dandong 138-139 K3
Danemark 82-83 E3 F3
Danemark, détroit du 10-11 C17 C18
Dangrek, monts 134-135 C3
Dania Jai Alai Palace 65G
Dannemora 92-93 F3
Danshui 141A C2
Danson Park 98C C3
Danube 80-81 F4 G4
Danville 58-59 J4 K4
Daocheng 138-139 F6 G6
Dapeng Wan 141A C2
Da Qaidam 138-139 F4
Dara 129 C3
Darbhanga 132 F4
Dardanelles 128 B2
Darent 98C D3
Dar-es-Salam 152-153 G5 H5
Darfo 104-105 F3
Darfur 150-151 F3
Darién, golfe de 68 D5
Darién, serranía del 68 D5
Darjeeling 132 F4
Darkhan 138-139 H2
Darling 146-147 E5
Darling, monts 146-147 B4 B5
Darlington 96-97 E4 F4
Darmstadt 102 C4
Dart 96-97 E6
Dartford 98C D3
Dartmoor 96-97 D6 E6
Dartmouth (Canada) 42-43 L5
Dartmouth (R.-U.) 96-97 E6
Daru 146-147 E2
Darwin 146-147 D3
Darwin, cordillère 72 C8 D8
Das 131 F4
Dascian, mont 150-151 G3
Datong 138-139 I3
Datu, baie de 134-135 E5
Datu, cap 134-135 D5
Daugava 114-115 F4
Daugavpils 92-93 H5
Dauphin 42-43 I4
Dauphiné 100-101 F4
Davangere 132 D7
Davao 134-135 H4
Davao, golfe de 134-135 H4
Davenport 58-59 H3 I3
David 68 C5
Davis, détroit de 40-41 N2 O3
Davis, région de 45B
Davos 104-105 E2
Dawasir 130 D5
Dawei 134-135 B3
Dawka 130 F6
Dawn, monts 134-135 B2
Dawson 42-43 E3
Dawson Creek 42-43 F4 G4
Dax 100-101 C5
Dayton 58-59 J4
Daytona Beach 58-59 J6 K6
Dease, détroit de 42-43 H3
Dease Lake 42-43 F4
Death Valley 58-59 C4
Death Valley, parc national 63A E3
Deauville 100-101 C2 D2
De Bilt 94 D2
Debrecen 112-113 F2 G2
Debre Markos 152-153 G3
Debre Tabor 152-153 G3 H3
Decatur 58-59 I4
Decazeville 100-101 E4
Deccan, plateau du 132 D6 D7
Deception 51 D1
Děčín 102 F3
Dee (Écosse) 96-97 E3
Dee (Pays de Galles) 96-97 E5
De Grey 146-147 C4
Dehra Dun 132 D3
Dehui 142 B2
Deinze 94 B3
Deir ez Zor 130 D2
Dej 112-113 G2
Delano 63A D4
Delano, pic 58-59 D4
Delaware (État) 58-59 K4 L4
Delaware (fleuve) 58-59 K3 L3
Delémont 104-105 C1
Delft 94 C2
Delfzijl 94 E1 F1
Delgado, cap 150-151 H6
Delhi (État) 132 D4
Delhi (ville) 132 D4
Déline 42-43 F3
Delle 104-105 B1 C1
Delmenhorst 102 C2
De Long, détroit de 116-117 S2
Delos 112-113 H7
Delphes 112-113 G6
Delray Beach 65G
Del Rio 58-59 F6
Delta 160C4
Delta de la rivière Anderson, sanctuaire d'oiseaux 49D
Delta Mendota Canal 63A C3
Demanda, sierra de la 108-109 D1
Dêmer 94 C3
Demnate 156 D3
Dempo 134-135 C6
Demta 134-135 K6
Dena, kuh-i 130 F3
Denain 100-101 E1
Denali 40-41 E3
Denbigh 96-97 E5
Den Burg 94 C1
Dendre 94 B4
Denejkin 114-115 L3
Dêngqên 138-139 F5
Den Haag 94 C2
Denham 98C A2
Dénia 108-109 F3
Denison Dam 58-59 G5
Denizli 128 B2
Den Oever 94 D2
Denpasar 134-135 E7 F7
D'Entrecasteaux, îles 146-147 E2 F2
D'Entrecasteaux, récifs 146-147 F3 G3
Denver 58-59 E4 F4
Depoutatski 116-117 P3
Deptford 98C C3
Dera Ghazi Khan 132 B4 C4
Dera Ismail Khan 132 B3 C3
Derbent 114-115 J7
Derby (Australie) 146-147 C3
Derby (R.-U.) 96-97 F5
Derg, lough 96-97 B5
Derna 106-107 I5
Derwent 96-97 F4
Derweze 130 G1

Désappointement, lac du 146-147 C4
Desertas, ilhas 156 A2
Desjardins 55E
Des Moines 58-59 G3 H3
Desna 114-115 G5
Despeñaperros, desfiladero de 108-109 D3
Dessau 102 E3
Dessié 152-153 G3 H3
Desventuradas 72 B5 C5
Detmold 102 C3
Detroit 58-59 J3
Deux-Mers, autoroute des 100-101 E4
Deva 112-113 G3
Deventer 94 E2
Devon 42-43 J2
Devonport 146-147 E6
Dewas 132 D5
Dewey Soper, sanctuaire d'oiseaux 49D
Deyhuk 130 G3
Dezful 130 E3
Dezhou 138-139 J4
Dhahraan 1301 E4 F4
Dhaka 132 F5 G5
Dhamar 130 D7 E7
Dhanbad 132 F5
Dhaulagiri 132 E4
Dhofar 130 F6
Dhule 132 C5
Diadema 76D
Diamantina (fleuve) 146-147 E4
Diamantina (localité) 73 F4
Diamantina, chapada 72 F4 G3
Dibrugarh 132 G4
Didao 142 C1
Diego Garcia 144-145 I9 I10
Diekirch 94 E5
Dien Bien Phu 134-135 C1
Dieppe 100-101 D2
Dieren 94 E2 E2
Diest 94 D3
Dietikon 104-105 D1
Diffa 152-153 E3
Differdange 94 D5 E5
Digne 100-101 G4
Digul 134-135 J7
Dijon 100-101 F3
Dikson 116-117 J2
Dili 134-135 H7
Dilla 152-153 G4
Dimbokro 158-159A C4
Dimitrovgrad (Bulgarie) 112-113 H4 I4
Dimitrovgrad (Russie) 114-115 J5 K5
Dimlington 91 B3 C3
Dimona 129 A4 B4
Dinagat 134-135 H3
Dinan 100-101 B2
Dinant 94 C4 D4
Dinara 112-113 D3
Dinard 100-101 B2
Dinariques, alpes 112-113 C3 D4
Dindigul 132 D7
Dinggyê 138-139 D6
Dingle 96-97 A5
Dingle, baie de 96-97 A5
Dingwall 96-97 D3
Dingxi 138-139 G4 H4
Dinosaur, parc provincial 49D
Diourbel 158-159A B3
Dipolog 134-135 G4
Dirédaoua 152-153 H4
Dirranbandi 146-147 E4
Disentis 104-105 D2
Disgrazia, mont 104-105 E2
Disko 42-43 M3
Disko, baie de 42-43 M3
Dispur 132 G4
District Fédéral 66A
Distrito Federal 73 F4
Dithmarschen 102 C1 C2
Diu 132 C5
Diveria 104-105 D2
Divisões, serra das 72 E4 F4
Dix, lac des 104-105 C2
Dixence 104-105 C2
Dixième degré, passage du 134-135 A4 A3
Dixmude 94 B3 B3
Diyarbakır 128 E2
Djado, plateau de 150-151 E2
Djakovica 112-113 F4
Djalo 158-159A F2
Djalo, oasis de 150-151 E2
Djanet 152-153 D2
Djebel, bahr el 150-151 G4
Djebel Ali 130 G5
Djebel Dhanna 130 F5
Djedda 130 C5
Djerba 106-107 G5
Djérem 158-159A E4
Djerid, chott 106-107 F5
Djerissa 158-159A D1 E1
Djiarabub 106-107 I6
Djibouti (État) 152-153 H3
Djibouti (ville) 152-153 H3
Djimma 152-153 G4
Djouba 150-151 H4
Djoué 158-159A E5
Djougdjour, monts 116-117 O4 P4
Djourab 158-159A E3
Djubail 130 E4 F4
Dniepr 114-115 G5 H6
Dniestr 114-115 E6 F6
Dniprodzerjynsk 114-115 G6
Dnipropetrovsk 114-115 H6
Dnistrovsky, lyman 112-113 K2 K3
Doba 152-153 E4
Dobbiaco 110-111 D1
Dobo 134-135 I7
Doboj 112-113 E3
Dobrič 112-113 I4
Dobrogea 112-113 J3
Dobroudja 112-113 J3
Doce 72 F4
Docklands 98C C2
Dodécanèse 112-1131 I7
Dodge City 58-59 G4
Dodoma 152-153 G5
Doesburg 94 E2
Doetinchem 94 E3
Dogo 142 C3
Dogs, isle of 98C C2
Doha 130 F4
Doire baltée 110-111 A2
Doire ripaire 110-111 A2
Dokkum 94 D1
Dolbeau-Mistassini 51 D4
Dole 100-101 F3
Dollard 94 F1
Dollard-des-Ormeaux 55F
Dollard-des-Ormeaux/Roxboro 55F
Dolomites 110-111 C1 D1
Dom 104-105 C2
Domat 104-105 E2
Dombås 92-93 D3
Dombes 100-101 F4 F3
Dom Bosco 76E
Dôme, puy de 100-101 E4
Dominicaine, République 68 G3
Dominique 68 G3
Domleschg 104-105 E2
Domodossola 110-111 A1 B1
Domont 99C B1 C1
Don (R.-U.) 96-97 E3
Don (Russie) 114-115 I6
Donaueschingen 102 C5
Donauwörth 102 D4
Don Benito 108-109 C3
Doncaster 96-97 F5
Dondo 152-153 E5
Dondra, cap 132 E8
Donegal 96-97 B4 C4
Donegal, baie de 96-97 B4
Donets 114-115 H6
Donets, plateau du 80-81 H4
Donetsk 114-115 H6
Dongara 146-147 B4
Donges 101D
Dongfang 138-139 H8
Donggala 134-135 F6
Dongguan 141A B1
Dong Hoi 134-135 D2
Dong Jiang 141A B1
Dongjingcheng 142 B2 C2
Dongola 152-153 G3
Dongting, lac 138-139 I6
Donner, col 58-59 B4
Dorada, costa 109D
Dorchester 96-97 E6
Dordogne 100-101 E4 D4
Dordrecht 94 C3
Dore, mont 100-101 E4
Dorking 98C A4
Dornbirn 102 C5 D5
Dornoch Firth 96-97 E3 E2
Dortmund 102 B3
Dorval 54C
Dorval, aéroport international de 54C
Dorval, île 54C
Dorval/L'Île-Dorval 55F
Dosso 158-159A D3
Dossor 114-115 K6
Douai 100-101 E1
Douala 152-153 D4 E4
Douara 158-159A D1 E1
Douarnenez 100-101 A2
Doubaï 130 F4 G4
Doubs 100-101 G3
Douchanbe 132 B2
Doudinka 116-117 J3
Douglas 96-97 D3
Doumen 141A A3
Dounreay 96-97 D2 E2
Douro 108-109 B2
Douvres 96-97 G6
Douvres, détroit de 96-97 G5 H5
Dover 58-59 K4 L4
Dovrefjell 92-93 D3
Downpatrick 96-97 D4
Downs du Nord 96-97 G6
Downs du Sud 96-97 F6 G6
Dozois, réservoir 51 C4
Drâa 156 D3 C3
Drâa, cap 156 C3
Draâ, hammada du 150-151 C2
Drachten 94 D1 E1
Drăgăşani 112-113 H3
Draguignan 100-101 G5
Drake, détroit de 144-145 N32
Drakensberg 150-151 F8 G7
Dráma 112-113 H5
Drammen 92-93 D4
Drance 104-105 C2
Drancy 99C C2
Dranse 104-105 B2
Drave 112-113 B2 E3
Drenthe 94 E2
Dresde 102 E3
Dreux 100-101 D2
Driftwood 42-43 F4
Drin 112-113 F4
Drina 112-113 E3
Drin blanc 112-113 F4
Drin noir 112-113 F5
Drobeta-Turnu Severin 112-113 G3
Drôme 100-101 F4
Dronne 100-101 D4
Dronten 94 D2
Droujba 138-139 C2
Droujina 116-117 P3
Drumheller 42-43 G4
Drummondville 51 D4
Druz, djebel ed 130 C3
Druzie 129 C3
Drvar 112-113 D3
Dry Creek Dam 63A B2
Duarte, pico E3
Dubawnt, lac 42-43 H3
Dubbo 146-147 E5
Dübendorf 104-105 D1
Duberger 54D
Dublin 96-97 C5
Dubrovnik 112-113 D4 E4
Dubuque 58-59 H3 I3
Duchesnay, station écotouristique 54A
Ducie 144-145 K26
Duck Mountain, parc provincial 49D
Duclair 99A
Dudley 96-97 E5
Duero 108-109 D2
Dufourspitze 104-105 C3
Dugi Otok 112-113 C4
Dugny 99C C2
Du Gué 51 D2
Duisbourg 102 B3
Duiveland 94 B3 C3
Dukhan 130 F4
Duluth 58-59 H2
Dulwich 98C B3 C3
Duma 129 C2
Dumai 134-135 C5
Dumaran 134-135 F3 G3
Dumat al Djandal 130 C4
Dumbarton 96-97 D4
Dumfries 96-97 E4
Dumont 64C B1 C1
Dunaújváros 112-113 E2
Dunbar (champ pétrolier) 91 C1
Dunbar (ville) 96-97 E3
Duncan, passage de 134-135 A3
Duncansby, cap 96-97 E2
Dundalk 96-97 C4
Dundalk, baie de 96-97 C5 D5
Dundas 42-43 L2
Dundas, lac 146-147 C5
Dundee 96-97 E3
Dundee Lake 64C B1
Dund-Us 138-139 E2
Dunedin 146-147 H6
Dunfermline 96-97 E3
Dungarvan 96-97 C5
Dungeness 96-97 G6
Dungunab 130 C5
Dunhua 138-139 L3
Dunière, réserve faunique de 54A
Dunkerque 100-101 E1
Dún Laoghaire 96-97 C5 D5
Dunlin 91 C1
Dunoon 96-97 D4
Duolun 138-139 J3
Duomula 138-139 C5
Duqm 130 G6
Duque de Caxias 76C
Durance 100-101 G4 F5
Durango (État) 66A
Durango (ville, É.-U.) 58-59 E4
Durango (ville, Mexique) 58-59 E7 F7
Durban 152-153 G8
Düren 94 E4
Durg-Bilainagar 132 E5
Durham (É.-U.) 58-59 K4
Durham (R.-U.) 96-97 F4
Durmitor 112-113 E4
Durrës 112-113 E5
Dushan 138-139 H6
Düsseldorf 102 B3
Dvina, baie de la 114-115 H2 I3
Dvina occidentale 114-115 F4
Dvina septentrionale 114-115 I3
Dyle 94 C4
Dzerjinsk 114-115 I4
Dzerjinski 120F D3
Dzerjinski, parc 120F C1
Dzoungarie 138-139 D2
Dzvina 114-115 F4

E

E.O.L., réservoir 51 C3
Ealing 98C A2
Easington 91 C3?
East Barnet 98C B1
Eastbourne 96-97 G6
Eastchester Bay 64C D1 D2
Eastend 98C C2
East Ham 98C C2
East Kilbride 96-97 D4
East London 152-153 F8 G8
Eastmain 51 D3
Eastman 51 C3
East New York 64C C3
East Park Dam 63A B2
East River 64C C2 D2
East Side Division 63A C3
East Sussex 98A
Eau Claire 58-59 H2 H3
Eau Claire, lac à l' 51 D2
Eauripik, crête d' 144-145 I17 H17
Ebbw Vale 96-97 E6
Eberswalde 102 E2 F2
Ebetsu 142 E2
Ebi Nur 138-139 C3
Eboli 110-111 E4
Ebre 108-109 D1 F2
Ebubu 160F
Ecancourt 99C A1
Ecatepec de Morelos 67A
Ech Cheliff 106-107 E4
Echo Bay 40-41 I3
Echternach 94 E5
Écija 108-109 C4
Écosse 96-97 D3 E3
Écosse, hautes terres d' 96-97 D3 E3
Écouen 99C C1
Edd 130 D7
Ed Damer 152-153 G3
Ede 94 D2
Edéa 158-159A E4
Eden 96-97 E4
Edenbridge 98A
Eder 102 C3
Edessa 112-113 G5
Edfou 106-107 K7
Edgware 98C B2
Edinburgh 96-97 E4
Edirne 128 B1
Edjeleh 152-153 D2
Edmonton (Canada) 42-43 G4
Edmonton (R.-U.) 98C C1 C2
Edmundston 51 E4
Edo (État) 160C4
Edo (rivière) 143C
Edolo 104-105 F2
Édouard, lac 150-151 F5 G5
Edremit 112-113 I6
Edremit, golfe d' 112-113 I6
Edwards, plateau d' 58-59 F5 G6
Eeklo 94 B3
Efate 146-147 G3
Eforie Nord 112-113 J4
Égates, îles 110-111 C6 D6
Egedesminde 42-43 M3
Égée, mer 106-107 I3 J3
Eger 112-113 F2
Egersund 92-93 C4
Égine 112-113 G7
Égine, golfe d' 112-113 G7
Egmont, mont 146-147 H5
Eğridir, lac 106-107 K4
Egvekino 116-117 S3 T3
Égypte 152-153 F2 G2
Eibar 108-109 D1
Eider (champ pétrolier) 91 C1
Eider (fleuve) 102 C1
Eidsvoll 92-93 D3
Eifel 102 B3
Eiger 104-105 C2
Eigg 96-97 C3
Eil 152-153 H4
Eilat 129 A6
Eilat, golfe d' 129 A7 A6
Eindhoven 94 D3
Einsiedeln 104-105 D1
Eisack 110-111 C1
Eisden 94 D4
Eisenach 102 D3
Eisenerz 112-113 C2
Eisenhüttenstadt 102 F2
Ekenäs 92-93 G3 G4
Ekibastouz 116-117 I4
Ekofisk 91 C2
El Alamein 106-107 J5
Élancourt 99C A3
El Aricha 156 E2
El Arish 106-107 K5
El Askar 157G
Elâzğ 128 D2
El Banco 68 E5
Elbasan 112-113 F5
Elbe 80-81 E3
Elbe, canal lateral de l' 102 D2
Elbe, île d' 110-111 C3
Elbe-Havel, canal 102 D2 E2
El Beida 106-107 I5
El Bekaa 129 B2 C1
El Belka 129 B4 C4
Elbe-Lübeck, canal 102 D2
Elbert, mont 58-59 E4
Elbeuf 100-101 D2
Elbląg 92-93 F5
El Bluff 68 C4
El Boulaïda 106-107 E4
Elbourz 130 F2
Elbrous 114-115 I7
Elbsandstein, monts 102 E3 F3
Elche 108-109 E3
Elda 108-109 E3
Elde 102 D2
Eldfisk 91 C2
El Djelfa 106-107 E5
El Djouf 150-151 C2
Eldoret 152-153 G4
El Eglab 150-151 C2
Elektrostal 114-115 H4
El Escorial 108-109 C2
Eleuthera 68 D1
El Fasher 152-153 F3
El Fayoum 106-107 J6 K6
El Gallao 68 G5
El Geneina 152-153 F3
El Ghor 129 B3
Elgin 96-97 E3
El Goléa 152-153 D1
Elgon 150-151 G4
El Halil 129 B4
El Hammâmi 156 B5 C5
El Hank 156 D4
El Harch 157G
El Hermel 129 C1
El Hierro 156 A4
Elista 114-115 I6
Elizabeth 64B
Elizabeth, cap 116-117 P4
El Jadida 156 C2
El Jat 156 B4
El Jorf Lasfar 156 C2
El Kala 110-111 B6
El Karak 129 B4
El Kef 106-107 F4
El Kelaâ des Srarhna 156 D2 D3
El Kharga 106-107 K6
Elk Island, parc national 49D
Elko 58-59 C3
El Kuntilla 129 A5
Ellesmere 42-43 J2 L1
El Lisan 129 B4
Ellis Island 64C B3
Ellsworth, terre d' 162B
Elm 104-105 E2
El-Minya 106-107 K6
Elmira 64B
Elmont 64C D3
El Monte 64A
El Nido 134-135 F3
El Obeid 152-153 F3 G3
El Oued 106-107 F5
Elounq, djebel 158-159A D1
El Paso 58-59 E5
El Pedroso 108-109 C4
El Progreso 67B
El Puerto de Santa María 108-109 B4
El Quseima 129 A5
El Salvador 68 A4 B4
Elst 94 D3
Elster noire 102 E3
Elstree 98C A1 B1
Eltham 98C C3
El Thamad 129 A6
El Tigre 68 G5
Eluru 132 E6
Elvas 108-109 B3
El Vendrell 108-109 F2
Ely 96-97 G5
Emajõgi 92-93 H4
Emamrud 130 G2
Emba 116-1171 G5
Embi 116-117 G5
Embrun 100-101 G4
Emden 102 B2
Émerainville 99C D3
Emerald (champ pétrolier) 91 C1
Emerald (localité) 146-147 E4
Emerson 42-43 I5
Émilie-Romagne 110-111 C2 D2
Emine, cap 112-113 I4 J4
Émirats Arabes Unis 126-127 H7
Emme 104-105 C2
Emmeloord 94 D2
Emmen 94 E2 F2
Emmental 104-105 C2
Emmerich 94 E3
Empereur, crête de l' 144-145 C19 E19
Empoli 110-111 C3
Ems (fleuve) 102 B2
Ems (ville) 104-105 E2
Ems, canal de l' 94 E1
Ems-Jade, canal 102 B2
Enarotali 134-135 J6
Encarnación 73 E5
Encontrados 68 E5
Ende 134-135 G7
Enderbury 144-145 H21 H22
Enderby, terre d' 144-145 O7 P8
Enewetak 144-145 G18 G19
Enez 112-113 I5
Enfer, portes d' 150-151 F5
Enfield 98C B1 C1
Engaño, cap 134-135 G2
En Gedi 129 B4
Engelberg 104-105 D2
Engels 114-115 J5
Engenho Novo 76C
Enggano 134-135 C7
Enghien-les-Bains 99C B1 C2
Englewood 64C B1 C1
English River 58-59 H1
Enid 58-59 G4
Enid, Mount 146-147 B4
Enkhuizen 94 D2
Enna 110-111 E6
En Nahud 152-153 F3
Ennedi 150-151 F3
Ennis 96-97 B5
Enniskillen 96-97 B4 C4
Enns 112-113 C2
Enontekiö 92-93 G1
Enschede 94 E2
Ensenada 58-59 C5
Enshi 138-139 H5
Entebbe 152-153 G4 G5
Entrée, l'île d' 51A
Enugu (État) 160C4
Enugu (ville) 152-153 D4
Éoliennes, îles 110-111 E5
Epe 94 D2
Épernay 100-101 E2
Éphèse 112-113 I7
Epi 146-147 G3
Épinal 100-101 G2
Épinay 99C B2
Épire 112-113 F6
Epping 98C C1
Epping Forest 98C C1
Epsom 98C B4
Équateur 73 B3 C3
Éragny 99C A1 B1
Erdenet 138-139 G2?
Erdre 100-101 C3
Ereğli 128 C2
Erenhot 138-139 I3
Eresma 108-109 C2
Erevan 114-115 I7
Erfoud 156 D3
Erfurt 102 D3
Ergel 138-139 H3
Ergheni, monts 114-115 I6
Erguig 158-159A E3
Ergune He 116-117 M4 N4
Er Hai 138-139 G6
Erichsen, terre d' 40-41 Q1 R1
Erie 58-59 J3 K3
Érié, canal 58-59 K3
Érié, lac 58-59 J3
Erigavo 130 E7
Erimanthos 112-113 F7 G7
Erimo, cap 142 E2
Erith 98C D3
Erjas 108-109 B3
Erlach 104-105 C1
Erlangen 102 D4
Ermelo 94 D2
Ermoupolis 112-113 H7
Erne 96-97 C3
Erne, lower lough 96-97 C4
Erne, upper lough 96-97 C3
Erode 132 D7
Eromanga 146-147 G3
Er Rachidia 156 D3
Errigal 96-97 B4
Erris, cap 96-97 A4
Er Roseires 152-153 G3
Ertai 138-139 E2
Ertis (rivière) 116-117 I4
Ertis (ville) 116-117 I4
Érythrée 152-153 G3
Erzin 138-139 F1
Erzincan 128 D2
Erzurum 128 E2
Esbjerg 92-93 D5
Esbo 92-93 H3
Escanaba 58-59 I2
Escaut 100-101 E1
Escaut occidental 94 B3
Escaut oriental 94 B3 C3
Esch-sur-Alzette 94 D5 E5
Esclaves, côte des 150-151 D4
Esclaves, grand lac des 42-43 G3
Esclaves, petit lac des 42-43 G4
Esclaves, province des 45A
Esclaves, rivière des 42-43 G3 G4
Escuintla 67B
Esher 98C A3
Esil 116-117 H4
Esino 110-111 D3
Eskilstuna 92-93 F4
Eskişehir 128 C2
Eslamchahr 130 E2 F2
Esmeraldas 73 B2 C2
Esna 106-107 K6
Esneux 94 D4
Espagne 82-83 D5
Esperance 146-147 C5
Espichel, cap 108-109 A3
Espinhaço, serra do 72 F4
Espirito Santo (État) 73 F5 F4
Espiritu Santo (île) 146-147 G3
Espoo 92-93 H3
Esquimaux, baie des 51 G3
Essaouira 156 C3
Es Semara 156 C4
Essen (Allemagne) 102 B3
Essen (Belgique) 94 C3
Essequibo 72 E2
Essex 98A
Esslingen 102 C4
Essonne 99A
Est, autoroute de l' 100-101 F2
Est, rivière de l' 141A C1
Estaca de Bares, punta da 108-109 B1
Este, punta del 72 E6
Estepona 108-109 C4
Estevan 42-43 H5
Estonie 82-83 G3
Estoril 108-109 A3
Estrela 108-109 B2
Estrela, serra da 108-109 B2
Estrémadure (Espagne) 108-109 B3 C3
Estrémadure (Portugal) 108-109 A3
Estremoz 108-109 B3
Estrie 55A
Esztergom 112-113 E2
Etah 42-43 K2 L2
Étang-des-Caps 51A
État-Libre 161A
États-Unis 40-41 I6 L6
Etawah 132 D4
Etchemin 54D
Éthiopie 152-153 G4 H4
Éthiopien, massif 150-151 G3
Etna 110-111 E6
Eton 96-97 F6
Etosha Pan 150-151 E6
Étretat 100-101 C2 D2
Etsch 110-111 C1 C2
Ettelbruck 94 D5 E5
Etten-Leur 94 C3
Ettrick 91 B2
Eubée 112-113 H6
Eubée, golfe d' 112-113 G6
Eucla 146-147 C5
Eugene 58-59 B3
Eugenia, cap 58-59 C6
Eupen 94 E4
Euphrate 124-125 F6 G6
Euphrate occidentale 128 D2 E2
Euphrate orientale 128 E2
Eurasiatique, plaque 16B
Eure (département) 99A
Eure (rivière) 100-101 D2
Eure-et-Loir 99A
Eureka (Canada) 42-43 J2
Eureka (É.-U.) 63A A1 B1
Europa, picos de 108-109 C1
Europe 10-11 D22 E23
Europe, pointe d' 108-109 C4
Europe occidentale, bassin de l' 10-11 D19 D20
Eurotas 112-113 G7
Euskadi 108-109 D1
Euskirchen 102 B3
Eustratios 112-113 H6
Evans, détroit d' 42-43 J3
Evans, lac 51 C3
Evanston 58-59 I3
Evansville 58-59 I4
Évenkie 121A
Everest 91 C2
Everest, mont 132 F4
Everett 58-59 B2
Everglades, parc national des 58-59 J6
Évian-les-Bains 104-105 B2
Evolène 104-105 C2
Évora 108-109 B3
Évreux 100-101 D2
Evros 112-113 I5
Évry 99C C4
Ewell 98C B3
Exe 96-97 E6
Exeter 96-97 E6
Exmoor 96-97 E6
Exmouth 96-97 E6
Exmouth, golfe 146-147 B4
Eyasi, lac 150-151 G5
Eyre 146-147 D5
Eyre, lac 146-147 D4
Eyre Creek 146-147 D4
Eyre Highway 146-147 C5
Ézanville 99C C1

F

Fada 158-159A F3
Faddeïev 116-117 P2 Q2
Faenza 110-111 C2 D2
Fagersta 92-93 E4
Fagne 94 C4
Faido 104-105 D2
Faim, steppe de la 116-117 H5 I5
Fair, cap 96-97 C4
Fair, île 96-97 F2
Fairbanks 40-41 F3
Fairfield 64A
Fair Lawn 64C B1
Faisalabad 132 C3
Faizabad (Afghanistan) 132 C2
Faizabad (Inde) 132 E4
Fakfak 134-135 I6
Falaises 100-101 D2
Falam 134-135 A1
Falémé 158-159A B3
Falkirk 96-97 D3 E3
Falkland, îles 73 D8 E8
Fall River 64B
Falmouth 96-97 D6
Falster 92-93 E5
Falterona, mont 110-111 C3
Falun 92-93 E3
Famagusta 130 B2 C2
Famenne 94 C4 D4
Fangliao 140D A2
Fano 110-111 D3
Fao 131 E4
Farafangana 152-153 H7 I7
Farafra 106-107 J6
Farafra, oasis de 106-107 J6
Farah (rivière) 116-117 H6
Farah (ville) 116-117 H6
Faranah 158-159A B3 C4
Farassan, îles 130 D6
Fareham 96-97 F6
Farewell, cap 146-147 H6
Farghona 116-117 I5
Fargo 58-59 G2
Faribault, lac 51 D2
Faridabad 132 D4
Farnborough 98C C3
Faro (Canada) 42-43 E3
Faro (Portugal) 108-109 A4
Fårön 92-93 F4
Farquhar, îles 150-151 I6
Farrukhabad 132 D4 E4
Fars 130 F4
Farsund 92-93 C4
Fartak, ras 130 F6
Farvel, cap 42-43 N4
Fatima (Canada) 51A
Fátima (Portugal) 108-109 A3
Faucigny 104-105 B2
Faucille, Col de la 104-105 B2
Faucilles, monts 100-101 G2
Fauske 92-93 E2 F2
Favignana 110-111 D6
Fawley 91 B4
Faxa, baie 80-81 B2
Faya-Largeau 152-153 E3
Fayetteville 58-59 K4
Fdérik 152-153 B2
Fear, cap 58-59 K5
Feather 63A C2
Fécamp 100-101 D2
Fehmarn 102 D1
Fehmarn Belt 102 D1
Feira de Santana 73 F4 G4
Felber Tauern 104-105B
Feldberg 102 B5
Feldkirch 102 C5
Felixstowe 96-97 G6
Feltre 110-111 C1
Femund, lac 92-93 D3
Fengcheng 138-139 J6
Fengshan 140D A2
Fengyuan 140D A1 B1
Fen He 138-139 I4
Feodosia 114-115 H7
Fer, portes de 112-113 G3
Ferghana 124-125 J5
Ferkéssédougou 158-159A C4
Ferland-et-Boilleau 55G
Fermont 51 E3
Féroé, îles 82-83 D2
Ferrare 110-111 C2
Fessenheim 101D
Fethiye 112-113 J7
Feu, terre de 72 D8
Feuilles, rivière aux 51 D2
Fezzan 106-107 G6 H6
Fhada, beinn 96-97 D3
Fianarantsoa 152-153 H7 I7
Fichtelgebirge 102 D3
Fidji 144-145 J20
Fidji, bassin méridional des 144-145 K20
Fidji, bassin septentrional des 144-145 J19 J20
Fier (rivière) 104-105 B3
Fier (ville) 112-113 E5
Fiesch 104-105 D2
Figeac 100-101 D4 E4
Figueira da Foz 108-109 A2
Figueres 108-109 G1
Figuig 152-153 C1
Filabres, sierra de los 108-109 D4
Filadelfia 73 D5 E5
Filicudi 110-111 E5
Filimazilovo 120F B2
Filingué 158-159A D3
Filipstad 92-93 E4
Finale Ligure 105C
Finchley 98C B2
Findel 94 E5
Finisterre, cap 108-109 A1
Finke 146-147 D4
Finlande 82-83 G2
Finlande, golfe de 92-93 G4 I3
Finlay 42-43 F4
Finnmark 92-93 G1 I1
Finschhafen 146-147 E2
Finsteraarhorn 104-105 D2
Finsterwalde 102 E3 F3
Fiora 110-111 C3
Firenze 110-111 C3
Firozabad 132 D4
Fisher, détroit de 42-43 J3
Fishguard 96-97 D5
Fitchburg 64B
Fitri, lac 158-159A E3
Fitzroy 146-147 C3
Fitzroy Crossing 146-147 C3
Fkih ben Salah 156 D2
Flagstaff 58-59 D4
Flamborough, cap 96-97 F4 G4
Fläming 102 E2 E3
Flandre 94 C3
Flandre, plaine de 80-81 E3
Flandre occidentale 94 A4 B4
Flandre orientale 94 B4
Flandre zélandaise 94 B3
Flannan, îles 96-97 B2 C2
Flatbush 64C C3
Flathead Lake 58-59 D2
Fleetwood 96-97 E5
Flekkefjord 92-93 C4
Flensburg 102 C1
Flers 100-101 C2
Flessingue 94 B3
Fleurier 104-105 B2
Flevoland 94 D2
Flevoland Est 94A
Flevoland Sud 94A
Flims 104-105 E2
Flinders (fleuve) 146-147 E3
Flinders (île) 146-147 E6
Flinders, monts 146-147 D5
Flin Flon 42-43 H4
Flint (île) 144-145 J23 J24
Flint (rivière) 58-59 J5
Flint (ville) 58-59 J3
Florac 100-101 E4
Floral Park 64C D2 D3
Florence 110-111 C3
Florencia 73 C2
Florenville 94 D5
Flores (île) 134-135 G7
Flores (ville) 68 B3
Flores, mer de 134-135 F7
Florianópolis 73 F5
Floride (État) 58-59 J6
Floride (péninsule) 40-41 L7
Floride, détroit de 68 C1 D1
Floride, keys de 58-59 J7
Flórina 112-113 F5
Florø 92-93 C3
Flotta 91 B2
Fluchthorn 104-105 F2
Flüela, col de la 104-105 E2
Flüelen 104-105 D2
Flumendosa 110-111 B5
Flumet 104-105 B3
Flums 104-105 E2
Flushing 64C C2 D2
Flushing Bay 64C C2
Flushing Meadow Park 64C C2
Fly 146-147 E2
Focşani 112-113 I3
Foggia 110-111 E4
Foglia 110-111 D3
Fogo 150-151 A3
Föhr 102 C1
Fóia 108-109 A4
Foinaven 91 A2
Foix (région) 100-101 D5

oix (ville) 100-101 D5
olda 92-93 E2
oldafjord 92-93 D2
olgefonni 92-93 C4 C3
oligno 110-111 D3
olkestone 96-97 G6
olsom 63A C2
ond du Lac 58-59 I3
onseca, baie de 68 B4
ontainebleau 100-101 E2
onte Boa 73 D3
orbach 100-101 G2
orcados 160B
orcalquier 100-101 F5
orclax, col de la 04-105 C2
orel, mont 42-43 O3
oreland du Nord 6-97 G6
oreland du Sud 6-97 G6
orest Park 64C C3
orestville 51 D4 E4
orez, monts du 00-101 E4
orfar 96-97 E3
orillon, parc national 4A
orli 110-111 C2 D2
ormentera 108-109 F3
ormose 140D B2
ormose, détroit de 38-139 J7
orrest 146-147 C5
orsayth 146-147 E3
orsmark 92-93 F3
orssa 92-93 G3
orst 102 F3
ort Albany 51 B3
ortaleza 73 G3
ort Augustus 96-97 D3
ort Bragg 63A A2 B2
ort Canning 141C B2
ort Chimo 51 E2
ort-de-France 68 G4
ort Dodge 58-59 G3 H3
ortescue 146-147 B4
ort George 51 B3 C3
ort Good Hope 42-43 F3
orth, firth of 96-97 E3
orties 91 C2
ort Knox 58-59 I4
ort Lauderdale 8-59 J6 K6
ort Lauderdale ollywood Airport 65G
ort Lee 64C C1
ort Liard 42-43 F3
ort McMurray 42-43 G4
rt McPherson 42-43 E3
rt Myers 58-59 J6
rt Nelson (localité) 2-43 F4 G4
rt Nelson (rivière) 2-43 F4
rtore 110-111 E4
rt Peck, réservoir de 8-59 E2 F2
rt Providence 2-43 F3 G3
rt Resolution 2-43 G3 H3
rt Rupert 51 C3
rt Saint John 2-43 F4 G4
rt Simpson 42-43 F3
rt Smith (Canada) 2-43 G3 H3
rt Smith (É.-U.) 8-59 H4
rtune Bay 51 G4
rt Vermilion 42-43 G4
rt Wayne 58-59 I3
rt William 96-97 D3
rt Worth 58-59 G5
rt Yukon 42-43 D3
scagno, col de 04-105 F2
shan 138-139 I7
ssano 110-111 A2
s-sur-Mer 100-101 F5
ugères 100-101 C2
ul, baie 106-107 L7
ulon, anse au 54D
uta Djalon 150-151 B3
veaux, détroit de 46-147 G6
wey 96-97 D6
xe, bassin de 42-43 K3
xe, détroit de 2-43 J3 K3
xe, péninsule de 2-43 K3
yle 96-97 C3
yle, lough 96-97 C3
ance 82-83 E4
ancfort 102 C3
ancfort-sur-Oder 102 F2
anche-Comté 00-101 F3 G3
anches Montagnes 04-105 B1 C1
ancistown 152-153 F7
ançois-Joseph, fjord de 0-41 R2 S2
ançois-Joseph, terre 16-117 F2 H2
anconia Notch 65C
anconie, forêt de 02 D3
anconville 99C B1
ankfort 58-59 J4
änkische Saale 102 D3
anklin 64C A2 B2
anklin, détroit de 2-43 I2
anklin, monts 42-43 F3
antsa-Iosifa, Zemlia 16-117 F2 H2
ascati 110-111 D4
aser (fleuve, Colombie-rittanique) 42-43 F4
aser (fleuve, Labrador) 1 F2
aser (île) 146-147 F4
Fraser, plateau du 42-43 F4
Fraserburgh 96-97 F3
Fraserdale 51 B4
Frauenfeld 104-105 D1 E1
Fray Bentos 73 E6
Fredericia 92-93 D5
Fredericton 51 E4
Frédéric VI, côte de 42-43 N3
Frédéric VIII, terre de 40-41 Q2 R2
Frederikshåb 42-43 M3 N3
Frederikshavn 92-93 D4
Freeport (Bahamas) 68 D1
Freeport (É.-U.) 58-59 G6 H6
Freetown 152-153 B4
Fregene 110-111 C4 D4
Freiberg 102 E3
Freising 102 D4
Fréjus, col de 100-101 G4
Fremantle 146-147 B5
Fremont 63A C3
Frère Ruys, cap du 40-41 S2
Fresnes 99C B3 C3
Fresnillo 58-59 F7
Fresno 58-59 C4
Fria, cap 150-151 E6
Friant 63A D3
Friant Dam 63A D3
Friant-Kern Canal 63A D3 D4
Fribourg 104-105 C2
Fribourg-en-Brisgau 102 B4 C4
Friedrichshafen 102 C5 D5
Frigg 91 C2
Frimley and Camberley 98A
Frio, cap 72 F5
Frioul-Vénétie-Julienne 110-111 D1 D2
Frise 94 D1 E1
Frise du Nord 102 C1
Frise occidentale 94 C2 D2
Frise orientale 102 B2
Frisonnes, îles 94 D1
Frobisher 91 C3
Frobisher, baie de 42-43 L3
Frome 96-97 E6
Frome, lac 146-147 E5
Front, chaîne 58-59 E4 E3
Frontenac, parc de 54A
Frosinone 110-111 D4
Frøy 91 C2
Frøya 92-93 D3
Fruška gora 112-113 E3
Frutigen 104-105 C2
Fuchu 143C
Fuego, tierra del 72 D8
Fuengirola 108-109 C4
Fuerte, río 58-59 E6
Fuerteventura 156 B3
Fujaïrah 130 G4
Fuji (fleuve) 143A D2
Fuji (mont) 142 D3
Fuji (ville) 142 D3
Fujian 138-139 J6
Fujisawa 143A D2
Fukuchiyama 143A C2
Fukui 142 D3
Fukuoka 142 B4 C4
Fukushima 142 E3
Fukuyama 142 C4
Fulda (rivière) 102 C3
Fulda (ville) 102 C3
Fulham 98C B3
Fullerton 64A
Fulmar 91 C2
Fumel 100-101 D4
Funabashi 143C
Funchal 156 A2
Fundy, baie de 42-43 L5
Fundy, parc national 49D
Furka, col de la 104-105 D2
Furneaux, îles 146-147 E5 E6
Furnes 94 A3
Fürstenwalde 102 F2
Fürth 102 D4
Fury et Hecla, détroit 42-43 J3
Fushun 138-139 K3
Futa, col de la 110-111 C2
Fuxian 138-139 H4
Fuxin 138-139 K3
Fuyu 138-139 K2 L2
Fuzhou 138-139 J6 K6
Fyn 92-93 D5
Fyne, loch 96-97 D3

G

Gabès 106-107 G5
Gabès, golfe de 106-107 G5
Gabon 152-153 E5
Gaborone 152-153 F7
Gabrovo 112-113 H4
Gadag 132 D6
Gádor, sierra de 108-109 D4
Gadsden 58-59 I5 J5
Gaète 110-111 D4
Gaète, golfe de 110-111 D4
Gafsa 106-107 F5
Gagaouzie 112-113 J3 J2
Gail 102 E5
Gainesville 58-59 J6
Gairdner, lac 146-147 D5
Galana 150-151 G5
Galápagos, îles 144-145 I29
Galashiels 96-97 E4
Galaţi 112-113 I3 J3
Galcaio 152-153 H4
Galdhøpiggen 92-93 D3
Galeão, aéroport de 76C
Galela 134-135 F4
Galice 108-109 A1 B1
Galicie 106-107 I2 J2
Galilée 129 B3
Galle 132 E8
Gállego 108-109 E1
Galleon 91 C3
Galles, pays de 96-97 D2
Gallinas, pointe 72 C1
Gallipoli (Italie) 110-111 F4
Gallipoli (Turquie) 112-113 I5
Gällivare 92-93 G2
Gallup 58-59 E4
Galtat Zemmour 156 B4
Galtee, monts 96-97 B5 C5
Galtür 104-105 F2
Galveston 58-59 H6
Galveston, baie de 58-59 G6 H6
Galway 96-97 B5
Galway, baie de 96-97 B5
Gama 76E
Gambela 152-153 G4
Gambie (État) 152-153 B3
Gambie (fleuve) 150-151 B3
Gambier, îles 144-145 K25
Gamlakarleby 92-93 G3 H3
Gäncä 114-115 J7
Gand 94 B3
Gander 42-43 M5
Gandhinagar 132 C5
Gandia 108-109 E3 F3
Ganganagar 132 C4
Gange 132 E4 F5
Gangtok 132 F4
Gannet 91 C2
Gannett, pic 58-59 D3 E3
Gansu 138-139 G4
Ganzê 138-139 G5
Ganzhou 138-139 J6
Gao 152-153 D3
Gaoxiong 140D A2
Gaoyou Hu 138-139 J5 K5
Gap 100-101 G4
Garabogaz 116-117 G5
Gara Djebilet 158-159A C2
Gard 100-101 F4
Garde, cap de 110-111 A6 B6
Garde, lac de 110-111 C2
Garden Grove 63A E5
Gardez 132 B3
Gardo 130 E8
Gardone Riviera 110-111 C2
Garfield 64C B1
Gargano, mont 110-111 E4 F4
Garges-lès-Gonesse 99C C1
Garibaldi, provincial park 49D
Gariep, barrage 161D
Garigliano 110-111 D4
Garmisch-Partenkirchen 102 D5
Garonne 100-101 D5 C4
Garoua 152-153 E4
Garqu Yan 138-139 E5
Gary 58-59 I3
Garyarsa 138-139 C5
Gascogne 100-101 C5 D5
Gascogne, golfe de 80-81 D4
Gascoyne 146-147 B4
Gaspé 51 F4
Gaspésie, parc de la 54A
Gaspésie, péninsule de 51 E4 F4
Gaspésie-Iles-de-la-Madeleine 55A
Gassi Touil 158-159A D1
Gata, cap de 108-109 D4 E4
Gata, sierra de 108-109 B2
Gateshead 96-97 E4 F4
Gâtine, hauteurs de 100-101 C3
Gatineau (rivière) 51 C4
Gatineau (ville) 51 C4
Gatineau, parc de la 54A
Gattchina 114-115 F4
Gatun, lac de 67D
Gauja 92-93 H4
Gaustatop 92-93 D4
Gauteng 161A
Gavarnie 100-101 D5
Gävle 92-93 F3
Gawler, monts 146-147 D5
Gaya 132 F5
Gaza 129 A4
Gaza, bande de 129 A4
Gazaland 150-151 G7
Gaziantep 128 D2
Gbanga 158-159A C4
Gdańsk 114-115 D5
Gdańsk, baie de 92-93 F5
Gdynia 114-115 D5
Gebe 134-135 H6
Gebze 112-113 J5
Gedaref 152-153 G3
Gedinne 94 C5 D5
Gediz 128 B2
Gedser 92-93 D5
Geelong 146-147 E5
Geilo 92-93 C3 D3
Gejiu 138-139 G7
Gela (fleuve) 110-111 E6
Gela (ville) 110-111 E6
Gela, golfe de 110-111 E6
Geldermalsen 94 D3
Geldrop 94 D3
Geleen 94 D4
Gelibolu 112-113 I5
Gelsenkirchen 102 B3
Gembloux 94 C4
Gemena 158-159A E4 F4
Gemlik 112-113 J5
General Santos 134-135 G4 H4
Gênes 110-111 B2
Gênes, golfe de 110-111 B2 B3
Genève 104-105 B2
Genevois 104-105 B3
Genil 108-109 D4 C4
Genk 94 D4
Gennargentu, monts du 110-111 B4
Gennevilliers 99C B2
Genova 110-111 B2
Gentilly 99C C3
Géographes, baie des 146-147 B5
George (fleuve) 51 E2
George (ville) 161F
Georgetown (Guyana) 73 D2 E2
George Town (Iles Cayman) 68 C3
George Town (Malaysia) 134-1351 B4 C4
Géorgie 126-127 G5
Géorgie (É.-U.) 58-59 J5
Géorgie, détroit de 42-43 F4 F5
Géorgie du Sud (île) 72 G8
Géorgie du Sud (territoire) 73 G8
Géorgienne, baie 42-43 J5
Georgina 146-147 D4
Gera 102 E3
Geraldton 146-147 B4
Gérardmer 100-101 G2
Gernika 108-109 D1
Gérone 108-109 G2
Gers 100-101 D5
Geser 134-135 I6
Gesgapeglag 55B
Gex 104-105 B2
Geylang 141C B2
Gezira 150-151 G3
Ghadames 152-153 D1 F1
Ghaghara 132 E4
Ghaida 130 F6
Ghana 152-153 C4 D4
Ghardaïa 106-107 E5
Ghat 106-107 G6
Ghates occidentales 132 C6 D7
Ghates orientales 132 D7 E6
Ghavar 131 E5 F5
Ghazal, bahr el (Soudan) 150-151 F4 G4
Ghazal, bahr el (Tchad) 150-151 E3
Ghazaouet 156 E2
Ghazni 132 B3
Ghijiga 116-117 R3
Gia Dinh 134-135 D3
Giamama 152-153 H4
Giannutri 110-111 C3
Gibraltar 108-109 C4
Gibraltar, détroit de 106-107 C3
Gibson, désert de 146-147 C4
Giessen 102 C3
Gifu 142 D3
Giglio 110-111 C3
Gijón 108-109 C1
Gila 58-59 D5
Gila, désert de 58-59 D5
Gilbert 146-147 E3
Gilbert, îles 144-145 H20
Gilgit 132 C2
Gillette 58-59 E3
Gimone 100-101 D5
Ginir 152-153 H4
Gino, piz di 104-105 E2
Gioumri 114-115 I7
Giovi, col de 110-111 B2
Gippsland 146-147 E5
Giresun 128 D1
Girga 106-107 K6
Gironde 100-101 C4
Gisborne 146-147 H5
Giurgiu 112-113 H4
Givet 100-101 F1
Giza 106-107 K5
Gjirokastër 112-113 E5 F5
Gjoa Haven 42-43 I3
Gjøvik 92-93 D3
Glace Bay 51 G4
Glacial Arctique, océan 10-11 A16 A32
Glacier, parc national de 58-59 D2
Gladstone 146-147 F4
Glaris, alpes de 104-105 D2 E2
Glärnisch 104-105 D1 E1
Glarus 104-105 E1
Glasgow 96-97 D4 E4
Glatt 104-105 D1
Glazov 114-115 K4
Gleinalm 104-105B
Glen Canyon 58-59 D4
Glendale 58-59 C5
Glenmore 96-97 D3
Glenn Falls 64B
Glen Ridge 64C A2
Glen Rock 64C B1
Gletsch 104-105 D2
Glogn 104-105 E2
Glomma 92-93 D3
Glossa, cap 112-113 E5
Gloucester 96-97 E6
Gmunden 102 E5 F5
Goa 132 C6
Goat Fell 96-97 D4
Goba 152-153 G4
Gobi 138-139 G3 H3
Gobo 143A B3 C3
Godavari 132 D6 E6
Godhavn 42-43 M3
Godthåb 42-43 M3
Godwin Austen 132 D2
Goéland, lac au 51 C4
Goeree 94 B3 C3
Goes 94 B3
Goiânia 73 E4 F4
Goiás 73 E4 F4
Gökçeada 112-113 H5
Gökçedağ 112-113 J6
Gökova, golfe de 112-113 I7 J7
Golan 129 B3 B2
Gold Coast 146-147 F4
Golden Ears, parc provincial 49D
Golden Gate 58-59 C4
Golders Green 98C B2
Goldsworthy 146-147 B4 C4
Golfech 101D
Golfe de la Reina-Maud, sanctuaire d'oiseaux 49D
Golfo Aranci 110-111 B4
Goljam Perelik 112-113 H5
Golmud 138-139 E4 F4
Golo 110-111 B3
Golpayegan 130 F3
Goma 152-153 F5
Gomati 132 E4
Gomel 114-1151 G5
Goms 104-105 D2
Gonabad 130 G3
Gonaïves 68 E3
Gonbad-e Kavus 130 G2
Gondar 152-153 G3
Gondia 132 E5
Gondwana 17A2
Gonesse 99C C1
Gongga Shan 138-139 G6
Gongzhuling 142 A2
Goole 96-97 F5
Goose Bay 51 F3
Göppingen 102 C4 D4
Goqên 138-139 F6
Gorakhpur 132 E4
Goražde 112-113 E4
Gore 152-153 G4
Gorgan 130 F2 G2
Gorgona 110-111 B3
Gorinchem 94 C3 D3
Gorizia 110-111 D2
Gorjanci 112-113 C3
Gorkha 132 E4 F4
Gorki, parc 120F B2 C2
Görlitz 102 F3
Gorm 91 D3
Gorno-Altaïsk 116-117 J4 K4
Gornozavodsk 142 E1
Gorny-Badakhchan 121A
Goroka 146-147 E2
Gorong 134-135 I6
Gorontalo 134-135 G5
Gorzów Wielkopolski 102 F2
Göschenen 104-105 D2
Gosford, mont 51 D4 E4
Goslar 102 D3
Gospić 112-113 C3
Gossau 104-105 E1
Göta 92-93 E4
Götaland 92-93 E4
Göteborg 92-93 D4
Gotha 102 D3
Gotland 92-93 F4
Goto, îles 142 B4
Göttingen 102 C3 D3
Gouchgy 116-117 H6
Gouda 94 C3
Gough 12-13 N19
Gouin, réservoir 51 D4
Goukovo 114-115 I6
Goulburn 146-147 E5 F5
Gourara 150-151 D2
Goussainville 99C C1
Gouverneur, île du 76C
Gove 146-147 D3
Governador Valadares 73 F4
Gowanus Bay 64C B3
Gozo 106-107 G4
Grächen 104-105 C2
Gracias a Dios, cap 68 C3
Grado 110-111 D2
Grafton 146-147 F4
Graham 42-43 E4
Graham Bell 116-117 H1 I1
Graines, côte des 150-151 B4 C4
Grampian, monts 96-97 D3 E3
Granada 68 B4
Gran Canaria 156 B4
Gran Chaco 72 D5 E4
Grand, lac (Nouveau-Brunswick) 51 E4
Grand, lac (Terre-Neuve) 51 G4
Grand Amami 142 B5
Grand Bahama 68 D1
Grand-Bassam 152-153 C4
Grand Bassin 58-59 C4
Grand Bassin artésien 146-147 E4
Grand Belt 92-93 D5
Grand Bérébу 158-159A C4
Grand Canal 138-139 J4 J5
Grand Canyon, parc national du 58-59 D4
Grand Coulee Dam 58-59 C2
Grand Désert de Sable 146-147 C4
Grand Désert de Victoria 146-147 C4 D4
Grande, cuchilla 72 E6
Grande, rio (Brésil) 72 E5 F5
Grande, rio (É.-U./Mexique) 58-59 E5 F5
Grande, río (Mexique) 58-59 E7 F7
Grande, río (Nicaragua) 68 C4
Grande Abaco 68 D1
Grande Baie australienne 146-147 C5 D5
Grande Barrière, récif de la 146-147 E3 F4
Grande-Bretagne 80-81 D3 E3
Grande-Entrée 51A
Grande Exuma, île 68 D2
Grande-Ile 51 B3 C3
Grande Inagua 68 E2
Grande Nicobar 134-135 A4
Grande Prairie 42-43 G4
Grand Erg occidental 150-151 C2 D1
Grand Erg oriental 150-151 D2 D1
Grandes Antilles 68 D3 F3
Grandes Plaines 40-41 J5 K6
Grande Syrte, golfe de la 106-107 H5
Grande Terre, toundra de la 114-115 L2 M2
Grand Falls 51 G4 H4
Grand Forks 58-59 G2
Grand Island 58-59 G3
Grand Junction 58-59 E4
Grand Karoo 150-151 F8
Grand Khingan 138-139 J2 K1
Grand Lac salé 58-59 D3
Grand-Lac-Victoria 55B
Grand-Lieu, lac de 100-101 C3
Grand Londres 98A
Grand Özen 114-115 J6
Grand Paradis 110-111 A2
Grand Passage 134-135 A4 B4
Grand Rapids (Canada) 42-43 I4
Grand Rapids (É.-U.) 58-59 I3 J3
Grand Saint-Bernard, col du 104-105 C3
Grands-Jardins, parc des 54A
Grandson 104-105 B2
Grand Union Canal 98C A2 B2
Grangemouth 96-97 E3
Grängesberg 92-93 E3
Granite, pic 58-59 D2 E2
Granma 69A
Gran Sasso d'Italia 110-111 D3
Grant, terre de 42-43 J1 K1
Grantham 96-97 F5
Granville 100-101 C2
Grasse 100-101 G5
Grass River, parc provincial 49D
Grave 94 D3
Grave, pointe de 100-101 C4
Gravelines 100-101 E1
Gravellona-Toce 104-105 D3
Gravesend 96-97 F6 G6
Gravesend Bay 64C B3 B4
Grays Thurrock 98C D2
Graz 112-113 C2
Great Falls 58-59 D2 E2
Great Fish river 150-151 F7
Great Kill 64C B4
Great Kills 64C A4 B4
Great Neck 64C D2
Great Northern Highway 146-147 B4 C4
Great Yarmouth 96-97 G5 H5
Grèce 82-83 G5
Gréco-turque, plaque 16B
Gredos, sierra de 108-109 C2
Greeley 58-59 F3
Green Bay 58-59 I3
Greenfield Park 55F
Greenfield Park/LeMoyne 55F
Green Mountain National Forest 65C
Greenock 96-97 D3 D4
Green Park 98B
Green River 58-59 E4 E3
Greensboro 58-59 K4
Greenville (É.-U., Caroline du Sud) 58-59 J5
Greenville (É.-U., Mississippi) 58-59 H5 I5
Greenville (Libéria) 152-153 B4 C4
Greenwater, parc provincial 49D
Greenwich 98C C3
Grées, alpes 110-111 A2
Greifen, lac de 104-105 D1
Greifswald 102 E1
Greifswald, baie de 102 E1
Greiz 102 D3 E3
Grenade (État) 68 G4
Grenade (ville) 108-109 D4
Grenadines 68 G4
Grenchen 104-105 C1
Grenoble 100-101 F4 G4
Grenville, province de 45A
Gretna Green 96-97 E4
Grevená 112-113 F5
Grey, monts 146-147 E4
Grijalva 58-59 H8
Grimsby 96-97 F5 G5
Grimsel, col du 104-105 D2
Grindelwald 104-105 D2
Grise Fiord 42-43 J2 K2
Gris-Nez, cap 100-101 D1
Grisy-Suisnes 99C D4
Groenland (île) 40-41 N1 R3
Groenland (territoire) 40-41 P2 P3
Groenland, bassin du 144-145 A2 A3
Groenland, mer du 10-11 B19 B21
Groenland du Nord 40-41 P1 Q2
Groenland occidental 40-41 O2 P2
Groenland oriental 40-41 Q2
Groix 100-101 B3
Gronau 102 B2
Grong 92-93 E2
Groningue (province) 94 E1 F1
Groningue (ville) 94 E1
Groote Eylandt 146-147 D3
Grootfontein 152-153 E6
Gros-Cap 51A
Gros Morne 42-43 M4
Gros-Morne, parc national 49D
Grosse-Ile 51A
Grossenbrode 102 D1
Grosser Arber 102 E4
Grosses Walsertal 104-105 E1
Grosseto 110-111 C3
Grossglockner 102 E5
Grou 156 D2
Groulx, monts 51 E3
Grozny 114-115 J7
Grudziądz 114-115 D5
Gruissan 100-101 E5
Gruyère 104-105 C2
Gruyère, lac de la 104-105 B2 C2
Gruyères 104-105 C2
Gryphon 91 C2
Gstaad 104-105 C2
Guadalajara (Espagne) 108-109 D2
Guadalajara (Mexique) 58-59 E7 F7
Guadalcanal 146-147 F2
Guadalete 108-109 C4
Guadalimar 108-109 D3
Guadalmena 108-109 D3
Guadalope 108-109 E2
Guadalquivir 108-109 C4
Guadalquivir, marismas del 108-109 B4
Guadalupe (île) 58-59 C6
Guadalupe (ville) 76C
Guadalupe, sierra de 108-109 C3
Guadarrama, sierra de 108-109 C2 D2
Guadeloupe 68 G3
Guadiana 108-109 C3 B4
Guadiato 108-109 C3
Guadix 108-109 D4
Guaianazes 76D
Guainia 72 D2
Guaíra, chutes de 72 E5
Guajará, chutes de 72 D4
Guajará-Mirim 73 D4
Guajira 68 E4
Guam 144-145 G17
Guanabara, baie de 76C
Guanajuato (État) 66A
Guanajuato (ville) 58-59 F7 G7
Guanare (rivière) 68 F5
Guanare (ville) 68 F5
Guangdong 138-139 I7 J7
Guangnan 138-139 H7
Guangxi 138-139 H7 I7
Guangyuan 138-139 H5
Guangzhou 138-139 I7
Guantánamo (province) 69A
Guantánamo (ville) 68 D2 E2
Guanxian 138-139 G5
Guaporé 72 D4
Guara, sierra de 108-109 E1 F1
Guarapiranga, réservoir du 76D
Guarda 108-109 B2
Guardafui, cap 150-1511 I3
Guárico 68 F5
Guarulhos 76D
Guasave 58-59 E6
Guatemala (département) 67B
Guatemala (État) 68 A3 B3
Guatemala (ville) 68 A4
Guatemala, bassin de 144-145 G29
Guaviare 72 C2 D2
Guayaquil 73 C2
Guayaquil, golfe de 72 B3
Guaymas 58-59 D6 E6
Gubbio 110-111 D3
Gubin 102 F3
Gúdar, sierra de 108-109 E2
Gudbrandsdal 92-93 D3
Gudrun 91 C2
Gueldre 94 D2 E2
Guéliz 157G
Guelmime 156 C3
Guercif 156 E2
Guéret 100-101 D3
Guernesey 96-97 E7
Guerrero 66A
Guia de Pacobaíba 76C
Guide 138-139 G4
Guildford 96-97 F6
Guilin 138-139 I6
Guillaume, terre de 40-41 R2
Guillaume-Delisle, lac 51 C2 D2
Guimarães 108-109 A2
Guimaras 134-135 G3
Guinée 152-153 B3 C3
Guinée, bassin de 10-11 I20 J20
Guinée, golfe de 150-151 C4 D4
Guinée-Bissau 152-153 B3
Guinée équatoriale 152-153 D4
Guingamp 100-101 B2
Guir 156 D3
Guiyang 138-139 H6
Guizhou 138-139 H6
Gujarat 132 C5
Gujranwala 132 C3
Gulbarga 132 D6
Gulf Intracoastal Waterway 58-59 G6 I5
Gulian 138-139 K1
Gullfaks 91 C1
Güllük, golfe de 112-113 I7
Gulu 152-153 G4
Guna (mont) 150-151 G3
Guna (ville) 132 D5
Gunnbjørn Fjeld 42-43 P3
Guntur 132 D6
Gunungsitoli 134-135 B5
Guridam 68 G5
Gurk 102 F5
Gurupi 72 F3
Güstrow 102 D2 E2
Gütersloh 102 C3
Gutland 94 D5 E5
Guwahati 132 G4
Guyana 73 D2 E2
Guyane française 73 E2
Guyanes, bassin des 10-11 H15 I16
Guyanes, bouclier des 16C
Guyanes, massif des 72 D2 E2
Guyuan 138-139 H4
Gwaii Haanas, parc national 49D
Gwalior 132 D4
Gweru 152-153 F6 G6
Gyangzê 138-139 D6
Gyda 91 C2
Gyda, péninsule de 116-117 I3 J2
Gympie 146-147 F4
Györ 112-113 D2
Gythion 112-113 G7
Gyzletrek 130 F2
Gyzylarbat 130 G2

H

Haamstede 94 B3
Haapsalu 92-93 G4 H4
Haarlem 94 C2
Haarlem, lac de 94A
Habban 130 E7
Hachijo 142 D4 E4
Hachinohe 142 E2
Hachioji 142 D3
Hackensack 64C B1
Hadejia 150-151 D3 E3
Hadera 129 A3
Haderslev 102 C1
Hadibo 130 F7
Hadramaout 130 E7 F6
Haeju 142 B3
Hafun 152-153 I3
Hafun, ras 150-151 I3
Hagen 102 B3
Hagerstown 64B
Hagondange 100-101 G2
Hague, cap de la 100-101 C2
Haguenau 100-101 G2
Haifa 129 A3
Haikou 138-139 I8
Hail 130 D4
Hailar 138-139 J2 K2
Hailin 142 B2
Hailuoto 92-93 H2
Hainan (île) 138-139 I8
Hainan (province) 138-139 H8 I8
Hainan, détroit de 138-139 I7
Hainaut 94 B4
Haines 42-43 E4
Haiphong 134-135 D1
Haïti (État) 68 E3
Haïti (île) 40-41 M8
Haiya 130 C6
Haizhou, baie de 138-139 J4 K4
Hakodate 142 D2 E2
Hal 94 C4
Halaib 130 C5
Halberstadt 102 D3
Halden 92-93 D4 E4
Haldensleben 102 D2
Halifax (Canada) 42-43 L5
Halifax (R.-U.) 96-97 F5
Halikarnassos 112-113 I7
Hall, terre de 42-43 M1
Halla 142 B4
Hall Beach 42-43 J3 K3
Halle 102 D3
Hallein 102 E5
Hallingdal 92-93 D3
Halls Creek 146-147 C3
Halmahera 134-135 H6
Halmahera, mer de 134-135 H6
Halmstad 92-93 C4 D4
Halwil, lac de 104-105 D1
Hama 130 C2
Hamada 143A A2 B2
Hamadan 130 E3
Hamamatsu 142 D4
Hamaoka 143A C2 D2
Hamar 92-93 D3
Hamata, djebel 106-107 K7 L7
Hambourg (État) 102 C2
Hambourg (ville) 102 D2
Hämeenlinna 92-93 G3 H3
Hameln 102 C2

Hamersley, monts 146-147 B4
Hamhung 142 B3
Hami 138-139 E3
Hamilton (Canada) 42-43 J5 K5
Hamilton (Nlle-Zélande) 146-147 H5
Hamilton (R.-U.) 96-97 D4 E4
Hamilton, anse de 51 G3
Hamina 92-93 H3
Hamm 102 B3 C3
Hammamet, golfe de 106-107 G4
Hammam Lif 110-111 C6
Hammar, lac d' 130 E3
Hammerfest 92-93 G1 H1
Hammersmith 98C B2
Hampshire 98A
Hampstead (Canada) 55F
Hampstead (R.-U.) 98C B2
Hampstead Heath 98C B2
Hampton 64B
Hampton Court Park 98C A3
Han 138-139 I4
Hanamaki 142 E3
Hanau 102 C3
Handa 143A C2
Handan 138-139 I4
Haneda 143A D2
Hanford 63A D3
Hangö 92-93 G4
Hangzhou 138-139 J5 K5
Hangzhou, baie de 138-139 K5
Hanish, îles 130 D7
Hanjiang 138-139 J6 K6
Hanko 92-93 G4
Hann, mont 146-147 C3
Hannah, baie 51 B3 C3
Hannibal 58-59 H4
Hannovre 102 C2 D2
Hanö, baie de 92-93 E5
Hanoi 134-135 D1
Hanover 72 C8
Hanstholm 92-93 C4 D4
Han-sur-Lesse 94 D4
Hanzhong 138-139 H5
Haora 132 F5
Haparanda 92-93 G2
Happy Camp 63A B1
Haptcheranga 138-139 I2
Haradh 130 E5
Harald 91 D2
Harappa 132 C3
Harare 152-153 G6
Harbin 138-139 L2
Hårby 102 C1 D1
Hardangerfjord 92-93 C4 C3
Hardangervidda 92-93 C3
Hardenberg 94 E2
Harderwijk 94 D2
Harding 91 C2
Harer 152-153 H4
Hargeisa 152-153 H4
Harghita, monts 112-113 H2
Hari 134-135 C6
Haridwar 132 D3
Harima, mer de 143A B2
Harirud 116-117 H6
Harlem 64C C2
Harlem River 64C C2 C1
Harlingen (É.-U.) 58-59 G6
Harlingen (Pays-Bas) 94 D1
Harlow 96-97 G6
Harney, bassin de 58-59 B3 C3
Harney, pic 58-59 F3
Härnösand 92-93 F3
Harricana 51 C3
Harrington harbour 51 G3
Harris 96-97 C3
Harris, détroit de 96-97 C3
Harrisburg 58-59 K3
Harrison, cap 51 G3
Harrogate 96-97 F4
Harrow 98C A2
Harry S. Truman, lac 58-59 H4
Harsprånget 93D
Harstad 92-93 F1
Hart Fell 96-97 E4
Hartford 58-59 L3
Hartland, pointe 96-97 D6
Hartlepool 96-97 F4
Hartley 96 D3
Haruku 134-135 H6
Har Us Nur 138-139 E2
Harwich 96-97 G6
Haryana 132 D4
Harz 102 D3
Har Zin 129 A5
Haskovo 112-113 H5
Haslital 104-105 D2
Hasselt 94 D4
Hassi Messaoud 152-153 D1
Hastings (Nlle-Zélande) 146-147 H5
Hastings (R.-U.) 96-97 G6
Hatfield 98A
Ha Tien 134-135 C3
Ha Tinh 134-135 D2
Hattem 94 E2
Hatteras, cap 58-59 K4 L4
Hattiesburg 58-59 I5
Hat Yai 134-135 B4 C4
Haugesund 92-93 C4
Hauki, lac 92-93 H3 I3
Hauraki, golfe de 146-147 H5
Hauran 129 B2 C3
Hausruck 102 E4
Haut Atlas 156 C3 D3
Haut-Canada 43A
Haute-Autriche 102 E4 F5
Haute Engadine 104-105 E2 F2
Haute-Normandie 100-101 D2
Hautes Fagnes 94 D4 E4
Hautes-Gorges-de-la-Rivière-Malbaie, parc des 54A
Hautes Tatras 114-115 D6 E6
Hautes Tauern 102 E5
Hautes-Terres-du-Cap Breton, parc national des 49D
Hauts-de-Seine 99C B2
Hauts Plateaux 106-107 D5
Haut-Veld 150-151 F7
Havant 96-97 F6
Havasu, lac 63A F4
Havel 102 E2
Haverhill 98A
Havre-Aubert 51A
Havre-aux-Maisons 51A
Havre-Saint-Pierre 51 F3
Hawaii (État) 144-145 G22 G23
Hawaii (île) 144-145 G23
Hawaii, crête d' 144-145 F21 F22
Hawick 96-97 E4
Hawke 51 G3
Hawke, baie 146-147 H5
Hawra 130 E7
Hawthorne 64C A1
Hawza 156 C4
Hay (localité) 146-147 E5
Hay (rivière) 146-147 D4
Hayes (fleuve) 42-43 I4
Hayes (ville, Londres-Ouest) 98C A2
Hayes (ville, Londres-Sud-Est) 98C C3
Hayes, presqu'île de 42-43 L2
Hay River 42-43 G3
Hayward 64A
Hazaran, kuh-e 130 G4
Hazebrouck 94 A4
Hazelton 42-43 F4
Heard 144-145 N9 N10
Hearst 42-43 J5
Heather 91 C1
Heathrow 98C A3
Hebei 138-139 I4 J4
Hebi 138-139 I4
Hebrides 96-97 C3 C2
Hebron (Canada) 51 F2
Hébron (Palestine) 129 B4
Hecate, détroit d' 42-43 E4 F4
Hechuan 138-139 H5
Hecla, parc provincial 49D
Hedjaz 130 C4 C5
Heerenveen 94 D2 E2
Heerhugowaard 94 C2
Heerlen 94 D4 E4
Hefei 138-139 J5
Heide 102 C1
Heidelberg 102 C4
Heidenheim 102 D4
Heihe 138-139 L1
Heilbronn 102 C4
Heilongjiang 138-139 L2
Heimdal 91 C2
Hekla 80-81 C2
Helagsfjället 92-93 E3
Helena 58-59 D2
Héligoland 102 B1
Héligoland, baie d' 102 C2 C1
Hellevoetsluis 94 B3 C3
Hellín 108-109 E3
Helme 102 D3
Helmond 94 D3
Helmsdale 96-97 E2
Helsingborg 92-93 E4
Helsingfors 92-93 H3 H4
Helsingør 92-93 D4 E4
Helsinki 92-93 H3
Hemlo 42-43 J4
Henan 138-139 I5
Henares 108-109 D2
Hendaye 100-101 C5
Hengchun 140D A3
Hengelo 94 E2
Hengyang 138-139 I6
Henriette-Marie, cap 51 B2
Héraklion 112-113 H8
Herat 116-117 H6
Hérault 100-101 E5
Herberton 146-147 E3
Herblay 99C B1
Hereford 96-97 E5
Hérens, val d' 104-105 C2
Herentals 94 C3 D3
Herford 102 C2
Héricourt 104-105 B1
Herisau 104-105 E1
Hermon 129 B2
Hermosillo 58-59 D6 E6
Herning 92-93 D4
Hérons, île aux 54C
Herrera del Duque 108-109 C3
Hertfordshire 98A
's-Hertogenbosch 94 D3
Hervey, baie 146-147 F4
Herzliya 129 A3
Hesbaye 94 C4 D4
Hesse 102 C3
Hetch Hetchy, aqueduc 63A C3
Hewett 91 C3
Heysham 96-97 E4 E5
Hialeah 65G
Hibbing 58-59 H2
Hidaka, monts 142 E2
Hidalgo 66A
Hidalgo del Parral 58-59 E6
Higashi-Osaka 143B
Highlands du Sud 96-97 D4 E4
High Wycombe 98A
Hiiumaa 92-93 G4
Hildesheim 102 C2 D2
Hillegom 94 C2
Hillingdon 98C A2
Hillside 64C A3
Hillswick 96-97 F1
Hilmend 116-117 H6
Hilversum 94 D2
Himachal Pradesh 132 D3
Himalaya 124-125 J7 L7
Himeji 142 C3 C4
Hindu Kuch 132 B3 C2
Hinkley Point 97D
Hinnøya 92-93 E1 F1
Hinthada 134-135 A2 B2
Hinton 42-43 G4
Hirakata 143B
Hirosaki 142 D2 E2
Hiroshima 142 C4
Hirson 100-101 F2
Hirtshals 92-93 D4
Hisar 132 D4
Hisma 130 C4
Hit 82-83 I5
Hitachi 142 E3
Hitra 92-93 D3
Hivernage 157G
Hjälmar, lac 92-93 E4 F4
Hkakabo Razi 138-139 F6
Hoangho 138-139 G4 J4
Hobart 146-147 E6
Hoboken 64C B2
Hochgolling 102 E5 F5
Hô Chi Minh-ville 134-135 D3
Hochvogel 104-105 F1
Hodeïda 130 D7
Hódmezövásárhely 112-113 F2
Hodna, chott el 106-107 E4
Hoek van Holland 94 B3 C3
Hoeryong 142 B2
Hof 102 D3
Hofu 142 C4
Hoggar, massif du 150-151 D2
Hohenems 104-105 E1
Hoher Riffler 104-105 F1
Hohhot 138-139 I3
Hoi An 134-135 D2
Hokitika 146-147 G6 H6
Hokkaido 142 E2
Holguín (province) 69A
Holguín (ville) 68 D2
Hollande méridionale 94 C3
Hollande septentrionale 94 C2 D2
Hollande septentrionale, canal de 94 C2
Holland Tunnel 64C B2
Hollywood 65G
Holman 42-43 G2
Holon 129 A3 A4
Holsteinsborg 42-43 M3
Holyhead 96-97 D5
Holzminden 102 C3
Homalin 138-139 F7
Hombori, monts 150-151 C3
Homel 114-115 G5
Homestead 65G
Homra, hammada el 150-151 E2
Homs 130 C3
Hondo 68 B3
Honduras 68 B4
Honduras, golfe du 68 B3
Hønefoss 92-93 D3
Honfleur 100-101 C2 D2
Hon Gai 134-135 D1
Hongjiang 138-139 H6 I6
Hongkong (province) 138-139 I7 J7
Hongkong (ville) 138-139 I7 J7
Hongkong, île de 141A C3
Hongliuyuan 138-139 F3
Hongrie 82-83 F4 G4
Hongroise, grande plaine 80-81 F4 G4
Honguedo, détroit d' 51 E4 F4
Honiara 146-147 F2
Honolulu 144-145 F22 F23
Honshu 142 D3 E3
Hood, mont 58-59 B2
Hoogeveen 94 E2
Hoogezand 94 E1
Hooghly 132 F5
Hoorn 94 D2
Hoover Dam 58-59 D4
Hopedale 51 F2 G2
Hopes Advance, cap 51 E1
Horgen 104-105 D1
Horlivka 114-115 H6
Horn, cap 72 D8
Hornavan 92-93 F2
Hornchurch 98C D2
Hornsey 98C B2
Horsens 92-93 D5
Horsley 98C A4
Horten 92-93 D4
Hortobágy 112-113 F2
Hoshiarpur 132 D3
Hotaka 142 D3
Hotan 138-139 C4
Hotan He 138-139 C4
Hot Springs 58-59 H5
Houat 100-101 B3
Houayxay 134-135 C1
Houffalize 94 D4
Houilles 99C B2
Hounslow 98C A3
Houston 58-59 G6
Houtman, récifs de 146-147 B4
Hove 96-97 F6
Howe, cap 146-147 F5
Howland 144-145 H21
Hoy 96-97 E3
Høyanger 92-93 C3
Hoyerswerda 102 E3 F3
Hpa-an 134-135 B2
Hrodna 114-115 E5
Hron 112-113 E1
Hsinchu 140D A1
Hsintien 140D B1
Hsinying 140D A2
Hsueh Shan 140D A1 B1
Huacho 73 C4
Huadian 138-139 L3
Hua Hin 134-135 B3 C3
Huai'an 138-139 J5 K5
Huai He 138-139 J5
Huainan 138-139 J5
Hualien 140D B2
Huallaga 72 C3
Huambo 152-153 E6
Huancayo 73 C4
Huang He 138-139 G4 J4
Huangpu 141A A1
Huangshi 138-139 J5
Huaraz 73 C3
Huascarán 72 C3
Hubei 138-139 I5
Hubli 132 C6 D6
Huddersfield 96-97 F5
Hudiksvall 92-93 F3
Hudson 58-59 L3
Hudson, baie d' 42-43 J4
Hudson, détroit d' 42-43 K3 L3
Hudson, région d' 45B
Hue 134-135 D2
Huebra 108-109 B2
Huehuetenango 67B
Huelva 108-109 B4
Huércal 108-109 D4 E4
Huesca 108-109 E1
Hughenden 146-147 E4
Huila 72 C2
Huinan 142 B2
Huitième degré, passage du 132 C8
Huize 138-139 G6
Huizhou 138-139 I7 J7
Hulin 142 C1
Hull 55H
Hulst 94 B3 C3
Hulun Nur 138-139 J2
Huma 138-139 L1
Humaitá 73 D3
Humber 96-97 F5
Humberside 97C
Humboldt 58-59 C3
Humboldt, glacier de 42-43 L2 M2
Húna, baie 42-43 P3
Hunan 138-139 I6
Hunchun 142 C2
Hunedoara 112-113 G3
Hunjiang 142 B2
Hunsrück 102 B4
Hunte 102 C2
Hunter 146-147 E5 F5
Hunterston 97D
Huntington 58-59 J4
Huntington Beach 63A D5
Huntsville (Canada) 51 C4
Huntsville (É.-U.) 58-59 I5
Huon, golfe 146-147 E2
Huron, lac 58-59 J2 J3
Hürth 94 E4
Huskvarna 92-93 E4
Husnes 93E
Husum 102 C1
Hutchinson 58-59 G4
Hutte Sauvage, lac de la 51 E2 F2
Hutton 91 C1
Huy 94 D4
Huzhou 138-139 J5 K5
Hvar 112-113 D4
Hwange 152-153 F6
Hyde 91 C3
Hyde Park 98C B2
Hyderabad (Inde) 132 D6
Hyderabad (Pakistan) 132 B4
Hydra 112-113 G7
Hyères 100-101 G5
Hyères, îles d' 100-101 G5
Hyesan 142 B2

I

Iablonovy, monts 116-117 M4
Iakoutie 121A
Iakoutsk 116-117 N3 O3
Ialomiţa 112-113 I3
Iamal, péninsule 116-117 I3
Iamalo-Nentsie 121A
Iaman Taou 114-115 L5
Iamarovka 138-139 I1
Iambourg 116-117 I3 J3
Iana 116-117 O3
Iana, baie de la 116-117 O2
Ianski 116-117 O3
Iaroslavl (province) 121A
Iaroslavl (ville) 114-115 H4
Iar Sale 116-117 H3 I3
Iasenevo 120F B3
Iaşi 112-113 I2
Ibadan 152-153 D4
Ibagué 73 C2
Iban, monts 134-135 E5 F5
Ibar 112-113 F4
Ibb 130 D7
Ibérique, péninsule 80-81 D4 D5
Ibériques, monts 108-109 D1 E2
Iberville, lac d' 51 D2
Iberville, mont d' 51 F2
Ibirapuera 76D
Ibiza (île) 108-109 F3
Ibiza (ville) 108-109 F3
Ibo 152-153 H7
Ibri 130 G5
Içá 72 C3 D3
Ica 73 C4
Ichalkaranji 132 C6 D6
Ichihara 143C
Ichikawa 143C
Ichim (rivière) 116-117 H4 I4
Ichim (ville) 116-117 H4 I4
Ichimbaï 114-115 L5
Ida, monts 112-113 H8
Idaho 58-59 C3 D3
Idaho Falls 58-59 D3
Idar-Oberstein 102 B4
Idjil, kedia d' 158-159A B2
Idjil, sebkha d' 158-159A B2
Idlib 114-115 H8
Idrija 110-111 D1
Ieïsk 114-115 H6
Iekaterinbourg (province) 121A
Iekaterinbourg (ville) 114-115 M4
Ielets 114-115 H5
Iénisseï 116-117 J3
Iénisseïsk 116-117 K4
Iesi 110-111 D3
Ievpatoria 114-115 G6
Ife 158-159A D4
Ifrane 156 D2
Igarka 116-117 J3
Iglesias 110-111 B5
Igli 152-153 C1
Igloolik 42-43 J3
Igor 91 D3
Igoumenítsa 112-113 F6
Iguaçu 72 E5
Iguaçu, chutes de l' 72 E5
Igualada 108-109 F2
Iguidi, erg 150-151 C2
Iijoki 92-93 H2
Iisalmi 92-93 H3 I3
Ijevsk 114-115 K4
IJmuiden 94 C2
IJssel 94 E2
IJssel, lac d' 94 D2
Ikaría 112-113 H7 I7
Ikata 143A B3
Ilagan 134-135 G2
Ilam 130 E3
Ilan 140D B1
Ilanz 104-105 E2
Ile Akimiski, sanctuaire d'oiseaux 49D
Ilebo 152-153 F5
Ile Bonaventure-et-du-Rocher-Percé, parc de l' 54A
Ile Bylot, sanctuaire d'oiseaux 49D
Ile-de-France 100-101 E2
Ile-du-Prince-Édouard 42-43 L5
Ile-du-Prince-Édouard, parc national de l' 49D
Ilek 114-115 I5
Ile Kendall, sanctuaire d'oiseaux 49D
Iles-de-Boucherville, parc des 54A
Iles-de-la-Baie-Géorgienne, parc national des 49D
Iles de la Mer de Corail, territoire des 146-147 F3
Iles-du-Saint-Laurent, parc national des 49D
Ilesha 158-159A D4
Iles Lau, ride des 144-145 K21
Iles Salomon 144-145 I19
Iles Sandwich du Sud, fosse des 10-11 O18
Ilford 98C C2
Ilhéus 73 G4
Ili 116-117 I5
Iligan 134-135 G4
Ill (Autriche) 104-105 E1
Ill (France) 104-105 C1
Illampu 72 D4
Iller 102 D4
Illinois (État) 58-59 H3 I3
Illinois (rivière) 58-59 H3
Illitchivsk 114-115 G6
Ilmen, lac 114-115 G4
Ilo 73 C4
Iloilo 134-135 G3
Ilorin 152-153 D4
Ilulissat 42-43 M3 N3
Ilz 102 E4
Imabari 142 C4
Imandra, lac 114-115 G2
Imatra 92-93 I3
Imbros 1281 B3
Iminni 157B
Immenstadt 102 C5 D5
Immingham 96-97 F5 G5
Imo 160C4
Imola 110-111 C2
Imperatriz 73 F3
Imperia 110-111 B2
Imperial 63A F5
Imperial Dam 58-59 D5
Imperial d'Aragón, canal 108-109 E2
Impériale, vallée 58-59 C5
Imphal 132 G4 G5
In-Amenas 152-153 D2
Inanwatan 134-135 I6
Inari 92-93 H1
Inari, lac 92-93 H1
Inca 108-109 G3
Inchon 140A A2
Indalsälv 92-93 F3
Inde 126-127 J7 K7
Indefatigable 91 C3
Indiana 58-59 I3
Indianapolis 58-59 I4 J4
Indien, bassin central 144-145 I10 J11
Indien, bouclier 16C
Indien, océan 144-145 K9 M11
Indien-Antarctique, bassin 144-145 N12 N16
Indien-Atlantique, crête 144-145 N4 N5
Indien-Atlantique-Antarctique, bassin 144-145 N4 O8
Indigirka 116-117 P3
Indio 63A E5
Indjolé 158-159A D4 E4
Indo-australienne, plaque 16B
Indochine 124-125 M8
Indonésie 126-127 M10 P10
Indore 132 C5 D5
Indre 100-101 D3
Indus 132 D3 B5
İnebolu 128 C1
İnegöl 112-113 J5
Infiernillo, presa del 58-59 F8
Inglewood 64A
Ingoda 116-117 M4
Ingolstadt 102 D4
Ingouchie 121A
Ingraj Bazar 132 F4
Inhambane 152-153 G7
Inírida 72 D2
Inkoo 93D
Inn 102 E4
Innertkirchen 104-105 D2
Innsbruck 102 D5
Innuitienne, région 45B
Inongo 152-153 E5
In Salah 152-153 D2
Inta 114-115 L2
Intérieure, mer 142 C4
Intérieures, plaines 45B
Interlaken 104-105 C2
Inthanon 134-135 B2
Inubo, cap 143A D2 E2
Inukjuak 51 C2
Inuvik 42-43 E3
Inveraray 96-97 D3
Invercargill 146-147 G6 H6
Inverness 96-97 D3 E3
Ioánnina 112-113 F6
Iochkar-Ola 114-115 J4
Iona 96-97 C3
Ionienne, mer 106-107 H4
Ioniennes, îles 112-113 E6 F7
Ios 112-113 H7
Ioudino 120F A3
Iougo-Zapad 120F B3
Ioujno-Sakhalinsk 116-117 P5
Ioukaghirs, plateau des 116-117 Q3
Ioultin 116-117 T3
Iowa 58-59 G3 H3
Ipanema 76C
Ipel' 112-113 E1
Ipoh 134-135 C5
Ipswich (Australie) 146-147 F4
Ipswich (R.-U.) 96-97 G5
Iqaluit 42-43 L3
Iquique 73 C5
Iquitos 73 C3
Irajá 76C
Irak 126-127 G6
Iran 126-127 H6
Iranienne, plaque 16B
Irapuato 58-59 F7
Irazú 68 C4
Irbid 129 B3
Irbit 116-117 H4
Irharhar, oued 150-151 D2
Irhil M'Goun 156 D3
Iri 142 B3
Iringa 152-153 G5
Iriomote 138-139 K7
Irkout 116-117 L4
Irkoutsk (province) 121A
Irkoutsk (ville) 116-117 L4
Irlande (État) 82-83 D3
Irlande (île) 80-81 D3
Irlande, mer d' 96-97 D4 E4
Irlande du Nord 96-97 C4
Iro, cap 143A D2
Iron Knob 146-147 D5
Irrawaddy 138-139 F7 E8
Irtych 116-117 I4
Irtychsk 116-1171 I4
Irún 108-109 E1
Irvine (É.-U.) 64A
Irvine (R.-U.) 96-97 D4
Irvington 64C A2
Isabela 134-135 G4
Isabella, lac 63A D4
Isar 102 E4
Isarco 110-111 C1
Ischia 110-111 D4
Ise 142 D4
Ise, baie d' 142 D4
Iselle 104-105 D2
Iseo 110-111 C2
Iseo, lac d' 110-111 C2
Isère 100-101 G4 F4
Isernia 110-111 E4
Ishinomaki 142 E3
Isiro 152-153 F4
Iskăr 112-113 G4
İskenderun 128 D2
İskenderun, golfe d' 128 C2 D2
Isla de la Juventud 69A
Islamabad 132 C3
Islande (État) 82-83 B2 C2
Islande (île) 80-81 B2 C2
Islay 96-97 C4
Isle 100-101 D4
Isle of Grain 91 C4
Islington 98C B2
Ismaïlia 106-107 K5
Isonzo 100-101 D2
Ispahan 130 F3
Isparta 128 C2
Israël 126-127 F6
Isset 116-117 H4
Issil 157G
Issoire 100-101 E4
Issoudun 100-101 D3
Issy-les-Moulineaux 99C B3
İstanbul 128 B1
Istrie 112-113 B3 C3
Itaipu, barrage d' 73 E5
Itaituba 73 E3
Italie 82-83 F4
Itambé 72 F4
Itanagar 132 G4
Itatiaya 72 F5
Ithaque 112-113 F6
Itouroup 116-117 P5
Ittoqqortoormiit 40-41 R2 S2
Itzehoe 102 C2
Iumt 138-139 F3
Ivalo 92-93 H1
Ivalojoki 92-93 H1
Ivano-Frankivsk 114-115 E6
Ivanovo (province) 121A
Ivanovo (ville) 114-115 I4
Ivdel 114-115 M3
Ivittuut 42-43 N3
Ivoire, côte de l' 152-153 C4
Ivrée 110-111 A2 B2
Ivry 99C C3
Ivujivik 51 C1
Ivvavik, parc national 49D
Iwaki 142 E3
Iwakuni 143A B2
Iwate 142 E3
Iwembere, steppe 150-151 G5
Ixtapalapa 67A
Ixtlán de Juárez 66F
Izabal 67B
Iziki 157G
Izmaïl 112-113 J3
Izmaïlovo, parc d' 120F C2
Izmaïovo 120F C2
Izmir 128 B2
Izmir, golfe d' 112-113 I6
Izmit 128 C1
İzmit, golfe d' 112-113 J5
Iznalloz 108-109 D4
İznik 112-113 J5
İznik, lac 112-113 J5
Iztacalco 67A
Izu, îles 142 D4
Izu, péninsule d' 143A D2
Izumi 143B

J

Jabalón 108-109 D3
Jabalpur 132 E5
Jaca 108-109 E1
Jacarepaguá 76C
Jacarepaguá, lagune de 76C
Jáchymov 102 E3
Jackson (Mississippi) 58-59 H5 I5
Jackson (Tennessee) 58-59 I4
Jackson Heights 64C C2
Jacksonville 58-59 J5
Jacmel 68 E3
Jacobabad 132 B4
Jacques-Cartier, détroit de 51 F3 F4
Jacques-Cartier, mont 51 E4 F4
Jacques-Cartier, parc de la 54A
Jade, golfe de la 102 C2
Jaén 108-109 D4
Jaffna 132 E8
Jahra 130 E4
Jahrom 130 F4
Jailolo 134-135 H5
Jaipur 132 C4 D4
Jaïyk 116-117 G5
Jajce 112-113 D3
Jakarta 134-135 D7
Jakobshavn 42-43 M3 N3
Jakobstad 92-93 G3
Jalalabad 132 C3
Jalandhar 132 D3
Jalan Kayu 141C B1
Jalapa (département) 67B
Jalapa (ville) 58-59 G8
Jalgaon 132 D5
Jalisco 66A
Jalna 132 D6
Jalón 108-109 E2
Jaluit 144-145 H19
Jamaica 64C D3
Jamaica Bay 64C C3 D3
Jamaïque 68 D3
Jambi 134-135 C6
Jambol 112-113 I4
Jambyl 116-117 I5
James 58-59 G2
James, baie 42-43 J4 K4
James, région de 45B
Jammer, baie 92-93 D4
Jammu 132 C3 D3
Jammu-et-Cachemire 132 C3 D3
Jamnagar 132 B5 C5
Jamshedpur 132 E5 F5
Jämtland 92-93 E3
Jangakazaly 116-117 H5
Jangaözen 130 K7
Jan Mayen 80-81 D1
Jantra 112-113 H4
Januária 73 F4
Japon 126-127 Q6
Japon, bassin du 144-145 D16
Japon, fosse du 144-145 E17
Japon, mer du 138-139 M3 N4
Japurá 72 D3
Jarama 108-109 D2
Jardines de la Reina 68 D2
Jari 72 E2 E3
Jarma 138-139 C2
Jarosh 129 B3
Jarvis 144-145 I22
Jask 130 G4
Jasper 42-43 G4
Jasper, parc national 49D
Jasper, parc provincial 49D
Jaune, mer 138-139 K4
Jaunpas 104-105 C2
Jaunpur 132 E4
Java 134-135 D7
Java, fosse de 144-145 I13 J14
Java, mer de 134-135 D6 E7
Javalambre 108-109 E2
Jayapura 134-135 J6 K6
Jayawijaya, monts 134-135 J6 K6
Jaz Murrian, lac de 130 G4
Jean-Lesage, aéroport international 54D
Jebba 158-159A D4
Jefferson, mont 58-59 B3
Jefferson City 58-59 H4
Jelanie, cap 116-117 H2 I2
Jelat Musa 129 C1
Jelgava 92-93 G4 H4
Jemaja 134-135 D5
Jember 134-135 E7
Jena 102 D3
Jenin 129 B3
Jequitinhonha 72 F4 G4
Jerada 156 E2
Jerez de la Frontera 108-109 B4 C4
Jerez de los Caballeros 108-109 B3
Jéricho 129 B4
Jersey 96-97 E7
Jersey City 58-59 L3
Jérusalem 129 A4 B4
Jervis, baie 146-147 F5
Jessore 132 F5 G5
Jezkazghan 116-117 H5 I5
Jezzine 129 B2
Jhang Sadar 132 C3
Jhansi 132 D4
Jhelum 132 C3
Jiali 138-139 E5
Jialing Jiang 138-139 H5
Jiamusi 138-139 M2
Jianchuan 138-139 G6
Jiangmen 138-139 I7
Jiangsu 138-139 J5 K5
Jiangxi 138-139 I6 J6
Jiaohe 142 B2
Jiaoxian 138-139 K4
Jiaozuo 138-139 I4
Jiaxing 138-139 K5
Jigansk 116-117 N3
Jigawa 160C4
Jijel 106-107 F4
Jijiga 130 D8
Jilin (province) 138-139 L3
Jilin (ville) 138-139 L3
Jiloca 108-109 E2
Jinan 138-139 J4
Jingdezhen 138-139 J6
Jining (Nei Monggol) 138-139 I3
Jining (Shandong) 138-139 J4
Jinja 152-153 G4
Jinsha Jiang 138-139 F5
Jinshi 138-139 I6
Jinzhou 138-139 K3
Jiouzino 120F B3
Jiparaná 73 D3
Ji-Paraná 73 D4
Jiu 112-113 G3
Jiuquan 138-139 F3 F4
Jiutai 138-139 L3
Jixi 138-139 M2
Jizera 102 F3
Jizreel, plaine de 129 B3
João Pessoa 73 G3
Jodhpur 132 C4
Joensuu 92-93 I3
Joetsu 142 D3
Johannesburg 152-153 F7
John F. Kennedy International Airport 64C D3
Johnson City 58-59 J4
Johnston 144-145 G22
Johor Baharu 134-135 C5 D5
Joinville 73 E5 F5
Jokkmokk 92-93 F2
Joliet 58-59 I3
Joliette 51 D4
Jolo (île) 134-135 G4
Jolo (ville) 134-135 G4
Jones, détroit de 42-43 J2
Jönköping 92-93 E4
Jonquière 55G
Joplin 58-59 H4
Jordanie 126-127 F6
Jorhat 132 G4
Jos 152-153 D3
Jos, plateau de 150-151 D3
Joseph, lac 51 E3 F3
Joseph Bonaparte, golfe 146-147 C3
Jostedalsbre 92-93 C3
Jotunheimen 92-93 C3 D3
Jounieh 129 B1
Jourdain 129 B3
Joure 94 D2
Joux, lac de 104-105 B2
Joux, vallée de 104-105 B2
Jouy-en-Josas 99C B3
Juan de Fuca, détroit de 40-41 H5
Juan Fernández, îles 72 B6 D6

Juazeiro 73 F3 G3
Juazeiro do Norte
73 F3 G3
Juba 152-153 G4
Jubaïl 129 B1
Juby, cap 156 B3
Júcar 108-109 E3
Judée 129 B4
Juidongshan 138-139 J7
Juist 102 B2
Juiz de Fora 73 F5
Juliana, canal 94 D4 D3
Julianehåb 42-43 N3
Juliennes, alpes
110-111 D1 E1
Juliers, col du 104-105 E2
Junagadh 132 B5 C5
Jundiaí 73 F5
Juneau 40-41 G4
Jungar Qi 138-139 H4 I4
Jungfrau 104-105 C2
Junglei, canal 150-151 G4
Jura (île) 96-97 C4 D3
Jura (montagne)
104-105 B2 C1
Jura, détroit de
96-97 D4 D3
Jura souabe 102 C4 D4
Jurmala 92-93 G4
Jurong 141C A2
Juruá 72 D3
Juruena 72 E3
Jutiapa 67B
Juventud 68 C2
Juvisy-sur-Orge 99C C4
Jylland 92-93 D5 D4
Jytomyr 114-115 F5
Jyväskylä 92-93 H3

K

. XVIII, crête 144-145 L12
abalega, chutes
150-151 G4
abalo 152-153 F5
abardino-Balkarie 121A
abompo 148-149 F6
aboul (rivière) 132 B3 C3
aboul (ville) 132 B3
abwe 152-153 F6
achan 130 F3
achovka, réservoir de
114-115 G6 H6
açkar 106-107 M3
adan 134-135 B3
aduna (État) 160C4
aduna (rivière)
150-151 D4 D3
aduna (ville) 152-153 D3
aédi 152-153 B3
aemchahr 130 F2
aesong 142 B3
afue 148-149 F6
agera 150-151 F5 G5
agoshima 142 B4 C4
ahayan 134-135 E6
ahnawake 55B
ahramanmaraş 128 D2
ai, îles 134-135 I7
aieteur, chute 68 H5
aifeng 138-139 I5 J5
aimana 134-135 I6
ainji, lac 150-151 D3
aipokok, baie 51 G2
airouan 106-107 F4 G4
aiserslautern 102 B4
ai Tak, aéroport 141D
aiyuan 138-139 K3
ajaani 92-93 H2 I2
akinada 132 E6
ako 143A B2
akogawa 143A B2
alabaka 112-113 F6 G6
aladan 138-139 E7
alahari 150-151 F7
alahari, parc national du
61A
alámai 112-113 F7 G7
alamazoo 58-59 I3
alana 158-159A C3
alasin 134-135 C2
alat (Afghanistan)
32 B3
alat (Pakistan) 132 B4
alemie 152-153 F5
alevala 92-93 I2
aliakra, cap 112-113 J4
alimantan 134-135 E5 F5
aliningrad (province)
21A
aliningrad (ville)
2-93 G5
alixälv 92-93 G2
all, lac 92-93 E3
alla, lac 92-93 H3 I3
almar 92-93 E4 F4
almar, détroit de
2-93 F4
almoukie 121A
alomo 152-153 F6
alouga (province) 121A
alouga (ville) 114-115 H5
alyan 132 C6
alymnos 112-113 I7
ama 114-115 K4
ama, réservoir de la
14-115 K4 L4
amakura 143C
amar, baie 130 F6
amaran 130 D6
ambalda 146-147 B5 C5
amčija 112-113 I4
amenjak, cap 110-111 D2
amenskoïe 116-117 R3
amensk-Ouralski
14-115 M4
amichli 130 D2
amina 152-153 F5
amioka 143A C1
amloops 42-43 F4 G4
ampala 152-153 G4
ampar 134-135 C5
ampen 94 D2 E2
Kampot 134-135 C3
Kamrau, golfe de
134-135 I6
Kamtchatka (péninsule)
116-117 Q4
Kamtchatka (province)
121A
Kamychin 114-115 I5 J5
Kananga 152-153 F5
Kanazawa 142 D3
Kanchenjunga 132 F4
Kanchipuram 132 D7 E7
Kandadji 158-159A D3
Kandaghats 114-115 L6
Kandahar 116-117 H6
Kandalakcha 114-115 G2
Kandalakcha, golfe de
114-115 G2 H2
Kander 104-105 C2
Kandersteg 104-105 C2
Kandi 158-159A D3
Kandla 132 B5 C5
Kandy 132 E8
Kane, bassin de
40-41 M2 N2
Kanem 150-151 E3
Kanesatake 55B
Kangan 130 F4
Kangaroo 146-147 D5
Kangean, îles 134-135 F7
Kangerlussuaq
42-43 M3 N3
Kanggye 142 B2
Kangiqsualujjuaq 51 E2
Kangiqsujuaq 51 D1 E1
Kangirsuk 51 D1 E1
Kangnung 140A B2
Kangrinboqê Feng
138-139 C5
Kangto 138-139 E6
Kangtung 134-135 B1
Kanine, cap 114-115 I2
Kanine, péninsule de
114-115 I2 J2
Kankan 152-153 C3
Kano (État) 160C4
Kano (ville) 152-153 D3
Kanpur 132 E4
Kansai, aéroport de 143B
Kansas (État) 58-59 F4 G4
Kansas (rivière) 58-59 G4
Kansas City 58-59 H4
Kansk 116-117 K4
Kanto, plaine du 143A D1
Kaohsiung 140D A2
Kaokoveld 150-151 E6 E7
Kaolack 152-153 B3
Kapchaghaï 138-139 B3
Kapela, monts 112-113 C3
Kapfenberg 112-113 C2
Kapos 112-113 E2
Kaposvár 112-113 E2
Kapotnia 120F B3
Kaprun 102 E5
Kapuas 134-135 E6
Kapuas Hulu, monts
134-135 E5
Kara 114-115 N2
Kara, détroit de
114-115 L1
Kara, mer de 116-117 H2
Kara-Balta 138-139 A3
Karabük 128 C1
Karachi 132 B4
Karaghandy 116-117 I5
Karaginsk 116-117 R4
Karaj 130 F2
Karakalpakie 121A
Karakelong 134-135 H5
Karakol 138-139 B3
Karakoram 132 D2 D3
Karakoram, col de 132 D2
Karakorum 138-139 G2
Kara-Koum 116-117 G5 H5
Kara-Koum, canal du
116-117 H6
Karamay 138-139 C2
Karas, monts 150-151 E7
Karasjok 92-93 H1
Karatal 138-139 B2
Karatau 116-117 H5
Karatchaévo-Tchérkessk
121A
Karawanken
112-113 B2 C2
Karbala 130 D3
Karchy 116-117 H6
Karditsa 112-113 F6
Kărdžali 112-113 H5
Kareima 152-153 G3
Karema 152-153 G5
Kariba, lac 150-151 F6
Karima 158-159A F5
Karimata, détroit de
134-135 D6
Karimata, îles 134-135 D6
Karimnagar 132 D6
Karlovac 112-113 C3 D3
Karlovy Vary 102 E3
Karlshamn 92-93 E4
Karlskoga 92-93 E4
Karlskrona 92-93 E4 F4
Karlsruhe 102 C4
Karlstad 92-93 E4
Karmøy 92-93 C4
Karnak 106-107 K6
Karnali 132 E4
Karnataka 132 C7 D7
Kárpathos 112-113 I8
Kars 128 E1
Karsakpaï 116-117 H5
Karst, plateau du
110-111 E2
Kårstø 91 D2
Kartaly 114-115 M5
Karun 130 E3
Karungi 92-93 H2
Karwaw, ras 130 G6
Kasai 150-151 F5 E5
Kasama 152-153 F5 G5
Kasbah, ras al 129 A7
Kasba Tadla 156 D2
Kasese 152-153 F4 G4
Kashba 157G
Kashi 138-139 B4
Kashima 143A D2 D1
Kashiwa 143C
Kasiruta 134-135 H6
Kaskinen 92-93 G3
Kaskö 92-93 G3
Kasongo 152-153 F5
Kásos 112-113 I8
Kassala 152-153 G3
Kassandra 112-113 G5 G6
Kassandra, golfe de
112-113 G5 H6
Kassel 102 C3
Kasserine 106-107 F4
Kastoria 112-113 F5
Kasur 132 C3
Kataba 152-153 F6
Katahdin, mont 58-59 M2
Kataka 132 F5
Katanga 150-151 F5
Katchall 134-135 A4
Katchouga 116-117 L4
Kateríni 112-113 G5
Katha 138-139 F7
Katherine 146-147 D3
Kathiavar 132 B5 C5
Kathmandou 132 F4
Katiola 158-159A C4
Katorus 152-153 F7 G8
Katoun 116-117 J4
Katowice 114-115 D5
Katrine, loch 96-97 D3
Katschberg 104-105B
Katsina (État) 160C4
Katsina (ville) 152-153 D3
Kattara, dépression de
106-107 J6 J5
Kattegat 92-93 D4 E4
Kattina, lac 129 C1
Katwijk 94 C2
Kauai 144-145 F22 F23
Kaufbeuren 102 D5
Kaunas 92-93 G5
Kautokeino 92-93 G1 H1
Kavajë 112-113 E5
Kavála 112-113 H5
Kavalerovo 142 C2 D2
Kavaratti 132 C7
Kavieng 146-147 F2
Kawagoe 143A D2
Kawaguchi 143C
Kawasaki 142 D3 E3
Kawawachikamach 55B
Kawm Umbu 106-107 K7
Kaya 152-153 C3
Kayan 134-135 F5
Kayes 152-153 B3
Kayseri 128 D2
Kazakhstan 126-127 H5 J5
Kazan 114-115 J4
Kazan, région de 45B
Kazanlăk 112-113 H4
Kazatchie 116-117 O2 P2
Kazbek 114-115 I7
Kaz Dağ 112-113 I6
Kazerun 130 F4
Kéa 112-113 H7
Kearny 64C A2 B2
Keban, réservoir de
106-107 L4
Kebaowek 55B
Kebbi 160C4
Kebnekaise 92-93 F2
Kecskemét 112-113 E2 F2
Kediri 134-135 E7
Keetmanshoop
152-153 E7
Kehl 102 B4
Keitele, lac 92-93 H3
Keith 96-97 E3
Kejimkujik, parc national
49D
Kelang 134-135 C5
Kelasa, détroit de
134-135 D6
Kelibia 110-111 C6
Kelloselkä 92-93 H2 I2
Kelowna 42-43 G4 G5
Keluang 134-135 C5
Kem 114-115 G3 H3
Kemano 42-43 F4
Kemerovo (province)
121A
Kemerovo (ville)
116-117 J4
Kemi 92-93 H2
Kemi, lac 92-93 H2
Kemijärvi 92-93 H2
Kemijoki 92-93 H2
Kempten 102 C5 D5
Kenadsa 156 E3
Kendal 96-97 E4
Kendall 65G
Kéniéba 158-159A B3
Kenitra 156 D2
Kenmare 96-97 B6
Kenmare River
96-97 A6 B6
Kennet 96-97 F6
Kenora 42-43 I5
Kenosha 58-59 I3
Kensington 98C B2
Kent 98A
Kentucky (État) 58-59 I4
Kentucky (rivière)
58-59 J4
Kenya (État) 152-153 G4
Kenya (mont) 150-151 G4
Kerala 132 D7
Keren 152-153 G3
Kerguelen, crête des
144-145 N10 N11
Kerguelen, îles
144-145 M10
Kerinci 134-135 C6
Kerkenna, îles 106-107 G5
Kerkrade 94 E4
Kermadec, dorsale des
144-145 L20 K21
Kermadec, fosse des
144-145 L21 K21
Kerman 130 G3
Kerman, désert de 130 G4
Kermanchah 130 E3
Kern 63A D4
Keroulen 138-139 I2
Kerry, cap 96-97 A5 B5
Kertch 114-115 H6
Kertch, détroit de
114-115 H6
Kesagami, lac 51 B3
Kesch, piz 104-105 E2
Keswick 96-97 E4
Keswick Dam 63A B1
Keszthely 112-113 D2
Ket 116-117 J4
Ketapang 134-135 D6 E6
Ketchikan 42-43 E4 F4
Kettering 96-97 F5
Keweenaw, pointe
58-59 I2
Kew Gardens 98C A3 B3
Key Biscayne 65G
Key Largo Undersea Park
65F
Keys 130 F4
Key West 58-59 J7
Khabarovsk 116-117 O5
Khabarovsk, territoire de
121A
Khaiber, col de 132 C3
Khakassie 121A
Khalkis 112-113 G6
Khamis Muchaït 130 D6
Khammam 132 E6
Khammouan
134-135 C2 D2
Khanaqin 82-83 I5
Khandwa 132 D5
Khandyga 116-117 O3
Khanewal 132 C3
Khangaï, monts
138-139 F2 G2
Khanka, lac 116-117 O5
Khanpur 132 C4
Khanty-Mansiisk
116-117 H3
Khantys-Mansie 121A
Khan Yinus 129 A4
Kharagpur 132 F5
Kharg 130 E4 F4
Kharga, oasis de
106-107 K6
Kharkiv 114-115 H5
Kharkov 114-1151 H6
Khartoum 152-153 G3
Khashm el Girba 130 C7
Khasi, monts
138-139 D2 F2
Khatanga (fleuve)
116-117 L2
Khatanga (ville)
116-117 L2
Khatanga, baie de
116-117 M2
Khatgal 138-139 G1
Khemis Miliana
108-109 G4
Khemisset 156 D2
Khenifra 156 D2
Kherson 114-115 G6
Kheta 116-117 K2 L2
Khiargas Nur 138-139 E2
Khibiny 92-93 J2
Khimki 120F B1
Khimki-Khovrino 120F B1
Khios (île) 112-113 H6
Khios (ville) 112-113 J6
Khirr 130 D3
Khiva 116-117 G5 H5
Khmelnytsky 114-115 F6
Kholm 132 B2
Kholmsk 116-117 O5 P5
Khomeinychahr 130 F3
Khon Kaen 134-135 C2
Khopor 114-115 I5
Khorasan 130 G2 G3
Khorat, plateau de
134-135 C2
Khorramabad 130 E3
Khorramchahr 130 E3 F3
Khorugh 132 C2
Khouribga 156 D2
Khövsgöl Nur 138-139 G1
Khulna 132 F5 G5
Khüren Tovon 138-139 F3
Khuriya Muriya, îles
130 G6
Khurmah 130 D5
Khuzestan 130 E3 F3
Khvoy 130 D2 E2
Kiakhta 116-117 L4
Kianta, lac 92-93 H2 I2
Kibi 158-159A C4
Kičevo 112-113 F5
Kidderminster 96-97 E5
Kiel 102 D1
Kiel, canal de 102 C2 C1
Kielce 114-115 D5 E5
Kieta 146-147 F2
Kiev 114-1151 G5
Kiffa 158-159A B3
Kifissos 112-113 G6
Kigali 152-153 G5
Kigoma 152-153 F5 G5
Kii, détroit de 142 C4 D4
Kii, péninsule de
143A C3 C2
Kikai 142 C5
Kikinda 112-113 F3
Kikori 146-147 E2
Kikwit 152-153 E5 F5
Kilbrannan, détroit de
96-97 D4
Kilchu 142 B2
Kildin 92-93 J1
Kiliia 112-113 J3
Kilimandjaro 150-151 G5
Kilkenny 96-97 C5
Kilkis 112-113 G5
Killarney 96-97 B5
Killingholme 91 B3
Killiniq 51 F1
Killybegs 96-97 B4
Kilmarnock 96-97 D4 E4
Kilo 152-153 F4 G4
Kilwa 152-153 G5 H5
Kimberley (Afrique du
Sud) 152-153 F7
Kimberley (Canada)
42-43 G5
Kimberley, plateau de
146-147 C3
Kimchaek 142 B2 C2
Kimchon 140A A2 B2
Kimito 92-93 G3
Kimitsu 143C
Kimmirut 42-43 L3
Kinabalu 134-135 F4
Kindia 158-159A B3
Kindu 152-153 F5
Kinechma 114-115 I4
King 146-147 E5
King, détroit de
146-147 C3
King George's Reservoir
98C C1
Kingman
144-145 H22 H23
Kings 63A C3 D3
Kings, pics 58-59 D3
Kings Canyon, parc
national 63A D3
King's Lynn 96-97 G5
Kingston (Canada)
42-43 K5
Kingston (Jamaïque)
68 D3
Kingston Southeast
146-147 D5
Kingston upon Hull
96-97 F5 G5
Kingston upon Thames
98C A3 B3
Kingstown 68 G4
Kinguele 158-159A E4
Kinlochleven 96-97 D3
Kinnaird, cap 96-97 E3
Kinneret, lac de 129 B3
Kinshasa 152-153 E5
Kintyre 96-97 D4
Kinu 143A D1
Kiousiour 116-117 N2
Kirensk 116-117 L4 M4
Kirghizistan 126-127 J5
Kiribati 144-145 I21 I22
Kırıkkale 128 C2
Kiritimati 144-145 H23
Kirkcaldy 96-97 E3
Kirkenes 92-93 I1
Kirkland 55F
Kirkland Lake 42-43 J5
Kırklareli 112-113 I5
Kirkpatrick, mont 162B
Kirkuk 130 D2
Kirkwall 96-97 E3
Kirovohrad 114-115 G6
Kirovsk 114-115 G2 H2
Kirşehir 128 C2
Kirthar, monts 132 B4
Kiruna 92-93 G2
Kiryu 143A D1
Kisalföld 112-113 D2
Kisangani 152-153 F4
Kisar 134-135 H7
Kisarazu 143A D2
Kishiwada 143B
Kishn 130 F6
Kishon 129 B3
Kiskunhalas 112-113 E2
Kislovodsk 130 D1
Kismayou 152-153 H5
Kiso 143A C2
Kisumu 152-153 G5
Kita-Kyushu 142 B4 C4
Kitale 152-153 G4
Kitami 142 E2
Kitchener 42-43 J5
Kitimat 42-43 E4 F4
Kittiwake 91 B2 C2
Kitwe-Nkana 152-153 F6
Kitzbühel 102 E5
Kivu, lac 150-151 F5 G5
Kizel 114-115 L4
Kızılırmak 128 C1
Kizliar 114-115 J7
Kjustendil 112-113 G4
Kladno 102 E3 F3
Klagenfurt 102 F5
Klaipėda 92-93 G5
Klamath 63A B1
Klamath Falls 58-59 B3
Klarälv 92-93 E3
Klausen, col de
104-105 D2
Klazienaveen 94 E2 F2
Klein-Andaman
134-135 A3
Kleines Walsertal
104-105 F1
Klettgau 104-105 D1
Kleve 94 E3
Kliazma 114-115 H4 I4
Klin 114-115 H4
Klínovec 102 E3
Klintsy 114-115 G5
Klioutchev, volcan
116-117 Q4 R4
Klosters 104-105 E2
Klostertal 104-105 E1
Kloten 104-105 D1
Klotz, lac 51 D1
Kluane, lac 42-43 E3
Kluane, parc national 49D
Kluane, sanctuaire
d'oiseaux 49D
Knin 112-113 C3 D3
Knokke 94 B3
Knossos 112-113 H8
Knoxville 58-59 J4
Knud Rasmussen, terre
de 42-43 N1 M2
Kobdo 138-1391 E2
Kobe 142 C4 D4
Kočani 112-113 G5
Kochi 142 C4
Kodiak 40-41 E4
Kodok 152-153 G4
Kofu 142 D3
Kogaluc 51 C2
Kogaluk 51 F2
Köge, baie de 40-41 Q3
Kogi 160C4
Kohat 132 C3
Koh-i-Baba 116-117 H6
Kohima 132 G4
Kohtla-Järve 92-93 H4
Kökchetaou 116-117 H4
Kokemäki 92-93 G3
Kokenau 134-135 J6
Kokkola 92-93 G3 H3
Koksoak 51 E2
Kola (fleuve) 92-93 J1
Kola (ville) 114-115 G2
Kola, baie de 92-93 J1
Kola, péninsule de
114-115 H2
Kolaka 134-135 G6
Kolar 132 D7
Kolgouïev 114-115 J2
Kolhapur 132 C6
Kolkasrags 92-93 G4
Kolkata 132 F5
Kollam 132 D8
Kollsnes 91 D1
Köln 102 B3
Kołobrzeg 92-93 E5
Kolomenskoïé 120F C3
Kolomna 114-115 H5
Kolpachevo 116-117 I4 J4
Kolpino 114-115 G4
Kolwezi 152-153 F5 F6
Kolyma 116-117 Q3
Kolyma, monts de la
116-117 Q3 R3
Komaduga 158-159A E3
Komárno 112-113 E2
Komatsu 143A C1
Komi 121A
Komi-Permiakie 121A
Komló 112-113 E2
Komodo 134-135 F7
Komotiní 112-113 H5
Kompasberge 150-151 F8
Kompong Cham
134-135 D3
Kompong Chhnang
134-135 C3 D3
Kompong Som
134-135 C3
Komsomolets
116-117 K1 M1
Komsomolsk
116-117 O4 P4
Kondopoga 114-115 G3
Kong 134-135 D2
Kongolo 152-153 F5
Kongsberg 92-93 D4
Kongsvinger 92-93 E3
Kongur Shan 138-139 B4
Köniz 104-105 C2
Konjakovsky Kamen
114-115 L4
Konkouré 158-159A B3
Konocha 114-115 I3
Konotop 114-115 G5
Kon Tum 134-135 D3
Konya 128 C2
Konz 94 E5
Kootenay 58-59 C1 C2
Kootenay, lac 42-43 G5
Kootenay, parc national
49D
Kootenay, parc provincial
49D
Kopaonik 112-113 F4
Koper 112-113 B3 C3
Kopet Dag 130 G2
Ko Phangan 134-135 C4
Korçë 112-113 F5
Korčula 112-113 D4
Kordofan 150-151 F3 G3
Korf 116-117 R3
Korhogo 152-153 C4
Koriakie 121A
Koriatski, monts
116-117 R3 S3
Koriyama 142 E3
Koroc 51 E2 F2
Korokoro 160F
Koronadal 134-135 G4
Koróni 112-113 F7
Koror 134-135 I4 J4
Körös 112-113 F2
Korosten 114-115 F5
Korsakov 116-117 P5
Korsør 92-93 D5
Kos 112-113 I7
Ko Samui 134-135 C4
Koschaghyl 114-115 K6
Kosciusko, mont
146-147 E5 F5
Koshigaya 143C
Košice 106-107 I2
Kosino 120F D2
Kosovo 112-113 F4
Kosovo Polje 112-113 F4
Kosovska Mitrovica
112-113 F4
Kossou 158-159A C4
Kostanaï 116-117 H4
Kosti 152-153 G3
Kostomukcha 92-93 I2
Kostroma (province)
121A
Kostroma (ville) 114-115 I4
Kostrzyn 102 F2
Koszalin 92-93 F5
Kota 132 D4
Kota Baharu 134-135 C4
Kotabaru 134-135 F6
Kotabumi 134-135 C6 D6
Kota Kinabalu
134-135 E4 F4
Kotamobagu
134-135 G5 H5
Kotelnitch 114-115 J4
Kotelny 116-117 O2 P2
Kotka 92-93 H3
Kotlas 114-115 J3
Kotor 112-113 E4
Kotor, baie de 112-113 E4
Kotouï 116-117 L3
Kotte 132 D8 E8
Kotto 150-151 F4
Kotzebue, baie de
40-41 D3
Kouban 114-115 I7 H6
Kouchibouguac, parc
national 49D
Koudiat 157G
Koudougou 158-159A C3
Koudymkar 114-115 K4
Koufra, oasis de
106-107 I7
Kouito, lac 92-93 I2
Koukdjuak 42-43 K3
Koulikoro 152-153 C3
Koulob 132 B2
Koulounda, steppe
116-117 I4 J4
Koulsari 116-117 G5
Kouma 114-115 I7
Kounachir 116-117 P5
Kounghirot 116-117 G5
Koungour 114-115 L4
Kountsevo 120F B2
Koupéla 158-159A D3
Koura 116-117 F5 F6
Kourgan (province) 121A
Kourgan (ville) 116-117 H4
Kourghonteppa 132 B2
Kouriles 116-117 P5 Q5
Kouriles, détroit des
116-117 Q4
Kouriles, fosse des
144-145 D17 D18
Kouroussa 152-153 B3 C3
Koursk (province) 121A
Koursk (ville) 114-115 H5
Kourski Zalev 92-93 G5
Koussi, emi 150-151 E3
Koutaïsi 114-115 I7
Koutoubia 157H
Kouvola 92-93 H3
Kouznetsk 114-115 J5
Kovd, lac 92-93 I2
Kovel 114-115 E5
Kovic 51 C1
Kovic, baie 51 C1
Kovrov 114-115 I4
Koweït (État) 126-127 G7
Koweït (ville) 130 E4
Kowloon 141A B3 C3
Koyukuk 40-41 E3
Kozáni 112-113 F5
Kozhikode 132 C7 D7
Kozioukhovo 120F D2
Kpeme 158-159A D4
Kpong 158-159A D4
Kra, Isthme de
134-135 B3 B4
Kragerø 92-93 D4
Kragujevac 112-113 F3
Kraka 91 D3
Kraków 114-115 F5
Kraljevo 112-113 F4
Kramatorsk 114-115 H6
Kramfors 92-93 F3
Kranj 112-113 C2
Kranji 141C A1
Krasnodar 114-115 H7
Krasnodar, territoire de
121A
Krasnogorsk 120F A1
Krasnoïarsk 116-117 K4
Krasnoïarsk, territoire de
121A
Krasnokamsk
114-115 K4 L4
Krasnoouralsk 114-115 M4
Krasnotouriinsk
114-115 M4
Kratie 134-135 D3
Krefeld 102 B3
Krementchuk 114-115 G6
Kresta, baie 116-117 T3
Kreuzlingen 104-105 E1
Kribi 152-153 E4
Kriens 104-105 D1
Krishna 132 D6
Kristiania 92-93 C3
Kristiansand 92-93 D4
Kristianstad 92-93 E5
Kristiansund 92-93 C3
Kristiinankaupunki
92-93 F3 G3
Kristinestad 92-93 G3
Krk 112-113 C3
Krommenie 94 C2
Kronchtadt 114-115 F3
Krong Koh Kong
134-135 C3
Kronstadt 114-115 F3
Kropotkin 114-115 I6
Kruger, parc national
161A
Krui 134-135 C7
Krujë 112-113 E5 F5
Kruševac 112-113 F4
Krylatskoïé 120F B2
Kryvy Rih 114-115 G6
Ksar Chellala
108-109 F5 G5
Ksar el Bouchar
108-109 G5
Ksar el Kebir 156 D2
Kuala Lumpur 134-135 C5
Kuala Terengganu
134-135 C4
Kuantan 134-135 C5
Kubena, lac 114-115 H4 I4
Kuchenspitze 104-105 F1
Kuching 134-135 E5
Kudat 134-135 F4
Kudus 134-135 E7
Kufstein 102 E5
Kugaaruk 42-43 J3
Kugluktuk 42-43 G3
Kuhrud, monts 130 F3 G4
Kuito 152-153 E6
Kukawa 152-153 E3
Kukës 112-113 F4
Kukon 116-117 I5
Kuku Nur 138-139 F4
Kula Kangri 132 G4
Kulmbach 102 D3
Kum 140A A2
Kumagaya 142 D3
Kumamoto 142 C4
Kumanovo 112-113 F4 G4
Kumasi 152-153 C4
Kumba 152-153 D4
Kumbakonam 132 D7 E7
Kume 138-139 L6
Kumzar 130 G4
Kunduz 132 B2
Kungsbacka 92-93 E4
Kunlun, monts
138-139 D4 F4
Kunming 138-139 G6
Kunsan 140A A2
Kununurra 146-147 C3 D3
Kuopio 92-93 H3
Kupa 112-113 C3
Kupang 134-135 G8
Kuqa 138-139 C3
Kuraiba 129 B7
Kurashiki 142 C4
Kurdistan 130 D2
Kurdistan, monts du
80-81 I5
Kure 142 C4
Kuressaare 92-93 G4
Kurmuk 130 B7
Kurnool 132 D6
Kurume 142 C4
Kuş, lac 128 C3
Kuşadası 112-113 I7
Kushiro 142 E2
Kushui 138-139 E3
Kuskokwim 40-41 D3 E3
Küsnacht 104-105 D1
Kütahya 128 B2
Kutch, golfe de 132 B5 C5
Kuujjuaq 51 E2
Kuujjuarapik 51 C2
Kvaløya 92-93 F1
Kvarner 112-113 C3
Kwa (rivière) 150-151 E5
Kwa (ville) 160B
Kwajalein
144-145 G19 H19
Kwangju 140A A2
Kwango 150-151 E5
Kwara 160C4
Kwazulu-Natal 161A
Kwilu 150-151 E5
Kwoka 134-135 I6
Kyaikkami 134-135 B2
Kyaikto 134-135 B2
Kyaukme 134-135 B1
Kyaukpyu 134-135 A2
Kyïv 114-115 G5
Kyle of Lochalsh 96-97 D3
Kyllini 112-113 G6
Kyoga, lac 150-151 G4
Kyongju 142 B3
Kyongsong 142 B2 C2
Kyoto 142 D3 D4
Kyparissía 112-113 F7
Kyparissia, golfe de
112-113 F7
Kythnos 112-113 H7
Kyushu 142 C4
Kyzyl 116-117 K4
Kyzyl-Koum 116-117 H5
Kyzylorda 116-117 H5
K2, mont 132 D2

L

La Alcarria 108-109 D2
Laarab 157G
Laâyoune 156 B4
La Baie 55G
La Baule 100-101 B3
Labe (fleuve) 80-81 F3
Labé (ville) 152-153 B3
La Berra 104-105 C2
La Bourboule 100-101 E4
Labrador 51 F3 G3
Labrador, bassin du
10-11 D15 D16
Labrador, mer du
40-41 O4 P4
Labrador City 51 E3
La Brévine 104-105 B2
Labuan 134-135 E4 F4
Labytnangi 114-115 N2
Lac-Allard 51 F3
La Campiña 108-109 C4
Lacanau, étang de
100-101 C4
La Canée 112-113 H8
La Carolina 108-109 D3
Lacaune, monts de
100-101 E5
Lac Clearwater, parc
provincial 49D
Lac de Cratère, parc
national du 58-59 B3
La Ceiba 68 B3
La Celle-Saint-Cloud
99C A2 B3
La Chaux-de-Fonds
104-105 B1
Lachen 104-105 D1
Lachine 54C
Lachine, canal 54B
Lachlan 146-147 E5
La Ciotat 100-101 F5
Lac-Kénogami 55G
Lac Meadow, parc
provincial 49D
Lac-Ministuk 55G
Laconie, golfe de
112-113 G7
La Corogne 108-109 A1
La Courtine 100-101 E4
Lacq 100-101 C5
Lac Rapide 55B
La Crosse 58-59 H3
Lac-Saint-Charles 55E
Lacs Albanel-Mistassini-
et-Waconichi, réserve
faunique des 54A
Lac-Simon 55B
Lac Supérieur, province
du 45A
Lacs-Waterton, parc
national des 49D
Ladakh 132 D2 D3
La Dent d'Oche
104-105 B2
Ladoga, lac 114-115 G3
Laë 146-147 E2
Læsø 92-93 D4
La Galite 106-107 F4

Lagan 92-93 E4
Lågen 92-93 D3
Lägern 104-105 D1
Laghouat 106-107 E5
Lagny 99C D2
La Gomera 156 A3
Lagos (État) 160C4
Lagos (ville, Nigéria) 152-153 D4
Lagos (ville, Portugal) 108-109 A4
Laguira 158-159A B2
La Goulette 110-111 C6
La Grande-Motte 100-101 F5
La Grande Rivière 51 C3
La Grande-3, réservoir 51 C3 D3
La Grande-4, réservoir 51 D3
La Gran Sabana 68 G5
La Grave 100-101 G4
La Guaira 68 F4
La Guardia 64C C2
Laguna Dam 63A F5
Lagunillas 68 E4 E5
Lahad Datu 134-135 F4
Lahad Datu, baie de 134-135 F5
Lahat 134-135 C6
La Havane (province) 69A
La Havane (ville) 68 C2
La Haye 94 C2
Lahn 102 C3
Lahore 132 C3
Lahr 102 B4 C4
Lahti 92-93 H3
Laiwui 134-135 H6
Lajes 73 E5 F5
Lake Charles 58-59 H5
Lake District 96-97 E4
Lakeland 58-59 J6
Lakeland, parc provincial 49D
Lake River 51 B3
Laksefjord 92-93 H1
Lakshadweep 132 C7
La Languedocienne 100-101 E5
L'Albufera 108-109 E3
La Línea 108-109 C4
Lalitpur 132 D5
La Louvière 94 C4
La Maiella 110-111 E3
La Malbaie 51 D4 E4
Lambaréné 152-153 E5
Lambeth 98B
Lambeth Bridge 98B
La Mecque 130 C5 D5
Lamego 108-109 B2
Lamèque 51 F4
La Meta 110-111 D4 E4
Lamezia Terme 110-111 F5
Lamía 112-113 G6
Lammermuir Hills 96-97 E4
Lamon, baie de 134-135 G3
La Montana 72 C3 D4
Lampang 134-135 B2
Lampedusa 112-113 B8
Lamu 152-153 H5
Lanaken 94 D4
Lanark 96-97 D4 E4
Lanaudière 55A
Lanbi 134-135 B3
Lancashire 97C
Lancaster (É.-U.) 64B
Lancaster (R.-U.) 96-97 E4
Lancaster, détroit de 42-43 J2 K2
L'Ancienne-Lorette 54D
Lan Dao 141A B3
Landau 102 B4 C4
Landeck 102 D5
Landerneau 100-101 A2
Landes 100-101 C4
Landquart 104-105 E2
Land's End 96-97 C6 D6
Landshut 102 D4 E4
Landwasser 104-105 E2
La Neblina 72 D2
La Neuveville 104-105 B1 C1
L'Ange-Gardien 55H
Langeland 102 D1
Langenthal 104-105 C1
Langeoog 102 B2
Langkawi 134-135 B4
Langnau 104-105 C2
Langøya 92-93 E1
Langreo 108-109 C1
Langres 100-101 F3
Langres, plateau de 100-101 F3
Langsa 134-135 B5
Languedoc 100-101 E5 E4
Languedoc-Roussillon 100-101 E5
Länkäran 114-115 J8
La Nouvelle-Orléans 58-59 H6 I6
Lansing 58-59 I3 J3
Lanxi 138-139 J6
Lan Yu 140D B2
Lanzarote 156 B3
Lanzhou 138-139 G4
Laoag 134-135 F2 G2
Lao Cai 134-135 C1
Laoheishan 142 B2 C2
Laon 100-101 E2
La Oroya 73 C4
Laos 126-127 M8
La Palma 156 A3
La Panne 94 A3
La Paz (Bolivie) 73 D4
La Paz (Mexique) 58-59 D7
La Pérouse, détroit de 116-117 P5
La Pocatière 51 D4 E4
Lapponie 92-93 F1 I1
La Provençale 100-101 F5 G5
Laptev, détroit de 116-117 O2 P2
Laptev, mer des 116-117 N2
Laquedives, îles 132 C7
L'Aquila 110-111 D3
L'Aquitaine 100-101 D3
Lar 130 F4
Larache 156 D2
Laramie, monts 58-59 E3
La Rance 101D
Larchmont 64C D1
Laredo 58-59 G6
Larestan 130 G4
La Rioja 108-109 D1
Lárissa 112-113 G6
Larkana 132 B4
Larnaca 130 B3
La Rochelle 100-101 C3
La Roche-sur-Foron 104-105 B2
La Roche-sur-Yon 100-101 C3
La Romana F3
La Ronge 42-43 H4
Larouche 55G
Larvik 92-93 D4
LaSalle 55F
Las Cruces 58-59 E5
La Serena (Chili) 73 C5
La Serena (Philippines) 108-109 C3
La Seu d'Urgell 108-109 F1
La Seyne 100-101 F5
Lashio 134-135 B1
La Sila 110-111 F5
La Skhirra 158-159A D1 E1
Las Palmas 156 B3
La Spezia 110-111 B2
Lassen, mont 58-59 B3
Lastovo 112-113 D4
Las Tunas (province) 69A
Las Tunas (ville) 68 D2
Las Vegas 58-59 C4 D4
Laterrière 55G
Latina 110-111 D4
Latium 110-111 D3
La Tourette Park 64C A4 B4
Lattaquié 130 C2
La Tuque 51 D4
Laufen 104-105 C1
Laufenburg 104-105 D1
Launceston 146-147 E6
La Unión (El Salvador) 68 B4
La Unión (Espagne) 108-109 E4
Laura 146-147 E3
Laurasie 17A2
Laurentides 55A
Laurentides, parc des 58-59 L2
Laurentides, réserve faunique des 54A
Laurentienne, région 45B
Laurion 112-113 H7
Lausanne 104-105 B2
Laut (Kalimantan) 134-135 D5
Laut (Natuna) 134-135 F6
Lauterbrunnen 104-105 C2
Lauwers, lac de 94 E1
Lauzon 54D
Laval (région) 55A
Laval (ville, Canada) 51 D4
Laval (ville, France) 100-101 C2
La Vallette 106-107 G4
Lavan 130 F4
La Vega 68 E3 F3
Laveno-Mombello 104-105 D3
La Vera 108-109 C3 C2
Lavéra 100-101 F5
La Vérendrye, parc 58-59 K2
La Vérendrye, réserve faunique 54A
Laverton 146-147 C4
La Ville-du-Bois 99C B4
Lavongai 146-147 E2
Lawas 134-135 F5
Lawdar 130 E7
Lawers, ben 96-97 D3
Lawit 134-135 E5
Lawrence 64B
Lawton 58-59 G5
Lawz, djebel al 130 C4
Lázaro Cárdenas 58-59 F8
Lazo 142 C2
Leatherhead 98C A4 B4
Le Bourget 99C C2
Lebrija 108-109 B4 C4
Le Buet 104-105 B2
Le Caire 106-107 K6
Le Cap 152-153 E8
Lecce 110-111 G4
Lecco 110-111 B2
Lecco, lac de 104-105 E3
Lech (rivière) 102 D5
Lech (ville) 104-105 F1
Le Chasseron 104-105 B2
Lechfeld 102 D4
Le Coq 94 B3
Le Creusot 100-101 F3
Le Croisic 100-101 B3
Leduc 42-43 G4
Leeds 96-97 F5
Leer 102 B2
Leeuwarden 94 D1
Leeuwin, cap 146-147 B5
Lefkosia 130 B2
Legaspi 134-135 G3
Leh 132 D3
Le Havre 100-101 C2 D2
Le Helder 94 C2
Leicester 96-97 F5
Leichhardt 146-147 D3
Leikanger 92-93 C3
Leine 102 C2
Leinster 96-97 C5
Leinster, Mount 96-97 C5
Leipzig 102 E3
Leiria 108-109 A3
Leith 96-97 E4
Leitha 112-113 C2 C1
Leizhou 138-139 H7 I7
Le Jorat 104-105 B2
Lek 94 C3
Leksand 92-93 E3
Le Lavandou 100-101 G5
Le Levant 100-101 G5
Leli Shan 138-139 C5
Le Locle 104-105 B1
Lelystad 94 D2
Leman 91 C3
Léman, lac 104-105 B2
Le Mans 100-101 D3
Le Marais 99B
Lemdiyya 108-109 G4
Le Mesnil-Amelot 99C D1
Lemmer 94 D2
Lemnos 112-113 H6
Le Moléson 104-105 B2
LeMoyne 55F
Le Moyne, lac 51 E2
Le Murge 110-111 F4
Lena 116-117 L4 N3
Lengeh 130 F4 G4
Lénine, monts 120F B2
Lénine, pic 132 C2
Lenino 120F C3
Leninsk-Kouznetski 116-117 J4 K4
Leninskoïe 138-139 M2
Lenk 104-105 C2
Lens 100-101 E1
Lensk 116-117 M3
Lenzburg 104-105 D1
Lenzerheide 104-105 E2
Leoben 112-113 C2
León (Espagne) 108-109 C1
León (Mexique) 58-59 F7
León (Nicaragua) 68 B4
Leonora 146-147 C4
Le Perreux 99C C3 D3
Le Perthus 100-101 E5
Le Pin 99C D2
Lepini, monts 110-111 D4
Lepsi 138-139 B2
Leptis Magna 106-107 G5
Le Puy 100-101 E4 F4
Le Raincy 99C C2 D2
Lérida 108-109 F2
Lerma 108-109 D2
Léros 112-113 I7
Le Roy, lac 51 C2 D2
Le Russey 104-105 B1
Lerwick 96-97 F1
Les Andelys 99A
Lesbos 112-113 H6
Les Cayes 68 E3
Les Clayes-sous-Bois 99C A3
Les Deux Alpes 105C
Les Diablerets (localité) 104-105 C2
Les Diablerets (mont) 104-105 C2
Les Dormeuses 51 B2 C2
Les Escoumins 55B
Les Fens 96-97 F5 G5
Les Gets 104-105 B2
Lésigny 99C D3
Lesina, lac de 110-111 E4
Les Jumelles 51 B3 C3
Leskovac 112-113 F4
Leslie 51A
Les Mureaux 99C A1
Lesosibirsk 116-117 J4 K4
Lesotho 152-153 F7
Les Ponts-de-Martel 104-105 B1
Les Sables-d'Olonne 100-101 B3 C3
Lesse 94 D4
Les Ulis 99C B4
L'Étang-du-Nord 51A
Letchworth 98A
Lethbridge 42-43 G5
Le Thillay 99C C1
Leti, îles 134-135 H7
Leticia 73 C3
Le Touquet-Paris-Plage 100-101 D1
Le Tréport 100-101 D1 E1
Letterkenny 96-97 B4 C4
Lettonie 82-83 G3
Leucade (île) 112-113 F6
Leucade (ville) 112-113 F6
Leucate, étang de 100-101 E5
Leuk 104-105 C2
Leuka 112-113 G8
Leukerbad 104-105 C2
Leuser 134-135 B5
Leuze 94 B4
Levádia 112-113 G6
Levallois-Perret 99C B2
Levanger 92-93 D3 E3
Levant, riviera du 110-111 B2 B3
Levanzo 110-111 D5
Le Vaudreuil 99A
Leventina, val 104-105 D2
Le Verdon-sur-Mer 100-101 C4
Leverkusen 102 B3
Le Vésinet 99C B2
Lévis 51 D4
Lewis 96-97 C2
Lewis, monts 58-59 D2
Lewisham 98C C3
Lewiston (Idaho) 58-59 C2
Lewiston (Maine) 64B
Lewiston Dam 63A B1
Lexington 58-59 J4
Leyde 94 C2
Leyre 100-101 C4
Leysin 104-105 C2
Leyte 134-135 G3 H3
Leyte, golfe de 134-135 H3
Leyton 98C C2
Lhasa 138-139 D6
L'Hay-les-Roses 99C B3 C3
Lhokseumawe 134-135 B4
L'Hospitalet 108-109 F2 G2
Liakhov 116-117 P2
Liamone 110-111 B3
Liangbingtai 142 B2
Lianozovo 120F B1
Lianyungang 138-139 J5 K5
Liaocheng 138-139 I4 J4
Liaodong 138-139 K4
Liaodong, golfe de 138-139 K3
Liao He 138-139 K3
Liaoning 138-139 K3
Liaoyuan 138-139 L3
Liard 42-43 F4 F3
Liban (État) 126-127 F6
Liban (montagne) 129 B2 C1
Liberec 102 F3
Liberia 152-153 B4 C4
Libourne 100-101 C4 D4
Libramont 94 D5
Libreville 152-153 D4 E4
Libye 152-153 E2 F2
Libye, désert de 150-151 F2
Libye, plateau de 106-107 J5
Licata 110-111 D6
Lichinga 152-153 G6
Lidköping 92-93 E4
Lido 105C
Lido di Iesolo 110-111 D2
Liechtenstein 82-83 E4 F4
Liège (province) 94 D4
Liège (ville) 94 D4
Lieksa 92-93 I3
Lienz 102 E5
Liepāja 92-93 G4
Lierre 94 C3
Liestal 104-105 C1
Lieusaint 99C C4 D4
Liévin 100-101 E1
Liffey 96-97 C5
Lifou 146-147 G4
Lignano 105C
Ligne de changement de date 144-145 C20 L21
Ligurie 110-111 B2
Ligurienne, mer 110-111 B3
Likasi 152-153 F6
L'Ile-Bizard 55F
L'Ile-Bizard/Sainte-Geneviève/Sainte-Anne-de-Bellevue 55F
L'Ile-Dorval 55F
Lille 100-101 E1
Lillehammer 92-93 D3
Lilongwe 152-153 G6
Lim 112-113 E4
Lima (É.-U.) 58-59 J3
Lima (Pérou) 73 C4
Lima, îles 141A C3
Limassol 130 B3
Limbara, monts de 110-111 B4
Limbourg (province, Belgique) 94 D3
Limbourg (province, Pays-Bas) 94 D3 E3
Limbourg (ville) 102 C3
Limerick 96-97 B5
Limia 108-109 A2
Limmat 104-105 D1
Limoges 100-101 D4
Limours 99C A4
Limousin 100-101 D4
Limpopo 150-151 F7 G7
Limpsfield 98C C4
Linard, piz 104-105 D2 F2
Linares 108-109 D3
Linas, mont 110-111 B5
Lincoln (É.-U.) 58-59 G3
Lincoln (R.-U.) 96-97 F5
Lincoln, mer de 40-41 N1 O1
Lincoln Heath 96-97 F5
Lincoln Park 64C A1
Lincolnshire Wolds 96-97 F5
Lincoln Tunnel 64C B2
Lindau 102 C5
Lindavista 67A
Linden (É.-U.) 64C A3
Linden (Guyana) 68 H5
Linden Airport 64C A3
Lindenberg 104-105 D1
Lindesnes 92-93 C4
Lindi 152-153 G5
Lindos 112-113 J7
Line, îles 144-145 H22 I23
Lingayen, golfe de 134-135 F2 G2
Lingen 102 B2
Lingga 134-135 C6
Lingga, îles 134-135 D6
Linh, Ngoc 134-135 D2 D3
Linhai 138-139 K6
Linhe 138-139 H3
Linjiang 142 B2
Linköping 92-93 E4 F4
Linkou 142 B1 C1
Linn, mont 63A B2
Linnhe, loch 96-97 D3
Linosa 112-113 B8
Linotte, détroit de la 146-147 B4
Linqing 138-139 J4
Linth 104-105 E2
Linth, canal de la 104-105 D1 E1
Linthal 104-105 E2
Linxi 138-139 J3
Linxia 138-139 G4
Linyi 138-139 J4
Linz 102 F4
Lion, golfe du 100-101 E5 F5
Lioubertsy 120F D2
Lioublino 120F C3
Lipa 134-135 G3
Lipari 110-111 E5
Lipari, îles 110-111 E5
Lipetsk (province) 121A
Lipetsk (ville) 114-115 H5 I5
Lippe 102 C3
Lippstadt 102 C3
Liquiça 134-135 G7 H7
Liro 104-105 E2
Lisala 152-153 F4
Lisbonne 108-109 A3
Liscia 110-111 B4
Lisieux 100-101 D2
L'Isle-sur-le-Doubs 104-105 B1
Lismore 146-147 F4
Lisse 94 C2
Litang 138-139 H7
Litani 129 B2
Litoměřice 102 F3
Litovko 138-139 N2
Little Falls 64C A1
Little Ferry 64C B1
Little Neck Bay 64C D2
Little Rock 58-59 H5
Lituanie 82-83 G3
Liuzhou 138-139 H7 I7
Livenza 110-111 D2
Liverpool 96-97 E5
Liverpool, baie de (Canada) 42-43 F2
Liverpool, baie de (R.-U.) 96-97 E5
Liverpool, monts 146-147 E5 F5
Livigno 104-105 F2
Livigno, lac de 104-105 F2
Livingstone 152-153 F6
Livno 112-113 D4
Livourne 110-111 C3
Livry-Gargan 99C C2 D2
Lixi 138-139 I6
Lizard, pointe 96-97 D7
Ljubelj, col de 110-111 E1
Ljubljana 112-113 B2 C2
Ljungan 92-93 F3
Ljungby 92-93 E4
Ljusdal 92-93 F3
Ljusnan 92-93 E3
Llanelli 96-97 D6
Llanes 108-109 C1
Llano Estacado 58-59 F5
Llanos 72 C2 D2
Llerena 108-109 B3
Lleyn 96-97 D5
Llobregat 108-109 F1 F2
Lloret de Mar 108-109 G2
Llullaillaco 72 D5
Lobatse 152-153 F7
Lobaye 158-159A E4
Lobito 152-153 E6
Locarno 104-105 D2
L'Océane 100-101 D2
Lochem 94 E2
Lod 129 A4 B4
Lodi (É.-U., Californie) 63A C2
Lodi (É.-U., New York) 64C B1
Lodi (Italie) 110-111 B2
Łódź 114-115 D5
Loess, plateau de 138-139 H4 I4
Lofoten 92-93 E2 E1
Lofoten, bassin de 144-145 A3 B4
Logan, mont 42-43 D3
Logone 150-151 E3 E4
Logroño 108-109 D1
Loi-kaw 134-135 B2
Loir 100-101 D3
Loire 100-101 E3 C3
Loiret 99A
Loir-et-Cher 99A
Loja (Équateur) 73 B3 C3
Loja (Espagne) 108-109 C4
Lokeren 94 B3
Lokka Réservoir 92-93 H2 I2
Lokoja 152-153 D4
Lolland 92-93 D5
Lom 112-113 G4
Loma, monts 150-151 B4
Loma, point 58-59 C5
Lomami 150-151 F5
Lomas Chapultepec 67A
Lombardie 110-111 B2 C2
Lomblen 134-135 G7
Lombok 134-135 F7
Lombok, détroit de 134-135 F7
Lomé 152-153 D4
Lomié 152-153 E4
Lommel 94 D3
Lomond 91 C2
Lomond, loch 96-97 D3
Lomonosov 114-115 F4
Lomza 114-115 E5
London (Canada) 42-43 J5
London (R.-U.) 96-97 F6
London Bridge 98B
London City Airport 98C C2
London Colney 98C B1
Londonderry 96-97 C4
London Docks 98B
Londres 96-97 F6
Londres, aéroport de 98C A3
Londrina 73 E5
Lone Pine 63A D3 E3
Long Beach (Californie) 64C D4
Long Beach (New York) 58-59 C5
Long Branch 64B
Longford 96-97 C5
Longgang 141A C2
Long Island (Bahamas) 68 E2
Long Island (É.-U.) 58-59 L3
Long Island City 64C C2
Long Island Sound 64C D2 D1
Longjiang 138-139 K2
Longjumeau 99C B4
Longnawan 134-135 E5 F5
Long Range, monts 51 G4 G3
Longreach 146-147 E4
Longs, pic 58-59 E3
Longueuil 51 D4
Longwy 100-101 F2
Longxi 138-139 G4 H4
Long Xuyen 134-135 D3
Longyearbyen 116-117 B2 C2
Lons-le-Saunier 100-101 F3
Lønsstua 92-93 E2
Lookout, cap 58-59 K5
Loop, cap 96-97 A5 B5
Lopatka, cap 116-117 Q4
Lop Buri 134-135 B3 C3
Lopez, cap 150-151 D5
Lop Nur 138-139 E3
Lora 146-147 D4
Lorain 58-59 J3
Lorca 108-109 E3
Lord Howe 146-147 F5
Lord Howe, crête de 144-145 K19 L19
Loreto 110-111 D3
Loretteville 54D
Lorient 100-101 B3
Lorn, Firth of 96-97 C3 D3
Lörrach 102 B5
Lorraine 100-101 F2
Lorraine belge 94 D5
Lorze 104-105 D1
Los 158-159A B4
Los Alamos 58-59 E4
Los Angeles (Chili) 73 C6
Los Angeles (É.-U.) 58-59 B5 C5
Los Angeles, aqueduc de 63A D4 D3
Lošinj 112-113 C3
Los Mochis 58-59 E6
Los Monegros 108-109 E2 F2
Los Roques 68 F4
Lot 100-101 E4 D4
Lota 73 C6
Lötschental 104-105 C2
Loubomo 152-153 E5
Loudéac 100-101 A2
Loue 104-105 B1
Louga (fleuve) 92-93 I4
Louga (ville) 92-93 I4
Loughton 98C C1
Louhansk 114-115 H6 I6
Louisiade, archipel 146-147 F3
Louisiana 58-59 H5 I5
Louisville 58-59 I4
Louisville, dorsale de 144-145 L21 L22
Louis-XIV, pointe 51 B3 C3
Loukino 120F A3
Loukkos 156 D2
Loups Marins, lacs des 51 D2
Lourdes 100-101 C5 D5
Loutsk 114-115 F5
Louvain 94 C4
Louvain-la-Neuve 94 C4
Louviers 100-101 D2
Louvres 99C C1 D1
Lovat 114-115 G4
Loveč 112-113 H4
Loviisa 92-93 H3
Lovisa 92-93 H3
Lowell 64B
Lower Bay 64C B4
Lower Hutt 146-147 H6
Lowestoft 96-97 G5 H5
Lowlands 97C
Loyauté, îles 146-147 G4
Lozère, mont 100-101 E4
Luachimo 152-153 F5
Lualaba 150-151 F5
Luanda 152-153 E5
Luang, lac 134-135 C4
Luang Prabang 134-135 C2
Luangwa 150-151 G6
Luarca 108-109 B1
Lubang, îles 134-135 F3 G3
Lubango 152-153 E6
Lubbock 58-59 F5
Lübeck 102 D2
Lübeck, baie de 102 D1
Lubéron 100-101 F5
Lublin 114-115 E5
Lubuklinggau 134-135 C6
Lubumbashi 152-153 F6
Luce, baie de 96-97 D4
Lucena (Espagne) 108-109 C4
Lucena (Philippines) 134-135 G3
Lucerne 104-105 D1
Luckenwalde 102 E2
Lucknow 132 D4 E4
Luçon 134-135 F2
Luçon, détroit de 134-135 G1 G2
Lucques 110-111 C3
Lüda 138-139 K4
Lüdenscheid 102 B3 C3
Lüderitz 152-153 E7
Lüderitz, baie de 150-151 E7
Ludhiana 132 C3 D3
Ludogorie 112-113 I4
Ludvika 92-93 E3
Ludwigsburg 102 C4
Ludwigshafen 102 B4 C4
Ludwigslust 102 D2
Luebo 152-153 F5
Luena 152-153 F6
Luen Wo 141D
Lufeng 138-139 J7
Lufira 150-151 F5
Lugano 104-105 D2
Lugano, lac de 104-105 E3
Lugenda 150-151 G6
Lugnaquillia 96-97 C5
Lugo 108-109 B1
Lugoj 112-113 F3 G3
Luhaia 130 D6
Luino 104-105 D3
Lukavac 112-113 E3
Lukenje 150-151 E5
Lukmanier, col de 104-105 D2
Lukuga 150-151 F5
Luleå 92-93 G2
Luleälv 92-93 G2
Lulita 91 D2
Lulua 150-151 F5
Lund 92-93 E5
Lundy 96-97 D6
Lunebourg 102 C2 D2
Lunebourg, lande de 102 C2 D2
Lunéville 100-101 G2
Lungern 104-105 D2
Luo 138-139 H4
Luoyang 138-139 I5
Luqu 138-139 G5
Lusaka 152-153 F6
Lusambo 152-153 F5
Lushnjë 112-113 E5 F5
Lustenau 104-105 E1
Lut, désert de 130 G3
Lu Tao 140D B2
Luton 96-97 F6
Lütschine 104-105 C2
Luvua 150-151 F5
Luwuk 134-135 G6
Luxembourg (État) 82-83 E4
Luxembourg (province) 94 D5
Luxembourg (ville) 94 E5
Luxeuil 100-101 G3
Luxor 106-107 K6
Luz, costa de la 109D
Luzhou 138-139 H6
Lviv 114-115 E6
Lvov 114-1151 E6
Lycksele 92-93 F2
Lyell, mont 58-59 C4
Lyme, baie de 96-97 E6
Lynbrook 64C D3
Lynchburg 58-59 K4
Lyndhurst 64C B2
Lyngen 92-93 G1
Lynn Lake 42-43 H4 I4
Lyon 100-101 F4
Lyonnais, monts du 100-101 F4
Lys 94 B4
Lysefjord 92-93 C4
Lysekil 92-93 D4
Lysytchansk 114-115 H6
Lytkarino 120F D3

M

Maan 129 B5
Maanselkä 92-93 H2 I2
Maasbracht 94 D3 E3
Maastricht 94 D4
Maasvlakte 94A
Mabruk 158-159A E2
Macao 138-139 I7
Macapá 73 E2
Macaronésie 150-151 A3 B1
Macclesfield 96-97 E5 F5
Macdonald, lac 146-147 C4
MacDonnell, monts 146-147 D4
Macdui, ben 96-97 E3
Macédoine 82-83 G4
Maceió 73 G3
Macerata 110-111 D3
Machakos 152-153 G5
Machala 73 C3
Machida 143C
Machilipatnam 132 E6
Machu Picchu 73 C4
Mackay 146-147 E4 F4
Mackay, lac 146-147 C4
Mackenzie 42-43 F3
Mackenzie, autoroute du 42-43 G4
Mackenzie, baie de 42-43 D2 E3
Mackenzie, monts 42-43 E3 F3
Mackenzie-King 42-43 G2 H2
Macleod, lac 146-147 B4
Macon (É.-U.) 58-59 J5
Mâcon (France) 100-101 F3
Macquarie, crête de 10-11 P37 O37
Macquarie, îles 144-145 N18
Macquarie, port 146-147 E6
Macugnaga 104-105 C3
Madaba 129 B4
Madagascar (État) 152-153 H6
Madagascar (île) 150-151 H7 H6
Madagascar, bassin de 144-145 K8
Madagascar, plateau de 144-145 L7
Madang 146-147 E2
Maddalena 110-111 B4
Madden, lac 67D
Madeira 72 D3
Mädelegabel 104-105 F1
Madeleine, îles de la 51 F4
Madera 63A C3 D3
Madère 156 A2
Madère, archipel de 156 A2
Madhya Pradesh 132 D5 E5
Madinat al Chaab 130 D7
Madison 58-59 H3 I3
Madiun 134-135 E7
Madonie 110-111 D6 E6
Madraka, ras 130 G6
Madras 1321 E7
Madre, laguna 58-59 G6
Madre, sierra 134-135 G2
Madre de Dios 72 D4
Madre méridionale, sierra 58-59 F8 G8
Madre occidentale, sierra 58-59 E5 F7
Madre orientale, sierra 58-59 F6 G7
Madrès 100-101 G5
Madrid (région) 108-109 D2
Madrid (ville) 108-109 C2 D2
Madura 134-135 E7
Madura, détroit de 134-135 E7
Madurai 132 D8
Madurerira 76C
Maebashi 142 D3
Maestra, sierra 68 D2
Maewo 146-147 G3
Mafia 150-151 G5 H5
Mafra 108-109 A3
Magadan (province) 121A
Magadan (ville) 116-117 Q4
Magallan, détroit de 72 C8 D8
Magdagatchi 116-117 N4
Magdalena 72 C2
Magdalena, baie 58-59 D7
Magdebourg 102 D2 E2
Magelang 134-135 D7 E7
Magerøya 92-93 H1
Maggia 104-105 D2
Maggia, val 104-105 D2
Màgina 108-109 D4
Magnitogorsk 114-115 L5
Magnus 91 C1
Magpie 51 F3
Magwe 134-135 A1 B1
Mahabad 130 E2
Mahajanga 152-153 H6
Mahalla al Kubra 106-107 K5
Mahanadi 132 E5
Maharashtra 132 D6
Mahbubnagar 132 D6
Mahd adh Dhahab 130 D5
Mahiliou 114-115 G5
Mahra 130 F6
Maïa 116-117 O3 O4
Maîche 104-105 B1
Maidi 130 D6
Maidstone 96-97 G6
Maiduguri 152-153 E3
Maigualida, sierra 68 F5
Maïkop 114-115 I7
Maimana 116-117 H6
Mai Munene, chutes 150-151 E5 F5
Main 102 D3 D4
Main-Danube, canal 102 D4
Mai Ndombe, lac 150-151 E5 F5
Maine (État) 58-59 M2
Maine (région) 100-101 C2 D2
Maine, golfe du 40-41 N5
Mainland (Orcades) 96-97 E2
Mainland (Shetland) 96-97 E1 F1
Maio 150-151 A3
Maior, puig 108-109 G3
Maipures 68 F5
Maisons-Alfort 99C C3
Maisons-Laffitte 99C B2
Mait 130 E7
Maitland 146-147 F5
Maïz, îles 68 C4
Maizuru 142 D3
Majene 134-135 F6
Majeur, lac 110-111 B1
Majorque 108-109 G3
Makale 134-135 F6
Makarikari Pan 150-151 F7
Makarska 112-113 D4
Makassar 134-135 F7
Makassar, détroit de 134-135 F6
Makhatchkala 114-115 J7
Makiïvka 114-115 H6
Makkovik 51 G2
Makla, djebel al 129 B7
Makó 112-113 F2
Makola 158-159A E5
Makteïr 150-151 B2
Makung 140D A2
Makurdi 152-153 D4 E4
Malabar 132 C7 D8
Malabo 152-153 D4
Malacca (péninsule) 134-135 B4 C5
Malacca (ville) 134-1351 C5
Malacca, détroit de 134-135 B4 C5
Maladzetchna 92-93 H5
Málaga 108-109 C4
Malaita 146-147 G2
Malakal 152-153 G4
Malakhovka 120F D3
Malakoff 99C B3
Malange 152-153 E5
Mälar, lac 92-93 F4
Malaspina, glacier 42-43 D4
Malatya 128 D2
Malawi 152-153 G6
Malawi, lac 150-151 G6

Malaybalay 134-135 H4
Malayer 130 E3
Malaysia 126-127 M9 N9
Malbork 92-93 F5
Malden (île) 144-145 I23
Malden (ville) 98C B3
Mal di Ventre
110-111 A4 B4
Maldives 126-127 J9
Malé 126-127 J9
Malebo, pool 150-151 E5
Malée, cap 112-113 G7
Malegaon 132 C5 D5
Malekula 146-147 G3
Mali 152-153 C3 D3
Malin, cap 96-97 C4
Malinau 134-135 F5
Malindi 152-153 H5
Malines 94 C3
Malino 134-135 G5
Maliotenam 55B
Mallaig 96-97 D3
Mallawi 106-107 K6
Mallorca 108-109 G3
Mallow 96-97 B5
Malmberget 92-93 G2
Malmédy 94 E4
Malmö 92-93 E5
Maloja, col de 104-105 E2
Malpelo 73 B2
Malte 82-83 F5
Malte, détroit de
112-113 C6
Maluku 134-135 H6
Malvinas, îles 73 D8 E8
Mamaia 112-113 J3
Mamberamo 134-135 J6
Mamelodi 152-153 F7 G8
Mamoré 72 D4
Mamou 152-153 B3
Mamuju 134-135 F6
Man 158-159A C4
Man, île de 96-97 D4
Manacor 108-109 G3
Manado 134-135 G5
Managua 68 B4
Managua, lac 68 B4 C4
Manakara 152-153 H7 I7
Manamah 130 F4
Manantali
158-159A B3 C3
Manas 138-139 D3
Manas Hu 138-139 D2
Manaus 73 D3 E3
Manche 80-81 D4 D3
Manchester (É.-U.)
58-59 L3 M3
Manchester (R.-U.)
96-97 E5 F5
Mand 130 F4
Mandala 134-135 K6
Mandalay 134-135 B1
Mandar, golfe de
134-135 F6
Mandchourie
138-139 K2 M2
Mandres 99C D4
Manduria 110-111 F4
Manfalut 130 B4
Manfredonia
110-111 E4 F4
Manfredonia, golfe de
110-111 F4
Mangalia 112-113 J4
Mangalore 132 C7
Mangeni, plateau
158-159A E2
Mangerton 96-97 B6
Manghychlak 114-115 K7
Mangkalihat, cap
134-135 F5
Mangnai 138-139 E4
Mango 158-159A D3
Mangochi 152-153 G6
Mangoky 150-151 H7
Mangole 134-135 H6
Mangueni, hammada
150-151 E2
Manhattan 64C B2 C2
Manhattan Beach 64C C4
Manica 152-153 G6
Manicouagan 51 E3 E4
Manicouagan, réservoir
51 E3
Manihiki 144-145 I22 J22
Maniitsoq 42-43 M3
Manille 134-135 F3 G3
Manille, détroit de
134-135 F3 G3
Manipur 132 G5
Manisa 128 B2
Manitoba 42-43 I4
Manitoba, lac 42-43 H4 I4
Manitoulin, île 42-43 J5
Maniwaki 55B
Manizales 73 C2
Manna 134-135 C6
Mannar 132 D8 E8
Mannar, golfe de 132 D8
Mannheim 102 C4
Manning, parc provincial
49D
Mannu 110-111 B5
Mannu, riu 110-111 B4
Manokwari 134-135 I6
Manono 152-153 F5
Manouane 55B
Manouane, lac 51 D3
Manresa 108-109 F2 G2
Mansel 42-43 J3 K3
Mansfield 96-97 F5
Mansourah 106-107 K5
Manta 73 C2
Mantes-la-Jolie 99A
Mantiqueira, serra da
72 F5
Mantoue 110-111 C2
Mantova 110-111 C2
Manukau 146-147 H5
Manus 146-147 E2
Manytch 114-115 I6
Manzanares (rivière)
108-109 D2
Manzanares (ville)
108-109 D3

Manzaneda, cabeza de
108-109 B1
Manzanillo (Cuba) 68 D2
Manzanillo (Mexique)
58-59 E8 F8
Manzhouli 138-139 J2
Maoke, monts 134-135 J6
Maoming 138-139 I7
Mapimí, bolsón de
58-59 E6 F6
Maplewood 64C A2
Maputo 152-153 G7
Maputo, baie de
150-151 G7
Maqna 129 A7
Mar, serra do 72 E5 F5
Marabá 73 E3 F3
Maracaibo 73 C1 D1
Maracaibo, lagune de
72 C1 D2
Marada 106-107 H6 I6
Maradi 152-153 D3
Maragheh 130 E2
Marajó 72 E3 F3
Marampa 158-159A B4
Marand 130 E2
Maranhão 73 F3
Marañón 72 C3
Marans 100-101 C3
Marathon 112-113 G6 H6
Marbat 130 F6 G6
Marbella 108-109 C4
Marble Bar 146-147 B4 C4
Marburg 102 C3
Marche 100-101 E3
Marche-en-Famenne
94 D4
Marches 110-111 D3
Marcoule 101D
Marcoussis 99C B4
Mardan 132 C3
Mardin 128 E2
Maré 146-147 G4
Maree, loch 96-97 D3
Maremme 110-111 C3
Marennes 100-101 C4
Marettimo 110-111 C6 D6
Margarita 72 D1
Margate 96-97 G6
Margeride, monts de la
100-101 E4
Mari 121A
Marianao 68 C2
Mariannes 144-145 G17
Mariannes, bassin
oriental des
144-145 G17 G18
Mariannes, fosse des
144-145 G17
Mariannes du Nord
144-145 G18
Mariánské Lázně 102 E4
Maria van Diemen, cap
146-147 G5 H5
Marib 130 E6
Maribor 112-113 C2 D2
Marica 112-113 H4
Marie-Byrd, terre
144-145 P24 P27
Marie-Galante 68 G3 H3
Mariehamn 92-93 G3
Mariestad 92-93 E4
Marijampolė 92-93 G5
Marinduque 134-135 G3
Maringá 73 E5
Marino 120F C3
Marioupil 114-115 H6
Maritime, province 121A
Maritimes, alpes
100-101 G4
Marjayoun 129 B2
Markaköl 138-139 D2
Markerwaard 94A
Markha 116-117 M3
Markham 91 C3
Markovo 116-117 R3 S3
Marly, forêt de 99C A2
Marly-le-Roi 99C A2
Marmande 100-101 D4
Marmara 112-113 I5 J5
Marmara, mer de 128 B1
Marmaris 128 B2
Marmolada 110-111 C1
Marmorique 106-107 I5 J5
Marne 100-101 F2 E2
Marne à la Saône, canal
de la 100-101 F2
Marne-la-Vallée 99C D3
Maroa 68 F6
Maroc 152-153 C1
Maromokotro
150-151 H6 I6
Maroni 72 E2
Maroua 152-153 E3
Marquette 58-59 I2
Marquises, îles
144-145 I25
Marra, djebel 150-151 F3
Marrakech 156 C3
Marree 146-147 D4
Marroqui, pointe
108-109 C5
Marsa al Alam
106-107 K6 L6
Marsa el-Brega
106-107 H5 I5
Marsala 110-111 D6
Marseille 100-101 F5
Marshall, îles
144-145 G19 G20
Marta 110-111 C3
Martaban, golfe de
134-135 B2
Martapura 134-135 E6 F6
Martelange 94 E5
Martello, piz 104-105 E2
Martha's Vineyard 65C
Martigny 104-105 C2
Martigues 100-101 F5
Martinique 68 G4 H4
Martre, lac la 42-43 F3 G3
Marv Dacht 130 F4
Marx 114-115 J5
Mary 116-117 H6
Maryborough 146-147 F4

Maryland 58-59 K4
Maryport 96-97 E4
Mary's Harbour
51 G3 H3
Marysville 63A C2
Masai, steppe 150-151 G5
Masan 140A B2
Masbate 134-135 G3
Mascara 106-107 E4
Mascareignes
144-145 K7 J8
Mascareignes, crête des
144-145 J8
Mascareignes, fosse des
144-145 I8 I9
Mascate 130 G5
Masdjed Soleyman
130 E3 F3
Maseru 152-153 F7
Masira 130 G5
Masira, golfe de 130 G6
Mask, lough 96-97 B5
Mason City 58-59 H3
Maspalomas 156 B4
Massa 110-111 C2
Massachusetts 58-59 L3
Massada 129 B4
Massaoua 152-153 G3 H3
Massenya 152-153 E3
Masson-Angers 55H
Mastabah 130 C5
Masteuiatsh 55B
Mastigouche, réserve
faunique du 54A
Masuku 152-153 E5
Masvingo 152-153 G6 G7
Matabele, hauteurs
150-151 F6 G6
Matachel 108-109 B3
Matadi 152-153 E5
Matagalpa 68 B4 C4
Matagami 51 C4
Matala 152-153 E6
Matamoros 58-59 G6
Matane 51 E4
Matane, réserve faunique
de 54A
Matanzas (province) 69A
Matanzas (ville) 68 C2
Mataram 134-135 F7
Mataró 108-109 G2
Matera 110-111 F4
Matese 110-111 E4
Mateur 110-111 B6
Mathura 132 D4
Matimekosh 55B
Mato Grosso (État) 73 E4
Mato Grosso (ville) 73 E4
Mato Grosso, plateau du
72 E4
Mato Grosso do Sul
73 E5
Matosinhos 108-109 A2
Matotchkin, détroit
116-117 F2 G2
Mátra 112-113 E2 F2
Matrah 130 G5
Matrouh 106-107 J5
Matsubara 143B
Matsudo 143C
Matsue 142 C3
Matsumoto 142 D3
Matsusaka 143A C2
Matsuyama 142 C4
Mattagami 58-59 J2
Matterhorn 104-105 C2
Mattertal 104-105 C2
Maturin 73 D2
Matveïevskoïé 120F B2
Mauá 76D
Maubeuge 100-101 E1 F1
Maumere 134-135 G7
Maumusson, pertuis de
100-101 C4
Maun 152-153 F6
Maurecourt 99C A1
Maureen 91 C2
Mauregard 99C D1
Maurice (État) 152-153 I6
Maurice (île) 150-151 I6
Mauricie 55A
Mauricie, parc national
de la 54A
Mauritanie 152-153 B3 C3
Mawlamyine 134-135 B2
Mawson 162B
Maya, monts 68 B3
Mayaguana 68 E2
Mayagüez 68 F3
Mayari 68 D2 E2
Mayen 102 B3
Mayence 102 C4
Mayenne (rivière)
100-101 C3
Mayenne (ville)
100-101 D2
Mayfair 98B
Mayflower 65C
Mayo 42-43 E3
Mayon 134-135 G3
Mayotte 152-153 H6
Mayrhofen 105C
Mayumba
158-159A D5 E5
Mazapil 66F
Mazara del Vallo
110-111 D6
Mazar-i-Charif 132 B2
Mazaruni 68 H5
Mazatlán 58-59 E7
Mažeikiai 92-93 G4
Mazyr 114-115 F5
Mbabane 152-153 F1 G1
Mbakaou 158-159A E4
Mbala 152-153 G5
Mbandaka 152-153 E4 F4
Mbanza-Ngungu
152-153 E5
Mbeya 152-153 G5
Mbinda 152-153 E5
Mbini 158-159A De E4
Mbuji-Mayi 152-153 F5
McAllen 58-59 G6
McClintock, détroit de
42-43 H2

McClure, détroit de
42-43 F2 G2
McDame 42-43 F4
McKinley, mont 40-41 E3
McMurdo 162B
Mdantsane 152-153 F8 G8
Mead, lac 58-59 D4
Mealy, monts de 51 G3
Méandre 112-113 I7
Meaux 100-101 E2
Meched 130 G2 H2
Mechtcherskyi
120F A3 B3
Mecklembourg, baie du
102 D1 E1
Mecklembourg-
Poméranie 102 E2
Mecsek, monts 112-113 E2
Médan (France) 99C A2
Medan (Indonésie)
134-135 B5
Médéa 106-107 E4
Medel, piz 104-105 D2
Medellín 73 C2
Médenine 106-107 G5
Medford 58-59 B3
Mediaş 112-113 H2
Medicine Hat 42-43 G5 H5
Medina 157G
Medinaceli 108-109 D2
Medina del Campo
108-109 C2
Médine 130 C5 D5
Médio-Atlantique,
dorsale 10-11 H16 E18
Méditerranée, mer
10-11 F21 F23
Médoc 100-101 C4
Medveditsa 114-115 I5
Medvedkovo 120F C1
Medvejegorsk
114-115 G3 H3
Meekatharra 146-147 B4
Mégare 112-113 G6
Megève 104-105 B3
Meghalaya 132 G4
Mehadia 112-113 G3
Meighen 42-43 H1 J1
Meiktila 134-135 B1
Meilen 104-105 D1
Meiling, col de 138-139 I6
Meiningen 102 D3
Meiringen 104-105 D2
Meiron 129 B2
Meissen 102 E3
Meizhou 138-139 J7
Mekele 152-153 G3 H3
Meknès 156 D2
Mékong 124-125 M8
Mékong, delta du
134-135 D4
Melaka 134-135 C5
Mélanesie
144-145 H17 J20
Melbourne 146-147 E5
Mélèzes, rivière aux
51 D2
Melfi 110-111 E4
Melilla 108-109 D5
Melitopil 114-115 G6 H6
Mellah 157G
Mělník 102 F3
Melo 73 E6
Melrhir, chott 106-107 F5
Melun 100-101 E2
Melun-Sénart 99C D4
Melville (Australie)
146-147 D3
Melville (Canada)
42-43 G2 H2
Melville, baie de 42-43 L2
Melville, cap 146-147 E3
Melville, détroit de
42-43 G2 H2
Melville, lac 51 F3 G3
Melville, péninsule
42-43 J3
Memmingen 102 D4
Mempawah 134-135 D5
Memphis (É.-U.)
58-59 H4 I4
Memphis (Égypte)
106-107 K6
Menaggio 104-105 E2
Menai, détroit de
96-97 D5
Menam 134-135 B2
Mende 100-101 E4
Menderes 128 B2
Mendip Hills 96-97 E6
Mendocino, cap
58-59 A3 B3
Mendocino, zone
fracturée de
144-145 E23 D25
Mendota 63A C3
Mendrisio 104-105 D3
Menggala 134-135 D6
Mengzi 138-139 G7
Menihek, lacs 51 E3
Menin 94 A4 B4
Menongue 152-153 E6
Menor, mar 108-109 E4
Mentawai, détroit de
134-135 B6 C6
Mentawai, îles 134-135 B6
Menton 100-101 G5
Menzel Bourguiba
110-111 B6 C6
Menzies 146-147 C4
Meppel 94 E2
Meppen 102 B2
Mera 104-105 E2
Meran 110-111 C1
Merano 110-111 C1
Merauke 134-135 J7 K7
Merca 152-153 H4
Merced (rivière)
58-59 C4 D4
Merced (ville) 63A C3
Mercier/Hochelaga/
Maisonneuve 55F
Mergui, archipel
134-135 B3
Meriç 112-113 I5

Mérida (Espagne)
108-109 B3
Mérida (Mexique)
58-59 I7
Mérida (Venezuela)
73 C2 D2
Mérida, cordillère de
72 C2 D2
Meridian 58-59 I5
Merlimau 141C A2
Meroë 152-153 G3
Merowe 152-153 G3
Merrick 96-97 D4
Merseburg 102 D3
Merseyside 97C
Mersin 128 C2
Merthyr Tydfil 96-97 E6
Mértola 108-109 B4
Merton 98C B3
Meru 150-151 G5
Méry 99C B1
Mesabi, chaîne 58-59 H2
Mesgouez, lac 51 C3 D3
Meskala 157B
Mesocco 104-105 E2
Mesolcina, val 104-105 E2
Mésopotamie 132 D2 D3
Messaoud 156 E3
Messéni, golfe de
112-113 F7 G7
Messine 110-111 E5
Messine, détroit de
110-111 E5 E6
Mesta 112-113 G5
Mestghanem
106-107 D4 E4
Mestre 110-111 C2 D2
Meta 72 D2
Métallifères, collines
110-111 C3
Métallifères, monts
102 E3
Metangula 152-153 G6
Metauro 110-111 D3
Météore, cratère du
116-117 L3
Metkovič 112-113 D4 E4
Métsovon 112-113 F6
Metulla 129 B2
Metz 100-101 G2
Meudon 99C B3
Meulaboh 134-135 B5
Meulan 99C A1
Meurthe 100-101 G2
Meuse 80-81 E4
Mexicali 58-59 C5
México (État) 66A
México (ville) 58-59 F8 G8
Mexique 40-41 J7
Mexique, bassin du
144-145 F29 F30
Mexique, golfe du
40-41 K7 L7
Mexique, plateau du
40-41 J7
Meyrin 104-105 B2
Mezen (fleuve) 114-115 I2
Mezen (localité)
114-115 I2 J2
Mezen, baie de 114-115 I2
Mézenc, mont 100-101 F4
Mezzola, lac de
104-105 E2
Mfis 157B
Miami 58-59 J6
Miami Airport 65G
Miami Beach 65G
Mianeh 130 E2
Mianyang 138-139 G5
Miaoli 140D A1 B1
Miass 114-115 M5
Michigan 58-59 I2 J3
Michigan, lac 58-59 I3
Michipicoten 42-43 J5
Michoacán 66A
Micronésie (État)
144-145 H17 H18
Micronésie (îles)
144-145 G17 H19
Middelburg 94 B3
Middelharnis 94 B3 C3
Middenmeer 94 D2
Middlesbrough 96-97 F4
Midelt 156 D2
Midi, canal du 100-101 E5
Midi, dents du 104-105 B2
Midi-Pyrénées
100-101 D4 E4
Midland 58-59 F5
Midland Beach 64C B4
Midlands 96-97 E5 F5
Midouze 100-101 C5
Midway, îles
144-145 F20 F21
Mieres 108-109 B1 C1
Miguasha, parc de 54A
Mihama 143A C2
Mihara 143A B2
Mikindani 152-153 G6 H6
Mikkeli 92-93 H3 I3
Mikura 142 D4 E4
Milan 110-111 B2
Milano 110-111 B2
Milâs 112-113 I7
Mildura 146-147 E5
Mile 138-139 G7
Miles City 58-59 E2 F2
Milet 112-113 I7
Milford Haven 96-97 D6
Miliana 108-109 F4 G4
Milk River 58-59 E2
Millars 108-109 E2
Millau 100-101 E4
Millerovo 114-115 I6
Millevaches, plateau de
100-101 D4 E4
Millstatt 105C
Milo 112-113 H7
Milton Keynes 96-97 F5
Milwaukee 58-59 I3
Mina 108-109 F5
Minab 130 G4
Minahasa 134-135 G5 H5
Minas 73 E6
Minas Gerais 73 F4

Minatitlán 58-59 G8 H8
Minch du Nord
96-97 C3 D2
Mincio 110-111 C2
Mindanao
134-135 G4 H4
Mindanao, mer de
134-135 G4
Mindelo 152-153 A3
Minden 102 C2
Mindoro 134-135 G3
Mindoro, détroit de
134-135 F3 G3
Minéraux, chaîne des
58-59 I2
Minfeng 138-139 C4
Mingan 51 F3
Mingaora 132 C3
Minho (fleuve)
108-109 A1
Minho (région)
108-109 A2
Minicoy 132 C8
Minigwal, lac 146-147 C4
Min Jiang (Fujian)
138-139 J6 K6
Min Jiang (Sichuan)
138-139 G6 G5
Minna 160A
Minneapolis 58-59 G3 H3
Minnesota (État)
58-59 G2 H2
Minnesota (rivière)
58-59 G2 G3
Miño 108-109 A1
Minorque 106-107 E3 F3
Minot 58-59 F2
Minsk 114-115 F5
Minto, lac 51 D2
Minxian 138-139 G5
Miombo, savane 21
Miquelon 51 G4
Mira 108-109 A4
Mirabellon, baie de
112-113 H8 I8
Miramichi, baie 51 F4
Miranda de Ebro
108-109 D1
Mirat 132 D4
Miravalles (Costa Rica)
67E
Miravalles (Espagne)
108-109 B1
Miri 134-135 E5
Mirim, laguna 72 E6
Mirny (localité)
116-117 M3
Mirny (station
d'observation) 162B
Mirpur Khas 132 B4
Mirzapur 132 E4 E5
Mischabel 104-105 C2
Mishan 138-139 M2
Miskolc 112-113 F1
Misolongi 112-113 F6
Misool 134-135 H6
Misourata 106-107 H5
Mississippi (État) 58-59 I5
Mississippi (fleuve)
58-59 H3 H5
Missoula 58-59 D2
Missouri (État) 58-59 H4
Missouri (rivière)
58-59 D3 G3
Missouri, coteau du
58-59 F2 G2
Mistassini (rivière)
51 D3 D4
Mistassini (ville) 55B
Mistassini, lac 51 D3
Misti 72 C4
Mitcham 98C B3
Mitchell 146-147 E3
Mitchell, mont 58-59 J4
Mitchourinsk 114-115 I5
Mitidja, plaine de la
108-109 G4
Mitino 120F A1
Mito 142 E3
Mitry-Mory 99C D1
Mittelland 104-105 C2 C1
Mittelland, canal 102 C2
Mittweida 102 E3
Mitú 73 C2
Mitumba, monts
150-151 F5
Miyake 142 D4 E4
Miyako (île) 138-139 L7
Miyako (ville) 142 E3
Miyanojo 142 C4
Miyazaki 142 C4
Miyoshi 142 C4
Mizen, cap 96-97 A6 B6
Mizoram 132 G5
Mizpe Ramon 129 A5
Mizusawa 142 E3
Mizushima 143A B2
Mjøsa 92-93 D3
Mladá Boleslav 102 F3
Mlanje 150-151 G6
Mljet 112-113 D4
Mmabatho 161A
Moa 134-135 H7
Moanda 158-159A E5
Moba 152-153 F5
Mobayi 152-153 F4
Mobile 58-59 I5
Moco, mont 150-151 E6
Modane 100-101 G4
Modène 110-111 C2
Modesto 63A C3
Modica 110-111 E6
Moerdijk 94 C3
Mogadiscio 152-153 H4
Mogok 134-135 B1
Mohács 112-113 E3
Mohammadia 108-109 F5
Mohammed, ras
106-107 K6 L6
Mohammedia 156 C2 D2
Mohendjo-Daro 132 B4
Möhne 102 C3
Mohyliv-Podilsky
114-115 F6
Mo i Rana 92-93 E2

Moisie 51 E3
Moisselles 99C C1
Moissy-Cramayel 99C D4
Moïyn-Kum 116-117 H5 I5
Mojave 63A D4 E4
Mojave, désert 58-59 C4
Moka 130 D7
Mokelumne 63A C2
Mokpo 140A A2
Moktama 134-135 B2
Mol 94 D3
Molatón 108-109 E3
Moldau 102 F4
Moldavie (État) 82-83 G4
Moldavie (région)
112-113 I2
Molde 92-93 C3
Moldoveanu 112-113 H3
Mole 98C A4
Molepolole 152-153 F7
Molesey 98C A3
Molfetta 110-111 F4
Molise 110-111 E4
Mollendo 73 C4
Mölndal 92-93 D4
Mologa 114-115 H4
Molokai, zone fracturée
de 144-145 F24 F25
Molopo 152-153 F7
Moluques 134-1351 H6 I7
Moluques, mer des
134-135 G5 H5
Mombasa 152-153 G5 H5
Mombetsu 142 E2
Momotombo 67E
Møn 92-93 E5
Mona 68 F3
Mona, canal de 68 F3
Monaco (État) 82-83 E4
Monaco (ville) 100-101 G5
Monarque, col du
58-59 E4
Monastir 106-107 G4
Moncayo, sierra del
108-109 D2 E2
Mönch 104-105 C2 D2
Mönchengladbach 102 B3
Monclova 58-59 F6
Moncton 51 F4
Mondego 108-109 A2
Mondego, cap 108-109 A2
Mondoñedo 108-109 B1
Monfalcone 110-111 D2
Monferrato 110-111 A2 B2
Monforte de Lemos
108-109 B1
Mongalla 152-153 G4
Mongo 152-153 E3
Mongolie 126-127 L5 N5
Mongolie intérieure
138-139 I3 K3
Mongstad 92-93 B3 C3
Monkey Jungle 65G
Mono, lac 63A D3
Monopoli 110-111 F4
Monroe 58-59 H5
Monrovia 152-153 B4
Mons 94 B4 C4
Monschau 94 E4
Mont, baie du
96-97 D6 D7
Montafon 104-105 E1
Montalbán 108-109 E2
Montana (État)
58-59 D2 E2
Montana (ville)
112-113 G4
Montana-Vermala
104-105 C2
Montargis 100-101 E3
Montauban 100-101 D4
Montbard 100-101 E3 F3
Montbéliard 100-101 G3
Montbrison 100-101 F4
Montceau-les-Mines
100-101 F3
Montchegorsk 114-115 G2
Montclair 64C A2
Mont-de-Marsan
100-101 C5
Montdidier 100-101 D2
Montebello, îles
146-147 B4
Montecristo 110-111 C3
Mont-Edziza, parc
provincial 49D
Montego Bay 68 D3
Montélimar 100-101 F4
Montemuro 108-109 B2
Monténégro 112-113 E4
Montérégie 55A
Monterey 58-59 C4
Montería 73 C2
Monterrey 58-59 F6 G6
Monte Sant'Angelo
110-111 F4
Montes Claros 73 F4
Montevideo 73 E6
Montgenèvre, col de
100-101 G4
Montgeron 99C C4
Montgomery 58-59 I5
Monthey 104-105 B2
Montiel, campo de
108-109 D3
Montigny-le-Bretonneux
99C A3
Mont-Laurier 51 C4
Montlhéry 99C B4
Montluçon 100-101 E3
Montmagny 51 D4 E4
Montmartre 99C B2 C2
Montmédy 94 D5
Mont-Mégantic, parc du
54A
Montmorency (Canada)
54D
Montmorency (France)
99C B1 C1
Montmorency, forêt de
99C B1
Mont-Orford, parc du 54A
Montoro 108-109 C3
Montparnasse 99B
Montpelier 58-59 L3

Montpellier 100-101 E5
Montréal (région) 55A
Montréal (ville) 51 D4
Montréal, aéroport
international de 54C
Montréal-Est 54C
Montréal-Nord
(arrondissement) 55F
Montréal-Nord (ville) 54C
Montréal-Ouest 55F
Montreuil 99C C2
Montreux 104-105 B2 C2
Mont Revelstoke, parc
national du 49D
Mont-Riding, parc
national 49D
Mont Robson, parc
provincial 49D
Montrose (champ
pétrolier) 91 C2
Montrose (ville) 96-97 E3
Montrouge 99C B3 C3
Mont-Royal 54C
Mont-Saint-Bruno, parc
du 54A
Mont-Saint-Michel, baie
du 100-101 C2
Montsec, serra de
108-109 F1 F2
Montseny, serra de
108-109 G2
Montserrat 68 G3
Montsoult 99C B1
Monts-Valin, parc des
54A
Mont-Tremblant, parc du
54A
Mont-Valérien 99C B2
Monviso 110-111 A2
Monywa 134-135 A1 B1
Monza 110-111 B2
Moonie 146-147 E4
Moore, lac 146-147 B5
Moor Park 98C A1
Moose 51 B3
Moose Jaw 42-43 H4
Moose Mountain, parc
provincial 49D
Moosonee 42-43 J4
Mopti 152-153 C3
Mora (Espagne)
108-109 D3
Mora (Suède) 92-93 E3
Moradabad 132 D4 E4
Morava 112-113 F3
Moravie 106-107 H2
Morawhanna 68 H5
Moray Firth 96-97 E3 E2
Morbras 99C D3
Morchansk 114-115 I5
Morcles, dent de
104-105 C2
Morden 98C B3
Mordovie 121A
More, ben 96-97 D3
More Assynt, ben
96-97 D2
Morecambe, baie de
96-97 E4
Moree 146-147 E4 F4
Morelia 58-59 F8
Morelos 66A
Morena, sierra
108-109 B3 D3
Moreno Valley 64A
Moresby 42-43 E4 F4
Moresby-Sud 49D
Morez 104-105 B2
Morges 104-105 B2
Moriguchi 143B
Morioka 142 E3
Morlaix 100-101 B2
Moro, golfe de
134-135 G4
Morobe 146-147 E2
Morogoro 152-153 G5
Morondava 152-153 H7
Morón de la Frontera
108-109 C4
Moroni 152-153 H6
Morotai 134-135 H5
Mort, vallée de la 63A E3
Morte, mer 129 B4
Morteau 104-105 B1
Mortes, rio das 72 E4
Morumbi 76D
Morvan 100-101 E3 F3
Morzine 104-105 B2
Moscou (province) 121A
Moscou (ville) 114-115 H4
Moselle 102 B3
Moshi 152-153 G5
Mosjøen 92-93 E2
Moskva (rivière)
120F A2 C3
Moskva (ville) 114-115 H4
Mosquito, baie 51 C1
Mosquitos, côte des
40-41 L8
Mosquitos, golfe des
68 C4
Moss 92-93 D4
Mossel Bay 161F
Mossoul 130 D2
Most 102 E3
Mostar 112-113 D4
Móstoles 108-109 C2 D2
Motagua 68 B3
Motala 92-93 E4
Motherwell 96-97 E4
Motril 108-109 D4
Mottarone 104-105 D3
Mottingham 98C C3
Moudon 104-105 B2
Mouhoun 158-159A C3
Mouila 158-159A E5
Moujezerski 92-93 J3
Moulay Idriss 156 D2
Moulins 100-101 E3
Moulmein 134-1351 B2
Moulouya 156 E2
Mounana 158-159A E5
Moundou 152-153 E4
Mount Gambier
146-147 D5 E5

Mount Hagen 146-147 E2
Mount Isa 146-147 D4
Mount Lofty Ranges 146-147 D5 E5
Mount Magnet 146-147 B4
Mount Morgan 146-147 E4 F4
Mount Vernon 64C C1 D1
Moura (Australie) 146-147 E4 F4
Moura (Portugal) 108-109 B3
Mourgap 116-117 H6
Mourghob 132 C2
Mourmane, côte 114-115 H2
Mourmansk (province) 121A
Mourmansk (ville) 114-115 G2
Mourne, monts du 96-97 C4 D4
Mourom 114-115 I4
Mourzouk 106-107 G6
Mourzouk, edeyen 106-107 G6
Mouscron 94 B4
Moussa, jebel 108-109 C5
Moutier 104-105 C1
Moyen Atlas 156 D2 E2
Mozambique (État) 152-153 G7 G6
Mozambique (ville) 152-153 H6
Mozambique, canal de 150-151 G7 H6
Mozambique, plateau de 144-145 L6
Mozdok 114-115 I7 J7
Mpanda 152-153 G5
M'Patou 158-159A F4
Mpumalanga 161A
Mtwara 152-153 H6
Muar 134-135 C5
Muaratewe 134-135 E6 F6
Mubrak, djebel 129 B5
Muchinga, monts 148-149 G6 G5
Mudan 142 B2
Mudanjiang 138-139 L3
Mudjib 129 B4
Muğla 128 B2
Mühldorf 102 E4
Mühlhausen 102 D3
Mühlviertel 102 E4 F4
Mukah 134-135 E5
Mukalla 130 E7
Mula 108-109 E3
Mulhacén 108-109 D4
Mülheim 94 E3
Mulhouse 100-101 G3
Mull 96-97 C3 D3
Muller, monts 134-135 E5
Mullingar 96-97 C5
Multan 132 C3
Mumbai 132 C6
Mun 134-135 C2
Muna 134-135 G6
München 102 D4
Muncie 58-59 I3
Münden 102 C3
Mungbere 152-153 F4 G4
Munger 132 F4
Mungo 91 C2
Munich 102 D4
Munster 96-97 B5 C5
Münster 102 B2 B3
Münsterland 102 B3 C3
Muntok 134-135 D6
Muonio 92-93 G2 H2
Muonioälv 92-93 G2
Muota 104-105 D2
Mur 112-113 C2
Mura 112-113 D2
Murat Dağ 112-113 J6
Murchison (champ pétrolier) 91 C1
Murchison (rivière) 146-147 B4
Murcie (région) 108-109 E4
Murcie (ville) 108-109 E4
Murdoch 91 C3
Mureş 112-113 F2
Murg 104-105 D1
Muroran 142 E2
Muros e Noia, ria de 108-109 A1
Muroto, cap 142 C4
Murray 146-147 E5
Murray, lac 134-135 K6
Murray, zone fracturée de 144-145 E24 E25
Murrumbidgee 146-147 E5
Murten 104-105 C2
Murten, lac de 104-105 C2
Murud 134-135 E5 F5
Mururoa 144-145 K24 K25
Murwara 132 E5
Musala 112-113 G4
Musan 142 B2
Musgrave, monts 146-147 D4
Musi 134-135 C6
Musiciens, monts des 144-145 E22 F23
Muskegon 58-59 I3 J3
Muskogee 58-59 G4
Musoma 152-153 G5
Musquaro, lac 51 F3
Müstair 104-105 F2
Mustér 104-105 D2
Mutare 152-153 G6
Mutsu, baie de 142 E2
Muttenz 104-105 C1
Muzaffarnagar 132 D4
Muzaffarpur 132 E4 F4
Muzat 138-139 D3
Muzquiz 66F
Muztag (Karakoram) 138-139 C4
Muztag (Kunlun Shan) 138-139 D4
Mwanza 152-153 G5
Mwaya 152-153 G5
Mweelrea 96-97 B5
Mweru, lac 150-151 F5 G5
Myanmar 126-127 L7
Myaungmya 134-135 A2
Mycènes 112-113 G7
Myeik 134-135 B3
Myingyan 134-135 B1
Myitkyina 138-139 F6
Mykolaïv 114-115 G6
Mykonos 112-113 H7
Mymensingh 138-139 E6 E7
Myrdal 92-93 C3
Mysore 132 D7
Mystic Seaport 65C
Mythen 104-105 D1
My Tho 134-135 D3
Mytichtchi 120F C1
Mytilène 112-113 J6
Mzab 158-159A D1

N

Naab 102 E4 D4
Naas 96-97 C5
Nabatiya 129 B2
Naberejnye Tchelny 114-115 K4
Nabeul 106-107 G4
Nabire 134-135 J6
Nabq 129 A7
Nacala 152-153 H7
Nadiad 132 C5
Nador 156 E2
Nadym 116-117 H3 I3
Näfels 104-105 E1
Nafoura 106-107 I6
Naga 134-135 G3
Nagahama 143A C2
Nagaland 132 G4 H4
Nagano 142 D3
Nagaoka 142 D3
Nagaon 132 G4
Nagappattinam 132 D7 E7
Nagasaki 142 B4
Nagaur 132 C4
Nagercoil 132 D8
Nagorny-Karabakh 121A
Nagoya 142 D3
Nagpur 132 D5
Nagqu 138-139 E5
Nagykanizsa 112-113 D2
Naha 142 B5
Nahanni, parc national 49D
Nahariya 129 A2 B2
Nahe 102 B4
Naikoon, parc provincial 49D
Nain 51 F2
Nain, province de 45A
Nairobi 152-153 G5
Najafabad 130 F3
Najin 142 C2
Najran 130 D6
Nakamura 143A B3
Nakanbe 158-159A C3
Nakano 142 B5 C5
Nakatatsu 143A C2
Nakatsugawa 143A C2
Nakhabino 120F A1
Nakhitchevan (province) 121A
Nakhitchevan (ville) 114-115 J8
Nakhodka 116-117 O5
Nakhon Ratchasima 134-135 C2 C3
Nakhon Sawan 134-135 B2 C2
Nakhon Si Thammarat 134-135 B4 C4
Nakina 42-43 J4
Naktong 140A B2
Nakuru 152-153 G5
Nalón 108-109 B1
Naltchik 114-115 I7
Namaland 150-151 E7
Namangan 116-117 I5
Nam Co 138-139 E5
Nam Dinh 134-135 D1
Namemba, monts 158-159A E4
Namib 150-151 E6 E7
Namibe 152-153 E6
Namibie 152-153 E7
Namjagbarwa Feng 138-139 F6
Namlea 134-135 H6
Nam-Ngum, réservoir de 134-135 C2
Nampo 142 A3 B3
Nampula 152-153 G6
Namsos 92-93 D2
Namur (province) 94 C4
Namur (ville) 94 C4
Nan 134-135 C2
Nanaimo 42-43 F5
Nanchang 138-139 J6
Nanchong 138-139 H5
Nancy 100-101 G2
Nanda Devi 132 D3 E3
Nanded 132 D6
Nanga Parbat 132 C2
Nangbeto 158-159A D4
Nanisivik 42-43 J2
Nanjing 138-139 J5
Nanning 138-139 H7
Nanortalik 42-43 N4
Nanping 138-139 J6
Nansen, détroit de 42-43 I1 J1
Nan Shan 138-139 F4 G4
Nanshui 138-139 H5
Nantais, lac 51 D1
Nanterre 99C B2
Nantes 100-101 C3
Nantong 138-139 K5
Nantou (Chine) 141A B2
Nantou (Taiwan) 140D A2
Nantucket 58-59 M3
Nanyang 138-139 I5
Nanyuki 152-153 G4
Naocócane, lac 51 D3
Napa 64A
Napan Jiang 138-139 H6 H7
Napf 104-105 C2 D2
Napier 146-147 H5
Naples 110-111 E4
Naples, golfe de 110-111 D4 E4
Naplouse 129 B3
Napo 72 C3
Napoli 110-111 E4
Naqb-Ishtar 129 B6
Naqurah 129 B2
Nara 142 D4
Narathiwat 134-135 C4
Narayanganj 132 F5 G5
Narbonne 100-101 E5
Nares, détroit de 40-41 N1
Narian Mar 114-115 K2
Narita 143A D2
Narmada 132 D5
Narodnaïa 114-115 L2 M2
Narrogin 146-147 B5
Narssaq 42-43 N3
Narva (fleuve) 92-93 H4
Narva (ville) 92-93 I4
Narvik 92-93 F1
Narym 116-117 J4
Naryn 116-117 I5
Nashua 64B
Nashville 58-59 I4
Näsi, lac 92-93 G3
Nasik 132 C6
Naskaupi 51 F3
Nassau 68 D2
Nasser, lac 150-151 F2
Nässjö 92-93 E4
Nastapoka 51 C2
Nastapoka, îles 51 C2
Natal (ville, Brésil) 73 G3
Natal (ville, Indonésie) 134-135 B5
Natal, bassin du 144-145 K6 K7
Natashquan (fleuve) 51 F3
Natashquan (localité) 51 F3
Natron, lac 150-151 G5
Natuna, îles 134-135 D5
Natuna Besar 134-135 D5
Nau, cap de la 108-109 F3
Naucalpan de Juárez 67A
Naumburg 102 D3 E3
Nauplie 112-113 G7
Nauplie, golfe de 112-113 G7
Nauru 144-145 I19
Navarin 112-113 F7
Navarin, cap 116-117 S3 T3
Navarre 108-109 D1 E1
Navia (fleuve) 108-109 B1
Navia (ville) 108-109 B1
Navisence 104-105 C2
Navsari 132 C5
Nawabshah 132 B4
Náxos 112-113 H7
Nayarit 66A
Nayoro 142 E2
Nazareth 129 B3
Nazca, crête de 144-145 K30 J29
Nazca, plaque de 16B
Naze 142 B5
Nazıllı 112-113 J7
Nazinon 158-159A C3
Ndalatando 152-153 E5
Ndjamena 152-153 E3
Ndola 152-153 F6
Neagh, lough 96-97 C4
Neath 96-97 D6 E6
Nebitdag 116-117 G6
Nebo 129 B4
Nebraska 58-59 F3 G3
Nebrodi, monts 110-111 E6 E5
Neckar 102 C4
Nedjed 130 D5 E5
Needles 63A F4
Nee Soon 141C B1
Nefoud, désert du 130 C4 D4
Negele 152-153 G4
Negombo 132 D8
Negotin 112-113 G3
Negrais, cap 134-135 A2
Negro, rio (Brésil) 72 D3
Negro, rio (Uruguay) 72 E6
Negros 134-135 G4
Néguev 129 A5
Neijiang 138-139 H6
Nei Mongol 138-139 J3 K3
Neisse 102 F3
Neiva 73 C2
Nekemte 130 C8
Nellore 132 E7
Nelson (champ pétrolier) 91 C2
Nelson (fleuve) 42-43 I4
Nelson (ville, Canada) 58-59 C2
Nelson (ville, Nouvelle-Zélande) 146-147 H6
Nelspruit 161A
Néma 152-153 C3
Nemek, daria 80-81 I5 J5
Nemiscau 55B
Nemours 100-101 E2
Nemtchinovka 120F A2
Nemunas 80-81 G3
Nemuro 142 E2 F2
Nendo 146-147 G3
Nene 96-97 G5
Nen Jiang 138-139 K2
Nenjiang 138-139 L2
Nentsie 121A
Népal 126-127 K7
Nephin 96-97 B5
Nera 110-111 D3
Neretva 112-113 D4
Nerioungri 116-117 N4
Nerja 108-109 D4
Nertchinsk 116-117 M4
Nerva 108-109 B4
Nesebăr 112-113 I4 J4
Ness, loch 96-97 D3
Nestos 112-113 H5
Netanya 129 A3
Neto 110-111 F5
Nettilling, lac 42-43 K3 L3
Neubrandenburg 102 E2
Neuchâtel 104-105 B1 C1
Neuchâtel, lac de 104-105 B2
Neufchâteau 94 D5
Neuhaussen am Rheinfall 104-105 D1
Neuilly-sur-Marne 99C D2
Neuilly-sur-Seine 99C B2
Neum 112-113 D4
Neumünster 102 D1
Neunkirchen 102 B4
Neuruppin 102 E2
Neusiedl, lac de 112-113 D2
Neuss 102 B3
Neustrelitz 102 E2
Neuvième degré, passage du 132 C8
Neuwied 102 B3
Néva 92-93 I4
Nevada 58-59 C4 D4
Nevada, sierra (É.-U.) 58-59 B3 C4
Nevada, sierra (Espagne) 108-109 D4
Nevada de Santa Marta, sierra 72 C1 C2
Nevel 92-93 I4
Nevelsk 142 E1
Nevers 100-101 E3
Neves 76C
Nevinnomiisk 114-115 I7
Nevis 68 G3
Nevis, ben 96-97 D3
Nevşehir 128 C2
New Amsterdam 73 E2
Newark 58-59 K3 L3
Newark Airport 64C A3
Newark Bay 64C B3
New Bedford 58-59 L3 M3
New Brighton 64C B3
New Brunswick 64B
Newburgh 64B
Newcastle 146-147 F5
Newcastle upon Tyne 96-97 E4 F4
Newcastle Waters 146-147 D3
New Delhi 132 D4
New Dorp 64C B4
New Glasgow 51 F4
New Hampshire 58-59 L3
New Haven 58-59 L3
Newhaven 96-97 G6
New Hyde Park 64C D2
New Jersey 58-59 K4 L4
New Kowloon 141D
New London 64B
Newman 146-147 B4 C4
New Milford 64C B1
New Plymouth 146-147 H5
Newport (Pays de Galles) 96-97 E6
Newport (Wight) 96-97 F6
Newport News 58-59 K4 L4
New Richmond 51 E4 F4
New Rochelle 64C D1
Newry 96-97 C4
Newtown 96-97 E5
New Utrecht 64C B3
New York (État) 58-59 K3 L3
New York (ville) 58-59 L3
Neyagawa 143B
Neychabur 130 G2
Neyriz 130 F4 G4
Ngami, lac 150-151 F7
Ngaoundéré 152-153 E4
Ngoko 150-151 E4
Nguigmi 152-153 E3
Ngulu 134-135 J4
Nguru 152-153 E3
Nha Trang 134-135 D3 E3
Nhulunbuy 146-147 D3
Niagara 58-59 J3 K3
Niah 134-135 E5
Niamey 152-153 D3
Nias 134-135 B5
Nicaragua 68 B4 C4
Nicaragua, lac 68 C4
Nice 100-101 G5
Nichicun, lac 51 D3
Nicobar, îles 134-135 A4
Nicoya, golfe de 68 B5 C5
Nienburg 102 C2
Niers 94 E3
Niesen 104-105 C2
Nieuport 94 A3
Nieuwegein 94 C2 D2
Niger (État) 152-153 D3 E3
Niger (fleuve) 150-151 C3 D4
Niger (province) 160C4
Niger, delta du 150-151 D4
Nigéria 152-153 D4 E4
Niigata 142 D3
Niihama 142 C4
Nijkerk 94 D2
Nijnejangarsk 116-117 L4 M4
Nijnekamsk 114-115 K4
Nijneoudinsk 116-117 K4
Nijnevartovsk 116-117 I3 J3
Nijni Novgorod (province) 121A
Nijni Novgorod (ville) 114-115 I4 J4
Nijni Novgorod, réservoir de 114-115 I4 J4
Nijni Tagil 114-115 M4
Nijverdal 94 E2
Nijyn 114-115 G5
Nikko 142 D3
Nikolaïevsk 116-117 O4 P4
Nikolskoïé 120F D2
Nikopol (Bulgarie) 112-113 H4
Nikopol (Ukraine) 114-115 G6
Nikoulino 120F B3
Nikšić 112-113 E4
Nil 150-151 F2
Nil blanc 150-151 G3
Nil bleu 150-151 G3
Nilgiri, monts 132 D7
Nilópolis 76C
Nimba, mont 150-151 C4
Nimba, monts 158-159A C4
Nimègue 94 D3 E3
Nîmes 100-101 F5
Nimule 152-153 G4
Nineveh 130 D2
Ningbo 138-139 K6
Ningshan 138-139 H5
Ningxia 138-139 H4
Ninh Binh 134-135 C1 D1
Ninian 91 C1
Ninove 94 B4
Niobrara 58-59 F3
Nioman 114-115 F5
Nioro 152-153 C3
Niort 100-101 C3
Nipawin, parc provincial 49D
Nipigon, lac 42-43 J5
Nipissing, lac 42-43 K5
Nippur 130 E3
Niš 112-113 F4 G4
Nisab 130 E7
Nišava 112-113 G4
Nishinomiya 143B
Niterói 73 F5
Nith 96-97 E4
Nitra (rivière) 112-113 E1
Nitra (ville) 112-113 E1
Niue 144-145 J22
Niut 134-135 D5
Nivelles 94 C4
Nivernais 100-101 E3
Nizamabad 132 D6
Njazidja 150-151 H6
Nkayi 158-159A E5
Nkhotakota 152-153 G6
Nkongsamba 152-153 E4
Nobeoka 142 C4
Nogales 58-59 D5
Nogatino 120F C3
Nogent (Eure-et-Loir) 100-101 D2
Nogent (Val-de-Marne) 99C C3
Noguera 108-109 E1
Noire, forêt 102 B5 C4
Noire, mer 10-11 E24
Noire, montagne 100-101 E5
Noires, montagnes 100-101 B2
Noirmoutier 100-101 B3
Noisy-le-Grand 99C D2 D3
Noisy-le-Roi 99C A3
Nojima, cap 142 D4 E4
Nola 158-159A E4
Nome 40-41 D3
Nong'an 142 A2 B2
Nong Khai 134-135 C2
Nonni 138-139 K2
Nonnweiler 94 E5
Noordwijk 94 C2
Nopiming, parc provincial 49D
Norbury 98C B3
Nord 99A
Nord, autoroute du 100-101 E2
Nord, canal du 96-97 C4 D4
Nord, cap 92-93 H1
Nord, digue du 94 D2 D1
Nord, île du 146-147 H5
Nord, mer du 80-81 E3
Nord, province du 161A
Nord, terre du 116-117 K1 L2
Nord-du-Québec 55A
Norden 102 B2
Nordenham 102 C2
Nordenskjöld, archipel de 116-117 J2 K2
Norderney 102 B2
Norderstedt 102 D2
Nord-Est, polder du 94 D2
Nord-Est, terre du 116-117 D1 E1
Nordfjord 92-93 C3
Nordhausen 102 D3
Nordhorn 102 B2
Nordkinn 92-93 H1 I1
Nördlingen 102 D4
Nord-Ouest 161A
Nord-Ouest, territoires du 42-43 G3 H3
Nord-Pas-de-Calais 100-101 D1 E1
Nordvik 116-117 M2
Nore 96-97 C5
Norfolk (île) 144-145 G4
Norfolk (ville) 58-59 K4
Norfolk, crête de 144-145 K19 L19
Norilsk 116-117 J3 K3
Normandie 100-101 C2 D2
Normandie, autoroute de 100-101 C2 D2
Normanton 146-147 E3
Norman Wells 42-43 E3 F3
Norris, réservoir 58-59 J4
Norrköping 92-93 F4
Norrland 92-93 F2
Norrtälje 92-93 F4
Norseman 146-147 C5
Northam 146-147 B5
Northampton 96-97 F5
Northamptonshire 98A
North Arlington 64C B2
North Battleford 42-43 H4
North Bay, aqueduc 63A B2 C2
North Bergen 64C B2
Northfleet 98C D3
North Miami 65G
Northolt 98C A2
North Platte (rivière) 58-59 F3
North Platte (ville) 58-59 F3 G3
North Point 141D
Northumberland, détroit de 51 F4
North Weald Bassett 98C D1
Northwood 98C A2
Norton, baie de 40-41 D3
Norton Point 64C B4
Norvège 82-83 E2 F2
Norvégien, bassin 10-11 C20 C21
Norwegia, cap 144-145 P1
Norwich 96-97 G5
Noshiro 142 D2
Nosob 150-151 E7
Nota 92-93 I2 I1
Notakwanon 51 F2
Noto (Italie) 110-111 E6
Noto (Japon) 142 D3
Notodden 92-93 D4
Notre-Dame, baie de 51 G4 H4
Notre-Dame, bois 99C D3
Notre-Dame, monts 51 D4 E4
Notre-Dame-des-Anges 55E
Nottaway 51 C3
Nottingham 96-97 F5
Nouâdhibou 152-153 A2 B2
Nouâdhibou, ras 150-151 A2 B2
Nouakchott 152-153 B3
Noukous 116-117 G5 H5
Noumbisi 158-159A C3
Nouméa 146-147 G4
Nouveau-Brunswick 42-43 L5
Nouveau-Comptoir 51 C3
Nouveau-Mexique 58-59 E5 F5
Nouveau-Québec 51 C3 E3
Nouveau-Québec, cratère du 51 D1
Nouveaux Territoires 141A B3 C3
Nouvelle-Bretagne 146-147 E2 F2
Nouvelle-Bretagne, fosse de 146-147 E2 F2
Nouvelle-Calédonie (île) 146-147 G4
Nouvelle-Calédonie (territoire) 144-145 K19
Nouvelle-Calédonie, bassin de 144-145 K19 L19
Nouvelle-Écosse 42-43 L5
Nouvelle-Espagne 43A
Nouvelle-Galles-du-Sud 146-147 E5
Nouvelle-Géorgie 146-147 F2
Nouvelle-Guinée 144-145 I16
Nouvelle-Irlande 146-147 F2
Nouvelle Providence, île de la 68 D1
Nouvelles-Hébrides 146-147 G3 H3
Nouvelles-Hébrides, fosse des 144-145 K19 K20
Nouvelle-Sibérie 116-117 Q2
Nouvelle-Sibérie, îles de 116-117 O2 Q2
Nouvelle-Zélande 144-145 M19
Nouvelle-Zélande, alpes de 146-147 G6 H6
Nouvelle-Zemble 116-117 G2 H2
Nova Goa 1321 C6
Novaïa Zemlia 116-117 G2 H2
Nova Iguaçu 73 F5
Novare 110-111 B2
Nova Sofala 152-153 G7
Novate Mezzola 104-105 E2
Novena, col de 104-105 D2
Nové Zámky 112-113 E2
Novgorod (province) 121A
Novgorod (ville) 114-115 G4
Novi Ligure 110-111 B2
Novi Pazar 112-113 F4
Novi Sad 112-113 E3 F3
Novokouïbychevsk 114-115 K5
Novokouznetsk 116-117 J4
Novomoskovsk 114-115 H5 I5
Novorossiisk 114-115 H7
Novosibirsk (province) 121A
Novosibirsk (ville) 116-117 I4 J4
Novotcherkassk 114-115 I6
Novy Ourengoï 116-117 I3
Novy Port 116-117 I3
Nsanje 152-153 G6
Nubie 152-153 F2 G2
Nubie, désert de 150-151 G2
Nueltin, lac 42-43 I3
Nueva Atzacoalco 67A
Nueva Gerona 69A
Nueva Rosita 58-59 F6
Nuevitas 68 D2
Nuevo León 66A
Nules 108-109 E3
Nullarbor, plaine 146-147 C5 D5
Numazu 142 D3 D4
Numfoor 134-135 I6 J6
Nunavik 51 C2 E2
Nunavut 42-43 I3 J3
Nunivak 40-41 D3
Nunspeet 94 D2
Nuoro 110-111 B4
Nuremberg 102 D4
Nurmes 92-93 I3
Nürnberg 102 D4
Nusa Tenggara 134-135 F7 G7
Nutley 64C A2
Nuuk 42-43 M3
Nuwaiba 129 A7
Nyala 152-153 F3
Nyda 116-117 I3
Nyeri 150-151 G4
Nyinahin 158-159A C4
Nyíregyháza 112-113 F2 G2
Nykøbing 102 D1 E1
Nyköping 92-93 F4
Nynäshamn 92-93 F4
Nyngan 146-147 E5
Nyon 104-105 B2
Nyons 100-101 F4
Nzérékoré 158-159A C4
Nzeto 152-153 E5

O

Oahu 144-145 F23
Oakland 58-59 C4
Oak Ridge 58-59 I4 J4
Oamaru 146-147 H6
Oaxaca (État) 66A
Oaxaca (ville) 58-59 G8
Ob 116-117 J4 H3
Ob, estuaire de l' 116-117 I3
Obama 143A C2
Oban 96-97 D3
Obbia 152-153 H4 I4
Obchtchi syrt 114-115 J5 K5
Obedjiwan 55B
Oberalp, col de l' 104-105 D2
Oberammergau 102 D5
Oberhausen 102 B3
Oberland 104-105 C2
Oberstdorf 102 D5
Obi 134-135 H6
Obi, détroit d' 134-135 H6
Óbidos 73 E3
Obihiro 142 E2
Obiou 100-101 F4
Obitsu 143C
Oblatchnaïa 142 C2 D2
Obock 152-153 H3
Obohia 160F
Obuasi 158-159A C4
Ocala National Forest 65F
Ocaña 108-109 D2 D3
Occidental, désert 106-107 J6
Océan Indien central, crête de l' 144-145 I9 L10
Océan Indien méridional, crête de l' 144-145 M13 N16
Océan Indien occidental, crête de l' 144-145 L7 K9
Oceanside 63A E5
Och 138-139 A3
Ochil Hills 96-97 E3
Oda 158-159A C4
Oda, djebel 150-151 G2
Odanak 55B
Odda 92-93 C3
Ödemiş 128 B2
Odense 92-93 D5
Odenwald 102 C4
Oder 102 F2
Oder Haf 102 F2
Oder-Havel, canal 102 E2
Oder-Spree, canal 102 F2
Odessa (É.-U.) 58-59 F5
Odessa (Ukraine) 114-115 G6
Odiel 108-109 B4
Odienné 158-159A C4
Odintsovo 120F A3
Odra 102 F2
Oecussi 134-135 G7
Oesling 94 D5 E5
Ofanto 110-111 E4
Ofen, col d' 104-105 F2
O Ferrol 108-109 A1
Offenbach 102 C3
Offenburg 102 B4 C4
Ofotfjord 92-93 F1
Ogaden 150-151 H4
Ogbomosho 152-153 D4
Ogden 58-59 D3
Ogilvie, monts 42-43 E3
Oglio 110-111 C2
Ognon 104-105 A1
Ogooué 150-151 E5
Ogosta 112-113 G4
Ogun 160C4
Ohanet 158-159A D2 E2
Ohio (État) 58-59 J3
Ohio (rivière) 58-59 J4 I4
Ohře 102 E3
Ohrid 112-113 F5
Ohrid, lac 112-113 F5
Oiapoque 72 E2
Oikiluoto 93D
Oïmiakon 116-117 O3 P3
Oise (rivière) 100-101 E2
Oise (département) 99A
Oita 142 C4
Oituz, col 112-113 I2
Ojos del Salado 72 D5
Oka (Sibérie) 116-117 L4
Oka (Volga) 114-115 H5 I4
Oka, parc d' 54A
Okaba 134-135 J7 K7
Okak 51 F2
Okara 132 C3
Okavango 150-151 E6 F6
Okavango, marais de l' 150-151 F6
Okaya 143A D1
Okayama 142 C4
Okazaki 142 D4
Okeechobee, lac 58-59 J6
Oker 102 D2
Okha 116-117 P4
Okhotsk 116-117 P4
Okhotsk, bassin d' 144-145 C17 C18
Okhotsk, mer d' 116-117 O5
Oki, îles 142 C3
Okinawa (île) 142 B5
Okinawa (ville) 142 B5
Okinawa, îles 142 B5
Okino-Erabu 142 B5
Oklahoma 58-59 G5
Oklahoma City 58-59 G4
Oktiabr 116-117 G5
Oktiabrski 114-115 K5
Okushiri 142 D2
Öland 92-93 F4
Olbia 110-111 B4
Oldbury 97D
Oldenbourg 102 B2 C2
Oldenzaal 94 E2 F2
Oldham 96-97 E5 F5
Old Harry 51A
Oleniok (fleuve) 116-117 M3 N2
Oleniok (localité) 116-117 M3
Oleniok, baie de l' 116-117 M2 N2
Olga 142 D2
Ölgi 138-139 E2
Olhão 108-109 B4
Olifants (Limpopo) 150-151 F7 G7
Olifants (Orange) 150-151 F7 F8
Olinda 73 G3
Oliokma 116-117 N4
Oliokminsk 116-117 M3 N3
Olioutorski, cap 116-117 S4
Olivenza 108-109 B3
Olongapo 134-135 F3 G3
Oloron 100-101 C5
Oloron, gave d' 100-101 C5
Olot 108-109 G1
Oloviannaïa 138-139 J2
Olsztyn 114-115 E5
Olt 112-113 H3
Olten 104-105 C1
Oluan, cap 138-139 K7
Olympe 112-113 G5
Olympia 58-59 B2
Olympic, parc national 58-59 B2
Olympie 112-113 F7
Olympus, monts 58-59 B2
Om 116-117 J4
Omachi 143A C1
Omae, cap 143A D2
Omagh 96-97 C4
Omaha 58-59 G3
Oman 126-127 H8 H7
Oman, golfe d' 126-127 H7 I7
Oman, mer d' 144-145 G9
Ombai, détroit d' 134-135 H7
Ombrie 110-111 D3
Ombrone 110-111 C3
Omdourman 152-153 F3 G3
Omegna 104-105 D3
Omiya 143C
Ommen 94 E2
Omo 150-151 G4
Omolon 116-117 R3
Omsk (province) 121A
Omsk (ville) 116-117 I4
Omuta 142 C4
Ondo 160C4
Öndörkhaan 138-139 H2 I2
Onega (fleuve) 114-115 H3
Onega (ville) 114-115 H3
Onega, baie de l' 114-115 H3
Onega, lac 114-115 G3 H3
Oneşti 112-113 I2
Onitsha 152-153 D4
Onne 160F
Onon 116-117 M4
Onslow 146-147 B4
Ontario (province) 42-43 I4 J4
Ontario (ville) 63A E4
Ontario, lac 58-59 K3
Ontong Java, îles 146-147 F2 G2
Oodnadatta 146-147 D4
Oosterhout 94 C3 D3
Opasquia, parc provincial 49D
Opatija 112-113 B3 C3
Opinaca 51 C3
Opiscotiche, lac 51 E3
Opobo 160F
Opole 106-107 H1
Or, côte d' 100-101 E3
Or, côte d' 150-151 C4 D4
Or, plage d' 112-113 I4 J4

Oradea 112-113 F2 G2
Oral 116-117 G4
Oran 106-107 D4
Orange (fleuve) 150-151 F8 E7
Orange (ville, Australie) 146-147 E5
Orange (ville, É.-U., Californie) 64A
Orange (ville, É.-U., Pennsylvanie) 64C A2
Orange (ville, France) 100-101 F4
Orange, cap d' 72 E2 E3
Orange City 58-59 G3 H3
Oranienburg 102 E2
Orb 100-101 E5
Orbe (localité) 104-105 B2
Orbe (rivière) 104-105 F1
Orbigo 108-109 C1
Orcades, îles 96-97 E2 F2
Orcades du Sud, îles 144-145 O34
Ord 146-147 C3
Ord, mont 146-147 C3
Ordos 138-139 H4
Ord River 146-147 C3 D3
Ordu 106-107 L3
Orebro 92-93 E4
Oregon 58-59 B3 C3
Orekhovo-Borisovo 120F C3
Orekhovo-Zouïevo 114-115 H4
Orel (province) 121A
Orel (ville) 114-115 H5
Orenbourg (province) 121A
Orenbourg (ville) 114-115 L5
Orénoque 72 D2
Orgaz 108-109 C3 D3
Orgeval 99C A2
Orillia 51 B5 C5
Oriola 108-109 E3
Orissa 132 E6
Oristano 110-111 B5
Oristano, golfe d' 110-111 B5
Orizaba 58-59 G8
Orjen 112-113 E4
Orkhon 138-139 G2
Orkney, îles 96-97 E2 F2
Orlando 58-59 J6
Orléanais 100-101 D3 E3
Orleans (É.-U.) 63A B1
Orléans (France) 100-101 D3 E3
Orly 99C C3
Orly, Aéroport d' 99C C3
Ormoc 134-135 G3
Ormuz, détroit d' 130 G4
Ornans 104-105 B1
Orne (département) 99A
Orne (fleuve) 100-101 D2
Örnsköldsvik 92-93 F3
Orocué 68 E6
Oron 129 A5
Orontes 80-81 H6
Orosei, golfe d' 110-111 B4
Oroville 63A C2
Oroville Dam 63A C2
Orpington 98C C3
Orsainville 54D
Orsay 99C B4
Orsières 104-105 C2
Orsk 114-115 L5
Orşova 112-113 G3
Orta, lac d' 104-105 D3
Ortegal, cap 108-109 A1 B1
Ortigueira 108-109 A1 B1
Ortisei 105C
Oruro 73 D4
Orvieto 110-111 C3 D3
Osage 58-59 H4
Osaka 142 D4
Osaka, aéroport de 143B
Osaka, baie d' 143B
Osăm 112-113 H4
Osasco 76D
Osceola National Forest 65F
Oseberg 91 C1
Oshawa 42-43 K5
Oshima 142 D4
Oshima, péninsule d' 142 D2 E2
Oshkosh 58-59 I3
Oshogbo 152-153 D4
Osijek 112-113 E3
Oskarshamn 92-93 F4
Öskemen 116-117 J5
Oslo 92-93 D4
Oslofjord 92-93 D4
Osmaniye 128 D2
Osnabrück 102 B2 C2
Osorno 73 C7
Oss 94 D3
Ossa, mont 146-147 E6
Ossa, serra de 108-109 B3
Ossétie du Nord 121A
Ossétie du Sud 121A
Ossokmanuane, lac 51 E3 F3
Ossola, val d' 104-105 D2
Ostankino 120F C1
Ostende 94 A3
Österdal 92-93 D3
Österdalälv 92-93 E3 F3
Osterley Park 98C A2
Östersund 92-93 E3
Ostie 110-111 D4
Ostrava 106-107 H2
Ostrov (île) 112-113 D2
Ostrov (ville) 92-93 I4
Ostuni 110-111 F4
Osumi, détroit d' 142 C4
Osumi, îles 142 B4 C4
Osun 160C4
Osuna 108-109 C4
Ota 143A B2
Otanmäki 92-93 H2
Otaru 142 E2
Otava 102 E4
Otavi 152-153 E6 E7
Otchakovo 120F B2
Otelnuk, lac 51 E2
Otford 98C D4
Othrys, monts 112-113 G6
Oti 158-159A D3
Otish, monts 51 D3 E3
Otra 92-93 C4
Otradnoïé 120F B1 C1
Otrante 110-111 G4
Otrante, détroit d' 112-113 E5 E6
Otsu 142 D3 D4
Ottawa 51 C4
Ottawa, îles 51 B2
Ottumwa 58-59 H3
Otway, cap 146-147 E5
Ötztal, alpes de l' 110-111 C1
Ou, monts 142 E3
Ouachita 58-59 H5
Ouadda 152-153 F4
Ouaddaï 150-151 E3 F3
Ouagadougou 152-153 C3
Oualidia 156 C2
Ouargla 152-153 D1
Ouarkziz, djebel 156 C3 D3
Ouarsenis, djebel 108-109 F5
Ouarsenis, massif de l' 108-109 F5 G5
Ouarzazate 156 D3
Oubangui 150-151 E4
Oudmourtie 121A
Oudtshoorn 152-153 F8
Oued Zem 156 D2
Ouelen 116-117 U3
Ouessant 100-101 A2
Ouesso 152-153 E4
Ouest, cap 146-147 G6
Ouezzane 156 D2
Oufa (rivière) 114-115 L4
Oufa (ville) 114-115 L5
Ouganda 152-153 G4
Ouistreham 100-101 C2 D2
Oujda 156 E2
Oujé-Bougoumou 55B
Oujhorod 114-115 E6
Oukaïmeden 157B
Oukhta 114-115 K3
Oukyr 138-139 H2
Oulan-Bator 138-139 H2
Oulan-Oude 116-117 L4 M4
Ouliastaï 138-139 F2
Oulu 92-93 H2
Oulu, lac 92-93 H2
Oulujoki 92-93 H2
Oumb, lac 92-93 J2
Oumba 92-93 J2
Oumbarka 158-159A F1
Oum er Rbia 156 C2 D2
Ounasjoki 92-93 H2
Our 94 E4
Oural (fleuve) 116-117 G4 G5
Oural (montagne) 10-11 E26 F27
Ouralsk 116-1171 G4
Ourcq, canal de l' 99C D2
Ourengoï 116-117 I3 J3
Ourense 108-109 B1
Ourgal 116-117 O4
Ourghantch 116-117 H5
Ouroup 116-117 P5
Ours, grand lac de l' 42-43 F3 G3
Ours, île des 116-117 C2
Ours, îles des 116-117 R2
Ours, province de l' 45A
Ourthe 94 D4
Ouse 96-97 F4 F5
Ousovo 120F A2
Oussouri 138-139 M2
Oussouriisk 116-117 O5
Oust-Ilimsk 116-117 L4
Oust-Kamtchatsk 116-117 R4
Oust-Koksa 138-139 D1
Oust-Kout 116-117 L4
Oust-Maïa 116-117 O3
Oust-Nera 116-117 P3
Oust-Oleniok 116-117 N2
Oust-Orda-Bouriatie 121A
Oust-Ourt, plateau d' 116-117 G5
Oust-Port 116-117 J2 J3
Oust-Tsilma 114-115 K2
Outaouais (région) 55A
Outaouais (rivière) 51 C4
Outardes, rivière aux 51 E3
Outardes Quatre, réservoir 51 E3
Outchour 116-117 O4
Outokumpu 92-93 I3
Outremont 54C
Ouvéa 146-147 G4
Ouzbékistan 126-127 I6
Ovamboland 150-151 E6
Ovar 108-109 A2
Overflakkee 94 C3
Overijssel 94 E2
Oviedo 108-109 C1
Ovoot 138-139 I2
Owase 143A C2
Owendo 158-159A E4
Owens 63A D3
Owens, lac 63A E3
Owensboro 58-59 I4
Owen Stanley, chaîne 146-147 E2
Owerri 152-153 D4
Oxelösund 92-93 F4
Oxford 96-97 F6
Oxfordshire 98A
Oxhey 98C A1
Oxnard 58-59 C5
Oxted 98C C4
Oyama 143A D1
Oyo 160C4
Ozamis 134-135 G4
Ozark,lac des 58-59 H4
Ozark, monts 58-59 H4
Ozoir-la-Ferrière 99C D3

P

Paamiut 42-43 M3
Pabna 132 F5
Pacaraima, serra 72 D2
Pacasmayo 73 B3 C3
Pachuca 58-59 G7
Pacific Rim, parc national 49D
Pacifique, océan 144-145 E19 L29
Pacifique, plaque 16B
Pacifique-Antarctique, bassin 144-145 O25 N29
Pacifique austral, bassin du 144-145 L23 M24
Pacifique central, bassin du 144-145 G21 H21
Pacifique central, crête du 144-145 F18 F21
Pacifique méridional, seuil du 144-145 O22 N24
Pacifique nord-occidental, bassin du 144-145 E18 E19
Pacifique nord-oriental, bassin du 144-145 D23 G24
Pacifique oriental, dorsale du 144-145 N27 J27
Padang 134-135 B6 C6
Padangpanjang 134-135 B6 C6
Padangsidempuan 134-135 B5 C5
Paddington 98C B2
Paderborn 102 C3
Padoue 110-111 C2
Padova 110-111 C2
Paducah 58-59 I4
Pag 112-113 C3
Pagadian 134-135 G4
Pagai, îles 134-135 C6
Pahang 134-135 C5
Päijänne, lac 92-93 H3
Paï-Khoï 114-115 M2
Paimboeuf 100-101 C3
Paimpol 100-101 B2
Paisley 96-97 D4
Paita 73 B3
Paix, rivière de la 42-43 G4
Pajares, puerto de 108-109 C1
Pakanbaru 134-135 C5
Pakistan 126-127 I7
Pakokku 134-135 A1 B1
Paks 112-113 E2
Pakse 134-135 D2
Pakuashipi 55B
Pakxan 134-135 C2
Palagruža, îles 112-113 D4
Palaiseau 99C B3
Palangkaraya 134-135 E6
Palau 144-145 H16
Palau, fosse des 134-135 I4
Palau, îles 134-135 I4
Palau-Kyushu, crête de 144-145 G16 F16
Palawan 134-135 F4
Paldiski 92-93 G4
Pale 112-113 E4
Palembang 134-135 C6 D6
Palencia 108-109 C2
Palenque 58-59 H8
Palerme 110-111 D5
Paleul 101D
Pali 132 C4
Palisades Interstate Park 64C C1
Palisades Park 64C B1 C1
Palk, détroit de 132 D8 D7
Pallakkad 132 D7
Pallastunturi 92-93 H1
Palma 108-109 G3
Palmas 73 F4
Palmas, cap 150-151 C4
Palmerston North 146-147 H6
Palmi 110-111 E5 F5
Palmiers, côte des 150-151 D4
Palmira 68 D6
Palmyra (île) 144-145 H22 H23
Palmyra (ruine) 130 C3
Palo Alto 63A B3
Palomar Mountain 63A E5
Palopo 134-135 G6
Palos, cap de 108-109 E3
Palos de la Frontera 108-109 B4
Palu 134-135 F6
Pama 158-159A C3 D3
Pamiers 100-101 D5
Pamir 132 C2
Pamlico, baie de 58-59 K4
Pampelune 108-109 E1
Pamukkale 128 B2
Panaji 132 C6
Panamá (État) 68 C5 D5
Panamá (ville) 68 D5
Panamá, bassin de 144-145 H30
Panamá, canal de 68 C5
Panamá, golfe de 68 D5
Panamá, Isthme de 40-41 L9 M9
Panama City 58-59 I5 J5
Panarea 110-111 E5
Panaro 110-111 C2
Panay 134-135 G3
Pančevo 112-113 F3
Panchiao 140D B1
Panevėžys 92-93 H5
Pangaea 17A1
Pangani (rivière) 150-151 G5
Pangani (ville) 152-153 G5
Pangkalanbuun 134-135 E6
Pangkalpinang 134-135 D6
Pangnirtung 42-43 L3
Pangutaran, îles 134-135 F4 G4
Panj 132 B2
Pannonienne, plaine 112-1131 E2 F2
Pantar 134-135 G7
Pantelleria 110-111 D6
Pantin 99C C2
Pánuco 58-59 G7
Panxian 138-139 G6 H6
Panyu 141A A2
Papeete 144-145 J23 J24
Papenburg 102 B2
Papineau-Labelle, réserve faunique 54A
Papouasie-Nouvelle-Guinée 146-147 E2
Papuasie, golfe de 146-147 E2
Pâques, île de 144-145 K28
Pará (État) 73 E3
Pará (fleuve) 72 F3
Para, seuil du 10-11 I16 I17
Paraćin 112-113 F4
Paradise 51 G3
Paraguaná 68 E4 F4
Paraguay (État) 73 D5 E5
Paraguay (rivière) 72 E4 E5
Paraíba (État) 73 G3
Paraíba (fleuve) 72 F5
Parakou 152-153 D4
Paramaribo 73 E2
Paramouchir 116-117 Q4
Paramus 64C B1
Paraná (État) 73 E5
Paraná (fleuve) 72 E5 D6
Paranaguá 73 F5
Paranaíba 72 E4 F4
Paranapanema 72 E5 F5
Paranoá, lac 76E
Parbhani 132 D6
Parc-Chaudière 54D
Parchim 102 D2 E2
Parent, lac 51 C4
Parentis 100-101 C4
Parepare 134-135 F6
Paria, golfe de 68 G4
Parima, serra 72 D2
Paris (département) 99C B2 C2
Paris (ville) 100-101 E2
Paris, port de 99C B2
Park, chaîne 58-59 E4 E3
Parker Dam 58-59 D5
Parkersburg 58-59 J4
Parme 110-111 C2
Parnaíba (État) 73 F3 G3
Parnaíba (fleuve) 72 F3
Parnasse 112-113 G6
Parnon 112-113 G7
Pärnu 92-93 H4
Paroo 146-147 E4
Páros 112-113 H7
Parrett 96-97 E6
Parry, îles 40-41 I2
Parseierspitze 104-105 F1
Partenen 104-105 E2 F2
Partizansk 142 C2
Paru 72 E3
Pasadena 58-59 C5
Pas-de-Calais 99A
Pasir Panjang 141C A2
Pasir Ris 141C B1
Paso Robles 63A C4
Passaic 64C B1
Passau 102 E4
Passero, cap 110-111 E6
Passy 99C B2
Pasto 73 C2
Pasvik 92-93 I1
Patan 132 F4
Paternò 110-111 E6
Paterson 64B
Pathankot 132 D3
Pathein 134-135 A2
Patiala 132 D3
Patkai, monts 138-139 E7 E6
Pátmos 112-113 I7
Patna 132 E4 F4
Patom, plateau de 116-117 M4
Patos, lagoa dos 72 E6
Patras 112-113 F6 G6
Patras, golfe de 112-113 F6
Pattani 134-135 C4
Pattaya 134-135 C3
Patuca 68 B3 C3
Pau 100-101 C5
Pau, gave de 100-101 C5
Pauillac 100-101 C4
Paulistana 73 F3
Paulo Afonso, chute 72 G3
Pavchino 120F A1
Pavie 110-111 B2
Pavlodar 116-117 I4
Pavlovo 114-115 I4
Paxi 112-113 E6 F6
Payakumbuh 134-135 C6
Paya Lebar 141C B2
Paya Lebar, aéroport de 141C B2
Payerne 104-105 B2
Payne, lac 51 D2
Paysandú 73 E6
Pays-Bas 82-83 E3
Pays-de-la-Loire 100-101 C3 D3
Pazardžik 112-113 H4
Paz de Rio 68 E5
Paznauntal 104-105 F1
Peace River 42-43 G4
Peary, terre de 40-41 P1 R1
Peć 112-113 F4
Pecos 58-59 F5
Pécs 112-113 E2
Peebles 96-97 E4
Peel (région) 94 D3
Peel (rivière) 42-43 E3
Peel, détroit de 42-43 I2
Peene 102 E2
Pégasus, baie 146-147 H6
Pegnitz 102 D4
Pegu 134-1351 B2
Peine 102 D2
Peïpous, lac des 114-115 F4
Pekalongan 134-135 D7 E7
Pekhorka 120F D3
Pekhra-Pokrovskoïé 120F D1
Pékin 138-139 J4
Pélagie, îles 112-113 B8
Pélagos 112-113 H6
Pelat, mont 100-101 G4
Peledouï 116-117 M4
Pelée, mont 68 G4
Peleng 134-135 G6
Pelham Bay 64C D1
Pelham Bay Park 64C D1
Pelican Island National Wildlife Refuge 65F
Pelješac 112-113 D4
Pelly 42-43 E3
Pelly, monts 42-43 E3
Peloritani 110-111 E6 E5
Peloro, cap 110-111 E5
Pelotas 73 E6
Pelvoux, mont 100-101 G4
Pematangsiantar 134-135 B5
Pemba (île) 150-151 G5 H5
Pemba (ville) 152-153 H7
Pembroke (Canada) 51 C4
Pembroke (R.-U.) 96-97 D6
Peñalara, pico de 108-109 C2 D2
Peñas, golfe de 72 C7
Penge 98C C3
Penghu 140D A2
Penha 76C
Peniche 108-109 A3
Peninsula 76E
Péninsule-Bruce, parc national de la 49D
Penjina, baie de 116-117 R3
Penly 101D
Penmarc'h, pointe de 100-101 A3
Pennine, chaîne 96-97 E4 F5
Pennsylvanie 58-59 K3
Penong 146-147 D5
Penrhyn 144-145 I22 I23
Penrith 96-97 E4
Pensacola 58-59 I5
Pentecôte 146-147 G3
Penticton 42-43 G5
Pentland, détroit de 96-97 E3
Pentland Hills 96-97 E4
Penyagolosa 108-109 E2
Penza (province) 121A
Penza (ville) 114-115 I5
Penzance 96-97 D6
Peoria 58-59 I3
Pepel 158-159A B4
Perabumulih 134-135 C6 D6
Percée, Pointe 104-105 B3
Perche 100-101 D2
Perche, col de la 100-101 E5
Perdido, monte 108-109 F1
Peredelkino 120F A3
Pereira 68 D6
Pergame 112-113 I6
Péribonka 51 D4
Péribonka, lac 51 D3
Périgord 100-101 D4
Périgueux 100-101 D4
Perijá, sierra de 68 E5 E4
Perim 130 D7
Perkam, cap 134-135 J6
Perles, îles des 68 D5
Perles, rivière des 141A B2
Perm 121A
Perm 114-115 L4
Pernambouc 73 G3
Pernik 112-113 G4
Péronne 100-101 E2
Pérou 73 C3 C4
Pérou, bassin du 144-145 J29 J30
Pérou-Chili, fosse du 144-145 J30 J31
Pérouse 110-111 D3
Perovo 120F C2
Perpignan 100-101 E5
Perros-Guirec 100-101 B2
Persépolis 130 F3
Persique, golfe 130 E4 F4
Perth (Australie) 146-147 B5
Perth (R.-U.) 96-97 E3
Perth Amboy 64C A4
Pervoouralsk 114-115 L4
Pesaro 110-111 D3
Pescadores, îles 140D A2
Pescara (fleuve) 110-111 D3 E3
Pescara (ville) 110-111 E3
Peschiera 110-111 C2
Peshawar 132 C3
Petah Tiqva 129 A3 B3
Pétali, golfe de 112-113 H7
Petchenga 114-115 G2
Petchora (fleuve) 114-115 L2
Petchora (ville) 114-115 L2
Petchora, baie de la 114-115 K2 L2
Petén 67B
Peterborough (Australie) 146-147 D5 E5
Peterborough (R.-U.) 96-97 F5
Peterhead 96-97 F3
Petermanns, monts 40-41 Q2 R2
Petersburg 42-43 E4
Petit Belt 102 C1
Petit Colorado 58-59 D5 E5
Petite Nicobar 134-135 A4 B4
Petites Antilles 68 F4 G3
Petites îles de la Sonde 134-1351 F8 G8
Petit Iénisseï 138-139 F1
Petit Mécatina, rivière du 51 F3 G3
Petit Minch 96-97 C3
Petit Missouri 58-59 F2
Petit Özen 114-115 J6
Petit Saint-Bernard, col du 100-101 G4
Petra 129 B5
Petropavl 116-117 H4 I4
Petropavlovsk-Kamtchatski 116-117 Q4 R4
Petrópolis 73 F5
Petroşani 112-113 G3
Petrovsko-Razoumovskoïé 120F B1
Petrozavodsk 114-115 G3
Peureulak 134-135 B5
Pevek 116-117 S3
Pfäffikon 104-105 D1?
Pforzheim 102 C4
Phan Thiet 134-135 D3
Phetchaburi 134-135 B3
Philadelphie 58-59 K4 L4
Philae 130 B5
Philippeville 94 C4
Philippines 126-127 O8 O9
Philippines, bassin des 144-145 G15 G16
Philippines, fosse des 144-145 G15 H15
Philippines, mer des 144-145 G15 G16
Philippines, plaque des 16B
Phitsanulok 134-135 C2
Phnom Penh 134-135 C3
Phoenix 58-59 D5
Phoenix, îles 144-145 H21
Phongsali 134-135 C1
Phon Hong 134-135 C2
Phonsavan 134-135 C2
Phou Bia 134-135 C2
Phuket (île) 134-135 B4
Phuket (ville) 134-135 B4
Phu Quoc 134-135 C3
Pianosa 110-111 C3
Piasina 116-117 K2
Piatigorsk 114-115 I7
Piatra-Neamţ 112-113 H2 I2
Piauí 73 F3
Piave 110-111 D1 D2
Piazza, cima de' 104-105 F2
Picardie 100-101 E2
Pidurutalagala 132 E8
Piedade 76C
Piedmont 40-41 L6 M5
Piedras Negras 58-59 F6
Pielis, lac 92-93 I3
Piemente 73 B3 C3
Piémont 110-111 A2 B2
Pierre 58-59 F3 G3
Pierrefitte-sur-Seine 99C C2
Pierrefonds 54C
Pierrefonds/Senneville 55F
Pierrelaye 99C B1
Pierre le Grand, baie de 116-117 O5
Pietarsaari 92-93 G3
Pietermaritzburg 152-153 G7
Pietersburg 152-153 F7 G7
Pietrosu Calimanlor 112-113 H2
Pietrosu Rodnei 112-113 H2
Pihuamo 66F
Pikes, pic 58-59 E4 F4
Pikogan 55B
Pilat 104-105 D2
Pilbara 146-147 B4
Pilcomayo 72 D5
Pilgyn 116-117 S3
Pilibhit 132 D4 E4
Pina flat, lac 63A E3
Pinang (île) 134-135 B4 C4
Pinang (ville) 134-135 B4 C4
Pinar del Rio (province) 69A
Pinar del Rio (ville) 68 B2 C2
Pinatubo 134-135 F2 G2
Pinçon, mont 100-101 C2
Pinde, monts du 112-113 F5 F6
Pine Bluff 58-59 H5
Pine Creek 146-147 D3
Pinega 114-115 I3
Pine Point 42-43 G3
Pinerolo 110-111 A2
Pingliang 138-139 H4
Pingtung 140D A2
Pingxiang (Guangxi) 138-139 H7
Pingxiang (Jiangxi) 138-139 I6
Pingyao 138-139 I4
Pinhel 108-109 B2
Pini 134-135 B5
Piniós 112-113 G6
Pinnart 97D
Pinner 98C A2
Pinsk 114-115 F5
Pintendre 55E
Pioda di Crana 104-105 D2
Piombino 110-111 C3
Piombino, détroit de 110-111 C3
Piper 91 C2
Pipmuacan, réservoir 51 D4
Piran 110-111 D2
Pirée 112-113 G7
Pirin 112-113 G5
Pirmasens 102 B4
Pirna 102 E3 F3
Piru 134-135 H6
Pisco 73 C4
Pise 110-111 C3
Pisek 102 F4
Pishan 138-139 B4
Pistoie 110-111 C3
Pisuerga 108-109 C2
Pit 63A C1
Pitcairn (île) 144-145 K26
Pitcairn (territoire) 144-145 K26
Piteå 92-93 G2
Piteälv 92-93 F2
Piteşti 112-113 H3
Pitkiaranta 92-93 I3 J3
Pittsburgh 58-59 K3
Pittsfield 64B
Piura 73 B3 C3
Pizol 104-105 E2
Placerville 63A C2
Plaisance 110-111 B2
Plaisance, baie de 42-43 M5
Plaisir 99C A3
Plan Delta 94A
Plantation 65G
Plasencia 108-109 B2
Plata, río de la 72 E6
Platani 110-111 D6
Plateau 160C4
Plateau Mont-Royal 55F
Platte River 58-59 F3 G3
Plauen 102 E3
Play Ku 134-135 D3
Plenty, baie 146-147 H5
Plessis-le-Roi 99C D4
Plétipi, lac 51 D3
Pleven 112-113 H4
Ploče 112-113 D4
Ploërmel 100-101 B3
Ploieşti 112-113 I3
Plomb du Cantal 100-101 E4
Plouha 100-101 B2
Plovdiv 112-113 H4
Pluie, lac à la 58-59 H2
Plymouth 96-97 D6 E6
Plynlimon 96-97 D5 E5
Plzeň 102 E4
Pô 110-111 A2 C2
Pô, collines du 110-111 A2 B2
Pobeda 116-117 P3
Pobedy, pic 138-139 C3
Pocatello 58-59 D3
Podgorica 112-113 E4
Podkamennaïa Toungouska 116-117 J3
Podolie 114-115 F6
Podolsk 114-115 H4
Pogradec 112-113 F5
Pogranitchny 142 C2
Pohang 140A B2
Pohnpei 144-145 H18
Pohorje 112-113 C2
Poinsett, cap 144-145 O14
Pointe-à-Pitre 68 G3 H3
Pointe-aux-Loups 51A
Pointe-Claire (arrondissement) 55F
Pointe-Claire (ville) 55F
Pointe-Noire (Canada) 51 E3
Pointe-Noire (Congo) 152-153 D5 R5
Pointe-Pelée, parc national de la 49D
Pointe-Taillon, parc de la 54A
Poissy 99C A2
Poitiers 100-101 D3
Poitou 100-101 D3
Poitou-Charentes 100-101 C3 D3
Pokhara 132 E4
Pok Liu 141D
Pokrovsk 116-117 N3
Pokrovsko-Strechnevo 120F B1
Polar Bear, parc provincial 49D
Polatsk 114-115 F4
Pôle Nord 162A
Pôle Nord magnétique 40-41 J2
Polésie 114-115 F5 G5
Pôle Sud 162B
Pôle Sud magnétique 144-145 O16 O17
Poliarny 114-115 G2
Policastro, golfe de 110-111 E5
Pollino, mont 110-111 F5
Pologne 82-83 F3 G3
Poltava 114-115 G6
Polynésie 144-145 G21 K24
Polynésie française 144-145 J24 J25
Poméranie, golfe de 102 F1
Pomona 63A E4 E5
Pompano Beach 65G
Ponce 68 F3
Poncheville, lac 51 C3
Pondichéry (État) 132 D7
Pondichéry (ville) 132 D7 E7
Pond Inlet 42-43 K2
Ponent, riviera du 110-111 A3 B2
Ponferrada 108-109 B1
Pongola Poort, barrage 161D
Ponta Grossa 73 E5
Pont-à-Mousson 100-101 F2
Ponta Porã 73 E5
Pontarlier 100-101 G3
Pontault-Combault 99C D3
Pontebba 110-111 D1
Pontevedra 108-109 A1
Pontevedra, ria de 108-109 A1
Pontiac (Canada) 55H
Pontiac (É.-U.) 58-59 J3
Pontianak 134-135 D5 D6
Pontines, îles 110-111 D4
Pontique, chaîne 128 C1 E1
Pontivy 100-101 B2
Pont-l'Abbé 100-101 A3
Ponto-Caspienne, dépression 114-115 I6
Pontoise 100-101 E2
Pontresina 104-105 E2 F2
Pool 98C C3
Poole 96-97 E6
Poopó, lac 72 D4
Popayán 73 C2
Poplar 98C C2
Popocatépetl 58-59 G8
Popondetta 146-147 E2
Porbandar 132 B5
Porcupine 42-43 D3
Pordenone 110-111 D1 D2
Poreč 112-113 B3
Pori 92-93 G3
Porjus 92-93 F2
Porkkala 92-93 H4
Poronaïsk 116-117 P5
Porquerolles 100-101 F5 G5
Porrentruy 104-105 C1
Porsangerfjord 92-93 H1
Portadown 96-97 C4
Portage la Prairie 42-43 I5
Portalegre 108-109 B3
Port Arthur 58-59 H6
Port Augusta 146-147 D5 E5
Port-au-Prince 68 E3
Port aux Basques 42-43 M5
Port-Barcarès 100-101 E5
Port Blair 134-135 A3
Portbou 100-101 E5
Port-Cartier 51 E4
Port-Cartier-Sept-Îles, réserve faunique 54A
Port-Daniel, réserve faunique 54A
Port-de-Paix 68 E3
Port Elizabeth 152-153 F8
Porte Rouge, col de la 112-113 H3
Portete, baie de 68 E4
Port-Gentil 152-153 D5
Port-Harcourt 152-153 D4
Port Hedland 146-147 B3 B4
Port Huron 58-59 J3
Portimão 108-109 A4
Port Kembla 146-147 F5
Portland (île) 96-97 E6
Portland (ville, Australie) 146-147 D5 E5
Portland (ville, É.-U., Maine) 58-59 L3 M3
Portland (ville, É.-U., Oregon) 58-59 B2
Portland, bec de 96-97 E6
Port Lincoln 146-147 D5
Port Louis 152-153 I7
Port Macquarie 146-147 F5
Port-Menier 51 F4
Port Moresby 146-147 E2
Portneuf, réserve faunique de 54A
Port Nolloth 152-153 E7
Port Nouveau-Québec 51 E2 F2
Porto 108-109 A2
Porto Alegre 73 E6 F6
Porto Amboim 152-153 E6
Porto de Moz 73 E3
Porto Empedocle 110-111 D6
Porto Esperança 73 E4
Portoferraio 110-111 B3 C3
Port of Spain 68 G4
Porto Nacional 73 F4
Porto-Novo 152-153 D4
Porto Rico 68 F3
Porto Rico, fosse du 10-11 H14
Porto Santo 156 A2 B2
Porto Torres 110-111 B4
Porto-Vecchio 110-111 B3
Porto Velho 73 D3
Portoviejo 73 C2
Portpatrick 96-97 D4
Port-Phillip, baie 146-147 E5
Port Pirie 146-147 D5
Portree 96-97 C3
Port Richmond 64C B3
Portrush 96-97 C4
Port-Saïd 106-107 K5
Portsmouth 64B
Portsmouth 96-97 F6
Port-Soudan 152-153 G3
Port Talbot 96-97 D6 E6
Portugal 82-83 D4
Portugalete 108-109 E1
Port-Vendres 100-101 E5
Port-Vila 146-147 G3
Port Washington 64C D2

Porvoo 92-93 H3
Poset 142 C2
Poso 134-135 G6
Poso, lac 134-135 G6
Poste-de-la-Baleine 51 C2
Postojna 112-113 C3
Potenza (fleuve) 110-111 D3
Potenza (ville) 110-111 E4
Poti 114-115 I7
Potomac 58-59 K4
Potosi 73 D4
Potsdam 102 E2
Potters Bar 98C B1
Poubara 158-159A E5
Pouchkin 114-115 F4 G4
Poughkeepsie 64B
Pouilles 110-111 F4
Pour 116-117 I3
Poutilkovo 120F B1
Poutorana, monts 116-117 J3 K3
Povungnituk (fleuve) 51 C1 D1
Povungnituk (localité) 51 C1
Powell, lac 58-59 D4 E4
Poyang, lac 138-139 J6
Požarevac 112-113 F3
Poza Rica 58-59 G7
Poznań 82-83 F3
Pozzuoli 110-111 E4
Prague 102 F3
Praha 102 F4
Praia 152-153 A3
Prairie 40-411 J5 J6
Pra-Loup 105C
Prata, costa de 109C
Prato 110-111 C3
Pratteln 104-105 C1
Prättigau 104-105 E2
Pravia 108-109 B1
Predil, col du 110-111 D1
Prégolia 92-93 G5
Preparis 134-135 A3
Preparis, passage nord de 134-135 A2 B3
Preparis, passage sud de 134-135 A3 B3
Prescott 58-59 D5
Presolana, piz della 104-105 F3
Prespa, lac 112-113 F5
Preston (Australie) 146-147 B4
Preston (R.-U.) 96-97 E5
Prestwick 96-97 D4
Pretoria 152-153 F7
Préveza 112-113 F6
Pribilof, îles 40-41 C4 E4
Příbram 102 E4 F4
Prieta, peña 108-109 C1
Prijedor 112-113 D3
Prilep 112-113 F5
Prince Albert 42-43 H4
Prince-Albert, baie du 42-43 G2
Prince Albert, parc national de 49D
Prince-Alfred, cap 42-43 E2 F2
Prince-Charles, île du 42-43 K3
Prince-de-Galles, cap du 40-41 D3
Prince-de-Galles, détroit du 42-43 F2 G2
Prince-de-Galles, île du (É.-U.) 42-43 E4
Prince-du-Galles, île du (Canada) 42-43 H2 I2
Prince George 42-43 F4
Prince-Patrick, île du 42-43 F2 G2
Prince-Régent, inlet du 42-43 I2 J2
Prince Rupert 42-43 E4 F4
Princesse Marguerite, canal 94 D2 D1
Principe 152-153 D4
Prioziorsk 92-93 I3
Priština 112-113 F4
Privas 100-101 F4
Prizren 112-113 F4
Probolinggo 134-135 E7
Procida 110-111 D4
Proddatur 132 D7
Progreso 58-59 I7
Prokopievsk 116-117 J4
Propriano 110-111 B4
Prospect Park 64C B3 C3
Prout 114-115 F6
Provence 100-101 F5 G5
Provence-Alpes-Côte-d'Azur 100-101 F5 G5
Providence 58-59 L3 M3
Providencia 68 C4
Providenia 116-117 T3
Provo 58-59 D3
Prudhoe, baie de 42-43 D2
Prudhoe Bay 40-41 F2
Prüm 94 E4
Prypiat 114-115 F5
Prypiats 80-81 G3
Prypiats, marais du 80-81 G3
Przemyśl 114-115 F5
Psará 112-113 H6
Pskov (province) 121A
Pskov (ville) 114-115 F4
Pskov, lac de 92-93 I4
Pucallpa 73 C3
Puebla (État) 66A
Puebla (ville) 58-59 G8
Pueblo 58-59 F4
Puente Genil 108-109 C4
Puerto Aisén 73 C7
Puerto Armuelles 68 C5
Puerto Ayacucho 73 D2
Puerto Barrios 68 B3
Puerto Cabello 73 D1
Puerto Cabezas 68 C4
Puerto Carreño 68 F5
Puerto Cortés 68 B3
Puerto de la Cruz 156 A3
Puerto del Rosario 156 B3
Puerto la Cruz 68 F4 G4
Puerto Limón 68 C4
Puertollano 108-109 C3 D3
Puerto Madryn 73 D7
Puerto Maldonado 73 C4 D4
Puerto Montt 73 C7
Puerto Peñasco 58-59 D5
Puerto Plata 68 E2 E3
Puerto Princesa 134-135 F4 G4
Puerto Sandino 68 B4
Puerto Suárez 73 D4 E4
Puffin 91 C2
Puget, baie 58-59 B2
Pui 141D
Puigcerdà 108-109 F1
Pukaskwa, parc national 49D
Pukchong 142 B2
Pukhon 140A A2
Pula 112-113 B3
Pulau-Pulau 134-135 J7
Pulog 134-135 G2
Puna 132 C6
Punakha 132 F4 G4
Puncak Jaya 134-135 J6
Punggol 141C B1
Punia 158-159A F5
Punjab (État) 132 C3 D3
Punjab (région) 124-125 J6
Puno 73 C4
Punta Arenas 73 C8
Puntarenas 68 B4 C4
Punto Fijo 68 E4
Puqi 138-139 I6
Puri 132 F6
Purley 98C B4
Purmerend 94 C2 D2
Purnia 132 F4
Pursat 134-135 C3
Purús 72 D3
Purwakarta 134-135 D7
Purwokerto 134-135 D7
Pusan 140A B2
Pustertal 112-113 A2 B2
Putah Dam 63A C2
Putai 140D A2
Putao 138-139 F6
Puteaux 99C B2
Puting, cap 134-135 E6
Putney 98C B3
Puttgarden 102 D1
Putumayo 72 C2 C3
Pya, lac 114-115 F2 G2
Pyapon 134-135 B2
Pye 134-135 B2
Pyhäjoki 92-93 H2
Pyhrn 104-105B
Pyinmana 134-135 B2
Pylos 112-113 F7
Pyongsong 142 B3
Pyongyang 142 A3 B3
Pyrénées 108-109 E1 F1
Pyrgos 112-113 F7

Q

Qaanaaq 42-43 L2
Qaidam 138-139 E4 F4
Qalat Bisha 130 D6
Qalqilya 129 A3 B3
Qamdo 138-139 F5
Qaqortoq 42-43 N3
Qarqaaluk, mont 51 F2
Qarqan He 138-139 D4
Qasigiannguit 42-43 M3 N3
Qatar 126-127 H7
Qazvin 130 E2
Qechm 130 G4
Qena 106-107 K6
Qeqertarsuaq 42-43 M3
Qiemo 138-139 D4
Qikiqtarjuaq 42-43 L3
Qilian Shan 138-139 F4
Qingdao 138-139 K4
Qinghai 138-139 E5
Qinghai, lac 138-139 F4
Qingtang 138-139 I7
Qinhuangdao 138-139 J4 K4
Qinling Shan 138-139 H5
Qiqian 138-139 K5
Qiqihar 138-139 K2 L2
Qiryat Gat 129 A4
Qiryat Shemona 129 B2
Qitai 138-139 D3
Qizan 130 D6
Qom 130 F3
Qomcheh 130 F3
Quang Ngai 134-135 D2
Qu'Appelle 42-43 H4
Quaqtaq 55B
Quartier Latin 99B
Quatre Cantons, lac des 104-105 D1 D2
Québec (province) 42-43 K4 L4
Québec (ville) 51 D4
Queen Mary Reservoir 98C A3
Queens 64C C2 D2
Queensland 146-147 E4
Queenstown (Australie) 146-147 E6
Queenstown (Singapour) 141C B2
Quelimane 152-153 G6
Quemoy 138-139 J7
Quercy 100-101 D4 E4
Querétaro (État) 66A
Querétaro (ville) 58-59 F7 G7
Quesnel 42-43 F4
Quetico, parc provincial 49D
Quetta 132 B3
Quetzaltenango (province) 67B
Quetzaltenango (ville) 68 A4
Quezon City 134-135 G3
Quibala 152-153 E6
Quibdó 68 D5
Quiberon 100-101 B3
Quiché 67B
Quilpie 146-147 E4
Quimper 100-101 A2 B2
Quimperlé 100-101 B3
Quintana Roo 66A
Quito 73 B2 C3
Quixadá 73 G3
Quneitra 129 B2 C2
Qus 106-107 K6
Quseir 106-107 K6
Quy Nhon 134-135 D3 E3

R

Raahe 92-93 G2 H2
Rab 110-111 E2
Rába 112-113 D2
Rabat 156 D2
Rabaul 146-147 F2
Rabigh 130 C5
Race, cap 42-43 M5
Rach Gia 134-135 C4 D4
Racine 58-59 I3
Radium Hill 146-147 E5
Radlett 98C A1 B1
Radnor Forest 96-97 E5
Radom 114-115 E5
Rae 42-43 G3
Rae, détroit de 42-43 I3
Rafah 129 A4
Rafha 130 D4
Rafsanjan 130 G3
Raguse 110-111 E6
Rahba 129 C1
Rahimyar Khan 132 C4
Rahway 64C A3
Raichur 132 D6
Rainham 98C D2
Rainier, mont 58-59 B2
Raipur 132 E5
Rajahmundry 132 E6
Rajang 134-135 E5
Rajapalaiyam 132 D8
Rajasthan 132 C4
Rajkot 132 C5
Rajshahi 132 F5
Rakaposhi 132 C2
Rakata 134-135 C7
Rakvere 92-93 H4
Raleigh 58-59 K4
Ralik, îles 144-145 H19
Ramadi 130 D3
Ram Allah 129 B4
Ramat Gan 129 A3
Rambouillet 100-101 D2
Rambouillet, forêt de 99C A4
Ramla 129 A4 B4
Ramlu 130 D7
Râmnicu Vâlcea 112-113 H3
Ramon 129 A5
Ramri 134-135 A2
Ramsau 105C
Ramsgate 96-97 G6
Ramtha 129 B3 C3
Ramu 146-147 E2
Ranafjord 92-93 E2
Ranai 134-135 D5
Rancagua 73 C6
Rance 100-101 C2
Ranchi 132 E5 F5
Rancho Cucamonga 64A
Randers 92-93 D4
Rangoon 134-1351 B2
Rangpur 132 F4 G4
Rankin Inlet 42-43 I3 J3
Rankweil 104-105 E1
Ransiki 134-135 I6
Rantauprapat 134-135 B5 C5
Raoui, erg er 156 E3
Raoul-Blanchard, mont 51 D4
Rapa 144-145 K24
Rapallo 110-111 B2
Rapid City 58-59 F3
Rapperswil 104-105 D1
Rapti 132 E4
Raritan 64C A4
Raritan Bay 64C A4
Rarotonga 144-145 K22 K23
Ras al Khaima 130 F4 G4
Rasgado 76E
Ras Lanouf 106-107 H5
Rastatt 102 C4
Rásttigáisá 92-93 H1
Ratak, îles 144-145 H20
Ratchaburi 134-135 B3
Rathenow 102 E2
Rathlin 96-97 C4
Rätikon 104-105 E1 E2
Ratisbonne 102 D4 E4
Ratlam 132 C5 D5
Ratnagiri 132 C6
Rauma (fleuve) 92-93 C3 D3
Rauma (localité) 92-93 G3
Ravenne 110-111 D2
Ravensburg 102 C5
Ravenspurn 91 C3
Ravi 132 C3
Rawalpindi 132 C3
Rawson 73 D7
Rayong 134-135 C3
Razgrad 112-113 I4
Ré 100-101 C3
Reading (É.-U.) 58-59 K3
Reading (R.-U.) 96-97 F6
Rebiana, erg de 106-107 H7 I7
Rebun 142 E1
Recht 130 E2
Recife 73 G3
Recklinghausen 94 E3 F3
Red Bluff 63A B1 C1
Red Bluff Dam 63A B1
Redcar 96-97 F4
Red Deer (rivière) 42-43 G4
Red Deer (ville) 42-43 G4
Redding 63A B1
Redditch 96-97 E5 F5
Redhill 98C B4
Red Lake 42-43 I4
Redon 100-101 B3 C3
Red River 58-59 G5 H5
Ree, lough 96-97 C5
Regen 102 E4
Regensburg 102 D4 E4
Regent's Park 98C B2
Reggâne 152-153 D2
Reggio d'Émilie 110-111 C2
Reggio di Calabria 110-111 E5
Regina 42-43 H4
Regnitz 102 D4
Rehovot 129 A4
Reichenau 104-105 E2
Reigate 96-97 F6
Reims 100-101 E2
Reindeer, réserve 49D
Reine-Charlotte, archipel de la 42-43 E4
Reine-Charlotte, détroit de la 42-43 E4 F4
Reine-Élizabeth, îles de la 42-43 I1 J2
Reine Maud, chaîne de la 162B
Reine-Maud, golfe de la 42-43 H3
Reine Maud, terre de la 144-145 P3 P6
Reinosa 108-109 C1
Relizane 108-109 F5
Remich 94 E5
Remiremont 100-101 G2
Remscheid 102 B3
Renaix 94 B4
Rencontre, baie de la 146-147 D5
Rendsburg 102 C1 D1
Renens 104-105 B2
Rengat 134-135 C6
Rennell 146-147 G3
Rennes 100-101 C2
Reno (fleuve) 110-111 C2
Reno (ville) 58-59 C4
Reoutov 120F D2
Republican River 58-59 F4 G3
Repulse Bay 42-43 J3
Requena 108-109 E3
Requin, baie du 146-147 B4
Reschen 104-105B
Resistencia 73 D5 E5
Reşiţa 112-113 F3 G3
Resolute 42-43 I2
Résolution, île 42-43 L3
Restigouche 55B
Retalhuleu 67B
Rethel 100-101 F2
Rethymnon 112-113 H8
Réunion (département) 152-153 I7
Réunion (île) 152-153 I7
Reus 108-109 F2
Reuss 104-105 D2 D1
Reutlingen 102 C4
Revillagigedo, îles 40-41 I8
Revivim 129 A4
Révolution d'Octobre, île de la 116-117 L2 M2
Rewa 132 E5
Reykjanes, dorsale de 10-11 D17 C18
Reykjavik 82-83 B2
Reynosa 58-59 G6
Rēzekne 92-93 H4 I4
Rheine 102 B2
Rheinfelden 104-105 C1
Rheinwaldhorn 104-105 E2
Rhénanie du Nord-Westphalie 102 B3 C3
Rhénanie-Palatinat 102 B3 B4
Rhétiques, alpes 104-105 E2 F2
Rhin 80-81 E4 E3
Rhin antérieur 104-105 E2
Rhin de Vals 104-105 E2
Rhin inférieur, plaine du 80-81 E3
Rhin postérieur 104-105 E2
Rhir, cap 156 C3
Rhode Island 58-59 L3 M3
Rhodes (île) 112-113 I7 J7
Rhodes (ville) 112-113 J7
Rhodope, monts 112-113 G5 H5
Rhondda 96-97 E6
Rhône 100-101 F4
Rhône-Alpes 100-101 F4
Rhône-Rhin, canal 100-101 G3
Rhourde Nouss 158-159A D2
Rhum 96-97 C3
Riajsk 114-115 I5
Riau, archipel 134-135 C5
Riazan (province) 121A
Riazan (ville) 114-115 H5
Ribadavia 108-109 A1
Ribadeo 108-109 B1
Ribatejo 108-109 A3
Ribeirão Preto 73 F5
Riberalta 73 D4
Ribes 100-101 E5
Richards Bay 152-153 G7
Richardson, monts 42-43 E3
Richland 58-59 B2 C2
Richmond (É.-U., New York) 64C A4 B4
Richmond (É.-U., Virginie) 58-59 K4
Richmond (R.-U.) 98C A3 B3
Richmond Park 98C B3
Rickmansworth 98C A1
Ricon de la Vieja 67F
Ridgewood 64C C3
Riehen 104-105 C1
Riesa 102 E3
Rietfontein 152-153 F6
Rieti 110-111 D3
Rif 156 D2 E2
Rīga 92-93 H4
Rīga, golfe de 92-93 G4 H4
Rigi 104-105 D1
Rigolet 51 G3
Riihimäki 92-93 G3 H3
Rijeka 112-113 C3
Rijssen 94 E2
Rila 112-113 G4
Rimini 110-111 D2
Rimouski 51 E4
Rimouski, réserve faunique de 54A
Ringe 102 D1
Ringhals 93D
Rinjani 134-135 F7
Rio Branco 73 C3 D3
Rio Cuarto 73 D6
Rio de Janeiro (État) 73 F5 G5
Rio de Janeiro (ville) 73 F5 G5
Rio de Oro, baie du 156 A5
Rio Gallegos 73 D8
Rio Grande 73 E6 F6
Rio Grande, réservoir du 76D
Rio Grande, seuil du 10-11 M16 M18
Rio Grande do Norte 73 G3
Rio Grande do Sul 73 E5 E6
Riohacha 68 E4
Riom 100-101 E4
Rio Negro 77A
Rio Negro, pantanal do 72 E4
Ripoll 108-109 F1 G1
Rishiri 142 E1
Rishon le Zion 129 A4
Risle 100-101 D2
Risør 92-93 D4
Ris-Orangis 99C C4
Risoux, mont 104-105 B2
Riva 110-111 C2
Rive occidentale du Jourdain 129 B3
Rivera 73 E6
Riverina 146-147 E5
Rivers 160C4
Riverside 58-59 C5
Rivers Island 64C C2
Riviera 104-105 E2
Rivière-des-Prairies/Pointe-aux-Trembles/Montréal-Est 55F
Rivière-du-Loup 51 E4
Rivière Peel, réserve de la 49D
Rivne 114-115 F5
Riyad 130 E5
Rjev 114-115 G4
Rjukan 93E
Roanne 100-101 E3 F3
Roanoke (fleuve) 58-59 K4
Roanoke (ville) 58-59 J4 K4
Roar 91 D3
Robert-Bourassa, réservoir 51 C3
Roberval 51 D4
Robinson Crusoé, île 72 D6
Robson, mont 42-43 G4
Roca, cap 108-109 A3
Rocha 73 E6
Rochdale 96-97 E5
Rochefort (Belgique) 94 D4
Rochefort (France) 100-101 C4
Rochester (É.-U.) 58-59 K3
Rochester (R.-U.) 98A
Rocheuses, montagnes 40-41 G3 J6
Rockall 80-81 C3
Rockaway Beach 64C C4 D4
Rockford 58-59 I3
Rockhampton 146-147 F4
Rockport 58-59 G6
Rock Springs 58-59 E3
Rødbyhavn 102 D1
Roden 94 E1
Rodez 100-101 E4
Rodrigues 144-145 J9
Roebourne 146-147 B4
Roebuck, baie 146-147 C3
Roermond 94 D3
Roe's Welcome, détroit de 42-43 J3
Roi-George, îles du 51 C2
Roi-Guillaume, île du 42-43 I3
Roissy 99C D3
Roissy-en-France 99C C1
Rokko, île 143B
Røldal 92-93 C4
Rolf 91 D3
Rolle 104-105 B2
Roma (Australie) 146-147 E4
Roma (Italie) 110-111 D4
Romaine 51 F3
Roman 112-113 I2
Romang 134-135 H7
Romans 100-101 F4
Romanshorn 104-105 E1
Rome (É.-U.) 58-59 I5 J5
Rome (Italie) 110-111 D4
Romford 98C D2
Rømø 102 C1
Romont 104-105 B2
Romsdal 92-93 C3 D3
Ron, cap 134-135 D2
Roncesvalles 108-109 E1
Ronda 108-109 C4
Ronda, serranía de 108-109 C4
Rondônia 73 D4
Rondonópolis 73 E4
Rønne 92-93 E5
Ronne, shelf de 162B
Ronneby 92-93 E4 F4
Ronquières 94 B4 C4
Roosendaal 94 C3
Roosevelt 144-145 P22
Roper 146-147 D3
Roquefort 100-101 E5
Roquetas de Mar 108-109 D4
Roraima (État) 73 D2
Roraima (mont) 72 D2
Røros 92-93 D3
Rorschach 104-105 E1
Rosa, cap 110-111 B6
Rosario 73 D6 E6
Rose, mont 104-105 C3
Roseau 68 G3
Rosemont/Petite-Patrie 55F
Rosenheim 102 D5 E5
Roses, golfe de 108-109 G1
Rosette 106-107 K5
Rosmalen 94 D3
Rosny 99C C2
Røss, lac 92-93 E2
Ross, mer de 144-145 P20 P21
Ross, shelf de 162B
Rossano 110-111 F5
Rosslare 96-97 C5
Rosso 158-159A B3
Rostock 102 D1 E1
Rostov 121A
Rostov-na-Donu 114-115 H6 I6
Roswell 58-59 F5
Rothaargebirge 102 C3
Rothenburg 102 C4 D4
Rother 96-97 G6
Rotherham 96-97 F5
Roti 134-135 G8
Rotondo, monte 110-111 B3
Rotterdam 94 C3
Roubaix 100-101 E1
Roub-al-Khali 130 E5 G5
Roublevo 120F A2
Roubtsovsk 116-117 J4
Roudny 116-117 H4
Rouen 100-101 D2
Rouge, bassin 138-139 G6 H5
Rouge, mer 144-145 F6 G7
Rouge, rivière 58-59 G2
Rouge-Matawin, réserve faunique 54A
Rough 91 C3
Rouillon 99C C2
Roulers 94 B4
Roumanie 82-83 G4
Round, mont 146-147 F5
Rourkela 132 E5
Roussillon 100-101 E5
Roustavi 114-115 J7
Rouyn-Noranda 51 C4
Rovaniemi 92-93 H2
Rovereto 110-111 C2
Rovigo 110-111 C2
Rovinj 110-111 D2
Roxas 134-135 G3
Roxboro 55F
Roxburgh 146-147 G6
Roxby Downs 146-147 D5
Royale, île 42-43 J5
Royal Leamington Spa 96-97 F5
Royan 100-101 C4
Royaume-Uni 82-83 D3
Ruapehu 146-147 H5
Ruby, monts 58-59 C4 C3
Rüdesheim 102 B3
Rueil-Malmaison 99C B2
Rufiji 150-151 G5
Rugby 96-97 F5
Rügen 102 E1
Rui'an 138-139 K6
Ruislip 98C A2
Ruislip Reservoir 98C A2
Ruiz 72 C2
Rukwa, lac 150-151 G5
Rum Jungle 146-147 C3 D3
Rungis 99C C3
Ruodnaïa Pristan 116-117 O5
Ruoqiang 138-139 D4
Rupat 134-135 C5
Rupert 51 C3
Rupert, réservoir 51B
Rupert, terre de 43A
Rur 94 E4
Ruse 112-113 H4 I4
Russell 146-147 H5
Russian 63A B2
Russie 12-13 C28 C29
Russie occidentale, hauteurs de 114-115 F5 G4
Russie septentrionale, hauteurs de 114-115 I4 L3
Ruteng 134-135 F7 G7
Ruthénie 106-107 I2
Rutherford 64C B2
Rüti 104-105 D1
Ruvuma 150-151 G6 H6
Ruwais 130 F5
Ruwenzori 150-151 F4 G4
Rwanda 152-153 F5 G5
Rybatchi 114-115 G2
Rybinsk 114-115 H4
Rybinsk, réservoir de 114-115 H4 I4
Ryugasaki 143C
Ryu Kyu, fosse des 144-145 F15 F16
Ryu Kyu, îles 142 B5 C5
Rzeszów 106-107 I1

S

Saale 102 D3
Saalfeld 102 D3
Saane 104-105 C2
Saanen 104-105 C2
Saaremaa 92-93 G4
Saas Fee 104-105 C2 D2
Saastal 104-105 C2
Saba 68 G3
Šabac 112-113 E3
Sabadell 108-109 F2 G2
Sabah (région) 134-135 F4
Sabah (ville) 158-159A E2
Sabang 134-135 B4
Sabaudia 110-111 D4
Sabinas 66F
Sabine 58-59 H5
Sabins, monts 110-111 D3
Sable 42-43 M5
Sable, cap (Canada) 42-43 L5
Sable, cap (É.-U.) 58-59 J6
Sablia 114-115 L3
Sabor 108-109 B2
Sabya 130 D6
Sabzevar 130 G2
Sacatepéquez 67B
Sachs Harbour 42-43 F2
Saclay 99C B3
Sacramento (fleuve) 58-59 B3
Sacramento (ville) 58-59 B4 D4
Sacramento, monts 58-59 E5 F5
Sacramento Valley 63A B1 C2
Sada 130 D6
Sado (fleuve) 108-109 A4
Sado (île) 142 D3
Sado, détroit de 142 D3
Safi 156 C2
Safiental 104-105 E2
Saga (Chine) 138-139 D6
Saga (Japon) 142 B4 C4
Sagaing 134-135 A1 B1
Sagami, baie de 142 D4 E4
Sagamihara 143A D2
Saganoseki 143A A3 B3
Sagar 132 D5
Saginaw 58-59 J3
Saginaw, baie 58-59 J3
Saglek, baie 51 F2
Sagres 108-109 A4
Saguenay 51 D4 E4
Saguenay, parc du 54A
Saguenay, ville de 51 D4
Saguenay-Lac-Saint-Jean 55A
Saguenay-Saint-Laurent, parc marin du 54A
Sagunt 108-109 E3
Sahagún 108-109 C1
Sahara 150-151 C2 F2
Saharanpur 132 D4
Sahara occidental 152-153 B2
Sahel 150-151 C3 F3
Sahiwal 132 C3
Sahul, plate-forme 134-135 J7
Saïan occidental 116-117 J4 K4
Saïan oriental 116-117 K4 L4
Saïansk, barrage de 116-117 K4
Saïda (Algérie) 106-107 E5
Saïda (Liban) 129 B2
Saidpur 132 F4
Saihut 130 F6
Saimaa, canal 92-93 I3
Saimaa, lac 92-93 I3
Saint-Aignan 100-101 D3
Saint-Alban (Canada) 51 G4
Saint-Alban (France) 101D
Saint Albans (É.-U.) 64C D3
Saint Albans (R.-U.) 96-97 F6 G6
Saint-Ambroise 55G
Saint André, cap 150-151 H6
Saint Andrews 96-97 E3
Saint-Augustin (fleuve) 51 G3
Saint-Augustin (localité) 51 G3
Saint-Augustin, lac 54D
Saint-Augustin-de-Desmaures 55E
Saint Augustine 65F
Saint-Barthélemy 68 G3
Saint-Bernardino, col du 104-105 E2
Saint-Brieuc 100-101 B2
Saint-Bruno-de-Montarville 55F
Saint-Chamond 100-101 F4
Saint-Charles, rivière 54D
Saint-Charles-de-Bourget 55G
Saint-Claude 100-101 F3 G3
Saint Cloud (É.-U.) 58-59 H2
Saint-Cloud (France) 99C B2
Saint-Cloud, Parc de 99C B3
Saint Croix 68 F3 G3
Saint-Cyr 99C A3
Saint David, pointe 96-97 D6
Saint-David-de-Falardeau 55G
Saint-David-de-l'Auberivière 54D
Saint-Denis (France) 100-101 F2
Saint-Denis (Réunion) 152-153 I7
Saint-Dié 100-101 G2
Saint-Dizier 100-101 F2
Saint-Domingue 68 E3 F3
Sainte-Anne, lac 51 E3
Sainte-Anne-de-Bellevue 55F
Sainte-Anne-de-Bellevue, canal de 54B
Sainte-Anne-des-Monts 51 E4
Sainte-Catherine, mont 106-107 K6
Sainte Catherine, pointe 96-97 F6
Sainte-Croix 104-105 B2
Sainte-Euphémie, golfe de 110-111 E5 F5
Sainte-Foy 54D
Sainte-Geneviève 54C
Sainte-Geneviève-des-Bois 99C B4 C4
Sainte-Hélène 12-13 K19 K20
Sainte-Hélène, baie de 150-151 E8
Sainte-Hélène-de-Breakeyville 55E
Sainte-Lucie 68 G4 H4
Sainte-Marguerite 51 E3
Sainte Marie, cap 150-151 H7
Saint-Émile 54D
Sainte-Pétronille 54D
Saintes 100-101 C4
Saintes-Maries 100-101 F5
Saint-Étienne 100-101 F4
Saint-Étienne-de-Lauzon 55E
Saint-Eustache 68 G3
Saint-Félix-d'Otis 55G
Saint Fergus 96-97 F3
Saint Francis River 58-59 H4 I4
Saint-Fulgence 55G
Saint-Gall 104-105 E1
Saint-Gaudens 100-101 D5
Saint George 64C B3
Saint George, canal 96-97 C5 D4
Saint-Georges (Canada) 51 D4 E4
Saint George's (Grenade) 68 G4 H4
Saint-Georges, baie 51 F4 G4
Saint-Germain 100-101 D2 E2
Saint-Germain, forêt de 99C A2
Saint-Germain-des-Prés 99B
Saint-Gervais-les-Bains 104-105 B3
Saint-Girons 100-101 D5
Saint-Gothard 104-105 D2
Saint-Gratien 99C B1 B2
Saint Helens 96-97 E5
Saint Helens, mont 58-59 B2
Saint Helier 96-97 E7 F7
Saint-Honoré 55G
Saint-Hubert (Belgique) 94 D4
Saint-Hubert (Canada) 55F
Saint-Imier 104-105 B1
Saint Ives 96-97 D6
Saint James's Park 98B
Saint-Jean, lac 51 D4
Saint-Jean, rivière 58-59 L2 M2
Saint-Jean-Chrysostome 54D
Saint John 51 E4 F4
Saint John's (Antigua) 68 G3
Saint John's (Canada) 42-43 M5
Saint Joseph 58-59 H4
Saint-Joseph-de-la-Pointe-de-Lévy 55E
Saint-Julien 104-105 B2
Saint Kilda 96-97 B3
Saint-Kitts 68 G3
Saint-Kitts-et-Nevis 68 G3
Saint-Lambert 55F
Saint-Laurent (fleuve) 40-41 N5
Saint-Laurent (ville, Canada) 54C
Saint-Laurent (ville, France) 101D
Saint-Laurent, basses-terres du 45B
Saint-Laurent, golfe du 51 F4
Saint-Laurent, île 40-41 C3
Saint-Laurent, voie maritime du 49A
Saint-Léonard 54C
Saint-Lô 100-101 C2
Saint Louis (É.-U.) 58-59 H4 I4
Saint-Louis (Sénégal) 152-153 B3

Saint-Louis, lac 54C
Saint-Malo 100-101 B2
Saint-Malo, golfe de 100-101 B2
Saint-Marin (État) 82-83 F4
Saint-Marin (ville) 110-111 D3
Saint-Martin 68 G3
Saint-Martin-de-Ré 100-101 C3
Saint-Mathieu, pointe de 100-101 A2
Saint-Matthias, îles 146-147 E2 F2
Saint-Maur-des-Fossés 99C C3
Saint-Maurice (Canada) 51 D4
Saint-Maurice (Suisse) 104-105 C2
Saint-Maurice, réserve faunique de 54A
Saint-Nazaire 100-101 B3 C3
Saint-Nicolas (Belgique) 94 B3 C3
Saint-Nicolas (Canada) 55E
Saint-Omer 100-101 D1 E1
Saintonge 100-101 C4
aint-Ouen 99C C2
aint-Ouen-l'Aumône 99C B1
aint-Ours, canal de 54B
aint-Paul (fleuve, Canada) 51 G3
aint Paul (fleuve, Libéria) 150-151 B4 C4
aint Paul (ville) 58-59 H2
aint-Paul, île (Afrique) 144-145 L10
aint-Paul, île (Canada) 54C
aint-Pétersbourg (province) 121A
aint-Pétersbourg (ville) 114-115 G3
aint Petersburg 58-59 J6
aint-Pierre (île) 51 G4
aint-Pierre (ville, Guernesey) 96-97 E7
aint-Pierre (ville, Martinique) 68 G4
aint-Pierre-d'Oléron 100-101 C4
aint-Pierre-et-Miquelon 40-41 O5
aint-Point, lac de 104-105 B2
aint-Pol-de-Léon 100-101 A2
aint-Quentin 100-101 E2
aint-Quentin-en-Yvelines 99C A3
aint-Raphaël 100-101 G5
aint-Rédempteur 55E
aint-Rémy 99C A4
aint-Romuald-d'Etchemin 54D
aint-Sébastien 108-109 E1
aint Thomas 68 G3
aint-Trond 94 D4
aint-Tropez 100-101 G5
aint-Valery-en-Caux 100-101 D2
aint-Valéry-sur-Somme 100-101 D1
aint-Vincent 68 G4
aint-Vincent, golfe de 46-147 D5
aint-Vith 94 E4
aiun 130 E6
ajama 72 D4
ajó 112-113 F1
akai 142 D4
akaide 143A B2
akakah 130 D4
akakawea, lac 58-59 F2
akami 51 D3
akami, lac 51 C3
akarya 128 C1
akata 142 D3
akha 121A
akhaline (île) 16-117 P4 P5
akhaline (province) 21A
aki 114-115 J7
akishima, îles 38-139 K7 L7
al 150-151 A3
ala 92-93 F4
alado (fleuve) 72 E6
alado (rivière, Colorado) 2 D6
alado (rivière, Paraná) 2 D5
alalah 130 F6
alamanque 08-109 B2 C2
alamat, bahr 50-151 E3 F3
alamine 112-113 G7
alarevo 120F B3
alavat 114-115 L5
alawati 134-135 I6
ala-y-Gómez 44-145 K27 K28
ala-y-Gómez, dorsale de 44-145 K28 K29
aldanha Bay 152-153 E8
ale (Australie) 46-147 E5
alé (Maroc) 156 D2
alé, grand désert 30 F3 G3
alekhard 114-115 N2
alem (É.-U.) 58-59 B3
alem (Inde) 132 D7
alentina 110-111 F4 G4
alerne 110-111 E4
alerne, golfe de 10-111 E4
Salève, mont 104-105 B2
Salgótarján 112-113 E1
Salıhlı 112-113 J6
Salina (île) 110-111 E5
Salina (ville) 58-59 G4
Salina Cruz 58-59 G8
Salinas (fleuve) 63A C3
Salinas (ville) 63A C3
Salins-les-Bains 104-105 A2 B2
Salisbury 96-97 E6 F6
Salisbury, plaine de 96-97 E6 F6
Salland 94 E2
Salloum 106-107 J5
Salluit 51 C1 D1
Salmon River 58-59 C2 D2
Salo 92-93 G3
Salomon, îles 146-147 F2 G2
Salomon, mer des 144-145 I17 I18
Salon-de-Provence 100-101 F5
Salor 108-109 B3
Salou 108-109 F2
Salouen 138-139 F5 F8
Salpausselkä 92-93 H3 I3
Salsette 132 C6
Salsk 114-115 I6
Salso 110-111 D6 E6
Salsomaggiore 105C
Salta (province) 77A
Salta (ville) 73 D5
Saltillo 58-59 F6
Salt Lake City 58-59 D3
Salto (rivière) 110-111 D3
Salto (ville) 73 E6
Salton, lac 58-59 C5
Saltykovka 120F D2
Saluces 110-111 A2
Salvador 73 G4
Salyan 132 E4
Salzach 102 E4 E5
Salzbourg (État) 102 E5
Salzbourg (ville) 102 E5
Salzkammergut 102 E5
Salzwedel 102 D2
Samalut 130 B4
Samangan 132 B2
Samar 134-135 H3
Samar, mer de 134-135 G3
Samara (province) 121A
Samara (rivière) 114-115 K5
Samara (ville) 114-115 K5
Samara, réservoir de 114-115 J5 K5
Samarai 146-147 F3
Samarie 129 B3
Samarinda 134-135 F6
Samarkand 116-117 H6
Samarra 130 D3
Şamaxı 114-115 J7
Sambalpur 132 E5 F5
Sambas 134-135 D5
Sambre 94 B4 C4
Sambre-Oise, canal 100-101 E2 E1
Samchok 140A B2
Samchonpo 142 B4
Samedan 104-105 E2
Samnaungruppe 104-105 F2 F1
Samoa 144-145 J21
Samoa (É.-U.) 144-145 J21 J22
Samoëns 104-105 B2
Sámos (île) 112-113 I7
Sámos (ville) 112-113 I7
Samothrace 112-113 H5
Sampit 134-135 E6
Samsun 128 D1
San 158-159A C3
Sana 112-113 D3
Sanaa 130 D6
Sanaga 150-151 E4
San Agustin, cap 134-135 H4
San Ambrosio 72 C5
Sanana 134-135 H6
Sanandaj 130 E2
San Andrés 68 C4
San Angel 67A
San Angelo 58-59 F5
San Antonio (Chili) 73 C6
San Antonio (É.-U.) 58-59 G6
San Antonio, cap (Argentine) 72 E6
San Antonio, cap (Cuba) 68 B2 C2
San Antonio Oeste 73 C7 D7
Sanary 100-101 F5
San Benedetto del Tronto 110-111 D3 E3
San Bernardino (É.-U.) 58-59 C5
San Bernardino (Suisse) 104-105 E2
San Bernardino, chaîne de 58-59 C5
San Carlos (Philippines, Luçon) 134-135 F2 G2
San Carlos (Philippines, Negros) 134-135 G3
San Carlos (Venezuela) 68 F5
San Carlos de Bariloche 73 C7 D7
San Cristobal (île) 146-147 G3
San Cristóbal (mont) 67E
San Cristóbal (ville, Rép. Dominicaine) 68 E3
San Cristóbal (ville, Venezuela) 73 C2 D2
Sancti Spiritus (province) 69A
Sancti Spiritus (ville) 68 D2
Sancy, puy de 100-101 E4
Sandakan 134-135 F4
Sandarban 132 F5
San Diego 58-59 C5
San Diego, aqueduc de 63A E5
San Dimas 66F
Sandnes 92-93 C4
Sandstone 146-147 B4 C4
Sandvika 92-93 D4
Sandviken 92-93 E3 F3
Sandwich, baie 51 G3
Sandwich du Sud, îles 12-13 O18 O19
Sandy, cap 146-147 F4?
Sandžak 112-113 E4 F4
San Félix 72 B5 C5
San Fernando (É.-U.) 63A D4
San Fernando (Espagne) 108-109 B4 C4
San Fernando (Philippines, Baguio) 134-135 G2
San Fernando (Philippines, Manille) 134-135 G2 G3
San Fernando de Apure 68 F5
San Francisco 58-59 B4
San Francisco, baie de 63A B3
San Francisco, monts 58-59 D4 E4
San Francisco del Oro 66F
Sanga 150-151 E4
Sangar 116-117 N3 O3
Sangihe 134-135 G5 H5
Sangihe, îles 134-135 H5
Sangli 132 C6 D6
Sangre de Cristo, monts 58-59 E4 F4
Sangro 110-111 E3
San Joaquin 58-59 B4
San Joaquin Valley 63A C3 D4
San Jorge, golfe de 72 D7
San José (Costa Rica) 68 C5
San Jose (É.-U.) 58-59 B4
San José (Guatemala) 68 A4
San José del Guaviare 68 E6
San Juan (province) 77A
San Juan (ville, Argentine) 73 D6
San Juan (ville, Pérou) 73 C4
San Juan (ville, Porto Rico) 68 F3
San Juan, monts 58-59 E4
San Juan, río 68 C4
San Juan del Norte 68 C4
San Juan del Sur 68 B4
San Juan de Sabinas 66F
San Juan River 58-59 E4
Sankt Moritz 104-105 E2
Sankuru 150-151 F5
San Lázaro, cap 58-59 D7
Şanlıurfa 128 D2
San Lorenzo (Équateur) 73 B2 C2
San Lorenzo (Honduras) 68 B4
Sanlúcar de Barrameda 108-109 B4
San Lucas, cap 58-59 D7
San Luis 77A
San Luis Obispo 63A C4
San Luis Potosí (province) 66A
San Luis Potosí (ville) 58-59 F7 G7
San Marcos 67B
San Marcos de Apalache State Historic Site 65F
San Martino di Castrozza 105C
San Mateo 63A B3
San Matías, golfe de 72 D7
San Miguel (fleuve) 72 D4
San Miguel (mont) 67E
San Miguel (ville) 68 B4
San Miguel de Tucumán 73 D5
San Nicolás 73 D6
Sannin, djebel 129 B1
San Pablo 134-135 G3
San Pedro 152-153 C4
San Pedro, sierra de 108-109 B3
San Pedro Sula 68 B3
San Pietro 110-111 B5
San Rafael (Argentine) 73 D6
San Rafael (É.-U.) 63A B3
San Remo 110-111 A3
San Salvador (île) 68 E2
San Salvador (ville) 68 B4
San Salvador de Jujuy 73 D5
San Sebastián 108-109 E1
San Severo 110-111 E4
Sanski Most 112-113 D3
Santa Ana (mont) 67E
Santa Ana (ville, É.-U.) 58-59 C5
Santa Ana (ville, El Salvador) 68 A4 B4
Santa Barbara (mont) 108-109 D4
Santa Barbara (ville, É.-U.) 58-59 B5 C5
Santa Bárbara (ville, Mexique) 66F
Santa Barbara, canal 58-59 B5 C5
Santa Barbara, îles 63A C5 D5
Santa Catarina 73 E5 F5
Santa Clara (Cuba) 68 D2
Santa Clara (É.-U.) 63A C3
Santa Clarita 64A
Santa Cruz (province) 77A
Santa Cruz (ville, Argentine) 73 D8
Santa Cruz (ville, Bolivie) 73 D4
Santa Cruz (ville, É.-U.) 63A B3
Santa Cruz, îles 146-147 G3
Santa Cruz de la Palma 156 A3
Santa Cruz de Tenerife 156 A3 B3
Santa Fe (province) 77A
Santa Fe (ville, Argentine) 73 D6
Santa Fe (ville, É.-U.) 58-59 E4 F4
Santa Inés 72 C8
Santa Isabel 146-147 F2 G2
Santa Maria (Brésil) 73 E5
Santa Maria (É.-U.) 63A C4
Santa Maria di Leuca, cap 110-111 G5
Santa Marta 73 C1
Santa Monica 63A D4 D5
Santander 108-109 C1 D1
Santanilla 68 C3
Sant'Antioco 110-111 B5
Santarém (Brésil) 73 E3
Santarém (Portugal) 108-109 A3
Santa Rosa (département) 67B
Santa Rosa (ville, Argentine) 73 D6
Santa Rosa (ville, É.-U.) 58-59 B4
Santa Rosalía 58-59 D6
Santa Ynez 63A C4
Santee 58-59 J5 K5
Santerno 110-111 C2
Sant Feliu de Guíxols 108-109 G2
Santiago (Chili) 73 C6 D6
Santiago (Rép. Dominicaine) 68 E3 F3
Santiago de Compostela 108-109 A1
Santiago de Cuba (province) 69A
Santiago de Cuba (ville) 68 D2 D3
Santiago del Estero (province) 77A
Santiago del Estero (ville) 73 D5
Säntis 104-105 E1
Santo André 76D
Santo Antão 150-151 A3
Santorin 112-113 H7
Santos 73 F5
Santos Dumont, aéroport 76C
San Valentín 72 C7
Sanzao Dao 141A A3
São Bernardo do Campo 76D
São Caetano do Sul 76D
São Felix do Xingu 73 E3 F3
São Francisco 72 F3 G3
São Francisco do Sul 73 F5
São Gonçalo 76C
São João de Meriti 76C
São José dos Campos 73 F5
São Lourenço, pantanal de 72 E4
São Luís 73 F3
São Marcos, baie 72 F3
São Miguel Paulista 76D
Saône 100-101 F3
São Nicolau 150-151 A3
São Paulo (État) 73 E5 F5
São Paulo (ville) 73 F5
São Roque, cap 72 G3
São Tiago 150-151 A3
São Tomé (île) 152-153 D5
São Tomé (ville) 152-153 D4
São Tomé et Príncipe 152-153 D4
Saoura 150-151 C2
São Vicente 150-151 A3
São Vicente, cap 108-109 A4
Saparua 134-135 H6
Sape, détroit de 134-135 F7
Sapele 160B
Sapporo 142 E2
Šar, monts 112-113 F4
Saraburi 134-135 C3
Saragosse 108-109 E2
Sarajevo 112-113 E4
Sarangani, détroit de 134-135 G5 H4
Saransk 114-115 J5
Sarapoul 114-115 K4
Sarasota 58-59 J6
Saratov (province) 121A
Saratov (ville) 114-115 I5 J5
Saravan 134-135 D2
Sarawak 134-135 E5
Sarca 110-111 C2
Sardaigne 110-111 B4
Sardona, piz 104-105 E2
Sarektjåkko 92-93 F2
Sargans 104-105 E1
Sargodha 132 C3
Sarh 152-153 E4
Sari 130 F2
Sarine 104-105 C2
Sarir 106-107 I6
Sariwon 142 B3
Sarmi 134-135 J6
Sarmiento 73 C7 D7
Sarnen 104-105 D2
Sarnen, lac de 104-105 D2
Sarnia 42-43 J5
Saros, golfe de 112-113 H5 I5
Sarpsborg 92-93 D4 E4
Sarre (État) 102 B4
Sarre (rivière) 102 B4
Sarrebourg 100-101 G2
Sarrebruck 102 B4
Sarreguemines 100-101 G2
Sarrelouis 102 B4
Sartène 110-111 B4
Sarthe (département) 99A
Sarthe (rivière) 100-101 C3
Sartrouville 99C B2
Saryjaz 138-139 B3
Saryözek 138-139 B3
Sary-Tach 138-139 A4
Sasebo 142 B4
Saskatchewan (province) 42-43 H4
Saskatchewan (rivière) 42-43 H4
Saskatchewan Nord 42-43 G4 H4
Saskatchewan Sud 42-43 G4 H4
Saskatoon 42-43 H4
Saskylakh 116-117 M2
Sasolburg 161F
Sasovo 114-115 I5
Sassandra (fleuve) 158-159A C4
Sassandra (ville) 152-153 C4
Sassari 110-111 B4
Sassnitz 102 E1 F1
Sata, cap 142 C4
Satara 132 C6
Satka 114-115 L4
Satna 132 E5
Satpura, monts 132 D5 E5
Satu Mare 112-113 G2
Saucillo 66F
Sauda 129 C1
Sauerland 102 B3 C3
Sault-Sainte-Marie 42-43 J5
Saumarez, récif 146-147 F4
Saumlaki 134-135 I7
Saumur 100-101 C3
Saurimo 152-153 F5
Sauternes 100-101 C4
Savannah (fleuve) 58-59 J5
Savannah (ville) 58-59 J5 K5
Savannakhet 134-135 C2 D2
Save (fleuve, Mozambique) 150-151 G6
Save (rivière, Pén. des Balkans) 112-113 E3
Savè (ville) 158-159A D4
Saverne 100-101 G2
Savigny-sur-Orge 99C C4
Savio 110-111 D3
Savognin 104-105 E2
Savoie 104-105 B3
Savone 110-111 B2
Savonlinna 92-93 H3 I3
Sawahlunto 134-135 C6
Sawatch, monts 58-59 E3 E4
Sawda, djebel 130 D6
Sawknah 152-153 E2
Sawqirah 130 G6
Sawqirah, baie de 130 G6
Sawu 134-135 G8
Sawu, mer de 134-135 G7
Saxe 102 E3 F3
Saxe-Anhalt 102 C3 D3
Say 152-153 D3
Sazan 112-113 E5
Scafell, pic 96-97 E4
Scandinave, massif 80-81 E3 G2
Scanie 92-93 E5
Scapa Flow 96-97 E3
Scarborough 96-97 F4 G4
Sceaux 99C B3
Schaerbeek 94 C4
Schaffhausen 104-105 D1
Schagen 94 C2
Schefferville 42-43 L4
Schengen 94 E5
Schiedam 94 C3
Schiehallion 91 B1
Schiermonnikoog 94 D1 E1
Schio 110-111 C2
Schiphol 94 C2
Schlei 102 D1
Schleswig 102 C1 D1
Schleswig-Holstein 102 C1 D1
Schlieren 104-105 D1
Schmidt, cap 116-117 T3
Schoonebeek 94 E2 F2
Schouwen 94 B3
Schreckhorn 104-105 D2
Schüpfheim 104-105 D2
Schwäbisch Gmünd 102 C4 D4
Schwäbisch Hall 102 C4 D4
Schwaner, monts 134-135 E6
Schwarzenburg 104-105 C2
Schwedt 102 E2 F2
Schweinfurt 102 D3
Schwerin 102 D2
Schwyz 104-105 D1
Sciacca 110-111 D6
Scilly, îles 96-97 C7
Scoresby, détroit de 42-43 P2
Scoresby, terre de 42-43 P2
Scott (champ pétrolier) 91 B2
Scott (île) 144-145 O21
Scottsbluff 58-59 F3
Scranton 58-59 K3
Scunthorpe 96-97 F5
Scuol 104-105 F2
Seal 42-43 I4
Seattle 58-59 B2
Sebastián-Vizcaíno, baie 58-59 C6 D6
Sébastopol 114-115 G7
Sebha 106-107 G6
Sebou 156 D2
Secaucus 64C B2
Secchia 110-111 C2
Secunda 161F
Sedan 100-101 F2
Sede Boqer 129 A5
Sedom 129 B4
Seefeld 105C
Seeland 104-105 C1
Seez 104-105 E2 E1
Sefrou 156 D2
Seg, lac 114-115 G3
Segheja 114-115 G3
Ségou 152-153 C3
Segóvia 108-109 C2 D2
Segre 108-109 F1
Segura 108-109 D3 E3
Segura, sierra de 108-109 D4 D3
Seiland 92-93 G1
Sein 100-101 A2
Seinäjoki 92-93 G3
Seine 100-101 F2 D2
Seine, baie de la 100-101 C2
Seine-et-Marne 99A
Seine-Maritime 99A
Seine-Saint-Denis 99C C2
Seki 143A C2
Sekondi-Takoradi 152-153 C4
Selaru 134-135 I7
Selatan, cap 134-135 E6 F6
Selayar 134-135 G7
Selby 96-97 F5
Sele 110-111 E4
Selemdja 116-117 N4 O4
Selenga 116-117 L5
Seliger, lac 114-115 G4
Selkirk, monts 42-43 G4
Sellafield 96-97 E4
Selva 110-111 C1
Selvagens, ilhas 156 A3 B3
Selwyn, monts (Australie) 146-147 D4 E4
Selwyn, monts (Canada) 42-43 E3 F3
Seman 112-113 F5
Semarang 134-135 E7
Semau 134-135 G8
Sembawang 141C B1
Semeï 116-117 I4
Semeru 134-135 E7
Semipalatinsk 116-117 I5 J5
Semmering 104-105B
Semnan 130 F2
Semois 94 D5
Sempach 104-105 D1
Sempach, lac de 104-105 D1
Semporna 134-135 F5
Sena 152-153 G6
Sénart, forêt de 99C C4
Sendai 142 E3
Sénégal (État) 152-153 B3
Sénégal (fleuve) 150-151 B3
Sênggê 138-139 C5
Senigallia 110-111 D3
Senja 92-93 F1
Sennar 152-153 G3
Senneterre 51 C4
Senneville 55F
Sens 100-101 E2
Senta 112-113 E3 F3
Sentosa 141C B2
Séoul 140A A2
Sepik 146-147 E2
Sept-Iles 51 F3
Sept Iles, baie des 51 F2
Sequoia, parc national 58-59 C4
Seraing 94 D4
Seram 134-135 H6 I6
Seram, mer de 134-135 H6 I6
Serang 134-135 D7
Serangoon 141C B1
Serbe-Bosniaque, République 112-113 D3 E4
Serbie 112-113 F4
Serchio 110-111 C2
Sercq 96-97 E7
Seremban 134-135 C5
Serengeti, steppe 150-151 G5
Serghiev Posad 114-115 H4
Serghiny 116-117 H3
Sergipe 73 G4
Seriana, val 104-105 E3 E2
Sérifos 112-113 H7
Serio 110-111 B2
Sermata 134-135 H7
Serov 114-115 M4
Serowe 152-153 F7
Serpa 108-109 B4
Serpiente, boca de 68 J6 M6
Serpoukhov 114-115 H5
Sérrai 112-113 G5
Serrat, cap 110-111 B6
Serre-Ponçon, lac de 100-101 G4
Sertão 72 F4 G3
Serui 134-135 J6
Servon 99C D4
Sesayap 134-135 F5
Sesia 110-111 B2
Sète 100-101 E5
Sete Quedas, chutes de 72 E5
Setesdal 92-93 C4
Seto 143A C2
Settat 156 C2 D2
Setúbal 108-109 A3
Setúbal, baie de 108-109 A3
Sevan, lac 114-115 J7
Sevenoaks 98C D4
Severn (Canada) 42-43 I4 J4
Severn (R.-U.) 96-97 E5
Severnaïa Zemlia 116-117 K1 L2
Severnside 97C
Severodvinsk 114-115 H3
Sevier, lac 58-59 D4
Séville 108-109 B4
Sevran 99C C2 D2
Sèvre nantaise 100-101 C3
Sèvre niortaise 100-101 C3
Sèvres 99C B3
Seward (péninsule) 40-41 D3
Seward (ville) 40-41 F3
Seychelles (État) 152-153 I5
Seychelles (îles) 150-151 I5
Seyhan 128 D2
Sfákion 112-113 H8
Sfântu Gheorghe (Carpates) 112-113 H3
Sfântu Gheorghe (Mer Noire) 112-113 J3 K3
Sfax 106-107 G5
Shaanxi 138-139 H4 I4
Shache 138-139 B4
Shah Alam 134-135 C5
Shahjahanpur 132 D4 E4
Shaib al Banat, djebel 106-107 K6
Shaikh Uthman 130 E7
Shandong (péninsule) 138-139 K4
Shandong (province) 138-139 J4
Shanghai (province) 138-139 J5
Shanghai (ville) 138-139 J5
Shangqiu 138-139 J5
Shangrao 138-139 J6
Shangxian 138-139 H5 I5
Shangzhi 142 B1
Shannon (fleuve) 96-97 C5
Shannon (ville) 96-97 B5
Shantou 138-139 J7
Shanxi 138-139 I4
Shaoguan 138-139 I6 I7
Shaoxing 138-139 K6
Shaoyang 138-139 I6
Shaqra 130 E4
Sharon, plaine de 129 A3
Shashi 138-139 I5
Shasta, lac 58-59 B3
Shasta, mont 58-59 B3
Shasta Dam 63A B1
Sha Tin 141D
Shawinigan 51 D4
Shawnee 58-59 G4
Sheboygan 58-59 I3
Sheerness 96-97 G6
Shéféla 129 A4
Sheffield 96-97 F5
Shekou 141A B3
Shell Haven 91 B4 C4
Shendi 130 B6
Shenyang 138-139 K3
Shenzhen 141A B2 C2
Sherbro 150-151 B4
Sherbrooke 51 D4
Sheridan 58-59 E3
Sherridon 42-43 H4 I4
Shetland, îles 96-97 E1 F1
Shetland du Sud, îles 144-145 O32
Shidao 138-139 K4
Shijiazhuang 138-139 I4 J4
Shikarpur 132 B4
Shikoku 142 C4
Shiliguri 132 F4
Shillong 132 G4
Shilong 141A B1
Shimbiris 130 E7
Shimizu 143A D2
Shimoga 132 D7
Shimonoseki 142 B4 C4
Shin, loch 96-97 D2
Shinano 143A D1
Shingu 143A C3
Shin Yodo 143B
Shiono, cap 142 D4
Shipshaw 55G
Shirakami, cap 142 D2 E2
Shire 150-151 G6
Shiretoko, cap 142 E2 F2
Shiriya, cap 142 E2
Shizuoka 142 D4
Shkodra 112-113 E4
Shkodra, lac de 112-113 E4
Shodo, île 143A B2
Shoreditch 98B
Shreveport 58-59 G5 H5
Shrewsbury 96-97 E5
Shuajingsi 138-139 G5
Shuangcheng 138-139 L2
Shuangyashan 138-139 M2
Shunde 141A A2
Shuqra 130 E7
Shwebo 134-135 B1
Sialkot 132 C3
Siau 134-135 H5
Šiauliai 92-93 G5
Šibenik 112-113 C4
Sibérie 116-117 J3 M3
Sibérie centrale, plateau de 116-117 K2 M3
Sibérien, bouclier 16C
Sibérie occidentale, plaine de 116-117 H3 J4
Sibérie orientale, mer de 116-117 P2 T2
Siberut 134-135 B6
Sibiu 112-113 H3
Sibolga 134-135 B5
Sibu 134-135 E5
Sibut 158-159A E4
Sibuyan 134-135 G3
Sibuyan, mer de 134-135 G3
Sichuan 138-139 G5
Sicile 110-111 D6 E6
Sicile, détroit de 106-107 G3
Sidcup 98C D3
Sidéros, cap 112-113 I8
Sidi bel Abbès 106-107 D4 E4
Sidi Bennour 156 C2
Sidi-Hajjaj 157B
Sidi Ifni 156 C3
Sidi Kacem 156 D2
Sidi M'barek 157G
Sidi Youssef Ben Ali 157G
Sidlaw Hills 96-97 E3
Sidon 129 B2
Sieg 102 B3
Siegen 102 B3
Siem Reap 134-135 C3 D3
Siena 110-111 C3
Sierra Leone 152-153 B4
Sierre 104-105 C2
Sieve 110-111 C3
Sifnos 112-113 H7
Sighetu Marmaţiei 112-113 G2 H2
Sighişoara 112-113 H2
Siglap 141C B2
Sigli 134-135 B4
Sigmaringen 102 C4
Sigtuna 92-93 F4
Sigüenza 108-109 D2
Sihl 104-105 D1
Sihl, lac de 104-105 D1
Sikar 132 D4
Sikasso 152-153 C3
Sikhote Alin 116-117 O5
Sikkim 132 F4
Sil 108-109 B1
Silchar 132 G4 G5
Silésie 106-107 H1
Silifke 128 C2
Siling Co 138-139 D5
Silistra 112-113 I3
Siljan, lac 92-93 E3
Silleiro, cap 108-109 A1
Sillery 54D
Silloth 96-97 E4
Sils im Engadin 104-105 E2
Silvaplana 104-105 E2
Silvassa 132 C5
Silver City 58-59 E5
Silvermines, monts 96-97 B5 C5
Silvretta 104-105 E2 F2
Sim, cap 156 C3
Simandou 158-159A C4
Simao 138-139 G7
Simbirsk (province) 121A
Simbirsk (ville) 114-115 J5
Simcoe, lac 51 C5
Simeto 110-111 E6
Simeulue 134-135 A5 B5
Simferopol 114-115 G7
Simi 112-113 I7
Simi Valley 64A
Simla 132 D3
Simplon, col du 104-105 D2
Simpson, désert de 146-147 D4
Sinaï (désert) 106-107 K6
Sinaï (mont) 130 B4
Sinaia 112-113 H3
Sinaloa (État) 66A
Sinaloa (ville) 58-59 E6
Sincelejo 68 D5
Sinchang 142 B2
Sinclair, baie 96-97 E2
Sind 124-125 I7
Sindelfingen 102 C4
Sines 108-109 A4
Singa 130 B7
Singapour (État) 134-135 C5 D5
Singapour (ville) 134-135 C5
Singapour, détroit de 134-135 C5
Singaraja 134-135 F7
Singen 102 C5
Singkang 134-135 G6
Singkawang 134-135 D5
Singkep 134-135 C6 D6
Singkil 134-135 B5
Sinkiang-Uyghurie 138-139 C4 D4
Sinop 128 D1
Sintang 134-135 E5
Sintra 108-109 A3
Sinuiju 138-139 K3 L3
Sió 112-113 E2
Sion 104-105 C2
Sioua 106-107 J6
Sioua, oasis de 106-107 J6
Sioux City 58-59 G3
Sioux Falls 58-59 G3
Siping 138-139 K3
Šipka, col 112-113 H4
Sipura 134-135 B6
Siquijor 134-135 G4
Sira 92-93 C4
Sirajganj 132 F5 G5
Siret 112-113 I2

Siri 91 D2
Sirikit, réservoir de 134-135 B2 C2
Sirino, monte 110-111 E4 F4
Sirjan 130 G4
Sirri 131 F4
Sisak 112-113 D3
Sisal 58-59 H7
Sishen 152-153 F7
Sisimiut 42-43 M3
Sisteron 100-101 F4
Sitges 108-109 F2 G2
Sithonia 112-113 G5 G6
Sitka 42-43 E4
Sittard 94 D3
Sitter 104-105 E1
Sittoung 134-135 B2
Sittwe 138-139 E7
Sivas 128 D2
Sizewell 97D
Sjælland 92-93 D5
Skærbæk 102 C1
Skagerrak 92-93 C4 D4
Skagway 40-41 G4
Skåne 92-93 E5
Skeena 42-43 F4
Skegness 96-97 G5
Skellefteå 92-93 G2
Skellefteälv 92-93 F2
Skhodnia 120F A1
Skien 92-93 D4
Skikda 106-107 F4
Skirne 91 C2
Skjold 91 D3
Skópelos 112-113 G6 H6
Skopje 112-113 F4 F5
Skövde 92-93 E4
Skovorodino 116-117 N4
Skye 96-97 C3
Skyros 112-113 H6
Slagen 91 E2
Slaney 96-97 C5
Slantsy 92-93 I4
Slatina 112-113 H3
Slavonie 112-113 D3 E3
Slavonski Brod 112-113 D3 E3
Slea, cap 96-97 A5
Sleat, détroit de 96-97 C3 D3
Sleipner 91 C2
Sliedrecht 94 C3
Slieve Bloom, monts 96-97 C5
Sligo 96-97 B4
Sligo, baie de 96-97 B4
Sliven 112-113 I4
Slochteren 94 E1 F1
Slovaquie 82-83 F4 G4
Slovénie 82-83 F4
Sluis 94 B3
Słupia 92-93 F5
Slyne, cap 96-97 A5
Småland 92-93 E4
Smallwood, réservoir 51 E3 F3
Smederevo 112-113 F3
Smir-Restinga 157B
Smith 51 C1
Smith, détroit de 42-43 K2
Smoky Hill River 58-59 F4 G4
Smoky Mountains, parc national des 58-59 J4
Smøla 92-93 C3
Smolensk (province) 121A
Smolensk (ville) 114-115 G5
Smolikas 112-113 F5
Smoothwater, parc provincial 49D
Snaefell 96-97 D3
Snake River 58-59 C3 C2
Sneek 94 D1
Snøhetta 92-93 D3
Snorre 91 C1
Snowdon 96-97 D5 E5
Sobat 150-151 G4
Sobral 73 G3
Soča 112-113 D3
Sochaux 104-105 B1
Société, îles de la 144-145 J23
Socotra 130 F7
Soc Trang 134-135 D4
Soda, djebel es 106-107 G6 H6
Soda, lac 63A E4 F4
Sodankylä 92-93 H2
Söderhamn 92-93 F3
Söderköping 92-93 F4
Södertälje 92-93 F4
Soest (Allemagne) 102 C3
Soest (Pays-Bas) 94 D2
Soeurs, île des 54C
Sofala, baie de 150-151 G7
Sofia 112-113 G4
Sognefjord 92-93 C3
Sohag 106-107 K6
Soho 98B
Soignies 94 B4 C4
Soissons 100-101 E2
Sokcho 142 B3
Söke 112-113 I7
Sokhoumi 114-115 I7
Sokodé 158-159A D4
Sokol 114-115 I4
Sokolniki, parc 120F C1
Sokoto (État) 160C4
Sokoto (rivière) 150-151 D3
Sokoto (ville) 152-153 D3
Sol, costa del 108-109 C4 D4
Solapur 132 D6
Sölden 105C
Soleil, autoroute du 100-101 E2 E3
Soleil, plage du 112-113 I4 J4
Soleiman, monts 132 B4 B3
Soleure 104-105 C1
Solihull 96-97 E5 F5
Solikamsk 114-115 L4
Sol-Iletsk 114-115 L5
Solimões 72 D3
Solingen 102 B3
Sollefteå 92-93 F3
Sóller 108-109 G3
Solntsevo 120F B3
Sologne 100-101 D3
Sololá 67B
Solovievsk 138-139 J1
Solway Firth 96-97 D4 E4
Soma 112-113 I6
Somali, bassin 144-145 H8
Somali, massif 150-151 H4
Somali, presqu'île 150-151 H3 H4
Somalie 152-153 H4
Sombor 112-113 E3
Somerset 42-43 I2
Someş 112-113 G2
Somme 99A
Somosierra 108-109 D2
Somport, col du 108-109 E2
Son 132 E5
Sondalo 104-105 F2
Sonde, détroit de la 134-135 D7
Sonde, plate-forme de la 134-135 D5
Sondershausen 102 D3
Søndre Strømfjord 42-43 M3 N3
Sondrio 110-111 B1 C1
Sông Da 138-139 G7
Sông Hong 138-139 G7
Songhua Jiang 138-139 L2 M2
Songkhla 134-135 C4
Song Loulou 158-159A E4
Songnam 140A A2
Songnim 142 B3
Sonora (État) 66A
Sonora (fleuve) 58-59 D6 D5
Sonora (ville) 63A C3
Sonsorol, îles 134-135 I4
Sopron 112-113 D2
Sor, ribeira de 108-109 A3
Sora 110-111 D4
Sorbas 108-109 D4
Sorel 51 D4
Soria 108-109 D2
Sorol 134-135 K4
Sorong 134-135 I6
Sørøya 92-93 G1
Sorraia 108-109 A3
Sorrento 110-111 E4
Sorsele 92-93 F2
Sorsogon 134-135 G3 H3
Sortavala 114-115 G3
Soscumica-Matagami, réservoir 51B
Sosnowiec 114-115 D5 E5
Sosva 116-117 H3
Sotchi 114-115 H7
Sotra 92-93 C3
Sottomarina 105C
Souabe 102 D5 D4
Souakin 130 C6
Soubré 158-159A C4
Soudan (État) 152-153 F3 G3
Soudan (région) 150-151 C3 F3
Souf 158-159A D1
Soufrière 68 G3
Souk el Arbaâ du Rharb 156 D2
Soukhona 114-115 I4 I3
Souks 157H
Soumgaït 114-115 J7 K7
Soumy 114-115 G5
Souna 92-93 J3
Soungari 138-139 M2
Sountar 116-117 M3 N3
Souojarvi 92-93 I3 J3
Sour (Liban) 129 B2
Sour (Oman) 130 G5
Soura 114-115 J4
Sourgout 116-117 I3
Souris 58-59 F2
Sourou 158-159A C3
Sousouman 116-117 P3 Q3
Sousse 106-107 G4
Southall 98C A2
Southampton (île) 42-43 J3
Southampton (ville) 96-97 F6
South Beach 64C B3 B4
South Bend 58-59 I3
Southend-on-Sea 96-97 G6
Southgate 98C B1
South Ockendon 98C D2
South Platte 58-59 F3
Southport 96-97 E5
South Shields 96-97 F4
Southwark 98B
Sovietsk 92-93 G5
Sovietskaïa Gavan 116-117 O5 P5
Soweto 152-153 F7
Spa 94 D4
Spanish Town 68 D3
Sparte 112-113 G7
Spartel, cap 108-109 B5 C5
Spartivento, cap 110-111 F6
Spátha, cap 112-113 G8
Spatsizi, parc provincial 49D
Spencer, cap 146-147 D5
Spencer, golfe 146-147 D5
Spessart 102 C4 C3
Spey 96-97 E3
Spijkenisse 94 C3
Spire 102 C4
Spithead 96-97 F6
Spittal 102 E5
Spitzberg 116-117 D2 E2
Spitzberg occidental 116-117 C2
Split 112-113 D4
Splügen 104-105 E2
Splügen, col du 104-105 E2
Spokane 58-59 C2
Spöl 104-105 E2 F2
Spoleto 110-111 D3
Sporades du Nord 112-113 G6 H6
Sporades du Sud 112-113 I7
Spratly, îles de 134-135 E4 F4
Spree 102 F3
Springfield (Illinois) 58-59 I4
Springfield (Massachusetts) 58-59 L3
Springfield (Missouri) 58-59 H4
Springfield (Ohio) 58-59 J3 J4
Spurn, cap 96-97 G5
Squillace, golfe de 110-111 F5
Srbija 112-113 F4
Srebrenica 112-113 E3
Srednekolymsk 116-117 Q3 R3
Sretensk 116-117 M4 N4
Srikakulam 132 E6 F6
Sri Lanka (État) 126-127 K9
Sri Lanka (île) 124-125 K9
Srinagar 132 C3 D3
Stad, cap 92-93 C3
Stade 102 C2
Stadskanaal 94 E1 F1
Staffa 96-97 C3
Stafford 96-97 E5
Staines 98C A3
Stakhanov 114-115 H6
Stamford 64B
Stanley (Falkland) 73 E8
Stanley (Hongkong) 141D
Stanlow 97D
Stanmore 98C A1 A2
Stanovoï, monts 116-117 N4 O4
Stans 104-105 D2
Stansted 98A
Staraïa Roussa 114-115 G4
Stara Planina 112-113 G4 H4
Stara Zagora 112-113 H4
Starbuck 144-145 I23
Stargard 102 F2
Starnberg, lac de 102 D5
Start, pointe 96-97 E6
Stary Oskol 114-115 H5
State College 64B
Staten Island 64C A3 B4
Statfjord 91 C1
Stavanger 92-93 C4
Staveren 94 D2
Stavropol 114-115 I6
Stavropol, territoire de 121A
Steenstrup, glacier de 42-43 M2
Steep Rock Lake 49A
Steffisburg 104-105 C2
Steigerwald 102 D4
Stein am Rhein 104-105 D1
Steinkjer 92-93 D2
Stella, mont 110-111 E4
Stella, piz 104-105 E2
Stelvio, col du 104-105 F2
Stendal 102 D2
Stepanakert 114-115 J8
Stéphanie, lac 150-151 G4
Sterkfontein 161D
Sterlitamak 114-115 L5
Stettin 102 F2
Stevenage 96-97 F6 G6
Stewart (île) 146-147 G6
Stewart (rivière) 42-43 E3
Steyr 102 F4
Stif 106-107 F4
Stikine 40-41 G4
Štip 112-113 G5
Stirling 96-97 D3 E3
Štirovnik 112-113 E4
Stockholm 92-93 F4
Stockhorn 104-105 C2
Stockport 96-97 E5 F5
Stockton 58-59 C4
Stockton-on-Tees 96-97 F4
Stoeng Treng 134-135 D3
Stoke Newington 98C B2 C2
Stoke-on-Trent 96-97 E5
Stonehaven 96-97 E3 F3
Stonehenge 96-97 E6 F6
Stony Gorge Dam 63A B2
Stor, lac 92-93 E3
Storavan 92-93 F2
Støren 92-93 D3
Storfjord 92-93 C3
Storlien 92-93 E3
Stornoway 96-97 C2 D2
Storuman (lac) 92-93 F2
Storuman (localité) 92-93 E2 F2
Stour (Dorset) 96-97 E6
Stour (Suffolk) 96-97 G6 G5
Strabane 96-97 C4
Strakonice 102 E4 F4
Stralsund 102 E1
Stranraer 96-97 D4
Strasbourg 100-101 G2
Stratford 98C C2
Stratford-upon-Avon 96-97 E5 F5
Strathcona, parc provincial 49D
Straubing 102 E4
Streatham 98C B3
Stresa 110-111 B2
Strogino 120F B1
Stromboli 110-111 E5
Struma 112-113 G5
Strumica 112-113 G5
Strymon, golfe du 112-113 G5 H5
Stuart Highway 146-147 D3 D4
Stura 110-111 A2
Sture 91 D1
Sturt, désert de 146-147 E4
Sturt Creek 146-147 C3
Stuttgart 102 C4
Styrie 102 F5
Suao 140D B1
Subotica 112-113 E2
Suceava 112-113 H2 I2
Suchitepéquez 67B
Suck 96-97 B5
Sucre 73 D4
Sucy-en-Brie 99C C3 D3
Sud, île du 146-147 G6
Sud, province de 45A
Sudbury 42-43 J5 K5
Sudd 150-151 F4 G4
Sud des Indiens, lac 42-43 I4
Sud-Est, cap du 146-147 E5
Sudètes 80-81 F3
Sudirman, monts 134-135 J6
Sud-Ouest 55F
Suède 82-83 F2
Suez 106-107 K6
Suez, canal de 106-107 K5
Suez, golfe de 106-107 K6
Suffolk 98A
Suhar 130 G5
Suhl 102 D3
Suhre 104-105 D1
Suihua 138-139 L2
Suir 96-97 C5
Suisse 82-83 E4
Suita 143B
Suiyang 142 C2
Suizhou 138-139 I5
Sukabumi 134-135 D7
Sukhbaatar 138-139 G1 H1
Sukhothai 134-135 B2
Sukkertoppen 42-43 M3
Sukkur 132 B4
Sukumakanga 158-159A F5
Sula, îles 134-135 H6
Sulawesi 134-135 F6 G6
Sulawesi, mer de 134-135 G5
Sulina 112-113 J3 K3
Sulitjelma (localité) 92-93 E2
Sulitjelma (mont) 92-93 F2
Sullom Voe 96-97 F1
Sulmona 110-111 D3 E3
Sultan 158-159A E1
Sulu, archipel de 134-135 F5 G4
Sulu, mer de 134-135 F4 G4
Sumatra 134-135 B5 C5
Sumba 134-135 F8
Sumba, détroit de 134-135 F7 G7
Sumbawa 134-135 F7
Sumbe 152-153 E6
Šumen 112-113 I4
Sumisu 142 D4 E4
Summerside 51 F4
Sumqayıt 114-115 J7 K7
Sumzom 138-139 F6
Sunbury 98C A3
Sunchon 142 B4
Sund 92-93 E5
Sunderland 96-97 F4
Sundgau 104-105 C1
Sundsvall 92-93 F3
Sungaipenuh 134-135 C6
Sunndalsøra 93E
Sunnyvale 64A
Sunyana 158-159A C4
Suo, mer de 143A A3
Supérieur, lac 58-59 I2
Superior 58-59 H2
Supiori 134-135 J6
Surabaya 134-135 E7
Surakarta 134-135 E7
Surat 132 C5
Surat Thani 134-135 B4 C4
Surbiton 98C A3 B3
Sûre 94 D5 E5
Surendranagar 132 C5
Suresnes 99C B2
Surigao 134-135 G4 H4
Surin 134-135 C2 C3
Surinam (État) 73 E2
Surinam (fleuve) 72 E2
Surrey 98A
Sursee 104-105 D1
Surselva 104-105 D2 E2
Surt 106-107 H5
Suruga, baie de 142 D4
Survilliers 99C C1
Susa 110-111 A2
Susanville 63A C1
Susquehanna 58-59 K3
Susten, col de 104-105 D2
Susurluk 112-113 J6
Sutlej 132 D3 C3
Sutton 98C B4
Suva 145 J20 144
Suwałki 114-115 E5
Suwanose 142 B5 C5
Suwarrow 144-145 J22 J23
Suwon 140A A2
Suze 104-105 C1
Suzhou 138-139 K5
Suzu, cap 142 D3
Svalbard 116-117 C2 E2
Svappavaara 92-93 F2 G2
Svartisen 92-93 E2
Svealand 92-93 E4
Svend 91 D2
Svendborg 102 D1
Sverdrup, canal 42-43 I1 I2
Sverdrup, îles 42-43 H2 J2
Svetlaïa 138-139 N2
Svir 114-115 G3
Svištov 112-113 H4
Svobodny 116-117 N4 O4
Svolvær 92-93 E1
Swakopmund 152-153 E7
Swale 96-97 F4
Swan 146-147 B5
Swanley 98C D3
Swansea 96-97 D6
Swartberge 150-151 F8
Swaziland 152-153 G7
Swift Current 42-43 H4
Swilly, lough 96-97 C4
Swindon 96-97 F6
Świnoujście 102 F2
Syd Arne 91 D2
Sydenham 98C C3
Sydney (Australie) 146-147 F5
Sydney (ville) 42-43 L5 M5
Syktyvkar 114-115 K3
Sylhet 132 G5
Sylt 102 C1
Syracuse (É.-U.) 58-59 K3 L3
Syracuse (Italie) 110-111 E6
Syr-Daria 116-117 H5
Syrie 126-127 F6
Syrie, désert de 130 C3 D3
Syros 112-113 H7
Syzran 114-115 J5
Szamos 112-113 G2
Szczecin 102 F2
Szeged 112-113 E2 F2
Székesfehérvár 112-113 E2
Szentes 112-113 F2
Szolnok 112-113 F2
Szombathely 112-113 D2

T

Taabo 158-159A C4
Tabarka 110-111 B6
Tabasco 66A
Tabatinga 73 D3
Tabelbala 156 E3
Tablas 134-135 G3
Table, baie de la 150-151 E8
Tabor (mont) 129 B3
Tábor (ville) 102 F4
Tabora 152-153 G5
Tabriz 130 E2
Tabuaeran 144-145 H23
Tabuk 130 C4
Tacheng 138-139 C2
Tachikawa 143C
Tachkent 116-117 H5
Tacloban 134-135 G3 H3
Tacna 73 C4 D4
Tacoma 58-59 B2
Tademaït, plateau du 150-151 D2
Tadjikistan 126-127 I5 J5
Tadjoura 130 D7
Tadjoura, baie de 150-151 H3
Tadworth 98C B4
Taegu 140A B2
Taejon 140A A2
Tafassasset 150-151 D3 D2
Tafila 129 B5
Tafraout 156 C3
Taganrog 114-115 H6
Tagant 150-151 B3
Tage 108-109 C3 A3
Taghit 156 E3
Tagliamento 110-111 D1
Tagounite 156 D3
Tagouriant 157G
Taguke 138-139 C5
Tagum 134-135 H4
Tahan 134-135 C5
Tahiti 144-145 J24
Tahoua 152-153 D3
Tahta 130 B4
Tahu 140F
Tahuna 134-135 G5 H5
Tai 141D
Taïba 158-159A B3
Taïba, réservoir 51B
Taïchet 116-117 K4 L4
Taichung 140D A1 B1
Taima 130 C4
Taïmyr 121A
Taïmyr, lac de 116-117 L2
Taïmyr, péninsule de 116-117 J2 L2
Tain 96-97 D3
Tainan 140D A2
Taipeh 140D B1
Taipei 140D B1
Taiping (Chine) 141A B2
Taiping (Malaysia) 134-135 B5 C5
Tai Po 141D
Taitao 72 C7
Taitung 140D B2
Taivalkoski 92-93 H2 I2
Taiwan 126-127 O7
Tai Wau Tsun 141D
Taiyuan 138-139 I4
Taizhou 138-139 J5 K5
Taizz 130 D7
Tajo 108-109 C3
Tajumulco 68 A3
Tajuña 108-109 D2
Tak 134-135 B2
Takaishi 143B
Takamatsu 142 C4
Takaoka 142 D3
Takarazuka 143B
Takasaki 143A D1
Takatsuki 142 C3 D4
Takayama 143A C1
Takengon 134-135 B5
Takeo 134-135 C3
Takhiatach 130 G1
Taklamakan 138-139 B4 C4
Talara 73 B3
Talasea 146-147 E2 F2
Talaud, îles 134-135 H5
Talavera de la Reina 108-109 C2 C3
Talca 73 C6
Talcahuano 73 C6
Taldykorghan 116-117 I5
Taliabu 134-135 G6 H6
Tallahassee 58-59 J5
Tall al Amarna 106-107 K6
Tallinn 92-93 H4
Taloyoak 42-43 I3
Taltal 73 C5
Tama 143C
Tamaguelt 158-159A D3
Tamale 152-153 C4 D4
Taman 114-115 H6
Tamanrasset (ville) 152-153 D2
Tamanrasset (wadi) 150-151 D3 D2
Tamar 96-97 D6
Tamarugal, pampa del 72 D4 D5
Tamaulipas 66A
Tambacounda 158-159A B3
Tambao 152-153 C3
Tambelan, îles 134-135 D5
Tambora 134-135 F7
Tambov (province) 121A
Tambov (ville) 114-115 I5
Tambre 108-109 A1
Tâmega 108-109 B2
Tamga 142 C1
Tamgak 150-151 E2 E3
Tamiahua, laguna de 58-59 G7
Tamil Nadu 132 D7
Tamina 104-105 E2
Tamiš 112-113 F3
Tamise 96-97 F6 G6
Tammisaari 92-93 G3
Tampa 58-59 J6
Tampa, baie de 58-59 J6
Tampere 92-93 G3 H3
Tampico 58-59 G7
Tamsagbulag 138-139 J2
Tamworth 146-147 E5 F5
Tana (fleuve, Kenya) 150-151 G5
Tana (fleuve, Laponie) 92-93 H1
Tana (île) 146-147 G3
Tana, lac 150-151 G3
Tanabe 142 D4
Tanafjord 92-93 I1
Tanagro 110-111 E4
Tanahmerah 134-135 J7 K7
Tanah Toraja 134-135 F6
Tanami, désert 146-147 C3 D4
Tanana (localité) 42-43 C3
Tanana (rivière) 40-41 F3
Tananarive 152-1531 H6
Tanaro 110-111 B2
Tanchon 142 B2
Tandil 73 D6 E6
Tanega 142 C4
Tanezrouft 150-151 C2 D2
Tanga 152-153 G5 H5
Tanganyika, lac 150-151 G5
Tanger 156 D2
Tanggula, monts 138-139 D5 F5
Tangshan 138-139 J4
Tanimbar, îles 134-135 I7
Tanintharyi 134-135 B3 C3
Tanjungbalai 134-135 B5 C5
Tanjungpandan 134-135 D6
Tanjungpinang 134-135 C5 D5
Tanjungredep 134-135 F5
Tanjungselor 134-135 F5
Tannou Ola 116-117 K4
Tanshui Ho 140D B1
Tanta 106-107 K5
Tan-Tan 156 C3
Tanûra, ras 130 F4
Tanzanie 152-153 G5
Tao He 138-139 G5
Taolagnaro 152-153 H7
Taormina 110-111 E6
Taoudenni 152-153 C2
Taounate 156 D2
Taourirt 156 E2
Taoyuan 140D A1 B1
Tapajós 72 E3
Tapaktuan 134-135 B5
Tapanlieh 140F
Tapanuli 134-135 B5
Tapti 132 C5
Taqpangajuk 55B
Taquara 76C
Tara (rivière) 112-113 E4
Tara (ville) 116-117 I4
Taraba 160C4
Tarakan 134-135 F5
Taranto 110-111 F4
Tarascon 100-101 F5
Tarasp 104-105 F2
Tarawa 144-145 H20
Tarazona 108-109 E2
Tarbagataï 116-117 I5 J5
Tarbes 100-101 D5
Tarcoola 146-147 D5
Tardoki-lani 138-139 N2
Tarente 110-111 F4
Tarente, golfe de 110-111 F5
Tarfaya 156 B3
Târgovište (Bulgarie) 112-113 I4
Târgovişte (Roumanie) 112-113 H3
Târgu Jiu 112-113 G3
Târgu Mureş 112-113 H2
Tarifa 108-109 C4
Tarija 73 D5
Tariku 134-135 J6
Tarim He 138-139 C3
Taritatu 134-135 J6
Tarkwa 158-159A C4
Tarlac 134-135 F2 G2
Tarn 100-101 E4 D4
Tarnak 116-117 H6
Tarnów 106-107 I1
Taro 110-111 C2
Tarouadji 158-159A D3 E3
Taroudannt 156 C3
Tarquinia 110-111 C3
Tarragone 108-109 F2
Tarsus 128 C2
Tartan 91 B2
Tartu 92-93 H4
Tartus 131 B3 C3
Tarvisio 110-111 D1
Tasiilaq 42-43 O3
Tasikmalaya 134-135 D7
Tasiujaq 55B
Tasman, mer de 144-145 L18 L19
Tasman, pays de 146-147 C3
Tasmanie 146-147 E6
Tasmanie, bassin de 144-145 M18
Tasmanie, plateau de 144-145 M17 M18
Tassialouc, lac 51 D2
Tata 156 D3
Tatabánya 112-113 D2 E2
Tatarovo 120F B2
Tatars, détroit des 116-117 P4 P5
Tatarsk 116-117 I4
Tatarstan 121A
Tatlatui, parc provincial 49D
Tatsfield 98C C4
Tatshenshini-Alsek, parc de conservation 49D
Tatvan 128 E2
Tauber 102 C4
Tauern 104-105B
Taunggyi 134-135 B1
Taunton 96-97 E6
Taunus 102 C3
Taupo, lac 146-147 H5
Tauranga 146-147 H5
Taurus, monts 128 C2 E2
Tavannes 104-105 C1
Tavda 116-117 H4
Taverny 99C B1
Tavignano 110-111 B4
Tavira 108-109 B4
Tavoliere 110-111 E4
Tavşanlı 112-113 J6
Taw 96-97 E6
Tawau 134-135 F5
Tawitawi 134-135 F4 G4
Taxco 58-59 F8 G8
Tay 96-97 E3
Tay, firth of 96-97 E3
Taygète 112-113 G7
Taz (fleuve) 116-117 J3
Taz (péninsule) 116-117 I3
Taz, estuaire du 116-117 I3
Taza 156 E2
Tazenakht 156 D3
Tazovskoïe 116-117 I3 J3
Tbilissi 114-115 I7
Tchad 152-153 E3 F3
Tchad, bassin du 150-151 E3
Tchad, lac 150-151 E3
Tchadan 138-139 E1
Tchaïek 138-139 A3 B3
Tchaoun, baie de la 116-117 R2 R3
Tchara 116-117 M4 N4
Tchärjew 116-117 H6
Tchasnotchor 114-115 G2 H2
Tcheboksary 114-115 J4
Tcheliabinsk (province) 121A
Tcheliabinsk (ville) 114-115 M4
Tchéliouskine, cap 116-117 L2 M2
Tchèque, République 82-83 F4
Tcheremkhovo 116-117 K4 L4
Tchérémouchki 120F B3 C3
Tcherepovets 114-115 H4
Tcherkasy 114-115 G6
Tcherkessk 114-115 I7
Tcherkisovo 120F C1
Tcherniakhovsk 92-93 G5
Tchernihiv 114-115 G5
Tchernivtsi 114-115 F6
Tchertanovo 120F B3 C3
Tchétchénie 121A
Tchibanga 158-159A E5
Tchimbele 158-159A E4
Tchistopol 114-115 K4
Tchita (province) 121A
Tchita (ville) 116-117 M4
Tchocha, baie de la 114-115 J2
Tchoibalsan 138-139 I2
Tchoke, monts 150-151 G3
Tchokurdakh 116-117 P2
Tchornobyl 114-115 F5 G5
Tchorski 116-117 Q3 R3
Tchorski, monts 116-117 P3
Tchoudes, lac des 114-115 F4
Tchoukotka 121A
Tchouktches 116-117 T3
Tchouktches, mer des 144-145 A21 B21
Tchoulkovo 116-117 J3 K
Tchoulman 116-117 N4
Tchoulym 116-117 J4 K4
Tchouna 116-117 K4
Tchousovoï 114-115 L4
Tchouvachie 121A
Tczew 92-93 F5
Teaneck 64C B1
Tébessa 106-107 F4
Tebingtinggi 134-135 B5 C5
Tecate 64A
Teddington 98C A3
Tees 96-97 F4
Teesport 91 B3
Teesside 97C
Tefé 73 D3
Tegal 134-135 D7
Tegucigalpa 68 B4
Tehachapi Mountains 63A D4
Tehama Colusa Canal 63A B2
Téhéran 130 F2
Tehuantepec 58-59 G8
Tehuantepec, golfe de 58-59 G8 H8
Tehuantepec, isthme de 58-59 G8 H8
Teide, pico del 156 A3
Teifi 96-97 D5
Tejo 108-109 A3
Tekirdağ 112-113 I5
Tekong 141C C1
Tekstilchtchiki 120F C2
Tel Ashdod 129 A4
Tel Aviv 129 A3
Telemark 92-93 D4
Teleno 108-109 B1
Teles Pires, rio 72 E3
Telford 96-97 E5
Telok Intan 134-135 C5
Tema 152-153 D4
Temagami, lac 51 B4 C4
Tembagapura 134-135 J
Teme 96-97 E5
Temera 156 D2
Temirtaou 116-117 I4
Témiscamingue 55B
Témiscouata, lac 51 E4
Temple (É.-U.) 58-59 G5
Temple (France) 99B
Temuco 73 C6
Tenafly 64C C1
Ténare, cap 112-113 G7
Tendaho 130 D7
Tende, col de 110-111 A2
Tendrara 156 E2
Tendre, mont 104-105 B
Ténéré 150-151 E2 E3
Tenerife 156 A4
Ténès 108-109 F4
Tenggarong 134-135 F6
Tengiz, lac 116-117 H4
Tenke 152-153 F5 F6
Tennant Creek 146-147
Tennessee (État) 58-59
Tennessee (rivière) 58-59 I4 I5
Tennsift 156 C3
Tenochtitlan 67A
Tenryu 143A C2
Teófilo Otoni 73 F4 G4
Tepic 58-59 E7 F7
Teplice 102 E3
Teplý Stan 120F B3
Ter 108-109 G2
Teraï 21
Teramo 110-111 D3
Ter Apel 94 E2 F2
Terek 114-115 I7
Teresina 73 F3
Tergnier 94 B5
Tergüün Bogd 138-139
Terim 130 E6
Termini Imerese 110-111 D5
Terminos, laguna de 58-59 H8
Termiz 116-117 H6
Termoli 110-111 E3
Termonde 94 C3
Tern 91 C1
Ternate 134-135 H5
Terneï 142 D1 D2
Terneuzen 94 B3 C3
Terni 110-111 D3
Ternopil 114-115 F6
Terracina 110-111 D4
Terra-Nova, parc nation 49D
Terrassa 108-109 F2 G2
Terre Haute 58-59 I4
Terre-Neuve 42-43 M5
Terre-Neuve-et-Labrado 42-43 L4
Territoire-du-Nord 146-147 D3 D4
Terschelling 94 D1
Teruel 108-109 E2
Teseney 130 C6
Tessin 110-111 B1 B2
Tessin, alpes du 104-105 D2 E2
Test 96-97 F6
Têt 100-101 E5
Tete 152-153 G6
Tête d'Oiseau 134-1351
Tête Jaune, col de 42-43 G4
Teterboro Airport 64C B
Téthys 17A1
Tetica 108-109 D4
Teton, mont 58-59 D3 E
Tétouan 156 D2
Tetovo 112-113 F5
Teulada, cap 110-111 B5

eutoburger Wald
02 B2 C3
exarkana 58-59 G5 H5
exas 58-59 F5 G5
exel 94 C1
ezpur 132 G4
habana-Ntlenyana
50-151 F7 G7
aïlande 126-127 L8 M8
aïlande, golfe de
34-135 C3
ai Nguyen 134-135 D1
amarit 130 F6 G6
amesside 97C
amud 130 F6
andwe 134-135 A2
anh Hoa 134-135 D2
anjavur 132 D7
ar, désert de 132 C4
arsis 108-109 B4
ássos 112-113 H5
atta 132 B5
èbes (Égypte)
06-107 K6
èbes (Grèce)
12-113 G6
e Bresakers 65C
eddlethorpe 91 C3
eiss 112-113 F2
elon 42-43 I3
elon, sanctuaire
'oiseaux 49D
e Narrows 64C B3
e Pas 42-43 H4 I4
éra 112-113 H7
e Raunt 64C C3
e Solent 96-97 F6
essalie 112-113 F6 G6
essalonique 112-113 G5
essalonique, golfe de
12-113 G5 G6
etford Mines 51 D4
e Wash 96-97 G5
e Weald 96-97 F6 G6
eydon Bois 98C C1 D1
iais 99C C3
iers 100-101 E4
iès 152-153 B3
imphu 132 F4 G4
ionville 100-101 G2
iruvananthapuram
32 C8 D8
olen 94 C3
ompson (rivière)
2-43 F4
ompson (ville) 42-43 I4
omson (rivière)
46-147 E4
omson (ville) 141C B1
on Buri 134-135 B3 C3
ong Hoe 141C A1
onon-les-Bains
04-105 B2
ornwood Common
8C C1
orshavn 82-83 D2
oune 104-105 C2
oune, lac de
04-105 C2
ousand Oaks 64A
race 112-113 H5 I5
ree Kings, îles
46-147 H5
uin 94 C4
ule 42-43 L2
ule Air Base 42-43 L2
under Bay 42-43 I5 J5
ur 104-105 E1 D1
uringe 102 D3
uringe, forêt de
02 D3
ursday 146-147 E3
urso (fleuve) 96-97 E2
urso (ville) 96-97 E2
urston 144-145 P28 P29
usis 104-105 E2
anjin (province)
38-139 J4
anjin (ville) 138-139 J4
anjun 138-139 F4
anmen 138-139 I5
an Shan 116-117 I5 J5
anzhu 138-139 G4
ati 158-159A E4
ériade 129 B3
ériade, lac de 129 B3
esti 150-151 E2
esti, serir 150-151 E2
et 138-139 C5 D5
re 110-111 D3
urón 58-59 D6
ikelt 150-151 D2
jikja 152-153 B3
ore 134-135 H5
efencastel 104-105 E2
l 94 D3
li 138-139 L2
ling 138-139 K3
rra del Fuego 77A
tar 108-109 C2
tê 72 E5
lis 114-115 I7
hina 112-113 J2
nes 105C
re (Mésopotamie)
30 D2
re (Pérou) 72 C3
uentourine
58-159A D2
ama 150-151 H2 H3
ert 106-107 E4
uana 58-59 C5
uca 76C
uca, lagune de 76C
uca, parc national de
6C
horetsk 114-115 I6
hvin 114-115 G4
opia 146-147 H3
si 116-117 N2 O2
burg 94 D3
abéry 158-159A D3
os 112-113 I7
nan, côte de
4-115 J2 K2

Timan, hauteurs de
114-115 J2 K3
Timaru 146-147 H6
Timia 158-159A D3
Timimoun 152-153 D2
Timiș 112-113 F3
Timișoara 112-113 F3
Timmins 42-43 J5
Timna 129 A6
Timok 112-113 G4
Timor 134-135 H7
Timor, mer de
144-145 J15
Timor oriental 134-135 H7
Timoudi 156 E3
Tinaca, pointe
134-135 G4 H4
Tindouf 152-153 C2
Tineo 108-109 B1
Tinerhir 156 D3
Tin Fouye 158-159A D2
Tingo María 73 C3
Tínos 112-113 H7
Tinrhert, hammada du
150-151 D2
Tinto 108-109 B4
Tioman 134-135 C5
Tioumen (province) 121A
Tioumen (ville)
116-117 H4
Tipperary 96-97 B5
Tiran 129 A8
Tiran, détroit de
129 A8 A7
Tirana 112-113 E5 F5
Tiranë 112-113 E5 F5
Tirano 104-105 F2
Tiraspol 114-115 F6 G6
Tiree 96-97 C3
Tirlemont 94 C4 D4
Tirso 110-111 B4
Tiruchchirappalli 132 D7
Tirunelveli 132 D8
Tisisat, chutes 130 C7
Tisza 112-113 F2
Titicaca, lac 72 D4
Titlis 104-105 D2
Tit-Mellil 157B
Titule 158-159A F4
Tivoli 110-111 D3 D4
Tiznit 156 C3
Tlalnepantla 67A
Tlalpan 67A
Tlaxcala (État) 66A
Tlaxcala (ville) 58-59 G8
Tlemcen 106-107 D5
Toamasina 152-153 H6 I6
Toa Payoh 141C B2
Toba, lac 134-135 B5
Tobago 68 G4
Tobelo 134-135 H5
Tobermory 96-97 C3
Toblach 110-111 D1
Tobol 116-117 H4
Tobolsk 116-117 H4 I4
Tobrouk 106-107 I5
Tocantins (État) 73 F4
Tocantins (fleuve)
72 F3 E3
Toce 110-111 B1
Tochkent 116-117 I5
Tocopilla 73 C5
Tödi 104-105 D2
Toggenburg 104-105 E1
Togian, îles 134-135 G6
Togliattigrad 114-115 J5
Togo 152-153 D4
Togo, monts
150-151 D4 D3
Tokaj 112-113 F1
Tokar 130 C6
Tokat 128 D1
Tokelau 144-145 I21 I22
Tokorozawa 143C
Tokushima 142 C4
Tokuyama 143A A3 B2
Tokyo 142 D3 E3
Tokyo, baie de 143A D2
Tola 138-139 G2
Tolède 108-109 C3
Tolède, monts de
108-109 C3 D3
Toledo 58-59 J3
Toliara 152-153 H7
Tolitoli 134-135 G5
Tolmezzo 110-111 D1
Tolo, golfe de 134-135 G6
Tolstoï, cap 116-117 Q4
Toluca 58-59 F8 G8
Tom 116-117 J4
Tomakomai 142 E2
Tomar 108-109 A3
Tombigbee 58-59 I5
Tombouctou 152-153 C3
Tombua 152-153 E6
Tomelloso 108-109 D3
Tomilino 120F D3
Tomini 134-135 F5 G5
Tomini, golfe de
134-135 G6
Tommot 116-117 N4
Tomo 68 F5
Tom Price 146-147 B4
Tomsk (province) 121A
Tomsk (ville) 116-117 J4
Tomtabacken 92-93 E4
Tondabayashi 143B
Tønder 102 C1
Tone 143A D2
Tonga 144-145 J21
Tonga, fosse des
144-145 K21 J21
Tonga, ride des
144-145 K21 J21
Tongatapu 144-145 K21
Tonghua 138-139 L3
Tongren 138-139 H6 I6
Tongres 94 D4
Tongzi 138-139 H6
Tonk 132 D4
Tonkin, golfe du
134-135 D1 D2
Tonle Sap 134-135 C3
Tonnay-Charente
100-101 C4

Tønsberg 92-93 D4
Toowoomba
146-147 E4 F4
Top, lac 114-115 G2
Topeka 58-59 G4
Tor 91 C2
Torawitan, cap
134-135 G5 H5
Torbat-e Heydariyeh
130 G2 H2
Torbay 96-97 E6
Torcy 99C D2
Tordesillas 108-109 C2
Torgau 102 E3
Torghaï 116-117 H5
Torhout 94 A3 B3
Toride 143C
Torino 110-111 A2
Tormes 108-109 B2 C2
Torne, lac 92-93 G1
Torneälv 92-93 G2
Tornesspoint 97D
Torngat, monts 51 F2
Tornio 92-93 H2
Toronto 42-43 J5 K5
Torrance 64A
Torre Cerredo 108-109 C1
Torrecilla 108-109 C4
Torrelavega
108-109 C1 D1
Torremolinos 108-109 C4
Torrens, lac 146-147 D5
Torreón 58-59 F6
Torres, détroit de
146-147 E2 E3
Torrevella 108-109 E4
Tortola 68 G3
Tortoli 110-111 B5
Tortosa 108-109 F2
Tortosa, cap de
108-109 F2
Tortue 68 E2
Tortuga 72 D1
Toruń 114-115 D5
Tory 96-97 B4
Tosa, baie de 142 C4
Toscan, archipel
110-111 C3
Toscane 110-111 C3
Töss 104-105 D1
Totonicapán 67B
Totowa 64C A1
Tottenham 98C B2 C2
Tottenville 64C A4
Tottori 142 C3
Touapse 114-115 H7
Touat 150-151 D2
Toubkal 156 D3
Touggourt 106-107 F5
Toul 100-101 F2
Toula (province) 121A
Toula (ville) 114-115 H5
Touliu 140D A2
Touloma 114-115 G2
Toulon 100-101 F5
Touloun 116-117 L4
Toulouse 100-101 D5
Toummo 152-153 E2
Tounassine, hammada
156 D4 D3
Toungoo 134-135 B2
Toungouska inférieure
116-117 J3 K3
Toungouska pierreuse
116-117 K3
Touques 100-101 D2
Toura (rivière) 114-115 M4
Toura (ville) 116-117 L3
Touraine 100-101 D3
Touran, dépression du
124-125 H5 I5
Tourcoing 94 A4 B4
Tournai 94 B4
Touroukhansk
116-117 J3 K3
Tours 100-101 D3
Tous les Saints, baie de
72 F4 G4
Touva 121A
Tower Bridge 98B
Townsville 146-147 E3
Towuti, lac 134-135 G6
Toyama 142 D3
Toyama, baie de 142 D3
Toyohashi 142 D4
Toyonaka 143B
Toyota 142 D3
Tozeur 106-107 F5
Trabzon 128 D1
Tracy 63A C3
Trafalgar, cap 108-109 B4
Trail 42-43 G5
Tralee 96-97 B5
Tralee, baie de
96-97 A5 B5
Trang 134-135 B4
Trani 110-111 F4
Transamazonienne, route
73 D3 E3
Transcanadienne,
autoroute 42-43 G4 J5
Transylvanie
112-113 G2 H2
Transylvanie, alpes de
112-1131 G3 H3
Trapani 110-111 D5
Trappes 99C A3
Trasimène, lac 110-111 D3
Trás-os-Montes
108-109 B2
Traun 102 E4
Traunstein 102 E5
Travemünde 102 D2
Travers, val de 104-105 B2
Travnik 112-113 D3
Trawsfynydd 97D
Trebbia 110-111 B2
Trebinje 112-113 E4
Trelleborg 92-93 E5
Tremadoc, baie de
96-97 D5
Tremblant, mont 51 D4
Tremblay-lès-Gonesse
99C D1 D2
Tremiti, îles 110-111 E3

Trent (gisement de gaz
naturel) 91 C3
Trent (rivière) 96-97 E5 F5
Trente 110-111 C1
Trentin-Haut-Adige
110-111 C1 D1
Trenton 58-59 L3
Trent Park 98C B1
Tresa 104-105 D2 D3
Tres Arroyos 73 D6
Tres Forcas, cap 156 E2
Tre Signori, piz de
104-105 E2
Três Lagoas 73 E4 E5
Tres Marías 58-59 E7
Tres Puntas, cap 72 D7
Trêves 102 B4
Trévise 110-111 D2
Trianon 99C A3
Tricastin 101D
Triel 99C A1
Trieste 110-111 D2
Trieste, golfe de
110-111 D2
Triglav 112-113 B2
Trikkala 112-113 F6 G6
Trikora 134-135 J6
Trincomalee 132 E8
Trinidad (île) 68 G4
Trinidad (ville, Bolivie)
73 D4
Trinidad (ville, Cuba)
68 C2
Trinidad et Tobago
68 G4 H4
Trinité, baie de la
42-43 M5
Trinity (Californie) 63A B1
Trinity (Texas) 58-59 G5
Trinity Dam 63A B1
Tripoli (Liban) 129 B1
Tripoli (Libye) 106-107 G5
Tripolis 112-113 G7
Tripolitaine 106-107 G5
Tripura 132 G5
Trisanna 104-105 F1
Tristan da Cunha
12-13 M19
Trivandrum 1321 D8
Trnava 112-113 D1
Trobriand, îles
146-147 E2 F2
Troglav 112-113 D4
Troie 112-113 I6
Trois Pagodes, col des
134-135 B2
Trois Pointes, cap des
150-151 C4
Trois-Rivières 51 D4
Troitse-Lykovo 120F B2
Troll 91 C1 D1
Trollhättan 92-93 E4
Trombetas 72 E3 E2
Tromsø 92-93 F1
Tronador 72 C7
Trøndelag 92-93 D2 E2
Trondheim 92-93 D3
Trondheimsfjord 92-93 D3
Tronto 110-111 D3
Troon 96-97 D4
Trostan 96-97 C4 D4
Trouville 100-101 D2
Troyes 100-101 F2
Trujillo (Espagne)
108-109 B3 C3
Trujillo (Honduras) 68 B3
Trujillo (Pérou) 73 B3 C3
Trujillo (Venezuela)
68 E5 F5
Truro (Canada) 51 F4
Truro (R.-U.) 96-97 D6
Truyère 100-101 E4
Trym 91 D2
Tsetserleg 138-139 G2
Tshuapa 150-151 F4 F5
Tsiigehtchic 42-43 E3 F3
Tsimliansk, réservoir de
114-115 I6
Tsing 141D
Tskhinvali 114-115 I7
Tsna 114-115 I5
Tsu 142 D4
Tsuen Wan 141A C3
Tsugaru, détroit de
142 E2
Tsumeb 152-153 E6
Tsuruga 143A C2
Tsuruoka 142 D3
Tsushima 142 B4
Tsushima, détroit de
142 B4 C4
Tsuyama 143A B2
Tua 108-109 B2
Tual 134-135 I7
Tuamotu, archipel des
144-145 J24 J25
Tuamotu, ride des
144-145 J24 K25
Tuas 141C A2
Tübingen 102 C4
Tubuai, îles 144-145 K24
Tucson 58-59 D5
Tucumán 77A
Tucupita 68 G5
Tudela 108-109 E1
Tudor, lac 51 E2
Tuen Mun 141D
Tui 108-109 A1
Tukangbesi, îles
134-135 G7
Tukarak 51 C2
Tuktoyaktuk 42-43 E3 F3
Tuktut Nogait, parc
national 49D
Tulare 63A D3
Tulare, lac 63A D4
Tulcea 112-113 J3
Tulida 42-43 F3
Tulkarm 129 B3
Tulle 100-101 D4
Tulsa 58-59 G4
Tuluá 68 D6
Tulum 58-59 I7 I8
Tumaco 73 B2 C2
Tuman 142 B2

Tumba, lac 150-151 E5 F5
Tumbler Ridge
42-43 F4 G4
Tumen 138-139 M3
Tumkur 132 D7
Tumucumaque, serra de
72 E2
Tundža 112-113 I4
Tung Chung 141D
Tunis 106-107 F4 G4
Tunis, golfe de
106-107 G4
Tunisie 152-153 D1 E1
Tunja 68 E5
Tunungayualok 51 F2 G2
Tuokusidawan Ling
138-139 D4
Tupungato 72 D6
Turabah 130 D5
Turbo 68 D5
Turda 112-113 G2
Turgutlu 112-113 I6
Turia 108-109 E3
Turimiquire 68 G4
Turin 110-111 A2
Turkana, lac 150-151 G4
Türkistan 116-117 H5
Türkmenbachy 116-117 G5
Turkménistan
126-127 H6 I6
Turks et Caicos, îles 68 E2
Turku 92-93 G3
Turlock 63A C3
Turneffe 68 B3
Turnhout 94 C3
Turnu Măgurele
112-113 H4
Turpan 138-139 D3
Turpan, dépression de
138-139 D3 E3
Turquie 126-127 F6
Tuscaloosa 58-59 I5
Tussock, steppe à 21
Tuticorin 132 D8
Tutong 134-135 E5
Tuttlingen 102 C5
Tuvalu 144-145 I20
Tuwaiq, djebel 130 E5
Tuxpan 58-59 G7
Tuxtla Gutiérrez 58-59 H8
Tuy Hoa 134-135 D3 E3
Tuz, lac 128 C2
Tuzla 112-113 E3
Tver (province) 121A
Tver (ville) 114-115 H4
Tweed 96-97 E4
Tweedsmuir, parc
provincial 49D
Twelve Pins 96-97 B5
Twente 94 E2
Twente, canal de la 94 E2
Twickenham 98C A3
Twin Falls 58-59 D3
Tym 116-117 J3
Tymbakion 112-113 H8
Tynda 116-117 N4
Tyne 96-97 E4
Tynemouth 96-97 F4
Tyneside 97C
Tyr 129 B2
Tyra 91 D3
Tyrifjord 92-93 D3
Tyrol 102 D5 E5
Tyrrhénienne, mer
106-107 G3 G4
Tysa 112-113 G1

U

Uashat 55B
Uaupés 73 D2
Ubar 130 F6
Ube 142 C4
Úbeda 108-109 D3
Uberaba 73 E4 F4
Uberlândia 73 E4 F4
Ubin 141C C1
Ubiña, peña 108-109 B1
Ubon Ratchathani
134-135 C2
Ubundu 152-153 F5
Ucayali 72 C3
Uccle 94 C4
Uchiura, baie d' 142 E2
Udaipur 132 C5
Uddevalla 92-93 D4
Uden 94 D3
Udi 158-159A D4
Udine 110-111 D1
Udon Thani 134-135 C2
Üechtland 104-105 B2 C2
Uecker 102 E2
Ueda 142 D3
Uele 150-151 F4
Uelzen 102 D2
Ugalla 150-151 G5
Uig 96-97 C3
Uige 152-153 E5
Uinta, monts 58-59 D3 E3
Uist Sud, île 96-97 C3
Uithoorn 94 C2
Uits Nord, île 96-97 C3
Ujjain 132 D5
Ujung Kulon
134-135 C7 D7
Ukiah 63A B2
Ukmergė 92-93 H5
Ukraine 82-83 G4 H4
Ula 91 C2
Ulaangom 138-139 E2
Ulaan-Uul 138-139 I3
Ulchin 142 B3
Ulcinj 112-113 E5
Ulhasnagar 132 C6
Ulithi 134-135 K4
Ulla 108-109 A1
Ullapool 96-97 D3
Ullung 142 C3
Ulm 102 C4
Ulsan 140A B2
Ulster 96-97 C3
Ulúa 68 B3
Ulubat, lac 112-113 J5

Ulu Bedok 141C B2
Uludağ 128 B2
Ulundi 161A
Ulungur 138-139 D2
Ulungur Hu 138-139 D2
Umeå 92-93 G3
Umeälv 92-93 F2
Umiujaq 55B
Umm al Qaiwain 130 G4
Umm Lajj 130 C5
Umm Said 130 F5
Umran 130 D6
Una 112-113 D3
Unaizah 130 D4
Ungava, baie d' 51 E2
Ungava, péninsule d'
51 C1 D1
Unimak 40-41 D4
Union 64C A3
Union City 64C B2
Unst 96-97 F1
Unstrut 102 D3
Upernavik 42-43 M2
Upper Bay 64C B3
Upsala 92-93 F4
Ur 130 E3
Urakawa 142 E2
Uranium City 42-43 H4
Urawa 143A D2
Urbino 110-111 D3
Urbión 108-109 D1
Ure 96-97 F4
Urgell, planes d'
108-109 F2
Urghada 106-107 K6
Uri-Rot Stock 104-105 D2
Urmia 130 D2
Urmia, lac d' 130 D2 E2
Uruapan 58-59 F8
Uruguaiana 73 E5 E6
Uruguay (État) 73 E6
Uruguay (fleuve) 72 E5
Ürümqi 138-139 D3
Uşak 128 B2
Usedom 102 E1 F2
Ushuaia 73 D8
Usk 96-97 E6
Üsküdar 128 B1
Uster 104-105 D1
Ústí 102 F3
Ustica 110-111 D5
Usumacinta 58-59 H8
Utah 58-59 D4
Utah, lac 58-59 D3
Uthai Thani 134-135 C2
Utica 58-59 K3 L3
Utiel 108-109 E3
Utrecht (province) 94 D2
Utrecht (ville) 94 C2 D2
Utrera 108-109 C4
Utsjoki 92-93 H1
Utsunomiya 142 D3
Uttar Pradesh 132 D4 E4
Uummannaq
42-43 M2 N2
Uummannaq, fjord d'
42-43 M2
Uusikaupunki 92-93 G3
Uvs Nur 138-139 E1
Uwajima 142 C4
Uweinat, djebel
150-151 F2
Uxbridge 98C A2
Uxmal 58-59 I7
Uyuni 73 D5
Uyuni, salar de 72 D5
Užice 112-113 E4 F4

V

Vaal 150-151 F7
Vaal, barrage de 161D
Vaasa 92-93 G3
Vác 112-113 E2
Vadodara 132 C5
Vadsø 92-93 I1
Vaduz 104-105 E1
Vaga 114-115 I3
Váh 112-113 D1
Vaïgatch 114-115 L2
Vaires-sur-Marne 99C D2
Vakhch 132 C2
Valachie 112-113 G3 I3
Valais, alpes du
104-105 C3 D3
Val-Bélair 55E
Valdaï 114-115 G4
Valdaï, plateau du
114-115 G4
Val d'Aoste 110-111 A2 B2
Valdemar 91 D3
Val-de-Marne 99C C3
Valdepeñas 108-109 D3
Valdés 72 D7
Val-des-Monts 55H
Valdez 40-41 F3
Val-d'Isère 105C
Valdivia 73 C6
Val-d'Oise 99A
Val-d'Or 51 C4
Valdres 92-93 D3
Valence (région)
108-109 E3
Valence (ville, Espagne)
108-109 E3
Valence (ville, France)
100-101 F4
Valence, golfe de
108-109 F3
Valencia 73 D1 D2
Valenciennes
100-101 E1 F1
Valentia 96-97 A6
Valentigney 104-105 B1
Valera 68 E5
Valga 92-93 H4
Valhall 91 C2
Valhalla, parc provincial
49D
Valjevo 112-113 E3
Valkenswaard 94 D3
Valladolid (Espagne)
108-109 C2

Valladolid (Mexique)
58-59 I7
Valle de la Pascua 68 F5
Valledupar 68 E4
Vallejo 63A B2
Valleyfield 51 D4
Valley Stream 64C D3
Vallgrund 92-93 G3
Valmiera 92-93 H4
Valparaíso 73 C6
Valras 100-101 E5
Vals 104-105 E2
Vals, cap 134-135 J7
Valtelline 104-105 F2
Valtournanche 104-105 C3
Valverde 156 A4
Van 128 E2
Van, lac de 128 E2
Vanadzor 114-115 I7 J7
Vanavara 116-117 L3
Van Cortlandt Park
64C C1
Vancouver 42-43 F5
Vancouver, île de
42-43 F4 F5
Vanderkloof, barrage
161D
Van Diemen, golfe de
146-147 D3
Väner, lac 92-93 E4
Vänersborg 92-93 E4
Vanier 54D
Vanimo 134-135 K6
Vanino 116-117 O5 P5
Vannes 100-101 B3
Van Rees, monts
134-135 J6
Vanuatu 144-145 J19
Vanves 99C B3
Varallo 104-105 D3
Varanasi 132 E4
Varanger 92-93 I1
Varangerfjord 92-93 I1
Varano, lac de
110-111 E4 F4
Varaždin 112-113 D2
Varazze 105C
Varberg 92-93 E4
Vardar 112-113 G5
Vardø 92-93 I1
Varèse 110-111 B2
Varèse, lac de 104-105 D3
Varkaus 92-93 H3 I3
Värmel, lac 92-93 E4
Varna 112-113 I4 J4
Värnamo 92-93 E4
Vars 105C
Varsovie 114-115 E5
Vasa 92-93 G3
Vaslui 112-113 I2 J2
Västerås 92-93 E4 F4
Västerdalälv 92-93 E3
Västervik 92-93 F4
Vasto 110-111 E3
Vatnajökull 80-81 C2
Vätter, lac 92-93 E4
Vaucresson 99C B3
Vaugirard 99B
Vaujours 99C D2
Vaupés 72 D2
Vauréal 99C A1
Växjö 92-93 E4
Vecht 94 E2
Veendam 94 E1 F1
Veenendaal 94 D2
Vega 92-93 D2
Veghel 94 D3
Veldhoven 94 D3
Velebit, monts 112-113 C3
Veles 112-113 F5
Veleta 108-109 D4
Vélez-Málaga
108-109 C4 D4
Velikaïa 92-93 I4
Velikaïa Kema 142 D1
Velikie Louki 114-115 G4
Veliki Oustioug
114-115 I3 J3
Veliko Tărnovo
112-113 H4 I4
Velino, monte 110-111 D3
Vélizy-Villacoublay
99C B3
Velletri 110-111 D4
Vellore 132 D7
Veluwe 94 D2
Vendée 100-101 C3
Vendôme 100-101 D3
Vénétie 110-111 C2 D2
Venezia 110-111 D2
Venezuela 73 C2 D2
Venezuela, cordillère du
68 F5
Venezuela, golfe du 72 C1
Venise 110-111 D2
Venise, golfe de
110-111 D2
Venlo 94 E3
Venray 94 D3
Vent, canal du 68 E3 E2
Vent, îles au 68 G3 H4
Vent, îles sous le
68 F4 G4
Venta 92-93 G4
Ventoux, mont 100-101 F4
Ventspils 92-93 G4
Ventura 63A D4
Vera 108-109 E4
Veracruz (État) 66A
Veracruz (ville) 58-59 G8
Veraval 132 B5 C5
Verbania 110-111 B2
Verbier 104-105 C2
Vercelli 110-111 B2
Verde, costa (Espagne)
109D
Verde, costa (Portugal)
109C
Verden 102 C2
Verdon 100-101 G5 G4
Verdun (Canada) 58-59 L2
Verdun (France)
100-101 F2
Verkhnekolymsk
116-117 Q3

Verkhoïansk 116-117 O3
Verkhoïansk, monts de
116-117 N3 O3
Vermont 58-59 L3
Vernier 104-105 B2
Vernon 99A
Vernouillet 99C A2
Véroia 112-113 G5
Verona 64C A2
Vérone 110-111 C2
Verrazano Bridge 64C B3
Verrières, bois de 99C B3
Versailles 100-101 D2 E2
Vert, cap 150-151 B3
Verts, monts 58-59 L3
Verviers 94 D4 E4
Vervins 100-101 E2
Verwall Gruppe
104-105 F1
Verzasca 104-105 D2
Veslefrikk 91 C1
Vesniaki 120F C2 D2
Vesoul 100-101 G3
Vesterålen 92-93 E1
Vestfjord 92-93 E2
Vésuve 110-111 E4
Veszprém 112-113 D2 E2
Vetlanda 92-93 E4
Vetlouga 114-115 J4
Vettore, mont 110-111 D3
Vevey 104-105 B2
Vex 104-105 C2
Vézère 100-101 D4
Via Mala 104-105 E2
Viana do Castelo
108-109 A2
Vianden 94 E5
Viar 108-109 B3
Viareggio 110-111 B3 C3
Viatka (province) 121A
Viatka (rivière)
114-115 J4 K4
Viatka (ville) 114-115 J4
Viazma 114-115 G4 H4
Vibo Valentia 110-111 F5
Vic 108-109 G2
Vicence 110-111 C2
Vichada 68 E5
Vichy 100-101 E3
Vicksburg 58-59 H5
Vico, lac de 110-111 D3
Victor Harbor
146-147 D5 E5
Victoria (État) 146-147 E5
Victoria (fleuve)
146-147 D3
Victoria (île) 42-43 G2 H2
Victoria (ville, Canada)
42-43 F5
Victoria (ville, É.-U.)
58-59 G6
Victoria (ville, Hongkong)
141A C3
Victoria (ville, Seychelles)
152-153 I5
Victoria, chutes
150-151 F6
Victoria, détroit de
42-43 H3 I2
Victoria, lac 150-151 G5
Victoria, mont 146-147 E2
Victoria, terre
144-145 P18 P19
Victoria Park 98C C2
Vidin 112-113 G3
Viedma 73 D7
Vielsalm 94 D4 E4
Vienne (rivière)
100-101 D3
Vienne (ville, Autriche)
112-113 D1
Vienne (ville, France)
100-101 F4
Vientiane 134-135 C2
Vierges, îles (États-Unis)
68 F3 G3
Vierges, îles (Royaume-Uni) 68 F3 G3
Viêt-Nam 126-127 M8 N8
Vieux-Lunenburg 49D
Vigan 134-135 F2 G2
Vigdis 91 C1
Vigevano 110-111 B2
Vigezzo, val 104-105 D2
Vignemale 108-109 E1 F1
Vigo 108-109 A1
Vigo, ria de 108-109 A1
Vihren 112-113 G5
Vijayawada 132 E6
Viking 91 C3
Vikna 92-93 D2
Vila Augusta 76D
Vilagarcía de Arousa
108-109 A1
Vilaine 100-101 C3
Vilán, cap 108-109 A1
Vila Nova de Gaia
108-109 A2
Vilanova i la Geltrú
108-109 F2 G2
Vila-Real (Espagne)
108-109 E3
Vila Real (Portugal)
108-109 B2
Vilhelmina 92-93 F2
Vilhena 73 D4
Viliouï 116-117 M3 N3
Viliouïsk 116-117 N3
Vilkitski, détroit de
116-117 K2 L2
Villach 102 E5
Villa Clara 69A
Villacoublay 99C B3
Villahermosa 58-59 H8
Villalba 108-109 B1
Villard-de-Lans 105C
Villarrica 73 E5
Villars-sur-Ollon
104-105 C2
Villavicencio 68 E6
Villaviciosa 108-109 C1
Villefranche-sur-Saône
100-101 F4
Villejuif 99C C3
Ville-Marie 55F

Villena 108-109 E3
Villeneuve 99C D1
Villeneuve-Saint-Georges 99C C3
Villennes 99C A2
Villeparisis 99C D2
Villepreux 99C A3
Villeray/Saint-Michel/ Parc-Extension 55F
Villersexel 104-105 B1
Villeurbanne 100-101 F4
Villiers-sur-Marne 99C D3
Villingen 102 C4
Vilnius 92-93 H5
Viña del Mar 73 C6
Vinaròs 108-109 F2
Vincennes 99C C2
Vincennes, bois de 99C C3
Vindhya, monts 132 C5 D5
Vineland 64B
Vinh 134-135 D2
Vinnytsia 114-115 F6
Vinson 144-145 P29 P30
Vintimille 110-111 A3
Vire (rivière) 100-101 C2
Vire (ville) 100-101 C2
Virginia Beach 58-59 K4 L4
Virginie 58-59 K4
Virginie occidentale 58-59 J4
Viroflay 99C B3
Virton 94 D5
Virunga 150-151 F5 G5
Vis 112-113 D4
Visalia 63A D3
Visayan, îles 134-135 G3
Visayan, mer de 134-135 G3
Visby 92-93 F4
Višegrad 112-113 E4
Viseu 108-109 B2
Vishakhapatnam 132 E6 F6
Visp 104-105 C2
Vispa 104-105 C2
Vistule 114-115 E5 D5
Visund 91 C1
Viterbe 110-111 C3 D3
Vitim, plateau du 116-117 M4
Vitória (Brésil) 73 F5 G5
Vitoria (Espagne) 108-109 D1
Vitória da Conquista 73 F4
Vitry 100-101 F2
Vitry-sur-Seine 99C C3
Vitsebsk 114-115 G4
Vittoria 110-111 E6
Vittorio Veneto 110-111 D1 D2
Vivarais, monts du 100-101 F4
Viveiro 108-109 B1
Vizcaíno, désert de 58-59 D6
Vizianagaram 132 E6 F6
Vjosës 112-113 F5
Vlaardingen 94 C3
Vladikavkaz 114-115 I7 J7
Vladimir (province) 121A
Vladimir (ville) 114-115 I4
Vladivostok 116-117 O5
Vlieland 94 C1
Vlorë 112-113 E5
Vltava 102 F4
Vnoukovo 120F A3
Vogelsberg 102 C3
Voghera 110-111 B2
Voisins-le-Bretonneux 99C A3
Vojens 102 C1
Vojvodine 112-113 E3 F3
Volchski 114-115 I6 J6
Volendam 94 D2
Volga 114-115 I4 J6
Volga, canal de la 114-115 H4
Volga, plateau de la 114-115 I5 J4
Volgodonsk 114-115 I6
Volgograd (province) 121A
Volgograd (ville) 114-115 I6
Volgograd, réservoir de 114-115 I6
Volhynie 114-115 E5 F5
Volkhov (rivière) 114-115 G4
Volkhov (ville) 114-115 G4
Vologda (province) 121A
Vologda (rivière) 114-115 H4
Vólos 112-113 G6
Volsk 114-115 J5
Volta, lac 158-159A C4
Volta blanche 150-151 C3
Volta noire 150-151 C3 C4
Volta Redonda 73 F5
Volterra 110-111 C3
Volturno 110-111 D4 E4
Vorarlberg 102 C5 D5
Vorcha 114-115 G5
Vorkouta 114-115 M2
Voronej (province) 121A
Voronej (ville) 114-115 H5
Voronia 92-93 J1
Voronio 92-93 J1
Võrts, lac 92-93 H4
Vosges 100-101 G3 G2
Voss 92-93 C3
Vostok 162B
Votkinsk 114-115 K4
Votkinsk, réservoir de 114-115 L4
Vouga 108-109 A2
Vouillau, mont 104-105 B1
Vraca 112-113 G4
Vranje 112-113 F4 G4
Vrbas 112-113 D3
Vršac 112-113 F3
Vryburg 152-153 F7
Vue-des-Alpes 104-105 B1
Vught 94 D3
Vukovar 112-113 E3
Vulcano 110-111 E5
Vulture, mont 110-111 E4
Vung Tau 134-135 D3
Vuntut, parc national 49D
Vuoksa 92-93 I3
Vyborg 114-115 F3
Vychni-Volotchek 114-115 G4 H4
Vyg, lac 114-115 G3 H3
Vykhino 120F C2
Vym 114-115 K3
Vytchegda 114-115 J3

W

Waal 94 D3
Waalwijk 94 D3
Wabakimi, parc provincial 49D
Wabash 58-59 I4
Waco 58-59 G5
Wadden, îles des 80-81 E3
Wadden, mer des 94 D1
Wadden de la Frise septentrionale, îles 92-93 D5
Wadden orientales, îles des 102 B2
Waddington, mont 42-43 F4
Wädenswil 104-105 D1
Wadi Halfa 152-153 F2 G2
Wad Medani 152-153 G3
Wafangdian 138-139 K4
Wageningen 94 D3
Wager, baie 42-43 J3
Wagga Wagga 146-147 E5
Waha Defa 158-159A F2
Wahai 134-135 H6 I6
Waigeo 134-135 I5
Waikabubak 134-135 F7
Waingapu 134-135 G7
Wakasa, baie de 142 D3
Wakayama 142 D4
Wake 144-145 G19
Wakhan 132 C2
Wakkanai 142 E1
Wałbrzych 106-107 H1
Walcheren 94 B3
Walcourt 94 C4
Wald 104-105 D1
Walen, lac de 104-105 E1
Walgett 146-147 E5
Wallaroo 146-147 D5
Wallasey 96-97 E5
Walla Walla 58-59 C2
Wallington 98C B3
Wallis et Futuna 144-145 J20 J21
Wallonie 94 C4
Walogisi 158-159A B4 C4
Walsall 96-97 F5
Waltham Abbey 98C C1
Walthamstow 98C C2
Walton 98C A3
Walton on the Hill 98C B4
Walvis, crête de 10-11 M21 L21
Walvis Bay 152-153 E7
Wamena 134-135 J6
Wandsworth 98C B3
Wanganui 146-147 H5
Wangqing 142 B2 C2
Wanstead 98C C2
Wanxian 138-139 H5
Wapusk, parc national 49D
Warangal 132 D6 E6
Warburton 146-147 D4
Wardha 132 D5
Waregem 94 B4
Waren 134-135 J6
Warendorf 102 B2 C3
Warlingham 98C C4
Warlington 96-97 E5
Warnemünde 102 D1 E1
Warnow 102 D2
Warrego 146-147 E4
Warri 160B
Warrnambool 146-147 E5
Warszawa 114-115 E5
Warta 80-81 F3
Warwick 146-147 F4
Warwickshire 98A
Wasatch, chaîne des 58-59 D3
Washington (É.-U.) 58-59 K4
Washington (R.-U.) 96-97 E4 F4
Washington Bridge 64C C1
Wasior 134-135 I6 J6
Waskaganish 51 C3
Wassen 104-105 D2
Waswanipi 55B
Watampone 134-135 G6
Waterbury 64B
Waterford 96-97 C5
Waterloo (Belgique) 94 C4
Waterloo (É.-U.) 58-59 H3
Waterloo Bridge 98B
Waterways 42-43 G4 H4
Watford 98C A1
Watson Lake 42-43 F3
Watsonville 63A B3 C3
Wattwil 104-105 E1
Watubela, îles 134-135 I6
Wau (Papouasie-Nlle-Guinée) 146-147 E2
Wau (Soudan) 152-153 F4
Wave Hill 146-147 D3
Wavre 94 C4
Wayne 64C A1
Wear 96-97 F4
Weda 134-135 H5
Weddell, mer de 144-145 P33 P35
Weed 63A B1
Weert 94 D3
Weesp 94 C2 D2
Weggis 104-105 D1
Weiden 102 E4
Weifang 138-139 J4 K4
Wei He 138-139 H5
Weimar 102 D3
Weinfelden 104-105 E1
Weipa 146-147 E3
Weissenstein 104-105 C1
Weisshorn 104-105 C2
Weissmies 104-105 D2
Welkom 152-153 F7
Welland 96-97 F5
Welland, canal 58-59 J3 K3
Wellesley, îles 146-147 D3 E3
Welling 98C C3 D3
Wellington (île) 72 C7
Wellington (ville) 146-147 H6
Wells Gray, parc provincial 49D
Wels 102 F4
Welwyn Garden City 98A
Wembley 98C A2 B2
Wemindji 51 C3
Wendake 54D
Wentworth 146-147 E5
Wenzhou 138-139 K6
Wernigerode 102 D3
Werra 102 D3
Wertach 102 D4
Wesel 102 B3
Weser 102 C3 C2
Wessel, cap 134-135 J8
Wessel, îles 146-147 D3
Westerham 98C C4
Westerwald 102 B3 C3
West Ham 98C C2
West Kingsdown 98C D4
Westminster 98B
Westminster Bridge 98B
Westmount 54C
West New York 64C B2
Weston-super-Mare 96-97 E6
West Orange 64C A2
West Palm Beach 58-59 J6 K6
Westport (Irlande) 96-97 B5
Westport (Nlle-Zélande) 146-147 G6 H6
West Sole 91 C3
West Sussex 98A
West-Terschelling 94 C1 D1
Wetar 134-135 H7
Wetar, détroit de 134-135 H7
Wettingen 104-105 D1
Wetzikon 104-105 D1
Wetzlar 102 C3
Wewak 146-147 E2
Wexford 96-97 C5
Wey 96-97 F6
Weybridge 98C A3
Weymontachie 55B
Weymouth 96-97 E6
Whale Cove 42-43 I3 J3
Whangarei 146-147 H5
Whapmagoostui 55B
Wharton, bassin de 144-145 J12 J13
Wheeling 58-59 J3 K4
Whitby 96-97 F4
Whitehaven 96-97 D4 E4
Whitehorse 42-43 E3
Whitehorse Hills 96-97 F6
White Mountain National Forest 65C
White River 58-59 H4 H5
Whiteshell, parc provincial 49D
Whitestone 64C C2 D2
Whitney, mont 58-59 C4
Whitworth 55B
Whyalla 146-147 D5
Wichita 58-59 G4
Wichita Falls 58-59 F5 G5
Wick 96-97 E2
Wicklow 96-97 C5 D5
Wicklow, monts 96-97 C5
Wien 112-113 D1
Wiener Neustadt 112-113 C2 D2
Wienerwald 112-113 C1 D1
Wieringermeer 94A
Wiesbaden 102 B3 C3
Wigan 96-97 E5
Wigger 104-105 C1
Wight 96-97 F6
Wilczek 116-117 H1
Wildhaus 104-105 E1
Wildhorn 104-105 C2
Wildstrubel 104-105 C2
Wilhelm, mont 146-147 E2
Wilhelmshaven 102 B2 C2
Wilkes, terre de 144-145 P13 P15
Willamette 58-59 B3 B2
Willebroek 94 C3
Willebroek, canal de 94 C3 C4
Willesden 98C B2
Williamsburg 64C C3
Williamsport 64B
Willisau 104-105 C1 D1
Willmore, parc provincial 49D
Willows 63A B2 C2
Wilmington (Caroline du Nord) 58-59 K5
Wilmington (Delaware) 58-59 K4
Wilson Castle 65C
Wiltz 94 D5
Wiluna 146-147 C4
Wimbledon 98C B3
Wimbledon Park 98C B3
Wimmera 146-147 E5
Winchester 96-97 F6
Windermere 96-97 E4
Windhoek 152-153 E7
Wind River, chaîne 58-59 D3 E3
Windsor (Canada) 42-43 J5
Windsor (R.-U.) 96-97 F6
Winisk (fleuve) 42-43 J4
Winisk (localité) 42-43 J4
Winnenay 55B
Winnipeg (rivière) 42-43 I4
Winnipeg (ville) 42-43 I5
Winnipeg, lac 42-43 I5
Winnipegosis, lac 42-43 H4
Winona 58-59 H3
Winschoten 94 E1 F1
Winston-Salem 58-59 J4
Winterberg 102 C3
Winterswijk 94 E3
Winterthur 104-105 D1
Winton 146-147 E4
Wisconsin (État) 58-59 H2 I2
Wisconsin (rivière) 58-59 H3 I3
Wisła 114-115 D5
Wismar 102 D2
Wittenberg 102 E3
Wittenberge 102 D2 E2
Wittlich 94 E4
Woerden 94 C2
Woëvre 100-101 F2
Woking 96-97 F6
Woldingham 98C C4
Wolfenbüttel 102 D2
Wolf Lake 55B
Wolfsbourg 102 D2
Wolin 102 F2
Wolkenstein 110-111 C1 D1
Wollaston, lac 42-43 H4
Wollaston, péninsule de 42-43 G3
Wollongong 146-147 F5
Wolverhampton 96-97 E5
Wonju 140A A2 B2
Wonsan 142 B3
Woodbridge 64C A4
Wood Buffalo, parc national 49D
Woodford 98C C2
Wood Green 98C B2
Woodham 98C A4
Wood Haven 64C C3
Woodland 63A B2 C2
Woodland Caribou, parc provincial 49D
Woodlands 141C A1 B1
Woodlark 146-147 F2
Woodmere 64C D3
Woolwich 98C C2
Worcester (Afrique du Sud) 152-153 E8 F8
Worcester (É.-U.) 64B
Worcester (R.-U.) 96-97 E5
Workington 96-97 E4
Wormley 98C C1
Worms 102 C4
Worthing 96-97 F6
Wowoni 134-135 G6
Wrangel 116-117 T2
Wrangell 42-43 E4
Wrangell, monts 42-43 D3
Wrath, cap 96-97 D2
Wrexham 96-97 E5
Wrigley 42-43 F3
Wrocław 82-83 F3
Wrotham 98C D4
Wudu 138-139 G5
Wuhai 138-139 H4
Wuhan 138-139 I5 J5
Wuhu 138-139 J5
Wuppertal 102 B3
Würzbourg 102 C4 D4
Wushan 138-139 H5
Wutongqiao 138-139 G6
Wuwei 138-139 G4
Wuxi 138-139 J5 K5
Wuzhi Shan 138-139 H8 I8
Wuzhou 138-139 I7
Wye 96-97 E6
Wylfa 97D
Wyndham 146-147 C3
Wyoming 58-59 E3
Wyvis, ben 96-97 D3

X

Xaidulla 138-139 B4
Xaignabouri 134-135 C2
Xainza 138-139 D5
Xam Nua 134-135 C1
Xankändi 114-115 J8
Xánthi 112-113 H5
Xàtiva 108-109 E3
Xay 134-135 C1
Xiamen 138-139 J7
Xi'an 138-139 H5
Xiang 138-139 I6
Xiangfan 138-139 I5
Xiangtan 138-139 I6
Xiaolan 141A A2
Xiapu 138-139 K6
Xichang 138-139 G6
Xigazê 138-139 D6
Xi Jiang 138-139 I7
Ximiao 138-139 G3
Xingtai 138-139 I4 J4
Xingu 72 E3
Xining 138-139 G4
Xinjiang Uygur 138-139 C3 D3
Xintang 141A B1
Xinxiang 138-139 I4
Xinyang 138-139 I5 J5
Xizang 138-139 C5 D5
Xochimilco 67A
Xuchang 138-139 I5 J5
Xuyong 138-139 H6
Xuzhou 138-139 J5

Y

Yabrin 130 E5
Yacyretá, barrage de 73 E5
Yagradagzê Shan 138-139 E4 F4
Yaku 142 C4
Yala 134-135 C4
Yalong Jiang 138-139 G5 G6
Yalova 112-113 J5
Yalta 114-115 G7
Yalu Jiang 138-139 L3
Yamaguchi 142 C4
Yamaska, parc de la 54A
Yamato 143C
Yamdena 134-135 I7
Yamoussoukro 152-153 C4
Yampi Sound 146-147 C3
Yamuna 132 D4 E4
Yamzho Yumco 138-139 D6
Yanahara 143A B2
Yanbu al Bahr 130 C5
Yanchi 138-139 H4
Yangjiang 138-139 I7
Yangon 134-135 B2
Yangquan 138-139 I4
Yangzijiang 138-139 G6 I5
Yanji 138-139 L3
Yanjinghong 138-139 G7
Yanqi 138-139 D3
Yantai 138-139 K4
Yanzhou 138-139 J4
Yao 143B
Yao, aéroport de 143B
Yaoundé 152-153 E4
Yaouza 120F C2
Yap 144-145 H16
Yap, fosse de 134-135 J4
Yapen 134-135 J6
Yapen, détroit de 134-135 J6
Yaqui 58-59 E6
Yare 96-97 G5
Yarkand 138-139 B4
Yarkant He 138-139 B4
Yarmouk 129 C3
Yathkyed, lac 42-43 I3
Yatsushiro 142 C4
Yavarí 72 C3
Yavi, cerro 68 F5
Ya Xian 138-139 H8
Yazd 130 F3
Yazoo 58-59 H5
Ye 134-135 B2
Yecla 108-109 E3
Yell 96-97 F1
Yellowknife 42-43 G3
Yellowstone, parc national 58-59 D3 E3
Yellowstone River 58-59 E2
Yémen 126-127 G8
Yeovil 96-97 E6
Yerres (rivière) 99C D4
Yerres (ville) 99C C4
Yeşilırmak 128 D1
Yeu 100-101 B3
Yi'an 138-139 L2
Yibin 138-139 G6
Yichang 138-139 I5
Yichun 138-139 L2
Yiewsley 98C A2
Yıldız, monts 112-113 I4 J5
Yiliang 138-139 G7
Yinchuan 138-139 G4 H4
Yingkou 138-139 K3
Yining 138-139 C3
Yitulihe 138-139 K1
Yli-Kitka, lac 92-93 I2
Yme 91 D2
Yobe 160C4
Yodo 143B
Yogyakarta 134-135 D7 E7
Yoho, parc national 49D
Yoho, parc provincial 49D
Yokadouma 158-159A E4
Yokkaichi 142 D3 D4
Yokohama 142 D3
Yokosuka 142 D3 E3
Yola 152-153 E4
Yonago 142 C3
Yonezawa 142 D3 E3
Yongding 138-139 J7
Yonkers 64B
Yonne (département) 99A
Yonne (rivière) 100-101 E3 E2
York (É.-U.) 58-59 K4
York (R.-U.) 96-97 F5
York, cap (Australie) 146-147 E3
York, cap (Groenland) 42-43 K2 L2
York, détroit d' 146-147 C3
Yorke 146-147 D5
Yorkshire 97C
Yorkshire Moors 96-97 F4
Yorkshire Wolds 96-97 F4 F5
Yorkton 42-43 H4
Yoro 143C
Yosemite, parc national 58-59 C4
Yoshino 143A B2
Yos Sudarso 134-135 J7
Yosu 140A A2
Yotvata 129 A6 B6
Yougor, détroit de 114-115 L2 M2
Yougoslavie 82-83 F4 G4
Youngstown 58-59 J3 K3
Youssoufia 156 C2
Ypres 94 A4
Yreka 63A B1
Yser 94 A4
Ystad 92-93 E5
Ysyk-Köl 116-117 I5
Yuan Jiang 138-139 I6
Yuanling 138-139 H6 I6
Yuba 63A C2
Yuba City 63A C2
Yubari 142 E2
Yucatán (État) 66A
Yucatán (péninsule) 58-59 H8 I7
Yucatán, détroit du 68 B2
Yuen Long 141D
Yukon 40-41 E3
Yukon, territoire du 42-43 E3
Yuli 140D B2
Yulin (Guangxi) 138-139 I7
Yulin (Shaanxi) 138-139 H4
Yuma 58-59 D5
Yumen 138-139 F4
Yuncheng 138-139 I4
Yungas 72 D4
Yunnan 138-139 F7 G7
Yunxian 138-139 I5
Yu Shan 140D A2
Yutian 138-139 C4
Yvelines 99A
Yverdon-les-Bains 104-105 B2
Yvetot 100-101 D2
Yvette 99C A4

Z

Za 156 E2
Zaandam 94 C2 D2
Zabid 130 D7
Zacapa 67B
Zacatecas (État) 66A
Zacatecas (ville) 58-59 F7
Zadar 112-113 C3
Zadetkyi 134-135 B3
Zafra 108-109 B3
Zagharta 129 B1 C1
Zagora 156 D3
Zagreb 112-113 D3
Zagros, monts F3
Zahedan 126-127 I7
Zahle 129 B2 C2
Zaïsan 138-139 C2
Zaïsan, lac 116-117 J5
Zaječar 112-113 F4 G4
Zakamensk 138-139 G1
Zala 112-113 D2
Zalaegerszeg 112-113 D2
Zalău 112-113 G2
Zaltbommel 94 D3
Zamakh 130 E6
Zambèze 150-151 F6 G6
Zambie 152-153 F6 G6
Zamboanga 134-135 G4
Zamora 108-109 C2
Záncara 108-109 D3
Zandvoort 94 C2
Zanjan 114-115 J8
Zante (île) 112-113 F7
Zante (ville) 112-113 F7
Zanzibar (île) 150-151 G5 H5
Zanzibar (ville) 152-153 G5 H5
Zaporijia 114-115 G6 H6
Zaqazig 130 B3
Zarafchon 116-117 H5 H6
Zarka (rivière) 129 B3 C3
Zarka (ville) 129 C3
Zary 102 F3
Zarzaïtine 158-159A E2
Žatec 102 E3
Zaventem 94 C4
Zeebrugge 94 B3
Zefat 129 B3
Zeïa 116-117 N4
Zeil, mont 146-147 D4
Zeila 152-153 H3
Zeist 94 D2
Zélande 94 B3
Zelenograd 114-115 H4
Zella 106-107 H6
Zell am See 102 E5
Zell am Ziller 102 D5
Zelten 152-153 E2
Zelzate 94 B3
Zembra 110-111 C6
Zemmour 156 B4 C4
Zemplén, monts 112-113 F2
Zenica 112-113 D3 E3
Žepa 112-113 E3
Zermatt 104-105 C2
Zernez 104-105 F2
Zevenaar 94 E3
Zêzere 108-109 B2
Zhangjiakou 138-139 I3 J3
Zhangmutou 141A C2
Zhangye 138-139 G4
Zhanjiang 138-139 I7
Zhaotong 138-139 G6
Zhaxigang 138-139 B5 C5
Zhejiang 138-139 J6 K6
Zhengzhou 138-139 I4 I5
Zhob 132 B3
Zhongba 138-139 C5 C6
Zhongdian 138-139 F6 G6
Zhongning 138-139 H4
Zhongzhan 141A A2 B2
Zhoucun 138-139 J4
Zhoushan, îles 138-139 K5 K6
Zhuhai 141A B3
Zhushan 138-139 I5
Zhuzhou 138-139 I6
Zhéleznodorojnyi 120F D2
Zierikzee 94 B3
Zigong 138-139 G6
Ziguinchor 152-153 B3
Zimbabwe (État) 152-153 F6 G6
Zimbabwe (ruine) 152-153 G7
Zinder 152-153 D3
Zingst 102 E1
Zittau 102 F3
Ziz 156 D3
Zlatooust 114-115 L4
Zoetermeer 94 C2
Zofingen 104-105 C1
Zongo 158-159A E4
Zonguldak 128 C1
Zouérate 156 B5 C5
Zoug 104-105 D1
Zoug, lac de 104-105 D1
Zrenjanin 112-113 F3
Zugspitze 102 D5
Zújar 108-109 C3
Zumbo 152-153 G6
Zunyi 138-139 H6
Zuoz 104-105 E2
Zürich 104-105 D1
Zürich, lac de 104-105 D1
Zutphen 94 E2
Zuwara 106-107 G5
Zvornik 112-113 E3
Zweibrücken 102 B4
Zweisimmen 104-105 C2
Zwickau 102 E3
Zwiesel 102 E4
Zwijndrecht 94 C3
Zwolle 94 F2
Zyrian 138-139 C2
Zyrianka 116-117 Q3

1e Cataracte 106-107 K7
2e Cataracte 150-151 F2 G2
3e Cataracte 150-151 G4
4e Cataracte 150-151 G4
5e Cataracte 150-151 G4
6e Cataracte 150-151 G4
80 miles, plage des 146-147 B3 C

Terme	Signification
Adrar [Ber.]	colline, montagne
Aïn [Ar.]	source
Alföld [Hong.]	plaine
Anger [Norv.]	baie étroite
Arena [Esp.]	sable, plage
Bab [Ar.]	détroit
Bad [Hin.]	ville
Bahía [Esp., Port.]	baie
Bahr [Ar.]	rivière, lac, baie
Balkan [Bl.]	montagne
Bandar [Per., Ar.]	port
Banja [Sc.]	bain
Banská [Tch.]	mont
Bărăgan [Roum.]	steppe, plaine
Beach [Angl.]	plage
Belt [Dan.]	détroit
Ben [Gaél.]	mont
Bir [Ar.]	source
Boca [Port., Esp.]	embouchure
Bog [Angl.]	marais
Bolsón [Esp.]	bassin
Börde [All.]	plaine fertile
Borough [Angl.]	village, ville
Bre [Norv.]	glacier
Buri [Th.]	ville
By [Dan., Norv., Su.]	ville, village
Caatinga [Bré.]	bois
Cabeza [Esp.]	montagne, sommet
Cabo [Port., Esp.]	cap
Campagna [It.]	champ, région, pays
Campo [Port., Esp., It.]	champ
Cañada [Esp.]	col, vallée
Cerro [Esp.]	colline, hauteur escarpée
Chaco [Esp.]	plaine
Channel [Angl.]	canal, bras de mer
Chapada [Port.]	plateau
Chatt [Ar.]	rivière
Chiang [Th.]	ville
Chott [Ar.]	lac salé
Cima [Port., Esp., It.]	sommet
Cîmp [Roum.]	plaine, champ
Città [It.]	ville
Ciudad [Esp.]	ville
Coast [Angl.]	côte
Colle [It.]	col, colline
Colorado [Esp.]	coloré
Cordillera [Esp.]	chaîne de montagne
Costa [Esp.]	côte, rivage
Cuchilla [Esp.]	chaîne de montagne
Dağ [Tu.]	montagne
Dar [Ar.]	région
Daria [Turk.]	rivière
Debra [Amh.]	colline
Desh [Hin., Ou.]	pays
Djebel [Ar.]	montagne
Erdeyen [Ber.]	désert de sable
Embalse [Esp.]	lac de barrage
Erg [Ar.]	désert de sable
Fall [Angl.]	chute, cataracte
Fell [Isl.]	montagne
Firth [Angl.]	bras de mer, baie
Fjäll [Su.]	mont, montagne
Fjord [Dan., Norv., Su.]	bras de mer, baie
Fjördhur [Isl.]	bras de mer, baie
Fonn [Norv.]	glacier
Förde [All.]	golfe
Foreland [Angl.]	langue de terre, cap
Fors [Su.]	chute d'eau
Gaissa [Lapon]	sommet de montagne
Gate [Angl.]	porte
Gavan [Rs.]	port
Ghât [Hin., Ou.]	col
Ghor [Ar.]	dépression, plaine
Gobi [Mon.]	désert
Gora [Bl., Sc., Rs.]	montagne
Gorod [Rs.]	ville
Gorsk [Rs.]	ville
Góry [Pol.]	montagne
Grad [Bl., Sc., Rs.]	ville
Gunung [Ind.]	montagne
Hai [Ch.]	baie, golfe
Haff [All.]	lagune
Hammada [Ar.]	plateau (dans les déserts)
Hamn [Norv., Su.]	port
Harbour [Angl.]	port
Hassi [Ar.]	source
He [Ch.]	rivière
Heights [Angl.]	hauteurs
Hetta [Norv.]	mont
Highway [Angl.]	autoroute
Höfn [Isl.]	port
Holm [Dan., Norv.]	île
Horn [All.]	sommet
Huk [Dan., Norv., Su.]	point
Huta [Pol.]	haut-fourneau, fonderie
Inlet [Angl.]	anse, crique
Irmak [Tu.]	fleuve
Isla [Esp.]	île
Island [Angl.]	île
Isle [Angl.]	île
Järvi [Fin.]	lac
Jiang [Ch.]	rivière
Joki [Fin.]	rivière
Jökull [Isl.]	glacier
Kaise [Lapon]	mont
Kanat [Per.]	canal d'irrigation souterrain
Kaupunki [Fin.]	ville
Khangaï [Mon.]	région boisée
Khoi [Rs.]	toundra
Kita [Jap.]	nord
Klint [Dan., Norv., Su.]	falaise
Köbing [Dan.]	petite localité
Koul [Tdj.]	lac
Koum [Turk.]	désert sableux
Koh [Hin., Ou.]	mont
Kong [Th.]	rivière
Koog [All.]	polder
Köping [Su.]	marché, village
Koski [Fin.]	chute d'eau
Kota [Ind., Ml.]	ville
Krasno [Rs.]	rouge
Kuala [Ind., Ml.]	embouchure
Kuh [Per.]	mont, montagne
Kumpu [Fin.]	colline
Lago [It., Port., Esp.]	lac
Lagoa [Port.]	lac
Ling [Ch.]	chaîne de montagne
Linna [Fin.]	château
Llano [Esp.]	plaine, steppe
Loch, Lough [Gaél.]	lac, baie
Mar [Esp., Port.]	mer
Mark [Dan., Norv., Su.]	région, pays
Marsa [Ar.]	baie, port
Marschen [All.]	marais
Mato [Port.]	bois, buissons épais
Monte[s] [Esp., Port.]	mont, montagne
Moor [Angl.]	lande, marais
Moos [All.]	marais, fagnes
Most [Tch.]	pont
Mount [Angl.]	sommet, mont
Nagar [Hin., Ou.]	ville
Nakhon [Th.]	ville
Nam [Th.]	rivière
Nefoud [Ar.]	désert de sable
Nes [Isl., Norv.]	langue de terre
Nevada [Esp.]	enneigé
Nur [Mon.]	lac
Nusa [Hin., Ou.]	île
Oust [Rs.]	embouchure
Oros [Gr.]	montagne
Ostrov [Bl., Tch., Rs.]	île
Otok [Sc.]	île
Øy [Norv.]	île
Øya [Norv.]	île
Pais [Port.]	pays, région
Pampa [Esp.]	plaine herbeuse
Pantanal [Port.]	marais
Pantano [Esp.]	marais, lac de barrage
Parbat [Hin., Ou.]	mont, montagne
Peak [Angl.]	sommet, pic
Peña [Esp.]	rocher, falaise
Phnom [Kh.]	mont
Pico [Esp., Port.]	mont, sommet
Piz [It.]	mont, sommet
Pizzo [It.]	mont, sommet
Plain [Angl.]	plaine
Planina [Sc., Bl.]	montagne
Plata [Esp.]	argent
Playa [Esp.]	côte, plage
Point [Angl.]	cap, langue de terre
Polis [Gr.]	ville
Polje [Sc.]	plaine, dépression, bassin
Pool [Angl.]	lac, étang
Porto [It.]	port
Pôrto [Port.]	port
Pradesh [Hin.]	État
Pueblo [Esp.]	village, ville
Puerto [Esp.]	port
Puig [Cat.]	sommet, pic
Punta [Esp., It.]	cap, isthme
Pur [Hin., Ou.]	ville
Range [Angl.]	chaîne de montagne
Ras [Ar., Per.]	cap
Reef [Angl.]	récif
Ria [Esp., Port.]	embouchure, golfe, baie
Rio [Esp., It., Port.]	rivière
Riviera [It.]	côte
Salar [Esp.]	marais salé, plaine salée
Salina [Esp.]	marais salé, plaine salée
Sap [Kh.]	eau douce, lac
Sasso [It.]	sommet, mont
Sebkra [Ar.]	marais salé
Sehir [Tu.]	ville
Selkä [Fin.]	montagne
Selva [Esp.]	forêt, bois
Serir [Ar.]	désert de cailloux
Serra [Port.]	chaîne de montagne
Serrania [Esp.]	chaîne de montagne
Shan [Ch.]	chaîne de montagne
Shima [Jap.]	île
Shire [Angl.]	comté
Shui [Ch.]	rivière
Sierra [Esp.]	mont, chaîne de montagne
Skog [Norv., Su.]	bois
Sông [Ann.]	rivière
Sound [Angl.]	détroit
Spitze [All.]	sommet, pic
Stadhur [Isl.]	ville
Sund [Dan., Norv., Su.]	détroit
Tag [Turk.]	mont, montagne
Tassili [Ber.]	plateau
Temir [Tu.]	fer
Tenggara [Ind.]	sud-est
Tierra [Esp.]	pays
Tîrg [Roum.]	marché, ville
Tjåkko [Lapon]	mont
Tonlé [Kh.]	lac
Tsaidam [Mon.]	marais salé
Tunturi [Fin.]	mont
Ujung [Hin., Ml.]	cap
Umm [Ar.]	source
Vaara [Fin.]	colline, mont
Varos [Hong.]	ville
Vidda [Norv.]	plateau
Vik [Isl., Su.]	baie
Vila [Port.]	ville
Villa [It., Esp.]	ville, village
Wadi [Ar.]	lit de rivière à sec
Wald [All.]	forêt
Windward [Angl.]	côté du vent
Wold [Angl.]	lande, colline
Yama [Jap.]	mont
Zemlia [Rs.]	terre, région
Zhuang [Ch.]	village

Abréviations des langues

Abr.	Langue
[All.]	Allemand
[Amh.]	Amharique
[Angl.]	Anglais
[Ann.]	Annamite
[Ar.]	Arabe
[Ber.]	Berbère
[Bl.]	Bulgare
[Bré.]	Brésilien
[Cat.]	Catalan
[Ch.]	Chinois
[Dan.]	Danois
[Esp.]	Espagnol
[Fin.]	Finnois
[Gaél.]	Gaélique
[Gr.]	Grec
[Hin.]	Hindou
[Hong.]	Hongrois
[Ind.]	Indonésien
[Isl.]	Islandais
[It.]	Italien
[Jap.]	Japonais
[Kh.]	Khmer
[Lapon]	Lapon
[Ml.]	Malais
[Mon.]	Mongol
[Norv.]	Norvégien
[Ou.]	Ourdou
[Per.]	Perse
[Pol.]	Polonais
[Port.]	Portugais
[Roum.]	Roumain
[Rs.]	Russe
[Sc.]	Serbo-croate
[Su.]	Suédois
[Tch.]	Tchèque/Slovaque
[Tdj.]	Tadjik
[Th.]	Thaï
[Turk.]	Turkmène
[Tu.]	Turc

A

Abadan	30.20 N	48.16 E
Abidjan	5.19 N	4.01 O
Abou Dhabi	24.28 N	54.22 E
Abuja	9.10 N	7.06 E
Acapulco	16.51 N	99.55 O
Accra	5.33 N	0.15 O
Achgabat	37.57 N	58.23 E
Aconcagua, mont	32.38 S	70.00 O
Adana	37.05 N	35.20 E
Addis Abeba	9.03 N	38.50 E
Adélaïde	34.56 S	138.36 E
Aden	12.48 N	45.00 E
Agra	27.18 N	78.00 E
Ahmadabad	23.04 N	72.38 E
Aix-la-Chapelle	50.47 N	6.05 E
Ajaccio	41.55 N	8.43 E
Albany	42.40 N	73.50 O
Alep	36.10 N	37.18 E
Alexandrie	31.13 N	29.55 E
Alger	36.50 N	3.00 E
Alicante	38.21 N	0.29 O
Alice Springs	23.42 S	133.52 E
Allahabad	25.32 N	81.53 E
Almaty	43.15 N	76.57 E
Alost	50.56 N	4.02 E
Amboine	3.45 S	128.17 E
Amman	31.57 N	35.57 E
Amritsar	31.43 N	74.52 E
Amsterdam	52.21 N	4.54 E
Anchorage	61.12 N	149.48 O
Andorre	42.30 N	1.32 E
Angkor, ruines	13.52 N	103.50 E
Ankara	39.55 N	32.50 E
Annapurna, mont	28.34 N	83.50 E
Anshan	41.00 N	123.00 E
Antananarivo	18.52 S	47.30 E
Antofagasta	23.32 S	70.21 O
Anvers	51.13 N	4.25 E
Apia	13.48 S	171.45 O
Aqaba	29.31 N	35.00 E
Ararat, mont	39.50 N	44.20 E
Århus	56.10 N	10.13 E
Arlon	49.34 N	5.32 E
Ascencion	8.00 S	14.15 O
Asmara	15.20 N	38.53 E
Assouan	24.05 N	32.53 E
Asunción	25.25 S	57.30 O
Athènes	38.00 N	23.44 E
Atlanta	33.45 N	84.23 O
Auckland	36.52 S	174.46 E
Austin	30.15 N	97.42 O

B

Bagdad	33.14 N	44.20 E
Baguio	16.24 N	120.36 E
Bakou	40.22 N	49.53 E
Bâle	47.33 N	7.36 E
Baltimore	39.20 N	76.38 O
Bamako	13.28 N	7.59 O
Banda Aceh	5.10 N	95.10 E
Bandar Seri Begawan	5.00 N	114.59 E
Bandung	7.00 S	107.22 E
Bangalore	13.03 N	77.39 E
Bangkok	13.50 N	100.29 E
Bangui	4.23 N	18.37 E
Banjarmasin	3.18 S	114.32 E
Banjul	13.28 N	16.39 O
Baotou	40.28 N	110.10 E
Barcelone	41.25 N	2.10 E
Bari	41.07 N	16.52 E
Basilan	6.37 N	122.07 E
Basra	30.30 N	47.47 E
Bassein	16.46 N	94.47 E
Bastia	42.41 N	9.26 E
Bastogne	50.00 N	5.43 E
Bata	1.51 N	9.46 E
Batangas	13.45 N	121.04 E
Battambang	13.14 N	103.15 E
Beijing	39.55 N	116.23 E
Beira	19.49 S	34.52 E
Belém	1.18 S	48.27 O
Belfast	54.35 N	5.56 O
Belgrade	44.50 N	20.30 E
Belmopan	17.15 N	88.47 O
Belo Horizonte	19.54 S	43.56 O
Benghazi	32.07 N	20.04 E
Bengkulu	3.46 S	102.18 E
Bergen	60.23 N	5.20 E
Berlin	52.32 N	13.25 E
Berne	46.57 N	7.26 E
Bhamo	24.00 N	96.15 E
Bhopal	23.20 N	77.25 E
Bichkek	42.54 N	74.36 E
Bilbao	43.15 N	2.56 O
Birmingham	52.30 N	1.50 O
Bissau	11.52 N	15.39 O
Blanc, mont	45.50 N	6.52 E
Blankenberge	51.19 N	3.08 E
Blantyre	15.46 S	35.00 E
Bobo-Dioulasso	11.11 N	4.18 O
Bogor	6.45 S	106.45 E
Bogotà	4.38 N	74.06 O
Bologne	44.30 N	11.20 E
Bombay	18.58 N	72.50 E
Bonn	50.44 N	7.06 E
Bordeaux	44.50 N	0.34 O
Bosphore, détroit du	41.06 N	29.04 E
Boston	42.15 N	71.07 O
Bouaké	7.42 N	5.00 O
Brasília	15.49 S	47.39 O
Bratislava	48.10 N	17.10 E
Brazzaville	4.14 S	15.14 E
Brême	53.05 N	8.48 E
Brenner, col du	47.00 N	11.30 E
Brest	48.24 N	4.29 O

Brisbane	27.30 S	153.00 E
Bristol	51.27 N	2.35 O
Brno	49.13 N	16.40 E
Bruges	51.13 N	3.14 E
Bruxelles	50.50 N	4.21 E
Bucarest	44.25 N	26.07 E
Budapest	47.30 N	19.03 E
Buenos Aires	34.20 S	58.30 O
Buffalo	42.54 N	78.51 O
Bujumbura	3.22 S	29.19 E
Bukavu	2.30 S	28.50 E

C

Caen	49.11 N	0.21 O
Cagayan de Oro	8.13 N	124.30 E
Cágliari	39.13 N	9.07 E
Cairns	16.51 S	145.43 E
Calais	50.57 N	1.50 E
Calbayog	12.04 N	124.36 E
Calcutta	22.32 N	88.22 E
Calgary	51.03 N	114.05 O
Cali	3.26 N	76.30 O
Cam Ranh	11.54 N	109.09 E
Camagüey	21.23 N	77.55 O
Cameroun, mont	4.12 N	9.11 E
Canberra	35.18 S	149.08 E
Can Tho	10.02 N	105.47 E
Canton	40.50 N	81.23 O
Caracas	10.30 N	66.58 O
Cardiff	51.29 N	3.13 O
Casablanca	33.39 N	7.35 O
Catane	37.31 N	15.04 E
Cayenne	4.56 N	52.18 O
Cebu	10.22 N	123.49 E
Cervin, mont	45.59 N	7.39 E
Chandigarh	30.51 N	77.13 E
Changchun	43.55 N	125.25 E
Charleroi	50.25 N	4.27 E
Charlottetown	46.14 N	63.08 O
Chengdu	30.30 N	104.10 E
Chiang Mai	18.38 N	98.44 E
Chicago	41.49 N	87.37 O
Chicoutimi	48.26 N	71.04 O
Chiraz	29.32 N	52.27 E
Chişinău	47.00 N	28.50 E
Chittagong	22.26 N	90.51 E
Chongqing	29.38 N	107.30 E
Christchurch	43.33 S	172.40 E
Churchill	58.47 N	94.12 O
Cincinnati	39.08 N	84.30 O
Cirebon	6.50 S	108.33 E
Ciudad Juárez	31.44 N	106.28 O
Clermont-Ferrand	45.47 N	3.05 E
Cleveland	41.30 N	81.42 O
Cochin	9.58 N	76.19 E
Coimbatore	11.03 N	76.56 E
Cologne	50.56 N	6.55 E
Colombo	6.58 N	79.52 O
Columbus	40.00 N	83.00 O
Conakry	9.31 N	13.43 O
Concepción	36.51 S	72.59 O
Constanța	44.12 N	28.40 E
Constantine	36.22 N	6.40 E
Cook, mont	43.37 S	170.08 E
Copenhague	55.40 N	12.35 E
Córdoba	30.20 S	64.03 O
Cork	51.54 N	8.28 O
Cotonou	6.24 N	2.31 E
Courtrai	50.50 N	3.17 E
Cracovie	50.03 N	19.55 E
Curitiba	25.20 S	49.15 O
Cuzco	13.36 S	71.52 O

D

Da Lat	11.56 N	108.25 E
Da Nang	16.08 N	108.22 E
Dakar	14.38 N	17.27 O
Dallas	32.45 N	96.48 O
Damas	33.31 N	36.18 E
Damavand, mont	36.05 N	52.05 E
Dammaam	26.27 N	49.59 E
Dardanelles, détroit des	40.05 N	25.50 E
Dar-es-Salam	6.51 S	39.18 E
Darwin	12.28 S	130.50 E
Davao	7.05 N	125.30 E
Debrecen	47.30 N	21.37 E
Delhi	28.54 N	77.13 E
Denpasar	8.35 S	115.10 E
Denver	39.44 N	104.59 O
Detroit	42.22 N	83.10 O
Dhaka	23.45 N	90.29 E
Dhaulagiri, mont	28.42 N	83.31 E
Dien Bien Phu	21.38 N	102.49 E
Dijon	47.19 N	5.02 E
Dili	8.35 S	125.35 E
Djedda	21.30 N	39.15 E
Djerba	33.52 N	10.51 E
Djibouti	11.36 N	43.09 E
Dniepropetrovsk	48.27 N	34.59 E
Dodoma	6.10 S	35.40 E
Doha	25.02 N	51.28 E
Donetsk	48.00 N	37.48 E
Dortmund	51.32 N	7.27 E
Douala	4.04 N	9.43 E
Douchanbe	38.38 N	68.51 E
Douglas	54.09 N	4.28 O
Dresde	51.03 N	13.45 E
Dublin	53.20 N	6.15 O
Dubrovnik	42.40 N	18.07 E
Duisbourg	51.25 N	6.46 E
Duluth	46.50 N	92.07 O
Dunedin	45.52 S	170.30 E
Dunkerque	51.03 N	2.22 E
Durban	29.53 S	31.00 E
Düsseldorf	51.13 N	6.47 E

E

Édimbourg	55.57 N	3.12 O
Edmonton	53.33 N	113.28 O
Eilat	29.34 N	34.57 E
Eindhoven	51.26 N	5.30 E
Elbrouz, mont	36.00 N	52.00 E
Elgon, mont	1.08 N	34.33 E
El Paso	31.47 N	106.27 O
Erevan	40.11 N	44.30 E
Esch	49.32 N	6.00 E
Essen	51.26 N	6.59 E
Etna, volcan	37.45 N	15.00 E
Ettelbruck	49.52 N	6.05 E
Eureka	80.15 N	85.00 O
Éverest, mont	28.00 N	86.57 E

F

Fairbanks	64.50 N	147.50 O
Faisalabad	31.29 N	73.06 E
Faro	37.01 N	7.56 O
Florence	43.47 N	11.15 E
Fortaleza	3.35 S	38.31 O
Fort-de-France	14.37 N	61.06 O
Fort Lauderdale	26.07 N	80.09 O
Francfort	50.06 N	8.41 E
Fredericton	45.57 N	66.40 O
Freetown	8.30 N	13.17 O
Fuji, mont	35.23 N	138.44 E
Funchal	32.38 N	16.54 O
Fushun	41.50 N	124.00 E
Fuzhou	26.02 N	119.18 E

G

Gaborone	24.45 S	25.55 E
Gand	51.02 N	3.42 E
Gaoxiong	22.35 N	120.25 E
Gaspé	48.50 N	64.29 O
Gaza	31.30 N	34.29 E
Gdańsk	54.22 N	18.41 E
General Santos	6.07 N	125.11 E
Gênes	44.24 N	8.56 E
Genève	46.13 N	6.09 E
Genk	50.58 N	5.30 E
Georgetown (Guyana)	7.45 N	58.04 O
Georgetown (Îles Cayman)	19.18 N	81.23 E
Gibraltar	36.08 N	5.22 O
Glasgow	53.52 N	4.14 O
Göteborg	57.45 N	12.00 E
Graz	47.05 N	15.22 E
Grenoble	45.10 N	5.43 E
Griz Nez, cap	50.52 N	1.35 E
Groningue	53.13 N	6.35 E
Guadalajara	20.41 N	103.21 O
Guaíra, chutes	24.03 S	44.02 O
Guangzhou	23.07 N	113.15 E
Guantánamo	20.10 N	75.10 O
Guatemala	14.37 N	90.32 O
Guayaquil	2.16 S	79.53 O
Gwadar	25.15 N	62.29 E

H

Haïderabad (Inde)	17.29 N	79.28 E
Haïderabad (Pakistan)	25.29 N	68.28 E
Haifa	32.48 N	35.00 E
Haikou	20.00 N	110.20 E
Haiphong	20.52 N	106.40 E
Halifax	44.39 N	63.36 O
Hambourg	53.33 N	10.00 E
Hamilton	43.15 N	79.52 O
Hangzhou	30.17 N	120.12 E
Hanoi	21.04 N	105.50 E
Hanovre	52.24 N	9.44 E
Harare	17.50 S	31.03 E
Harbin	45.40 N	126.30 E
Hasselt	50.56 N	5.20 E
Hatteras, cap	35.14 N	75.31 O
Héligoland	54.09 N	7.52 E
Helsinki	60.08 N	25.00 E
Héraklion	35.20 N	25.12 E
Herat	34.28 N	62.13 E
Hermon, mont	33.26 N	35.51 E
Hiroshima	34.22 N	132.25 E
Hô Chi Minh-Ville	10.46 N	106.34 E
Homs	34.42 N	36.52 E
Hongkong	21.45 N	115.00 E
Honolulu	21.25 N	157.50 O
Horn, cap	56.00 S	67.00 O
Houston	29.46 N	95.21 O
Howrah	22.33 N	88.20 E
Huascarán, mont	9.05 S	77.50 O
Hué	16.28 N	107.42 E
Hungnam	39.57 N	127.35 E

I

Iakoutsk	62.10 N	129.50 E
Ibadan	7.23 N	3.56 E
Ibiza	38.54 N	1.26 E
Iekaterinbourg	56.50 N	60.30 E
Iebo	4.19 N	20.35 E
Ilimani, mont	16.50 S	67.38 O
Iloilo	10.49 N	112.33 E
Imphal	24.42 N	94.00 E
Indianapolis	39.45 N	86.08 O
Innsbruck	47.17 N	11.25 E
Inuvik	68.40 N	134.10 O
Ipoh	4.45 N	101.05 E
Irkoutsk	52.16 N	104.20 E
Iskenderun	36.45 N	36.15 E
Ispahan	32.38 N	51.30 E
Istanbul	41.02 N	29.00 E

Ivalo	68.40 N	27.40 E
Izmir	38.25 N	27.05 E

J

Jaffna	9.44 N	80.09 E
Jaipur	27.00 N	75.50 E
Jakarta	6.17 S	106.45 E
Jamshedpur	22.52 N	86.11 E
Jéricho	31.51 N	35.28 E
Jérusalem	31.46 N	35.14 E
Jinan	36.40 N	117.01 E
Jodhpur	26.23 N	73.00 E
Johannesburg	26.10 S	28.02 E
Jungfrau, mont	46.33 N	7.58 E

K

K2, mont	36.06 N	76.38 E
Kaboul	34.39 N	69.14 E
Kagoshima	31.35 N	130.31 E
Kalemie	5.56 S	29.12 E
Kaliningrad	54.43 N	20.30 E
Kamina	8.44 S	25.00 E
Kampala	0.20 N	32.35 E
Kampot	10.41 N	104.07 E
Kananga	5.53 S	22.26 E
Kanchenjunga, mont	27.30 N	88.18 E
Kandahar	31.43 N	65.58 E
Kandy	7.18 N	80.42 E
Kanpur	26.00 N	82.45 E
Kansas City	39.06 N	94.39 O
Karachi	24.59 N	68.56 E
Karaghandy	49.50 N	73.10 E
Karakoram, col de	35.35 N	77.45 E
Katmandou	27.49 N	85.21 E
Kazan	55.49 N	49.08 E
Kenya, mont	0.10 S	37.20 E
Kerinci, mont	1.45 S	101.18 E
Key West	24.33 N	81.46 O
Kharkiv	50.00 N	36.15 E
Khartoum	15.33 N	32.32 E
Khon Kaen	16.26 N	102.50 E
Khulna	22.50 N	89.38 E
Khyber, col de	34.28 N	71.18 E
Kiel	54.20 N	10.08 E
Kiev	50.25 N	30.30 E
Kigali	1.56 S	30.04 E
Kikwit	5.02 S	18.51 E
Kilimandjaro, mont	2.50 S	35.15 E
Kinabalu, mont	5.45 N	115.26 E
Kingston	18.00 N	76.45 O
Kinshasa	4.18 S	15.18 E
Kirkuk	35.28 N	44.22 E
Kisangani	0.33 N	25.14 E
Kismayou	0.22 S	42.31 E
Kisumu	0.08 S	34.47 E
Kitakyushu	34.15 N	130.23 E
Kongur Shan, mont	38.20 N	75.28 E
Kota Kinabalu	5.55 N	116.05 E
Koweit	29.04 N	47.59 E
Krasnoïarsk	56.01 N	92.50 E
Kuala Lumpur	3.08 N	101.42 E
Kuala Terengganu	5.20 N	103.08 E
Kuching	1.30 N	110.26 E
Kunming	25.10 N	102.50 E
Kyoto	35.00 N	135.46 E

L

Lagos	6.27 N	3.28 E
La Havane	23.08 N	82.23 O
La Haye	52.07 N	4.17 E
La Louvière	50.28 N	4.11 E
La Mecque	21.27 N	39.45 E
La Nouvelle-Orléans	30.00 N	90.05 O
Lanzhou	35.55 N	103.55 E
La Paz	16.31 S	68.03 O
La Pérouse, détroit de	45.45 N	141.20 E
La Rochelle	46.10 N	1.10 O
Las Palmas	28.08 N	15.27 O
Las Vegas	36.12 N	115.10 O
La Valette	35.54 N	14.32 E
Lausanne	46.32 N	6.39 E
Le Caire	30.03 N	31.15 E
Le Cap	33.56 S	18.28 E
Leeds	53.50 N	1.35 O
Legaspi	13.09 N	123.44 E
Le Havre	49.30 N	0.06 E
Leipzig	51.20 N	12.25 E
Le Mans	48.00 N	0.12 E
León	21.08 N	101.41 O
Lerwick	60.09 N	1.09 O
Lhasa	29.41 N	91.12 E
Libreville	0.23 N	9.25 E
Liège	50.38 N	5.35 E
Likasi	10.58 S	26.47 E
Lille	50.38 N	3.04 E
Lilongwe	18.58 S	33.49 E
Lima	12.06 S	76.55 O
Limoges	45.50 N	1.16 E
Linz	48.19 N	14.18 E
Lisbonne	38.44 N	9.08 O
Liverpool	53.25 N	2.55 O
Ljubljana	46.04 N	14.30 E
Lobito	12.20 S	13.34 E
Łódź	51.49 N	19.28 E
Logan, mont	60.54 N	140.33 O
Lomé	6.10 N	1.21 E
Londres	51.30 N	0.10 O
Los Angeles	34.00 N	118.15 O
Louvain	50.53 N	4.42 E
Louvain-la-Neuve	50.42 N	4.37 E
Luanda	8.50 S	13.15 E
Luang Prabang	19.47 N	102.15 E
Lubumbashi	11.41 S	27.29 E